**WANDER GARCIA • TERESA MELO
BRUNA VIEIRA • ARIANE FUCCI WADY**

COMO PASSAR

6ª Edição 2018

2ª FASE

PRÁTICA
CONSTITUCIONAL E ADMINISTRATIVA

COMPLETO PARA OAB 2ª FASE

CB031847

10 ANOS EDITORA FOCO

EDITORA FOCO

2018 © Editora Foco

Coordenador: Wander Garcia
Autores: Wander Garcia, Teresa Melo, Bruna Vieira e Ariane Wady
Editor: Roberta Densa
Diretor Acadêmico: Leonardo Pereira
Assistente editorial: Paula Morishita
Revisora Sênior: Georgia Dias
Projeto Gráfico: R2 Editorial
Diagramação: Ladislau Lima
Capa: Leonardo Hermano
Impressão e acabamento: EXPRESSÃO E ARTE

Dados Internacionais de Catalogação na Publicação (CIP) de acordo com ISBD

C735

Como passar na OAB 2ª fase: prática constitucional e administrativa / Wander Garcia ... [et al.] ; organizado por Wander Garcia. – 6. ed. – Indaiatuba, SP : Editora Foco, 2018.

408 p. ; 17cm x 24cm.

ISBN: 978-85-8242-236-6

1. Direito. 2. Ordem dos Advogados do Brasil - OAB. 3. Exame de Ordem. 4. Prática Constitucional. 5. Prática Administrativa. I. Garcia, Wander. II. Melo, Teresa. III. Vieira, Bruna. IV. Wady, Ariane Fucci. V. Título.

2018-109   CDD 340   CDU 34

Elaborado por Vagner Rodolfo da Silva - CRB-8/9410

Índices para catálogo sistemático:

1. Direito 340   2. Direito 34

DIREITOS AUTORAIS: É proibida a reprodução parcial ou total desta publicação, por qualquer forma ou meio, sem a prévia autorização da Editora Foco, com exceção do teor das questões de concursos públicos que, por serem atos oficiais, não são protegidas como Direitos Autorais, na forma do Artigo 8º, IV, da Lei 9.610/1998. Referida vedação se estende às características gráficas da obra e sua editoração. A punição para a violação dos Direitos Autorais é crime previsto no Artigo 184 do Código Penal e as sanções civis às violações dos Direitos Autorais estão previstas nos Artigos 101 a 110 da Lei 9.610/1998.

NOTAS DA EDITORA:

Atualizações do Conteúdo: A presente obra é vendida como está, atualizada até a data do seu fechamento, informação que consta na página II do livro. Havendo a publicação de legislação de suma relevância, a editora, de forma discricionária, se empenhará em disponibilizar atualização futura. Os comentários das questões são de responsabilidade dos autores.

Bônus ou *Capítulo On-line*: Excepcionalmente, algumas obras da editora trazem conteúdo extra no *on-line*, que é parte integrante do livro, cujo acesso será disponibilizado durante a vigência da edição da obra.

Erratas: A Editora se compromete a disponibilizar no site www.editorafoco.com.br, na seção Atualizações, eventuais erratas por razões de erros técnicos ou de conteúdo. Solicitamos, outrossim, que o leitor faça a gentileza de colaborar com a perfeição da obra, comunicando eventual erro encontrado por meio de mensagem para contato@editorafoco.com.br. O acesso será disponibilizado durante a vigência da edição da obra.

Impresso no Brasil (02.2018)   Data de Fechamento (01.2018)

2018

Todos os direitos reservados à Editora Foco Jurídico Ltda.
Al. Júpiter, 542 – American Park Distrito Industrial
CEP 13347-653 – Indaiatuba – SP
E-mail: contato@editorafoco.com.br
www.editorafoco.com.br

APRESENTAÇÃO

Caro leitor,

Com intuito de atualização e treinamento do bacharel em direito para a realização da prova de segunda fase da OAB, a Editora Foco, por meio de seus autores, preparou essa nova edição do manual **PRÁTICA ADMINISTRATIVA E CONSTITUCIONAL**, trazendo algumas importantes novidades.

O manual contém tanto as peças práticas, como as questões cobradas nas provas de segunda fase, desde 2010 até o último exame (XXIII Exame de Ordem Unificado), aplicado no final de 2017, nas áreas de Direito Administrativo e Direito Constitucional.

Além disso, todo o conteúdo se encontra em consonância com o Novo Código de Processo Civil, havendo remissões aos artigos do Novo Código nas citações jurisprudenciais, e substituição dos artigos do antigo Código de Processo Civil pelos dispositivos do Novo Código de 2015, proporcionando segurança ao candidato quanto à sua preparação em relação à legislação ora vigente.

Mais ainda, contém os Informativos do STF e STJ, classificados por assunto, como também, modelos de Peças Processuais em geral, ampliando a abrangência do estudo, para além do que já foi cobrado nos últimos anos nas provas da OAB.

É com grande satisfação, que lhes apresentamos essa importante obra, fundamental para aprovação na segunda fase do Exame de Ordem, nas áreas de Direito Administrativo e Constitucional.

Sucesso!

Wander Garcia e Ariane Wady

Acesse JÁ os conteúdos *ON-LINE*

SHORT VIDEOS
Vídeos de curta duração com dicas de DISCIPLINAS SELECIONADAS

Acesse o link:
www.editorafoco.com.br/short-videos

ATUALIZAÇÃO em PDF e VÍDEO para complementar seus estudos*

Acesse o link:
www.editorafoco.com.br/atualizacao

 **CAPÍTULOS ON-LINE**

Acesse o link:
www.editorafoco.com.br/atualizacao

* As atualizações em PDF e Vídeo serão disponibilizadas sempre que houver necessidade, em caso de nova lei ou decisão jurisprudencial relevante, durante o ano da edição do livro.

* Acesso disponível durante a vigência desta edição.

SUMÁRIO

ORIENTAÇÕES AO EXAMINANDO XV

1. PROVIMENTOS CFOAB 144/2011, 156/2013 E 174/2016: O NOVO EXAME DE ORDEM XV
2. PONTOS A SEREM DESTACADOS NO EDITAL DO EXAME XVIII
   - 2.1. Materiais/procedimentos permitidos e proibidos XVIII
   - 2.2. Legislação nova e legislação revogada...XIX
   - 2.3. Critérios de correção...XIX
3. DICAS DE COMO ESTUDAR XX
   - 3.1. Tenha calma XX
   - 3.2. Tenha em mãos todos os instrumentos de estudo e treinamento....................................XXI
   - 3.3. 1º Passo – Leitura dos enunciados das provas anteriores XXI
   - 3.4. 2º Passo – Reconhecimento das leis XXII
   - 3.5. 3º Passo – Estudo holístico dos exercícios práticos (questões discursivas)................... XXII
   - 3.6. 4º Passo – Estudo holístico das peças práticas (peças prático-profissionais) XXIII
   - 3.7. 5º Passo – Verificar o que faltou XXIII
   - 3.8. Dicas finais para resolver os problemas.. XXIV
   - 3.9. Dicas finais para o dia da prova XXIV

PRÁTICA CONSTITUCIONAL

EXERCÍCIOS PRÁTICOS.. 3

1. PODER CONSTITUINTE.. 3
2. DIREITOS E GARANTIAS FUNDAMENTAIS 5
3. ORGANIZAÇÃO DO ESTADO 10
4. ADMINISTRAÇÃO PÚBLICA 14
5. ORGANIZAÇÃO DOS PODERES.. 15
   - 5.1. Poder Legislativo 22
   - 5.2. Poder Judiciário 47
   - 5.3. Controle de constitucionalidade 50
   - 5.4. Funções essenciais à Justiça 87
6. TRIBUTAÇÃO E ORÇAMENTO 89
7. DIREITOS POLÍTICOS 90

8. AÇÃO POPULAR 94

9. *HABEAS DATA* 95

10. MANDADO DE SEGURANÇA 97

11. SEGURIDADE SOCIAL 98

12. DISPOSIÇÕES CONSTITUCIONAIS GERAIS 99

PEÇAS PRÁTICO-PROFISSIONAIS 102

1. INTRODUÇÃO 103

2. ELABORAÇÃO DE PEÇAS PROCESSUAIS 106

   MANDADO DE SEGURANÇA COLETIVO COM PEDIDO DE LIMINAR 108

   MANDADO DE SEGURANÇA COM PEDIDO DE LIMINAR 113

   HABEAS DATA 117

   RECURSO ORDINÁRIO CONSTITUCIONAL EM MANDADO DE SEGURANÇA 120

   RAZÕES DE RECURSO ORDINÁRIO CONSTITUCIONAL 121

   AÇÃO ORDINÁRIA COM PEDIDO DE TUTELA ANTECIPADA 124

PEÇAS PROCESSUAIS – MODELOS COMPLEMENTARES 159

EXCEÇÃO DE IMPEDIMENTO 159

   1. Estrutura Básica 159

   2. Modelo – Exceção de Impedimento 159

EXCEÇÃO DE INCOMPETÊNCIA 160

EXCEÇÃO DE SUSPEIÇÃO 160

   1. Estrutura Básica 160

   2. Modelo – Exceção de Suspeição 161

RECONVENÇÃO 162

   1. Estrutura Básica 162

   2. Modelo – Reconvenção 162

IMPUGNAÇÃO AO CUMPRIMENTO DE SENTENÇA 164

   1. Estrutura Básica 164

   2. Modelo – Impugnação ao Cumprimento de Sentença 164

PETIÇÃO INICIAL DE EXECUÇÃO CONTRA A FAZENDA PÚBLICA 165

   1. Estrutura Básica 165

   2. Modelo – Petição Inicial de Execução contra a Fazenda Pública 166

PRÁTICA ADMINISTRATIVA

EXERCÍCIOS PRÁTICOS...169

1. PRINCÍPIOS E ATOS ADMINISTRATIVOS..169
2. ESTRUTURA DA ADMINISTRAÇÃO E ENTES DE COOPERAÇÃO............................180
3. AGENTES PÚBLICOS...184
4. IMPROBIDADE ADMINISTRATIVA...194
5. BENS PÚBLICOS..199
6. RESPONSABILIDADE DO ESTADO...205
7. INTERVENÇÃO NA PROPRIEDADE...215
8. LICITAÇÃO E CONTRATO...224
9. SERVIÇOS PÚBLICOS..238
10. PARCERIA PÚBLICO-PRIVADA..245
11. PODER DE POLÍCIA..247
12. CONTROLE DA ADMINISTRAÇÃO...249

PEÇAS PRÁTICO-PROFISSIONAIS 255

MODELO: MANDADO DE SEGURANÇA..256

MODELO: PETIÇÃO INICIAL DE AÇÃO INDENIZATÓRIA POR RESPONSABILIDADE
EXTRACONTRATUAL DO ESTADO...263

MODELO: CONTESTAÇÃO...268

MODELO: AGRAVO DE INSTRUMENTO...270

MODELOS DE PEÇAS E ESTRUTURA BÁSICA 307

1. PETIÇÃO INICIAL..307
   1.1. ESTRUTURA BÁSICA..307
   1.2. MODELO – PETIÇÃO INICIAL..308
2. CONTESTAÇÃO..310
   2.1. ESTRUTURA BÁSICA..310
   2.2. MODELO – CONTESTAÇÃO..311
3. RECURSOS...312
   3.1. AGRAVO DE INSTRUMENTO...312
   3.2. APELAÇÃO..316
   3.3. RECURSOS EXTRAORDINÁRIO E ESPECIAL..318

3.4. RECURSO ORDINÁRIO CONSTITUCIONAL 322

4. AÇÃO RESCISÓRIA 324

4.1. ESTRUTURA BÁSICA 324

4.2. MODELO – PETIÇÃO INICIAL DE AÇÃO RESCISÓRIA 325

5. AÇÕES ESPECÍFICAS 327

5.1. DESAPROPRIAÇÃO 327

5.2. MODELO – PETIÇÃO INICIAL DE AÇÃO DE DESAPROPRIAÇÃO 327

5.3. ESTRUTURA BÁSICA – CONTESTAÇÃO EM AÇÃO DE DESAPROPRIAÇÃO 329

5.4. MODELO – CONTESTAÇÃO EM AÇÃO DE DESAPROPRIAÇÃO 330

5.5. ESTRUTURA BÁSICA – PETIÇÃO INICIAL DE AÇÃO DE INDENIZAÇÃO POR DESAPROPRIAÇÃO INDIRETA 333

5.6. MODELO – PETIÇÃO INICIAL DE AÇÃO DE INDENIZAÇÃO POR DESAPROPRIAÇÃO INDIRETA 334

6. AÇÃO DE COBRANÇA 337

6.1. ESTRUTURA BÁSICA 337

6.2. MODELO – PETIÇÃO INICIAL DE AÇÃO DE COBRANÇA 338

7. AÇÃO DE RESPONSABILIDADE EXTRACONTRATUAL 340

7.1. ESTRUTURA BÁSICA 340

7.2. MODELO – PETIÇÃO INICIAL DE AÇÃO INDENIZATÓRIA – RESPONSABILIDADE CIVIL EXTRACONTRATUAL 341

8. MANDADO DE SEGURANÇA 345

8.1. MANDADO DE SEGURANÇA – INDIVIDUAL 345

8.2. MANDADO DE SEGURANÇA – COLETIVO 350

9. AÇÃO POPULAR 352

9.1. ESTRUTURA BÁSICA 352

9.2. MODELO – PETIÇÃO INICIAL DE AÇÃO POPULAR 353

10. *HABEAS DATA* 356

10.1. ESTRUTURA BÁSICA 356

10.2. MODELO – PETIÇÃO INICIAL DE *HABEAS DATA* 357

11. AÇÃO CIVIL PÚBLICA 360

11.1. ESTRUTURA BÁSICA 360

11.2. MODELO – PETIÇÃO INICIAL DE AÇÃO CIVIL PÚBLICA 360

12. AÇÃO DE IMPROBIDADE 362

12.1. ESTRUTURA BÁSICA – PETIÇÃO INICIAL EM AÇÃO DE IMPROBIDADE 362

12.2. MODELO – PETIÇÃO INICIAL DE AÇÃO DE IMPROBIDADE 363

12.3. MODELO – DEFESA PRÉVIA EM AÇÃO DE IMPROBIDADE 365

12.4. ESTRUTURA BÁSICA – CONTESTAÇÃO EM AÇÃO DE IMPROBIDADE 371

12.5. MODELO – CONTESTAÇÃO EM AÇÃO DE IMPROBIDADE 371

13. PROCESSOS ADMINISTRATIVOS 373

13.1. MODELO – RECURSO EM PROCESSO LICITATÓRIO 373

13.2. MODELO – IMPUGNAÇÃO EM PROCESSO LICITATÓRIO 374

14. PARECER 375

14.1. ESTRUTURA BÁSICA 375

14.2. MODELO – PARECER 375

15. DEFESA DA ADMINISTRAÇÃO 376

15.1. MODELO – INFORMAÇÕES EM MANDADO DE SEGURANÇA 376

15.2. MODELO – PEDIDO DE SUSPENSÃO DE LIMINAR OU DE SEGURANÇA 378

Sumário *On-Line*

PRÁTICA CONSTITUCIONAL

EXERCÍCIOS PRÁTICOS 7

1. PODER CONSTITUINTE 7

2. DIREITOS E GARANTIAS FUNDAMENTAIS 9

3. ORGANIZAÇÃO DO ESTADO 25

4. ADMINISTRAÇÃO PÚBLICA 30

5. ORGANIZAÇÃO DOS PODERES 31

5.1. Poder Legislativo 34

5.2. Poder Judiciário 44

5.3. Controle de constitucionalidade 50

5.4. Funções essenciais à Justiça 68

6. TRIBUTAÇÃO E ORÇAMENTO 70

7. DISPOSIÇÕES CONSTITUCIONAIS GERAIS 71

PEÇAS PRÁTICO-PROFISSIONAIS 73

1. ELABORAÇÃO DE PEÇAS PROCESSUAIS 73
   MODELO ESQUEMÁTICO DO MANDADO DE SEGURANÇA 74
   MANDADO DE SEGURANÇA COM PEDIDO DE LIMINAR 76
   MANDADO DE SEGURANÇA COM PEDIDO DE LIMINAR 80
   RECLAMAÇÃO CONSTITUCIONAL COM PEDIDO DE LIMINAR 85
   MANDADO DE SEGURANÇA COLETIVO COM PEDIDO DE LIMINAR 91
   RECLAMAÇÃO CONSTITUCIONAL COM PEDIDO DE LIMINAR 97
   MANDADO DE SEGURANÇA COM PEDIDO DE LIMINAR 102
   AÇÃO DIRETA DE INCONSTITUCIONALIDADE COM PEDIDO DE MEDIDA CAUTELAR 108
   MANDADO DE INJUNÇÃO 113
   MANDADO DE SEGURANÇA COM PEDIDO DE LIMINAR 119
   AÇÃO POPULAR COM PEDIDO DE TUTELA ANTECIPADA 124

PRÁTICA ADMINISTRATIVA

EXERCÍCIOS PRÁTICOS 131

1. PRINCÍPIOS E ATOS ADMINISTRATIVOS 131
2. ESTRUTURA DA ADMINISTRAÇÃO E ENTES DE COOPERAÇÃO 133
3. AGENTES PÚBLICOS 140
4. IMPROBIDADE ADMINISTRATIVA 163
5. BENS PÚBLICOS 169
6. RESPONSABILIDADE DO ESTADO 172
7. INTERVENÇÃO NA PROPRIEDADE 186
8. LICITAÇÃO E CONTRATO 197
9. SERVIÇOS PÚBLICOS 206
10. PODER DE POLÍCIA 209
11. CONTROLE DA ADMINISTRAÇÃO 215

PEÇAS PRÁTICO-PROFISSIONAIS 219

MODELO: MANDADO DE SEGURANÇA... 220

MODELO: PARECER... 224

MODELO: PETIÇÃO INICIAL DE AÇÃO ANULATÓRIA DE ATO ADMINISTRATIVO CUMULADA
COM OBRIGAÇÃO DE FAZER, COM PEDIDO DE TUTELA ANTECIPADA........................... 229

MODELO: PETIÇÃO INICIAL DE AÇÃO DE DESAPROPRIAÇÃO INDIRETA. 235

MODELO: PETIÇÃO INICIAL DE AÇÃO POPULAR. 240

MODELO: MANDADO DE SEGURANÇA COM PEDIDO DE LIMINAR... 245

MODELO: *HABEAS DATA*... 250

MODELO: AÇÃO ANULATÓRIA DE ATO DEMISSÓRIO CUMULADA COM REINTEGRAÇÃO
NO CARGO 254

MODELO: RECURSO ORDINÁRIO EM MANDADO DE SEGURANÇA 258

MODELO: MANDADO DE SEGURANÇA... 261

MODELO: APELAÇÃO... 266

MODELO: MANDADO DE SEGURANÇA... 271

MODELO: MANDADO DE SEGURANÇA... 279

COMENTÁRIOS GERAIS SOBRE O EDITAL DIREITO ADMINISTRATRATIVO- IMPROBIDADE ADMINISTRATIVA

No que diz respeito à materia Direito Administrativo, não tivemos alteração nenhuma em relação aos editais dos concursos anteriores.

Continuam sendo cobrados o Estatuto dos Funcionários Públicos do Estado de São Paulo (Lei 10261/68) e a Lei de Improbidade Administrativa (Lei 8429/92).

Especificamente, quanto à Lei de Improbidade, o edital não discrimina os artigos que irá cobrar na prova, por isso as questões continuarão a versar tanto sobre a parte MATERIAL da Lei, quanto sobre a parte PROCESSUAL da mesma.

Sabendo que não houve nenhuma alteração, espera-se, tendo em vista os anos anteriores, que apareçam questões sobre os temas Sujeito Ativo e Passivo do ilícito de Improbidade, assim como dos TIPOS de Improbibidade (arts.9º, 10 e 11), bem como sua natureza juridica e Penalidades, além de questões processuais sobre o cabimento de transação e de medidas cautelares.

Devemos estar preparados para questões que utilizem o entendimento jurisprudencial, pois, como disse anteriormente, o edital não especifica nada, razão pela qual, questões como "se a lei de improbidade é aplicada a todos os agentes públicos", podem aparecer.

Enfim, esse tema, diante da ausência de "surpresas", poderá ser um garantia de pontuação por parte do candidato atento às nossas dicas.

Sucesso!

ORIENTAÇÕES
AO EXAMINANDO

1. Provimentos CFOAB 144/2011, 156/2013 e 174/2016: o Novo Exame de Ordem

O Conselho Federal da Ordem dos Advogados do Brasil (OAB), publicou em novembro de 2013 o Provimento 156/2013 que alterou o Provimento 144/2011, estabelecendo as normas e diretrizes do Exame de Ordem. Confira o texto integral do provimento, com as alterações dadas pelos provimentos 167/2015 e 172 e 174/2016:

PROVIMENTO Nº 144, de 13 de junho de 2011, com as alterações dada pelos Provimentos 156/2013 e 174/2016.
Dispõe sobre o Exame de Ordem.

O CONSELHO FEDERAL DA ORDEM DOS ADVOGADOS DO BRASIL, no uso das atribuições que lhe são conferidas pelos arts. 8º, § 1º, e 54, V, da Lei n. 8.906, de 4 de julho de 1994 – Estatuto da Advocacia e da OAB, tendo em vista o decidido nos autos da Proposição n. 2011.19.02371-02, resolve:

CAPÍTULO I
DO EXAME DE ORDEM

Art. 1º O Exame de Ordem é preparado e realizado pelo Conselho Federal da Ordem dos Advogados do Brasil – CFOAB, mediante delegação dos Conselhos Seccionais. § 1º A preparação e a realização do Exame de Ordem poderão ser total ou parcialmente terceirizadas, ficando a cargo do CFOAB sua coordenação e fiscalização.
§ 2º Serão realizados 03 (três) Exames de Ordem por ano.

CAPÍTULO II
DA COORDENAÇÃO NACIONAL DE EXAME DE ORDEM

Art. 2º É criada a Coordenação Nacional de Exame de Ordem, competindo-lhe organizar o Exame de Ordem, elaborar-lhe o edital e zelar por sua boa aplicação, acompanhando e supervisionando todas as etapas de sua preparação e realização. (NR. Ver Provimento n. 156/2013)
Art. 2º-A. A Coordenação Nacional de Exame de Ordem será designada pela Diretoria do Conselho Federal e será composta por:
I – 03 (três) Conselheiros Federais da OAB;
II – 03 (três) Presidentes de Conselhos Seccionais da OAB;
III – 01 (um) membro da Escola Nacional da Advocacia;
IV – 01 (um) membro da Comissão Nacional de Exame de Ordem;
V – 01 (um) membro da Comissão Nacional de Educação Jurídica;

PRÁTICA CONSTITUCIONAL E ADMINISTRATIVA XVI

VI – 02 (dois) Presidentes de Comissão de Estágio e Exame de Ordem de Conselhos Seccionais da OAB. Parágrafo único. A Coordenação Nacional de Exame de Ordem contará com ao menos 02 (dois) membros por região do País e será presidida por um dos seus membros, por designação da Diretoria do Conselho Federal. (NR. Ver Provimento n.50/2013)

CAPÍTULO III
DA COMISSÃO NACIONAL DE EXAME DE ORDEM, DA COMISSÃO NACIONAL DE EDUCAÇÃO JURÍDICA, DO COLÉGIO DE PRESIDENTES DE COMISSÕES DE ESTÁGIO E EXAME DE ORDEM E DAS COMISSÕES DE ESTÁGIO E EXAME DE ORDEM

Art. 3º À Comissão Nacional de Exame de Ordem e à Comissão Nacional de Educação Jurídica compete atuar como órgãos consultivos e de assessoramento da Diretoria do CFOAB.

Art. 4º Ao Colégio de Presidentes de Comissões de Estágio e Exame de Ordem compete atuar como órgão consultivo e de assessoramento da Coordenação Nacional de Exame de Ordem.

Art. 5º Às Comissões de Estágio e Exame de Ordem dos Conselhos Seccionais compete fiscalizar a aplicação da prova e verificar o preenchimento dos requisitos exigidos dos examinandos quando dos pedidos de inscrição, assim como difundir as diretrizes e defender a necessidade do Exame de Ordem.

CAPÍTULO IV
DOS EXAMINANDOS

Art. 6º A aprovação no Exame de Ordem é requisito necessário para a inscrição nos quadros da OAB como advogado, nos termos do art. 8º, IV, da Lei 8.906/1994.

§ 1º Ficam dispensados do Exame de Ordem os postulantes oriundos da Magistratura e do Ministério Público e os bacharéis alcançados pelo art. 7º da Resolução n. 02/1994, da Diretoria do CFOAB. (NR. Ver Provimento n. 167/2015).

§ 2º Ficam dispensados do Exame de Ordem, igualmente, os advogados públicos aprovados em concurso público de provas e títulos realizado com a efetiva participação da OAB até a data da publicação do Provimento n. 174/2016-CFOAB. (NR. Ver Provimento n. 174/2016).

§ 3º Os advogados enquadrados no § 2º do presente artigo terão o prazo de 06 (seis) meses, contados a partir da data da publicação do Provimento n. 174/2016-CFOAB, para regularização de suas inscrições perante a Ordem dos Advogados do Brasil. (NR. Ver Provimento n. 174/2016)

Art. 7º O Exame de Ordem é prestado por bacharel em Direito, ainda que pendente sua colação de grau, formado em instituição regularmente credenciada.

§ 1º É facultado ao bacharel em Direito que detenha cargo ou exerça função incompatível com a advocacia prestar o Exame de Ordem, ainda que vedada a sua inscrição na OAB.

§ 2º Poderá prestar o Exame de Ordem o portador de diploma estrangeiro que tenha sido revalidado na forma prevista no art. 48, § 2º, da Lei n. 9.394, de 20 de dezembro de 1996.

§ 3º Poderão prestar o Exame de Ordem os estudantes de Direito dos últimos dois semestres ou do último ano do curso. (NR. Ver Provimento n. 156/2013)

CAPÍTULO V
DA BANCA EXAMINADORA E DA BANCA RECURSAL

Art. 8º A Banca Examinadora da OAB será designada pelo Coordenador Nacional do Exame de Ordem. Parágrafo único. Compete à Banca Examinadora elaborar o Exame de Ordem ou atuar em conjunto com a pessoa jurídica contratada para a preparação, realização e correção das provas, bem como homologar os respectivos gabaritos. (NR. Ver Provimento n. 156/2013)

Art. 9º À Banca Recursal da OAB, designada pelo Coordenador Nacional do Exame de Ordem, compete decidir a respeito de recursos acerca de nulidade de questões, impugnação de gabaritos e pedidos de revisão de notas, em decisões de caráter irrecorrível, na forma do disposto em edital. (NR. Ver Provimento n. 156/2013)

§ 1º É vedada, no mesmo certame, a participação de membro da Banca Examinadora na Banca Recursal.

§ 2º Aos Conselhos Seccionais da OAB são vedadas a correção e a revisão das provas.

§ 3º Apenas o interessado inscrito no certame ou seu advogado regularmente constituído poderá apresentar impugnações e recursos sobre o Exame de Ordem. (NR. Ver Provimento n. 156/2013)

Art. 10. Serão publicados os nomes e nomes sociais daqueles que integram as Bancas Examinadora e Recursal designadas, bem como os dos coordenadores da pessoa jurídica contratada, mediante forma de divulgação definida pela Coordenação Nacional do Exame de Ordem. (NR. Ver Provimento n. 172/2016)

§ 1º A publicação dos nomes referidos neste artigo ocorrerá até 05 (cinco) dias antes da efetiva aplicação das provas da primeira e da segunda fases. (NR. Ver Provimento n. 156/2013)

§ 2º É vedada a participação de professores de cursos preparatórios para Exame de Ordem, bem como de parentes de examinandos, até o quarto grau, na Coordenação Nacional, na Banca Examinadora e na Banca Recursal. (NR. Ver Provimento n. 156/2013)

CAPÍTULO VI
DAS PROVAS

Art. 11. O Exame de Ordem, conforme estabelecido no edital do certame, será composto de 02 (duas) provas:

I – prova objetiva, sem consulta, de caráter eliminatório;

II – prova prático-profissional, permitida, exclusivamente, a consulta a legislação, súmulas, enunciados, orientações jurisprudenciais e precedentes normativos sem qualquer anotação ou comentário, na área de opção do examinando, composta de 02 (duas) partes distintas;

a) redação de peça profissional;

b) questões práticas, sob a forma de situações-problema.

§ 1º A prova objetiva conterá no máximo 80 (oitenta) questões de múltipla escolha, sendo exigido o mínimo de 50% (cinquenta por cento) de acertos para habilitação à prova prático-profissional, vedado o aproveitamento do resultado nos exames seguintes.

§ 2º Será considerado aprovado o examinando que obtiver, na prova prático-profissional, nota igual ou superior a 06 (seis) inteiros, vedado o arredondamento.

§ 3º Ao examinando que não lograr aprovação na prova prático-profissional será facultado computar o resultado obtido na prova objetiva apenas quando se submeter ao Exame de Ordem imediatamente subsequente. O valor da taxa devida, em tal hipótese, será definido em edital, atendendo a essa peculiaridade. (NR. Ver Provimento n. 156/2013)

§ 4º O conteúdo das provas do Exame de Ordem contemplará as disciplinas do Eixo de Formação Profissional, de Direitos Humanos, do Estatuto da Advocacia e da OAB e seu Regulamento Geral e do Código de Ética e Disciplina, podendo contemplar disciplinas do Eixo de Formação Fundamental. (NR. Ver Provimento n. 156/2013)

§ 5º A prova objetiva conterá, no mínimo, 15% (quinze por cento) de questões versando sobre Estatuto da Advocacia e seu Regulamento Geral, Código de Ética e Disciplina, Filosofia do Direito e Direitos Humanos. (NR. Ver Provimento n. 156/2013)

CAPÍTULO VII
DAS DISPOSIÇÕES FINAIS

Art. 12. O examinando prestará o Exame de Ordem no Conselho Seccional da OAB da unidade federativa na qual concluiu o curso de graduação em Direito ou na sede do seu domicílio eleitoral.

Parágrafo único. Uma vez acolhido requerimento fundamentado, dirigido à Comissão de Estágio e Exame de Ordem do Conselho Seccional de origem, o examinando poderá realizar as provas em localidade distinta daquela estabelecida no *caput*.

Art. 13. A aprovação no Exame de Ordem será declarada pelo CFOAB, cabendo aos Conselhos Seccionais a expedição dos respectivos certificados.

§ 1º O certificado de aprovação possui eficácia por tempo indeterminado e validade em todo o território nacional.

§ 2º O examinando aprovado somente poderá receber seu certificado de aprovação no Conselho Seccional onde prestou o Exame de Ordem, pessoalmente ou por procuração.

§ 3º É vedada a divulgação de nomes e notas de examinados não aprovados.

Art. 14. Fica revogado o Provimento n. 136, de 19 de outubro de 2009, do Conselho Federal da Ordem dos Advogados do Brasil.

Art. 15. Este Provimento entra em vigor na data de sua publicação, revogadas as disposições em contrário.

Ophir Cavalcante Junior
Presidente
Marcus Vinicius Furtado Coêlho
Conselheiro Federal – Relator

2. Pontos a serem destacados no edital do exame

2.1. Materiais/procedimentos permitidos e proibidos

O Edital do Exame Unificado da OAB vem adotando as seguintes regras em relação aos materiais:

MATERIAL/PROCEDIMENTOS PERMITIDOS

- Legislação não comentada, não anotada e não comparada.
- Códigos, inclusive os organizados que não possuam índices temáticos estruturando roteiros de peças processuais, remissão doutrinária, jurisprudência, informativos dos tribunais ou quaisquer comentários, anotações ou comparações.
- Leis de Introdução dos Códigos.
- Instruções Normativas.
- Índice remissivo.
- Exposição de Motivos.
- Súmulas.
- Enunciados.
- Orientações Jurisprudenciais.
- Regimento Interno.
- Resoluções dos Tribunais.
- Simples utilização de marca-texto, traço ou simples remissão a artigos ou a lei.
- Separação de códigos por clipes e/ou por cores, providenciada pelo próprio examinando, sem nenhum tipo de anotação manuscrita ou impressa nos recursos utilizados para fazer a separação.
- Utilização de separadores de códigos fabricados por editoras ou outras instituições ligadas ao mercado gráfico, desde que com impressão que contenha simples remissão a ramos do Direito ou a leis.

Observação: As remissões a artigo ou lei são permitidas apenas para referenciar assuntos isolados. Quando for verificado pelo fiscal advogado que o examinando se utilizou de tal expediente com o intuito de burlar as regras de consulta previstas neste edital, formulando palavras, textos ou quaisquer outros métodos que articulem a estrutura de uma peça jurídica, o uso do material será impedido, sem prejuízo das demais sanções cabíveis ao examinando.

MATERIAL/PROCEDIMENTOS PROIBIDOS

Códigos comentados, anotados, comparados ou com organização de índices temáticos estruturando roteiros de peças processuais.

Jurisprudências.

Anotações pessoais ou transcrições.

Cópias reprográficas (xerox).

Utilização de marca-texto, traços, post-its ou remissões a artigos ou a lei de forma a estruturar roteiros de peças processuais e/ou anotações pessoais.

Impressos da Internet.

Informativos de Tribunais.

Livros de Doutrina, revistas, apostilas, calendários e anotações.

Dicionários ou qualquer outro material de consulta.

Legislação comentada, anotada ou comparada.

Súmulas, Enunciados e Orientações Jurisprudenciais comentados, anotados ou comparados.

Quando possível, a critério do fiscal advogado e dos representantes da Seccional da OAB presentes no local, poderá haver o isolamento dos conteúdos proibidos, seja por grampo, fita adesiva, destacamento ou qualquer outro meio. Caso, contudo, seja constatado que a obra possui trechos proibidos de forma aleatória ou partes tais que inviabilizem o procedimento de isolamento retromencionado, o examinando poderá ter seu material recolhido pela fiscalização, sendo impedido seu uso.

Os materiais que possuírem conteúdo proibido não poderão ser utilizados durante a prova prático-profissional, sendo garantida ao fiscal advogado a autonomia de requisitar os materiais de consulta para nova vistoria minuciosa durante todo o tempo de realização do Exame.

O examinando que, durante a aplicação das provas, estiver portando e/ou utilizando material proibido, ou se utilizar de qualquer expediente que vise burlar as regras deste edital, especialmente as concernentes aos materiais de consulta, terá suas provas anuladas e será automaticamente eliminado do Exame.

Por fim, é importante que o examinando leia sempre o edital publicado, pois tais regras podem sofrer algumas alterações a cada exame.

2.2. Legislação nova e legislação revogada

Segundo o edital do exame, "legislação com entrada em vigor após a data de publicação deste edital, bem como alterações em dispositivos legais e normativos a ele posteriores não serão objeto de avaliação nas provas do Exame de Ordem".

Repare que há dois marcos: a) data da entrada em vigor da lei (não é a data da publicação da lei, mas a data em que esta entra em vigor); b) data da publicação do edital.

Portanto, atente para esse fato quando for estudar.

2.3. Critérios de correção

Quando você estiver redigindo qualquer questão, seja um exercício prático (questão discursiva), seja uma peça prático-profissional (peça), lembre-se de que serão levados em conta, para os dois casos, os seguintes critérios previstos no Edital:

a) adequação das respostas ao problema apresentado;
- peça inadequada (inepta, procedimento errado): nota zero;
- resposta incoerente ou ausência de texto: nota zero;

b) vedação de identificação do candidato;
- o caderno de textos definitivos não poderá ser assinado, rubricado ou conter qualquer palavra ou marca que o identifique em outro local que não o apropriado (capa do caderno), sob pena de ser anulado;

c) prova deve ser manuscrita, em letra legível, com caneta esferográfica de tinta azul ou preta;
- letra ilegível: nota zero;

d) respeito à extensão máxima;
- 150 linhas na peça processual / 30 linhas em cada questão;
- fragmento de texto fora do limite: será desconsiderado;

e) respeito à ordem de transcrição das respostas;

PRÁTICA CONSTITUCIONAL E ADMINISTRATIVA XX

f) caso a prova exija assinatura, deve-se usar:
ADVOGADO...
- Penas para o desrespeito aos itens "e" e "f": nota zero;
g) nas peças/questões, examinando deve incluir todos dados necessários, sem identificação e com o nome do dado seguido de reticências:
- Ex: Município..., Data..., OAB...;
- Omissão de dados: descontos na pontuação;

Por outro lado, apesar de não previstos textualmente no edital, temos percebido que a examinadora tem adotando, também, os seguintes critérios:

a) objetividade;
- as respostas devem ser claras, com frases e parágrafo curtos, e sempre na ordem direta;
b) organização;
- as respostas devem ter começo, meio e fim; um tema por parágrafo; e divisão em tópicos (na peça processual);
c) coesão textual;
- um parágrafo deve ter ligação com o outro; assim, há de se usar os conectivos (dessa forma, entretanto, assim, todavia...);
d) correção gramatical;
- troque palavras que você não conheça, por palavras que você conheça;
- leia o texto que você escreveu;
e) quantidade de fundamentos;
- Cite a premissa maior (lei), a premissa menor (fato concreto) e chegue a uma conclusão (subsunção do caso à norma e sua aplicação);
- Traga o maior número de fundamentos pertinentes; há questões que valem 1,25 pontos, sendo 0,25 para cada fundamento trazido; o examinando que fundamenta sua resposta num ponto só acaba por tirar nota 0,25 numa questão desse tipo;
- Tempestade de ideias; criatividade; qualidade + quantidade;
f) indicação do nome do instituto jurídico aplicável e/ou do princípio aplicável;
g) indicação do dispositivo legal aplicável;
- Ex: para cada fundamento usando pelo examinando, é NECESSÁRIO citar o dispositivo legal em que se encontra esse fundamento, sob pena de perder até 0,5 ponto, a depender do caso;
h) indicação do entendimento doutrinário aplicável;
i) indicação do entendimento jurisprudencial aplicável;
j) indicação das técnicas interpretativas;
- Ex: interpretação sistemática, teleológica etc.

3. Dicas de como estudar

3.1. Tenha calma

Em primeiro lugar, é preciso ter bastante calma. Quem está para fazer a 2ª fase do Exame de Ordem já está, literalmente, com meio caminho andado.

A diferença é que, agora, você não terá mais que saber uma série de informações sobre as mais de quinze principais disciplinas do Direito cobradas na 1ª fase. Agora você fará uma prova delimitada, na qual aparecem questões sobre um universo muito menor que o da 1ª fase.

ORIENTAÇÕES AO EXAMINANDO – OAB 2ª FASE

Além disso, há a possibilidade de consultar a legislação no momento da prova. Ah, mas antes era possível consultar qualquer livro, você diria. Pois é. Mas isso deixava muitos examinandos perdidos. Primeiro porque não sabiam o que comprar, o que levar e isso gerava estresse, além de um estrago orçamentário. Segundo porque, na hora da prova, eram tantos livros, tantas informações, que não se sabia o que fazer, por onde atacar, o que levava a uma enorme perda de tempo, comprometendo o bom desempenho no exame. E mais, o examinando deixava de fazer o mais importante, que é conhecer e usar a lei. Vi muitas provas em que o examinando só fazia citações doutrinárias, provas essas que, se tivessem feito menção às palavras-chave (aos institutos jurídicos pertinentes) e aos dispositivos legais mencionados no Padrão de Resposta da examinadora, fariam com que o examinando fosse aprovado. Mas a preocupação em arrumar a melhor citação era tão grande que se deixava de lado o mais importante, que é a lei e os consequentes fundamentos jurídicos.

Ademais, caso não o examinando não lograr aprovação na prova prático-profissional terá a faculdade de reaproveitar o resultado da prova objetiva, para fins de realização da prova prático -profissional do Exame imediatamente subsequente.

Então, fica a lembrança de que você fará um exame com temas delimitados e com a possibilidade, ainda, de contar com o apoio da lei na formulação de suas respostas, e esses são fatores muito positivos, que devem te dar tranquilidade. Aliás, você já é uma pessoa de valor, um vencedor, pois não anda fácil ser aprovado na 1ª, e você conseguiu isso.

3.2. Tenha em mãos todos os instrumentos de estudo e treinamento

Uma vez acalmado o ânimo, é hora de separar os materiais de estudo e de treinamento.

Você vai precisar dos seguintes materiais:

a) todos os exercícios práticos de provas anteriores do Exame Unificado da OAB **(contidos neste livro)**;

b) todas as peças práticas de provas anteriores da Exame Unificado da OAB **(contidas neste livro)**;

c) resolução teórica e prática de todos os exercícios e peças mencionadas **(contida neste livro)**;

d) todos os informativos com os principais julgamentos dos Tribunais Superiores do último ano **(contidos neste livro)**;

e) todas as súmulas da sua área de concentração **(contidas neste livro)**;

f) explicação teórica e modelo das principais peças processuais da sua área de concentração **(contidos neste livro)**;

g) doutrina de qualidade sobre o direito material e o direito processual de sua área de escolha; nesse sentido recomendamos o livro "Super-Revisão OAB: Doutrina Completa", da Editora Foco (www.editorafoco.com.br); você também pode usar outros livros de apoio, podendo ser um livro que você já tenha da sua área.

h) *Vade mecum* ou coletâneas de legislação, além de leis impressas que não estiverem no livro de legislação que tiver adquirido.

3.3. 1º Passo – Leitura dos enunciados das provas anteriores

A primeira providência que deve tomar é ler todos os exercícios e todas as peças já cobradas pelo Exame Unificado da OAB. Nesse primeiro momento não leia as resoluções teóricas dessas questões.

Repito: leia apenas os **enunciados** dos exercícios e das peças práticas. A ideia é que você tenha um "choque de realidade", usando uma linguagem mais forte. Numa linguagem mais adequada,

PRÁTICA CONSTITUCIONAL E ADMINISTRATIVA   XXII

eu diria que você, ao ler os enunciados das questões da 2ª fase, ficará **ambientado com o tipo de prova** e também ficará com as **"antenas" ligadas sobre o tipo de estudo** que fará das peças, da jurisprudência e da doutrina.

3.4. 2º Passo – Reconhecimento das leis

Logo após a leitura dos enunciados das questões das provas anteriores, **separe** o livro de legislação que vai usar e todas as leis que serão necessárias para levar no exame e **faça um bom reconhecimento** desse material.

Quando chegar o dia da prova, você deverá estar bem íntimo desse material. A ideia, aqui, não é ler cada artigo da lei, mas sim conhecer as leis materiais e processuais pertinentes, atentando-se para seus capítulos e suas temáticas. Leia o sumário dos códigos. Leia o nome dos capítulos e seções das leis que não estão dentro de um código. Procure saber como é dividida cada lei. Coloque marcações nas principais leis. Dê uma olhada no índice remissivo dos códigos e procure se ambientar com ele.

Os dois primeiros passos devem durar, no máximo, um dia estudo.

3.5. 3º Passo – Estudo holístico dos exercícios práticos (questões discursivas)

Você deve ter reparado que as questões discursivas presentes neste livro estão classificadas por temas de direito material e de direito processual.

Deve ter reparado também que as súmulas e os informativos de jurisprudência deste livro estão separados por temas de direito material e de direito processual.

E você deve lembrar que é fundamental ter à sua disposição, além das questões e da jurisprudência que estão no livro, um bom livro de doutrina de sua área e uma coletânea de leis.

Muito bem. Agora sua tarefa é fazer cada questão discursiva (não é a *peça prática*; trata-se do *exercício prático*), uma a uma.

Primeiro leia o enunciado da questão e tente fazê-lo sozinho, como se estivesse no dia da prova. Use apenas a legislação. E não se esqueça de utilizar os **índices**!!!

Antes de fazer cada questão, é muito importante coletar todas as informações que você tem sobre o tema e que conseguiu extrair da lei.

Num primeiro momento, seu trabalho vai ser de "tempestade de ideias". Anote no rascunho tudo que for útil para desenvolver a questão, tais como dispositivos legais, princípios, entendimentos doutrinários que conhecer, entendimentos jurisprudenciais, técnicas interpretativas que pode citar etc.

Depois da tempestade de ideias, agrupe os pontos que levantou, para que sejam tratados de forma ordenada, e crie um esqueleto de resposta. Não é para fazer um rascunho da resposta e depois copiá-lo. A ideia é que faça apenas um esqueleto, um esquema para que, quando estiver escrevendo a resposta, você o faça de modo bem organizado e não esqueça ponto algum.

Quando terminar de escrever uma resposta (e somente depois disso), leia a resolução da questão que está no livro e anote no papel onde escreveu sua resposta **o que faltou nela**. Anote os fundamentos que faltaram e também a eventual falta de organização de ideias e eventuais outras falhas que identificar. Nesse momento, tenha autocrítica. A ideia é você cometer cada vez menos erros a cada exercício. Depois de ler a resolução da questão presente neste livro, deverá buscar na legislação cada lei citada em nosso comentário. Leia os dispositivos citados por nós e aproveite também para conferir os dispositivos legais que têm conexão com o assunto.

ORIENTAÇÕES AO EXAMINANDO – OAB 2ª FASE

Em seguida, pegue seu livro de doutrina de referência e leia o capítulo referente àquela temática.

Por fim, você deve ler todas as súmulas e precedentes jurisprudenciais referentes àquela temática, que estão devidamente classificados neste livro.

Faça isso com todas as questões discursivas (*exercícios práticos*). E anote nos livros (neste livro e no livro de doutrina de referência) tudo o que você já tiver lido. Com essa providência você já estará se preparando tanto para os *exercícios práticos* como para a *peça prática, só* não estará estudando os modelos de peça.

Ao final desse terceiro passo seu *raciocínio jurídico* estará bastante apurado, com um bom *treinamento da escrita* e também com um bom conhecimento da *lei*, da *doutrina* e da *jurisprudência*.

3.6. 4º Passo – Estudo holístico das peças práticas (peças prático-profissionais)

Sua tarefa, agora, é resolver todas as peças práticas que já apareceram no Exame Unificado da OAB.

Primeiro leia o enunciado do problema que pede a realização da peça prática e tente fazê-la sozinho, como se estivesse fazendo a prova. Mais uma vez use apenas a legislação. Não se esqueça de fazer a "tempestade de ideias" e o esqueleto.

Terminado o exercício, você vai ler a resolução da questão e o modelo da peça trazido no livro e anotará no papel onde escreveu sua resposta o que faltou nela. Anote os fundamentos que faltaram, a eventual falta de organização de ideias, dentre outras falhas que perceber. Lembre-se da importância da autocrítica.

Agora você deve buscar na legislação cada lei citada no comentário trazido neste livro. Leia os dispositivos citados e aproveite, mais uma vez, para ler os dispositivos legais que têm conexão com o assunto.

Em seguida, leia a jurisprudência que consta do presente livro e o livro de doutrina de sua confiança, com o objetivo de rememorar os temas que apareceram naquela peça prática, tanto na parte de direito material, como na parte de direito processual.

Faça isso com todas as peças práticas. E continue anotando nos livros tudo o que já tiver lido.

Ao final desse terceiro passo você sairá com o *raciocínio jurídico* ainda mais apurado, com uma melhora substancial na *sua escrita* e também com ótimo conhecimento da *lei*, da *doutrina* e da *jurisprudência*.

3.7. 5º Passo – Verificar o que faltou

Sua tarefa, agora, é verificar o que faltou. Leia os temas doutrinários que ainda não foram lidos, por não terem relação alguma com as questões resolvidas neste livro. Confira também as súmulas e os informativos de jurisprudência que restaram. Se você fizer a marcação do que foi e do que não foi lido, não haverá problema em identificar o que está faltando. Faça a marcação com um lápis. Poder ser um "x" ao lado de cada precedente jurisprudencial lido e, quanto ao livro de doutrina, faça um "x" nos temas que estão no índice do livro. Nos temas mais importantes pode fazer um "x" e um círculo. Isso permitirá que você faça uma leitura dinâmica mais perto da prova, apenas para relembrar esses pontos.

Leia também as demais peças processuais que se encontram no livro e reserve o tempo restante para pesquisa de jurisprudência de anos anteriores e treinamento, muito treinamento. Para isso, reescreva as peças que já fez até chegar ao ponto em que sentir que pegou o jeito.

3.8. Dicas finais para resolver os problemas

Em resumo, recomendamos que você resolva as questões e as peças no dia da prova usando as seguintes técnicas:

a) leia o enunciado pelo menos duas vezes, a primeira para ter ideia do todo e a segunda para anotar os detalhes;

b) anote as informações, perguntas e solicitações feitas no enunciado da questão;

- Ex: qual é o vício? / fundamente / indique o dispositivo legal;

c) busque a resposta nas leis relacionadas;

d) promova uma tempestade de ideias e ANOTE TUDO o que for relacionado;

- Ex: leis, princípios, doutrina, jurisprudência, fundamentos, exemplos etc;

e) agrupe as ideias e crie um esqueleto de resposta, respondendo às perguntas e solicitações feitas;

f) redija;

g) revise o texto, buscando erros gramaticais.

3.9. Dicas finais para o dia da prova

Por fim, lembre-se que você está na reta final para a sua prova. Falta pouco. Avise aos familiares e amigos que neste último mês de preparação você estará um pouco mais ausente. Peça ajuda nesse sentido. E lembre-se também de que seu esforço será recompensado.

No dia da prova, tome os seguintes cuidados:

a) chegue com muita antecedência;

- o Edital costuma determinar o comparecimento com antecedência mínima de uma 1 hora e 30 minutos do horário de início;

b) leve mais de uma caneta permitida;

- a caneta deve ser azul ou preta, fabricada em material transparente;

- não será permitido o uso de borracha e corretivo;

c) leve comprovante de inscrição + documento original de identidade, com foto;

d) leve água e chocolate;

e) se ficar nervoso: se você for religioso, faça uma oração antes de iniciar a prova; outra providência muito boa, havendo ou não religiosidade, é você fazer várias respirações profundas, de olhos fechados. Trata-se de uma técnica milenar para acalmar e concentrar. Além disso, antes de ir para a prova, escute suas músicas preferidas, pois isso acalma a dá um ânimo bom.

No mais, tenha bastante foco, disciplina, perseverança e fé!

Tenho certeza de que tudo dará certo.

Wander Garcia
Coordenador da Coleção

Prática Constitucional

Wander Garcia, Teresa Melo, Bruna Vieira e Ariane Wady

EXERCÍCIOS PRÁTICOS

1. PODER CONSTITUINTE

(OAB/ Exame Unificado – 2016.3- 2ª fase) O Presidente da República edita medida provisória estabelecendo novo projeto de ensino para a educação federal no País, que, dentre outros pontos, transfere o centenário Colégio Pedro II do Rio de Janeiro para Brasília, pois só fazia sentido que estivesse situado na cidade do Rio de Janeiro enquanto ela era a capital federal.

Muitas críticas foram veiculadas na imprensa, sendo alegado que a medida provisória contraria o comando contido no Art. 242, § 2º, da CRFB/88. Em resposta, a Advocacia-Geral da União sustentou que não era correta a afirmação, já que o mencionado dispositivo da Constituição só é constitucional do ponto de vista formal, podendo, por isso, ser alterado por medida provisória.

Considerando a situação hipotética apresentada, responda, de forma fundamentada, aos itens a seguir.

A) Segundo a Teoria Constitucional, qual é a diferença entre as denominadas normas materialmente constitucionais e as normas formalmente constitucionais? (Valor: 0,75)

B) O entendimento externado pela Advocacia-Geral da União à imprensa está correto, sendo possível a alteração de norma constitucional formal por medida provisória? (Valor: 0,50)

Obs.: o examinando deve fundamentar suas respostas. A mera citação do dispositivo legal não confere pontuação.

GABARITO COMENTADO

A) O examinando deverá responder que as normas materiais possuem *status* constitucional em razão do seu conteúdo, pois estabelecem normas referentes à estrutura organizacional do Estado, à separação dos Poderes e aos direitos e as garantias fundamentais, enquanto as normas em sentido formal só possuem o caráter de constitucionais porque foram elaboradas com o uso do processo legislativo próprio das normas constitucionais.

B) O examinado deverá responder que o entendimento externado pela Advocacia Geral da União à imprensa está incorreto, pois, independentemente da essência da norma, todo dispositivo que estiver presente no texto constitucional, em razão da rigidez constitucional, só poderá ser alterado pelo processo legislativo solene das emendas constitucionais, tal qual previsto no Art. 60 da CRFB/88.

PRÁTICA CONSTITUCIONAL – 6ª EDIÇÃO

4

(OAB/Exame Unificado – 2010.1 – 2ª fase) Em razão de inúmeras denúncias acerca de favorecimentos e dispensas irregulares de licitação na máquina pública de determinado estado da Federação, a assembleia legislativa tomou a iniciativa de inserir dispositivos na Constituição estadual, estabelecendo que os convênios celebrados por secretários de estado e os contratos por estes firmados serão eficazes apenas depois da aprovação do Poder Legislativo. No mesmo sentido, foi inserida na Carta estadual norma que exige autorização legislativa para que o estado possa contrair dívidas. Inconformado com as ações unilaterais tomadas pela assembleia legislativa, o governador avalia como proceder, juridicamente, para resguardar a independência e a autonomia do Poder Executivo estadual. Considerando a situação hipotética acima apresentada, discorra, de forma objetiva e devidamente fundamentada, sobre a legitimidade das iniciativas da assembleia legislativa e indique a medida mais adequada a ser tomada pelo governador do estado para tornar inválidas as normas constitucionais estabelecidas.

RESOLUÇÃO DA QUESTÃO

As iniciativas da Assembleia Legislativa constituem indevida interferência do Poder Legislativo no Poder Executivo, ferindo o princípio da separação de poderes. Como de conhecimento geral, o princípio da separação de poderes é estruturado com base na a) especialização funcional e na b) independência entre os poderes. A especialização funcional diz respeito à atribuição de uma "função típica" para cada um dos Poderes, o que não exclui o exercício de "funções atípicas", vale dizer, muito embora a função típica (preponderante) do Executivo seja administrar, do Legislativo seja legislar e do Judiciário seja julgar, nada impede que todos os Poderes legislem, administrem e julguem. Em suma: a função típica de um Poder é atípica do outro. Assim, a separação de Poderes é princípio limitador do poder estatal, pois, ao dividir os Poderes, impede-se o exercício arbitrário e centralizado de cada um, o que acabou sendo atingido pelo exemplo acima, já que a Constituição Federal não exige autorização prévia do Legislativo para que o Executivo possa contrair dívidas, nem há norma semelhante acerca da necessidade de aprovação de convênios do Executivo pelo Legislativo. Na hipótese, não foi observado o modelo federal previsto na CF, ferindo-se, também, o princípio da simetria federativa. Por isso, caberia ao governador propor ADIn contra essas normas da constituição estadual, já que é legitimado ativo para o controle concentrado de constitucionalidade perante o STF (art. 103, V, da CF), e as normas estaduais são dotadas de generalidade e abstração, podendo ser impugnadas via ADIn (art. 102, I, "a", da CF).

GABARITO COMENTADO PELA EXAMINADORA – CESPE

Na hipótese, os dispositivos constitucionais aprovados pela assembleia legislativa ferem frontalmente o princípio da separação de poderes e os contornos constitucionais adotados, no âmbito federal, sobre o tema. Com efeito, não cabe, por não haver paralelo com o modelo federal da tripartição de poderes, subordinar a eficácia de convênios celebrados por secretários de Estado, ou de contratos por estes firmados, à aprovação da assembleia legislativa, criando, assim, uma subordinação da ação do Poder Executivo ao Poder Legislativo. De igual modo, a Constituição Federal não exige autorização legislativa para que o Estado venha a contrair dívidas. Pelo princípio da simetria, o constituinte estadual está obrigado a seguir fielmente as opções de organização e de relacionamento entre os poderes acolhidos pelo constituinte federal, opções constantemente invocadas em ações diretas de inconstitucionalidade para a invalidação de normas constitucionais e infraconstitucionais dos estados-membros. São precisamente as ações diretas de inconstitucionalidade, a serem ajuizadas perante o Supremo Tribunal Federal, o instrumento adequado para o governador, como legitimado ativo (CF, art. 103, V), enfrentar a situação descrita.

Observação para a correção: atribuir pontuação integral às respostas em que esteja expresso o conteúdo do dispositivo legal, ainda que não seja citado, expressamente, o número do artigo.

2. DIREITOS E GARANTIAS FUNDAMENTAIS

(OAB/Exame Unificado - 2017.2 - 2º fase) Ernesto, de nacionalidade boliviana, imigrou para a República Federativa do Brasil em 2000 e, desde então, com aquiescência das autoridades brasileiras, fixou residência no território nacional. Cidadão de reputação ilibada e profundo admirador de nossa cultura, conheceu Cláudia, de nacionalidade portuguesa, também de reputação ilibada e que vivia no Brasil desde 2010.

Ernesto e Cláudia, que começaram a viver juntos há cerca de um ano, requereram a nacionalidade brasileira. Para surpresa de ambos, os requerimentos foram indeferidos. No caso de Ernesto, argumentou-se que suas características pessoais, como idade e profissão, não se enquadravam nas diretrizes da política nacional de migração. Quanto a Cláudia, argumentou-se a ausência de utilidade na naturalização, já que, por ser portuguesa, seria alcançada pelo estatuto da igualdade entre portugueses e brasileiros.

Inconformados com os indeferimentos, Ernesto e Cláudia procuraram os seus serviços como advogado(a) para que a situação de ambos fosse objeto de criteriosa análise jurídica.

Considerando a situação hipotética apresentada, responda, de forma fundamentada, aos itens a seguir.

A) Ernesto possui o direito subjetivo à obtenção da nacionalidade brasileira? (Valor: 0,60)

B) As razões invocadas para o indeferimento do requerimento de Cláudia mostram-se constitucionalmente corretas? (Valor: 0,65)

Obs.: o(a) examinando(a) deve fundamentar suas respostas. A mera citação ou transcrição do dispositivo legal não confere pontuação.

GABARITO COMENTADO

A) O(A) examinando(a) deve responder que, uma vez preenchidos os requisitos estabelecidos no Art. 12, inciso II, alínea b, da CRFB/88, o estrangeiro, como Ernesto, possui o direito subjetivo à obtenção da nacionalidade brasileira.

B) O(A) examinando(a) deve esclarecer que qualquer estrangeiro que preencha os requisitos exigidos, inclusive aquele originário dos países falantes de língua portuguesa, consoante o Art. 12, inciso II, alínea a, da CRFB/88, pode postular a obtenção da nacionalidade brasileira, o que ensejará o surgimento de vínculo mais estreitos com a República Federativa do Brasil.

PRÁTICA CONSTITUCIONAL – 6ª EDIÇÃO

DISTRIBUIÇÃO DOS PONTOS

ITEM	PONTUAÇÃO
A. Sim. Um estrangeiro, como Ernesto, possui o direito à obtenção da nacionalidade brasileira (0,50), uma vez preenchidos os requisitos estabelecidos no Art. 12, inciso II, alínea b, da CRFB/88 (0,10).	0,00/0,50/0,60
B. Não. O estrangeiro que preenche os requisitos exigidos, inclusive aquele originário dos países falantes de língua portuguesa, possui direito subjetivo à nacionalidade brasileira (0,55), consoante o Art. 12, inciso II, alínea a, da CRFB/88 (0,10).	0,00/0,55/0,65

(OAB/Exame Unificado - 2017.2- 2ª fase) Determinado cidadão (jurisdicionado) apresentou reclamação, perante o Conselho Nacional de Justiça (CNJ), em face de juiz do trabalho. Ao apreciar o caso, o CNJ, em sessão presidida pelo Conselheiro Presidente do Supremo Tribunal Federal, conhece da reclamação e instaura Processo Administrativo Disciplinar (PAD). Considerando que os fundamentos da defesa já tinham sido amplamente apresentados pelo juiz do trabalho em suas manifestações públicas, o CNJ, em prol da celeridade processual, afastou a necessidade de nova manifestação do referido agente, tendo decidido pela aposentadoria do magistrado com proventos proporcionais ao tempo de serviço.

Considere a seguinte situação hipotética e responda aos itens a seguir.

A) O cidadão poderia ter se dirigido ao Conselho Nacional de Justiça na forma descrita? (Valor: 0,60)

B) O procedimento do Conselho Nacional de Justiça foi correto? (Valor: 0,65)

Obs.: o(a) examinando(a) deve fundamentar suas respostas. A mera citação ou transcrição do dispositivo legal não confere pontuação.

GABARITO COMENTADO

A) O examinando deverá responder que de acordo com o direito de petição, previsto no Artigo 5o, inciso XXXIV, alínea a, da CRFB/88, "qualquer pessoa é parte legítima para representar ilegalidades perante o CNJ".

B) O examinando deverá responder que não, pois, de acordo com o Art. 5º, inciso LV, da CRFB/88 ("aos litigantes, em processo judicial ou administrativo, e aos acusados em geral são assegurados o contraditório e a ampla defesa, com os meios e recursos a ela inerentes"), a defesa do juiz e, portanto, o seu direito fundamental à defesa, não pode ser prejudicado ou relativizado por conduta não prevista na Constituição da República.

DISTRIBUIÇÃO DOS PONTOS

ITEM	PONTUAÇÃO
A. Qualquer pessoa é parte legítima para representar ilegalidades perante o CNJ (0,25), de acordo com o direito de petição OU direito de apresentar reclamação (0,25), previsto no Art. 5º, inciso XXXIV, alínea a, da CRFB/88 OU Art. 103-B, §4º, inciso III, da CRFB/88 (0,10).	0,00/0,25/0,35/ 0,50/0,60

B. Não. Aos litigantes, em processo judicial ou administrativo, e aos acusados em geral são assegurados o contraditório e a ampla defesa, com os meios e os recursos a ela inerentes (0,55), de acordo com o Art. 5°, inciso LV, da CRFB/88 (0,10).	0,00/0,55/0,65

(OAB/ Exame Unificado- 2016.2- 2ª fase) A Associação Antíqua, formada por colecionadores de carros antigos, observando que Mário, um de seus membros, supostamente teria infringido regras do respectivo Estatuto, designou comissão especial para a apuração dos fatos, com estrita observância das regras estatutárias. A Comissão, composta por membros de reconhecida seriedade, ao concluir os trabalhos, resolveu propor a exclusão de Mário do quadro de sócios, o que foi referendado pela Direção da Associação Antíqua.

Questionada por Mário sobre o fato de não ter tido a oportunidade de contraditar os fatos ou apresentar defesa, a Associação apresentou as seguintes alegações: em primeiro lugar, não seria possível a Mário contraditar os fatos ocorridos, já que as provas de sua ocorrência eram incontestáveis; em segundo lugar, os trâmites processuais previstos no Estatuto foram rigorosamente respeitados; em terceiro lugar, tratando-se de uma instituição privada, a Associação Antíqua tinha plena autonomia para a elaboração de suas regras estatutárias, que, no caso, permitiam a exclusão sem oitiva do acusado. Por fim, a Associação ainda alegou que Mário, ao nela ingressar, assinara um documento em que reconhecia a impossibilidade de solucionar possíveis litígios com a referida Associação pela via judicial.

Inconformado, Mário o procurou para, como advogado(a), orientá-lo sobre as questões a seguir.

A) O direito à ampla defesa e ao contraditório podem ser alegados quando regras convencionais não os preveem? (Valor: 0,80)

B) É possível que o Estatuto da Associação Antíqua possa estabelecer regra que afaste a apreciação da causa pelo Poder Judiciário? (Valor: 0,45)

Obs.: o examinando deve fundamentar suas respostas. A mera citação do dispositivo legal não confere pontuação.

GABARITO COMENTADO

A) No caso em tela, o direito à ampla defesa e ao contraditório, previsto no Art. 5°, LV, da CRFB, consubstancia preceito de ordem pública e não poderia ser desobedecido, mesmo no âmbito das relações privadas, configurando verdadeiro direito subjetivo de Mário. Afinal, direitos fundamentais dessa natureza devem ser observados tanto pelo Poder Público como pelos particulares. Nessa linha, o sistema jurídico-constitucional brasileiro tem reconhecido a possibilidade de aplicação da teoria da eficácia horizontal dos direitos fundamentais. Em consequência, as violações aos direitos fundamentais não ocorrem somente no âmbito das relações entre o particular e o Estado, mas igualmente nas relações estabelecidas entre pessoas físicas e jurídicas de direito privado. Assim, em casos análogos ao descrito, em que um ente submete uma pessoa ao seu poder decisório, os direitos fundamentais assegurados pela Constituição vinculam, diretamente, não apenas os poderes públicos, como também estão direcionados à proteção dos particulares em face do poder privado.

B) Não. Se o inciso XXXV do Art. 5° da Constituição Federal estabelece que "a lei não excluirá da apreciação do Poder Judiciário lesão ou ameaça a direito", por muito maior

PRÁTICA CONSTITUCIONAL – 6ª EDIÇÃO

razão, diploma normativo sublegal certamente também não poderá fazê-lo. Acrescente-se que o dispositivo em referência tem natureza de direito fundamental, o que aumenta ainda mais sua densidade normativa.

DISTRIBUIÇÃO DOS PONTOS

ITEM	PONTUAÇÃO
A1. Sim, pois o direito à ampla defesa e ao contraditório, previsto no Art. 5º, LV, da Constituição Federal (0,10), consubstancia preceito de ordem pública OU configura verdadeiro direito subjetivo de Mário (0,30).	0,00/0,30/0,40
A2. Nesta linha, o sistema jurídico-constitucional brasileiro reconhece a aplicabilidade da teoria da eficácia horizontal dos direitos fundamentais, que devem ser observados tanto pelo Poder Público como pelos particulares (0,40).	0,00/0,40
B. Não, por força do princípio da inafastabilidade de jurisdição (0,35), previsto no inciso XXXV do Art. 5º da Constituição Federal (0,10).	0,00 / 0,35 /0,45

(OAB/Exame Unificado – 2013.2 – 2ª fase) Morales, de nacionalidade cubana, participante de *reality show* produzido e divulgado por emissora de televisão brasileira, alega que teve o seu direito fundamental à intimidade violado, ao serem amplamente divulgadas imagens suas em ato de convulsão, decorrentes de disfunção epilética que possui. Assim, após sua saída do programa, ingressa com demanda em face da emissora de televisão.

Considerando o fato acima descrito, responda fundamentadamente:

A) É possível invocar um direito fundamental, previsto na Constituição, em uma demanda movida contra um particular? (Valor: 0,65)

B) Seria correto o argumento, posto em sede de defesa, que a norma constitucional que resguarda o direito à intimidade não pode ser invocado, tendo em vista a ausência de lei disciplinando o dispositivo constitucional? (Valor: 0,60)

GABARITO COMENTADO – FGV

O objetivo da questão é verificar se o candidato tem conhecimento das características dos direitos fundamentais, bem como das teorias acerca de sua aplicação.

A) Deve ser respondido que é possível a demanda, explicando o que vem a ser eficácia horizontal dos direitos fundamentais, bem como esclarecendo que esta eficácia horizontal decorre da dimensão objetiva dos direitos fundamentais.

B) Não é correto o argumento da defesa. Os direitos individuais, nos termos do Art. 5º, § 1º, da Constituição Federal, têm aplicabilidade imediata, prescindindo de edição de norma regulamentadora, salvo quando a própria Constituição assim o exigir expressamente.

(OAB/Exame Unificado – 2010.1 – 2ª fase) Pedro teve ciência informal de que fora denunciado a determinado órgão de controle da administração pública pela prática de conduta ilícita. Com a finalidade de ajuizar ação em defesa de seu nome, sua honra e sua imagem, ele requereu ao poder público informações quanto à identificação e aos dados do(s) denunciante(s). O órgão público indeferiu o pedido, destacando que o interessado deveria valer-se do *habeas data*. Inconformado com a negativa, Pedro procurou o auxílio de um profissional da advocacia. Considerando essa situação hipotética, na qualidade de advogado(a) contratado(a) por Pedro, indique, com a devida fundamentação, a medida judicial cabível para que Pedro possa ter acesso à identificação e aos dados do(s) denunciante(s) e exponha os argumentos indispensáveis à adequada defesa de seu cliente.

RESOLUÇÃO DA QUESTÃO

A ação de *habeas data*, muito embora tenha por objeto a obtenção de informações, estas devem se referir à pessoa do impetrante e não a terceiro. No caso, não se busca a) assegurar o conhecimento de informações relativas à pessoa do impetrante, constantes de registros ou bancos de dados de entidades governamentais ou de caráter público; nem b) retificar dados do impetrante, constantes dos mesmos registros ou banco de dados. Ao contrário, como Pedro deseja obter informações sobre a identidade do denunciante, deve impetrar mandado de segurança, pois tem direito líquido e certo à proteção de sua honra, de sua imagem e de seu nome, com pedido de liminar para evitar que o dano ocorra.

GABARITO COMENTADO PELA EXAMINADORA – CESPE

A medida cabível e o mandado de segurança, com fundamento no art. 5°, LXIX, da CF, segundo o qual "conceder-se-á mandado de segurança para proteger direito líquido e certo, não amparado por habeas corpus ou habeas data, quando o responsável pela ilegalidade ou abuso de poder for autoridade pública ou agente de pessoa jurídica no exercício de atribuições do Poder Público". Não se revela cabível o *habeas data* na medida em que se pretende obter informações a respeito de terceiro, e não do próprio impetrante, sendo certo que a referida ação constitucional tem caráter personalíssimo. Assim, por meio de *habeas data*, somente podem ser pleiteadas informações relativas ao próprio impetrante, nunca de terceiros. Na hipótese, como se pretende obter dados inerentes a terceiro (o denunciante), o mandado de segurança configura o remédio apto a impugnar a ilegalidade e o abuso de poder. De acordo com a jurisprudência, o mandado de segurança e o instrumento hábil para a obtenção do nome e informações do(s) denunciante(s) em tais hipóteses. O impetrante tem o direito líquido e certo de obter informações acerca da identidade da pessoa do denunciante, como meio para postular a defesa de sua imagem, nome e honra. A Constituição Federal se expressa ao consignar, no art. 5°, X, que "são invioláveis a intimidade, a vida privada, a honra e a imagem das pessoas, assegurado o direito a indenização pelo dano material ou moral decorrente de sua violação". Em tais circunstâncias, quando se envolve a proteção à honra e à imagem, a defesa precisa ser promovida de pronto antes que as afirmações difamatórias possam ser difundidas, em prejuízo irreparável para o impetrante. Nesse sentido, restam demonstradas a liquidez e a certeza do direito do impetrante de obter conhecimento quanto à identificação do(s) denunciante(s) como forma de viabilizar a defesa de seu nome e de sua honra.

Observação para a correção: atribuir pontuação integral às respostas em que esteja expresso o conteúdo do dispositivo legal, ainda que não seja citado, expressamente, o número do artigo.

PRÁTICA CONSTITUCIONAL – 6ª EDIÇÃO

3. ORGANIZAÇÃO DO ESTADO

(OAB/ Exame Unificado- 2016.1- 2ª fase) O governador do Estado M decidiu propor duas emendas à Constituição estadual. A primeira, com o objetivo de instituir normas que disciplinem o rito procedimental e de julgamento dos crimes de responsabilidade, acrescentando sanções mais severas que as vigentes. A segunda, por sua vez, com o propósito de alterar o critério de escolha dos conselheiros do Tribunal de Contas do Estado, de forma que três, do total de sete membros, passem a ser escolhidos, dentre os candidatos habilitados, pelo voto popular.

Sobre as propostas acima formuladas, de acordo com o sistema jurídico-constitucional brasileiro, responda aos itens a seguir.

A) É possível que o poder constituinte derivado do Estado-membro M altere a Constituição Estadual para instituir normas que disciplinem o rito procedimental e de julgamento dos crimes de responsabilidade, bem como para acrescer sanções? Justifique. (Valor: 0,65)

B) A autonomia estadual é suficiente para fundamentar a proposta de eleição para Conselheiro do Tribunal de Contas, nos termos propostos pelo Governador? Justifique. (Valor: 0,60)

Obs.: *o examinando deve fundamentar suas respostas. A mera citação do dispositivo legal não confere pontuação.*

GABARITO COMENTADO

A) Não. O sistema jurídico-constitucional brasileiro estabelece que o Estado-membro não pode legislar sobre crime de responsabilidade, ainda que por intermédio de sua Constituição (estadual). A competência para legislar sobre crime de responsabilidade é privativa da União nos termos do Art. 22, I) E/OU do Art. 85, parágrafo único, ambos da CRFB/88. É o que dispõe a Súmula Vinculante nº 46.

B) Não. O Art. 75 da CRFB/88 impõe, explicitamente, a necessidade de se observar a simetria entre as regras constantes na Seção IX, do Capítulo I, do Título IV, da CRFB/88, estabelecidas para o Tribunal de Contas da União e as regras a que devem se submeter os Tribunais congêneres estaduais. Ora, sendo a Constituição Estadual obra do poder constituinte derivado decorrente, não pode afrontar mandamento imposto pelo constituinte originário. No caso de a proposta do Governador ser levada à frente, estaria sendo violada a regra constante no Art. 73, § 2º, da CRFB/88.

DISTRIBUIÇÃO DOS PONTOS

ITEM	PONTUAÇÃO
A. Não. O sistema jurídico-constitucional brasileiro estabelece que o Estado-membro não pode legislar sobre crime de responsabilidade, ainda que por intermédio de sua Constituição (estadual) (0,20). A competência para legislar sobre crime de responsabilidade é privativa da União (0,25) nos termos do Art. 22, I) E/OU do Art. 85, parágrafo único, ambos da CRFB/88 (0,10). É o que dispõe a Súmula Vinculante nº 46. (0,10)	0,00 / 0,20 / 0,25/ 0,30 /0,35 / 0,45 / 0,55 /0,65

B. Não. O Art. 75 da CRFB/88 OU a Súmula 653 do STF (0,10) impõe a necessidade de se observar a simetria entre as regras constantes da Seção IX, do Capítulo I, do Título IV, da Constituição Federal, concernentes ao Tribunal de Contas da União, e as regras a que devem se submeter os Tribunais congêneres estaduais (0,20). Sendo a Constituição Estadual obra do poder constituinte derivado decorrente, não pode afrontar mandamento imposto pelo constituinte originário (0,20). Assim, a proposta do Governador, viola a regra constante no Art. 73, § 2°, da CRFB/88. (0,10)	0,00 / 0,20 / 0,30 / 0,40 / 0,50 / 0,60

(OAB/ Exame Unificado – 2016.1- 2ª fase) O Estado X editou a Lei n° 1.234, de 5 de fevereiro de 2010, para criar o Município Z, desmembrando-o do então Município W. Para a criação do ente federativo foram devidamente realizados os estudos de viabilidade municipal, bem como a consulta prévia às populações dos entes federativos envolvidos nesse evento. O novo Município estava em pleno funcionamento até que, em final de 2015, o vereador Toninho do Bem, do Município W, aventa publicamente a intenção do diretório municipal de seu partido "Vamos Brasil", com representação no Congresso Nacional, de propor uma Ação Direta de Inconstitucionalidade (ADI), perante o Supremo Tribunal Federal, para questionar a criação do Município Z.

Com base no fragmento acima, responda, fundamentadamente, aos itens a seguir.

A) A partir das normas constitucionais sobre a criação de município, a lei do Estado X é constitucional? (Valor: 0,65)

B) O diretório municipal do partido "Vamos Brasil" possui legitimidade para a propositura de Ação Direta de Inconstitucionalidade? (Valor: 0,60)

Obs.: sua resposta deve ser fundamentada. A simples menção ao dispositivo legal não será pontuada.

GABARITO COMENTADO

A) A lei do Estado X é inconstitucional, pois o Art. 18, § 4°, da CRFB/88, desde a EC n° 15/96, exige a edição de lei complementar federal para determinar o período de criação de municípios por meio de lei estadual, transformando o referido dispositivo constitucional em norma constitucional de eficácia limitada, dependente de integração do legislativo federal para que todos os seus efeitos jurídicos possam ser produzidos. Até o presente momento não existe lei complementar a que se refere o Art. 18, § 4°, da CRFB/88, e o período da lei estadual está fora do âmbito da EC 57 (Art. 96 do ADCT), evidenciando, portanto, flagrante inconstitucionalidade por omissão, já pronunciada pelo STF.

B) Partido político possui legitimidade para a propositura de ADI desde que possua representação no Congresso Nacional, conforme o disposto no Art. 103, VIII, da CRFB/88 ("*Art. 103. Podem propor a Ação Direta de Inconstitucionalidade e a ação declaratória de constitucionalidade: VIII – partido político com representação no Congresso Nacional;*"). A Lei n° 9.868/99, da mesma forma, prevê um rol de legitimados que inclui o partido político com representação no Congresso Nacional ("Art. 2o. *Podem propor a Ação Direta de Inconstitucionalidade: VIII – partido político com representação no Congresso Nacional*"). Porém, o STF já externou seu entendimento de que o diretório municipal dos partidos políticos não tem legitimidade para a propositura de ADI em razão de não possuir condições para atuação em âmbito nacional, pois somente os diretórios nacionais e a executiva nacional do partido político possuem esta atribuição.

PRÁTICA CONSTITUCIONAL – 6ª EDIÇÃO

DISTRIBUIÇÃO DOS PONTOS

ITEM	PONTUAÇÃO
A. Não. A lei do Estado X é inconstitucional, pois segundo o Art. 18, § 4º, da CRFB/88 (0,10), norma constitucional de eficácia limitada (0,10), é necessária a elaboração de lei complementar federal para a produção de seus efeitos (0,45).	0,00/0,10/0,20/0,45/0,55/ 0,65
B. Não. O diretório municipal de partido político não tem legitimidade para a pro-positura de ADI em razão de não possuir condições para atuação em âmbito nacional (0,30), pois somente os diretórios nacionais e a executiva nacional do partido político possuem esta atribuição. (0,20), conforme o Art. 103, VIII, da CRFB/88 OU o Art. 2º, inc. VIII, da Lei nº 9.868/99 (0,10)	0,00 / 0,20 / 0,30/ 0,40 /0,50/0,60

(OAB/Exame Unificado – 2013.3 – 2ª fase) Com a aproximação do pleito eleitoral, o Prefeito do Município ABC, que concorrerá à reeleição, vem tentando resgatar a sua imagem, desgastada por conta de sucessivos escândalos. O Prefeito deu início a uma série de obras públicas de embe-lezamento da cidade e quadruplicou as receitas destinadas à publicidade. Para fazer face a essas despesas, o Município deixou de aplicar o mínimo exigido da receita municipal na manutenção e desenvolvimento do ensino e nas ações e serviços públicos de saúde e anunciou corte ainda maior nas verbas destinadas à educação e saúde para o exercício financeiro seguinte. Considerando que a Constituição da República autoriza a intervenção nessa hipótese, responda, fundamentadamente, aos itens a seguir.

A) A União pode intervir nos Municípios, caso o Estado deixe de fazê-lo? (Valor: 0,65)

B) Caso o Governador decrete a intervenção do Estado no Município, tal ato estará sujeito a alguma forma de controle político? (Valor: 0,60)

GABARITO COMENTADO

A) A resposta é negativa. A intervenção é medida excepcional, que só poderá ocorrer nas hipóteses taxativamente enumeradas no texto constitucional. E a Constituição somente autoriza a intervenção federal em Estados ou em Municípios situados em territórios federais (artigos 34 e 35, da CRFB), mas não a intervenção federal em municípios situados em Estados (ainda que haja omissão do Estado). Nesse sentido, o Supremo Tribunal Federal, de longa data, deixou assentada essa impossibilidade, registrando que os municípios situados no âmbito dos estados-membros não se expõem à possibilidade constitucional de sofrerem intervenção decretada pela União, eis que, relativamente a esses entes municipais, a única pessoa política ativamente legitimada a neles intervir é o Estado-membro. Por isso mesmo, no sistema constitucional brasileiro, falece legiti-midade ativa à União para intervir em quaisquer Municípios, ressalvados, unicamente, os Municípios localizados em Território Federal.

B) A resposta é positiva. A intervenção estadual no município, no caso descrito, é ato executado pelo Chefe do Poder Executivo (Governador). Nada obstante, a própria Constituição da República estabelece o controle político *a posteriori* da Assembleia Legislativa do Estado sobre o Decreto de intervenção expedido pelo Governador (Art. 36, § 1º, CRFB).

Distribuição dos pontos

ITEM	PONTUAÇÃO
A. Não, pois a intervenção é medida excepcional, que só poderá ocorrer nas hipóteses taxativamente enumeradas no texto constitucional. E a Constituição somente autoriza a intervenção federal em estados ou em municípios situados em territórios federais (0,45) – artigos 34 (0,10) e 35 (0,10) da CRFB. Entretanto veda a intervenção federal em municípios situados em estados (ainda que haja omissão do Estado). Obs.: A mera citação do dispositivo legal não pontua.	0,00/0,45/0,55/0,65
B. Sim, pois a própria Constituição da República estabelece o controle político a *posteriori* da Assembleia Legislativa do Estado sobre o decreto de intervenção expedido pelo Governador (0,50), de acordo com Art. 36, § 1º, CRFB (0,10). Obs.: A mera citação do dispositivo legal não pontua.	0,00/0,50/0,60

(OAB/Exame Unificado – 2013.1– 2ª fase) O Estado, sem motivo de força maior, não repassa aos municípios receitas tributárias determinadas pela Constituição Federal, nos prazos nela determinados. O Município JJ necessita dos recursos para realizar os serviços básicos de atendimento à população.

Diante do narrado, responda aos itens a seguir.

A) Quais as consequências do não repasse das verbas referidas? (Valor: 0,50)

B) Quais os procedimentos exigidos pela Constituição nesse caso? (Valor: 0,75)

O examinando deve fundamentar corretamente sua resposta. A simples menção ou transcrição do dispositivo legal não pontua.

GABARITO COMENTADO – FGV

A) Nos termos do Art. 34, V, b) da CFRB. (Art. 34. A União não intervirá nos Estados nem no Distrito Federal, exceto para:... V – reorganizar as finanças da unidade da Federação que: a) suspender o pagamento da dívida fundada por mais de dois anos consecutivos, salvo motivo de força maior; b) deixar de entregar aos Municípios receitas tributárias fixadas nesta Constituição, dentro dos prazos estabelecidos em lei;). Trata-se de intervenção para defesa das finanças estaduais.

B) O ato de intervenção será formalizado por decreto do Poder Executivo (CFRB, Art. 36). No caso em tela dependerá apenas da constatação dos fatos, ou seja, do não repasse. Haverá a nomeação de um interventor, pois se trata de intervenção no Executivo. Será o decreto submetido ao Congresso Nacional que, se em recesso, sofrerá convocação extraordinária (CFRB, Art. 36, §§ 1º e 2º). O ato pode ser realizado *ex officio* pelo Presidente da República ou decorrer de comunicação do município. Deverão ser ouvidos o Conselho da República (Art. 90, I, da CRFB) e o Conselho de Defesa Nacional (Art. 91, § 1º, II, da CRFB).

PRÁTICA CONSTITUCIONAL – 6ª EDIÇÃO

Distribuição dos pontos

QUESITO AVALIADO	FAIXA DE VALORES
A. Intervenção da União nos Estados (0,25). Art. 34, V, "b", da CRFB (0,25).	0,00 / 0,25 / 0,50
B1. Decreto do Presidente (CFRB, Art. 36) (0,15). Submissão ao Congresso (CFRB, Art. 36) (0,15). Convocação extraordinária (0,15)	0,00 / 0,15 / 0,30 / 0,45
B2. Conselho da República (Art. 90, I, da CRFB) (0,15) e o Conselho de Defesa Nacional (Art.91, § 1º, II, da CRFB) (0,15).	0,00 / 0,15 / 0,30

4. ADMINISTRAÇÃO PÚBLICA

(OAB/Exame Unificado – 2011.2 – 2ª fase) O Tribunal de Contas da União (TCU), acolhendo representação contendo fortes indícios de irregularidades em procedimento licitatório realizado por entidade submetida à sua fiscalização, determina, cautelarmente, a suspensão do certame e fixa prazo para que o gestor responsável apresente defesa. Após regular instrução do processo, o TCU rejeita as razões de defesa, confirma a medida acautelatória e aplica multa sancionatória ao administrador público responsável pelas irregularidades.

Com base no cenário acima, responda aos itens a seguir, empregando os argumentos jurídicos apropriados e a fundamentação legal pertinente ao caso.

A) É juridicamente possível a suspensão cautelar do procedimento licitatório por decisão do TCU? (Valor: 0,65)

B) Supondo que, contra a aplicação da multa sancionatória, não tenha sido interposto qualquer recurso administrativo, qual é a providência a ser adotada para sua execução? (Valor: 0,60)

RESOLUÇÃO DA QUESTÃO

A) É juridicamente possível a suspensão cautelar do procedimento licitatório por decisão do Tribunal de Contas da União, conforme o entendimento do Supremo Tribunal Federal. A Suprema Corte acolhe a teoria dos poderes implícitos e admite que os órgãos de fiscalização, tendo por base a preservação de suas funções institucionais e o cumprimento das atribuições impostas pela Constituição, se valham de medidas cautelares como a mencionada na questão. Além disso, o art. 71, IX, da Constituição Federal, determina que o Tribunal de Contas da União pode, quando verificada ilegalidade, assinar prazo para que o órgão ou entidade adote as providências necessárias ao exato cumprimento da lei, o que autoriza, ainda que implicitamente, a adoção de medidas cautelares.

B) A providência a ser tomada em relação ao efetivo cumprimento da multa sancionatória aplicada ao administrador público responsável pelas irregularidades é a promoção da execução do título que, conforme o art. 71, § 3º, da Constituição Federal, é considerado título executivo extrajudicial. A competência para tanto é da Advocacia-Geral da União, pois é ela quem representa judicial e extrajudicialmente a União. Tal ente federativo é que será beneficiado, se houver condenação.

Comentários adicionais

Leitura do MS 24.510, Rel. Min. Ellen Gracie, julgamento em 19/11/2003, Plenário, DJ de 19/03/2004

GABARITO COMENTADO PELA EXAMINADORA – FGV

Quanto à adoção de medidas cautelares pelo Tribunal de Contas da União, a jurisprudência do Supremo Tribunal Federal reconhece a atribuição de índole cautelar às Cortes de Contas, com apoio na teoria dos poderes implícitos, permitindo a adoção das medidas necessárias ao fiel cumprimento de suas funções institucionais e ao pleno exercício das competências que lhe foram outorgadas, diretamente, pela própria Constituição da República. O *leading case* na matéria foi o MS 24.510, Rel. Min. Ellen Gracie, julgamento em 19-11-2003, Plenário, DJ de 19-3-2004. Além disso, seria um poder implícito decorrente da competência expressa no artigo 71, IX, da CRFB.

Por sua vez, quanto ao item b, as decisões dos Tribunais de Contas de que resulte aplicação de multa ostentam eficácia de título executivo extrajudicial (artigo 71, § 3º, CRFB) e sua execução compete ao órgão de representação judicial do ente público beneficiário da condenação, no caso, a Advocacia-Geral da União.

Distribuição dos pontos pela FGV

ITEM	PONTUAÇÃO
a1) É juridicamente possível a suspensão cautelar do procedimento licitatório, conforme precedentes do STF (0,30). A jurisprudência do STF reconhece o poder geral de cautela aos Tribunais de Contas com fundamento na teoria dos poderes implícitos. (0,25)	0 / 0,25 / 0,30 / 0,55
a2) Artigo 71, IX, da CRFB. (0,10)	0 / 0,10
b) Compete à AGU / representante judicial promover a execução da multa (0,30). A decisão do Tribunal de Contas que aplica a multa tem natureza de título executivo extrajudicial (0,15) – artigo 71, § 3º, CRFB (0,15).	0 / 0,15 / 0,30 / 0,45 / 0,60

5. ORGANIZAÇÃO DOS PODERES

(OAB/Exame Unificado – 2017.2 – 2º fase) João, vereador do Município X, e José, senador pelo Estado Y, ambos pertencentes ao Partido K, proferiram inflamado discurso em Brasília contra as atividades desenvolvidas por determinada autarquia federal. Ao final, concluíram que os resultados alcançados nos últimos anos por essa pessoa jurídica de direito público eram pífios, o que era mais que esperado, já que o seu presidente, o Sr. Antônio, "era sabidamente inapto para o exercício da função".

Ao tomar conhecimento do discurso, o Sr. Antônio ficou transtornado. Afinal, era servidor público de carreira e era conhecido por todos pela lisura e seriedade do seu comportamento. Quanto aos maus resultados da autarquia, seriam sabidamente decorrentes da crise econômica que assolava o país, não da incompetência do seu presidente.

Por fim, o Sr. Antônio procurou o seu advogado e disse que queria adotar as providências necessárias para a responsabilização do vereador João e do senador José pelos danos causados à sua honra.

Considerando a situação hipotética apresentada, responda, de forma fundamentada, aos itens a seguir.

A) O vereador João e o senador José podem ser responsabilizados civilmente pelas ofensas à honra do Sr. Antônio? (Valor: 0,75)

PRÁTICA CONSTITUCIONAL – 6ª EDIÇÃO

B) O vereador João e o senador José, nas circunstâncias indicadas, seriam alcançados por alguma imunidade formal passível de influir na sua responsabilidade penal? (Valor: 0,50)
Obs.: o(a) examinando(a) deve fundamentar suas respostas. A mera citação ou transcrição do dispositivo legal não confere pontuação.

GABARITO COMENTADO

A) O senador José não poderia ser responsabilizado civilmente, pois é inviolável pelas opiniões e pelas palavras correlatas ao exercício do mandato (Art. 53, caput, da CRFB/88), sendo certo que compete ao Congresso Nacional fiscalizar e controlar os entes da administração indireta (Art. 49, inciso X, da CRFB/88). Possui, portanto, imunidade material. Já o vereador João poderia ser responsabilizado, pois a inviolabilidade por suas opiniões e palavras é restrita à circunscrição do Município e ao exercício do mandato (Art. 29, inciso VIII, da CRFB/88).

B) O senador José possui imunidade formal, consistente na impossibilidade de ser preso, salvo em caso de flagrante de crime inafiançável (Art. 53, § 2o, da CRFB/88) e na possibilidade de a tramitação do processo penal que venha a responder ser sustada por deliberação do Senado Federal (Art. 53, § 3o, da CRFB/88). O vereador João, por sua vez, não possui imunidade formal (Art. 29, inciso VIII, da CRFB/88).

DISTRIBUIÇÃO DOS PONTOS

ITEM	PONTUAÇÃO
A1. O senador José não poderia ser responsabilizado civilmente, pois é inviolável pelas opiniões e pelas palavras correlatas ao exercício do mandato (0,20), segundo o Art. 53, caput, da CRFB/88 (0,10). O senador possui imunidade material (0,20)	0,00 / 0,15 / 0,25
A2. Já o vereador João poderia ser responsabilizado, pois a inviolabilidade por suas opiniões e palavras é restrita à circunscrição do Município e ao exercício do mandato (0,15), segundo o Art. 29, inciso VIII, da CRFB/88 (0,10).	
B. O senador José possui imunidade formal, consistente na impossibilidade de ser preso, salvo em caso de flagrante de crime inafiançável (0,20), segundo o Art. 53, § 2º, da CRFB/88 (0,10). O vereador João, por sua vez, não possui imunidade formal (0,10), segundo o Art. 29, inciso VIII, da CRFB/88 (0,10).	0,00 / 0,10/ 0,20/ 0,30 / 0,40 / 0,50

(OAB/ Exame Unificado 2017.1- 2ª fase) O Governador do Estado Z, no decorrer de seu mandato, é processado por agredir fisicamente um funcionário do hotel em que se hospedara no decorrer de suas férias, pois esse funcionário não teria tido o devido cuidado no transporte de suas malas. O fato ganhou as manchetes dos meios de comunicação, o que deu origem a uma forte pressão popular para que o agente político respondesse penalmente pelo desvio de conduta cometido.

O Governador, preocupado, alega em sua defesa que se trata de conduta não passível de responsabilização, pois, quando a Constituição estabelece que o Presidente da República não responde por crimes estranhos ao exercício de sua função, estende tal direito, com base no princípio da simetria, a todos os chefes de Poder Executivo.

Sobre o fato descrito, responda aos itens a seguir.

A) Tem razão o Governador quando afirma que, se a conduta descrita fosse praticada pelo Presidente da República, este não responderia criminalmente? Justifique. (Valor: 0,60)

B) No caso em tela, o Ministério Público poderia ajuizar a ação penal, de imediato, em face do Governador? Justifique. (Valor: 0,65)

Obs.: o(a) examinando(a) deve fundamentar as respostas. A mera citação do dispositivo legal não confere pontuação.

GABARITO COMENTADO

A) Não possui. O que o Art. 86, § 4º, da CRFB/88 confere ao Presidente da República é uma prerrogativa de índole processual, ou mesmo uma imunidade temporária à persecução penal. O preceito não dispõe que o Presidente é irresponsável por crimes não funcionais praticados no curso do mandato, mas apenas que, por tais crimes, não poderá ser responsabilizado enquanto não cessar sua investidura na Presidência da República.

B) Sim. De acordo com o sistema jurídico-constitucional brasileiro, as prerrogativas contempladas nesse preceito da Lei Fundamental, por serem unicamente compatíveis com a condição institucional de Chefe de Estado, e não com a de Chefe de Governo, são aplicáveis apenas ao Presidente da República, não sendo extensíveis aos Governadores. Além disso, poder-se-ia alegar que a aplicação da simetria no caso em tela é medida violadora ao princípio republicano. Nessa linha, o Governador do Estado Z, não gozando dessa prerrogativa, não possui nem mesmo direito à imunidade temporária à persecução penal garantida ao Presidente, podendo a ação penal ser ajuizada de imediato.

DISTRIBUIÇÃO DOS PONTOS

ITEM	PONTUAÇÃO
A. Não possui razão. O que o Art. 86, § 4º, da CRFB/88 (0,10) confere ao Presidente da República não é imunidade penal, mas imunidade temporária à persecução penal que impede a sua responsabilização enquanto não cessar sua investidura no cargo de Presidente da República (0,50).	0,00/0,50/0,60
B. Sim. O Governador não goza da imunidade temporária à persecução penal outorgada ao Presidente da República pelo Art. 86, § 4º, da CRFB/88 (0,10), porque unicamente compatível com a condição institucional de Chefe de Estado, e não com a de Chefe de Governo (0,55) OU porque a aplicação da simetria no caso em tela é medida violadora ao princípio republicano (0,55), previsto no Art. 1º, *caput*, da CRFB/88 (0,10)	0,00/0,55/0,65

(OAB/ Exame Unificado 2015.1- 2ª fase) Os jornais noticiaram violenta chacina ocorrida no Estado Y, onde foram torturadas e assassinadas dezenas de crianças e mulheres de uma comunidade rural de baixa renda, com suspeita de trabalho escravo.É aberto inquérito policial para a investigação dos fatos e, passado um mês do ocorrido, a polícia e as autoridades locais mantêm-se absolutamente inertes, configurando, de forma patente, omissão na apuração dos crimes. A

PRÁTICA CONSTITUCIONAL – 6ª EDIÇÃO   18

imprensa nacional e a internacional dão destaque à omissão, afirmando que o Estado Y não é capaz de assegurar a proteção aos diversos direitos humanos contidos em tratados internacionais dos quais o Brasil é signatário.

Com base no caso apresentado, responda aos itens a seguir.

A) O que se entende por federalização dos crimes contra os direitos humanos? (Valor: 0,65)

B) O Presidente da República pode requerer a aplicação do instituto? Perante qual juízo ou tribunal brasileiro deve ser suscitado o instituto da federalização dos crimes contra os direitos humanos? (Valor: 0,60)

O examinando deve fundamentar suas respostas. A mera citação do dispositivo legal não confere pontuação.

GABARITO COMENTADO

A) O examinando deve indicar que a federalização dos crimes contra os direitos humanos é um instituto trazido pela Emenda Constitucional nº 45/2004, consistente na possibilidade de deslocamento de competência da Justiça comum para a Justiça Federal, nas hipóteses em que ficar configurada grave violação de direitos humanos. Tem previsão no Art. 109, § 5º, da Constituição Federal.

A finalidade do instituto é a de assegurar proteção efetiva aos direitos humanos e o cumprimento das obrigações assumidas pelo Brasil em tratados internacionais.

B) O examinando deve indicar que o Presidente da República não tem competência para suscitar a aplicação do instituto. Conforme previsão constante do Art. 109, § 5º, da Constituição Federal, apenas o Procurador Geral da República pode suscitar a aplicação do instituto, e, nos termos do mesmo dispositivo, o tribunal perante o qual deve ser suscitado o instituto é o Superior Tribunal de Justiça (STJ).

DISTRIBUIÇÃO DOS PONTOS

ITEM	PONTUAÇÃO
A1. A federalização dos crimes contra os direitos humanos é um instituto trazido pela Emenda Constitucional n. 45/2004, que consiste na possibilidade de <u>deslocamento de competência</u> da Justiça comum para a Justiça Federal (0,35)	0,00/0,35
A2. A federalização dos crimes tem cabimento nas hipóteses em que ficar configurada grave violação de direitos humanos (0,20).	0,00/0,20
A3. Tem previsão no Art. 109, § 5º, da Constituição Federal. (0,10) Obs.: A mera citação do dispositivo legal não confere pontuação, e deve ser contextualizada com o conteúdo dos itens A1 ou A2.	0,00/0,10
B1. Não, o Presidente da República não pode suscitar a aplicação do instituto. Apenas o Procurador Geral da República tem legitimidade para fazê-lo, (0,20)	0,00/0,20
B2. O instituto deve ser suscitado perante o Superior Tribunal de Justiça (STJ), conforme previsão do mesmo dispositivo. (0,30)	0,00/0,30

B3. Conforme Art. 109, § 5º, da Constituição Federal. (0,10) Obs.: A mera citação do dispositivo legal não confere pontuação, e deve ser contextualizada com o conteúdo dos itens B1 ou B2.	0,00/0,10

(OAB/ Exame Unificado – 2015.1 – 2ª fase) O Estado X, integrante da República Federativa do Brasil, foi agraciado com o anúncio da descoberta de enormes jazidas de ouro, ferro, estanho e petróleo em seu território. As jazidas de minério estão todas localizadas no Município de Alegria e as de petróleo, no Município de Felicidade, ambos localizados no Estado X.Tendo em vista o disposto no ordenamento jurídico nacional, responda aos itens a seguir.

A) A qual ente federativo pertencem os recursos naturais recentemente descobertos? Os demais entes, em cujos territórios se deu a descoberta, recebem alguma participação no resultado da exploração desses recursos? (Valor: 0,85)

B) Um dos entes federativos (Estado ou Município), insatisfeito com a destinação dos recursos naturais descobertos em seu território, pode, à luz do nosso ordenamento, propor a secessão, a fim de se constituir em ente soberano, único titular daqueles recursos? Caso positiva a resposta, qual o procedimento a ser seguido? (Valor: 0,40)

O examinando deve fundamentar suas respostas. A mera citação do dispositivo legal não confere pontuação.

GABARITO COMENTADO

A) O examinando deve identificar que, conforme previsão constante do Art. 20, IX, da Constituição, são bens da União os recursos minerais, inclusive os do subsolo. E o Art. 176, da Constituição, em idêntico sentido, dispõe que as jazidas, em lavra ou não, e demais recursos minerais constituem propriedade distinta da do solo, para efeito de exploração ou aproveitamento, e pertencem à União. Portanto, as jazidas de ouro, ferro, estanho e petróleo recentemente descobertas pertencem à União. Nada obstante, a própria Constituição, em seu Art. 20, § 1º, assegura aos Estados e aos Municípios participação no resultado da exploração de petróleo ou gás natural e de outros recursos minerais no respectivo território, plataforma continental, mar territorial ou zona econômica exclusiva, ou compensação financeira por essa exploração. Dessa forma, o Estado "X" e os Municípios de Alegria e Felicidade têm participação assegurada no resultado ou compensação financeira pela exploração de recursos em seus territórios.

B) A resposta é negativa. Nos termos do Art. 1º da Constituição, a República Federativa do Brasil é formada pela união indissolúvel dos Estados e Municípios e do Distrito Federal. O vínculo que os une, à égide de nossa Constituição, não pode ser rompido (vedação à secessão).

DISTRIBUIÇÃO DOS PONTOS

ITEM	PONTUAÇÃO
A1. Os recursos naturais recentemente descobertos pertencem à União (0,30), conforme os artigos 20, IX OU 176 da Constituição Federal (0,10) *Obs.: a mera citação do artigo não pontua.*	0,00 / 0,30 / 0,40

PRÁTICA CONSTITUCIONAL – 6ª EDIÇÃO

A2. Sim, é assegurada aos Estados e aos Municípios participação no resultado da exploração no respectivo território (0,35), conforme previsão constante do Art. 20, § 1º, da Constituição Federal (0,10). *Obs.: a mera citação do artigo não pontua.*	0,00 / 0,35 / 0,45
B. Não. A República Federativa do Brasil é formada pela união indissolúvel dos Estados e Municípios e do Distrito Federal, ficando, portanto, vedada a secessão (0,30), nos termos do Art. 1º OU 18, da Constituição Federal. (0,10) *Obs.: a mera citação do artigo não pontua.*	0,00 / 0,30 / 0,40

(OAB/Exame Unificado – 2013.3 – 2ª fase) Insatisfeito com a demora para a efetivação das desapropriações necessárias à construção de uma rodovia federal, o Presidente da República editou o Decreto n. 9.999, por meio do qual, expressamente, determinou a revogação do Decreto-Lei n. 3.365/1941, que dispunha sobre a desapropriação por utilidade pública, e, ao mesmo tempo, institui novo regramento a respeito do tema.

Sobre a hipótese apresentada, responda, justificadamente, aos itens a seguir.

A) Em nosso ordenamento jurídico constitucional, existe previsão para a edição de decreto autônomo? (Valor: 0,50)

B) É possível a revogação do Decreto-Lei n. 3.365/1941 pelo decreto presidencial? (Valor: 0,75)

GABARITO COMENTADO

A) A resposta é positiva. *"A Emenda Constitucional n. 32/2001, que modificou a redação do Art. 84, VI da Constituição da República, permitiu, em nosso ordenamento pós-Constituição de 1988, o chamado decreto autônomo, isto é, aquele decreto de perfil não regulamentar, cujo fundamento de validade repousa diretamente na Constituição"*. Contrapõe-se aos chamados decretos regulamentares, ou de execução, previstos no Art. 84, IV, da Constituição, que não criam, modificam ou extinguem direitos, mas apenas desenvolvem a lei já existente, de onde buscam fundamento de validade. Tanto assim que o Supremo Tribunal Federal admite o controle, por via de ação direta de inconstitucionalidade, do decreto autônomo, revestido de conteúdo normativo, mas não o admite quando se tratar de decreto de regulamentação da lei.

OU

A resposta é negativa. O princípio da legalidade, de acordo com o Art. 5º, II, da CRFB/88, em harmonia com o Art. 84, VI da CRFB, não permite a existência de decretos autônomos no ordenamento jurídico brasileiro, ou seja, regulamentos com a capacidade de inovar primariamente a ordem jurídica.

B) A resposta é negativa. Em primeiro lugar, a desapropriação é matéria que exige lei em sentido formal para a sua disciplina, conforme previsão constante do Art. 5º, XXIV, da Constituição. Desse modo, o Decreto Lei n. 3.365/1941, que se reveste de forma não mais existente em nosso ordenamento, foi recepcionado com *status* de lei ordinária, e somente por essa forma legislativa pode ser revogado ou alterado. A mesma conclusão pode ser extraída do princípio da legalidade, que condiciona restrição a direito à existência de lei em sentido formal. Além disso, o decreto autônomo só encontra espaço, em nosso ordenamento, para as hipóteses do Art. 84, VI, da Constituição, cabendo-lhe, no mais, apenas a regulamentação das leis. Por essa razão, decreto que cria disciplina nova ou que revoga ato normativo hierarquicamente superior exorbita da disciplina constitucional. Nesse mesmo sentido, o Supremo Tribunal Federal já se manifestou, reiteradas vezes, afirmando que falece competência ao chefe do Poder Executivo para expedir decreto destinado a paralisar a eficácia de ato normativo hierarquicamente superior e a possibilidade de controle de constitucionalidade de decretos que determinam a suspensão de lei complementar e a introdução de inovações legislativas, em extrapolação da função regulamentar.

Distribuição dos pontos

ITEM	PONTUAÇÃO
A) Sim, o decreto autônomo, isto é, aquele que busca seu fundamento de validade diretamente do texto constitucional, não se destinando meramente à regulamentação da lei (0,40), encontra previsão expressa no Art. 84, VI, da CRFB (0,10). **OU** A resposta é negativa. O princípio da legalidade, não permite a existência de decretos autônomos no ordenamento jurídico brasileiro, ou seja, regulamentos com a capacidade de inovar primariamente a ordem jurídica (0,40), de acordo com o Art. 5º, II da CRFB/88, em harmonia com o Art. 84, VI da CRFB (0,10). Obs.: A mera citação do dispositivo legal não pontua.	0,00/0,40/0,50
B) Não é possível a revogação. A desapropriação exige lei em sentido formal para a sua disciplina, conforme Art. 5º, XXIV, da Constituição. Desse modo, o Decreto Lei n. 3.365/1941, que se reveste de forma não mais existente em nosso ordenamento, foi recepcionado com status de lei ordinária, e somente por essa forma legislativa pode ser revogado ou alterado, corolário do princípio da legalidade e do princípio do paralelismo de formas (0,50). Além disso, o decreto autônomo só encontra espaço, em nosso ordenamento, para as hipóteses do Art. 84, VI, da Constituição, cabendo-lhe, no mais, apenas a regulamentação das leis. Por essa razão, decreto que cria disciplina nova ou que revoga ato normativo hierarquicamente superior exorbita da disciplina constitucional (0,25).	0,00/0,25/0,50/0,75

(OAB/Exame Unificado – 2013.2 – 2ª fase) Lei do Município YY, de iniciativa da Câmara de Vereadores, estipulou novo plano de carreira para a categoria de professores municipais, impondo remunerações escalonadas, fixando pisos mínimos e vinculando a remuneração global ao percebido por servidores do Poder Legislativo local.

Com base no caso proposto, responda aos itens a seguir, empregando os argumentos jurídicos apropriados e a fundamentação legal pertinente ao caso.

A) Observadas as regras constitucionais, há vício na referida lei? (Valor: 0,65)

B) A vinculação de remunerações entre Poderes é acolhida no texto constitucional? (Valor: 0,60)

A simples menção ou transcrição do dispositivo legal não pontua.

PRÁTICA CONSTITUCIONAL – 6ª EDIÇÃO

GABARITO COMENTADO

O candidato deverá, na essência, observar quanto às perguntas, o seguinte:

A) Sim, há vício de iniciativa. Consoante o Art. 61, § 1º, II, letras a) e c), da Constituição Federal, que atribui ao Chefe do Poder Executivo a iniciativa quanto ao tema servidores públicos, norma que, por simetria, deve ser observada pelos Estados e Municípios.

B) Não, pois do art. 37, XIII, da Constituição Federal veda a equiparação ou vinculação remuneratória de qualquer espécie.

5.1. PODER LEGISLATIVO

(OAB/ Exame Unificado- 2016.2- 2ª fase) No âmbito de uma Comissão Parlamentar de Inquérito (CPI), foi determinada a busca e apreensão de documentos e de computadores nos escritórios das empresas do grupo investigado, tendo sido decretada, em decisão fundamentada, a indisponibilidade de bens e a quebra dos sigilos bancário e fiscal de um dos empresários envolvidos.

Com base no fragmento acima, responda, justificadamente, aos itens a seguir.

A) A medida adotada pela CPI, em relação aos bens do empresário, é amparada pela ordem constitucional? (Valor: 0,65)

B) A CPI poderia determinar a quebra de sigilo narrada na questão, sem autorização judicial? (Valor: 0,60)

Obs.: o examinando deve fundamentar suas respostas. A mera citação do dispositivo legal não confere pontuação.

GABARITO COMENTADO

A) Não. Apesar de o poder de investigar constituir uma das funções institucionais do Poder Legislativo, os poderes parlamentares de investigação sofrem limitações de ordem jurídico-constitucional. A Constituição Federal, ao conferir às CPIs *"poderes de investigação próprios das autoridades judiciais"* (Art. 58, §3º), delimitou a natureza de suas competências, mas não permitiu o exercício daqueles atos privativos do Poder Judiciário, como a decretação de indisponibilidade de bens e a diligência de busca e apreensão de documentos em escritório. Trata- se de postulado de reserva constitucional de jurisdição, ou seja, tais atos somente podem ser praticados por magistrados.

B) Sim. A Comissão Parlamentar de Inquérito possui poderes próprios das autoridades judiciais para, em decisão fundamentada, determinar a quebra de sigilo fiscal e bancário, pois o que está em jogo é o acesso a informações já existentes. O Supremo Tribunal Federal já proferiu inúmeras decisões nesse sentido.

EXERCÍCIOS PRÁTICOS

DISTRIBUIÇÃO DOS PONTOS

ITEM	PONTUAÇÃO
A1. Não. A Constituição Federal, ao conferir às CPIs *"poderes de investigação próprios das autoridades judiciais"* (Art. 58, § 3º OU Lei 1.579/52) (0,10), delimitou a natureza de suas competências, mas não permitiu a decretação de indisponibilidade de bens e a diligência de busca e apreensão de documentos. (0,30)	0,00/0,30/ 0,40
A2 Trata-se de postulado de reserva constitucional de jurisdição, ou seja, tais atos somente podem ser praticados por magistrados (0,25).	0,00/0,25
B. Sim. A CPI possui poderes próprios das autoridades judiciais para determinar, em decisão fundamentada, a quebra de sigilo fiscal e bancário, pois o que está em jogo é o acesso a informações já existentes (0,60).	0,00/0,60

(OAB/ Exame Unificado- 2016.1- 2ª fase) Os irmãos Guilherme e Flávio fazem parte de uma família de tradicionais políticos do Estado M, conhecida por suas práticas beligerantes. Em um curto espaço de tempo, os irmãos se viram envolvidos em duas situações policiais: Guilherme, vereador da capital, agrediu fisicamente um vizinho, em situação originada por uma discussão relacionada à vaga em um estacionamento; no dia seguinte, Flávio, eleito e diplomado para exercer o cargo de deputado estadual, embora ainda não empossado, em estado de embriaguez, atropelou duas pessoas.

O advogado (a) da família é convocado e a ele (ela) são dirigidas as questões a seguir.

A) Pelas práticas das ações acima descritas, estariam os irmãos Guilherme e Flávio cobertos pela prerrogativa da imunidade material a que fazem jus os membros do Poder Legislativo? Justifique. (Valor: 0,60)

B) Estão ambos aptos a fruir o benefício da imunidade formal? Justifique (Valor: 0,65)

Obs.: *o examinando deve fundamentar suas respostas. A mera citação do dispositivo legal não confere pontuação.*

GABARITO COMENTADO

A) A inviolabilidade, por opiniões, palavras e votos abrange os deputados estaduais (Art. 27, § 1º, da CRFB/ 88) e os vereadores, nos limites da circunscrição de seu Município (Art. 29, VIII, da CRFB/88), porém, sempre no exercício do mandato. No caso em tela, as transgressões cometidas não se relacionam com a emanação de quaisquer opiniões, palavras ou votos no âmbito da atuação parlamentar, não havendo que se cogitar, portanto, de incidência da imunidade material.

B) As chamadas imunidades formais ou processuais são prerrogativas aplicáveis aos deputados estaduais, mas não aos vereadores. Em consequência, Flávio, mesmo não tendo tomado posse, pelo só fato de já ter sido diplomado, fará jus às prerrogativas decorrentes da imunidade formal, previstas no Art. 53 da CRFB/88, principalmente no que tange à prisão (§ 2º), ao processo (§ 3º) e à prestação de testemunho (§ 6º). Guilherme, porém, não se beneficiará de regras afetas à imunidade formal, pois estas não se estendem aos vereadores, nos limites da interpretação do que dispõe o Art. 29, VIII, da Constituição Federal.

PRÁTICA CONSTITUCIONAL – 6ª EDIÇÃO

DISTRIBUIÇÃO DOS PONTOS

ITEM	PONTUAÇÃO
A.1. A Inviolabilidade, por opiniões, palavras e votos no exercício do mandato abrange os deputados estaduais e os vereadores nos limites da circunscrição de seu Município (0,20), conforme o Art. 27, § 1°, da CRFB/88 (0,10) e o Art. 29, VIII, da CRFB/88 (0,10).	0,00 / 0,20 / 0,30 / 0,40
A.2. As transgressões cometidas não se relacionam com a emanação de quaisquer opiniões, palavras ou votos no âmbito da atuação parlamentar, não havendo que se cogitar, portanto, de incidência da imunidade material. (0,20)	0,00 / 0,20 /
B.1. As chamadas imunidades formais ou processuais são prerrogativas aplicáveis aos deputados estaduais. Assim, Flávio, mesmo não tendo tomado posse, pelo fato de já ter sido diplomado, fará jus às prerrogativas decorrentes da imunidade formal (0,25) previstas no Art. 53 da CRFB/88 (0,10).	0,00 / 0,25 / 0,35
B.2. Guilherme não se beneficiará de regras afetas à imunidade formal, pois estas não se estendem aos vereadores (0,20), nos limites estabelecidos pelo Art. 29, VIII, da CRFB/88 (0,10).	0,00 / 0,20 / 0,30

(OAB/Exame Unificado 2015.3- 2ª fase) O Congresso Nacional autorizou o Presidente da República a normatizar, por via de lei delegada, na sua forma típica ou própria (sem necessidade de posterior aprovação pelo Congresso), matéria que trata de incentivo ao parque industrial brasileiro. Ocorre, porém, que o Chefe do Poder Executivo, ao elaborar o diploma normativo, exorbitou dos poderes a ele conferidos, deixando de respeitar os limites estabelecidos pelo Congresso Nacional, por via de Resolução.

A partir dessa narrativa, responda aos itens a seguir.

A) No caso em tela, o aperfeiçoamento do ato de delegação, com a publicação da Resolução, retira do Congresso Nacional o direito de controlar, inclusive constitucionalmente, o conteúdo da Lei Delegada editada pelo Presidente da República? Justifique. (Valor: 0,75)

B) Caso a Resolução estabelecesse a necessidade de apreciação do projeto pelo Congresso Nacional (delegação atípica ou imprópria), poderia a Casa legislativa alterar o texto elaborado pelo Presidente da República? Justifique. (Valor: 0,50)

Obs.: Sua resposta deve ser fundamentada. A simples menção ao dispositivo legal não será pontuada.

GABARITO COMENTADO

A) Não. Com base no que dispõe o inciso V do Art. 49 da Constituição Federal, é de competência exclusiva do Congresso Nacional (o poder delegante) sustar os atos normativos do Poder Executivo que exorbitem os limites da delegação legislativa. Trata-se de verdadeiro controle político e de constitucionalidade, na modalidade repressiva, exercido pelo Poder Legislativo.

B) Não, nos termos do Art. 68, § 3°, da Constituição Federal. Ao deliberar sobre o projeto, ou o Congresso Nacional o aprova integralmente ou o rejeita em sua totalidade, sendo vedada qualquer emenda.

DISTRIBUIÇÃO DOS PONTOS

ITEM	PONTUAÇÃO
A. Não, com base no que dispõe o Art. 49, inciso V, da Constituição Federal (0,10), é de competência exclusiva do Congresso Nacional (o poder delegante) sustar os atos normativos do Poder Executivo que exorbitem os limites da delegação legislativa. (0,65). *Obs.: a mera citação do dispositivo legal não confere pontuação.*	0,00/0,65/0,75
B. Não, nos termos do Art. 68, § 3°, da Constituição Federal (0,10). Ao deliberar sobre o projeto, ou o Congresso Nacional o aprova integralmente ou o rejeita em sua totalidade (0,40). *Obs.: a mera citação do dispositivo legal não confere pontuação.*	0,00/0,40/0,50

(OAB/ Exame Unificado 2015.2- 2ª fase) Durante a campanha eleitoral, determinado candidato a Deputado Federal acusa o Governador do Estado de liderar atividades criminosas ligadas a bingos e cassinos clandestinos. Logo em seguida, o referido candidato é eleito. Após a posse, o Procurador-Geral da República oferece denúncia contra o referido Deputado Federal, perante o Supremo Tribunal Federal, pelo crime comum cometido. Em sua defesa, o parlamentar argumenta que se encontra amparado pela inviolabilidade (imunidade material) quanto às suas opiniões, palavras e votos, razão pela qual não poderia responder pelo crime que lhe é imputado.

Diante de tais fatos, responda aos itens a seguir.

A) Poderia o Procurador-Geral da República oferecer denúncia contra o Deputado Federal sem a prévia autorização da Câmara dos Deputados? (Valor: 0,50)

B) Na hipótese de um Deputado Federal responder por crime comum perante o Supremo Tribunal Federal, o término do mandato tem alguma consequência sobre a definição e manutenção da competência jurisdicional? (Valor: 0,75)

Responda justificadamente, empregando os argumentos jurídicos apropriados e a fundamentação legal pertinente ao caso.

GABARITO COMENTADO

A) Sim. Não há nenhuma necessidade de autorização prévia da Câmara dos Deputados a fim de dar início à ação penal, tal qual dispõe o Art. 53, § 3°, da Constituição de 1988. Antes da promulgação da EC 35/01, os Deputados e Senadores não podiam ser processados sem prévia licença da respectiva Casa Legislativa. Entretanto, atualmente, permite-se a abertura de processo penal no Supremo Tribunal Federal sem necessidade da licença prévia, sendo possível, apenas, pelo voto da maioria absoluta da respectiva Casa Legislativa, sustar o andamento da ação. Ou seja, "recebida a denúncia contra o Senador ou o Deputado por crime ocorrido após a diplomação, o Supremo Tribunal Federal dará ciência à Casa respectiva, que, por iniciativa de partido político nela representado e pelo voto da maioria de seus membros, poderá, até a decisão final, sustar o andamento da ação". Esse dispositivo (§ 3°, do Art. 53, da CRFB) aplica-se ao caso, mesmo o crime tendo sido praticado antes da diplomação, por força das regras principiológicas que informam as prerrogativas parlamentares.

PRÁTICA CONSTITUCIONAL – 6ª EDIÇÃO   26

B) Sim. A jurisprudência do STF evoluiu no sentido de não manter, após o término do mandato legislativo, o foro por prerrogativa de função previsto no Art. 53, § 1º, da Constituição Federal. Com efeito, até agosto de 1999 era aplicada a Súmula nº 394 do Supremo Tribunal Federal, que preservava o foro para os atos praticados no exercício do mandato, mesmo após o término deste. Porém, a súmula foi cancelada e a competência deixou de ser do Supremo Tribunal Federal. Portanto, a atual jurisprudência do STF entende que o foro especial por prerrogativa de função não permanece após o término do exercício da função pública. Ou seja, no término do exercício da função pública expira o direito ao foro especial por prerrogativa de função, devendo o processo ser remetido à Justiça ordinária competente.

DISTRIBUIÇÃO DOS PONTOS

ITEM	PONTUAÇÃO
A. Sim. Não há qualquer necessidade de autorização prévia da Câmara dos Deputados para o oferecimento da denúncia pelo Procurador-Geral da República (0,50).	0,00/0,50
B. Sim. Com o término do exercício da função pública expira o direito ao foro especial por prerrogativa de função (0,65), previsto no Art. 53, § 1º, da CRFB/88 (0,10). *Obs.: A simples menção ou transcrição do artigo não será pontuada.*	0,00/0,65/0,75

(OAB/ Exame Unificado 2015.1- 2ª fase) Denúncias de corrupção em determinada empresa pública federal foram publicadas na imprensa, o que motivou a instalação, na Câmara dos Deputados, de uma Comissão Parlamentar de Inquérito (CPI).

Em busca de esclarecimento dos fatos, a CPI decidiu convocar vários dirigentes da empresa pública para prestar depoimento. Em razão do interesse público envolvido, o jornalista que primeiro noticiou o caso na grande imprensa também foi convocado a prestar informações, sob pena de condução coercitiva, de modo a revelar a origem de suas fontes, permitindo, assim, a ampliação do rol dos investigados. Outra decisão da CPI foi a de quebrar o sigilo bancário dos dirigentes envolvidos nas denúncias de corrupção, objeto de apuração da comissão. Com base nessas informações, responda aos itens a seguir.

A) A CPI tem poder para intimar alguém a prestar depoimento, sob pena de condução coercitiva caso não compareça espontaneamente? (Valor: 0,40)

B) O jornalista convocado pode ser obrigado a responder indagações sobre a origem de suas fontes jornalísticas, em razão do interesse público envolvido? (Valor: 0,40)

C) A CPI tem poder para determinar a quebra do sigilo bancário dos investigados? (Valor: 0,45)

O examinando deve fundamentar suas respostas. A mera citação do dispositivo legal não confere pontuação.

GABARITO COMENTADO

A) A CPI tem poderes de investigação próprios das autoridades judiciais (Art. 58, § 3º, da CRFB), podendo determinar a condução coercitiva de testemunha.

B) O jornalista não pode ser obrigado a responder indagações sobre a origem de suas fontes, pois o Art. 5º, XIV, resguarda esse sigilo para os jornalistas, garantindo, assim, a liberdade de imprensa

C) Sim, O STF reconhece o poder da CPI para determinar a quebra do sigilo bancário dos investigados, observada a devida fundamentação para tanto, pois a competência decorre da atribuição de poderes de investigação próprios das autoridades judiciais, e a matéria não se insere na cláusula de reserva de jurisdição.

DISTRIBUIÇÃO DOS PONTOS

ITEM	PONTUAÇÃO
A) Sim, a CPI tem poder para determinar a condução coercitiva, já que tem poderes próprios das autoridades judiciais. (0,30) / Art. 58, § 3º, da CRFB. (0,10) *Obs.: a mera citação do artigo não pontua.*	0,00/0,30/0,40
B) Não, o jornalista não é obrigado a revelar as suas fontes. (0,30) / Art. 5º, XIV, da CRFB. (0,10) *Obs.: a mera citação do artigo não pontua.*	0,00/0,30/0,40
C) Sim, o STF reconhece o poder da CPI para determinar a quebra do sigilo bancário dos investigados, pois a competência decorre da atribuição de poderes de investigação próprios das autoridades judiciais (0,20) e esta matéria não se insere na cláusula de reserva de jurisdição. (0,25)	0,00/0,20/0,45

(OAB/Exame Unificado – 2013.3 – 2ª fase) Após intenso debate, a Assembleia Legislativa do Estado X editou a Lei n. 1.001, de iniciativa do Deputado "M", que prevê a obrigatoriedade de instalação, em até 360 (trezentos e sessenta dias), de um sistema eletrônico de limitação da velocidade de veículos automotores, de baixo custo, a fim de reduzir o número de acidentes com vítimas nas estradas estaduais. Irritado, o Deputado "P", da oposição, quando procurado por jornalistas, afirmou que estava envergonhado daquele dia, pois a lei aprovada era "uma piada, uma palhaçada, ridícula", protegia os empresários, e não a população e só poderia ter, como origem, um Deputado associado a grupos interessados no mercado de peças automotivas.

Considerando o exposto, responda fundamentadamente, aos itens a seguir.

A) O Deputado "P" pode ser responsabilizado pelas ofensas proferidas durante a entrevista? (Valor: 0,85)

B) É válida a lei estadual que impôs a obrigatoriedade de instalação de sistema de controle de velocidade de veículos automotores? (Valor: 0,40)

GABARITO COMENTADO – BANCA EXAMINADORA

A) A resposta é negativa. A Constituição assegura aos Deputados e Senadores, em seu Art. 53, a inviolabilidade, civil e penal, por suas opiniões, palavras e votos. Trata-se da chamada imunidade material. Essa inviolabilidade, ou imunidade material também abrange, sob seu manto protetor, as entrevistas jornalísticas e as declarações feitas aos meios de comunicação social, uma vez que tais manifestações – desde que vinculadas

PRÁTICA CONSTITUCIONAL – 6ª EDIÇÃO 28

ao desempenho do mandato – se qualificam como natural projeção do exercício das atividades parlamentares. Nesse sentido é a jurisprudência consolidada do Supremo Tribunal Federal. Por essa razão, "P" não pode ser responsabilizado pelas ofensas proferidas a outro Deputado durante a entrevista.

B) A resposta é negativa. A Constituição estabelece um sistema de repartição de competências legislativas, atribuindo privativamente à União legislar sobre trânsito e transportes (Art. 22, XI). Nesse sentido, não se admite aos Estados a edição de lei que disponha sobre a adoção de mecanismos ou sistemas eletrônicos de controle da velocidade de veículos automotores, por constituir invasão de tema reservado à competência privativa da União. Nesse sentido já se manifestou o Supremo Tribunal Federal, em reiteradas ocasiões.

Distribuição dos pontos

ITEM	PONTUAÇÃO
A. Não, pois a Constituição assegura aos Deputados e Senadores, em seu Art. 53, a inviolabilidade, civil e penal, por suas opiniões, palavras e votos. Trata-se da chamada imunidade material (0,40). Essa inviolabilidade, ou imunidade material também abrange, sob seu manto protetor, as entrevistas jornalísticas e as declarações feitas aos meios de comunicação social, uma vez que tais manifestações – desde que vinculadas ao desempenho do mandato – se qualificam como natural projeção do exercício das atividades parlamentares (0,45). Obs.: A mera citação do dispositivo legal não pontua.	0,00/0,40/0,45/0,85
B. Não, pois compete privativamente à União legislar sobre trânsito e transporte (0,30), na forma do Art. 22, XI, da CRFB (0,10). Obs.: A mera citação do dispositivo legal não pontua.	0,00/0,30/0,40

(OAB/Exame Unificado – 2012.1 – 2ª fase) Em determinado Estado da federação, vieram a público, denúncias de irregularidades praticadas em obra pública, com graves indícios de desvio de dinheiro do Erário. Tício, deputado estadual, pretende instalar Comissão Parlamentar de Inquérito para apuração das denúncias, com base em previsão constante da Constituição estadual.

Considerando a situação acima descrita, responda aos questionamentos a seguir, empregando os argumentos jurídicos apropriados e apresentando a fundamentação legal pertinente ao caso.

A) É possível que a Constituição Estadual preveja a criação da Comissão Parlamentar de Inquérito no plano estadual? (valor: 0,45)

B) É possível o ajuizamento de ação em que se questione a constitucionalidade de norma de Constituição Estadual perante a Constituição da República, de modo a invalidar aquela? O Governador do Estado tem legitimidade para fazê-lo? (valor: 0,80)

RESOLUÇÃO DA QUESTÃO

A) Há possibilidade de previsão da CPI na Constituição Estadual, fundamentando a resposta na autonomia do Estado. Ou seja, ao conferir poder de auto-organização aos estados da Federação (art. 18, CRFB), permitiu que editassem constituições prevendo formas de investigação, como a CPI (STF, ACO 730-RJ), observado o princípio da simetria.

B) O Governador tem legitimidade para propositura de Ação Direta de Inconstitucionalidade, devendo demonstrar pertinência temática. Além disso, deve ser tratada a possibilidade de questionar a constitucionalidade da norma da Constituição Estadual perante a Constituição Federal, conforme reiterada jurisprudência do STF.

Distribuição dos Pontos

QUESITO AVALIADO	FAIXA DE VALORES
A. Possibilidade da criação da CPI na Constituição Estadual, com fundamento na autonomia (capacidade de auto-organização) dos Estados (art. 18, CRFB) (0,25). Observado o princípio da simetria (0,20).	0,00/0,20/0,25/0,45
B. Possibilidade de a Constituição Estadual ser objeto de controle de constitucionalidade perante a Constituição Federal (0,40). Legitimidade do Governador para ajuizar a ADI, no caso (art. 103, V, CRFB) (0,20). Pertinência temática (0,20).	0,00/0,20/0,40/0,60/0,80

(OAB/Exame Unificado – 2011.3 – 2ª fase) O Senador da República Valdecir foi preso em flagrante por crime inafiançável. Os responsáveis pela prisão comunicaram o fato ao Poder Judiciário, que manteve a prisão.

A) Diante do fato descrito, pode ser tomada alguma medida para que o Senador seja posto em liberdade? (Valor: 0,65)

B) Em caso positivo, que medida seria e com que fundamento? Em caso negativo, justifique sua resposta. (Valor: 0,6)

RESOLUÇÃO DA QUESTÃO

É impossível a manutenção da prisão por decisão judicial, uma vez que, em função da imunidade formal prevista no art. 53, § 2º, da Constituição da República, cabe à Casa a que pertence o parlamentar deliberar sobre a manutenção da prisão nos casos de crimes inafiançáveis.

Diante da ilegalidade da manutenção da prisão por autoridade incompetente para tanto, cabe a impetração de *habeas corpus* perante o Supremo Tribunal Federal, conforme disposição do art. 102, I, "b" e "d", da CRFB.

PRÁTICA CONSTITUCIONAL – 6ª EDIÇÃO   30

Distribuição dos Pontos

ITEM	PONTUAÇÃO
Sim, por violação da imunidade formal (0,35) nos termos do art. 53, § 2º, da CRFB (0,3). Obs.: *A mera resposta sim não é pontuada.*	0 / 0,3 / 0,35 / 0,65
A medida cabível é a impetração de *habeas corpus* perante o STF (0,3), nos termos do art. 102, I, "b" e "d", da CRFB (0,3).	0 / 0,3 / 0,6

(OAB/Exame Unificado – 2010.3 – 2ª fase) O Regimento Interno da Assembleia Legislativa de determinado Estado-membro, ao disciplinar o processo de criação e instauração das Comissões Parlamentares de Inquérito, condiciona a criação de CPI à aprovação, pelo Plenário da Casa Legislativa, de requerimento subscrito por, no mínimo, um terço dos Deputados Estaduais.

Com base no cenário acima, responda aos itens a seguir, empregando os argumentos jurídicos apropriados e a fundamentação legal pertinente ao caso.

A) Analise, de maneira justificada, a constitucionalidade da referida previsão regimental. (Valor: 0,8)

B) O Diretório Regional de um Partido Político do Estado-membro em questão tem legitimidade para questionar a previsão regimental perante o Supremo Tribunal Federal por meio de ADI? (Valor: 0,2)

RESOLUÇÃO DA QUESTÃO

A) O Regimento interno da Assembleia Legislativa de determinado Estado-membro, ao condicionar a criação da Comissão Parlamentar de Inquérito ao requerimento de, no mínimo, um terço dos Deputados Estaduais e a aprovação pelo plenário da Casa respectiva, viola frontalmente o § 3º do art. 58 da Constituição Federal. Dispositivo este tido como de obrigatória observância pelos Estados-membros. Além disso, o condicionamento disposto no regimento colide com o direito das minorias políticas.

B) O Partido Político tem legitimidade para propor as ações constitucionais, conforme dispõe o art. 103, § 1º, VIII, da Constituição Federal, mas, para que possa ajuizar ação direta de inconstitucionalidade e as demais ações do controle concentrado, segundo a jurisprudência do Supremo Tribunal Federal, tem de estar representado por seu Diretório **Nacional**. Desse modo, o Partido Político, representado pelo Diretório Regional, não é legitimado ativo para ingressar com ação direta de inconstitucionalidade questionando a previsão regimental.

GABARITO COMENTADO PELA EXAMINADORA – FGV

A previsão regimental é inconstitucional, por introduzir requisito para instauração das CPIs que não encontra paralelo na Constituição da República. O artigo 58, § 3º, da CRFB contempla modelo de observância compulsória pelos Estados-membros e garante o direito das minorias legislativas ao estabelecer, como requisito objetivo para instauração de CPI, a subscrição do requerimento por, no mínimo, 1/3 dos membros da Casa Legislativo, sem condicionar à aprovação pelo Plenário. De fato, de acordo com a jurisprudência do STF, a garantia da instalação da CPI independe de deliberação plenária.

Quanto ao item b, a jurisprudência do STF é firme no sentido de que o Partido Político, para ajuizar ação direta de inconstitucionalidade, deve estar representado por seu Diretório Nacional, ainda que o ato impugnado tenha sua amplitude normativa limitada ao Estado ou Município do qual se originou (artigo 103, § 1º, VIII, da CRFB).

Distribuição dos pontos pela FGV

ITEM	PONTUAÇÃO
a) (I) A previsão regimental é inconstitucional, por violação à norma do artigo 58, § 3º, da CRFB. (II) Modelo de observância compulsória pelos Estados-membros. (III) Violação do direito das minorias legislativas. (IV) A garantia de instalação da CPI independe de deliberação plenária. (0,2 cada um)	0 / 0,2 / 0,4 / 0,6 / 0,8
b) Não, o Partido Político deve estar representado por seu Diretório Nacional.	0 / 0,1 / 0,2

5.1.1. PROCESSO LEGISLATIVO

(OAB/Exame Unificado 2017.1 - 2ª fase) Determinado tratado internacional de proteção aos direitos humanos, após ser assinado pelo Presidente da República em 2005, foi aprovado, em cada casa do Congresso Nacional, em dois turnos, por quatro quintos dos votos dos respectivos membros, sendo promulgado na ordem interna.

Após a sua promulgação na ordem jurídica interna, percebeu-se que ele era absolutamente incompatível com regra constitucional que disciplinava certo direito dos administrados perante a Administração Pública, já que o ampliava consideravelmente.

Com base na situação narrada, responda aos itens a seguir.

A) O referido tratado pode ser considerado norma válida de natureza constitucional? (Valor: 0,75)

B) Caso seja identificado algum vício de inconstitucionalidade, seria possível submeter esse tratado ao controle concentrado de constitucionalidade realizado pelo Supremo Tribunal Federal? (Valor: 0,50)

Obs.: o(a) examinando(a) deve fundamentar suas respostas. A mera citação ou transcrição do dispositivo legal não confere pontuação.

GABARITO COMENTADO

A) O examinando deve responder que o tratado foi aprovado em harmonia com o procedimento previsto no Art. 5º, § 3º, da CRFB/88, com a redação dada pela Emenda Constitucional no 45/04, logo, é formalmente válido. Acresça-se que o fato de destoar da Constituição da República, por ter ampliado um direito, não caracteriza qualquer afronta às cláusulas pétreas previstas no Art. 60, § 4º, da CRFB/88, preceito que lhe é aplicável por ter a natureza de emenda constitucional. Portanto, é materialmente válido.

B) O examinando deve responder que o tratado aprovado na forma indicada está sujeito ao controle concentrado de constitucionalidade, consoante o disposto no Art. 102, inciso I, alínea a, da CRFB/88, por ter a natureza de ato normativo.

PRÁTICA CONSTITUCIONAL – 6ª EDIÇÃO

DISTRIBUIÇÃO DOS PONTOS

ITEM	PONTUAÇÃO
A1. O tratado foi aprovado, logo, é formalmente válido (0,35), em harmonia com o procedimento previsto no Art. 5o, § 3o, da CRFB/88 (0,10).	0,00/0,35/0,45
A2. O fato de destoar da Constituição da República, por ter ampliado um direito, não caracteriza qualquer afronta ao disposto no Art. 60, § 4o, da CRFB/88 (0,10), preceito que lhe é aplicável por ter a natureza de emenda constitucional (0,10). Portanto, também é materialmente válido (0,10).	0,00/0,10/ 0,20/0,30
B. O tratado aprovado na forma indicada está sujeito ao controle concentrado de constitucionalidade por ser equivalente a emenda constitucional (0,20), por ter a natureza de ato normativo (0,20), consoante o disposto no Art. 102, inciso I, alínea a, da CRFB/88 (0,10).	0,00/0,20/ 0,30/0,40/0,50

(OAB/ Exame Unificado- 2016.3- 2ª fase) Um candidato a Presidente da República, em discurso durante a campanha eleitoral, fez as proposições a seguir para seus eleitores:

A) que iria revogar imediatamente uma medida provisória nociva ao interesse público, que foi editada em 10 de setembro de 2001, antes, portanto, da promulgação da Emenda Constitucional nº 32/01 (que até hoje não foi apreciada pelo Congresso Nacional);

B) que iria editar medida provisória para modificar alguns artigos da Lei nº 6.815/80, mais especificamente aqueles que tratam da naturalização do estrangeiro residente no Brasil, bem como fixar novas regras processuais da Lei nº 8.078/90, que instituiu o Código de Defesa do Consumidor.

A partir da hipótese apresentada, com base nas regras do processo legislativo brasileiro, responda aos itens a seguir.

A) É constitucionalmente possível revogar uma Medida Provisória que tenha sido editada há vários anos e que ainda não tenha sido objeto de apreciação pelo Congresso Nacional, ou seja, não tenha sido rejeitada, nem convertida em lei, tal qual consta na primeira proposição feita pelo candidato? Justifique. (Valor: 0,65)

B) A segunda proposição feita pelo candidato no sentido de editar Medida Provisória com o intuito de regular a naturalização do estrangeiro residente no Brasil, bem como fixar novas regras processuais do Código de Defesa do Consumidor encontra amparo constitucional? Justifique. (Valor: 0,60)

Obs.: sua resposta deve ser fundamentada. A simples menção ao dispositivo legal não será pontuada.

GABARITO COMENTADO

A) Sim. O examinando deve destacar que a proposição desta MP teria amparo constitucional nos termos do Art. 2º da Emenda Constitucional nº 32/2001, que estabelece que as medidas provisórias antigas, editadas em data anterior à promulgação daquela EC, continuam em vigor até que venham a ser revogadas ou apreciadas pelo Congresso Nacional. Portanto, a proposição feita tem amparo constitucional. Com efeito, levando em consideração que a data da EC nº 32 é de 11 de setembro de 2001, é correto afirmar

EXERCÍCIOS PRÁTICOS

que a MP editada em 10 de setembro de 2001 ainda se encontra em vigor. É importante frisar que todas aquelas medidas provisórias editadas anteriormente à EC nº 32 de 11 de setembro de 2001 continuam em vigor até hoje, se não foram rejeitadas pelo Congresso Nacional ou revogadas por outra MP do Presidente da República.

B) Não. Tal medida provisória seria duplamente inconstitucional. Em primeiro lugar, porque estaria regulando matéria vedada a medida provisória, nos termos do Art. 62, § 1º, inciso I, alínea a, ou seja, matéria relativa à nacionalidade, à cidadania e aos direitos políticos (situação jurídica do estrangeiro no Brasil). Em segundo lugar, tal medida provisória seria incompatível com a CRFB/88, nos termos do Art. 62, § 1º, inciso I, alínea b, isto é, estaria versando sobre matéria de Direito Processual Civil (Código de Defesa do Consumidor)

(OAB/ Exame Unificado- 2016.2- 2ª fase) O deputado federal João da Silva, impulsionado por solicitação do seu partido, quer propor a alteração de alguns dispositivos normativos constantes da Lei nº 1.234, produzida pela via ordinária, em momento anterior à Constituição da República Federativa do Brasil de 1988. Porém, a atual ordem constitucional dispôs que a matéria de que trata a referida Lei nº 1.234 deve ser regulamentada via Lei Complementar.

Não sabendo como proceder, o referido deputado procura auxílio de sua assessoria jurídica a fim de sanar as dúvidas a seguir.

A) É possível considerar que a Lei nº 1.234 tenha mantido a conformidade constitucional com o advento da nova Constituição? Justifique. (Valor: 0,75)

B) Para a alteração dos dispositivos normativos constantes da Lei nº 1.234, que espécie legislativa deve ser utilizada pelo Deputado João da Silva? Justifique. (Valor: 0,50)

Obs.: o examinando deve fundamentar suas respostas. A mera citação do dispositivo legal não confere pontuação.

GABARITO COMENTADO

A) Sim, pois, nesse caso, se opera o fenômeno da recepção, que corresponde a uma revalidação das normas que não contrariam, materialmente, a nova Constituição. O importante é que a lei antiga não destoe materialmente da nova Constituição, pouco importando qual a forma com que se revista. Não se deve conferir importância a eventual incompatibilidade de forma com a nova Constituição, pois a forma é regida pela lei da época do ato (*tempus regit actum*). Assim, mesmo que o ato normativo seja veiculado por instrumento diverso daquele que a nova Carta exige para a regulação de determinada matéria, permanecerá em vigor e válido se houver concordância material, ou seja, no seu conteúdo, com as novas normas constitucionais.

B) Lei complementar. A partir da promulgação da nova Constituição, a Lei nº 1.234 foi recepcionada como "Lei Complementar"; portanto, diante da reserva constitucional expressa, qualquer alteração no seu texto deverá ser realizada por intermédio desta espécie legislativa.

DISTRIBUIÇÃO DOS PONTOS

ITEM	PONTUAÇÃO
A. Sim, pois, nesse caso, se opera o fenômeno da recepção (0,40), que corresponde a uma revalidação das normas que não desafiam, materialmente, a nova Constituição (0,35).	0,0 / 0,35 / 0,40 / 0,75
B. Lei complementar (0,20). Diante da reserva constitucional expressa, qualquer alteração no seu texto deverá ser realizada por intermédio dessa espécie legislativa (0,30).	0,0 / 0,20 / 0,30 / 0,50

(OAB/Exame Unificado- 2015.3- 2º fase) Aprovado apenas pela Comissão de Relações Exteriores e de Defesa Nacional da Câmara dos Deputados, assim como no âmbito da mesma Comissão em razão dessa matéria do Senado Federal, determinado projeto de lei, que versava sobre política externa brasileira, foi levado à apreciação do Presidente da República, que resolveu vetá-lo, ao argumento de que nenhum projeto de lei pode ser aprovado sem a respectiva votação do Plenário de cada uma das casas legislativas.

Diante do relato acima, responda aos itens a seguir.

A) O veto apresentado pelo Chefe do Executivo encontra amparo constitucional? (Valor: 0,65)

B) É correto afirmar que, de acordo com o processo legislativo brasileiro, o veto do Presidente da República deve ser apreciado pela Casa Inicial e revisto pela Casa Revisora, dentro do prazo de quarenta e cinco dias, a contar do seu recebimento? (Valor: 0,60)

Obs.: Sua resposta deve ser fundamentada. A simples menção ao dispositivo legal não será pontuada.

GABARITO COMENTADO

A) Não. De acordo com o Art. 58, § 2º, I, da Constituição Federal, há projetos de lei que podem ser discutidos e votados apenas no âmbito das comissões constituídas, em razão da matéria de sua competência, na forma do Regimento Interno da Casa Legislativa, sem a necessidade de apreciação pelo Plenário, desde que não haja recurso de um décimo dos membros da respectiva Casa. Portanto, o veto do Presidente da República não encontra amparo constitucional. Nesse sentido, é constitucionalmente possível que a Comissão de Relações Exteriores e de Defesa Nacional aprove um projeto de lei que verse sobre a política externa brasileira (matéria da competência da referida Comissão) sem a necessidade de passar pelo Plenário da Casa, desde que não haja oposição de um décimo dos seus membros. Portanto, é o próprio texto constitucional que admite a possibilidade de se afastar a incidência do princípio da reserva de plenário, atribuindo às Comissões, em razão da matéria de sua competência, a prerrogativa de discutir, votar e decidir as proposições legislativas.

B) Não. De acordo com o Art. 66, § 4º, da Constituição Federal, o veto será apreciado em sessão conjunta, dentro do prazo de trinta dias a contar do seu recebimento, só podendo ser rejeitado pelo voto da maioria absoluta dos Deputados e Senadores. Esgotado o prazo de trinta dias, o veto será colocado na ordem do dia da sessão imediata, sobrestadas as demais proposições, até a sua votação final.

DISTRIBUIÇÃO DOS PONTOS

ITEM	PONTUAÇÃO
A. Não. Nos termos do Art. 58, § 2º, I, da Constituição Federal (0,10), há matérias que dispensam a reserva de plenário, de acordo com o Regimento Interno da Casa Legislativa. No entanto, ainda que haja previsão do Regimento, a apreciação no âmbito do Plenário será obrigatória se houver recurso de 1/10 dos membros da Casa. (0,55). *Obs.: a mera citação do dispositivo legal não confere pontuação.*	0,00/0,55/0,65
B1. Não. Nos termos do Art. 66, § 4º, da Constituição Federal (0,10), o veto será apreciado em sessão conjunta, só podendo ser rejeitado pelo voto da maioria absoluta dos Deputados e Senadores (0,20). *Obs.: a mera citação do dispositivo legal não confere pontuação.*	0,00/0,20/0,30
B2. A apreciação do veto deverá ser feita dentro do prazo de trinta dias a contar de seu recebimento (0,30).	0,00/0,30

(OAB/ Exame Unificado- 2015.3- 2ª fase) A Medida Provisória Z (MP Z), editada pelo Governador do Estado H com o propósito de diminuir o alto grau de evasão escolar, regulou a concessão de bolsas escolares a alunos carentes matriculados em escolas públicas estaduais. Em virtude de crise política que surgiu entre o Executivo e o Legislativo, a referida Medida Provisória não foi convertida em lei. Ultrapassado o prazo de 60 dias, a Casa Legislativa não disciplinou as relações jurídicas surgidas no período em que a MP Z vigorou. João, que se beneficiou por três meses da referida bolsa, apreensivo, relatou a Carlos, um amigo, servidor da Assembleia Legislativa, que teme ter de devolver a totalidade do valor recebido. Carlos tranquilizou-o e informou-lhe que a crise política fora debelada, de modo que a Assembleia apenas aguarda a reedição da Medida Provisória, a fim de convertê-la em lei, ainda no mesmo ano legislativo em que a MP Z perdeu a eficácia.

Considerando que a Constituição do Estado H regulou o processo legislativo em absoluta simetria com o modelo usado pela Constituição Federal, responda aos itens a seguir.

A) João terá de devolver aos cofres públicos o dinheiro recebido a título da bolsa? Fundamente. (Valor: 0,75)

B) A informação passada por Carlos a João encontra-se em harmonia com a sistemática constitucional? Justifique. (Valor: 0,50)

Obs.: Sua resposta deve ser fundamentada. A simples menção ao dispositivo legal não será pontuada.

GABARITO COMENTADO

A) Não. João não precisará devolver o valor recebido a título de bolsa, já que, conforme informado na questão, a não edição de decreto legislativo que regulamentasse as relações jurídicas estabelecidas pela MP Z, no prazo de sessenta dias após a perda de sua eficácia, acabou por implicar o reconhecimento dos efeitos jurídicos produzidos no período em que a MP esteve vigente, nos termos do que informa o Art. 62, § 11, da CF.

PRÁTICA CONSTITUCIONAL – 6ª EDIÇÃO

B) Não, pois, no caso em referência, tendo a medida provisória perdido sua eficácia, vedada seria sua reedição na mesma sessão legislativa, nos termos do que informa o Art. 62, § 10, da Constituição Federal.

DISTRIBUIÇÃO DOS PONTOS

ITEM	PONTUAÇÃO
A. Não. João não precisará devolver o valor recebido a título de bolsa, já que, conforme informado na questão, a não edição de decreto legislativo que viesse a regulamentar as relações jurídicas estabelecidas pela MP "Z", no prazo de sessenta dias após a perda de sua eficácia, acabou por implicar no reconhecimento dos efeitos jurídicos produzidos no período em que a mesma esteve vigente (0,65), nos termos do que informa o Art. 62, § 11, da CRFB (0,10). *Obs.: a mera citação do dispositivo legal não confere pontuação.*	0,00/0,65/0,75
B. Não, pois no caso em referência, tendo a medida provisória perdido sua eficácia, *vedada seria sua reedição na mesma sessão legislativa* (0,40), nos termos do que informa o Art. 62, § 10, da Constituição Federal (0,10). *Obs.: a mera citação do dispositivo legal não confere pontuação.*	0,00/0,40/0,50

(OAB/ Exame Unificado- 2015.2- 2º fase) Projeto de lei aprovado pela Câmara dos Deputados, contendo vício de inciativa, foi encaminhado ao Senado Federal. Na Casa revisora, o texto foi aprovado com pequena modificação, sendo suprimida determinada expressão, sem, contudo, alterar o sentido normativo objetivado pelo texto aprovado na Câmara. O projeto foi, então, enviado ao Presidente da República, que, embora tenha protestado pelo fato de ser a matéria disciplinada pelo Parlamento, de iniciativa privativa do Chefe do Poder Executivo, sancionou-o por concordar com os termos ali estabelecidos, originando a Lei L.

Diante dos fatos narrados, responda aos itens a seguir.

A) A não devolução do processo à Casa Iniciadora sempre configurará violação ao devido processo legislativo? Justifique. (Valor: 0,75)

B) No caso em tela, a sanção presidencial possuiria o condão de suprir o vício de iniciativa ao projeto de Lei? *Justifique. (Valor: 0,50)*

Responda justificadamente, empregando os argumentos jurídicos apropriados e a fundamentação legal pertinente ao caso.

GABARITO COMENTADO

A) Não. A alteração de texto não implica, necessariamente, o retorno do projeto à Casa iniciadora, já que mudança dessa natureza somente assume relevância se houver alteração do significado normativo. Nesta linha: "Medida cautelar em ação direta de inconstitucionalidade. LC 101, de 4-5-2000 (Lei de Responsabilidade Fiscal). MP 1.980-22/2000. (...) LC 101/2000. Vício formal. Inexistência. O parágrafo único do Art. 65 da CF só determina o retorno do projeto de lei à Casa iniciadora se a emenda parlamentar introduzida acarretar modificação no sentido da proposição jurídica."

> B) Não. Confirmada a usurpação do poder de iniciativa, mesmo a sanção do projeto de lei não possui o condão de afastar o vício de inconstitucionalidade formal. Neste sentido, a ulterior aquiescência do Chefe do Poder Executivo, com a sanção, ainda quando dele seja a prerrogativa usurpada, não tem o condão de sanar o vício de inconstitucionalidade. Restou superada a Súmula nº 5 do STF. Nesta linha: "A sanção do projeto de lei não convalida o vício de inconstitucionalidade resultante da usurpação do poder de iniciativa. A ulterior aquiescência do chefe do Poder Executivo, mediante sanção do projeto de lei, ainda quando dele seja a prerrogativa usurpada, não tem o condão de sanar o vício radical da inconstitucionalidade. Insubsistência da Súmula 5/STF. Doutrina. Precedentes."

DISTRIBUIÇÃO DOS PONTOS

ITEM	PONTUAÇÃO
A. Não. A alteração de texto não implica, necessariamente, no retorno do projeto à Casa iniciadora. A mudança do texto só impõe o retorno se houver alteração do significado normativo (0,75).	0,00/0,75
B. Não. Confirmada a usurpação do poder de iniciativa, a sanção do projeto de lei não convalida o vício de inconstitucionalidade (0,30). Esta conclusão é reforçada pela necessidade de respeito ao princípio da divisão de poderes (0,20)	0,00/0,20/0,30/0,50

(OAB/Exame Unificado – 2013.1– 2ª fase) Determinado Ministério apresentou desempenho considerado insuficiente pela imprensa e pela opinião pública, havendo sério questionamento quanto aos gastos públicos destinados para a sua manutenção.

Dessa forma, um Senador pelo Estado Y apresentou um projeto de lei no sentido de extinguir este Ministério. Tal projeto foi votado em plenário em um dia em que 32 (trinta e dois) dos 81 (oitenta e um) senadores estavam presentes, sendo aprovado pelo voto da maioria dos presentes e encaminhado à Câmara dos Deputados.

Contando com forte apoio popular, a proposta legislativa foi aprovada pela maioria absoluta dos deputados federais e encaminhada ao Presidente da República, que a sancionou doze dias úteis depois de tê-la recebido, determinando sua imediata publicação no Diário Oficial da União.

Uma semana após a publicação da lei na imprensa oficial, a CONAMP (Associação Nacional dos Membros do Ministério Público) ajuizou uma ação declaratória de constitucionalidade em que pleiteava a declaração de conformidade da nova norma legal com a Constituição.

Responda justificadamente aos questionamentos a seguir, empregando os argumentos jurídicos apropriados e apresentando a fundamentação legal pertinente ao caso.

A) Há algum vício que fulmine a constitucionalidade da norma em questão? (Valor: 0,80)

B) A CONAMP poderia ter ajuizado a ação declaratória de constitucionalidade? (Valor: 0,45)

A simples menção ou transcrição do dispositivo legal não pontua.

PRÁTICA CONSTITUCIONAL – 6ª EDIÇÃO

GABARITO COMENTADO PELA EXAMINADORA – FGV

A) A norma possui vícios a fulminar a sua constitucionalidade. Projeto de lei para extinguir Ministério é de iniciativa privativa do Presidente da República (Art. 61, § 1º, II, "e" da Constituição), havendo, portanto, vício de iniciativa, já que o mesmo não poderia ter sido apresentado por um senador. Houve ainda vício na votação do projeto no Senado Federal, eis que o Art. 47 da Constituição exige a presença de maioria absoluta dos membros da Casa Legislativa para a votação de um projeto de lei, ou seja, no caso, seria necessária a presença de ao menos 41 senadores para realizar a votação.

B) Apesar de legitimada pelo Art. 103, IX da Constituição, a CONAMP não poderia ter apresentado a ação declaratória de constitucionalidade no caso em análise, pois ausente o requisito da pertinência temática que deve obedecer, consoante jurisprudência pacífica do Supremo Tribunal Federal. Além do mais, tendo proposta a ação apenas uma semana após a publicação da lei, não foi seguido o requisito da controvérsia judicial relevante, exigido pelo art. 14, III da Lei n. 9.868/99.

Distribuição dos Pontos

Quesiliado	Valores
A) O projeto era de iniciativa privativa do Presidente da República (0,20). Aplicação do Art. 61, § 1º, II, "e" da Constituição (0,20).	0,00 / 0,20 / 0,40
É necessária ao menos a presença da maioria absoluta dos membros da Casa Legislativa para a votação do projeto de lei (0,20), conforme Art. 47 da Constituição Federal (0,20).	0,00 / 0,20 / 0,40
B) Há ausência de pertinência temática para ajuizar a ação (0,25). Não foi obedecido o requisito da controvérsia judicial relevante (0,10). Incidência do Art. 14, III, da Lei n. 9.868 / 99 (0,10) Obs. : A simples citação da lei não pontua.	0,00 / 0,10 / 0,20 / 0,25 / 0,35 / 0,45

(OAB/Exame Unificado – 2012.3 – 2ª fase) O Brasil assinou tratado internacional, discutido e votado no âmbito da Organização Mundial do Comércio, que regulamentava novas formas de controle sobre o comércio exterior. Ao invés de a função ser exercida pelo Ministério da Fazenda, como preceitua o Art. 237 da Constituição Federal, o texto do tratado veda qualquer possibilidade de controle interno do comércio internacional pelos países signatários.

A partir do fato acima, responda aos itens a seguir.

A) De acordo com o ordenamento constitucional vigente, a que autoridade ou órgão compete promover a internalização do referido tratado internacional? (Valor: 0,50)

B) Uma vez internalizado o tratado em questão, com que hierarquia ele passa a integrar o ordenamento jurídico pátrio? (Valor: 0,25)

C) Qual (is) princípio(s) de Interpretação Constitucional deve(m) nortear a resolução do conflito entre o texto do tratado e o texto constitucional? (Valor: 0,50)

RESOLUÇÃO DA QUESTÃO

A) Cabe ao Presidente da República tão somente assinar o documento internacional (Art. 84, VIII), que deve ser submetido ao Congresso Nacional, a quem compete resolver definitivamente sobre Tratados, promovendo a sua internalização, conforme dispõe o Art. 49, inciso I, da Constituição Federal.

B) Tratados internacionais que não versam sobre direitos humanos, como o referido na questão, depois de internalizados, ingressam no ordenamento jurídico com *status* de Lei Ordinária.

C) Pelo Princípio da Supremacia da Constituição, conflito entre norma constitucional e norma com hierarquia de Lei Ordinária deve ser resolvido atestando-se a primazia do dispositivo constitucional.

Distribuição dos Pontos

QUESITO AVALIADO	VALORES
A. Cabe ao Presidente da República assinar o documento internacional (Art. 84, VIII), que deve ser submetido ao Congresso Nacional a quem compete resolver definitivamente sobre Tratados, promovendo a sua internalização, conforme dispõe o Art. 49, inciso I, da Constituição Federal. (0,50)	0,00/0,50
B. Tratados internacionais que não versam sobre direitos humanos, depois de internalizados, ingressam no ordenamento jurídico com status de Lei Ordinária. (0,25)	0,00/0,25
C. Pelo Princípio da Supremacia da Constituição (0,50)	0,00/0,50

(OAB/Exame Unificado – 2012.3 – 2ª fase) Instituto destinado a dar maior eficiência aos comandos constitucionais, a medida provisória possibilita que, em situações excepcionais, o Presidente da República edite norma com força de Lei Ordinária. A avalanche de medidas provisórias, porém, vem atravancando o trâmite dos projetos de lei, o que motivou nova orientação do então presidente da Câmara dos Deputados: a pauta não fica travada em relação a matérias que não podem, em tese, ser objeto de medida provisória.

Em relação ao tema medida provisória, responda, fundamentadamente, aos seguintes itens.

A) Quais os limites para sua edição? (Valor: 0,40)

B) É possível Constituição Estadual prever edição de medida provisória pelo Governador do Estado? Nesse caso, a norma constitucional estadual poderia estabelecer limites diferentes daqueles previstos na Constituição da República Federativa do Brasil? (Valor: 0,45)

C) É possível o controle jurisdicional dos requisitos de relevância e urgência da medida provisória? (Valor: 0,40)

RESOLUÇÃO DA QUESTÃO

A) A medida provisória encontra limites materiais, estampados no § 1º, do Art. 62, da Constituição Federal; limites temporais, encontrados nos §§ 2º e 7º do referido artigo e limites circunstanciais, encontrados no § 10 do aludido dispositivo.

PRÁTICA CONSTITUCIONAL – 6ª EDIÇÃO   40

B) A resposta é afirmativa quanto à criação, pois a Constituição Estadual poderá criar Medidas Provisórias. Por outro lado, a norma constitucional estadual deverá guardar os mesmos requisitos e limites da norma da Constituição Federal, face ao mandamento da simetria das normas.

C) São requisitos indispensáveis às medidas provisórias a relevância e urgência, conforme dispõe o Art. 62, *caput* da Constituição Federal. O Supremo Tribunal Federal, por longa data, entendeu não ser possível o controle de constitucionalidade dos requisitos relevância e urgência, sob pena de violação ao princípio da separação de poderes. Todavia, houve parcial mudança no entendimento da Corte, admitindo o exame jurisdicional do mérito dos requisitos de relevância e urgência na edição de medida provisória em casos excepcionais, em que a ausência desses pressupostos seja evidente, como por exemplo, na abertura de crédito extraordinário para destinar verba para a saúde que já deveria estar inclusa na lei orçamentária anual.

Distribuição dos Pontos

QUESITO AVALIADO	FAIXA DE VALORES
A) A medida provisória encontra limites materiais, estampados no § 1º, do Art. 62, da Constituição Federal (0,20); limites temporais, encontrados nos §§ 2º e 7º do referido artigo (0,10) e limites circunstanciais, encontrados no § 10 do aludido dispositivo (0,10).	0,00/ 0,10/ 0,20/ 0,30/ 0,40
B) Sim, é possível Constituição Estadual prever edição de medida provisória pelo Governador do Estado (0,25)A norma constitucional estadual não poderá estabelecer limites diferentes daqueles previstos na Constituição da República Federativa do Brasil, devendo guardar os mesmos requisitos e limites da norma da Constituição Federal, face ao mandamento da simetria das normas. (0,20)	0,00/ 0,20/ 0,25 /0,45
C) O Supremo Tribunal Federal admite o exame jurisdicional do mérito dos requisitos de relevância e urgência na edição de medida provisória em casos excepcionais.(0,40)	0,00/ 0,40

(OAB/Exame Unificado – 2012.1 – 2ª fase) No mês de março, um projeto de emenda constitucional foi rejeitado logo no primeiro turno de votação, realizado na Câmara dos Deputados. Em agosto do mesmo ano, esse projeto de emenda foi novamente posto em votação na Câmara dos Deputados. Na sequência, determinado Deputado Federal, contrário ao projeto de emenda e decidido a impedir sua tramitação, afirmou que iria acessar o Poder Judiciário.

Discorra sobre a possibilidade de o Poder Judiciário exercer controle sobre a tramitação da emenda, bem como sobre a possível medida cabível no caso em tela. (valor: 1,25)

RESOLUÇÃO DA QUESTÃO

Há possibilidade de o Poder Judiciário controlar a constitucionalidade do processo legislativo do projeto de emenda constitucional. No caso em tela o controle mostra-se viável em função da violação da limitação procedimental constante no art. 60, parágrafo 5º da CRFB.

A única medida cabível ao caso é a impetração do mandado de segurança perante o Supremo Tribunal Federal.

Distribuição dos Pontos

QUESITO AVALIADO	FAIXA DE VALORES
A) Identificação da violação do Art. 60, § 5º da CRFB (0.30) e da possibilidade de controle da PEC pelo judiciário (0,35).	0,00/ 0,30/ 0,35/ 0,65
B) Identificação do mandado de segurança como medida cabível (0,30), bem como da competência do STF para a realização do julgamento (0,30).	0,00/ 0,30/ 0,60

(OAB/Exame Unificado – 2011.3 – 2ª fase) Suponha que tramite perante a Câmara dos Deputados Proposta de Emenda à Constituição da República estabelecendo a obrigatoriedade de Estados, Municípios e Distrito Federal indexarem a remuneração de seus servidores públicos de acordo com o salário mínimo.

Considerando a situação hipotética, analise os itens a seguir, empregando os argumentos jurídicos apropriados e a fundamentação legal pertinente ao caso:

A) a constitucionalidade da referida PEC; (Valor: 0,6)

B) a possibilidade de provimento jurisdicional que avalie a constitucionalidade da PEC ainda no curso do processo legislativo. (Valor: 0,65)

RESOLUÇÃO DA QUESTÃO

A PEC não resiste ao confronto com as limitações materiais ao poder de reforma, estabelecidas no artigo 60, § 4º, da CRFB, mais especificamente ao enfraquecimento do pacto federativo. Isso porque a indexação da remuneração dos servidores estaduais, distritais e municipais pelo salário mínimo (fixado em lei da União Federal) importa em vulneração da autonomia dos entes federativos e, nesse sentido, em quebra do pacto federativo (ADPF 33/PA).

Quanto ao item 2, a jurisprudência do STF já se firmou no sentido de reconhecer a possibilidade de controle jurisdicional da PEC em tramitação, reconhecendo a legitimidade dos deputados e senadores para a impetração de mandado de segurança por violação ao direito líquido e certo de observância do devido processo legislativo (MS 24.642/DF).

Distribuição dos Pontos

ITEM	PONTUAÇÃO
A) Mencionar os limites materiais ao poder de reforma (0,3). Artigo 60, § 4º, I, da CRFB: violação à autonomia dos entes federativos – quebra do pacto federativo (0,3).	0/ 0,3/ 0,6
B) O STF admite o controle jurisdicional de PECs durante a tramitação legislativa para coibir violação ao devido processo legislativo (0,35). Legitimidade do parlamentar para impetração de mandado de segurança (0,3).	0/ 0,3 / 0,35/ 0,65

PRÁTICA CONSTITUCIONAL – 6ª EDIÇÃO   42

(OAB/Exame Unificado – 2011.2 – 2ª fase) Com o objetivo de incrementar a arrecadação tributária, projeto de lei estadual, de iniciativa parlamentar, cria uma gratificação de produtividade em favor dos Fiscais de Rendas que, no exercício de suas atribuições, alcancem metas previamente estabelecidas. O projeto é aprovado pela Assembleia Legislativa e, em seguida, encaminhado ao Governador do Estado, que o sanciona.

Com base no cenário acima, responda aos itens a seguir, empregando os argumentos jurídicos apropriados e a fundamentação legal pertinente ao caso.

A) Indique a inconstitucionalidade formal que a lei apresenta e informe se a sanção da Chefia do Poder Executivo teve o condão de saná-la. (Valor: 0,65)

B) Supondo que a lei seja questionada perante o STF por meio de ADI, de que forma poderia o Sindicato dos Fiscais de Rendas daquele Estado atuar no feito em defesa da lei? Teria legitimidade para interposição de embargos declaratórios contra a decisão final adotada na ADI? (Valor: 0,60)

RESOLUÇÃO DA QUESTÃO

A) Conforme dispõe o art. 61, § 1º, II, a, da CF, é da competência privativa do Presidente da República as leis que disponham sobre a criação de cargos, funções ou empregos públicos na administração direta e autárquica ou aumento de sua remuneração. Desse modo, com base no princípio da simetria ou paralelismo, no âmbito estadual, essas leis devem ser iniciadas pelo chefe do executivo estadual, ou seja, governador do Estado. A informação apresentada na questão é a de que a iniciativa foi parlamentar. Assim, há vício de inconstitucionalidade formal, pois o projeto foi iniciado por quem não tinha competência para tanto.

Além disso, de acordo com a jurisprudência do STF e a doutrina majoritária, a posterior sanção do governador, chefe do executivo estadual, não tem o condão de sanar a inconstitucionalidade formal, advinda de vício de iniciativa.

B) Para que o Sindicado dos Fiscais de Renda participe do processo, é necessário que requeira a sua habilitação como *amicus curiae*. A Lei nº 9.868/99, em seu art. 7º, § 2º, admite a intervenção do denominado amigo da corte para que ele traga subsídios aos julgadores de forma a pluralizar o debate e tornar a decisão mais justa. A participação desse ente se materializa por meio da apresentação de manifestações por escrito e sustentações orais. Ocorre que, segundo a jurisprudência, o amigo da corte não é parte nesse processo de natureza objetiva e, portanto, não possui legitimidade recursal. Do mesmo modo, não há possibilidade de oposição de embargos de declaração pelo Sindicato.

GABARITO COMENTADO PELA BANCA EXAMINADORA – FGV

A inconstitucionalidade formal decorre da não observância das regras de processo legislativo previstas na Constituição da República, que são, consoante jurisprudência firme do Supremo Tribunal Federal, de reprodução compulsória pelas Constituições Estaduais, uma vez que corolário do princípio da separação funcional de poderes. Na situação proposta, o projeto de lei de iniciativa parlamentar vulnera a norma do artigo 61, § 1º, inciso II, alínea "a" da CRFB, aplicável, por simetria, aos Estados-membros. No que tange à sanção governamental, a jurisprudência do STF é pacífica em reconhecer que a sanção do Governador não tem o condão de convalidar o vicio de iniciativa, estando superado Enunciado n. 05 daquele Tribunal.

O Sindicato dos Fiscais de Rendas do Estado poderia requerer a sua admissão no feito na qualidade de *amicus curiae*, nos termos do artigo 7º, § 2º, da Lei 9.868/99. Em sendo deferido o pedido, poderia o Sindicato manifestar-se por escrito e realizar sustentação oral, mas não poderia interpor recurso, conforme precedentes do STF.

Distribuição dos pontos pela FGV

ITEM	PONTUAÇÃO
A1) Vício de iniciativa (0,15) – artigo 61, § 1º, inciso III, alínea "a", da CRFB (0,15) – princípio da simetria (0,15)	0 / 0,15 / 0,30 / 0,45
A2) A sanção não convalida o vício de iniciativa. (0,20)	0 / 0,20
B) Requerer admissão no feito na qualidade de *amicus curiae* (0,30) Artigo 7º, § 2º, Lei 9.868/99 (0,15) O STF não reconhece legitimidade recursal ao *amicus curiae* (0,15).	0 / 0,15 / 0,30 / 0,45 / 0,60

(OAB/Exame Unificado – 2010.2 – 2ª fase) O Congresso Nacional aprovou e o Presidente da República sancionou projeto de lei complementar modificando artigos do Código Civil, nos termos do art. 22, I da CRFB. Três meses após a entrada em vigor da referida lei, o Presidente da República editou medida provisória modificando novamente os referidos artigos do Código Civil com redação dada pela lei complementar. Analise a constitucionalidade dos atos normativos mencionados.

RESOLUÇÃO DA QUESTÃO

O tema não é pacífico na doutrina, mas para a corrente majoritária e para o STF, não existe hierarquia entre lei complementar e lei ordinária, mas apenas "reserva constitucional de lei complementar". Ou seja, leis complementares diferenciam-se das leis ordinárias porque a Constituição definiu que certas matérias somente podem ser veiculadas em lei complementar, que são aprovadas por maioria absoluta (art. 69 da CF), enquanto que para a edição de lei ordinária o *quorum* de aprovação é de maioria simples, presente a maioria absoluta dos membros da respectiva Casa Legislativa (art. 47 da CF), sendo certo que não há definição de matérias de lei ordinária. Por isso, se a Constituição determinar que a matéria será tratada "na forma da lei", está se referindo à lei ordinária.

Em síntese, não haveria hierarquia entre elas, e a diferença entre as espécies normativas consiste na exigência constitucional de lei complementar para determinadas matérias, além do *quorum* de maioria absoluta para a aprovação de leis complementares e o de maioria simples para as leis ordinárias.

Necessário observar ainda que, apesar de uma matéria não listada na Constituição como reservada à lei complementar poder ser regulamentada por essa via, a alteração posterior da lei complementar, nesse caso, pode ser feita por mera lei ordinária, não sendo necessária edição de outra lei complementar para a modificação. Por isso, no caso em análise, os dois atos normativos são válidos. O primeiro porque, apesar de a Constituição não exigir no art.

PRÁTICA CONSTITUCIONAL – 6ª EDIÇÃO   44

22, I, a edição de lei complementar para alteração do Código Civil, o Congresso pode se valer dessa espécie normativa para a regulamentação da matéria, uma vez que não há óbice para a escolha do procedimento mais qualificado. Entretanto, essa escolha não vincula os atos normativos de alteração da lei complementar, que podem ser feitos por lei ordinária ou, como na hipótese, por medida provisória, já que a Constituição só proíbe a adoção de medida provisória para os casos reservados à lei complementar.

Comentários adicionais

Sobre o tema, confira-se o item "Transcrições" do Informativo STF 429/2006, referente ao RE 419.629, Rel. Min. Sepúlveda Pertence:

"(...) III. No julgamento da ADC 1, 01.12.93, o em. Relator, Ministro Moreira Alves ressaltou no voto condutor do acórdão – RTJ 156/721, 745: "Sucede, porém, que a contribuição social em causa, incidente sobre o faturamento dos empregadores, é admitida expressamente pelo inciso I do artigo 195 da Carta Magna, não se podendo pretender, portanto, que a Lei Complementar nº 70/91 tenha criado outra fonte de renda destinada a garantir a manutenção ou a expansão da seguridade social. Por isso mesmo, essa contribuição poderia ser instituída por Lei ordinária. A circunstância de ter sido instituída por lei formalmente complementar – a Lei Complementar nº 70/91 – não lhe dá, evidentemente, a natureza de contribuição social nova, a que se aplicaria o disposto no § 4o do artigo 195 da Constituição, porquanto essa lei, com relação aos dispositivos concernentes à contribuição social por ela instituída – que são o objeto desta ação -, é materialmente ordinária, por não tratar, nesse particular, de matéria reservada, por texto expresso da Constituição, à lei complementar. A jurisprudência desta Corte, sob o império da Emenda Constitucional nº 1/69 – e a Constituição atual não alterou esse sistema -, se firmou no sentido de que só se exige lei complementar para as matérias para cuja disciplina a Constituição expressamente faz tal exigência, e, se porventura a matéria, disciplinada por lei cujo processo legislativo observado tenha sido o da lei complementar, não seja daquelas para que a Carta Magna exige essa modalidade legislativa, os dispositivos que tratam dela se têm como dispositivos de lei ordinária." Este, o caso vertente, relativo à norma que – embora inserida formalmente em lei complementar – concedia isenção de tributo federal e, portanto, submetia-se a regime de leis federais ordinárias, que outra lei ordinária da União, validamente, poderia ter revogado, como efetivamente revogou.

Nesse sentido – na trilha do precedente invocado da ADC 1 – a jurisprudência do Tribunal permanece sedimentada (v.g., ADInMC 2111, 16.03.00, Sydney, DJ 15.12.03; AR 1264, 10.04.02, Néri, DJ 31.05.02). Na doutrina – e independentemente da discussão acerca de ser ou não de hierarquia a relação entre a lei complementar e a lei ordinária, também se pode dar por pacificada a mesma conclusão da jurisprudência. A lição vem desde a obra pioneira do saudoso Geraldo Ataliba. O mesmo se colhe na clássica monografia do douto Souto Maior Borges. Salvo uma passagem de Manoel G. Ferreira Filho – citada e acolhida por Alexandre de Moraes – não encontrei discrepância de monta nos trabalhos mais modernos, a exemplo de Sacha Calmon, e Humberto Ávila e, ao que me parece, em passagem incidente de Roque Carrazza. Portanto, não há que se falar em violação ao princípio da hierarquia das leis – *rectius*, da reserva constitucional de lei complementar – cujo respeito exige seja observado o âmbito material reservado às espécies normativas previstas na Constituição Federal. Ressalto que o caso é diverso do que se discute na Rcl 2.475-AgR – efeito vinculante aos fundamentos de decisão proferida em ação de controle concentrado para o cabimento de Reclamação ao Supremo. Esse o quadro, dou provimento ao RE da União (art. 557, § 1o-A, C.Pr.Civil) para anular o acórdão do STJ e determinar que outro seja proferido – adstrito a eventuais questões infraconstitucionais, aventadas -, e nego provimento ao RE do Sindicato (art. 557, *caput*, c/c 543, § 2º, do C.Pr.Civil): é o meu voto."

GABARITO COMENTADO PELA EXAMINADORA – FGV

São basicamente duas as diferenças entre a lei complementar e a lei ordinária: (i) enquanto a primeira demanda tem de ter um *quorum* de aprovação de maioria absoluta, a segunda pode ser aprovada por maioria simples (presente à sessão a maioria absoluta dos membros da casa legislativa); (ii) há determinadas matérias que só podem ser reguladas por meio de lei complementar e estas matérias estão definidas expressamente no texto constitucional. Não existe, portanto, hierarquia entre lei complementar e lei ordinária, uma vez que esta não decorre daquela. Ambas decorrem da Constituição. Este entendimento, que conta com o apoio da maioria dos doutrinadores, já foi confirmado pelo STF (RE 419.629). Uma lei complementar que disponha sobre matéria para a qual a Constituição não exige maioria absoluta (típica de lei complementar) poderá ser modificada por lei ordinária. É dizer, neste caso, que será uma lei complementar com *status* de lei ordinária. Embora a Constituição determine que não será objeto de medida provisória a matéria reservada a lei complementar, tal vedação não afeta o caso em tela, pois a matéria de que trata a referida lei complementar (direito de família) não é reservada a lei complementar, podendo neste caso ser modificada por medida provisória. Ambos os atos normativos, portanto, são constitucionais.

Distribuição dos pontos pela FGV

ITEM	PONTUAÇÃO
Inexistência de hierarquia	0 / 0,5
por não haver hierarquia, mas hipótese de incidência, uma lei complementar pode ser revogada por uma ordinária quando aquela não estiver na sua área de incidência	0 / 0,5.

(OAB/Exame Unificado – 2010.1 – 2ª fase) O governador de determinado estado propôs emenda à Constituição estadual no que se refere ao processo legislativo das emendas à Constituição, aumentando para quatro quintos o *quorum* exigido para aprovação de emendas. A proposta de emenda, aprovada pela Comissão de Constituição e Justiça, foi encaminhada para deliberação; no entanto, um dos deputados estaduais entende que essa proposta não pode tramitar por ser inconstitucional, razão pela qual pretende impugná-la judicialmente. Nessa situação hipotética, que medida judicial seria mais adequada ao caso? Fundamente sua resposta, apresentando o argumento de mérito a ser utilizado para a defesa da pretensão do deputado.

RESOLUÇÃO DA QUESTÃO

O mero trâmite dessa proposta de emenda à constituição estadual é inconstitucional, pois fere o disposto no art. 60, § 2º, da CF, de observância obrigatória pelos Estados, que estabelece o *quorum* de *três qui*ntos dos membros de cada Casa do Congresso Nacional para a aprovação de emendas constitucionais. Ou em outras palavras: o modelo de reforma estabelecido na Constituição Federal deve ser obrigatoriamente observado pelos Estados, que não podem dificultar o rito a ponto de obstaculizá-lo ou engessá-lo, uma vez que a própria alteração do procedimento de reforma da Constituição é tida pela doutrina como um limite implícito ao poder de reforma da CF (e, por consequência, também das constituições estaduais). Para impedir o trâmite dessa PEC inconstitucional, o STF admite a impetração de mandado de segurança por parlamentares para sustar o andamento de proposta de emenda à Constituição que veicule matéria insuscetível de reforma pelo constituinte derivado (art. 60, § 2º, da CF), por entender que o parlamentar tem direito líquido e certo ao devido processo legislativo.

PRÁTICA CONSTITUCIONAL – 6ª EDIÇÃO   46

GABARITO COMENTADO PELA EXAMINADORA – CESPE

A medida judicial cabível e o mandado de segurança, visto que o deputado estadual tem legitimidade ativa para impugnar ato que venha a comprometer a lisura do processo legislativo. Leia-se o que dispõe o art. 5º da Constituição Federal: "(...) LXIX – conceder-se-á mandado de segurança para proteger direito liquido e certo, não amparado por habeas-corpus ou habeas-data, quando o responsável pela ilegalidade ou abuso de poder for autoridade publica ou agente de pessoa jurídica no exercício de atribuições do Poder Publico;"

"EMENTA: CONSTITUCIONAL. PROCESSO LEGISLATIVO: CONTROLE JUDICIAL. MANDADO DE SEGURANÇA.

I – O parlamentar tem legitimidade ativa para impetrar mandado de segurança com a finalidade de coibir atos praticados no processo de aprovação de leis e emendas constitucionais que não se compatibilizam com o processo legislativo constitucional. Legitimidade ativa do parlamentar, apenas.

II – Precedentes do STF: MS 20.257/DF, Ministro Moreira Alves (leading case), RTJ 99/1031; MS 21.642/DF, Ministro Celso de Mello, RDA 191/200; MS 21.303-AgR/DF, Ministro Octavio Gallotti, RTJ 139/783; MS 24.356/DF, Ministro Carlos Velloso, "DJ" de 12.09.2003.

III – Inocorrência, no caso, de ofensa ao processo legislativo, C.F., art. 60, § 2.º, por isso que, no texto aprovado em 1.º turno, houve, simplesmente, pela Comissão Especial, correção da redação aprovada, com a supressão da expressão "se inferior", expressão dispensável, dada a impossibilidade de a remuneração dos Prefeitos ser superior a dos Ministros do Supremo Tribunal Federal.

IV – Mandado de Segurança indeferido (MS 24642, Relator(a): Min. CARLOS VELLOSO, Tribunal Pleno, julgado em 18/02/2004, DJ 18-06-2004 PP-00045 EMENT VOL-02156-02 PP-00211)".

Haveria, na hipótese, violação a clausula pétrea implícita que trata do próprio trâmite das propostas de emendas à Constituição (PEC), de forma que não seria admitida uma PEC que visa exatamente alterar as normas jurídicas relativas às emendas, tornando-as mais rígidas, engessando sua reforma. O modelo previsto na CF e de observância obrigatória pelos estados-membros, de forma que a exigência de *quorum* de quatro quintos acabaria por engessar a possibilidade de emenda.

"Processo de reforma da Constituição estadual — Necessária observância dos requisitos estabelecidos na Constituição Federal (art. 60, §§ 1.º a 5.º) — Impossibilidade constitucional de o Estado membro, em divergência com o modelo inscrito na Lei Fundamental da Republica, condicionar a reforma da Constituição estadual a aprovação da respectiva proposta por 4/5 (quatro quintos) da totalidade dos membros integrantes da Assembleia Legislativa – Exigência que virtualmente esteriliza o exercício da função reformadora pelo Poder Legislativo local – A questão da autonomia dos Estados-membros (CF, art. 25) — Subordinação jurídica do poder constituinte decorrente as limitações que o órgão investido de funções constituintes primarias ou originarias estabeleceu no texto da Constituição da Republica (...) (ADI 486, Rel. Min. Celso de Mello, julgamento em 3-4-97, Plenário, DJ de 10-11-06)."

Observação para a correção: atribuir pontuação integral às respostas em que esteja expresso o conteúdo do dispositivo legal, ainda que não seja citado, expressamente, o número do artigo.

5.2. PODER JUDICIÁRIO

(OAB/Exame Unificado – 2012.2 – 2ª fase) Maria alugou um prédio comercial no centro da cidade "P", capital do estado "K", para que o Estado estrangeiro W ali instalasse sua representação consular. Foram estabelecidos aluguéis de R$ 40.000,00 (quarenta mil reais) mensais.

Passados dois anos de vigência do contrato, em razão de dificuldades financeiras no continente onde se localiza o Estado W, o mesmo deixa de pagar aluguéis para Maria, que, inconformada, busca a orientação de um profissional da advocacia para melhor defender seus interesses.

O advogado contratado explica que proporá a ação em Vara Cível do Município "P", cabendo eventual recurso de apelação para o Tribunal de Justiça do Estado K.

Responda, justificadamente, se a orientação do advogado contratado por Maria está na direção correta ao apontar os órgãos jurisdicionais competentes para a matéria em primeiro e em segundo graus de jurisdição. (Valor: 1,25)

RESOLUÇÃO DA QUESTÃO

As orientações fornecidas estão equivocadas, pois ações movidas contra Estado estrangeiro devem ser propostas em primeira instância perante um Juiz Federal, conforme art. 109, II da Constituição; em grau recursal é cabível um recurso ordinário ao Superior Tribunal de Justiça, conforme art. 105, II, "c" da Constituição.

Distribuição dos Pontos

QUESITO AVALIADO	VALORES
Não. A primeira instância deverá ser perante Juiz Federal (0,45), conforme art. 109, II da Constituição (0,10). OBS.: A mera citação do artigo não pontua.	0,00/0,45/0,55
Em segundo grau é cabível o recurso ordinário (0,30) perante o STJ (0,30), conforme art. 105, II, "c" da Constituição (0,10). OBS.: A mera citação do artigo não pontua.	0,00/0,30/0,40/0,60/0,70

(OAB/Exame Unificado – 2011.2 – 2ª fase) Um fazendeiro descobriu que sua mulher o havia traído com um cidadão de etnia indígena que morava numa reserva próxima à sua fazenda. No mesmo instante em que tomou ciência do fato, o fazendeiro dirigiu-se à reserva indígena e disparou três tiros contra o índio, que, no entanto, sobreviveu ao atentado.

Com base nesse cenário, responda aos itens a seguir, empregando os argumentos jurídicos apropriados e a fundamentação legal pertinente ao caso.

A) A quem compete julgar esse caso? (Valor: 0,45)

B) Qual é o fundamento do art. 109, IX, da Constituição da República? (Valor: 0,40)

C) Caso o juiz federal entendesse ser incompetente para julgar esse caso e encaminhasse os autos ao juiz de direito e este também entendesse ser incompetente, a quem caberia decidir qual o juízo competente? Por quê? (Valor: 0,40)

PRÁTICA CONSTITUCIONAL – 6ª EDIÇÃO

RESOLUÇÃO DA QUESTÃO

A) A competência para o julgamento dos crimes dolosos contra a vida é do Tribunal do Júri da justiça estadual comum. Desse modo, como o crime praticado pelo fazendeiro é tido como doloso contra a vida, tal competência é aplicada. Vale lembrar que o art. 109, XI, da Constituição Federal, determina a competência da justiça federal para o julgamento de disputa sobre direitos indígenas, o que não se aplica ao caso, por não se tratar de discussão sobre tais direitos.

B) O fundamento do art. 109, XI, da Constituição Federal, repousa na atribuição dada à União de assegurar os preceitos, os valores e a cultura indígena. Assim, independente do local em que tenha ocorrida a situação, a justiça competente para a análise desses direitos é a federal.

C) Quando dois ou mais juízes se declaram incompetentes para determinada ação, estamos diante do denominado conflito negativo de competência. Na presente hipótese, como os juízes são vinculados a tribunais distintos, o órgão competente para o julgamento de tal conflito é o Superior Tribunal de Justiça (art. 105, I, "d", da Constituição Federal).

GABARITO COMENTADO PELA EXAMINADORA – FGV

1. Por se tratar de crime doloso contra a vida, o caso deverá ser julgado pelo Tribunal do Júri, da justiça estadual comum. Embora a vítima seja um índio, o caso não está relacionado a disputa de direitos indígenas, razão pela qual não seria competência da Justiça Federal (art. 109, XI).

2. A atribuição à Justiça Federal da competência para julgar disputas sobre direitos indígenas decorre da competência atribuída à União Federal para proteção da cultura indígena, seus bens e valores (art. 231, CRFB). É por esta razão que a competência, nestas hipóteses, será da Justiça Federal, independentemente do Estado onde o caso tenha ocorrido.

3. A competência, neste caso, será do STJ, pois se trata de conflito negativo de competência entre órgãos vinculados a tribunais diversos (art. 105, I, d, CRFB).

Distribuição dos pontos pela FGV

ITEM	PONTUAÇÃO
A) Justiça estadual (0,15) – Tribunal do Júri (0,15). Não se trata de disputa de direitos indígenas (0,15).	0 / 0,15 / 0,30 / 0,45
B) Proteção dos direitos dos índios é competência da União, art. 109, XI (0,4) OU B) Referência ao fundamento contido no art. 109, IX. (0,4)	0 / 0,4
C) STJ (0,2), por ser conflito negativo de competência entre órgãos vinculados a tribunais diversos OU art. 105, I, d, da CRFB (0,2)	0 / 0,2 / 0,4

(OAB/Exame Unificado – 2011.1 – 2ª fase) Mévio, advogado com longos anos de carreira, resolve concorrer a vaga de magistrado surgida no Tribunal de Justiça K, tendo apresentado o seu currículo para a Ordem dos Advogados do Brasil, que o incluiu na lista de advogados. Mesma situação ocorreu com a lista escolhida pelo Tribunal de Justiça.

À luz das normas constitucionais, responda aos itens a seguir:

A) Qual é o percentual de vagas destinada aos advogados nos Tribunais de Justiça? (Valor: 0,35)

B) Quais são os ritos de escolha realizados pela OAB e pelo Tribunal de Justiça? (Valor: 0,6)

C) De quem é a competência para nomeação? (Valor: 0,3)

RESOLUÇÃO DA QUESTÃO

A) O percentual de vagas destinado aos advogados nos Tribunais de Justiça é de dez por cento para advogados. Tal número é extraído da regra prevista no art. 94 da Constituição Federal, denominada quinto constitucional. Segundo esse dispositivo, um quinto dos lugares, não só dos Tribunais de Justiça dos Estados, Distrito Federal e Territórios, mas dos Tribunais Regionais Federais, é composto de membros do Ministério Público, com mais de dez anos de carreira, e de advogados de notório saber jurídico, reputação ilibada e com mais de dez anos de atividade profissional.

B) Os ritos para a escolha, realizados pela Ordem dos Advogados do Brasil e pelo Tribunal de Justiça, também encontram fundamento no *caput* do art. 94 da Constituição Federal e no seu parágrafo único. O órgão de representação da classe, na hipótese, Conselho Seccional da OAB, indica seis nomes e encaminha-os ao respectivo Tribunal de Justiça que reduzirá tal lista, escolhendo três dos seis nomes indicados.

C) A competência para a nomeação do novo magistrado que comporá o Tribunal de Justiça é do chefe do executivo estadual, ou seja, do governador do Estado. A lista tríplice definida pelo Tribunal é enviada ao governador para que ele, de forma livre, escolha um nome.

GABARITO COMENTADO PELA EXAMINADORA – FGV

O ingresso do advogado na carreira da magistratura pode ocorrer através do denominado Quinto Constitucional, pois a norma do art., 94, da CF, reserva um quinto das vagas dos tribunais para ocupação dentre membros do Ministério Público e da Advocacia, com notório saber, reputação ilibada, com mais de dez anos de atividade profissional.

A OAB, no caso a seccional estadual, indicará os candidatos em lista sêxtupla, cabendo ao Tribunal de Justiça votar uma lista tríplice que será enviada ao Governador do Estado que escolherá, livremente, um dos indicados.

Distribuição dos pontos pela FGV

ITEM	PONTUAÇÃO
a) Com base no art. 94 da CRFB (Quinto Constitucional) (0,15), o percentual é de 10% para advogados (0,2).	0 / 0,15 / 0,2 / 0,35

PRÁTICA CONSTITUCIONAL – 6ª EDIÇÃO

b) Escolha de lista sêxtupla pela OAB local, dentre advogados com mais de dez anos. (0,3). Escolha de lista tríplice pelo TJ (0,3).	0 / 0,3 / 0,6
c) Governador do Estado	0 / 0,3

5.3. CONTROLE DE CONSTITUCIONALIDADE

(OAB/ Exame Unificado 2017.1- 2ª fase) O prefeito do Município Sigma envia projeto de lei ao Poder Legislativo municipal, que fixa o valor do subsídio do chefe do Poder Executivo em idêntico valor ao subsídio mensal dos ministros do Supremo Tribunal Federal. Tal projeto é aprovado pela Câmara de Vereadores e sancionado pelo Chefe do Poder Executivo. No dia seguinte ao da publicação da referida norma municipal, o vereador José, do município Sigma, ajuizou Ação Direta de Inconstitucionalidade, perante o Supremo Tribunal Federal, a fim de que fosse tal lei declarada inconstitucional.

Diante do exposto, responda aos itens a seguir.

A) Há vício de inconstitucionalidade na norma municipal? Justifique. (Valor: 0,85)

B) A medida judicial adotada pelo Vereador está correta? Justifique. (Valor: 0,40)

Obs.: *o(a) examinando(a) deve fundamentar as respostas. A mera citação do dispositivo legal não confere pontuação.*

GABARITO COMENTADO

A) A norma é formalmente inconstitucional, pois deveria ter sido iniciada pela Câmara Municipal, conforme determina o Art. 29, inciso V, da CRFB/88. Além disso, também há inconstitucionalidade material na lei municipal, pois o vício de iniciativa ofende, em consequência, o princípio da separação dos poderes, previsto no Art. 2º da CRFB/88. Por outro lado, em relação ao valor fixado, não há vício de inconstitucionalidade, pois está de acordo com o Art. 37, inciso XI, da CRFB/88, que limita o subsídio dos prefeitos ao teto constitucional.

B) Não está correta. A norma municipal não pode ser objeto de ADI perante o STF, conforme estabelece o Art. 102, inciso I, alínea a, da CRFB/88.

DISTRIBUIÇÃO DOS PONTOS

ITEM	PONTUAÇÃO
A1. Sim. A norma é formalmente inconstitucional, pois deveria ter sido iniciada pela Câmara Municipal (0,35), conforme determina o Art. 29, inciso V, da CRFB/88 (0,10).	0,00/0,35/0,45
A2. Sim. Além disso, também há inconstitucionalidade material na Lei Municipal, pois o vício de iniciativa ofende o princípio da separação dos poderes (0,30), previsto no Art. 2º da CRFB/88. (0,10)	0,00/0,30/0,40
B. Não. A norma municipal não pode ser objeto de ADI perante o STF (0,30), conforme estabelece o Art. 102, inciso I, alínea ´a´, da CRFB/88 (0,10).	0,00/0,30/0,40

(OAB/ Exame Unificado 2017.1- 2ª fase) O Governador de um Estado-membro da Federação vem externando sua indignação à mídia, em relação ao conteúdo da Lei Estadual nº 1234/15. Este diploma normativo, que está em vigor e resultou de projeto de lei de iniciativa de determinado deputado estadual, criou uma Secretaria de Estado especializada no combate à desigualdade racial. Diante de tal quadro, o Governador resolveu ajuizar, perante o Supremo Tribunal Federal, uma Arguição de Descumprimento de Preceito Fundamental (ADPF) impugnando a Lei Estadual nº 1234/15.

Com base no fragmento acima, responda, justificadamente, aos itens a seguir.

A) A Lei Estadual nº 1234/15 apresenta algum vício de inconstitucionalidade? (Valor: 0,60)

B) É cabível a medida judicial proposta pelo Governador? (Valor: 0,65)

Obs.: o(a) examinando(a) deve fundamentar as respostas. A mera citação do dispositivo legal não confere pontuação.

GABARITO COMENTADO

A) A referida lei estadual apresenta vício de inconstitucionalidade formal, já que somente lei de iniciativa privativa do Chefe do Poder Executivo pode criar órgão de apoio a essa estrutura de poder. É o que dispõe o Art. 61, § 1º, inciso II, da CRFB/88, aplicável por simetria aos Estados, tal qual determina o Art. 25, *caput.*

B) Não. A resposta deve ser no sentido de negar o cabimento da ADPF diante da ausência das condições especiais para a propositura daquela ação constitucional, ou seja, a observância do princípio da subsidiariedade, previsto no Art. 4º, § 1º, da Lei nº 9882/99. A jurisprudência do STF é firme no sentido de que o princípio da subsidiariedade rege a instauração do processo objetivo de ADPF, condicionando o ajuizamento dessa ação de índole constitucional à ausência de qualquer outro meio processual apto a sanar, de modo eficaz, a situação de lesividade indicada pelo autor.

DISTRIBUIÇÃO DOS PONTOS

ITEM	PONTUAÇÃO
A. Sim. A referida lei estadual apresenta vício de inconstitucionalidade formal (0,20), já que somente lei de iniciativa privativa do Chefe do Poder Executivo pode criar órgãos de apoio a essa estrutura de poder (0,30). É o que dispõe o Art. 61, § 1º, inciso II, ´e´ da CRFB/88, aplicável por simetria aos Estados (0,10).	0,00 / 0,20 / 0,30 / 0,40 0,50 / 0,60
B. Não. Em razão da inobservância do princípio da subsidiariedade OU **em razão do cabimento de Ação Direta de Inconstitucionalidade** (0,55) previsto no Art. 4º, § 1º, da Lei nº 9882/99 (0,10).	0,00 / 0,55 / 0,65

(OAB/ Exame Unificado- 2016.3- 2ª fase) O Presidente da República edita medida provisória estabelecendo novo projeto de ensino para a educação federal no País, que, dentre outros pontos, transfere o centenário Colégio Pedro II do Rio de Janeiro para Brasília, pois só fazia sentido que estivesse situado na cidade do Rio de Janeiro enquanto ela era a capital federal.

Muitas críticas foram veiculadas na imprensa, sendo alegado que a medida provisória contraria o comando contido no Art. 242, § 2º, da CRFB/88. Em resposta, a Advocacia-Geral da União

PRÁTICA CONSTITUCIONAL – 6ª EDIÇÃO

sustentou que não era correta a afirmação, já que o mencionado dispositivo da Constituição só é constitucional do ponto de vista formal, podendo, por isso, ser alterado por medida provisória.

Considerando a situação hipotética apresentada, responda, de forma fundamentada, aos itens a seguir.

A) Segundo a Teoria Constitucional, qual é a diferença entre as denominadas normas materialmente constitucionais e as normas formalmente constitucionais? (Valor: 0,75)

B) O entendimento externado pela Advocacia-Geral da União à imprensa está correto, sendo possível a alteração de norma constitucional formal por medida provisória? (Valor: 0,50)

Obs.: o examinando deve fundamentar suas respostas. A mera citação do dispositivo legal não confere pontuação.

GABARITO COMENTADO

A) O examinando deverá responder que as normas materiais possuem *status* constitucional em razão do seu conteúdo, pois estabelecem normas referentes à estrutura organizacional do Estado, à separação dos Poderes e aos direitos e as garantias fundamentais, enquanto as normas em sentido formal só possuem o caráter de constitucionais porque foram elaboradas com o uso do processo legislativo próprio das normas constitucionais.

B) O examinado deverá responder que o entendimento externado pela Advocacia Geral da União à imprensa está incorreto, pois, independentemente da essência da norma, todo dispositivo que estiver presente no texto constitucional, em razão da rigidez constitucional, só poderá ser alterado pelo processo legislativo solene das emendas constitucionais, tal qual previsto no Art. 60 da CRFB/88.

(OAB/ Exame Unificado- 2016.2- 2ª fase) Durante a tramitação de determinado projeto de lei de iniciativa do Poder Executivo, importantes juristas questionaram a constitucionalidade de diversos dispositivos nele inseridos. Apesar dessa controvérsia doutrinária, o projeto encaminhado ao Congresso Nacional foi aprovado, seguindo-se a sanção, a promulgação e a publicação. Sabendo que a lei seria alvo de ataques perante o Poder Judiciário em sede de controle difuso de constitucionalidade, o Presidente da República resolveu ajuizar, logo no primeiro dia de vigência, uma Ação Declaratória de Constitucionalidade.

Diante da narrativa acima, responda aos itens a seguir.

A) É cabível a propositura da Ação Declaratória de Constitucionalidade (ADC) nesse caso? (Valor: 0,65)

B) Em sede de Ação Declaratória de Constitucionalidade (ADC), é cabível a propositura de medida cautelar perante o Supremo Tribunal Federal? Quais seriam os efeitos da decisão do STF no âmbito dessa medida cautelar? (Valor: 0,60)

Obs.: o examinando deve fundamentar suas respostas. A mera citação do dispositivo legal não confere pontuação.

GABARITO COMENTADO

A) Não. Não caberia a ADC por falta de comprovação de relevante controvérsia perante juízes e tribunais a respeito da constitucionalidade da lei. A controvérsia existente no âmbito da doutrina não torna possível o ajuizamento da ADC. Com efeito, é de se presumir que, no primeiro dia de vigência da lei, não houve ainda tempo hábil para a formação de relevante controvérsia judicial, isto é, não haveria decisões conflitantes de tribunais e juízos monocráticos espalhados pelo País. É a própria dicção do Art. 14, III, da Lei nº 9.868/99 que estabelece a necessidade de comprovação da relevante controvérsia judicial, não sendo, por conseguinte, o momento exato de se manejar a ADC.

B) Sim. Nos termos do Art. 21, *caput*, da Lei nº 9868/99, os efeitos da medida cautelar, em sede de ADC, serão decididos pelo Supremo Tribunal Federal, por decisão da maioria absoluta de seus membros. Tais efeitos, de natureza vinculante, serão *erga omnes* e *ex nunc*, consistindo na determinação de que juízes e Tribunais suspendam o julgamento dos processos pendentes que envolvam a aplicação da lei ou do ato normativo objeto da ação até seu julgamento definitivo que, de qualquer maneira, há de se verificar no prazo de cento e oitenta dias, nos termos do Art. 21, parágrafo único, da referida lei. Ou seja, a concessão da medida liminar serviria para determinar que juízes e tribunais do país não pudessem afastar a incidência de qualquer dos preceitos da Lei nos casos concretos, evitando, desde logo, decisões conflitantes. Pode o STF, por maioria absoluta de seus membros, conceder a medida cautelar, com efeitos *ex tunc*.

DISTRIBUIÇÃO DOS PONTOS

ITEM	PONTUAÇÃO
A. Não caberia a ADC, pois não há relevante controvérsia judicial, tendo em vista o pouco tempo de vigência do ato normativo (0,55), conforme exigido pelo Art. 14, III, da Lei nº 9868/99 (0,10).	0,00/0,55/0,65
B1. Sim, buscando a suspensão do julgamento dos processos que envolvam a aplicação da lei ou do ato normativo objeto da ação até o julgamento final de mérito da ADC (0,25), com fundamento no Art. 21, *caput,* da Lei nº 9.868/99 (0,10).	0,00/0,25/0,35
B2. Os efeitos da medida cautelar são vinculantes (0,15) e, em regra, *erga omnes* e *ex nunc* (0,10).	0,00/0,10/0,15/0,25

(OAB/ Exame Unificado 2016.1- 2ª fase) José, inconformado com decisão judicial proferida em primeiro grau, que o condenou ao pagamento de indenização, recorreu ao Tribunal de Justiça do Estado M. Distribuído o recurso para a Segunda Câmara Cível do mencionado tribunal, os desembargadores desse órgão fracionário, ao analisarem a matéria, entenderam corretos os argumentos de José no que se referia à inconstitucionalidade do dispositivo legal que fundamentou o pedido da parte autora, ora recorrida. Ao realizarem acurada pesquisa jurisprudencial, observaram que o Pleno e o Órgão Especial do próprio Tribunal de Justiça do Estado M, bem como o Supremo Tribunal Federal, nunca se manifestaram sobre a matéria.

Diante da situação narrada, responda aos itens a seguir.

A) Qual a providência a ser tomada pela Segunda Câmara? Justifique. (Valor: 0,75)

B) A solução seria diversa se houvesse manifestação do Supremo Tribunal Federal sobre a constitucionalidade ou a inconstitucionalidade do dispositivo em questão? Justifique. (Valor: 0,50)

Obs.: sua resposta deve ser fundamentada. A simples menção ao dispositivo legal não será pontuada.

PRÁTICA CONSTITUCIONAL – 6ª EDIÇÃO   54

GABARITO COMENTADO

A) No caso em tela, não havendo posição do Pleno ou do órgão Especial do Tribunal de Justiça do Estado M, com base no Art. 97 da CRFB/88, a Segunda Câmara, **entendendo que deva ser reconhecida a inconstitucionalidade**, deverá encaminhar o exame da constitucionalidade do ato normativo em questão à apreciação do Órgão Especial do próprio Tribunal (o que, acrescente-se, não seria necessário se entendesse que o dispositivo não era possuidor de qualquer vício). Afinal, os órgãos fracionários dos Tribunais – Câmaras, Turmas etc. – não podem declarar a inconstitucionalidade de norma arguida por uma das partes, sem que já tenha sido esta objeto de análise pelo Plenário do Tribunal de Justiça ou, como no caso, pelo seu Órgão Especial. No problema acima apresentado, a Segunda Câmara Cível somente poderia analisar o recurso tendo por pressuposto a manifestação do Órgão Especial acerca da constitucionalidade / inconstitucionalidade do dispositivo *sub* análise.

B) Sim, pois quando houver manifestação do plenário do Supremo Tribunal Federal sobre a questão da constitucionalidade / inconstitucionalidade da matéria, dispensa-se o seu envio ao Plenário ou Órgão Especial. O Art. 481, parágrafo único, do Código de Processo Civil (acrescentado pela Lei nº 9.756/98), nessa linha, afirma que *"os órgãos fracionários dos tribunais não submeterão ao Plenário, ou ao Órgão Especial, a arguição de constitucionalidade, quando já houver pronunciamento destes ou do Plenário do Supremo Tribunal Federal sobre a questão"*.

DISTRIBUIÇÃO DOS PONTOS

ITEM	PONTUAÇÃO
A.1. Deverá o órgão fracionário encaminhar o exame da constitucionalidade do ato normativo em questão à apreciação do Órgão Especial do próprio Tribunal (ou ao Pleno, conforme Regimento do Tribunal) (0,40), conforme o Art. 97 da CRFB/88 (0,10),	0,00/0,40/ 0,50
A.2 Posteriormente, a manifestação do órgão especial deverá ser seguida pelo referido órgão fracionário no momento da análise do recurso (0,25)	0,00/0,25
B. Sim, pois quando há manifestação do Plenário do Supremo Tribunal Federal sobre a questão da constitucionalidade / inconstitucionalidade da matéria, dispensa-se o seu envio ao Plenário ou Órgão Especial do Tribunal do qual faz parte o órgão fracionário (0,40). Conforme o Art. 481, parágrafo único, do Código de Processo Civil (0,10)	0,00/0,40/0,50

(OAB/Exame Unificado 2015.1 – 2ª fase)O Governador do Estado X ajuizou Representação de Inconstitucionalidade perante o Tribunal de Justiça local, apontando a violação, pela Lei Estadual nº 1.111, de dispositivos da Constituição do Estado, que se apresentam como normas de reprodução obrigatória.

Considerando o exposto, responda aos itens a seguir.

A) O que são normas de reprodução obrigatória? (Valor: 0,65)

B) Proposta Ação Direta de Inconstitucionalidade perante o Supremo Tribunal Federal arguindo violação dos mesmos dispositivos da Constituição Federal, cuja reprodução pela mesma lei estadual (Lei nº 1.111) era obrigatória na Constituição Estadual, sem que tenha ocorrido o julgamento da Representação de Inconstitucionalidade pelo Tribunal de Justiça local, poderão as duas ações tramitar simultaneamente? (Valor: 0,60)

O examinando deve fundamentar suas respostas. A mera citação do dispositivo legal não confere pontuação.

GABARITO COMENTADO

A) As normas de reprodução obrigatória são aquelas que se inserem compulsoriamente no texto constitucional estadual, como consequência da subordinação à Constituição da República, que é a matriz do ordenamento jurídico parcial dos Estados-membros. A tarefa do constituinte em relação a tais normas, portanto, limita-se a inseri-las no ordenamento constitucional do Estado, por um processo de transplantação. Assim, as normas de reprodução decorrem do caráter compulsório da norma constitucional superior (Art. 25, *caput*, da CFRB).

B) Se a lei estadual for impugnada perante o Tribunal de Justiça local e perante o Supremo Tribunal Federal, com fundamento em norma constitucional de reprodução obrigatória, com base no princípio da simetria, suspende-se a ação direta proposta na Justiça estadual até a decisão final do Supremo Tribunal Federal, que poderá ter efeitos *erga omnes* e eficácia vinculante para o Tribunal de Justiça, se julgada procedente. Aliás, essa é a solução adotada, de longa data, pelo Supremo Tribunal Federal, que indica, como fundamentos a esse entendimento, a primazia da Constituição da República (e, consequentemente, a primazia de sua guarda) e a prejudicialidade do julgamento daquela Corte com relação aos Tribunais de Justiça locais.

DISTRIBUIÇÃO DOS PONTOS

ITEM	PONTUAÇÃO
A. São normas compulsoriamente inseridas na Constituição do Estado, como consequência da subordinação à Constituição da República, que é a matriz do ordenamento jurídico parcial dos Estados-membros e impõe a transplantação de determinadas diretrizes para o plano estadual. (0,55) Art. 25, *caput*, da CFRB, (0,10) Obs.: A mera citação do dispositivo legal não confere pontuação.	0,00/0,55/0,65
B. Não. Deve ser suspensa a ação direta proposta na Justiça estadual até a decisão final do Supremo Tribunal Federal. (0,60)	0,00/0,60

(OAB/Exame Unificado – 2013.3 – 2ª fase) O Estado "Z" editou lei que institui uma Taxa de Fiscalização de Estradas, impondo o pagamento de uma elevada quantia para o acesso ou para a saída do território daquele Estado por meio rodoviário.

Sobre a hipótese sugerida, responda, fundamentadamente, aos seguintes itens.

A) O Governador do Estado "Y" pode impugnar a lei editada pela Assembleia Legislativa do Estado "Z" por meio de Ação Direta de Inconstitucionalidade? (Valor: 0,65)

PRÁTICA CONSTITUCIONAL – 6ª EDIÇÃO   56

B) Caso a lei do Estado "Z" seja impugnada por um partido político, por meio de Ação Direta de Inconstitucionalidade, pode prosseguir a ação em caso de perda superveniente da representação do partido no Congresso Nacional? (Valor: 0,60)

GABARITO COMENTADO – BANCA EXAMINADORA

A) O examinando deve identificar que, no caso de Ação Direta de Inconstitucionalidade proposta por Governador de um Estado tendo por objeto lei de outro Estado da Federação, impõe-se a demonstração do requisito da *pertinência temática*. Esse requisito se refere à comprovação, por alguns legitimados, de que o objeto da instituição guarda relação (pertinência) com o pedido da ação direta proposta por referida entidade, tendo em vista a repercussão do ato sobre os interesses do Estado. A pertinência temática é requisito construído, de longa data, pela jurisprudência do Supremo Tribunal Federal Nesse sentido, seria necessário que o Governador de um Estado da Federação demonstrasse que o conteúdo debatido em tal ação de controle de constitucionalidade (isto é, a lei de outro Estado da Federação) tem ligação, no mínimo indireta, com o interesse do seu Estado e de sua população.

B) O examinando deve identificar que a perda superveniente de representação no Congresso Nacional não obsta o prosseguimento da Ação Direta de Inconstitucionalidade. Isso porque a aferição da legitimidade há de ser feita no momento da propositura da ação, uma vez que se trata de processo objetivo e indisponível. O próprio Supremo Tribunal Federal superou antiga jurisprudência que apontava a descaracterização superveniente da legitimidade no caso de perda de bancada legislativa no Congresso Nacional após a propositura da demanda.

Distribuição Dos Pontos

ITEM	PONTUAÇÃO
A. Sim, desde que demonstre a existência de pertinência temática, isto é, a relação (vínculo) entre a norma impugnada e os interesses do Estado que governa (0,55). Legitimidade do governador, Art. 103, V da CRFB (0,10). Obs.: A mera citação do dispositivo legal não pontua.	0,00/0,55/0,65
B. Sim, a ação pode prosseguir. A ação Direta de Inconstitucionalidade é um processo objetivo, em que não há interesses subjetivos, de modo que a aferição da legitimidade há de ser feita no momento da propositura da ação, e não em momento posterior. (0,60)	0,00/0,60

(OAB/Exame Unificado – 2013.2 – 2ª fase) O partido político "X" move, perante o Supremo Tribunal Federal, ação direta de inconstitucionalidade contra a lei do Estado "Y", que dispõe sobre licitações e contratos administrativos no âmbito daquele Estado federado, para atender às suas peculiaridades, sem afrontar normas gerais preexistentes.

O partido alega que a referida lei estadual é inconstitucional, uma vez que a competência privativa para legislar sobre a matéria é da União, conforme o Art. 22, XXVII da Constituição da República.

Parecer da Procuradoria-Geral da República opina no sentido do não conhecimento da ação, uma vez que o partido político "X" possui em seus quadros apenas seis Deputados Federais, mas nenhum

Senador, não sendo dessa maneira legitimado a mover a referida ação direta. Além disso, não estaria demonstrado na inicial o requisito da pertinência temática.

A partir da hipótese apresentada, responda justificadamente aos questionamentos a seguir, empregando os argumentos jurídicos apropriados e apresentando a fundamentação legal pertinente ao caso.

A) É caso de se acolher o parecer da Procuradoria-Geral da República no sentido do não conhecimento da ação? (Valor: 0,65)

B) Quanto ao fundamento de mérito apresentado, tem razão o partido político ao questionar a constitucionalidade da norma impugnada? (Valor: 0,60)

A simples menção ou transcrição do dispositivo legal não pontua.

GABARITO COMENTADO

O candidato deverá, na essência, observar quanto às perguntas, o seguinte:

A) Não. A ação deve ser conhecida, uma vez que o partido político possui representação no Congresso Nacional, conforme Art. 103, VIII, da Constituição Federal, já que basta possuir representante em apenas uma das casas do Congresso Nacional para que o partido político tenha representação no Congresso, não sendo necessário que possua representantes nas duas casas legislativas. Além do mais, o partido político é legitimado universal e não precisa cumprir o requisito da pertinência temática.

B) Não. Quanto ao mérito, não tem razão o partido político no seu pleito, sendo caso de improcedência da ação, uma vez que a competência privativa da União do Art. 22, XXVII, da Constituição Federal se refere a normas gerais, tendo os estados federados competência para legislar sobre o tema para atender às suas peculiaridades, desde que não haja afronta às normas gerais editadas pela União.

(OAB/Exame Unificado – 2013.2 – 2ª fase) Determinado Estado-membro aprovou uma lei que incluiu a disciplina de formação para o trânsito nos currículos do 1º e do 2º graus de ensino da rede pública estadual.

A esse respeito, responda aos itens a seguir, utilizando os argumentos jurídicos apropriados e a fundamentação legal pertinente ao caso.

A) Analise a constitucionalidade dessa lei estadual. (Valor: 0,65)

B) O Governador de outro Estado pode ajuizar ADI ou ADPF contra esta lei? Por qual (is) motivo (s)? (Valor: 0,60)

A simples menção ou transcrição do dispositivo legal não pontua.

GABARITO COMENTADO – BANCA EXAMINADORA

O candidato deverá, na essência, observar quanto às perguntas, o seguinte:

A) A lei é constitucional, pois o Art. 24, IX, atribui competência concorrente à União, aos Estados e ao Distrito Federal para legislar sobre educação, cultura, ensino e desporto.

> Esta lei trata de educação no trânsito e não sobre trânsito e transporte, que seria de competência privativa da União Federal (Art. 22, XI, CRFB). Neste sentido, já se pronunciou o STF, ao julgar a ADI 1991/DF (Rel. Ministro Eros Grau, Tribunal Pleno, unânime, j. 03.11.2004).
>
> B) Não, uma vez que, de acordo com a jurisprudência do STF, o Governador do Estado é legitimado especial, o que significa que só pode ajuizar a ação se demonstrar a existência de pertinência temática entre o interesse do Estado e o objeto da ação, o que não ocorre no caso concreto.

(OAB/Exame Unificado – 2013.1– 2ª fase) Lei do Estado "Y", editada em abril de 2012, com base no art. 215, § 1º, da Constituição da República, regulamenta a chamada rinha de galo, prática popular onde dois galos se enfrentam em lutas e espectadores apostam no galo que acreditam ser o vencedor.

Comumente, os dois galos saem com muitos ferimentos da contenda, e não raras vezes algum animal morre ou adquire sequelas permanentes que recomendam seu abate imediato.

A Associação Comercial do Estado "Y" ajuíza ação direta de inconstitucionalidade no Supremo Tribunal Federal em que pleiteia a declaração de inconstitucionalidade da referida lei estadual.

Em defesa da norma, parlamentar que votou pela sua aprovação, diz, em entrevista a uma rádio local, que a prática da conhecida briga de galos é comum em várias localidades rurais do Estado "Y", ocorrendo há várias gerações. Além do mais, animais, especialmente aves, são abatidos diariamente para servir de alimento, o que não ocorreria com as aves destinadas para as rinhas.

Responda justificadamente aos questionamentos a seguir, empregando os argumentos jurídicos apropriados e apresentando a fundamentação legal pertinente ao caso.

A) Quanto ao mérito do pedido, é cabível a declaração de inconstitucionalidade da lei do Estado "Y", que regulamenta a chamada rinha de galo? (Valor: 0,65)

B) Há regularidade na legitimidade ativa da ação? (Valor: 0,60)

GABARITO COMENTADO – EXAMINADORA:

A) Sim. Em que pese a Constituição dispor que o Estado protegerá as manifestações das culturas populares, há norma expressa que proíbe práticas que submetam os animais a crueldade. O caso é de aplicação do Art. 225, § 1º, VII, da Constituição da República. Pelo princípio da unidade da Constituição e/ou o princípio da especialidade, não é possível que o Estado proteja manifestações culturais que submetam animais à crueldade. Precedentes do STF: ADI 3776, ADI 1856 e ADI 2514.

B) Não. O Art. 103, IX, da Constituição (reproduzido no Art. 2º, IX, da Lei 9.868/99) exige que a entidade de classe tenha âmbito nacional para ajuizar ADI, o que não se deu no presente caso, uma vez que a Associação Comercial do Estado "Y" é entidade de classe de âmbito estadual.

Distribuição dos Pontos

QUESITO	VALORES
A) Sim. Incidência do Art. 225, § 1º, VII, da Constituição (0,40). Pelos princípios da unidade da Constituição OU da especialidade não se pode ter uma manifestação cultural que submeta os animais à crueldade (0,25).	0,00 / 0,25 / 0,40 / 0,65
B) Não. A Associação Comercial do Estado "Y" não é entidade de classe de âmbito nacional (0,30), como exige o Art. 103, IX, da CRFB OU Art. 2º, IX, da Lei 9.868/99 (0,30).	0,00 / 0,30 / 0,60

(OAB/Exame Unificado – 2013.1– 2ª fase) Proposta de emenda à Constituição é apresentada por cerca de 10% (dez por cento) dos Deputados Federais, cujo teor é criar novo dispositivo constitucional que determine a submissão de todas as decisões do Supremo Tribunal Federal, no controle abstrato de normas, ao crivo do Congresso Nacional, de modo que a decisão do Tribunal somente produziria efeitos após a aprovação da maioria absoluta dos membros do Congresso Nacional em sessão unicameral.

A proposta é discutida e votada nas duas casas do Congresso Nacional, onde recebe a aprovação da maioria absoluta dos Deputados e Senadores nos dois turnos de votação. Encaminhada para o Presidente da República, este resolve sancionar a proposta, publicando a nova emenda no Diário Oficial.

Cinco dias após a publicação da emenda constitucional, a Mesa da Câmara dos Deputados apresenta perante o Supremo Tribunal Federal ação declaratória de constitucionalidade em que pede a declaração de constitucionalidade desta emenda com eficácia *erga omnes* e efeito vinculante.

A partir da hipótese apresentada, responda justificadamente aos questionamentos a seguir, empregando os argumentos jurídicos apropriados e apresentando a fundamentação legal pertinente ao caso.

A) Há inconstitucionalidades materiais ou formais na emenda em questão? (Valor: 1,00)

B) A ação declaratória de constitucionalidade poderia ser conhecida pelo Supremo Tribunal Federal? (Valor: 0,25)

A simples menção ou transcrição do dispositivo legal não pontua.

GABARITO COMENTADO – EXAMINADORA:

A) Há diversas inconstitucionalidades formais. Inicialmente a PEC não poderia ser apresentada por 10% (dez por cento) dos Deputados Federais, já que, segundo o Art. 60, I, da Constituição, esta só pode ser emendada por proposta de, no mínimo, um terço dos membros da Câmara dos Deputados. A proposta deveria ser aprovada por três quintos dos membros de cada casa do Congresso Nacional (Art. 60, § 2º, da Constituição) e não pela maioria absoluta dos Deputados e Senadores. Por fim, não cabe sanção ou veto de proposta de emenda à Constituição, pois, conforme Art. 60, § 3º, da Constituição, as emendas deverão ser promulgadas pelas Mesas da Câmara e do Senado.

Materialmente também há inconstitucionalidade, uma vez que o teor da proposta, ao submeter todas as decisões do STF, no controle abstrato, ao crivo do Congresso Nacional, é atentatório contra a cláusula pétrea da separação dos poderes (Art. 60, § 4º, III, da Constituição), pois esta cláusula pressupõe um sistema de freios e contrapesos, com controle e vigilância dos poderes constituídos entre si, sendo a emenda tendente a abolir tal cláusula.

PRÁTICA CONSTITUCIONAL – 6ª EDIÇÃO   60

B) Não. A ação não poderia ser conhecida pelo Supremo Tribunal Federal por ausência do requisito legal da existência de controvérsia judicial relevante (Art. 14, III, da Lei n. 9.868/1999), já que não houve tempo hábil para que o Judiciário questionasse a norma objeto da referida ação.

Distribuição dos Pontos

QUESITO AVALIADO	VALORES
A.1. A PEC não foi apresentada por, no mínimo, um terço dos membros da Câmara dos Deputados (0,15). Art. 60, I, da Constituição (0,10)	0,00 / 0,15 / 0,25
A.2. A PEC não foi aprovada por, ao menos, três quintos dos membros de cada casa do Congresso (0,15). Art. 60, § 2°, da Constituição (0,10)	0,00 / 0,15 / 0,25
A.3. Não cabe ao Presidente da República sancionar ou vetar uma PEC (0,15). Art. 60, § 3°, da Constituição (0,10)	0,00 / 0,15 / 0,25
A.4. A PEC viola a separação dos poderes por sujeitar as decisões do Supremo ao crivo do Poder Legislativo (0,15). Art. 60, § 4°, III, da Constituição (0,10)	0,00 / 0,15 / 0,25
B. Não, já que não há o requisito da controvérsia judicial relevante (0,15). Art. 14, III, da Lei 9.868/1999 (0,10)	0,00 / 0,15 / 0,25

(OAB/Exame Unificado – 2012.3 – 2ª fase) A Lei Orgânica do Município "Y", que integra o Estado "X", ao dispor sobre ingresso na administração pública municipal, e em observância aos princípios da eficiência e da moralidade, estabeleceu que os cargos, empregos e funções públicas seriam acessíveis aos brasileiros naturais do Estado "X", que tivessem residência no Município "Y", e que seriam investidos nos cargos mediante aprovação prévia em concurso público de provas ou de provas e títulos, de acordo com a natureza e a complexidade do cargo ou emprego, na forma prevista em lei, ressalvadas as nomeações para cargo em comissão.

Contra esse dispositivo da Lei Orgânica foi ajuizada, junto ao Tribunal de Justiça, uma Ação Direta de inconstitucionalidade, nos termos do Art. 125, § 2°, da CRFB, alegando violação a dispositivo da Constituição estadual que, basicamente, reproduz o Art. 37, da CRFB. O Tribunal de Justiça conheceu da ação, mas julgou improcedente o pedido, entendendo que, respeitados os limites constitucionais, o Município pode criar regras próprias, no exercício da sua capacidade de auto-organização.

A partir do caso apresentado, responda justificadamente aos itens a seguir.

A) O Município tem autonomia para criar a regra citada no enunciado, conforme entendeu o Tribunal de Justiça? (Valor: 0,40)

B) A ADI estadual pode ter por objeto dispositivo de Lei Orgânica? (Valor: 0,45)

C) Dessa decisão do Tribunal de Justiça, cabe Recurso Extraordinário ao STF? (Valor: 0,40)

RESOLUÇÃO DA QUESTÃO

A) Não. O dispositivo da lei orgânica viola o princípio da isonomia (Art. 5º, da CRFB) ou mais especificamente o da isonomia federativa (Art. 19, III, da CRFB), também prevista no Art. 37, I da CRFB.

B) Sim. A ADI estadual pode ter por objeto atos normativos estaduais e municipais, incluindo a Lei Orgânica, que deve estar de acordo com a Constituição da República e com a Constituição do respectivo Estado, conforme dispõe o Art. 29, da CRFB.

C) Sim. O dispositivo da Constituição estadual violado é norma de reprodução, de modo que, nesses casos, entende o STF que é cabível Recurso Extraordinário.

Distribuição dos Pontos

QUESITO AVALIADO	VALORES
A) Não. Isonomia (Art. 5º) ou isonomia federativa (Art. 19, III) ou Art. 37, I (0,40)	0,00/0,40
B) Sim. Objeto de ADI (0,25) (Art. 125, § 2º) (0,20).	0,00/0,20/0,25/0,45
C) Sim. Norma de reprodução (0,40).	0,00/0,40

(OAB/Exame Unificado – 2012.2 – 2ª fase) Uma agência reguladora federal editou, recentemente, uma portaria proibindo aos médicos prescrever a utilização de medicamentos que não tenham similar nacional.

A Associação Brasileira de Profissionais da Saúde, entidade de âmbito nacional constituída há mais de dois anos, propôs uma Arguição de Descumprimento de Preceito Fundamental (ADPF) contra aquela medida.

A respeito da situação acima, responda aos itens a seguir, utilizando os argumentos jurídicos apropriados e a fundamentação legal pertinente ao caso.

A) É possível a propositura da ADPF contra a portaria emitida pela agência reguladora federal? Responda justificadamente. (Valor: 0,40)

B) A Associação tem legitimidade para a propositura daquela ADPF? Responda justificadamente. (Valor: 0,40)

C) Pode um Estado instituir uma ADPF no plano estadual? Nesse caso, qual o instrumento jurídico apto à criação do instituto? Responda justificadamente. (Valor: 0,45)

RESOLUÇÃO DA QUESTÃO

A) A questão trata do tema da Arguição de Descumprimento de Preceito Fundamental (ADPF), previsto no art. 102, § 1º da Constituição da República Federativa do Brasil e disciplinado pela Lei n. 9.882/1999.

O legislador determinou, no art. 4º, § 1º daquela lei, que "Não será admitida arguição de descumprimento de preceito fundamental quando houver qualquer outro meio eficaz de sanar a lesividade". O dispositivo consagra o chamado princípio da subsidiariedade, de modo que o cabimento de uma Ação Direta de Inconstitucionalidade (ADIn) para impugnar a validade de determinado ato do poder público exclui o cabimento da ADPF.

PRÁTICA CONSTITUCIONAL – 6ª EDIÇÃO   62

Tendo em vista que a ADIn não é o mecanismo hábil à impugnação de atos normativos "secundários" (infralegais), abre-se espaço para o cabimento da ADPF para a impugnação de portaria editada por agência reguladora federal.

B) Nos termos do art. 2º da Lei n. 9.882/1999, "podem propor arguição de descumprimento de preceito fundamental (...) os legitimados para a ação direta de inconstitucionalidade". De seu turno, os legitimados para a propositura da ADIn são, nos termos do art. 103 da Constituição, "I – o Presidente da República; II – a Mesa do Senado Federal; III -a Mesa da Câmara dos Deputados; IV – a Mesa de Assembleia Legislativa ou da Câmara Legislativa do Distrito Federal; V – o Governador de Estado ou do Distrito Federal; VI – o Procurador-Geral da República; VII – o Conselho Federal da Ordem dos Advogados do Brasil; VIII – partido político com representação no Congresso Nacional; IX -confederação sindical ou entidade de classe de âmbito nacional".

Em relação à legitimidade das entidades de classe de âmbito nacional, a jurisprudência do Supremo Tribunal Federal cunhou o conceito de pertinência temática, que significa a necessidade de demonstração, por alguns legitimada, de que o objeto da instituição guarda relação com o pedido da ação direta proposta por referida entidade. No caso, tal requisito encontra-se atendido, tendo em vista que a norma impugnada se dirige, exatamente, aos profissionais da saúde.

C) A Constituição Federal não previu a arguição no âmbito dos Estados-membros – como fez com ação direta de inconstitucionalidade (art. 125, § 2º) – mas, a exemplo do que se passa com a ação direta de constitucionalidade, pode ser instituída pelo constituinte estadual, com base no princípio da simetria com o modelo federal.

Distribuição dos Pontos

QUESITO AVALIADO	VALORES
A) Sim, a ADPF é medida judicial adequada a impugnar a validade de ato normativo infralegal (0,20), pois restou atendido o princípio da subsidiariedade, previsto no art. 4º, § 1º da Lei n. 9.882/1999 (0,20) OBS.: A mera indicação do artigo não pontua.	0,00/0,20/0,40
B) Sim, pois os legitimados para a propositura da ADPF (art. 2º da Lei n. 9.882/1999) são os mesmos da ADIn (art. 103 da CRFB) (0,20), e foi observado o requisito da pertinência temática (0,20). OBS.: A mera indicação do artigo não pontua.	0,00/0,20/0,40
C) Sim, é possível a instituição de uma ADPF no plano estadual (0,10), desde que se o faça por meio de previsão na Constituição do Estado. (0,35)	0,00/0,10/0,35/0,45

(OAB/Exame Unificado – 2012.1 – 2ª fase) Renata, servidora pública estadual, ingressou no serviço público antes da edição da Constituição da República de 1988, e é regida pela Lei X, estatuto dos servidores públicos do Estado-membro.

Sobre a situação funcional de Renata, responda justificadamente:

A) O que ocorrerá com a Lei X caso ela não tenha sido editada conforme os trâmites do processo legislativo previstos pela atual Constituição? (valor: 0,40)

B) É possível que Renata questione, em ação individual, por meio de controle difuso, a inconstitucionalidade formal da Lei X perante a constituição revogada? (valor: 0,40)

C) Tendo em vista que Renata já estava inserida em um regime jurídico, é possível afirmar que a mesma tem direito adquirido a não ser atingida pela Constituição de 1988 no que tange à sua situação funcional? (valor: 0,45)

RESOLUÇÃO DA QUESTÃO

A) Renata continuará sendo regida pela lei X, que não é formalmente inconstitucional. Ademais, quando nova constituição é editada, somente são consideradas não recepcionadas as normas que contenham incompatibilidade material com a mesma. Ou seja, a incompatibilidade analisada é a de conteúdo e não de forma, que é regida pelo princípio do *tempus regit actum*.

B) É possível que se questione perante qualquer órgão jurisdicional, em um caso concreto, incidentalmente, a invalidade formal de ato legislativo que foi editado em desacordo com os requisitos exigidos para a sua formação, ato que é inválido *ab initio*.

C) Não é possível a oposição do direito adquirido em face de uma nova Constituição. A Constituição é o fundamento de validade de toda ordem jurídica. Nesse sentido, todas as normas (como é o caso da Lei X da questão) existentes no regime constitucional anterior, no que são materialmente incompatíveis com a nova Constituição, ficam revogadas, salvo disposição expressa da Constituição nova. Além disso, há reiterada jurisprudência do STF no sentido de inexistir direito adquirido a regime jurídico.

Distribuição dos Pontos

QUESITO AVALIADO	FAIXA DE VALORES
A. A lei X não é afetada, pois somente são consideradas não recepcionadas as normas que contenham incompatibilidade material com a nova Constituição.	0,00 / 0,40
B. Possibilidade de se questionar, em controle difuso, a constitucionalidade da lei editada antes da nova Constituição, tendo a Constituição revogada como parâmetro.	0,00 / 0,40
C. Impossibilidade de invocar direito adquirido em face da nova Constituição, notadamente direito adquirido a regime jurídico.	0,00 / 0,45

(OAB/Exame Unificado – 2011.3 – 2ª fase) O Prefeito do Município WK apresenta projeto de lei que outorga reajustes a determinadas categorias de servidores públicos, que veio a sofrer emendas pelos parlamentares ampliando os benefícios para outras categorias não acolhidas no projeto do Chefe do Executivo, com aumento de despesas, em previsibilidade orçamentária. A Constituição Estadual prescreve que nessa matéria a iniciativa é exclusiva do Chefe do Executivo, repetindo normas da Constituição Federal. A lei foi votada por maioria e sancionada pelo Prefeito. A legitimidade prevista para o controle de constitucionalidade repete, no plano local, aquela inscrita na Constituição Federal.

PRÁTICA CONSTITUCIONAL – 6ª EDIÇÃO 64

Responda fundamentadamente:

A) A emenda parlamentar ao projeto de lei seria possível? (Valor: 0,65)

B) Existiria algum meio de controle de constitucionalidade da lei votada pela Câmara? (Valor: 0,4)

C) Teria o Prefeito legitimidade para propor a eventual ação direta de inconstitucionalidade, mesmo tendo sancionado o projeto? (Valor: 0,2)

RESOLUÇÃO DA QUESTÃO

Nas leis de iniciativa exclusiva ou privativa do Chefe do Poder Executivo (art. 61, § 1º, II, "a", da CRFB) não pode ocorrer emenda parlamentar que gere aumento de despesas. (art. 63, I, da CRFB).

No caso de ofensa à Constituição Estadual, seria cabível a ação direta de inconstitucionalidade em face de lei municipal de competência do Tribunal de Justiça estadual, com a legitimidade conferida ao Chefe do Poder Executivo local, por simetria com a Constituição Federal. Adite-se que mesmo a sanção não seria passível de convalidar a norma, não impedindo, portanto, o controle de constitucionalidade. A jurisprudência do STF é uníssona nessa matéria.

Distribuição dos Pontos

ITEM A	PONTUAÇÃO
Não. Por ser lei de iniciativa do Chefe do Poder Executivo (0,25). Princípio da simetria (0,2). Obs.: *A mera resposta "não" não é pontuada.*	0 / 0,2 / 0,25 / 0,45
Artigo 61, § 1º, II, "a", da CRFB (0,1). Artigo 63, I, da CRFB (0,1).	0 / 0,1 / 0,2
ITEM B	
Sim. Ação direta de inconstitucionalidade estadual. (0,2) Artigo 125, § 2º, da CRFB. (0,2) Obs.: *A mera resposta "sim" não é pontuada.*	0 / 0,2 / 0,4
ITEM C	
Sim, por simetria à Chefia do Executivo Federal. Obs.: *A mera resposta "sim" não é pontuada.*	0 / 0,2

(OAB/Exame Unificado – 2011.2 – 2ª fase) O Presidente da República ajuizou ação direta de inconstitucionalidade contra o art. 5º da lei federal X, de 2005. Essa lei tem sido declarada totalmente inconstitucional pelo STF em reiteradas decisões, todas em sede de controle difuso.

Com base nesse cenário e à luz da jurisprudência do STF, responda aos itens a seguir, empregando os argumentos jurídicos apropriados e a fundamentação legal pertinente ao caso.

A) O Advogado-Geral da União está obrigado a defender a constitucionalidade da lei X? Explique. (Valor: 0,8)

B) Ao julgar essa ADI, pode o STF declarar a inconstitucionalidade de outro(s) dispositivo(s) da lei X, além do art. 5º? Explique. (Valor: 0,45)

RESOLUÇÃO DA QUESTÃO

A) Segundo o mandamento do § 3º do art. 103 da Constituição Federal, o Supremo Tribunal Federal ao analisar a inconstitucionalidade, em tese, de norma legal ou ato normativo, deve citar, previamente, o Advogado-Geral da União para que promova a defesa do ato ou texto impugnado. Ocorre que o próprio Supremo, ao julgar a ação direta de inconstitucionalidade nº 1616, decidiu que quando já há decisão da Corte pela inconstitucionalidade da lei objeto de questionamento, em sede de controle difuso de constitucionalidade, o Advogado-Geral da União não precisa defender o ato impugnado, ou seja, está dispensado dessa atribuição.

B) Ao julgar essa ação direta, o Supremo pode declarar a inconstitucionalidade de outros dispositivos da lei, desde que exista relação entre o dispositivo impugnado e os demais. Esse ato é viável, pois a jurisprudência da Suprema Corte adota a teoria da inconstitucionalidade por arrastamento, por atração ou inconstitucionalidade consequente de preceitos não impugnados.

Comentários adicionais

Segundo o Prof. Pedro Lenza, em **Direito Constitucional Esquematizado,** p. 283, a inconstitucionalidade por arrastamento é um tema que tem íntima relação com os limites objetivos da coisa julgada. O autor menciona que se em determinado processo de controle concentrado de constitucionalidade for julgada inconstitucional a norma principal, em futuro processo, outra norma dependente daquela que foi declarada inconstitucional em processo anterior – tendo em vista a relação de instrumentalidade que entre elas existe – também estará eivada pelo vício da inconstitucionalidade "consequente", "por arrastamento" ou "atração".

Continua o autor dispondo que essa técnica pode ser aplicada tanto em processos distintos como em um mesmo processo, situação que vem sendo verificada com mais frequência. Desse modo, a própria decisão do Supremo Tribunal Federal define quais normas são atingidas e, no dispositivo, por "arrastamento", também reconhece a invalidade das normas que estão "contaminadas". Essa contaminação ou perda de validade pode ser reconhecida, também, em relação a decreto que se fundava em lei declarada inconstitucional, por exemplo, a ADI 2.995/PE, Rel. Min. Celso de Mello, 13.12.2006.

GABARITO COMENTADO PELA EXAMINADORA FGV

1. Não. Embora a Constituição determine que o AGU deve defender a constitucionalidade das leis impugnadas através de ADI, de acordo com o que foi decidido pelo STF na ADI 1616, o AGU está dispensado desta obrigação se a lei em questão já tiver sido declarada inconstitucional pelo STF através de controle concreto-difuso.

2. Sim, caso haja interdependência do art. 5 com outro dispositivo legal. É a chamada inconstitucionalidade por arrastamento.

Distribuição dos pontos pela FGV

ITEM	PONTUAÇÃO
1) Pela Constituição, a AGU deve defender (0,2). Pelo STF, está dispensado se já houver decisão do tribunal pela inconstitucionalidade. (0,6)	0 / 0,2 / 0,6 / 0,8
2) Sim, inconstitucionalidade por arrastamento.	0 / 0,45

PRÁTICA CONSTITUCIONAL – 6ª EDIÇÃO

(OAB/Exame Unificado – 2011.1 – 2ª fase) Suponha que o STF tenha reconhecido em diversos julgados (recursos extraordinários) a incompatibilidade de uma lei ordinária do Estado Y, em vigor desde 1999, com uma emenda constitucional promulgada no ano seguinte.

À 1ª Câmara Cível do Tribunal de Justiça do Estado Y foi distribuído um recurso de apelação cível em que a incompatibilidade da referida lei com a emenda constitucional é questão prejudicial.

Diante desses fatos, responda:

A) As decisões proferidas pelo STF, reconhecendo a referida incompatibilidade entre lei e emenda constitucional, devem ser encaminhadas ao Senado? Explique. (Valor: 0,7)

B) A 1ª Câmara Cível do Tribunal de Justiça do Estado Y tem competência para deixar de aplicar a lei estadual incompatível com a emenda constitucional? Explique. (Valor: 0,55)

RESOLUÇÃO DA QUESTÃO

A) As decisões não devem ser encaminhadas ao Senado Federal, pois dizem respeito à revogação da lei e não a declaração de inconstitucionalidade. Na hipótese, a lei ordinária do Estado Y entrou em vigor em 1999 e a emenda constitucional, a qual a lei se mostra incompatível, em 2000, ou seja, após a publicação da lei. Nessa situação não há que se falar em inconstitucionalidade, mas sim em revogação. Conforme o art. 52, X, da Constituição Federal, compete ao Senado a suspensão da execução de lei declarada inconstitucional, o que não é o caso.

B) 1ª Câmara Cível do Tribunal de Justiça do Estado Y tem competência para deixar de aplicar a lei estadual incompatível com a emenda constitucional, pois não se trata de declaração de inconstitucionalidade e sim de mera revogação da lei. Se fosse declaração de inconstitucionalidade, a regra seria a aplicação da denominada cláusula de reserva de plenário, prevista no art. 97 da Constituição Federal. Ou seja, a decisão teria de ser dada somente pelo voto da maioria absoluta dos membros do tribunal ou dos membros do respectivo órgão especial. Ocorre que o art. 481, parágrafo único, do Código de Processo Civil, atenua essa regra determinando que os órgãos fracionários dos tribunais, por exemplo, a 1ª Câmara Cível do Tribunal de Justiça do Estado Y, estão dispensados de afetarem a matéria ao pleno se já houver pronunciamento destes ou do plenário do Supremo Tribunal Federal sobre a questão. Desse modo, ainda que fosse declaração de inconstitucionalidade, (não é, pois se trata de revogação) a cláusula de reserva de plenário não seria aplicada já que a questão afirma a existência de diversos recursos extraordinários reconhecendo a incompatibilidade da lei com a referida emenda.

GABARITO COMENTADO PELA EXAMINADORA – FGV

A) No caso, a lei (de 1999) é posterior à Constituição (de 1988), mas anterior à emenda constitucional (de 2000). De acordo com a jurisprudência do STF (ADI 2), a incompatibilidade entre uma lei e uma norma constitucional posterior a ela implica a revogação da lei e não a sua inconstitucionalidade. Tratando-se de revogação e não de inconstitucionalidade, e considerando-se que a competência do Senado restringe-se aos casos de declaração de inconstitucionalidade, a decisão não deveria ser encaminhada àquela Casa legislativa.

B) Embora o art.949, parágrafo único, do CPC "dispense" o órgão fracionário de um Tribunal (no caso, a 1ª Câmara Cível do Tribunal de Justiça do Estado Y) de encaminhar a questão constitucional ao pleno (art. 97, CRFB) quando há decisão do STF sobre a constitucionalidade da lei, como o caso envolve revogação, e não inconstitucionalidade, a cláusula de reserva de plenário não se aplica, tampouco a exceção a ela, prevista noCódigo de Processo Civil.

Distribuição dos pontos pela FGV

ITEM	PONTUAÇÃO
a) Não se encaminha ao Senado quando é caso de revogação.	0 / 0,7
b) Sim, pois se trata de caso de revogação, em que não se aplica a cláusula de reserva de plenário.	0 / 0,55

(OAB/Exame Unificado – 2011.1 – 2ª fase) O Procurador-Geral da República ajuizou uma ação direta de inconstitucionalidade contra a lei estadual X e uma ação declaratória de constitucionalidade tendo por objeto a lei federal Y – ambas ajuizadas com pedido de medida cautelar.

Considerando-se o exposto, responda fundamentadamente:

a) Diante da ambivalência das ações de constitucionalidade e inconstitucionalidade, se o STF indeferir a cautelar na ADI, pode um juiz, no exame de um caso concreto (controle difuso), declarar a inconstitucionalidade da lei X? (Valor: 0,65)

b) Se o STF deferir a cautelar na ADC, pode um juiz, no exame de um caso concreto, declarar a inconstitucionalidade da lei Y, mas por outros fundamentos, que não aqueles que deram causa à ação? (Valor: 0,6)

RESOLUÇÃO DA QUESTÃO

a) De fato, a ação direta de inconstitucionalidade (ADI) e a ação declaratória de constitucionalidade (ADC) são conhecidas como ações de natureza dúplice, de caráter ambivalente ou ações de sinais trocados, porque a procedência de uma equivale à improcedência de outra. Ocorre que o caráter ambivalente não se aplica às decisões cautelares deferidas dentro dessas ações. Assim, se o Supremo Tribunal Federal indeferir o pedido de cautelar em ação direta de inconstitucionalidade isso não leva à conclusão, de modo contrário, de que a lei foi declarada constitucional. Desse modo, é possível que um juiz, no exame de um caso concreto (controle difuso de constitucionalidade), declare a inconstitucionalidade da lei "X".

b) Conforme dispõe o art. 21 da Lei 9.868/99, sendo a cautelar deferida, em sede de ação declaratória de constitucionalidade, o efeito será a determinação aos juízes e tribunais para que suspendam o julgamento dos processos que envolvam a aplicação da lei ou do ato normativo objeto da ação. Dessa maneira, se os processos ficam suspensos, não há como o juiz, ao examinar o caso concreto, declarar a inconstitucionalidade da lei "Y", ainda que por outros fundamentos que não aqueles que deram causa à ação.

PRÁTICA CONSTITUCIONAL – 6ª EDIÇÃO   68

GABARITO COMENTADO PELA EXAMINADORA – FGV

a) A medida cautelar nas ações de constitucionalidade e inconstitucionalidade não tem caráter ambivalente, de modo que o indeferimento de medida cautelar em ADI não implica a declaração de constitucionalidade.

b) De acordo com a Lei 9.868/99, uma vez deferida a medida cautelar em ADC todos os processos em que a lei objeto da ação estiver sendo discutida devem ser suspensos, razão pela qual um juíza não poderia, após deferida a cautelar em ADC, declarar a inconstitucionalidade da lei.

Distribuição dos pontos pela FGV

ITEM	PONTUAÇÃO
1) Sim, uma vez que a cautelar em ADI não tem caráter ambivalente.	0 / 0,65
2) Não, pois os processos ficam suspensos. (0,3) Art. 21 da Lei 9.868/99 (0,3).	0 / 0,3 / 0,6

(OAB/Exame Unificado – 2011.1 – 2ª fase) Determinado Partido Político com representação no Congresso Nacional ajuíza Ação Direta de Inconstitucionalidade perante o Supremo Tribunal Federal para questionar a íntegra de uma lei estadual.

Em relação ao cenário acima, comente, justificadamente, as consequências jurídicas das seguintes hipóteses, considerando sua ocorrência antes do julgamento da ADI:

a) a lei estadual impugnada é revogada; (Valor: 0,5)

b) o Partido Político deixa de ter representação no Congresso Nacional. (Valor: 0,75)

RESOLUÇÃO DA QUESTÃO

a) Se a lei, objeto de impugnação em sede de ação direta de inconstitucionalidade, é revogada após o ajuizamento da ação, o exame de mérito fica prejudicado. Assim, a medida a ser tomada, segundo o entendimento da Suprema Corte, é a extinção do processo por perda superveniente do objeto da ação.

b) O entendimento atual do Supremo Tribunal Federal determina a análise da representação do partido deve ser realizada no momento da propositura da ação. Desse modo, a perda superveniente de representação do partido político no Congresso Nacional não interfere no julgamento da ação direta de inconstitucionalidade

Comentários adicionais

Leitura da ADI 2.159 AgR/DF, Rel. orig. Min. Carlos Velloso, Rel. p/ acórdão Min. Gilmar Mendes, 12.08.2004 e da ADI 2.618/PR.

GABARITO COMENTADO PELA EXAMINADORA – FGV

Em relação ao item "a", a jurisprudência do STF é firme no sentido que a revogação superveniente da norma impugnada em ADI conduz à extinção anômala do processo, ficando o exame do mérito prejudicado, por perda superveniente do objeto da ação.

Por sua vez, quanto às ADIs ajuizadas por Partidos Políticos, o STF, em sua jurisprudência inicial, considerava que a ADI deveria ser extinta, sem exame de mérito, por perda superveniente de legitimidade ativa. Porém, no julgamento do Agravo regimental interposto contra decisão monocrática adotada na ADI 2.618/PR, o STF reviu sua posição e atualmente entende que a perda superveniente de representação do Partido Político não repercute sobre o julgamento da ADI. Em verdade, entende-se que a aferição da legitimidade ativa do Partido Político deve ser realizada à época do ajuizamento da ADI em razão da objetividade do processo e da indisponibilidade da ação.

Distribuição dos pontos pela FGV

ITEM	PONTUAÇÃO
a) A ADI será prejudicada, extinta sem exame de mérito, por perda superveniente do objeto.	0 / 0,5
b) Perda superveniente de representação do Partido Político não repercute sobre o julgamento da ADI.	0 / 0,75

(OAB/Exame Unificado – 2010.3 – 2ª fase) O Supremo Tribunal Federal, ao julgar um recurso extraordinário, declarou a inconstitucionalidade, *incidenter tantum*, de uma lei estadual. Antônio Augusto, interessado em ser alcançado pelos efeitos da decisão de inconstitucionalidade, impetrou mandado de segurança perante o Supremo Tribunal Federal objetivando a fixação de prazo para que o Senado Federal edite resolução para suspender a execução da mencionada lei estadual.

Considerando a situação hipotética narrada, responda aos itens a seguir, empregando os argumentos jurídicos apropriados e a fundamentação legal pertinente ao caso.

a) Quais são os efeitos subjetivos produzidos pela declaração de inconstitucionalidade da lei em questão e qual é a função reservada ao Senado Federal pela norma do artigo 52, inciso X, da CRFB? (Valor: 0,5)

b) De acordo com a tradição constitucional brasileira, é cabível o pretendido controle jurisdicional da atuação do Senado Federal em tal hipótese? (Valor: 0,3)

c) O Senado Federal pode exercer a competência descrita no artigo 52, inciso X, em se tratando de declaração de inconstitucionalidade de lei estadual? (Valor: 0,2)

RESOLUÇÃO DA QUESTÃO

a) Os efeitos subjetivos produzidos pela declaração de inconstitucionalidade da lei em questão são, em regra, *inter partes*. Como a decisão ocorreu em sede de controle difuso de constitucionalidade, ou seja, em um caso concreto, apenas as partes daquele processo é que se beneficiaram da declaração. Em casos como o mencionado, é possível que o Senado, se valendo do comando dado pelo art. 52, X, da Constituição Federal, amplie os efeitos da decisão, tornando-os erga omnes. Segundo tal dispositivo, o Senado pode suspender a execução, no todo ou em parte, de lei declarada inconstitucional por decisão definitiva do Supremo Tribunal Federal. Se optar por essa suspensão, a lei deixa de ser aplicada em relação a todas as pessoas.

b) De acordo com a tradição constitucional brasileira não é cabível o pretendido controle jurisdicional da atuação do Senado Federal, pois a atuação desse órgão do legislativo

PRÁTICA CONSTITUCIONAL – 6ª EDIÇÃO

tem natureza política e discricionária, ou seja, o Senado suspende a lei, ou apenas parte dela, se entender conveniente e oportuno ao interesse público.

c) Segundo a jurisprudência do Supremo Tribunal Federal, é possível que o Senado Federal exerça a competência descrita no art. 52, X, da Constituição Federal, ainda que se trate de declaração de inconstitucionalidade de lei estadual. O dispositivo constitucional, ao tratar do assunto, não faz diferenças entre as naturezas e esferas das leis ou atos normativos (ADI 3929-MC)

GABARITO COMENTADO PELA EXAMINADORA – FGV

A questão aborda o tema relativo ao exame de constitucionalidade realizado pelo Supremo Tribunal Federal em processo de controle difuso. Como de conhecimento convencional, a declaração de inconstitucionalidade, em tais hipóteses, configura-se questão prejudicial e como tal é apreciada pelo Tribunal. Subjetivamente, a decisão produz efeitos apenas inter partes. A função que a Constituição reserva ao Senado Federal, prevista no artigo 52, inciso X, da CRFB, é precisamente a de conferir efeitos *erga omnes* à decisão proferida na via difusa do controle de normas.

De acordo com a tradição constitucional brasileira, a competência outorgada ao Senado Federal pela norma do artigo 52, X, retrata atuação política e discricionária, não cabendo controle jurisdicional a seu respeito.

Por fim, é cabível a suspensão da execução pelo Senado Federal mesmo em se tratando de declaração de inconstitucionalidade incidental de norma estadual ou municipal. Ver, a propósito, ADI 3929-MC.

Distribuição dos pontos pela FGV

	ITEM	PONTUAÇÃO
a)	(I) Efeitos inter partes. (II) Senado Federal pode conferir efeitos erga omnes à decisão de (III) inconstitucionalidade proferida na via difusa. (I = 0,1 / II e III = 0,2 cada um.)	0 / 0,1 / 0,2 / 0,3 / 0,4 / 0,5
b)	(I) Não é cabível, pois (II) o ato de suspensão é político e (III) discricionário.	0 / 0,1 / 0,2 / 0,3
c)	Sim, a norma do artigo 52, X, CRFB não faz distinção entre leis e atos normativos federais, estaduais ou municipais.	0 / 0,1 / 0,2

(OAB/Exame Unificado – 2010.3 – 2ª fase) Considere uma lei federal que aumentou a alíquota de determinado tributo, mas sem dispor expressamente que a nova alíquota só poderia ser cobrada no exercício financeiro seguinte. Suponha que uma turma de determinado Tribunal Regional Federal esteja julgando, em grau de recurso, um mandado de segurança impetrado por um contribuinte que se insurgiu contra a cobrança do tributo no mesmo ano em que fora instituído.

Diante desse quadro, responda aos itens a seguir, empregando os argumentos jurídicos apropriados e a fundamentação legal pertinente ao caso.

EXERCÍCIOS PRÁTICOS

a) Pode a turma do TRF, ao julgar o caso, estabelecer que a nova alíquota só poderá ser cobrada no ano seguinte? (Valor: 0,6)

b) Qual é o princípio que fundamenta a cláusula de reserva de plenário? (Valor: 0,4)

RESOLUÇÃO DA QUESTÃO

a) A turma do TRF, ao julgar o caso, não pode estabelecer que a nova alíquota só possa ser cobrada no ano seguinte, pois esse entendimento teria natureza de uma verdadeira declaração de inconstitucionalidade. Esse órgão colegiado, ao mencionar que a lei federal que aumentou a alíquota de determinado tributo só poderia ser cobrada no exercício financeiro seguinte, implicitamente, estaria dizendo que tal lei violou a regra prevista no art. 150, III, "b", da Constituição Federal. Desse modo, o órgão fracionário do Tribunal, no caso a Turma, estaria violando a regra denominada cláusula de reserva de plenário, prevista no art. 97 da Constituição Federal e na súmula vinculante nº 10 do Supremo Tribunal Federal.

b) A chamada cláusula de reserva de plenário encontra fundamento no princípio da presunção de constitucionalidade das leis. Tem previsão constitucional no art. 97, o qual dispõe que somente pelo voto da maioria absoluta de seus membros, ou dos membros do respectivo órgão especial, poderão os tribunais declarar a inconstitucionalidade de lei ou ato normativo do Poder Público.

GABARITO COMENTADO PELA EXAMINADORA – FGV

a) Ao estabelecer que a nova alíquota só poderá ser cobrada no ano seguinte ao da sua majoração, a Turma estaria entendendo que a sua cobrança imediata seria inconstitucional, por violar o art. 150, III, "b". Portanto, trata-se de declaração de inconstitucionalidade, o que impõe a observância da cláusula de reserva de plenário, prevista no art. 97 da CRFB. Ademais, a Turma estaria obrigada a adotar esse procedimento, por estar vinculada ao enunciado da súmula vinculante n. 10, editada pelo STF.

b) O princípio que fundamenta a cláusula de reserva de plenário é o da presunção de constitucionalidade das leis. É por essa razão que a Constituição dispõe (o que vem desde o texto de 1934) que "somente pelo voto da maioria absoluta de seus membros ou dos membros do respectivo órgão especial poderão os tribunais declarar a inconstitucionalidade de lei ou ato normativo do Poder Público". (art. 97, CRFB)

Distribuição dos pontos pela FGV

	ITEM	PONTUAÇÃO
a)	Não, pois deve observar a cláusula de reserva de plenário. Súmula vinculante n. 10. (0,2 = fundamento correto e indicação da norma / 0,5 = indicou também o art. 97 / 0,6 = indicou, além dos demais, a súmula.)	0 / 0,1 / 0,2 / 0,5 / 0,6
b)	Presunção de constitucionalidade das leis.	0 / 0,1 / 0,4

PRÁTICA CONSTITUCIONAL – 6ª EDIÇÃO 72

(OAB/Exame Unificado – 2010.3 – 2ª fase) No início de um ano eleitoral, o Congresso Nacional aprovou e promulgou uma emenda constitucional suprimindo a alínea "a" do inciso II do § 1º do art. 14 da Constituição e alterando o § 2º do mesmo dispositivo, que passaria a ter a seguinte redação: "Não podem alistar-se como eleitores os estrangeiros, os analfabetos e, durante o período do serviço militar obrigatório, os conscritos." Ocorre que, no intervalo entre o primeiro e o segundo turno de votação da proposta (PEC) no Senado Federal, o Presidente da República havia decretado intervenção federal num determinado Estado da federação.

Diante da dúvida generalizada a respeito do direito de voto dos analfabetos na eleição que ocorreria naquele ano, o Procurador-Geral da República houve por bem ajuizar ADI contra a referida emenda constitucional.

A esse respeito, responda aos itens a seguir, empregando os argumentos jurídicos apropriados e a fundamentação legal pertinente ao caso.

a) Uma emenda constitucional pode ser objeto de ADI? (Valor: 0,5)

b) Há inconstitucionalidade formal ou material na emenda em questão? (Valor: 0,5)

RESOLUÇÃO DA QUESTÃO

a) Uma emenda à Constituição pode ser objeto de ação direta de inconstitucionalidade, pois é fruto do poder constituinte derivado reformador. Tal poder deriva do originário e a ele é subordinado. Assim, as emendas constitucionais, ao serem elaboradas, devem respeitar os limites traçados pelo poder originário que estão previstos no art. 60 da Constituição Federal. São os seguintes: limites materiais (as chamadas cláusulas pétreas: forma federativa de Estado, o voto direto, secreto, universal e periódico, a separação dos poderes e os direitos e garantias individuais – art. 60, § 4º); limites formais (iniciativa, quórum, reapresentação e promulgação – art. 60, I, II e III, e §§ 2º, 3º e 5º); limites circunstanciais (intervenção federal, estado de sítio e estado de defesa – art. 60, § 1º) e os limites implícitos (aqueles que decorrem do próprio sistema, por exemplo, o art. 1º, parágrafo único)

b) A emenda em questão é tida como material e formalmente inconstitucional, pois apresenta vícios das duas naturezas. Há vício no seu conteúdo por afronta ao art. 60, § 4º, II, da Constituição Federal. A norma, ao proibir o alistamento eleitoral pelo analfabeto, restringe o direito de voto, uma das cláusulas pétreas que não podem sequer ser objeto de emendas tendentes a aboli-las. De outra parte, a emenda apresenta vício de forma, pois não observa um limite circunstancial previsto no art. 60, § 1º, da Constituição Federal. Segundo esse dispositivo, na vigência de intervenção federal, estado de defesa e estado de sítio, a Constituição não pode ser emendada.

GABARITO COMENTADO PELA EXAMINADORA – FGV

a) Sim. A emenda constitucional é um ato normativo e, embora vise justamente a alterar o texto constitucional, está sujeita a alguns limites impostos pelo poder constituinte originário: limites circunstanciais (art. 60, § 1º, CRFB) e limites materiais – expressos (art. 60, § 4º, CRFB) e implícitos (art. 1º, parágrafo único, e art. 60, §§ 2º e 3º, CRFB).

b) Há inconstitucionalidade material, por violação ao disposto no art. 60, § 4°, II, da CRFB e inconstitucionalidade formal, por violação ao disposto no art. 60, § 1°, da CRFB.

Distribuição dos pontos pela FGV

ITEM	PONTUAÇÃO
a) (I) Sim, pois a EC está sujeita à observância dos limites ao poder de reforma. Citação dos limites (II) ao poder de reforma. (0,3 = I / 0,2 = II; resposta incompleta = 0,1)	0 / 0,1 / 0,3 / 0,5
b) Inconstitucionalidade material – violação ao art. 60, § 4°, CRFB. Inconstitucionalidade formal – violação ao art. 60, § 1°, CRFB (completa ou incompleta = 0,5)	0 / 0,5

(OAB/Exame Unificado – 2010.3 – 2ª fase) Em 31/12/2010, foi publicada a Lei ordinária federal 2.378, que criou o Conselho de Arquitetura e Urbanismo do Brasil – CAU/BR e regulamentou o exercício da profissão de arquiteto e urbanista, estabelecendo, entre outros, as áreas de atuação privativa dos referidos profissionais. Suponha que, a partir da entrada em vigor da referida lei, tenha sido suscitada uma rica discussão sobre a sua constitucionalidade, com argumentos contrários e favoráveis à regulamentação legal daquelas atividades e que foram publicados nos diversos e mais importantes jornais do país, além de publicações em revistas especializadas das áreas de Direito, Urbanismo, Arquitetura e Engenharia.

Com base no exposto, responda aos itens a seguir, empregando os argumentos jurídicos apropriados e a fundamentação legal pertinente ao caso.

a) Seria cabível o ajuizamento de uma ADC pelo próprio Conselho criado pela norma? (Valor: 0,4)

b) Seria cabível o ajuizamento de uma ADI pelo Conselho Federal da Ordem dos Advogados do Brasil? (Valor: 0,3)

c) Assumindo que fosse cabível o ajuizamento da ADC, qual seria o efeito de uma decisão que julgasse improcedente, no mérito, a ação? (Valor: 0,3)

RESOLUÇÃO DA QUESTÃO

a) Não é possível o ajuizamento de ação declaratória de constitucionalidade, pois essa ação exige o cumprimento de um pressuposto previsto no art. 14, III, da Lei 9.868/99, denominado "controvérsia judicial relevante sobre a aplicação da disposição objeto da ação declaratória", o que não ficou demonstrado. A mera discussão ocorrida na imprensa, ainda que em revistas especializadas, não é suficiente para a configuração do pressuposto, pois a lei trata de controvérsia **judicial**. Vale lembrar que o Conselho de Arquitetura e Urbanismo do Brasil – CAU/BR, com fulcro no art. 103, IX, da Constituição Federal, é legitimado ativo para a propositura das ações constitucionais (ADI, ADC ou ADPF), mas, na hipótese, o problema não estava relacionado à legitimidade e sim ao pressuposto da controvérsia judicial que não ficou demonstrado.

b) Os legitimados ativos à propositura da ação direta de inconstitucionalidade estão previstos no art. 103 da Constituição Federal, dentre os quais, se inclui o Conselho Federal da Ordem dos Advogados do Brasil. Segundo a jurisprudência do Supremo Tribunal Federal, há dois grupos de legitimados: os universais e os especiais ou temáticos. Os

PRÁTICA CONSTITUCIONAL – 6ª EDIÇÃO 74

primeiros podem propor ações sobre quaisquer temas. Já os especiais, que são os previstos nos incisos IV, V e IX do art. 103, devem demonstrar pertinência temática. O Conselho Federal da Ordem dos Advogados do Brasil está previsto no inciso VII do art. 103 e é tido como legitimado universal, ou seja, pode ajuizar ação direta sobre qualquer tema. Desse modo, é cabível o ajuizamento da ação direta de inconstitucionalidade pelo Conselho Federal da Ordem dos Advogados do Brasil.

c) Se fosse possível o ajuizamento de ação declaratória de constitucionalidade, os efeitos produzidos pela decisão de mérito, tanto pela improcedência como pela procedência da ação seriam, em regra, *erga omnes* (para todos), *ex tunc* (retroativos) e ainda vinculante em relação aos demais órgãos do poder judiciário e a administração pública direta, indireta, nas esferas federal, estadual, distrital e municipal. Os fundamentos legais são encontrados nos artigos 24 e 28, parágrafo único, da Lei 9.868/99.

GABARITO COMENTADO PELA EXAMINADORA – FGV

a) Embora o CAU/BR tenha legitimidade para a propositura da ADC (art. 103, IX, CRFB), não seria cabível o ajuizamento da ação, pois esta ação demanda a existência de controvérsia judicial relevante acerca do ato normativo (art. 14, III, Lei 9.868/99), o que não ocorreu no caso, em que o debate se limitou aos jornais e revistas especializadas.

b) O Conselho Federal da OAB pode ajuizar ADI, pois é um dos legitimados para tanto (art. 103, CRFB) e não precisa demonstrar pertinência temática (por ser legitimado universal).

c) De acordo com os arts. 24 e 28, parágrafo único, da Lei 9868/99, a declaração de inconstitucionalidade pode decorrer tanto da procedência da ADI como da improcedência da ADC, e nos dois casos tem efeito vinculante e eficácia erga omnes em relação aos demais órgãos do Poder Judiciário e Administração Pública.

Distribuição dos pontos pela FGV

ITEM	PONTUAÇÃO
a) O CAU tem legitimidade. OU Não há controvérsia judicial relevante.	0 / 0,4
b) O Conselho Federal da OAB tem legitimidade ativa. O Conselho Federal da OAB é legitimado universal. (0,1 = legitimidade ativa / 0,2 = indicou o dispositivo / 0,3 = legitimado universal)	0 / 0,1 / 0,2 / 0,3
c) Efeitos erga omnes e eficácia vinculante – em relação ao Poder Judiciário e Adm. Pub. (0,1 = só *erga omnes* / 0,2 = indicou também a eficácia vinculante / 0,3 = indicou o fundamento)	0 / 0,1 / 0,2 / 0,3

(OAB/Exame Unificado – 2010.2 – 2ª fase) Uma lei estadual foi objeto de Ação Direta de Inconstitucionalidade (ADI) ajuizada junto ao STF. Supondo que o Tribunal tenha se pronunciado, neste caso, pela inconstitucionalidade parcial sem redução de texto, explique o conceito acima, apontando quais os efeitos da declaração de inconstitucionalidade neste caso.

RESOLUÇÃO DA QUESTÃO

Em alguns casos, é possível declarar a inconstitucionalidade de certos entendimentos de um ato normativo sem, contudo, declarar inválido o próprio ato normativo, aplicando ao caso as técnicas da interpretação conforme a Constituição e da declaração de inconstitucionalidade sem redução de texto, expressamente previstas no art. 28, parágrafo único, da Lei 9.868/1999. Essas modalidades de declaração de inconstitucionalidade, apesar de tratadas de forma diferenciada pela lei, são normalmente equiparadas pela doutrina e pela jurisprudência, inclusive do STF.

A técnica da declaração de inconstitucionalidade sem redução de texto (assim como a interpretação conforme a Constituição) tem lugar quando a norma é plurissignificativa, ou seja, possui mais de uma interpretação possível, cabendo ao órgão julgador declarar a inconstitucionalidade da interpretação (ou interpretações) que não se coadunam com o texto constitucional. Mantendo-se íntegro o texto da norma, a declaração de inconstitucionalidade é apenas parcial, razão pela qual a ADIn, nesse caso, é parcialmente procedente (não há julgamento de improcedência do pedido), com eficácia *erga omnes* e vinculante, por força de expressa previsão na Lei 9.868/1999.

Comentários adicionais

– Para Gilmar Mendes (*Jurisdição Constitucional*, 1996, p. 196 e 197), a declaração parcial de inconstitucionalidade sem redução de texto "refere-se, normalmente, a casos não mencionados no texto, que, por estar formulado de forma ampla ou geral, contém, em verdade, um complexo de normas".

Sobre o art. 28, parágrafo único, da Lei 9.868/1999, Luís Roberto Barroso nos ensina que: "Na dicção expressa do parágrafo único do art. 28 da Lei nº 9.868/99, 'a declaração de constitucionalidade ou de inconstitucionalidade, inclusive a interpretação conforme a Constituição e a declaração parcial de inconstitucionalidade sem redução de texto, têm eficácia contra todos e efeito vinculante em relação aos órgãos do Poder Judiciário e à Administração Pública federal, estadual e municipal'. O dispositivo – cuja constitucionalidade foi recentemente proclamada pelo Supremo Tribunal Federal *(V. Inf. STF 289/2002, QO no AgRg na Rcl 1880/SP, Rel. Min. Maurício Corrêa)* – traz em si três inovações dignas de nota: (a) a atribuição de efeito vinculante à declaração de inconstitucionalidade, (b) a inclusão no âmbito de tais efeitos da interpretação conforme a Constituição e da declaração parcial de inconstitucionalidade sem redução e (c) a explicitação de sua extensão aos órgãos judiciais e administrativos".

Por fim, confira-se exemplificativamente o seguinte precedente do STF:

AÇÃO DIRETA DE INCONSTITUCIONALIDADE. MEDIDA PROVISÓRIA 069/89 CONVERTIDA NA LEI N. 104/1989, DE TOCANTINS. IMPUGNAÇÃO AO ART. 1º. AUSÊNCIA DE AFRONTA À CONSTITUIÇÃO DA REPÚBLICA.

1. O art. 13 do Ato das Disposições Constitucionais Transitórias da Constituição da República estabeleceu a criação do Estado do Tocantins pelo desmembramento de parte do Estado de Goiás.

2. O Poder Legislativo Estadual do Tocantins estabeleceu a adoção, no que couber, da legislação do Estado de Goiás, excluída a que se referisse à autonomia administrativa do novo Estado.

3. O Estado do Tocantins poderá revogar a Lei quando entender conveniente, no exercício da autonomia que lhe é assegurada pelo art. 25 da Constituição da República.

4. Ação Direta de Inconstitucionalidade julgada parcialmente procedente, sem redução de texto, para considerar constitucional a Lei n. 104/1989, de Tocantins, relativamente ao recebimento da legislação do Estado de Goiás, vigente até a promulgação da Constituição tocantinense e das leis que a regulamentaram, e que já vigorava, no Estado goiano. (ADI 1109, Rel. Min. Cármen Lúcia, Tribunal Pleno, julgado em 16/05/2007) .

PRÁTICA CONSTITUCIONAL – 6ª EDIÇÃO

GABARITO COMENTADO PELA EXAMINADORA – FGV

A inconstitucionalidade parcial sem redução de texto é uma modalidade de declaração de inconstitucionalidade prevista na lei 9868/99 que tem como consequência a declaração de inconstitucionalidade de uma determinada interpretação, sem afetar o texto da norma. É dizer, o texto da norma permanece inalterado, mas determinada interpretação que a princípio poderia ser feita da norma é considerada inconstitucional. Esta modalidade de declaração de inconstitucionalidade tem importantes consequências nos processos de fiscalização abstrata, como é o caso da ADI (citada na questão), pois a declaração de inconstitucionalidade não do texto da norma, mas de sua interpretação, terá eficácia erga omnes (contra todos) e efeito vinculante, conforme dispõe o parágrafo único do art. 28 da lei 9868: "A declaração de constitucionalidade ou de inconstitucionalidade, inclusive a interpretação conforme a Constituição e a declaração parcial de inconstitucionalidade sem redução de texto, têm eficácia contra todos e efeito vinculante em relação aos órgãos do Poder Judiciário e à Administração Pública federal, estadual e municipal."

Distribuição dos pontos pela FGV

ITEM	PONTUAÇÃO
O conceito de inconstitucionalidade parcial sem redução de texto	0 / 0,5
Efeitos – eficácia contra todos e efeito vinculante	0 / 0,5

(OAB/Exame Unificado – 2010.2 – 2ª fase) O Conselho Federal da OAB ajuizou, junto ao STF, Ação Direta de Inconstitucionalidade (ADI), tendo por objeto um artigo de uma lei federal em vigor desde 2005, sendo manifesta a pertinência temática do dispositivo impugnado com o exercício da advocacia. O STF entende que o referido dispositivo legal é inconstitucional, mas por fundamento distinto do que fora apresentado pelo Conselho Federal da OAB na ADI, tendo o STF inclusive declarado a inconstitucionalidade desse mesmo dispositivo no julgamento de um caso concreto, em Recurso Extraordinário (RE).

Com base nas informações acima, responda:

I. o STF pode julgar a ADI procedente a partir de fundamento diverso do que fora apresentado pelo Conselho Federal da OAB? Justifique.

II. o STF pode julgar a ADI procedente em relação também a outro dispositivo da mesma lei, mesmo não tendo este dispositivo sido objeto da ADI? Justifique.

RESOLUÇÃO DA QUESTÃO

I. Sim. No exame da constitucionalidade de determinada lei ou ato normativo em controle abstrato de constitucionalidade perante a Constituição Federal, o STF analisa o pedido constante da ADIn em face de todo o texto constitucional, e não apenas do dispositivo apontado pelo autor como violado pela lei que está sendo acoimada de inconstitucional. Por isso, fala-se que a causa de pedir na ADIn é *aberta*, já que o órgão julgador está, em princípio, limitado ao pedido de inconstitucionalidade formulado, mas não está adstrito ao fundamento da inconstitucionalidade apontado pelo legitimado ativo. Vale dizer, o STF só pode agir se for provocado, se receber um pedido formalmente válido em ADIn, mas pode declarar a inconstitucionalidade da norma por motivo diverso daquele transcrito na petição inicial da ADIn. Isso não significa, por outro lado, que o autor está dispensado de fundamentar seu pedido, deixando de explicitar os motivos pelos quais entende ser a norma inconstitucional. A fundamentação (causa de pedir) é imprescindível e um dos requisitos da petição inicial, mas como a verificação da compatibilidade da lei ou ato normativo se dá diante de toda a Constituição, o STF pode entender que a norma está em desacordo com outro dispositivo constitucional, que não o apontado pelo autor, o que se costumou chamar de "causa de pedir aberta".

II. Sim. Esse fenômeno foi batizado pelo STF como "inconstitucionalidade por arrastamento", diante da relação de prejudicialidade que existe entre a norma declarada inconstitucional e todas as outras normas que nela se fundamentam. Ou seja, se a norma-mãe não está de acordo com a Constituição, as normas dela decorrentes também serão inconstitucionais, podendo o STF declarar a inconstitucionalidade das normas secundárias no mesmo ou em outro processo, mesmo que não haja pedido expresso nesse sentido na petição inicial da ADIn. O objetivo do controle concentrado é a higidez constitucional, o que permite, excepcionalmente, a declaração de inconstitucionalidade de uma norma mesmo que não haja pedido expresso nesse sentido (desde que, importante frisar, haja relação de dependência entre a norma principal e as normas secundárias).

Comentários adicionais

Tome nota dos sinônimos da inconstitucionalidade por arrastamento lembrados por Pedro Lenza: inconstitucionalidade por "atração" ou "inconstitucionalidade consequente de preceitos não impugnados".

Confiram-se os seguintes precedentes do STF sobre a inconstitucionalidade por arrastamento:

Ação Direta de Inconstitucionalidade. AMB. Lei nº 12.398/98-Paraná. Decreto estadual nº 721/99. Edição da EC nº 41/03. Substancial alteração do parâmetro de controle. Não ocorrência de prejuízo. Superação da jurisprudência da Corte acerca da matéria. Contribuição dos inativos. Inconstitucionalidade sob a EC nº 20/98. Precedentes.

1. Em nosso ordenamento jurídico, não se admite a figura da constitucionalidade superveniente. Mais relevante do que a atualidade do parâmetro de controle é a constatação de que a inconstitucionalidade persiste e é atual, ainda que se refira a dispositivos da Constituição Federal que não se encontram mais em vigor. Caso contrário, ficaria sensivelmente enfraquecida a própria regra que proíbe a convalidação.

2. A jurisdição constitucional brasileira não deve deixar às instâncias ordinárias a solução de problemas que podem, de maneira mais eficiente, eficaz e segura, ser resolvidos em sede de controle concentrado de normas.

3. A Lei estadual nº 12.398/98, que criou a contribuição dos inativos no Estado do Paraná, por ser inconstitucional ao tempo de sua edição, não poderia ser convalidada pela Emenda Constitucional nº 41/03. E, se a norma não foi convalidada, isso significa que a sua inconstitucionalidade persiste e é atual, ainda que se refira a dispositivos da Constituição Federal que não se encontram mais em vigor, alterados que foram pela Emenda Constitucional nº 41/03. Superada a preliminar de prejudicialidade da ação, fixando o entendimento de, analisada a situação concreta, não se assentar o prejuízo das ações em curso para evitar situações em que uma lei que nasceu claramente inconstitucional volte a produzir, em tese, seus efeitos, uma vez revogada as medidas cautelares concedidas já há dez anos.

4. No mérito, é pacífica a jurisprudência desta Corte no sentido de que é inconstitucional a incidência, sob a égide da EC nº 20/98, de contribuição previdenciária sobre os proventos dos servidores públicos inativos e dos pensionistas, como previu a Lei nº 12.398/98, do Estado do Paraná (cf. ADI nº 2.010/DF-MC, Relator o Ministro Celso de Mello, DJ de 12/4/02; e RE nº 408.824/RS-AgR, Segunda Turma, Relator o Ministro Eros Grau, DJ de 25/4/08).

PRÁTICA CONSTITUCIONAL – 6ª EDIÇÃO 78

5. É igualmente inconstitucional a incidência, sobre os proventos de inativos e pensionistas, de contribuição compulsória para o custeio de serviços médico-hospitalares (cf. RE nº 346.797/RS-AgR, Relator o Ministro Joaquim Barbosa, Primeira Turma, DJ de 28/11/03; ADI nº 1.920/BA-MC, Relator o Ministro Nelson Jobim, DJ de 20/9/02).

6. Declaração de inconstitucionalidade por arrastamento das normas impugnadas do decreto regulamentar, em virtude da relação de dependência com a lei impugnada. Precedentes.

7. Ação direta de inconstitucionalidade julgada parcialmente procedente. (ADI 2158, Relator(a): Min. DIAS TOFFOLI, Tribunal Pleno, julgado em 15/09/2010, DJe-247 DIVULG 15-12-2010 PUBLIC 16-12-2010 EMENT VOL-02452-01 PP-00010)

AÇÃO DIRETA DE INCONSTITUCIONALIDADE. JULGAMENTO CONJUNTO DAS ADI'S 4.009 E 4.001. LEGITIMIDADE AD CAUSAM DA REQUERENTE – ADEPOL. LEI COMPLEMENTAR N. 254, DE 15 DE DEZEMBRO DE 2003, COM A REDAÇÃO QUE LHE FOI CONFERIDA PELA LEI COMPLEMENTAR N. 374, DE 30 DE JANEIRO DE 2007, AMBAS DO ESTADO DE SANTA CATARINA. ESTRUTURA ADMINISTRATIVA E REMUNERAÇÃO DOS PROFISSIONAIS DO SISTEMA DE SEGURANÇA PÚBLICA ESTADUAL. ARTIGO 106, § 3º, DA CONSTITUIÇÃO CATARINENSE. LEIS COMPLEMENTARES NS. 55 E 99, DE 29 DE MAIO DE 1.992 E 29 DE NOVEMBRO DE 1.993, RESPECTIVAMENTE. VINCULAÇÃO OU EQUIPARAÇÃO DE ESPÉCIES REMUNERATÓRIAS DOS POLICIAIS CIVIS E MILITARES À REMU-NERAÇÃO DOS DELEGADOS. ISONOMIA, PARIDADE E EQUIPARAÇÃO DE VENCIMENTOS. JURISPRUDÊNCIA DO STF: VIOLAÇÃO DO DISPOSTO NOS ARTIGOS 37, INCISO XIII; 61, § 1º, INCISO II, ALÍNEA "A", E 63, INCISO I, DA CONSTITUIÇÃO DO BRASIL. PROIBIÇÃO DE VINCULAÇÃO E EQUIPARAÇÃO ENTRE REMUNERAÇÕES DE SERVI-DORES PÚBLICOS. PEDIDO JULGADO PARCIALMENTE PROCEDENTE. MODULAÇÃO DOS EFEITOS DA DECISÃO DE INCONSTITUCIONALIDADE.

1. A legitimidade *ad causam* da requerente foi reconhecida por esta Corte em oportunidade anterior – entidade de classe de âmbito nacional, com homogeneidade em sua representação, que congrega Delegados de Carreira das Polícias Federal, Estaduais e do Distrito Federal.

2. O objeto desta ação direta diz com a possibilidade de equiparação ou vinculação de remunerações de servidores públicos estaduais integrados em carreiras distintas.

3. A jurisprudência desta Corte é pacífica no que tange ao não cabimento de qualquer espécie de vinculação entre remunerações de servidores públicos [artigo 37, XIII, da CB/88]. Precedentes.

4. Violação do disposto no artigo 61, § 1º, inciso II, alínea a, da Constituição do Brasil – "são de iniciativa privativa do presidente da República as leis que: [...]; II – disponham sobre: a) criação de cargos, funções ou empregos públicos na administração direta e autárquica ou aumento de sua remuneração".

5. Afronta ao disposto no artigo 63, inciso I, da Constituição do Brasil – "não será admitido aumento de despesa prevista: I – nos projetos de iniciativa exclusiva do Presidente da República, ressalvados o disposto no art. 166, §§ 3º e 4º".

6. É expressamente vedado pela Constituição do Brasil o atrelamento da remuneração de uns servidores públicos à de outros, de forma que a majoração dos vencimentos do grupo paradigma consubstancie aumento direto dos valores da remuneração do grupo vinculado.

7. Afrontam o texto da Constituição do Brasil os preceitos da legislação estadual que instituem a equiparação e vinculação de remuneração.

8. Ação direta julgada parcialmente procedente para declarar a inconstitucionalidade: [i] do trecho final do § 3º do artigo 106 da Constituição do Estado de Santa Catarina: "de forma a assegurar adequada proporcionalidade de remuneração das diversas carreiras com a de delegado de polícia"; [ii] do seguinte trecho do artigo 4º da LC n. 55/92 "[...], assegurada a adequada proporcionalidade das diversas carreiras com a do Delegado Especial"; [iii] do seguinte trecho do artigo 1º da LC 99: "mantida a proporcionalidade estabelecida em lei que as demais classes

da carreira e para os cargos integrantes do Grupo Segurança Pública – Polícia Civil"; e, [iv] por arrastamento, do § 1º do artigo 10 e os artigos 11 e 12 da LC 254/03, com a redação que lhe foi conferida pela LC 374, todas do Estado de Santa Catarina.

9. Modulação dos efeitos da decisão de inconstitucionalidade. Efeitos prospectivos, a partir da publicação do acórdão.

10. Aplicam-se à ADI n. 4.001 as razões de decidir referentes à ADI n. 4.009. (ADI 4009, Relator(a): Min. EROS GRAU, Tribunal Pleno, julgado em 04/02/2009, DJe-099 DIVULG 28-05-2009 PUBLIC 29-05-2009 EMENT VOL-02362-05 PP-00861)

GABARITO COMENTADO PELA EXAMINADORA – FGV

Segundo a jurisprudência do STF, o Tribunal, ao julgar ação direta de inconstitucionalidade, está limitado em relação ao pedido, mas não à causa de pedir, que é aberta. É dizer, o STF pode considerar a lei impugnada inconstitucional por motivos diversos daqueles apresentados pelo proponente da ADI. Entendimento diverso implicaria reconhecer que uma ADI mal formulada, com argumentos frágeis ou equivocados pela inconstitucionalidade da lei, levando à improcedência da ação e à consequente declaração de constitucionalidade da lei. Em relação ao pedido, este, a princípio, é limitado ao que foi questionado pelo proponente da ação. O STF, no entanto, admite em caráter excepcional que dispositivos legais não impugnados na ação sejam declarados inconstitucionais, mas somente se forem dependentes dos dispositivos impugnados. É dizer, nos casos em que a inconstitucionalidade de um dispositivo impugnado implica necessariamente a inconstitucionalidade de outro não impugnado. A este fenômeno dá-se o nome de inconstitucionalidade por "arrastamento" ou "atração" ou "consequente".

Distribuição dos pontos pela FGV

ITEM	PONTUAÇÃO
O STF não está adstrito ao fundamento da ação	0 / 0,5
O STF pode julgar ADI também com fundamento em outro dispositivo, o que ocorre com a inconstitucionalidade por arrastamento	0 / 0,5

(OAB/Exame Unificado – 2010.2 – 2ª fase) Em 2005, o STF julgou procedente ADC ajuizada pelo Procurador-Geral da República visando à declaração de constitucionalidade de uma lei federal que estava sendo questionada em diversos processos judiciais pelo país, gerando uma controvérsia judicial em torno da sua adequação ao texto constitucional. Nas eleições ocorridas em outubro de 2010, um determinado partido político conseguiu, pela primeira vez em sua história, eleger um parlamentar, no caso um deputado federal, graças à coligação partidária firmada com um partido político de maior expressão e base eleitoral. O diretório nacional do referido partido político pretende, no próximo ano, após o início da sessão legislativa, ajuizar uma ADI contra a mencionada lei federal, a partir de argumentos que não foram enfrentados pelos ministros do STF em 2005.

PRÁTICA CONSTITUCIONAL – 6ª EDIÇÃO

Analise a pretensão do partido político, considerando os seguintes tópicos:

I. A legitimidade para a propositura da ação.

II. A possibilidade de o STF declarar a inconstitucionalidade da lei (com ou sem modulação dos efeitos).

RESOLUÇÃO DA QUESTÃO

I. O partido político com representação no Congresso Nacional (Câmara dos Deputados ou Senado Federal), tido pelo STF como legitimado universal para o controle concentrado de constitucionalidade, tem legitimidade para propor ADC desde a edição da EC 45/2004, que alterou a redação do art. 103, *caput*, da CF para igualar os legitimados para propositura da ADC aos da ADIn.

Em outras palavras, o STF, em interpretação restritiva do art. 103 da CF, entende que determinados legitimados ativos devem observar o requisito da *pertinência temática* para propor ADIn/ADC, exigência que não está prevista na Constituição nem na legislação infraconstitucional, mas encontra-se amplamente sedimentada em sua jurisprudência.

Por pertinência temática deve-se entender a existência de uma relação direta entre a questão presente na lei ou no ato normativo a ser impugnado e os objetivos sociais da entidade demandante (ou entre a lei objeto de controle e as funções institucionais do legitimado ativo). Vale dizer, a noção é muito próxima do *interesse de agir* da Teoria Geral do Processo e faz surgir duas classes de legitimados ativos: os *universais* ou *neutros* e os *interessados* ou *especiais*.

De acordo com o STF, são legitimados *neutros* ou *universais* para a propositura de ADIn/ADC (= têm legitimidade ativa em qualquer hipótese, sem necessidade de demonstração de pertinência temática): o Presidente da República, as Mesas do Senado e da Câmara, o Procurador-Geral da República, o Conselho Federal da OAB e o partido político com representação no Congresso Nacional, como na questão em análise. São legitimados *interessados* ou *especiais*, ou seja, precisam demonstrar relação de pertinência temática entre o objeto da ADIn/ADC e sua esfera jurídica (ou a de seus filiados): o Governador de Estado, a Mesa de Assembleia Legislativa (ou da Câmara Legislativa do DF), bem como as confederações sindicais ou entidades de classe de âmbito nacional.

II. O partido político com representação no Congresso Nacional pode propor ADIn contra uma lei ainda que o STF, anteriormente, tenha declarado a constitucionalidade dessa mesma lei em ADC. Isso porque os efeitos vinculantes da declaração de inconstitucionalidade ou de constitucionalidade não vinculam o próprio STF, pois a Constituição, em seu art. 102, § 2º, só previu a eficácia vinculante em relação aos *demais* órgãos do Poder Judiciário e à Administração Pública (direta, indireta, federal, estadual, distrital ou municipal).

No controle por via principal, a regra é a produção de efeitos *erga omnes*, vinculantes (art. 102, § 2º, da CF) e *ex tunc*, embora seja possível a modulação de efeitos temporais, ou seja, o STF pode estabelecer que a declaração de inconstitucionalidade será *ex nunc*, a partir da publicação do acórdão, ou a partir de uma data determinada, na forma do art. 27 da Lei 9.868/1999, que exige a presença de razões de segurança jurídica ou de excepcional interesse social, além do *quorum* de dois terços dos membros do STF para que a modulação de efeitos temporais seja aplicada ao caso concreto.

Comentários adicionais

Sobre o tema, importante observar que o STF superou sua orientação anterior de que a perda de representação do partido político no Congresso Nacional, após a propositura da ADIn/ADC, tornava a ação prejudicada. Atualmente, a representação do partido político deve ser verificada no momento da propositura da ação, e a ADIn/ADC não é tida por prejudicada se, no momento do julgamento, o partido que a propôs já não detiver representação em uma das casas do Congresso Nacional (Câmara dos Deputados ou Senado Federal).

GABARITO COMENTADO PELA EXAMINADORA – FGV

A Emenda Constitucional N. 3/93, ao criar a ação declaratória de constitucionalidade, não atribuiu legitimidade ativa aos mesmos que poderiam ajuizar a ação direta de inconstitucionalidade, de modo que o partido político com representação no Congresso Nacional poderia ajuizar apenas esta, mas não aquela. A Emenda Constitucional n.. 45/2004, relativa à Reforma do Poder Judiciário, alterou o art. 103, estabelecendo que todos aqueles que podem propor a ação de inconstitucionalidade (ADI) podem também ajuizar a ação de constitucionalidade (ADC). Embora o art. 103 não faça qualquer discriminação entre os legitimados para a propositura das ações, a jurisprudência do STF é pacífica no sentido de que alguns dos legitimados só podem ajuizar ADI ou ADC se demonstrarem pertinência temática com a lei ou ato normativo objeto da ação. Estes são denominados legitimados especiais (art. 103, IV, V e IX), ao passo que aqueles que não precisam demonstrar pertinência temática são chamados de legitimados universais (art. 103, I, II, III, VI, VII e VIII). O partido político, no entanto, é um dos legitimados universais, não sendo necessário demonstrar pertinência temática para poder ajuizar a ação. Quanto à representação no Congresso Nacional, embora se trate de órgão bicameral, abrangendo Câmara dos Deputados e Senado Federal, o STF tem antiga jurisprudência no sentido de que basta a representação em uma das Casas do Congresso para que se possa afirmar que o partido político tem representação no Congresso Nacional. Desse modo, não há dúvida de que o partido político em questão pode ajuizar a ADI. Quanto à possibilidade de uma lei declarada constitucional em ADC ser objeto de ADI, a doutrina é pacífica no sentido de que isso é possível, uma vez que não reconhecer esta possibilidade implicaria afirmar que o STF, após haver declarado a constitucionalidade de uma lei, jamais poderia mudar seu entendimento, ainda que estivesse disso convencido. O STF poderá, por motivos de segurança jurídica, declarar a inconstitucionalidade com efeito não retroativo *ex nunc* ou determinar uma data a partir da qual a lei deveria ser considerada inconstitucional, mas não há nenhuma obrigatoriedade nesse sentido, não havendo nada que impeça o STF de declarar a inconstitucionalidade com efeito retroativo (*ex tunc*).

Distribuição dos pontos pela FGV

ITEM	PONTUAÇÃO
O partido possui legitimidade para impetrar a ação (dispositivo legal e fundamentação)	0 / 0,2 / 0,3 / 0,5
É possível a modificação legal, haja vista que não pode haver engessamento de posicionamento do STF	0 / 0,2 / 0,3 / 0,5

PRÁTICA CONSTITUCIONAL – 6ª EDIÇÃO   82

(OAB/Exame Unificado – 2010.2 – 2ª fase) A Constituição de determinado estado da federação, promulgada em 1989, ao dispor sobre a administração pública estadual, estabelece que a investidura em cargo ou emprego público é assegurada aos cidadãos naturais daquele estado e depende de aprovação prévia em concurso público de provas ou de provas e títulos, de acordo com a natureza e a complexidade do cargo ou emprego, ressalvadas as nomeações para cargo em comissão declarado em lei de livre nomeação e exoneração. Em 2009 foi promulgada pela Assembleia Legislativa daquele estado (após a derrubada de veto do Governador) uma lei que permite o ingresso em determinada carreira por meio de livre nomeação, assegurada a estabilidade do servidor nomeado após 3 (três) anos de efetivo exercício.

Considerando-se que a Constituição estadual arrola o Governador como um dos legitimados para a propositura da ação direta de inconstitucionalidade em âmbito estadual (art. 125, § 2° da CRFB), e considerando-se que o Governador pretende obter a declaração de inconstitucionalidade da referida lei estadual, responda:

I. o que ocorreria se logo após o ajuizamento da ação direta de inconstitucionalidade de âmbito estadual, ajuizada pelo Governador do Estado junto ao Tribunal de Justiça (nos termos do art. 125, § 2° da CRFB) e antes do julgamento, fosse ajuizada pelo Conselho Federal da OAB uma ação direta de inconstitucionalidade junto ao STF, tendo por objeto esta mesma lei? Explique.

II. poderia o Presidente da República ajuizar ação direta de inconstitucionalidade junto ao STF contra o dispositivo da Constituição estadual? Explique.

RESOLUÇÃO DA QUESTÃO

I. As leis estaduais (aí incluídas as normas das constituições estaduais) podem ser objeto de duplo controle abstrato de constitucionalidade: no TJ local, tendo como parâmetro a Constituição do Estado (art. 125, § 2°, da CF), bem como no STF, tendo como parâmetro a Constituição Federal (art. 102, I, "a", da CF).

Assim, em tese, há possibilidade de concomitância de ADIn estadual e de ADIn federal contra a norma da Constituição Estadual, pois o Governador de Estado é legitimado ativo para a ADIn estadual (conforme indicado no enunciado) e o Conselho Federal da OAB é legitimado universal para propor ADIn (art. 103, VII, da CF), devendo-se, nesse caso, ser suspenso o trâmite da representação de inconstitucionalidade estadual até julgamento final da ADIn pelo STF, pois ao Supremo Tribunal Federal cabe a guarda precípua da Constituição, sendo seu intérprete maior.

No caso, o STF deve declarar a inconstitucionalidade da norma da Constituição Estadual porque fere os arts. 5°, *caput* (igualdade); 37, *caput* (impessoalidade) e II (concurso público); 25, *caput* c/c 19, III (distinção entre brasileiros), todos da CF, já que, embora reproduza a regra do concurso público para ingresso em cargo público de provimento efetivo, prevê privilégio para os cidadãos naturais daquele estado, estabelecendo distinção irrazoável entre brasileiros, ferindo também a isonomia.

II. Sim, pois cabe ADIn contra lei estadual (art. 102, I, "a", da CF), o Presidente da República é legitimado universal para propor ADIn, ou seja, não precisa demonstrar pertinência temática, mas pode ajuizar a ação em todo e qualquer caso (art. 103, I, da CF), além de a norma da constituição estadual (ato normativo estadual) ferir frontalmente os preceitos estabelecidos nos arts. 5°, *caput* (igualdade); 37, *caput* (impessoalidade) e II (concurso público); 25, *caput* c/c 19, III (distinção entre brasileiros), todos da CF.

GABARITO COMENTADO PELA EXAMINADORA – FGV

A Constituição estadual basicamente reproduziu o disposto no art. 37, II da Constituição Federal, que dispõe que "a investidura em cargo ou emprego público depende de aprovação prévia em concurso público de provas ou de provas e títulos, de acordo com a natureza e a complexidade do cargo ou emprego, na forma prevista em lei, ressalvadas as nomeações para cargo em comissão declarado em lei de livre nomeação e exoneração". A reprodução do dispositivo, embora desnecessária, eis que o art. 37 da Constituição Federal refere-se expressamente à administração pública direta e indireta de qualquer dos Poderes da União, dos Estados, do Distrito Federal e dos Municípios, também não é estranha à experiência constitucional brasileira nem viola formalmente o texto constitucional, tornando-se assim norma constitucional estadual e federal. O dispositivo estadual, no entanto, limitou o direito de ingresso na carreira aos cidadãos naturais daquele Estado, incorrendo, desse modo, em inconstitucionalidade material, uma vez que, de acordo com o art. 25 da Constituição Federal, "os Estados organizam-se e regem-se pelas Constituições e leis que adotarem, observados os princípios desta Constituição". No caso em tela, a lei estadual viola a regra constitucional do concurso público, prevista tanto na Constituição Federal como na Constituição estadual, não fazendo diferença aqui o fato de a norma estadual limitar o acesso ao concurso público apenas aos naturais daquele Estado. Desse modo, sendo o Governador de Estado legitimado para ajuizar ação de inconstitucionalidade de âmbito estadual (de acordo com o enunciado da questão) e o Conselho Federal da OAB, legítimo para ajuizar a ADI de âmbito federal (de acordo com o art. 103, VII, da CRFB), e considerando-se que lei estadual pode ser objeto de ambas as ações (arts. 102, I, "a", e 125, § 2°, da CRFB) é possível que as duas ações sejam ajuizadas concomitantemente. No entanto, de acordo com a firme jurisprudência do STF, neste caso a ação estadual ficaria suspensa, aguardando a decisão do STF. Em relação à segunda pergunta, considerando-se que a emenda à Constituição estadual é ato normativo estadual, considerando-se que deve estar de acordo com os princípios e regras estabelecidos pela Constituição Federal (art. 25, da CRFB), considerando-se que a referida emenda violou os arts. 5°, *caput*, e 37, II da CRFB, considerando-se, por fim, que o Presidente é um dos legitimados para a propositura da ADI, nos termos do art. 103, I da CRFB, é possível o ajuizamento da ação, valendo lembrar que o Presidente da República é legitimado universal, estando, assim, dispensado de demonstrar pertinência temática com o ato normativo impugnado.

Distribuição dos pontos pela FGV

ITEM	PONTUAÇÃO
A ação estadual fica suspensa esperando decisão do STF (dispositivo legal e fundamentação)	0 / 0,2 / 0,3 / 0,5
O Presidente da República pode impetrar uma ação porque é legitimado universal	0 / 0,2 / 0,3 / 0,5

(OAB/Exame Unificado – 2010.1 – 2ª fase) Considerando que a Assembleia Legislativa de um estado da Federação promova emenda ao seu regimento interno na qual se determine que a instalação de comissões parlamentares de inquérito seja aprovada pelo plenário da Casa, responda, de modo fundamentado, aos seguintes questionamentos.

✓ A emenda em questão seria constitucional?

✓ Poderia ser proposta ação direta de inconstitucionalidade contra a nova norma regimental?

PRÁTICA CONSTITUCIONAL – 6ª EDIÇÃO

RESOLUÇÃO DA QUESTÃO

A emenda em questão fere materialmente a norma do art. 58, 3º, da CF, de reprodução obrigatória pelos Estados membros, que determina que as CPIs serão instaladas mediante requerimento de um terço dos membros da Casa Legislativa respectiva, sem exigência de aprovação pelo plenário. Não cabe à Assembleia Legislativa tornar mais gravoso o procedimento de abertura de uma CPI, sob pena de inviabilizar uma das prerrogativas do Poder Legislativo, em afronta direta à CF. A norma regimental pode ser impugnada por ADIn, pois podem ser objeto de controle de constitucionalidade qualquer lei ou ato normativo federal ou estadual (art. 102, I, "a", da CF), entendidos em seu sentido amplo, ou seja, qualquer ato dotado de abstração, generalidade e imperatividade.

GABARITO COMENTADO PELA EXAMINADORA – CESPE

A emenda seria materialmente inconstitucional, já que se trata de norma constitucional de observância obrigatória por todos os entes federativos. Os requisitos indispensáveis à criação das comissões parlamentares de inquérito estão dispostos, estritamente, no § 3º do artigo 58 da Constituição Federal: "As comissões parlamentares de inquérito (...) serão criadas pela Câmara dos Deputados e pelo Senado Federal, em conjunto ou separadamente, mediante requerimento de um terço de seus membros, para a apuração de fato determinado e por prazo certo (...)". Como se trata de norma geral e abstrata, a medida pode ser objeto de controle concentrado de constitucionalidade.

"EMENTA: AÇÃO DIRETA DE INCONSTITUCIONALIDADE. ARTIGOS 34, § 1º, E 170, INCISO I, DO REGIMENTO INTERNO DA ASSEMBLEIA LEGISLATIVA DO ESTADO DE SÃO PAULO. COMISSÃO PARLAMENTAR DE INQUÉRITO. CRIAÇÃO. DELIBERAÇÃO DO PLENÁRIO DA ASSEMBLEIA LEGISLATIVA. REQUISITO QUE NÃO ENCONTRA RESPALDO NO TEXTO DA CONSTITUIÇÃO DO BRASIL. SIMETRIA. OBSERVÂNCIA COMPULSÓRIA PELOS ESTADOS-MEMBROS. VIOLAÇÃO DO ARTIGO 58, § 3º, DA CONSTITUIÇÃO DO BRASIL.
1. A Constituição do Brasil assegura a um terço dos membros da Câmara dos Deputados e a um terço dos membros do Senado Federal a criação da comissão parlamentar de inquérito, deixando, porem, ao próprio parlamento o seu destino.
2. A garantia assegurada a um terço dos membros da Câmara ou do Senado estende-se aos membros das assembleias legislativas estaduais — garantia das minorias. O modelo federal de criação e instauração das comissões parlamentares de inquérito constitui matéria a ser compulsoriamente observada pelas casas legislativas estaduais.
3. A garantia da instalação da CPI independe de deliberação plenária, seja da Câmara, do Senado ou da Assembleia Legislativa. Precedentes.
4. Não ha razão para a submissão do requerimento de constituição de CPI a qualquer órgão da Assembleia Legislativa. Os requisitos indispensáveis a criação das comissões parlamentares de inquérito estão dispostos, estritamente, no artigo 58 da CB/88.
5. Pedido julgado procedente para declarar inconstitucionais o trecho "só será submetido a discussão e votação decorridas 24 horas de sua apresentação, e", constante do § 1º do artigo 34, e o inciso I do artigo 170, ambos da Consolidação

PRÁTICA CONSTITUCIONAL – 6ª EDIÇÃO

inconstitucionalidade estadual até julgamento final da ADIn pelo STF, pois ao Supremo Tribunal Federal cabe a guarda precípua da Constituição, sendo seu intérprete maior.

O ajuizamento de ADIn não se sujeita a nenhum prazo decadencial ou prescricional, porque o decurso do tempo não é capaz de transformar o ato inconstitucional em constitucional. A nulidade existe desde sua edição e pode ser declarada a qualquer tempo, ainda que ao STF seja possível modular os efeitos temporais da declaração de inconstitucionalidade, na forma do art. 27 da Lei 9.868/1999. Especificamente sobre a decadência, o STF editou a Súmula 360 afirmando que as representações de inconstitucionalidade não se sujeitam a prazo decadencial.

Comentários adicionais

Sobre o tema, v. ADI 79 QO, Rel. Min. Celso de Mello:

AÇÃO DIRETA DE INCONSTITUCIONALIDADE – CONTROLE NORMATIVO ABSTRATO – LEGITIMIDADE ATIVA "AD CAUSAM" – ENTIDADE DE CLASSE – NÃO CONFIGURAÇÃO – CARÊNCIA DA AÇÃO.

– O controle jurisdicional "in abstracto" da constitucionalidade das leis e atos normativos federais ou estaduais, perante o Supremo Tribunal Federal, suscita, dentre as múltiplas questões existentes, a análise do tema concernente a quem pode ativar, mediante ação direta, a jurisdição constitucional concentrada desta Corte.

– Entre a legitimidade exclusiva e a legitimidade universal, optou o constituinte pela tese da legitimidade restrita e concorrente, partilhando, entre diversos órgãos, agentes ou instituições, a qualidade para agir em sede jurisdicional concentrada (v. CF/88, ART. 103). Dentre as pessoas ativamente legitimadas "ad causam" para o ajuizamento da ação direta de inconstitucionalidade estão as entidades de classe de âmbito nacional (CF. art. 103, IX).

– O Supremo Tribunal Federal tem salientado, em sucessivos pronunciamentos a propósito do tema, que não se qualificam como entidades de classe aquelas que, congregando pessoas jurídicas, apresentam-se como verdadeiras associações de associações. Em tais hipóteses, tem-se-lhes negado a qualidade reclamada pelo texto constitucional, pois pessoas jurídicas, ainda que coletivamente representativas de categorias profissionais ou econômicas, não formam classe alguma. Precedentes. A jurisprudência desta Corte tem salientado, ainda, que pessoas jurídicas de direito privado, que reúnam, como membros integrantes, associações de natureza civil e organismos de caráter sindical, desqualificam-se – precisamente em função do hibridismo dessa composição – como instituições de classe, cuja noção conceitual reclama a participação, nelas, dos próprios indivíduos integrantes de determinada categoria, e não apenas das entidades privadas constituídas para representá-los. Precedentes.

– Entidades internacionais, que possuam uma Seção Brasileira domiciliada em território nacional, incumbida de representá-las no Brasil, não se qualificam, para os efeitos do art. 103 da Constituição, como instituições de classe. A composição heterogênea de associação que reúna, em função de explícita previsão estatutária, pessoas vinculadas a categorias radicalmente distintas, atua como elemento descaracterizador da sua representatividade. Não se configuram, em consequência, como entidades de classe aquelas instituições que são integradas por membros vinculados a estratos sociais, profissionais ou econômicos diversificados, cujos objetivos, individualmente considerados, revelam-se contrastantes. Falta a essas entidades, na realidade, a presença de um elemento unificador que, fundado na essencial homogeneidade, comunhão e identidade de valores, constitui o fator necessário de conexão, apto a identificar os associados que as compõem como membros efetivamente pertencentes a uma determinada classe.

– A jurisprudência do Supremo Tribunal Federal tem consignado, no que concerne ao requisito da espacialidade, que o caráter nacional da entidade de classe não decorre de mera declaração formal, consubstanciada em seus estatutos ou atos constitutivos. Essa particular característica de índole espacial pressupõe, além da atuação transregional da instituição, a existência de associados ou membros em pelo menos nove Estados da Federação. Trata-se de critério objetivo, fundado na aplicação analógica da Lei Orgânica dos Partidos Políticos, que supõe, ordinariamente atividades econômicas ou profissionais amplamente disseminadas no território nacional. Precedente: ADIN-386. (ADI 79 QO, Rel. Min. Celso de Mello, julgado em 13/04/1992).

GABARITO COMENTADO PELA EXAMINADORA – CESPE

A jurisprudência do Supremo Tribunal Federal é bastante restritiva e criteriosa quanto à possibilidade de entidades de classe ajuizarem ações diretas de inconstitucionalidade. Elas só têm legitimidade se for observada a relação de pertinência temática entre o interesse específico da classe, para cuja defesa essas entidades foram constituídas, e o ato normativo arguido como inconstitucional. Segundo a orientação firmada pelo STF, não configuraria entidade de classe de âmbito nacional, para os efeitos do art. 103, IX, da CF, organização formada por associados pertencentes a categorias diversas, como no caso apresentado. Ou, tal como formulado, "não se configuram como entidades de classe aquelas instituições que são integradas por membros vinculados a extratos sociais, profissionais ou econômicos diversificados, cujos objetivos, individualmente considerados, revelam-se contrastantes" (ADIn 108/DF, Rel. Min. Celso de Mello, DJ de 5-6-1992, p. 8426).

No que diz respeito à tramitação paralela de ações diretas no STF e no tribunal de justiça local, interpostas contra a mesma lei estadual, não se admite que isso ocorra, devendo-se, em tal circunstância, suspender o curso da ação direta ajuizada na corte estadual até o julgamento final da ação direta proposta no STF. Esse entendimento decorre da lógica do sistema: o paradigma da primeira hipótese será a Carta da República, e, na segunda, a Carta estadual. A decisão que haverá de prevalecer, logicamente, será a do STF, ficando o processo no tribunal de justiça sobrestado até que o Supremo julgue em definitivo o mérito da controvérsia. Precedentes nesse sentido: STF, ADIn 1.423-4-MC/SP, Rel. Min. Moreira Alves, DJU de 22-2-1996; STF, Recl. 386-8/SC, Rel. Min. Octavio Gallotti; STF, Recl. 1.341-6/SP, Rel. Min. Francisco Rezek; Pleno; STF, Recl. 425-2/RJ, Rel. Min. Neri da Silveira, decisão de 27-5-1993, DJ, 1, de 22-10-1993, p. 22252.

Relativamente à prescrição e à decadência, o ajuizamento da ação direta não se sujeita à observância de qualquer prazo prescricional ou decadencial, pois os atos inconstitucionais não se convalidam pelo mero decurso de tempo (STF, Pleno, ADIn 1.247-MC/PA, Rel. Min. Celso de Mello, decisão de 17-8-1995, DJ, 1, de 8-9-1995, p. 28354). A esse respeito, vigora a primeira parte da Súmula 360 do STF: "Não há prazo de decadência para a representação de inconstitucionalidade".

Observação para a correção: atribuir pontuação integral às respostas em que esteja expresso o conteúdo do dispositivo legal, ainda que não seja citado, expressamente, o número do artigo.

5.4. FUNÇÕES ESSENCIAIS À JUSTIÇA

(OAB/Exame Unificado – 2009.2 – 2ª fase) O Ministério Público estadual ajuizou ação civil pública com o objetivo de garantir o fornecimento de medicamento pelo Estado a pessoa idosa que necessitava urgentemente de remédios indispensáveis à preservação de sua vida, tendo o juiz de 1º grau concedido liminar determinando o fornecimento imediato dos medicamentos. Em face dessa situação hipotética, na qualidade de procurador do estado convocado pelo procurador-geral do estado para se manifestar sobre a referida ação civil pública, discorra acerca da legitimidade do Ministério Público estadual para o ajuizamento da ação, apontando os dispositivos constitucionais e legais que se aplicam ao caso.

RESOLUÇÃO DA QUESTÃO

O art. 127 da CF determina que ao Ministério Público cabe a defesa da ordem jurídica, do regime democrático, dos interesses sociais e, no que importa à questão, dos interesses *individuais indisponíveis*. Interpretando o dispositivo em conjunto com o art. 129, II, da CF, conclui-se pela possibilidade de o MP propor ação civil pública para a defesa de direitos de uma única pessoa, desde que indisponível, como é o caso do direito à saúde (art. 196 da CF) e do direito à vida (art. 5º da CF).

O entendimento já foi consagrado pela jurisprudência do STF e do STJ, embora a jurisprudência do Superior Tribunal de Justiça faça expressa menção à autorização legal para que o MP possa tutelar direito individual indisponível em ação civil pública, como ocorre com o Estatuto da Criança e do Adolescente (art. 201, V, da Lei 8.069/1990) e com o Estatuto do Idoso (artigo 74, I, da Lei 10.741/2003).

Comentários adicionais

Mais uma vez, trata-se de questão inspirada em notícia do Informativo do STF (Inf. 548/2009):

O Ministério Público tem legitimidade para ajuizar ação civil pública objetivando o fornecimento de remédio pelo Estado. Com base nesse entendimento, a Turma proveu recurso extraordinário em que se questionava a obrigatoriedade de o Estado proporcionar a certa cidadã medicamentos indispensáveis à preservação de sua vida. No caso, tribunal local extinguira o processo sem julgamento de mérito, ante a mencionada ilegitimidade ativa *ad causam* do *parquet*, uma vez que se buscava, por meio da ação, proteção a direito individual, **no caso, de pessoa idosa** (Lei 8.842/94, art. 2º). Sustentava-se, na espécie, afronta aos artigos 127 e 129, II e III, da CF. Assentou-se que é função institucional do *parquet* zelar pelo efetivo respeito dos Poderes Públicos e dos serviços de relevância pública aos direitos assegurados na Constituição, promovendo medidas necessárias a sua garantia (CF, art. 129, II). RE 407902/RS, rel. Min. Marco Aurélio, 26.5.2009.

Segue a ementa do julgado em referência, lembrando-se que o caso tratava de interesse de pessoa idosa (apesar da ausência de referência na ementa):

LEGITIMIDADE – MINISTÉRIO PÚBLICO – AÇÃO CIVIL PÚBLICA – FORNECIMENTO DE REMÉDIO PELO ESTADO.

O Ministério Público é parte legítima para ingressar em juízo com ação civil pública visando a compelir o Estado a fornecer medicamento indispensável à saúde de pessoa individualizada. (RE 407902, Rel. Min. Marco Aurélio, Primeira Turma, julgado em 26/05/2009).

Para o Superior Tribunal de Justiça, o Ministério Público tem legitimidade para defender direito individual indisponível de pessoa determinada via ação civil pública, desde que haja autorização legal específica (no caso de idosos e de menores, por exemplo):

AÇÃO CIVIL PÚBLICA. MINISTÉRIO PÚBLICO. LEGITIMIDADE. ESTATUTO DO IDOSO. MEDICAMENTOS. FORNECIMENTO.

1. Prevaleceu na jurisprudência deste Tribunal o entendimento de que o Ministério Público tem legitimidade ativa *ad causam* para propor ação civil pública com o objetivo de proteger interesse individual de idoso, ante o disposto nos artigos 74, 15 e 79 do Estatuto do Idoso (Lei 10.741/03).

2. Precedentes de ambas as Turmas que compõem a Seção de Direito Público.

3. Recurso especial provido.

(REsp 955.911/MG, Rel. Min. Eliana Calmon, Segunda Turma, julgado em 21/03/2008).

AÇÃO CIVIL PÚBLICA. MINISTÉRIO PÚBLICO. LEGITIMIDADE. ESTATUTO DO IDOSO. MEDICAMENTOS. FORNECIMENTO.

1. Prevaleceu na jurisprudência deste Tribunal o entendimento de que o Ministério Público tem legitimidade ativa *ad causam* para propor ação civil pública com o objetivo de proteger interesse individual de menor carente, ante o disposto nos artigos 11, 201, V, e 208, VI e VII, da Lei 8.069, de 13.07.90 (Estatuto da Criança e do Adolescente). Mudança de entendimento da Turma acerca da matéria (REsp 688.052/RS, Rel. Min. Humberto Martins, DJU de 17.08.06).

2. Essa orientação estende-se às hipóteses de aplicação do Estatuto do Idoso (artigos 74, 15 e 79 da Lei 10.741/03).

3. Recurso especial provido.

(REsp 855.739/RS, Rel. Min. Castro Meira, Segunda Turma, julgado em 21/09/2006).

Seguem os artigos do Estatuto da Criança e do Adolescente e do Estatuto do Idoso:

Art. 201. Compete ao Ministério Público:

(...)

V – promover o inquérito civil e a ação civil pública para a proteção dos interesses individuais, difusos ou coletivos relativos à infância e à adolescência, inclusive os definidos no art. 220, § 3°, inciso II, da Constituição Federal.

Art. 74. Compete ao Ministério Público:

I – instaurar o inquérito civil e a ação civil pública para a proteção dos direitos e interesses difusos ou coletivos, individuais indisponíveis e individuais homogêneos do idoso.

6. TRIBUTAÇÃO E ORÇAMENTO

(OAB/Exame Unificado – 2012.2 – 2ª fase) Em 2010 foi aprovada emenda à Constituição do Estado "X", acrescentando dispositivo que permite que o Governador do Estado edite medida provisória, com força de lei, com eficácia imediata, devendo ser convertida em até 30 dias. Com base neste dispositivo, em 15 de dezembro de 2011, o Governador do Estado editou medida provisória majorando as alíquotas mínima e máxima do Imposto sobre Transmissão "Causa Mortis" e Doação de Quaisquer Bens ou Direitos – ITCMD, visando à cobrança do imposto com as novas alíquotas em 2012. Não tendo sido apreciada nos primeiros vinte dias de vigência, a medida provisória entrou em regime de urgência, e foi finalmente aprovada pela Assembleia Legislativa.

A partir da hipótese apresentada, responda justificadamente aos questionamentos a seguir, empregando os argumentos jurídicos apropriados e apresentando a fundamentação legal pertinente ao caso.

A) O dispositivo da Constituição do Estado X que confere ao Governador competência para editar medida provisória viola a Constituição da República? (Valor: 0,40)

B) A alteração das alíquotas pela medida provisória editada pelo Governador é constitucional? (Valor: 0,40)

C) As novas alíquotas podem ser cobradas em 2012? (Valor: 0,45)

RESOLUÇÃO DA QUESTÃO

A) Não. Os Estados, no exercício da capacidade de auto-organização (art. 25, *caput*, CRFB), decorrente da autonomia constitucional, podem autorizar os Governadores a editar medida provisória. Trata-se de uma faculdade conferida aos Estados e não de uma obrigação decorrente do princípio da simetria. A Constituição da República, ao proibir que os Estados regulem a exploração e a concessão dos serviços locais de gás canalizado "por medida provisória" (art. 25, § 2°, CRFB), permite, *contrario sensu*, a edição de medida provisória para regular outras matérias.

PRÁTICA CONSTITUCIONAL – 6ª EDIÇÃO

90

> B) Sim. A alteração da alíquota mínima é constitucional. Já a alteração da alíquota máxima é de competência do Senado, de modo que a sua alteração por medida provisória estadual gera inconstitucionalidade formal parcial.
>
> C) Não. Embora os Estados possam autorizar a edição de medida provisória pelo Governador, devem, por outro lado, observar a regulação deste ato normativo em âmbito federal, o que inclui a observância do princípio da anterioridade em matéria tributária, de modo que uma medida provisória que implique a instituição ou a majoração de impostos só produzirá efeitos no exercício financeiro seguinte, se houver sido convertida em lei até o último dia do ano em que foi editada.

Distribuição dos Pontos

QUESITO AVALIADO	VALORES
A) Não. Autonomia ou auto-organização (0,30) conforme art. 25, § 2º. (0,10) OBS.: A mera indicação do artigo não pontua.	0,00/0,30/0,40
B) Alíquota mínima: sim. (0,20)	0,00/0,20
Alíquota máxima: não, conforme art. 155, § 1º, IV. (0,20)	0,00/0,20
C) Não. Observar a regulação do art. 62, § 2º OU observar o princípio da anterioridade (0,45)	0,00/0,45

7. DIREITOS POLÍTICOS

(OAB/ Exame Unificado- 2017.1 – 2ª fase) Luís, governador do estado Beta, pertence a uma família de grande prestígio na esfera política estadual e é casado com Carla, que pertence a outro importante clã político do mesmo estado. Após alguns desentendimentos públicos, todos devidamente acompanhados pela mídia, o casal se divorciou. Imediatamente, Carla busca um advogado e solicita orientação sobre a possibilidade de concorrer ao cargo de governador do estado Beta. Porém, passadas duas semanas da consulta, Luís tem um infarto, não resiste e falece.

De acordo com o caso concreto acima narrado e tendo por referência os aspectos jurídico-constitucionais que fundamentam o sistema jurídico brasileiro, responda aos itens a seguir.

A) Qual a resposta corretamente dada a Carla pelo advogado? (Valor: 0,60)

B) O advogado daria a mesma resposta, caso Carla o tivesse procurado após o falecimento de Luís? (Valor: 0,65)

Obs.: o(a) examinando(a) deve fundamentar as respostas. A mera citação do dispositivo legal não confere pontuação.

GABARITO COMENTADO
A) A resposta correta à consulta deve ser a de que Carla não pode se candidatar ao cargo de governador do estado Beta, pois a dissolução da sociedade ou do vínculo conjugal, no curso do mandato, não afasta a inelegibilidade, conforme a Súmula Vinculante 18/STF.

B) Não. Nesse caso, não há de ser seguida a orientação constante na Súmula Vinculante 18 do Supremo Tribunal Federal, a qual não se aplica nos casos de extinção do vínculo conjugal pela morte de um dos cônjuges. Essa posição foi reconhecida pelo STF como tese de repercussão geral, no RE 758461.

DISTRIBUIÇÃO DOS PONTOS

ITEM	PONTUAÇÃO
A. Carla não pode se candidatar ao cargo de governador do estado Beta, pois dissolução da sociedade ou do vínculo conjugal em razão do divórcio no curso do mandato não afasta a inelegibilidade (0,50), conforme a Súmula Vinculante 18/ STF (0,10)	0,00/0,50/0,60
B1. Não. A orientação constante na Súmula Vinculante 18 do STF (0,10) não se aplica aos casos de extinção do vínculo conjugal pela morte de um dos cônjuges (0,40)	0,00/0,40/0,50
B2. **Não.** Conforme tese de repercussão geral reconhecida pelo STF (0,15).	0,00/0,15

(OAB/ Exame Unificado- 2016.3- 2ª fase) Após o pleito eleitoral, o Deputado Federal X, diplomado e empossado, resolveu trocar de legenda, alegando que as normas que disciplinam o instituto jurídico da fidelidade partidária ainda não foram editadas no Brasil. O Deputado Federal X também conseguiu convencer o Senador Y, diplomado e empossado, a trocar de legenda, usando os mesmos argumentos.

Efetuada a mudança para outra legenda já existente, o partido que perdeu os seus políticos resolveu pleitear, junto ao Poder Judiciário, a perda dos respectivos mandatos. Com base na situação narrada, responda aos itens a seguir.

A) A iniciativa do partido político de reaver o mandato do Deputado Federal X tem fundamento na CRFB/88? Justifique. (Valor: 0,65)

B) A solução jurídica é a mesma para o caso do Senador Y? Justifique. (Valor: 0,60)

Obs.: o examinando deve fundamentar suas respostas. A mera citação do dispositivo legal não confere pontuação.

GABARITO COMENTADO

A) Sim. A jurisprudência do STF é firme no sentido de que, nos cargos sujeitos ao sistema proporcional (deputados federais, deputados estaduais e vereadores), previsto no Art. 45, *caput,* da CRFB/88, o mandato eletivo pertence ao partido político e não ao parlamentar. No caso em tela, o abandono de legenda pelo Deputado Federal X enseja a extinção do seu mandato parlamentar, porque não há a caracterização de justa causa, ou seja, mudanças na ideologia do partido ou criação de um novo partido político. Portanto, a iniciativa deve ser julgada procedente, em atenção às características do sistema proporcional, cuja ênfase é dada aos votos obtidos pelos partidos políticos e não pelos parlamentares.

B) Não. A solução jurídica não deve ser a mesma, porque, nos cargos sujeitos ao sistema majoritário (presidente da república, governador, prefeito e senador), o mandato eletivo pertence ao parlamentar e não ao partido político. Nesse caso, o abandono de legenda

PRÁTICA CONSTITUCIONAL – 6ª EDIÇÃO

pelo Senador Y não enseja a extinção do seu mandato parlamentar, porque o sistema majoritário se caracteriza pela ênfase na figura do candidato, daí a jurisprudência do STF no sentido da inaplicabilidade da regra de perda do mandato por infidelidade partidária. Portanto, a iniciativa deve ser julgada improcedente, em atenção ao princípio da soberania popular. Ou seja, no caso em tela, a mudança de partido feita pelo Senador Y, sem qualquer justa causa, não frustra a vontade do eleitor e não vulnera o princípio da soberania popular (Art. 1º, parágrafo único, e Art. 14, *caput,* ambos da CRFB/88).

(OAB/ Exame Unificado -2015.2- 2ª fase) Faltando um pouco mais de um ano para as eleições estaduais, Prudêncio Ferreira, governador de um dos Estados da Federação (Estado W), mesmo diante de grave crise política, decide que concorrerá a um segundo mandato, sem se afastar do exercício de sua função. No seu entender, a referida crise política decorre do fato de não possuir, na Assembleia Legislativa (do Estado W), além de seu filho Zacarias, um número maior de deputados aguerridos, que defendam o seu governo, de forma contundente, dos insistentes ataques desferidos pela oposição. Por essa razão, traça como estratégia política reforçar a sua base de apoio na Casa Legislativa, com pessoas que considera de sua inteira confiança. Assim, submete à cúpula do partido que o apoia uma lista de candidatos a Deputado Estadual que deveriam receber especial apoio no decorrer da campanha. Os seguintes nomes constaram da relação, todos com mais de 21 anos:

Marcos Ferreira, seu neto, bacharel em Direito, que jamais exerceu qualquer cargo político;

Robervaldo Soberbo, seu sogro, que se encontra aposentado do cargo de fiscal de rendas do Estado W;

Carlos Ferreira, seu sobrinho, que não exerce nenhum cargo político no momento; e

Zacarias Ferreira, seu filho adotivo, político de carreira, que concorrerá à reeleição como deputado estadual no Estado W.

Segundo a Constituição Federal, responda aos itens a seguir.

A) Dentre os nomes citados, quais estariam habilitados a concorrer ao cargo de Deputado Estadual do Estado W e quais não estariam? Justifique. (Valor: 0,70)

B) Dentre os que não estariam habilitados a concorrer ao cargo de Deputado Estadual pelo Estado W, poderiam eles concorrer ao cargo de Deputado Estadual por outro Estado? Justifique sua resposta. (Valor: 0,55)

Responda justificadamente, empregando os argumentos jurídicos apropriados e a fundamentação legal pertinente ao caso.

GABARITO COMENTADO

A) Podem candidatar-se Carlos Ferreira e Zacarias Ferreira, na forma do Art. 14, § 7º, da Constituição Federal.

Afinal, Carlos, na condição de sobrinho do Governador, mantém com este parentesco consanguíneo de "terceiro grau", pela linha colateral, sendo que a inelegibilidade atinge tão somente parentes consanguíneos ou afins) até o segundo grau. No que diz respeito a Zacarias, embora seja ele filho adotivo de Prudêncio (parentesco de 1º grau por adoção), o fato de já ser titular de mandato eletivo e estar concorrendo à reeleição para o cargo de Deputado Estadual do Estado W, seu direito de concorrer está assegurado em face da exceção prevista no mesmo dispositivo ("salvo se já é titular de mandato eletivo e candidato à reeleição"). Não se adequam às condições para concorrer ao cargo em referência Marcos Ferreira e Roberval Soberbo. O primeiro por manter com Prudêncio Ferreira parentesco consanguíneo de segundo grau pela linha direta; o segundo por manter parentesco de 1º grau por afinidade com Prudêncio Ferreira, por força do que estabelece o citado Art. 14, § 7º, da Constituição Federal.

B) Conforme acima referenciado, embora Marcos Ferreira e Robervaldo Soberbo não possam concorrer ao cargo de Deputado Estadual do Estado W, por força do que estabelece o Art. 14, § 7º, da Constituição Federal ("no território de jurisdição do titular", no caso o Governador). Marcos por manter com o Prudêncio Ferreira laço de parentesco consanguíneo de segundo grau pela linha direta; Roberval, por manter com Prudêncio Ferreira laço de parentesco de 1º grau por afinidade. Ambos, porém poderiam concorrer ao cargo de Deputado Estadual em qualquer Estado que não fosse W. Isso porque, no caso de governador, a circunscrição eleitoral atingida pela norma da inelegibilidade será a do território do Estado "W". Todavia, satisfeitas as condições de elegibilidade presentes constantes no art. 14 da Constituição Federal, poderiam disputar a eleição em outro Estado que não "W", pois encontrar-se-iam fora da circunscrição territorial em que Prudêncio exerce o mandato de Governador (Estado W), não estando abrangidos pelos casos de inelegibilidade estabelecidos no âmbito do § 7º do citado Art. 14 da Constituição Federal.

DISTRIBUIÇÃO DOS PONTOS

ITEM	PONTUAÇÃO
A1. Podem candidatar-se Carlos Ferreira e Zacarias Ferreira. Afinal, Carlos, na condição de sobrinho do Governador, mantém com este parentesco consanguíneo de "terceiro grau", pela linha colateral, sendo que a inelegibilidade atinge tão somente parentes (consanguíneos ou afins) até o segundo grau (0,20). No que diz respeito a Zacarias, embora seja ele filho adotivo de Prudêncio (parentesco de 1º grau por adoção), o fato de já ser titular de mandato eletivo e estar concorrendo à reeleição para o cargo de Deputado Estadual do Estado W, seu direito de concorrer está assegurado em face da exceção prevista no mesmo dispositivo ("salvo se já é titular de mandato eletivo e candidato à reeleição") (0,20)..	0,00/0,20/0,40
A2. Não se adequam às condições para concorrer ao cargo em referência Marcos Ferreira e Robervaldo Soberbo. O primeiro por manter com o governador parentesco consanguíneo de segundo grau pela linha direta (0,10); o segundo por manter parentesco de 1º grau por afinidade com o governador (0,10).	0,00/0,10/0.20
A3. Menção contextualizada ao Art. 14, § 7º, da Constituição Federal (0,10) *Obs.: A simples menção ou transcrição do artigo não será pontuada.*	0,00/0,10
B. Satisfeitas as condições gerais de elegibilidade presentes no Art. 14 da Constituição Federal, poderiam concorrer ao cargo de Deputado Estadual em qualquer Estado que não fosse "W", pois se encontrariam fora da circunscrição territorial em que Prudêncio exerce o mandato de Governador (Estado "W") (0,45), não estando abrangidos pelos casos de	0,00/0,45/0,55

PRÁTICA CONSTITUCIONAL – 6ª EDIÇÃO

(OAB/Exame Unificado – 2011.3 – 2ª fase) Marco Antônio, titular, desde 2006, de mandato de Senador pelo Estado X, pretende se reeleger, em 2014, para o Senado, mas dessa vez como Senador pelo Estado Y, governado pela sua esposa, Maria, eleita em 2010 e que pretende a reeleição em 2014. Como Marco Antonio irá concorrer, em 2014, ao cargo de Senador pelo Estado Y, Paulo, filho de Marco Antonio e Maria, decidiu que naquele ano irá se candidatar ao cargo de Senador pelo Estado X.

Diante desse quadro, responda:

a) Pode Marco Antonio se candidatar ao cargo de Senado pelo Estado Y, em 2014? (Valor: 0,75)

b) Pode Paulo se candidatar ao cargo de Senador pelo Estado X, em 2014? (Valor: 0,5)

RESOLUÇÃO DA QUESTÃO

a) Não, pois há impedimento em razão de parentesco. Marco Antonio se lançaria candidato a Senador pelo Estado em que sua esposa é Governadora. Neste caso, não ocorre a exceção da parte final do art. 14, par. 7, porque Marco Antonio não é "titular do cargo de Senador pelo Estado Y".

b) Sim, porque o impedimento previsto no art. 14, par. 7, limita-se aos parentes dos chefes do Poder Executivo (Prefeito, Governador e Presidente).

Distribuição dos Pontos

ITEM A	PONTUAÇÃO
Não. Inelegibilidade relativa (0,5) – art. 14, § 7º (0,25). Obs.: *A mera resposta "não" não é pontuada.*	0 / 0,25 / 0,5 / 0,75

ITEM B	
Sim. A inelegibilidade se aplica apenas a parentes do Poder Executivo (0,5). Obs.: *A mera resposta "sim" não é pontuada.*	0 / 0,5

8. AÇÃO POPULAR

(OAB/Exame Unificado – 2012.1 – 2ª fase) Erasmo, cidadão residente e eleitor do Estado "A", viveu sua infância no Estado "B", pelo qual possui grande apreço. Por entender que certo Deputado Federal, no exercício de sua função, e no âmbito territorial do Estado "B", praticou ato lesivo ao patrimônio público do ente ao qual está vinculado, Erasmo propôs ação popular em vara federal da seção judiciária de "B". O Deputado Federal, em sua contestação, alega a incompetência do juízo de 1º grau, com o fundamento de que possui foro privilegiado, e a ilegitimidade ativa de Erasmo.

Responda aos questionamentos a seguir, empregando os argumentos jurídicos apropriados e apresentando a fundamentação legal pertinente ao caso.

a) Qual o órgão competente para conhecer a ação popular ajuizada em face do Deputado Federal? (valor: 0,65)

b) Segundo a jurisprudência dos tribunais superiores, Erasmo teria legitimidade ativa para ajuizar a ação popular na seção judiciária de "Z"? (valor: 0,60)

RESOLUÇÃO DA QUESTÃO
A) A ação foi proposta no órgão competente, ou seja, em órgão de 1º grau da Justiça Federal, em virtude do disposto no art. 5º da Lei n. 4.717/65 e no art. 102 da Constituição da República (CRFB). O Supremo Tribunal Federal (STF) já decidiu reiteradamente que o rol de competências originárias fixadas na CR (art. 102) é taxativo, e que a prerrogativa de foro, unicamente invocável em procedimentos de caráter penal, não se estende às causas de natureza civil (ex: Pet 3152 AgR/PA e 1738 AgR/MG). Logo, não são de sua competência originária as ações populares, ainda que o réu seja autoridade que tenha foro por prerrogativa de função no STF. B) A resposta deve ser positiva. Conforme jurisprudência do Superior Tribunal de Justiça (STJ), – vide REsp 1242800/MS (julgamento em 14/06/2011) – o fato de o cidadão ser eleitor em Município diverso daquele onde ocorreram as irregularidades não o impede de ajuizar ação popular, o que poderá ser feito em qualquer seção judiciária ("A", "B", "D", "Z"). Afinal, a legitimidade ativa da ação é deferida ao cidadão. A condição de eleitor configura meio de prova documental da cidadania.

Distribuição dos Pontos

QUESITO AVALIADO	FAIXA DE VALORES
A1. Órgão de 1º grau da Justiça Federal (0,20), em virtude de o rol de competências originárias fixadas no artigo 102 da CRFB ser taxativo / a prerrogativa de foro, unicamente invocável em procedimentos de caráter penal, não se estende às causas de natureza civil (0,25).	0,00/0,20/0,25/0,45
A2. Aplicação do artigo 5º da Lei n. 4.717/65 (0,20)	0,00/0,20
B. Sim. O fato de o cidadão ser eleitor em município diverso daquele em que ocorreram as irregularidades não o impede de ajuizar ação popular, pois a legitimidade ativa da ação é deferida ao "cidadão", sendo a condição de eleitor mero meio de prova da cidadania.	0,00 / 0,60

9. HABEAS DATA

(OAB/Exame Unificado – 2012.3 – 2ª fase) José, em um evento de confraternização na empresa em que trabalha, ouviu de Roberto, alterado pela ingestão de bebida alcoólica, que este detinha um cargo em comissão no Tribunal de Contas da União, ao qual nunca comparecera, exceto para a retirada do contracheque, ao final de cada mês.

José se dirige, no dia seguinte, ao Tribunal de Contas da União e solicita cópia dos assentamentos funcionais relativos a Roberto, a fim de instruir uma ação judicial.

O pedido administrativo foi dirigido ao Ministro Presidente daquela Corte de Contas, que resolveu negá-lo. Consternado, José impetrou Habeas Data em face do Presidente do Tribunal de Contas da União.

Considerando a situação acima descrita, responda justificadamente aos itens a seguir.

PRÁTICA CONSTITUCIONAL – 6ª EDIÇÃO

a) Qual o Juízo ou Tribunal competente para julgamento do Habeas Data impetrado por José? (Valor: 0,40)

b) O dispositivo de lei que exige, para impetração do Habeas Data, demonstração da recusa ao acesso às informações, à luz do princípio da inafastabilidade de jurisdição, é constitucional? (Valor: 0,40)

c) A pretensão de José, nesse caso, pode ser veiculada por Habeas Data? (Valor: 0,45)

RESOLUÇÃO DA QUESTÃO

A questão trata do *Habeas Data*, remédio constitucional destinado a assegurar o conhecimento de informações relativas à pessoa do impetrante, constantes de registros ou bancos de dados de entidades governamentais ou de caráter público, nos termos do Art. 5º, LXXII, da Constituição da República.

A) O examinando deve destacar a competência do Supremo Tribunal Federal, conforme previsão expressa do Art. 102, I, "d" da Constituição da República.

B) A prova do anterior indeferimento do pedido de informação de dados pessoais, ou da omissão em atendê-lo, constitui requisito indispensável para que se concretize o interesse de agir no Habeas Data. Sem que se configure situação prévia de pretensão resistida, há carência da ação constitucional do Habeas Data. Esse é o entendimento de longa data consagrado pelo Supremo Tribunal Federal (RHD 22, Rel. p/ o ac. Min. Celso de Mello, julgamento em 19-9-1991, Plenário, DJ de 1º-9-1995) e pelo Superior Tribunal de Justiça (Súmula 2). Esse entendimento restou positivado no Art. 8º, § único, da Lei n. 9.507/1997 e vem sendo reafirmado, sempre, pelo STF. (Nesse sentido: HD 87-AgR, Rel. Min. Carmen Lúcia, julgamento em 25-11-2009, Plenário, DJE de 5-2-2010).

C. A pretensão de José não é amparada por *Habeas Data*, pois o remédio não se presta para solicitar informações relativas a terceiros, nos termos da alínea "a" do inciso LXXII, do Art. 5º, da CRFB. Sua impetração deve ter por objetivo "assegurar o conhecimento de informações relativas à pessoa do impetrante." (Nesse sentido, ainda, jurisprudência STF: HD 87-AgR, Rel. Min. Carmen Lúcia, julgamento em 25-11-2009, Plenário, DJE de 5-2-2010).

Distribuição dos Pontos

QUESITO AVALIADO	VALORES
A) O STF, na forma do Art. 102, I, "d" da CRFB	0,0/0,40
B) Sim. O requisito configura concretização do interesse de agir para a propositura de uma demanda (0,20), conforme jurisprudência do Supremo Tribunal Federal (0,20).	0,0/0,20/0,40
C) Não. Previsão do Art. 5º, LXXII, "a", da Constituição Federal de que o remédio se destina a assegurar o conhecimento de informações do próprio impetrante (0,45).	0,0/0,45

10. MANDADO DE SEGURANÇA

(OAB/Exame Unificado - 2015.1 - 2ª fase) Uma entidade de classe de servidores públicos ajuizou mandado de segurança coletivo contra decisão do Diretor Geral de um dado órgão público federal. Alegou que a decisão administrativa por ele proferida deixou de considerar direitos consolidados de uma das categorias que representa. O Diretor Geral informou ao seu advogado reconhecer que a questão sobre a existência ou não do direito em discussão envolvia grande complexidade jurídica. Esclareceu, ainda, que, apesar de alguns órgãos públicos aplicarem o direito almejado pelo impetrante, a maior parte não o reconhecia.

Diante do relato acima, responda aos itens a seguir.

A) No caso em questão, havendo dúvidas quanto à certeza em matéria de direito, é possível movimentar o Poder Judiciário pela via do mandado de segurança? Justifique. (Valor: 0,75)

B) A entidade de classe em questão possui legitimidade para impetrar o mandado de segurança coletivo, ainda que a pretensão veiculada diga respeito a apenas uma parte da categoria que representa? Justifique. (Valor: 0,50)

Responda justificadamente, empregando os argumentos jurídicos apropriados e a fundamentação legal pertinente ao caso.

GABARITO COMENTADO

A) Sim. A existência de dúvida sobre matéria de direito não impede a movimentação do Judiciário pela via de mandado de segurança. Sobre o tema o STF manifestou-se por meio da Súmula nº 625. Nesse sentido, a exigência de direito líquido e certo para a impetração de mandado de segurança não se refere à inexistência de "controvérsia sobre matéria de direito", mas à inexistência de controvérsia sobre fatos, que devem ser objeto de pronta comprovação.

B) Sim. A entidade de classe tem legitimidade para impetrar o mandado de segurança, ainda quando a pretensão veiculada diga respeito a apenas a uma parte da respectiva categoria. É o que dispõe a Súmula nº 630 do STF ("A entidade de classe tem legitimação para o mandado de segurança, ainda quando a pretensão veiculada interesse apenas a uma parte da respectiva categoria").

DISTRIBUIÇÃO DOS PONTOS

ITEM	PONTUAÇÃO
A. Sim. A exigência de direito líquido e certo para impetração de MS não se refere à certeza em matéria de direito, mas, sim, à ausência de controvérsia sobre os fatos, que devem ser objeto de pronta comprovação (0,65). É o que dispõe a Súmula nº 625	0,00/0,65/0,75

11. SEGURIDADE SOCIAL

(OAB/Exame Unificado – 2012.2 – 2ª fase) Caio e Tício, servidores públicos federais, foram surpreendidos com o advento de uma Emenda Constitucional que alterou o sistema previdenciário dos servidores, aumentando a idade mínima para aposentadoria e a forma de cálculo dos proventos

Caio já havia completado todos os requisitos para a aposentadoria (idade e tempo de contribuição), mas optou por permanecer em atividade. Tício ainda não havia preenchido todos os requisitos: apesar de já possuir a idade mínima, faltava-lhe um ano de contribuição.

Pergunta-se:

A) as novas normas são aplicáveis a Caio e Tício, no que diz respeito à idade para aposentadoria e à forma de cálculo dos proventos? (0,80)

B) Alguns anos depois, já aposentados, Caio e Tício recebem a notícia de que foi editada lei federal que, majorando seus proventos de aposentadoria, modificou a sua forma de composição. É válida a lei que altera a composição da remuneração dos aposentados, quanto ao seu valor e a fórmula de cálculo? (0,45)

RESOLUÇÃO DA QUESTÃO

A) Em relação a Caio, as novas normas não lhe são aplicáveis, pois, no momento em que preencheu os requisitos, adquiriu direito à aposentadoria pelas normas então vigentes. E uma Emenda Constitucional não pode ferir direito adquirido (cláusula pétrea).

Em relação a Tício, as novas normas são aplicáveis, pois o servidor possuía apenas expectativa de direito à aposentadoria com as regras anteriores. É possível que a Emenda Constitucional traga regra de transição para abarcar aqueles que já eram servidores ao tempo de sua edição, mas, caso não exista essa regra (ou caso o servidor não se enquadre nessa regra), a nova sistemática da aposentadoria é imediatamente aplicável.

B) O examinando deve indicar que é possível a alteração, pois não existe direito adquirido a regime jurídico no que diz respeito à forma de composição dos vencimentos. Deve-se respeitar a irredutibilidade dos proventos, mas não a forma de cálculo do benefício.

Distribuição dos Pontos

QUESITO AVALIADO	VALORES
A) Em relação a Caio, as novas normas não lhe são aplicáveis, pois, no momento em que preencheu os requisitos, adquiriu direito à aposentadoria pelas normas então vigentes (0,40) Em relação a Tício, as novas normas são aplicáveis, pois possuía apenas expectativa de direito à aposentadoria com as regras anteriores (0,40).	0,00/0,40/0,80
B) Sim, a lei é válida, desde que respeitada a irredutibilidade dos proventos, uma vez que não existe direito adquirido a regime jurídico em relação a composição de vencimentos (0,45)	0,00/0,45

12. DISPOSIÇÕES CONSTITUCIONAIS GERAIS

(**OAB/Exame Unificado- 2015.3- 2ª fase**) Leonardo, dirigente da tradicional Agremiação X, desconfiado de que o regulamento do campeonato estadual de remo do Estado E estaria beneficiando uma agremiação em detrimento das demais – em completa violação ao princípio da igualdade -, busca auxílio jurídico. Preocupado, porém, em reduzir o tempo de disputa jurídica, Leonardo sugere ao Advogado da Agremiação X que ajuíze ação perante a Justiça comum, sem acionar as instâncias desportivas. Na condição de estudante de Direito, Leonardo fundamentou sua sugestão no princípio da inafastabilidade da jurisdição, nos termos do que indica o Art. 5º, XXXV, da Constituição Federal.

Diante do caso acima narrado, responda aos itens a seguir.

A) O encaminhamento sugerido por Leonardo deve ser seguido pelo Advogado da Agremiação X? (Valor: 0,65)

B) A denominada justiça desportiva profere decisões judiciais? Justifique. (Valor: 0,60)

Obs.: Sua resposta deve ser fundamentada. A simples menção ao dispositivo legal não será pontuada.

GABARITO COMENTADO

A) Não, pois, apesar do Art. 5º, inciso XXXV, da Constituição Federal ter previsto que "*a lei não excluirá da apreciação do Poder Judiciário lesão ou ameaça a direito*", no caso, a própria ordem constitucional exige do jurisdicionado a comprovação de exaurimento na esfera administrativa antes de se dirigir ao Poder Judiciário (Art. 217, § 1º, da Constituição Federal). Nesse sentido: "No inciso XXXV do Art. 5º, previu-se que '*a lei não excluirá da apreciação do Poder Judiciário lesão ou ameaça a direito*'. (...) O próprio legislador constituinte de 1988 limitou a condição de ter-se o exaurimento da fase administrativa, para chegar-se à formalização de pleito no Judiciário. Fê-lo no tocante ao desporto, (...) no Art. 217, § 1º, (...). Vale dizer que, sob o ângulo constitucional, o livre acesso ao Judiciário sofre uma mitigação e, aí, consubstanciando o preceito respectivo de exceção, cabe tão só o empréstimo de interpretação estrita. Destarte, a necessidade de esgotamento da fase administrativa está jungida ao desporto e, mesmo assim, tratando-se de controvérsia a envolver disciplina e competições, sendo que a chamada justiça desportiva há de atuar dentro do prazo máximo de sessenta dias, contados da formalização do processo, proferindo, então, decisão final ⌐ § 2º do Art. 217 da CF ". (ADI 2.139-MC e ADI 2.160-MC, voto do Rel. p/ o ac. Min. Marco Aurélio, julgamento em 13-5-2009, Plenário, DJE de 23-10-2009.)

B) Não. A estrutura do Poder Judiciário brasileiro é aquela estabelecida na Constituição Federal, mais especificamente a partir do Art. 92. As decisões da Justiça desportiva possuem natureza meramente "administrativa", não jurisdicional.

PRÁTICA CONSTITUCIONAL – 6ª EDIÇÃO   100

DISTRIBUIÇÃO DOS PONTOS

ITEM	PONTUAÇÃO
A. Não, pois apesar do Art. 5º, inciso XXXV, da Constituição Federal, ter previsto que 'a lei não excluirá da apreciação do Poder Judiciário lesão ou ameaça a direito', a própria ordem constitucional pode estabelecer exceções, exigindo do jurisdicionado que comprove ter sido exaurida a esfera administrativa antes de dirigir-se ao Poder Judiciário (0,55). É esse o caso da situação em tela, nos termos do Art. 217, § 1º da Constituição Federal (0,10). Obs.: a mera citação do dispositivo legal não confere pontuação.	0,00/0,55/0,65
B. Não. Somente podem proferir decisões judiciais órgãos do Poder Judiciário (0,50) estabelecidos no Art. 92 da Constituição Federal (0,10) (com exceção do Conselho Nacional de Justiça – CNJ). OU Não estando a justiça desportiva enquadrada no âmbito do Poder Judiciário, suas decisões possuem natureza meramente "administrativa" e não jurisdicional (0,50), conforme Art. 92 da Constituição Federal (0,10). Obs.: a mera citação do dispositivo legal não confere pontuação.	0,00/0,50/0,60

(OAB/Exame Unificado – 2009.2 – 2ª fase) Em investigação da Polícia Federal, ficou comprovado que a fazenda de João era usada para cultivo ilegal de planta psicotrópica. Ao descobrir que aguardaria o julgamento da ação penal em liberdade, João ficou relativamente tranquilo, pois, verificando que somente 10% da área de sua propriedade era usada para tal fim, concluiu que não sofreria perda significativa de sua terra quando da expropriação. Além disso, o fazendeiro estava convicto de que a Polícia Federal agia fora de suas atribuições, por acreditar que o cultivo da planta em sua fazenda não feria interesses da União. Pretendendo obter esclarecimentos acerca do ocorrido, João procurou os serviços de profissional da advocacia. Em face dessa situação hipotética, na condição de advogado(a) consultado(a) por João, que explicações você lhe daria? Em sua resposta, aborde os dispositivos constitucionais pertinentes ao caso.

RESOLUÇÃO DA QUESTÃO

A desapropriação confiscatória encontra-se prevista no art. 243 da CF. Ao interpretar o dispositivo, o Supremo Tribunal Federal entendeu que "glebas" correspondem à totalidade da propriedade em que realizado o cultivo de plantas psicotrópicas, e não apenas à área específica em que a plantação é encontrada. Dessa forma, toda a propriedade de João deverá ser expropriada, e não apenas o limite de 10% onde se deu o plantio ilegal.

Pelo fato de a desapropriação confiscatória ser da competência privativa da União, cabe à Polícia Federal a investigação, com fundamento no art. 144, § 1º, I, da CF. Ademais, o art. 144, § 1º, II, da CF estabelece a atribuição da Polícia Federal para reprimir o tráfico ilícito de entorpecentes e drogas afins.

Comentários adicionais

Segue o precedente em que o STF interpretou o disposto no art. 243 da CF, firmando o conceito de "glebas":

RECURSO EXTRAORDINÁRIO. CONSTITUCIONAL. EXPROPRIAÇÃO. GLEBAS. CULTURAS ILEGAIS. PLANTAS PSICOTRÓPICAS. ARTIGO 243 DA CONSTITUIÇÃO DO BRASIL. INTERPRETAÇÃO DO DIREITO. LINGUAGEM DO DIREITO. LINGUAGEM JURÍDICA. ARTIGO 5º, LIV DA CONSTITUIÇÃO DO BRASIL. O CHAMADO PRINCÍPIO DA PROPORCIONALIDADE.

1. Gleba, no artigo 243 da Constituição do Brasil, só pode ser entendida como a propriedade na qual sejam localizadas culturas ilegais de plantas psicotrópicas. O preceito não refere áreas em que sejam cultivadas plantas psicotrópicas, mas as glebas, no seu todo.

2. A gleba expropriada será destinada ao assentamento de colonos, para o cultivo de produtos alimentícios e medicamentosos.

3. A linguagem jurídica corresponde à linguagem natural, de modo que é nesta linguagem natural, que se há de buscar o significado das palavras e expressões que se compõem naquela. Cada vocábulo nela assume significado no contexto no qual inserido. O sentido de cada palavra há de ser discernido em cada caso. No seu contexto e em face das circunstâncias do caso. Não se pode atribuir à palavra qualquer sentido distinto do que ela tem em estado de dicionário, ainda que não baste a consulta aos dicionários, ignorando-se o contexto no qual ela é usada, para que esse sentido seja em cada caso discernido. A interpretação/aplicação do direito se faz não apenas a partir de elementos colhidos do texto normativo [mundo do dever-ser], mas também a partir de elementos do caso ao qual será ela aplicada, isto é, a partir de dados da realidade [mundo do ser].

4. O direito, qual ensinou CARLOS MAXIMILIANO, deve ser interpretado "inteligentemente, não de modo que a ordem legal envolva um absurdo, prescreva inconveniências, vá ter a conclusões inconsistentes ou impossíveis".

5. O entendimento sufragado no acórdão recorrido não pode ser acolhido, conduzindo ao absurdo de expropriar-se 150 m2 de terra rural para nesses mesmos 150 m2 assentar-se colonos, tendo em vista o cultivo de produtos alimentícios e medicamentosos.

6. Não violação do preceito veiculado pelo artigo 5º, LIV da Constituição do Brasil e do chamado "princípio" da proporcionalidade. Ausência de "desvio de poder legislativo" Recurso extraordinário a que se dá provimento. (RE 543974, Rel. Min. Eros Grau, Tribunal Pleno, julgado em 26/03/2009).

PEÇAS
PRÁTICO-PROFISSIONAIS

1. INTRODUÇÃO

As peças mais importantes na disciplina de direito constitucional são: a) os **remédios constitucionais** (ação popular, *habeas corpus*, *habeas data*, mandado de segurança, mandado de segurança coletivo e mandado de injunção), b) as **ações de controle de constitucionalidade** (ação direta de inconstitucionalidade, ação direta de inconstitucionalidade por omissão, ação declaratória de constitucionalidade, ação direta de inconstitucionalidade interventiva, arguição de descumprimento de preceito fundamental) e c) a **reclamação constitucional**.

O primeiro passo para ter sucesso na prova prática é se concentrar no objeto de cada uma delas, para realizar a escolha certa pela peça a ser redigida.

O quadro abaixo visa ajudá-lo na primeira etapa do trabalho:

INSTRUMENTO PROCESSUAL	FUNDAMENTO CONSTITUCIONAL	OBJETO/HIPÓTESE DE CABIMENTO
Ação popular	Art. 5º, LXXIII, da CF	Tutela do patrimônio público, da moralidade administrativa, do meio ambiente e do patrimônio histórico e cultural.
Habeas corpus (HC)	Art. 5º, LXVIII, da CF	Tutela do direito de locomoção; da liberdade de ir vir e permanecer.
Habeas data (HD)	Art. 5º, LXXII, da CF	Tutela do acesso ou da retificação de informações relativas à pessoa do impetrante.
Mandado de segurança (MS)	Art. 5º, LXIX, da CF	Tutela de direito líquido e certo (com exceção dos referentes à liberdade de locomoção e ao acesso ou retificação de dados).
Mandado de segurança coletivo	Art. 5º, LXX, da CF	Tutela de direito líquido e certo individual homogêneo e coletivo (com exceção dos referentes à liberdade de locomoção e ao acesso ou retificação de dados).
Mandado de injunção (MI)	Art. 5º, LXXI, da CF	Tutela de direitos subjetivos inerentes à nacionalidade, à soberania e à cidadania cujo exercício encontra-se obstaculizado pela falta de norma infraconstitucional regulamentadora.

Ação direta de inconstitucionalidade genérica (ADIn)	Art. 102, I, "a", da CF	Cabível contra lei ou ato normativo estadual ou federal em face da Constituição Federal para tutelar a ordem jurídica e a higidez constitucional.
Ação direta de inconstitucionalidade por omissão (ADO)	Art. 102, I, "a", da CF	Cabível contra a omissão total ou parcial de qualquer dos Poderes da República, ou mesmo de órgão administrativo, em formular medida para tornar efetiva norma constitucional (tutela o próprio ordenamento constitucional, e não interesses e direitos subjetivos).
Ação declaratória de constitucionalidade (ADC)	Art. 102, I, "a", da CF	Cabível em favor de lei ou ato normativo federal, visando alterar a presunção relativa de constitucionalidade das leis em presunção absoluta, afastando a discussão acerca da aplicabilidade da norma.
Ação direta de inconstitucionalidade interventiva	Art. 36, III, da CF	Cabível contra leis, atos normativos ou omissões do estado-membro que violem os princípios constitucionais sensíveis, ou seja, aqueles listados no art. 34, VII, da CF.
Arguição de descumprimento de preceito fundamental (ADPF)	Art. 102, § 1º, da CF c/c art. 1º, *caput* e parágrafo único, da Lei 9.882/1999.	Cabível para evitar ou reparar lesão a preceito fundamental resultante de ato do poder público ou quando for relevante a controvérsia constitucional sobre lei ou ato normativo federal, estadual, distrital ou municipal, incluídos os anteriores à Constituição.
Reclamação (Rcl)	Art. 102, I, "l", da CF	Cabível para garantir a autoridade das decisões do STF ou para preservar a competência do Tribunal. **Obs. 1**: a reclamação é prevista também para outros tribunais (por exemplo, para o STJ: art. 105, I, "f", da CF). **Obs. 2**: a reclamação para garantir a eficácia das súmulas vinculantes é regida pela Lei 11.417/2006.

Determinada a petição a ser redigida, leia os artigos da Constituição referentes à peça processual e, caso existentes, também os dispositivos da lei específica que regulamenta o disposto na CF. Esteja atento para a legitimidade (ativa e passiva), para o órgão competente para processamento e julgamento da ação e para outros requisitos formais que a lei imponha.

Não se esqueça de que, mesmo na hipótese de a matéria ser regulada por lei específica, os dispositivos do Código de Processo Civil são subsidiariamente aplicáveis.

Por isso, não é demais relembrar que a elaboração de petições iniciais deve observar o disposto no art. 319, do CPC, que enumera seus requisitos formais (observações entre colchetes):

Art. 319. A petição inicial indicará:

I – o juízo a que é dirigida;

II – os nomes, os prenomes, o estado civil, a existência de união estável, a profissão, o número de inscrição no Cadastro de Pessoas Físicas ou no Cadastro Nacional da Pessoa Jurídica, o endereço eletrônico, o domicílio e a residência do autor e do réu;

III – o fato e os fundamentos jurídicos do pedido;

IV – o pedido com as suas especificações;

V – o valor da causa;

VI – as provas com que o autor pretende demonstrar a verdade dos fatos alegados;

VII – a opção do autor pela realização ou não de audiência de conciliação ou de mediação.

§ 1º Caso não disponha das informações previstas no inciso II, poderá o autor, na petição inicial, requerer ao juiz diligências necessárias a sua obtenção.

§ 2º A petição inicial não será indeferida se, a despeito da falta de informações a que se refere o inciso II, for possível a citação do réu.

§ 3º A petição inicial não será indeferida pelo não atendimento ao disposto no inciso II deste artigo se a obtenção de tais informações tornar impossível ou excessivamente oneroso o acesso à justiça.

No relato **dos fatos** tente reproduzir ao máximo os eventos narrados pelo examinador, até porque o candidato deve se ater estritamente a eles (sem inventar nenhum outro), sob pena de anulação da prova. Lembre-se de adaptar o texto (por exemplo: em vez de José, diga *autor, apelante, impetrante* etc.).

Perceba que a **causa de pedir** (*causa petendi*) não é a simples indicação do dispositivo legal ou constitucional aplicável, mas sim a **aplicação da norma ao caso concreto, que leva ao reconhecimento do direito pleiteado**.

Lembre-se, também, de que a **prova documental deve instruir a petição inicial**, nos termos do art. 320, do CPC, sendo certo que não cabe dilação probatória em mandado de segurança. Aliás, a propósito do *mandamus*, não se esqueça de que é atualmente regulado pela Lei 12.016/2009, que revogou a legislação anterior (notadamente a Lei 1.533/1951). Verifique, ao estudar para o exame, que seu compêndio de legislação possui a lei nova do mandado de segurança.

Outro dado muitíssimo importante: no Exame da OAB **não assine a petição**, nem aponha qualquer sinal que possa ser considerado identificador (iniciais, rubrica, símbolos etc.), sob pena de anulação da prova.

Isso significa também que o candidato **não pode inventar nenhum dado** que não tenha sido fornecido pelo examinador, como nome das partes, RG, CNPJ, endereços, número de registro do advogado na OAB etc.

Ao realizar os exercícios você perceberá que muitas dessas observações já são adotadas sem qualquer esforço. Outras você passará a seguir com a prática aqui proposta e, ao final, irá se sentir muito mais confiante e preparado para a prova.

Por isso, mãos à obra.

PRÁTICA CONSTITUCIONAL – 6ª EDIÇÃO 106

2. ELABORAÇÃO DE PEÇAS PROCESSUAIS

(OAB/Exame Unificado – 2010.1 – 2ª fase) O secretário de administração do estado-membro Y, com a finalidade de incentivar o aprimoramento profissional de certa categoria de servidores públicos, criou, por meio de lei específica, tabela de referências salariais com incremento de 10% entre uma e outra, estando a mudança de referência baseada em critérios de antiguidade e merecimento. O pagamento do mencionado percentual seria feito em seis parcelas mensais e sucessivas. Os servidores que adquiriram todas as condições para o posicionamento na referência salarial subsequente já haviam recebido o pagamento de três parcelas quando sobreveio a edição de medida provisória revogando a sistemática estabelecida na lei. Assim, no mês seguinte à edição dessa medida, o valor correspondente à quarta parcela foi excluído da folha de pagamento. Em decorrência dessa exclusão, os servidores requereram à Secretaria Estadual de Planejamento e Gestão a respectiva inserção na folha de pagamento, sob pena de submeter a questão ao Poder Judiciário. Em resposta, o secretário indeferiu o pedido, fundado nos seguintes argumentos:

a) em razão da revogação da lei, promovida pela medida provisória, os servidores não mais teriam direito ao recebimento do percentual;

b) seria possível a alteração do regime remuneratório, em face da ausência de direito adquirido a regime jurídico, conforme já reconhecido pelo Supremo Tribuna Federal;

c) os servidores teriam, na hipótese, mera expectativa de direito, e não direito adquirido;

d) não cabe ao Poder Judiciário atuar em área própria do Poder Executivo e conceder o reajuste pleiteado, sob pena de ofensa ao princípio constitucional da separação dos poderes.

Em face da situação hipotética apresentada, na qualidade de advogado(a) contratado(a) pelo sindicato dos servidores, redija a medida judicial cabível para impugnação do ato da autoridade que determinou a exclusão do pagamento dos servidores dos percentuais previstos em lei, destacando os argumentos necessários à adequada defesa dos interesses de seus clientes.

ORGANIZAÇÃO DE IDEIAS

Observando o quadro presente na Introdução, a peça a ser elaborada é o mandado de segurança, pois os servidores tiveram seu direito líquido e certo ao recebimento do percentual atingido pelo ato do Secretário Estadual de Planejamento e Gestão.

Note que o mandado de segurança pode ser impetrado por pessoa física ou jurídica (art. 1º da Lei 12.016/2009).

Para elaboração da peça **é essencial que o candidato leia atentamente a Lei 12.016/20009**, que regula o mandado de segurança, bem como o quadro esquemático do mandado de segurança, reproduzido nos comentários à primeira questão (2006.1).

Aplicando as noções ao caso concreto, temos que:

a) Legitimidade ativa – Sindicato dos servidores (mandado de segurança coletivo).

b) Legitimidade passiva – Secretário de Planejamento e Gestão do Estado Y.

c) Pessoa jurídica que a autoridade coatora integra – Estado Y.

d) Ato coator – ato que suspendeu o pagamento das parcelas 4, 5 e 6.

e) Mérito – inconstitucionalidade do ato por violação do direito adquirido (art. 5º, XXXVI, da CF) e da irredutibilidade de vencimentos dos servidores públicos (art. 37, XV, da CF).

f) Competência jurisdicional – Juiz de Direito da Vara Cível da Comarca da Capital do Estado Y (a questão não menciona a existência de foro privilegiado para secretários de estado).

g) Outros requisitos formais – observância do prazo de decadência; prova pré-constituída; pedido de liminar; pedido de notificação da autoridade coatora para prestar informações; pedido de ciência da pessoa jurídica para ingressar no feito; pedido de intimação do MP; pedido de prioridade de julgamento (após deferida a liminar); pedido de ratificação da liminar e de julgamento de procedência do pedido principal; valor da causa.

Eis a estrutura argumentativa (silogismo):

1. FATO: lei específica do Estado Y cria tabela de referências salariais com incremento de 10% entre uma e outra, baseada em critérios de antiguidade e merecimento. Servidores que adquiriram as condições legais para o enquadramento na tabela começam a receber o adicional, pago parceladamente em 6 vezes. Após edição de medida provisória que revogou a lei, o pagamento das parcelas subsequentes foi suspenso e o pedido administrativo de continuidade do pagamento das parcelas faltantes foi indeferido;

2. DIREITO: Art. 5º, XXXVI, da CF: "a lei não prejudicará o direito adquirido, o ato jurídico perfeito e a coisa julgada"; Art. 37, XV, da CF: "o subsídio e os vencimentos dos ocupantes de cargos e empregos públicos são irredutíveis, ressalvado o disposto nos incisos XI e XIV deste artigo e nos arts. 39, § 4º, 150, II, 153, III, e 153, § 2º, I";

3. CONCLUSÃO: **logo, é inválida a suspensão do pagamento do percentual de 10% pela Administração Estadual, com fundamento em medida provisória, pois o valor já havia sido incorporado ao patrimônio jurídico dos servidores e sua suspensão corresponde à redução salarial.**

ELABORAÇÃO DA PEÇA PRÁTICO-PROFISSIONAL

[O que estiver entre colchetes constitui observação – não deve constar da peça.]

início da peça

Excelentíssimo Senhor Doutor Juiz de Direito da ... Vara Cível da Comarca da Capital do Estado Y.

[Deixe espaço de aproximadamente 10 cm para eventual despacho ou decisão do juiz.]

Sindicato dos Servidores Públicos do Estado Y, estabelecido em (endereço), inscrito no CNPJ sob o número ..., por seu advogado que firma a presente (procuração anexada), com escritório para recebimento de intimações em (endereço – art.106, I, do CPC), vem à presença de Vossa Excelência, respeitosamente, impetrar o presente

MANDADO DE SEGURANÇA COLETIVO COM PEDIDO DE LIMINAR

em face do Secretário Estadual de Planejamento e Gestão, nos termos do artigo 5°, inciso LXIX, da Constituição Federal, e do art. 1° da Lei n° 12.016/2009, pelas razões a seguir aduzidas:

1. DOS FATOS

O secretário de administração do estado-membro Y, com a finalidade de incentivar o aprimoramento profissional de certa categoria de servidores públicos, criou, por meio de lei específica, tabela de referências salariais com incremento de 10% entre uma e outra, estando a mudança de referência baseada em critérios de antiguidade e merecimento.

O pagamento do mencionado percentual seria feito em seis parcelas mensais e sucessivas. Os servidores que adquiriram todas as condições para o posicionamento na referência salarial subsequente, como é o caso dos membros do sindicato impetrante, já haviam recebido o pagamento de três parcelas quando sobreveio a edição de medida provisória revogando a sistemática estabelecida na lei.

Assim, no mês seguinte à edição dessa medida, o valor correspondente à quarta parcela foi excluído da folha de pagamento. Em decorrência dessa exclusão, os servidores requereram à Secretaria Estadual de Planejamento e Gestão a respectiva inserção na folha de pagamento, sob pena de submeter a questão ao Poder Judiciário. Em resposta, o secretário indeferiu o pedido, fundado nos seguintes argumentos (doc. em anexo):

a) em razão da revogação da lei, promovida pela medida provisória, os servidores não mais teriam direito ao recebimento do percentual;

b) seria possível a alteração do regime remuneratório, em face da ausência de direito adquirido a regime jurídico, conforme já reconhecido pelo Supremo Tribunal Federal;

c) os servidores teriam, na hipótese, mera expectativa de direito, e não direito adquirido;

d) não cabe ao Poder Judiciário atuar em área própria do Poder Executivo e conceder o reajuste pleiteado, sob pena de ofensa ao princípio constitucional da separação dos poderes.

Como será visto a seguir, o ato administrativo que indeferiu o pagamento é inconstitucional e deve ser declarado nulo, restabelecendo-se o pagamento do percentual de 10% na forma da Lei estadual.

2. DO DIREITO

Conforme estabelecido na Constituição de 1988, a lei não pode atingir o direito adquirido, o ato jurídico perfeito e a coisa julgada (art. 5°, XXXVI, da CF).

No caso em análise o direito adquirido dos servidores ao pagamento do percentual de 10% foi atingido, pois quando da publicação da medida provisória que revogou o aumento o direito ao seu recebimento já havia sido incorporado ao patrimônio jurídico dos servidores.

Com efeito, a Administração Estadual já havia reconhecido que os servidores faziam jus ao acréscimo pecuniário, tanto que já vinham recebendo as parcelas na forma da lei. Repita-se, por relevante: o percentual já lhes havia sido deferido, apenas a forma de pagamento era feita parceladamente, por razões financeiras.

Dessa forma, negar o pagamento do percentual aos servidores que já haviam adquirido o direito à sua percepção na forma da lei vigente à época corresponde a diminuir seus rendimentos, em afronta também ao princípio da irredutibilidade de vencimentos, presente no art. 37, XV, da CF.

Diante do exposto, os membros do sindicato impetrante têm direito líquido e certo ao recebimento do percentual de 10% na forma da lei instituidora, pois preencheram todos os requisitos ao seu recebimento na época em que a lei estava em vigor, não podendo ser afetados pela revogação de suas disposições, sob pena de violação do princípio da irredutibilidade salarial.

3. DA LIMINAR

Como acima exposto, o ato da autoridade coatora de indeferir o pagamento do percentual de 10% já incorporado ao patrimônio dos servidores é inconstitucional e, por isso, não pode produzir efeitos. Caso a liminar não seja concedida, os impetrantes serão privados do recebimento de parcelas de natureza alimentar e deverão suportar sozinhos o ônus do tempo do processo quando seu direito é líquido e certo.

Sendo assim, a associação impetrante requer que seja deferida a medida liminar antes mesmo da notificação da autoridade coatora, nos termos do art. 7°, III, da Lei 12.016/2009, tendo em vista a relevância do fundamento (*fumus boni iuris*, representado pela inconstitucionalidade do ato administrativo, que viola o direito adquirido – art. 5°, XXXVI, da CF – e a irredutibilidade de vencimentos – art. 37, XV, da CF) e o perigo na demora da decisão (*periculum in mora* – que, caso proferida apenas ao final, impede a percepção de valores de natureza alimentar).

4. DO PEDIDO

Por todo o exposto, obedecido o prazo decadencial de 120 dias (art. 23 da Lei 12.016/2009), a impetrante requer que seja:

a) deferida a medida liminar, *inaudita altera pars*, até a decisão final do presente mandado de segurança para determinar que a autoridade coatora restabeleça o pagamento do percentual das parcelas 4, 5 e 6 aos associados da impetrante (art. 7°, III, da Lei 12.016/2009);

b) determinada a notificação da autoridade coatora, enviando-lhe todas as cópias dos documentos que instruem a inicial, para que preste todas as informações necessárias, no prazo de 10 dias (art. 7°, I, da Lei 12.016/2009);

c) dada ciência ao Estado Y, por intermédio de sua procuradoria, enviando-lhe cópia da inicial para que, querendo, ingresse no feito (art. 7°, II, da Lei 12.016/2009);

d) ouvido o representante do Ministério Público para que opine no prazo de 10 dias (art. 12 da Lei 12.016/2009);

e) reconhecida a prioridade do julgamento da causa, caso deferida a liminar (art. 7°, § 4°, da Lei 12.016/2009);

f) ao final, confirmada a liminar deferida, concedendo-se definitivamente a segurança pleiteada para que o ato de suspensão do pagamento seja declarado nulo por violar princípios e preceitos constitucionais.

PRÁTICA CONSTITUCIONAL – 6ª EDIÇÃO

[Obs.: toda a prova deve ser juntada à inicial, pois o direito é líquido e certo e não se admite dilação probatória. Não há condenação em honorários advocatícios em mandado de segurança: Súmulas 512/STF 105/STJ.]

Todas as provas necessárias para a configuração da liquidez e da certeza do direito alegado encontram-se anexadas à petição inicial (protocolada em duas vias – art. 6º da Lei 12.016/2009), satisfazendo o requisito da prova pré-constituída para impetração do mandado de segurança.

Dá à causa o valor de R$ ... (valor por extenso), conforme previsão do art. 291, do CPC.

Termos em que pede deferimento

Capital do Estado Y, data ... .

Advogado ...

OAB ...

[Não assine, rubrique ou, de outra forma, identifique sua prova!]

GABARITO COMENTADO PELA BANCA EXAMINADORA – CESPE

Deve-se elaborar mandado de segurança, com fundamento no art. 5º, LXIX, da CF, bem como no art. 1º da Lei nº 12.016/2009, em face da autoridade máxima do órgão. Após breve relato da situação fática, devem ser apontados os seguintes argumentos fundamentais: a) A autoridade coatora é o secretário de Administração, devendo também ser notificado o estado Y, como pessoa jurídica à qual a autoridade coatora está vinculada; b) De fato, a teor de entendimento consolidado na jurisprudência, o servidor público não tem direito adquirido a regime jurídico. Assim, a administração pública pode promover, legitimamente, alterações na composição dos vencimentos dos servidores, inclusive mediante a exclusão de vantagens, gratificações ou reajustes; c) Na ocasião da edição da medida provisória, os servidores já haviam adquirido todas as condições para o recebimento do percentual relativo a referencia salarial subsequente, tanto que já vinham percebendo o pagamento de forma parcelada. Por conseguinte, os servidores já haviam adquirido, por força da legislação específica, o direito ao recebimento do percentual. O pagamento é que foi efetuado de forma parcelada, ou seja, o direito ao recebimento do percentual já havia integrado o patrimônio dos servidores, quando da edição da medida provisória, muito embora a implementação estivesse sendo feita de modo parcelado. Logo, não poderia tal espécie legislativa desrespeitar direito já incorporado ao patrimônio, sob pena de afronta ao disposto no art. 5º, XXXVI, da Constituição Federal, segundo o qual "a lei não prejudicara o direito adquirido". Pode, todavia, a administração retirar o benefício para os servidores que ainda não completaram tal direito; d) A subtração das parcelas a que fariam jus os servidores também implica afronta ao disposto no art. 37, XV, da Constituição Federal, segundo o qual os vencimentos dos ocupantes de cargos e empregos públicos são irredutíveis. Isso porque, como o direito já havia sido incorporado ao patrimônio dos servidores, sua exclusão configura clara afronta ao princípio da irredutibilidade de vencimentos. O entendimento do Supremo Tribunal Federal é pacífico nesse sentido. Assim, apesar de ser constitucional a modificação do regime remuneratório dos servidores, tal alteração não pode ocorrer de forma alheia a observância dos comandos constitucionais, em especial da vedação de decesso remuneratório; e) Estão presentes os requisitos indispensáveis à concessão da liminar: o *fumus boni iuris*, em razão dos mencionados princípios constitucionais, e o *periculum in mora*, decorrente do dano causado aos impetrantes. Deve-se requerer a prestação de informações da autoridade coatora e da entidade da qual ele faça parte, a oitiva do Ministério Público e, no mérito, a declaração definitiva de nulidade do ato que determinou a exclusão da parcela do reajuste na folha de pagamento. Por fim, deve-se formular pedido, destacando-se que, diante da ocorrência de ofensa, pelo poder público, ao direito adquirido dos servidores e à irredutibilidade de vencimentos, a hipótese é de concessão da ordem para que seja assegurada aos servidores públicos a implementação do reajuste. Pedido liminar para garantir o pagamento da 4ª, da 5ª e da 6ª parcela, em razão do seu caráter alimentar.

Observações para a correção:

1. Atribuir pontuação integral às respostas em que esteja expresso o conteúdo do dispositivo legal, ainda que não seja citado, expressamente, o número do artigo.

2. Considerar secretário de Estado o secretário de administração ou o secretário estadual de planejamento e gestão.

3. Atribuir pontuação integral ao mandado de segurança endereçado ao juiz de 1º grau, visto que algumas constituições estaduais não fazem previsão de foro para secretários.

(OAB/Exame Unificado – 2010.2 – 2ª fase) Mévio de Tal, com quarenta e dois anos de idade, pretende candidatar-se a cargo vago, mediante concurso público, organizado pelo Estado X, tendo, inclusive, se matriculado em escola preparatória. Com a publicação do edital, é surpreendido com a limitação, para inscrição, dos candidatos com idade de, no máximo, vinte e cinco anos. Inconformado, apresenta requerimento ao responsável pelo concurso, que aduz o interesse público, tendo em vista que, quanto mais jovem, maior tempo permanecerá no serviço público o aprovado no certame, o que permitirá um menor déficit nas prestações previdenciárias, um dos problemas centrais do orçamento do Estado na contemporaneidade. O responsável pelo concurso é o Governador do Estado X. Não há previsão legal para o estabelecimento de idade mínima, sendo norma constante do edital do concurso. Não há necessidade de produção de provas e o prazo entre a publicação do edital e da impetração da ação foi menor que 120 (cento e vinte) dias.

Na qualidade de advogado contratado por Mévio, redigir a peça cabível ao tema, observando:

a) competência do Juízo;

b) legitimidade ativa e passiva;

c) fundamentos de mérito constitucionais e legais vinculados;

d) os requisitos formais da peça inaugural;

e) necessidade de tutela de urgência.

ORGANIZAÇÃO DE IDEIAS

Observando o quadro presente na Introdução e considerando as "dicas" constantes do enunciado ("não há necessidade de produção de provas" e o prazo "foi menor que 120 (cento e vinte dias)", não há dúvida de que a peça a ser elaborada é o mandado de segurança, pois Mévio de tal teve seu direito líquido e certo de participar do concurso público atingido por uma exigência inconstitucional, que fere a isonomia, a legalidade e a razoabilidade.

Para elaboração da peça **é essencial que o candidato leia atentamente a Lei 12.016/20009**, que regula o mandado de segurança, bem como o quadro esquemático do mandado de segurança, reproduzido nos comentários à primeira questão (2006.1).

Aplicando as noções ao caso concreto, temos que:

a) Legitimidade ativa – Mévio de Tal.

b) Legitimidade passiva – Governador do Estado X.

c) Pessoa jurídica que a autoridade coatora integra – Estado X.

d) Ato coator – ato que indeferiu a inscrição de Mévio de Tal.

e) Mérito – inconstitucionalidade do ato por violação do princípio da legalidade (art. 37, *caput*, da CF), da razoabilidade e da isonomia. (Súmula 683/STF).

f) Competência jurisdicional – Tribunal de Justiça do Estado X.

g) Outros requisitos formais – prazo de decadência; prova pré-constituída; pedido de liminar; pedido de notificação da autoridade coatora para prestar informações; pedido de ciência da pessoa jurídica para ingressar no feito; pedido de intimação do MP; pedido de prioridade de julgamento (após deferida a liminar); pedido de ratificação da liminar e de julgamento de procedência do pedido principal; valor da causa.

Eis a estrutura argumentativa (silogismo):

1. FATO: edital de concurso do Estado X limita a inscrição a candidatos de até vinte e cinco anos. Mévio de Tal, por ter 42 anos, tem sua inscrição negada;

2. DIREITO: Art. 5º, *caput*, primeira parte: "Art. 5º Todos são iguais perante a lei, sem distinção de qualquer natureza"; Art. 5º, II, da CF: "ninguém será obrigado a fazer ou deixar de fazer alguma coisa senão em virtude de lei"; Ademais, "O limite de idade para a inscrição em concurso público só se legitima em face do art. 7º, XXX, da CF, quando possa ser justificado pela natureza das atribuições do cargo a ser preenchido" (Súmula 683/STF) – princípio da razoabilidade;

3. CONCLUSÃO: **logo, o indeferimento da inscrição de Mévio é inconstitucional que, por isso, tem direito a se inscrever no concurso e a fazer as provas.**

ELABORAÇÃO DA PEÇA PRÁTICO-PROFISSIONAL

[O que estiver entre colchetes constitui observação – não deve constar da peça.]

início da peça

Excelentíssimo Senhor Desembargador do Tribunal de Justiça do Estado X

[Deixe espaço de aproximadamente 10 cm para eventual despacho ou decisão do juiz.]

Mévio de Tal, residente e domiciliado em (endereço), portador de carteira de identidade número ... e inscrito no CPF sob o número ..., por seu advogado que firma a presente (procuração anexada), com escritório para recebimento de intimações em (endereço – art.106, I, do CPC), vem à presença de Vossa Excelência, respeitosamente, impetrar o presente

MANDADO DE SEGURANÇA COM PEDIDO DE LIMINAR

em face do Governador do Estado X, nos termos do artigo 5°, inciso LXIX, da Constituição Federal, e da Lei n° 12.016/2009, pelas razões a seguir aduzidas:

1. DOS FATOS

O impetrante, com quarenta e dois anos de idade, pretende candidatar-se a cargo vago, mediante concurso público, organizado pelo Estado X, tendo, inclusive, se matriculado em escola preparatória.

Com a publicação do edital, foi surpreendido com a limitação, para inscrição, dos candidatos com idade de, no máximo, vinte e cinco anos.

Visando afastar a exigência inconstitucional, apresentou requerimento ao responsável pelo concurso, que negou seu pedido com fundamento no interesse público, tendo em vista que, segundo ele, quanto mais jovem, maior tempo permanecerá no serviço público o aprovado no certame, o que permitirá um menor déficit nas prestações previdenciárias, um dos problemas centrais do orçamento do Estado na contemporaneidade.

Como será visto a seguir, e exigência editalícia é inconstitucional e deve ter sua aplicação afastada no caso concreto, permitindo-se a inscrição e a realização das provas pelo impetrante.

2. DO DIREITO

A Constituição Federal estabeleceu a regra do concurso público para acesso a cargos e empregos públicos, visando a universalidade e a isonomia entre os candidatos, de modo a evitar favorecimentos e privilégios.

Dessa forma, qualquer exceção a essa regra deve pautar-se pelo princípio da razoabilidade, vale dizer, o fundamento para a restrição do acesso ao concurso público deve se justificar constitucionalmente, sob pena de configurar restrição inconstitucional, como no caso. Na hipótese, não há motivo constitucionalmente legítimo para excluir do certame candidatos com mais de vinte e cinco anos, pois a atividade pode ser exercida por pessoas de qualquer idade.

Por isso, a exigência do edital viola também a isonomia, pois cria distinção entre brasileiros, favorecendo o pequeno grupo de candidatos menores de 25 anos. De acordo com a Constituição, todos são iguais perante a lei e devem ser assim tratados.

Em acréscimo, o edital desrespeita também o princípio da legalidade, pois, se a restrição não está prevista em lei, o edital não pode inovar na ordem jurídica para criar gravame que a lei não previu.

Por fim, cabe observar que a jurisprudência do STF não legitima cláusulas restritivas como a presente, tendo inclusive editado a Súmula 683, com o seguinte teor: "O limite de idade para a inscrição em concurso público só se legitima em face do art. 7°, XXX, da CF, quando possa ser justificado pela natureza das atribuições do cargo a ser preenchido". Com efeito, o art. 7°, XXX, da CF proíbe a diferença de salários, de exercício de funções e de critério de admissão por motivo de sexo, idade, cor ou estado civil.

Diante do exposto, considerando que a regra do edital é inconstitucional por violar o princípio da isonomia, da igualdade de acesso a cargos públicos, da legalidade e da razoa-

PRÁTICA CONSTITUCIONAL – 6ª EDIÇÃO

114

bilidade, o impetrante tem direito líquido e certo a participar do concurso público, devendo ser deferida sua inscrição para a posterior realização das provas.

3. DA LIMINAR

Como acima exposto, a limitação da idade para inscrição no concurso é inconstitucional e, por isso, não pode produzir efeitos. Caso a liminar não seja concedida, o impetrante não poderá participar do certame e o presente *mandamus* restará prejudicado por falta de objeto.

Sendo assim, o impetrante requer que seja deferida a medida liminar antes mesmo da notificação da autoridade coatora, nos termos do art. 7º, III, da Lei 12.016/2009, tendo em vista a relevância do fundamento (*fumus boni iuris*, representado pela inconstitucionalidade da norma do edital, que fere a legalidade, a razoabilidade e a isonomia) e o perigo na demora da decisão (*periculum in mora* – que, caso proferida apenas ao final, impedirá a participação do impetrante no concurso público).

4. DO PEDIDO

Por todo o exposto, obedecido o prazo decadencial de 120 dias (art. 23 da Lei 12.016/2009), o impetrante requer que seja:

a) deferida a medida liminar, *inaudita altera pars*, até a decisão final do presente mandado de segurança para determinar que a autoridade coatora efetue a inscrição do impetrante no concurso público ou, se assim não entender V. Exa., para que lhe seja deferida a realização das provas como qualquer outro candidato (art. 7º, III, da Lei 12.016/2009);

b) determinada a notificação da autoridade coatora, enviando-lhe todas as cópias dos documentos que instruem a inicial, para que preste todas as informações necessárias, no prazo de 10 dias (art. 7º, I, da Lei 12.016/2009);

c) dada ciência ao Estado X, por intermédio de sua procuradoria, enviando-lhe cópia da inicial para que, querendo, ingresse no feito (art. 7º, II, da Lei 12.016/2009);

d) ouvido o representante do Ministério Público para que opine no prazo de 10 dias (art. 12 da Lei 12.016/2009);

e) reconhecida a prioridade do julgamento da causa, caso deferida a liminar (art. 7º, § 4º, da Lei 12.016/2009);

f) ao final, confirmada a liminar deferida, concedendo-se definitivamente a segurança pleiteada para que a impetrante possa se inscrever no concurso público e realizar todas as fases necessárias à sua aprovação.

[Obs.: toda a prova deve ser juntada à inicial, pois o direito é líquido e certo e não se admite dilação probatória. Não há condenação em honorários advocatícios em mandado de segurança: Súmulas 512/STF 105/STJ.]

Todas as provas necessárias para a configuração da liquidez e da certeza do direito alegado encontram-se anexadas à petição inicial (protocolada em duas vias – art. 6º da Lei 12.016/2009), satisfazendo o requisito da prova pré-constituída para impetração do mandado de segurança.

Dá à causa o valor de R$ 1.000,00 (mil reais) para efeitos fiscais.

Termos em que pede deferimento

Capital do Estado X, data ... .

Advogado ...

OAB ...

[Não assine, rubrique ou, de outra forma, identifique sua prova!]

PADRÃO DE RESPOSTA – PEÇA PROFISSIONAL – FGV

O tema acesso a cargos públicos tem assento constitucional, consoante pode-se aferir do exame da norma do art. 37, da CF, que impõe a acessibilidade aos cargos públicos mediante concurso público. A jurisprudência não tem acolhido que normas editalícias, sem previsão legal e com manifesta afronta às normas constitucionais, restrinjam o limite de idade, admitindo a restrição quando houver previsão legal, desde que adequado ao cargo postulado. Nesse sentido: STF, Agravo Regimental N° 486439, Relator: Ministro Joaquim Barbosa; Agravo Regimental N° 559823, Relator: Ministro Joaquim Barbosa.

Assim, embora o edital seja a lei do concurso, não se pode impor restrição sem respaldo em lei formal, e ainda que tal lei seja razoável, como não permitindo que postulantes ao cargo de médico da Polícia Militar tenham restrição de idade. Assim, o interesse público meramente financeiro ou orçamentário, aduzido pela autoridade que preside o concurso público, não tem o condão de vedar a candidatura de pessoas com idade superior à prevista no edital.

Há aqui um problema de competência que caberá ao examinando resolver. É que, sendo o Estado X, organizador do concurso, a competência é do Tribunal de Justiça, visto que o Governador do Estado tem foro por prerrogativa de função. Pelo texto, o candidato deverá optar pelo mandado de segurança, vez que são preenchidos os elementos para a impetração, o que levará ao exame dos requisitos formais dessa peça.

Distribuição dos pontos pela examinadora – FGV

ITEM	PONTUAÇÃO
Competência do juízo: Tribunal de Justiça	0 / 0,5
Valor da causa: valor ínfimo (pode ser R$ 1.000,00 para efeitos fiscais)	0 / 0,5
Legitimidade passiva: governador do Estado (obviamente que pedindo sua notificação como autoridade coatora)	0 / 0,5
Notificação da pessoa jurídica que a autoridade coatora integra: o Estado pertinente ao governador	0 / 0,5
Necessidade da tutela de urgência: *periculum in mora* e *fumus bonis juris*	0 / 0,5 / 1,0
Fundamentação: mencionar o princípio da legalidade e o princípio da razoabilidade, bem como o princípio que veda qualquer forma de discriminação	0 / 0,5 / 1,0 / 1,5
Petitório: deferimento do *writ*, garantindo a tutela para que a restrição do edital seja afastada, possibilitando que MÉVIO possa se inscrever no concurso e realizar as provas normalmente	0 / 0,5

PRÁTICA CONSTITUCIONAL – 6ª EDIÇÃO

116

(OAB/Exame Unificado – 2010.3 – 2ª fase) Tício, brasileiro, casado, engenheiro, na década de setenta, participou de movimentos políticos que faziam oposição ao Governo então instituído. Por força de tais atividades, foi vigiado pelos agentes estatais e, em diversas ocasiões, preso para averiguações. Seus movimentos foram monitorados pelos órgãos de inteligência vinculados aos órgãos de Segurança do Estado, organizados por agentes federais. Após longos anos, no ano de 2010, Tício requereu acesso à sua ficha de informações pessoais, tendo o seu pedido indeferido, em todas as instâncias administrativas. Esse foi o último ato praticado pelo Ministro de Estado da Defesa, que lastreou seu ato decisório, na necessidade de preservação do sigilo das atividades do Estado, uma vez que os arquivos públicos do período desejado estão indisponíveis para todos os cidadãos. Tício, inconformado, procura aconselhamentos com seu sobrinho Caio, advogado, que propõe apresentar ação judicial para acessar os dados do seu tio.

Na qualidade de advogado contratado por Tício, redija a peça cabível ao tema, observando: a) competência do Juízo; b) legitimidade ativa e passiva; c) fundamentos de mérito constitucionais e legais vinculados; d) os requisitos formais da peça inaugural.

ORGANIZAÇÃO DE IDEIAS

A peça cabível é remédio constitucional, denominado *habeas data*, com fundamento no art. art. 5º, LXXII, que determina que conceder-se-á *habeas-data*: a) para assegurar o conhecimento de informações relativas à pessoa do impetrante, constantes de registros ou bancos de dados de entidades governamentais ou de caráter público; b) para a retificação de dados, quando não se prefira fazê-lo por processo sigiloso, judicial ou administrativo.

O impetrante (ou legitimado ativo) é o Tício, pois foi ele quem teve negado o acesso a informações. Vale lembrar que essas informações dizem respeito a pessoa do impetrante. Não há possibilidade da impetração da ordem de habeas data, visando a assegurar o acesso a informações de terceiros.

Figurará como impetrado (ou legitimado passivo, ou autoridade coatora) o Ministro de Estado da Defesa, pois foi quem denegou o pedido de informações em último lugar.

A competência para a análise desse habeas data é do Superior Tribunal de Justiça, com base no art. 105, I, "b", da Constituição Federal e no art. 20, I, b da Lei 9.507/97 (lei que regulamenta o *habeas data*), ordinário é da competência do Superior Tribunal de Justiça. Os

A fundamentação é encontrada em diversos dispositivos constitucionais, em especial, aqueles relacionados aos direito de informação. Desse modo, as normas constitucionais e legais que devem pautar a peça têm a ver com direito de acesso a informações (art. 5º, XXXIII, da CF), com o cabimento da habeas data (art. 5º, LXXII, da CF) e o abuso de autoridade (art. 4º, "h", da Lei n. 4.898/65).

ELABORAÇÃO DA PEÇA PRÁTICO-PROFISSIONAL

[O que estiver entre colchetes constitui observação – não deve constar da peça.]

Início da peça

EXCELENTÍSSIMO SENHOR MINISTRO PRESIDENTE DO COLENDO SUPERIOR TRIBUNAL DE JUSTIÇA

[Deixe espaço de aproximadamente 10 cm para eventual despacho ou decisão do juiz.]

Tício, brasileiro, casado, engenheiro, residente e domiciliado na ..., portador do RG ... e do CPF ..., por seu advogado que firma a presente (procuração anexa – doc.1), com escritório para recebimento de intimações na ... (CPC, art.106, I) vem à presença de Vossa Excelência, respeitosamente, impetrar contra o Senhor Ministro da Defesa, o presente

HABEAS DATA

nos termos do artigo 5º, inciso LXXII, da Constituição Federal e da Lei nº 9.507/97, pelas razões a seguir aduzidas.

I – DOS FATOS

O impetrante é brasileiro e, na década de setenta, participou de diversos movimentos políticos que faziam oposição ao Governo então instituído.

Em decorrência dessas atividades, foi vigiado pelos agentes estatais e, em diversas ocasiões, preso para averiguações. Seus movimentos foram monitorados pelos órgãos de inteligência vinculados aos órgãos de Segurança do Estado, organizados por agentes federais.

Anos após esses fatos, precisamente em 2010, o impetrante requereu acesso à sua ficha de informações pessoais (doc. 2), e, para a sua surpresa, teve o seu pedido indeferido, em todas as instâncias administrativas (doc. 3).

A última negativa foi dada pelo Ministro de Estado da Defesa, que lastreou seu ato decisório, na necessidade de preservação do sigilo das atividades do Estado, uma vez que os arquivos públicos do período desejado estão indisponíveis para todos os cidadãos.

Inconformado, Tício resolveu impetrar o presente *habeas data* a fim de tomar conhecimento das informações que lhe foram negadas.

II – DO DIREITO

Em primeiro lugar cabe a análise o artigo 5º, XXXIII, da Constituição Federal que assegura a todos o direito de receber dos órgãos públicos informações de seu interesse particular, ou de interesse coletivo ou geral. Informações essas que devem ser prestadas no prazo legal, sob pena de responsabilidade.

Vale lembrar que tal direito está previsto no rol de direitos e garantias individuais, rol esse que não pode ser suprimido sequer pelo poder derivado reformador, ou seja, por meio da elaboração de emendas à Constituição. Trata-se de uma das cláusulas pétreas, prevista no art. 60, §4º, IV, do texto maior.

PRÁTICA CONSTITUCIONAL – 6ª EDIÇÃO

118

Visando assegurar esse direito à informação, a própria Constituição, em seu art. 5º, LXXII, estabelece que é cabível o *habeas data* quando se tem os seguintes objetivos: a) para assegurar o conhecimento de informações relativas à pessoa do impetrante, constantes de registro ou bancos de dados de entidades governamentais ou de caráter público; b) para a retificação de dados, quando não se prefira fazê-lo por processo sigiloso, judicial ou administrativo.

A garantia do *habeas data* está regulamentada na Lei 9.507/97, lei essa que estabelece como requisito da petição inicial prova que demonstre a recusa da autoridade em dar acesso às informações solicitadas ou em fazer a retificação ou anotação devidas.

Assim, percebe-se que existem vários requisitos para o ingresso com o *habeas data*. São eles: a) necessidade de acesso, retificação ou anotação de informações ou dados constantes de registro ou bancos de dados públicos; b) informações ou dados relativos à pessoa do impetrante; c) prova da recusa da autoridade e dar o acesso ou proceder à retificação ou anotação. Tais pressupostos foram devidamente cumpridos pelo impetrante.

O requisito "a" está cumprido, pois as informações em relação às quais se deseja são constantes de registro ou banco de dado de entidade governamental, no caso o Ministério de Estado da Defesa da União.

O requisito "b" também está cumprido, pois as informações solicitadas dizem respeito à própria pessoa do impetrante.

E, em relação ao requisito "c", é verificado o seu cumprimento pelo fato de o impetrante ter feito pedido de acesso à sua ficha de informações pessoais, o qual foi indeferido, em todas as instâncias administrativas.

No caso em tela, foi negado ao impetrante acesso a documentos que dizem respeito a sua pessoa. Tais documentos, como seu viu, constam de registros de entidade governamental, no caso de Ministério da União.

Assim, estão cumpridos todos os requisitos para a concessão da presente ordem de *habeas data*.

Além de todos os dispositivos mencionados, que já seriam suficientes para a concessão da ordem, o ato praticado pelo Ministro de Estado da Defesa de negar acesso às informações configura verdadeiro abuso de autoridade, previsto no artigo 4º, alínea "h", da Lei n. 4.898/65, pois fere a própria honra do impetrante.

Desse modo, alternativa não restou ao impetrado, para ver o ser direito fundamental assegurado, que não a impetração do presente remédio constitucional.

III – DO PEDIDO

Ante o exposto requer que Vossa Excelência se digne de:

a) deferir a juntada dos documentos comprobatórios que acompanham a inicial, conforme disposição do artigo 8º, parágrafo único, da Lei 9.507/97.

b) determinar a notificação do coator para, querendo, apresentar as informações no prazo de 10 (dez) dias.

b) após, determinar a remessa dos autos para o representante do Ministério Público para emitir parecer, nos termos do art. 12 da Lei 9.507/97.

c) em seguida, julgando procedente o pedido, marcando dia e hora para que as informações sejam prestadas ao impetrante, advertindo o coator das responsabilidades decorrentes de eventual descumprimento de tal determinação judicial.

Dá à causa o valor de R$ 1.000,00.

Local ..., data...

Advogado ...

OAB ....

Distribuição dos pontos pela FGV

ITEM	PONTUAÇÃO
Competência e endereçamento	0 / 0,5 / 1,0
Legitimidade ativa e passiva	0 / 0,3 / 0,6
Fundamentação – (I) direito à informação pessoal – (II) abuso de autoridade. (III) Normas constitucionais, direitos individuais. (0,3 para cada um)	0 / 0,3 / 0,6 / 0,9
Requerimento de juntada de documentos essenciais (art. 8º, parágrafo único, Lei 9507/97)	0 / 0,25 / 0,5
Valor da causa – R$ 1.000,00, para efeitos procedimentais	0 / 0,5
Postulação – procedência do habeas data	0 / 0,25 / 0,5
Requerimento de intervenção do Ministério Público	0 / 0,25 / 0,5
Requerimento de notificação da autoridade coatora	0 / 0,25 / 0,5

(OAB/Exame Unificado – 2011.1 – 2ª fase) Tício, brasileiro, divorciado, empresário, domiciliado no município M, inconformado com ato praticado pelo Governador do seu Estado de origem, que negou acesso a elementos que permitissem a certificação de situações capazes de gerar ação popular, impetrou Mandado de Segurança perante o Tribunal de Justiça local, órgão competente de forma originária, para conhecer e julgar a questão. A segurança foi denegada, pretendendo o impetrante interpor recurso alegando a violação de preceitos constitucionais, como o direito de petição, o acesso à Justiça e os atinentes à Administração Pública. Não houve deferimento da gratuidade de Justiça.

Na qualidade de advogado, elabore a peça cabível, contra a decisão que denegou a segurança, observando: a) competência do Juízo; b) legitimidade ativa e passiva; c) fundamentos de mérito constitucionais e legais vinculados; d) os requisitos formais da peça; e) adequação do recurso. (Valor: 5,0)

ORGANIZAÇÃO DE IDEIAS

A peça cabível é o recurso ordinário constitucional, com fundamento no art. 105, II, "b", da CF. Como a competência originária para a análise do mandado de segurança é de um Tribunal de Justiça, o recurso ordinário é da competência do Superior Tribunal de Justiça. Os requisitos da apelação previstos nos arts. 1010, e seguintes, do CPC são aplicados na hipótese de interposição de recurso ordinário.

PRÁTICA CONSTITUCIONAL – 6ª EDIÇÃO

A fundamentação do recurso é encontrada em diversos dispositivos constitucionais, em especial, aqueles relacionados aos direito de informação. Desse modo, as normas constitucionais que devem pautar a peça têm a ver com o direito de petição e de acesso a informações (art. 5º, XXXIII e XXXIV, da CF), com o cabimento da ação popular (art. 5º, LXXIII, da CF) e a possibilidade da impetração de Mandado de Segurança (art. 5º, LXIX, da CF).

ELABORAÇÃO DA PEÇA PRÁTICO-PROFISSIONAL

[O que estiver entre colchetes constitui observação – não deve constar da peça.]

Início da peça

EXCELENTÍSSIMO SENHOR DOUTOR PRESIDENTE DO EGRÉGIO TRIBUNAL DE JUSTIÇA DO ESTADO DE ...

[Deixe espaço de aproximadamente 10 cm para eventual despacho ou decisão do juiz.]

Ação n.º _____.

Tício, qualificado nos autos, por meio de seu advogado que subscreve o presente, vem, respeitosamente, à presença de Vossa Excelência, com fulcro no artigo 105, II, alínea "b", da Constituição Federal, interpor o presente

RECURSO ORDINÁRIO CONSTITUCIONAL
EM MANDADO DE SEGURANÇA

contra o v. acórdão de fls. ..., proferido por esse D. Tribunal, na ação em epígrafe, em que figura *no polo passivo o Governador do Estado*, já qualificado, nos termos das razões de fato e de direito apresentadas na minuta em anexo.

Requer, outrossim, que seja o presente recurso devidamente recebido e processado, intimando-se a parte contrária para que ofereça, dentro do prazo legal, as contrarrazões, remetendo-se, ao final, os autos ao Colendo E. Superior Tribunal de Justiça.

Por fim, requer a juntada das despesas.

Termos em que pede deferimento.

Local ..., data...

Advogado ...

OAB ....

(As razões são na página seguinte)

RAZÕES DE RECURSO ORDINÁRIO CONSTITUCIONAL

Recorrente: Tício.

Recorrido: Governador do Estado...

SUPERIOR TRIBUNAL DE JUSTIÇA COLENDA TURMA

Tício, inconformado com o r. acórdão de fls..., vem, respeitosamente, apresentar as razões do Recurso Ordinário Constitucional.

I – BREVE RESUMO

Tício, recorrente, não se conformando com ato praticado pelo Governador do seu Estado de origem, que negou acesso a elementos que permitissem a certificação de situações capazes de gerar ação popular, impetrou Mandado de Segurança perante o Tribunal de Justiça local, órgão competente de forma originária, para conhecer e julgar a questão.

Ocorre que, embora houvesse nítida violação de preceitos constitucionais, como o direito de petição, o acesso à Justiça e os atinentes à Administração Pública, equivocadamente, a segurança foi denegada, o que fez com que o recorrente, sem alternativa, se valesse do presente recurso ordinário constitucional.

Como se não bastasse, mesmo com a demonstração de seu efetivo cabimento, o pedido de gratuidade de Justiça não foi deferido.

II – DO CABIMENTO DO RECURSO

Conforme dispõe o artigo 105, II, alínea "b", da Constituição Federal, é cabível o Recuso Ordinário Constitucional, dirigido ao Superior Tribunal de Justiça, em relação aos mandados de segurança decididos em única instância pelos Tribunais Regionais Federais ou pelos tribunais dos Estados, do Distrito Federal e Territórios, quando denegatória a decisão.

Desse modo, como a decisão denegatória, em sede de mandado de segurança, foi dada pelo Tribunal de Justiça local, a via judicial correta para o Recorrente ver o seu direito respeitado, é a que se manifesta pela interposição do presente Recurso Ordinário Constitucional.

III – DAS RAZÕES DE FATO E DE DIREITO

Um dos instrumentos da democracia direta, ou seja, aquela em que o povo exerce diretamente o poder que lhe detém, é o direito à propositura de ação popular. Tal ação, tida como um dos remédios constitucionais, vem prevista no artigo 5º, LXXIII, da Constituição Federal.

O dispositivo constitucional mencionado assegura ao cidadão, aquele que está no gozo dos direitos políticos, a legitimidade para o ajuizamento de ação popular que vise à anulação de ato lesivo ao patrimônio público ou de entidade de que o Estado participe, à moralidade administrativa, ao meio ambiente e ao patrimônio histórico e cultural.

Se ao cidadão não é dado acesso a elementos que permitam a certificação de situações capazes de gerar ação popular, não é dado também o direito à propositura dessa ação.

Aliás, é importante destacar que a Constituição Federal, em seu artigo 5º, incisos XXXIII e XXXIV, assegura o direito de petição e o direito de acesso a informações. Direitos esses que são tidos como fundamentais.

PRÁTICA CONSTITUCIONAL – 6ª EDIÇÃO

Pelo primeiro, é garantido, dentro do prazo legal, o recebimento de informações dadas pelos órgãos públicos, que sejam de interesse particular, ou de interesse coletivo ou geral, sob pena de responsabilidade. Pelo segundo, são assegurados a todas as pessoas, sem que haja cobrança de taxas, o direito de petição aos Poderes Públicos em defesa de direitos ou contra ilegalidade ou abuso de poder e o direito a obtenção de certidões em repartições públicas, para defesa de direitos e esclarecimento de situações de interesse pessoal.

Desse modo, o ato praticado pelo Governador do Estado de negar acesso a elementos que permitiriam a certificação de situações capazes de gerar ação popular, com todos esses direitos resguardados pelo art. 5º, é flagrantemente inconstitucional. Aliás, passível de impetração de outro remédio, denominado, mandado de segurança.

Conforme o inciso LXIX do art. 5º da Constituição Federal, regulamentado pela Lei 12.016/09, deve ser concedido o mandado de segurança para a proteção de direito líquido e certo, que não esteja amparado por *habeas-corpus* ou *habeas-data*, quando o responsável pela ilegalidade ou abuso de poder for autoridade pública ou agente de pessoa jurídica no exercício de atribuições do Poder Público.

Contra o ato praticado pelo Recorrido, de fato, não haveria falar em impetração de *habeas corpus* ou *habeas data*. A situação não se enquadra em hipóteses de cabimento desses remédios, pois não tem a ver com liberdade de locomoção e nem com informações relativas a pessoa do impetrante e sim com um direito líquido e certo do Recorrente.

Observando as regras constitucionais, o Recorrente impetrou o remédio correto, mandado de segurança, e, mais uma vez, foi surpreendido com uma, *data venia*, equivocada decisão, a qual espera reforma.

IV – DO PEDIDO

Ante o exposto, requer que Vossa Excelência se digne de processar o presente na forma prevista no Código de Processo Civil para, ao final, dar provimento ao recurso, reformando-se a r. decisão recorrida para conceder a segurança para o fim de determinar o imediato acesso aos elementos que possibilitam a certificação de situações capazes de gerar ação popular, como forma de justiça.

Termos em que pede deferimento.

Local ..., data...

Advogado ...

OAB ....

Distribuição Dos Pontos Pela FGV

ITEM	PONTUAÇÃO
Estrutura da peça (local, data, assinatura)	0 / 0,25
Endereçamento da petição de interposição ao TJ (0,5) Competência de julgamento do RO – STJ (0,25)	0 / 0,25 / 0,5 / 0,75
Cabimento do recurso ordinário – art. 105, II, "b"	0 / 0,5

Legitimidade ativa (Tício) (0,3) e passiva (governador do Estado) (0,2)	0 / 0,2 / 0,3 / 0,5
Fundamentação (0,5 cada) + 0,5 pela indicação de pelo menos um dispositivo constitucional / legal: Direito de petição – CRFB, art. 5º, XXXIII Direito de acesso a informações – CRFB, art. 5º, XXXIV Direito ao Mandado de Segurança – CRFB, art. 5º, LXIX / Lei 12.016/09 Direito à propositura de ação popular – CRFB, art. 5º, LXXIII	0 / 0,5 / 1,0 / 1,5 / 2,0 / 2,5
Postulação de reforma da decisão.	0 / 0,5

(OAB/Exame Unificado – 2011.2 – 2ª fase) Mévio, brasileiro, solteiro, estudante universitário, domiciliado na capital do Estado W, requereu o seu ingresso em programa de bolsas financiado pelo Governo Federal, estando matriculado em Universidade particular. Após apresentar a documentação exigida, é surpreendido com a negativa do órgão federal competente, que aduz o não preenchimento de requisitos legais. Entre eles, está a exigência de pertencer a determinada etnia, uma vez que o programa é exclusivo de inclusão social para integrantes de grupo étnico descrito no edital, podendo, ao arbítrio da Administração, ocorrer integração de outras pessoas, caso ocorra saldo no orçamento do programa. Informa, ainda, que existe saldo financeiro e que, por isso, o seu requerimento ficará no aguardo do prazo estabelecido em regulamento. O referido prazo não consta na lei que instituiu o programa, e o referido ato normativo também não especificou a limitação do financiamento para grupos étnicos. Com base na negativa da Administração Federal, a matrícula na Universidade particular ficou suspensa, prejudicando a continuação do curso superior. O valor da mensalidade por ano corresponde a R$ 20.000,00, sendo o curso de quatro anos de duração. O estudante pretende produzir provas de toda a espécie, receoso de que somente a prova documental não seja suficiente para o deslinde da causa. Isso foi feito em atendimento à consulta respondida pelo seu advogado Tício, especialista em Direito Público, que indicou a possibilidade de prova pericial complexa, bem como depoimentos de pessoas para comprovar a sua necessidade financeira e outros depoimentos para indicar possíveis beneficiários não incluídos no grupo étnico referido pela Administração. Aduz ainda que o pleito deve restringir-se no reconhecimento do seu direito constitucional e que eventuais perdas e danos deveriam ser buscadas em outro momento. Há urgência, diante da proximidade do início do semestre letivo.

Na qualidade de advogado contratado por Mévio, elabore a peça cabível ao tema, observando: a) competência do juízo; b) legitimidade ativa e passiva; c) fundamentos de mérito constitucionais e legais vinculados; d) os requisitos formais da peça inaugural. (Valor: 5,0)

ORGANIZAÇÃO DE IDEIAS

A peça cabível é uma petição inicial que deve seguir o rito ordinário, por conta da necessária produção de provas (depoimentos de pessoas para comprovar a necessidade financeira de Tício e a indicação de possíveis beneficiários não incluídos no grupo étnico referido pela Administração), e ainda, a realização de prova pericial de alta complexidade.

O legitimado ativo da ação é o Tício e o no polo passivo deve constar tanto a União Federal que foi a responsável por negar o pedido de ingresso em programa de bolsas financiado pelo Governo Federal, como a Universidade particular, pois foi quem, em decorrência do ato praticado pelo Governo Federal, prejudicou a continuação do curso superior, suspendendo a matrícula de Tício.

Os argumentos jurídicos que devem constar da fundamentação são: a violação dos princípios constitucionais da Administração Pública, a ofensa aos princípios da isonomia, legalidade e ao direito à educação, todos constitucionalmente assegurados.

O valor da causa deve ter por base o proveito econômico postulado, ou seja, quatro anos de pagamento das mensalidades da Universidade particular – R$ 80.000,00 (oitenta mil reais).

Também deve ser postulado a concessão de tutela antecipada (art. 294 do CPC), haja vista a urgência do provimento, pois o semestre letivo está prestes a iniciar.

Obs.: a banca examinadora (FGV) admitiu também a impetração de mandado de segurança, desde que fosse demonstrado que o atual advogado não iria se valer da dilação probatória.

ELABORAÇÃO DA PEÇA PRÁTICO-PROFISSIONAL

[O que estiver entre colchetes constitui observação – não deve constar da peça.]

Início da peça

EXCELENTÍSSIMO SENHOR DOUTOR JUIZ FEDERAL DA ... VARA CÍVEL FEDERAL DA CAPITAL DO ESTADO – SEÇÃO JUDICIÁRIA DO ESTADO

[Deixe espaço de aproximadamente 10 cm para eventual despacho ou decisão do juiz.]

Mévio, brasileiro, solteiro, estudante universitário, residente e domiciliado na Rua..., nº...., Capital do Estado W, portador do RG nº... e do CPF nº..., vem, respeitosamente, à presença de Vossa Excelência, por meio de seu advogado e bastante procurador que esta subscreve (doc. 01 – mandato), propor a presente

AÇÃO ORDINÁRIA COM PEDIDO DE TUTELA ANTECIPADA

em face da **UNIÃO FEDERAL,** Pessoa Jurídica de Direito Público, com sede na.., **e da UNIVERSIDADE PARTICULAR..._____**, em virtude dos fatos elencados a seguir:

I – DOS FATOS

O requerente é estudante universitário, matriculado em Universidade particular, e requereu o seu ingresso em programa de bolsas financiado pelo Governo Federal, apresentando todos os documentos exigidos pelo órgão.

Ocorre que, após apresentar a documentação exigida, Mévio foi surpreendido com a negativa do órgão federal competente, que aduz o não preenchimento de requisitos legais, dentre os quais, a exigência de pertencer a determinada etnia, uma vez que o programa é exclusivo de inclusão social para integrantes de grupo étnico descrito no edital.

Conforme o edital, pode a Administração, a seu arbítrio, integrar outras pessoas ao programa, caso ocorra saldo no orçamento do programa.

No presente hipótese, há informação de que existe saldo financeiro e que, por isso, o requerimento de Tício ficaria aguardando o prazo estabelecido em regulamento.

Ocorre que o referido prazo não consta da lei que instituiu o programa, e o mencionado ato normativo também não especificou a limitação do financiamento para grupos étnicos.

Além disso, com base na negativa da Administração Federal, a matrícula na Universidade particular ficou suspensa, prejudicando, portanto, a continuação do curso superior pelo requerente.

Diante da proximidade do início do semestre letivo, Tício não teve alternativa que não a de ingressar com a presente inicial, com pedido de tutela antecipada, para que o ato danoso praticado pela União Federal (Governo Federal) e pela Universidade particular não se agravasse, trazendo-lhe mais prejuízos.

II – DO DIREITO

1. Da violação ao princípio da isonomia

A Constituição Federal assegura, logo em seu preâmbulo, a igualdade como um dos valores supremos de uma sociedade fraterna, pluralista e sem preconceitos, que deve estar pautada na harmonia social, além de comprometida, na ordem interna e internacional, com a solução pacífica das controvérsias.

Acompanhando esse delineamento inicial, o texto maior, no *caput* do seu art. 5º, reitera a importância do denominado princípio da isonomia, o qual determina que todos são iguais perante a lei, sem distinção de qualquer natureza, garantindo-se aos brasileiros e aos estrangeiros residentes no País a inviolabilidade do direito à vida, à liberdade, à igualdade, à segurança e à propriedade.

No caso em tela, verifica-se a exigência de se fazer parte de determinada etnia, como requisito necessário ao ingresso em programa de bolsas financiado pelo Governo Federal. Tomando por base os preceitos constitucionais mencionados, esse tipo de financiamento jamais poderia beneficiar apenas determinado grupo étnico. Há, portanto, nítida violação ao texto constitucional.

2. Da violação ao princípio da legalidade

Além da ofensa ao princípio da igualdade, o caso em comento viola o princípio da legalidade eis que o regulamento da lei dispõe de forma diversa que a própria lei, havendo verdadeiro confronto entre os dois atos normativos.

3. Da violação aos princípios constitucionais da Administração Pública

Como se não bastasse, princípios constitucionais da Administração Pública foram ofendidos. Dispõe o *caput* do art. 37 da Constituição Federal que a administração pública direta e indireta de qualquer dos Poderes da União, dos Estados, do Distrito Federal e dos Municípios deve agir de acordo com os princípios de legalidade, impessoalidade, moralidade, publicidade e eficiência.

É sabido que a Administração Pública, sempre fazendo prevalecer o interesse público, pode expedir atos discricionários, ou seja, aqueles praticados por razões de conveniência e oportunidade. Ocorre que tais atos nada se assemelham ao agir arbitrário.

Aliás, o Administrador Público que atua conforme seu livre arbítrio fere um dos princípios basilares da Administração que é o da legalidade.

3. Da violação ao direito constitucional à educação

Por fim, cumpre mencionar que o direito constitucional à educação, previsto nos artigos 205 e seguintes do texto maior, também foi violado, pois o requerente, após as condutas do Governo Federal e da Universidade particular, ficou afastado da continuação do seu curso superior.

III – DA TUTELA ANTECIPADA

A concessão de tutela antecipada vem prevista no artigo 273 do Código de Processo Civil e é cabível no caso em comento, tendo em vista a verossimilhança da alegação, representada pela inconstitucionalidade da exigência de se fazer parte de determinada etnia, como requisito necessário ao ingresso em programa de bolsas financiado pelo Governo Federal, e a urgência, caracterizada pelo fundado receio de dano irreparável que, caso proferida a decisão apenas ao final, impedirá a continuação do curso superior, pelo requerente.

III – DO PEDIDO

Ante o exposto, é o presente para requerer a Vossa Excelência o quanto segue:

1. Diante da urgência da medida, a concessão da tutela de urgência, com fulcro no artigo 273 do Código de Processo Civil, para o fim de determinar a continuação do curso superior, pelo requerente, e a participação do programa do Governo Federal.

2. A citação das rés, no endereço declinado no pórtico desta inicial, para, querendo, contestar a presente ação no prazo legal, sob as penas da lei processual civil.

3. A total procedência do pedido, confirmando a tutela deferida e ratificando a participação do requerente no programa de bolsas financiado pelo Governo Federal e a sua continuação do curso superior.

4. O protesto pela produção de prova documental e pericial, e de todos os meios probatórios em direito admitidos, ainda que não especificados no CPC, desde que moralmente legítimos (CPC, art.369).

Dá-se à causa o valor de R$ *R$ 80.000,00* (oitenta mil reais).

Termos em que pede deferimento.

Local ..., data...

Advogado ...

OAB ....

PEÇAS PRÁTICO-PROFISSIONAIS

Distribuição dos pontos pela FGV – Espelho 1

ITEM	PONTUAÇÃO
Item um – 1 cabeçalho (competência)	0 / 1,0
Item dois – legitimidade ativa (0,15) e passiva (0,15) – litisconsórcio (0,20)	0 / 0,15 / 0,30 / 0,35 / 0,50
Item três – fundamentação – ofensa ao principio da isonomia, pois esse tipo de financiamento não pode beneficiar somente determinado grupo étnico; b) ofensa ao princípio da legalidade vez que há confronto entre o regulamento e o texto legal; c) ofensa aos princípios constitucionais da Administração Pública pois o ato da Administração não pode ser arbitrário podendo ser discricionário. d) ofensa ao direito constitucional à educação. (0,25 para cada item)	0 / 0,25 / 0,50 / 0,75 / 1,0
Item quatro – requerimento de provas (geral – 0,25; específicas – 0,25).	0 / 0,25 / 0,5
Item cinco – valor da causa (0,25) – R$ 80.000,00 (0,25).	0 / 0,25 / 0,5
Item seis – postulação – procedência do pedido. (completo = 0,5 / incompleto = 0,25)	0 / 0,25 / 0,5
Item sete – requerimento de citação dos réus.	0 / 0,25
Item oito – tutela de urgência. Verossimilhança (0,25) – Urgência (0,25) –Postulação de tutela antecipada (0,25)	0 / 0,25 / 0,5 / 0,75

Distribuição dos pontos pela FGV – Espelho 2

ITEM	PONTUAÇÃO
Item um – 1 cabeçalho (competência)	0 / 1,0
Item dois – legitimidade ativa (0,15) e passiva (0,15) – litisconsórcio (0,20)	0 / 0,15 / 0,30 / 0,35 / 0,50
Item três – fundamentação – ofensa ao principio da isonomia, pois esse tipo de financiamento não pode beneficiar somente determinado grupo étnico; b) ofensa ao princípio da legalidade vez que há confronto entre o regulamento e o texto legal; c) ofensa aos princípios constitucionais da Administração Pública pois o ato da Administração não pode ser arbitrário podendo ser discricionário. d) ofensa ao direito constitucional à educação. (0,25 para cada item)	0 / 0,25 / 0,50 / 0,75 / 1,0
Item quatro – Notificação da autoridade coatora (uma autoridade – 0,25; segunda autoridade – 0,25).	0 / 0,25 / 0,5
Item cinco – valor da causa (0,25) – qualquer valor (fixar um)(0,25).	0 / 0,25 / 0,5
Item seis – postulação – procedência do pedido. (completo = 0,5 / incompleto = 0,25)	0 / 0,25 / 0,5
Item sete – requerimento de intervenção do MP.	0 / 0,25
Item oito – requerimento de liminar (0,25). Pressupostos: fumus boni juris (0,25) e periculum in mora (0,25)	0 / 0,25 / 0,5 / 0,75

PRÁTICA CONSTITUCIONAL – 6ª EDIÇÃO   128

(OAB/Exame Unificado – 2011.3 – 2ª fase) Esculápio da Silva, brasileiro, casado, engenheiro, domiciliado na capital do Estado de WYK, é comunicado por amigos que a Administração do Estado está providenciando um plano de obras custosas e pretendendo que elas sejam entregues, independentemente de licitação, a empresas com vínculos pessoais com dirigentes do seu partido político. Os valores correspondentes às obras são incluídos no orçamento, observado o devido processo legislativo. Quando da realização das obras, aduz a necessidade de urgência diante de evento artístico de grande repercussão a realizar-se em aproximadamente um ano, o que inviabilizaria a realização de procedimento licitatório e designa três empresas para repartir as verbas orçamentárias, cabendo a cada uma realizar parte da obra preconizada. As empresas Mastodonte S.A., Mamute S.A. e Dente de Sabre S.A. aceitam, de bom grado, o encargo e assinam os contratos com a Administração. O valor das obras corresponde a um bilhão de reais. Inconformado com esse fato, Esculápio da Silva, cidadão que gosta de participar ativamente da defesa da Administração Pública e está em dia com seus direitos políticos, procura orientação jurídica e, após, resolve ajuizar a competente ação.

Na qualidade de advogado, elabore a peça cabível, observando:

a) competência do juízo;

b) legitimidade ativa e passiva;

c) fundamentos de mérito constitucionais e legais vinculados;

d) os requisitos formais da peça;

e) tutela de urgência.

(Valor: 5,0)

PADRÃO DE RESPOSTA – PEÇA PROFISSIONAL – FGV

A ação popular pode ser proposta por qualquer cidadão para proteção contra atos que causem danos ao erário.

No caso vertente, havendo irregularidades na licitação, possível a ação popular lastreada na violação dos princípios regentes da Administração Pública (CF, art. 37, *caput*), quais sejam, moralidade, impessoalidade, moralidade, publicidade e eficiência., bem como o do inciso XXI – (ressalvados os casos especificados na legislação, as obras, serviços, compras e alienações serão contratados mediante processo de licitação pública que assegure igualdade de condições a todos os concorrentes, com cláusulas que estabeleçam obrigações de pagamento, mantidas as condições efetivas da proposta, nos termos da lei, o qual somente permitirá as exigências de qualificação técnica e econômica indispensáveis à garantia do cumprimento das obrigações) O autor será o cidadão indicado no enunciado e os réus serão: o Estado e as empresas beneficiárias (art. 6º, da Lei no. 4.717/65).

Os requisitos da petição inicial seguem os mesmos do rito ordinário(CPC,art.319). Há intervenção obrigatória do Ministério Público (art. 6º, § 4º, da Lei no. 4.717/65).

O juízo competente é aquele com competência fazendária (art. 5º., da Lei no. 4.717/65) Consoante o enunciado o Juízo competente é o da Comarca sede, que tem competência fazendária.

Distribuição dos Pontos

ITEM	
1- Cabeçalho (competência)	0 / 1,0
2 – Legitimidade ativa (0,25) e passiva (0,25)	0 / 0,25 / 0,50
3 – Fundamentação – Princípios da legalidade (0,15), impessoalidade (0,15), moralidade (0,15), publicidade (0,15) e eficiência (0,15) – art. 37, *caput*, da CRFB (0,15).	0 / 0,15 / 0,30 / 0,45 / 0,60 / 0,75 / 0,90
4 – Necessidade de licitação (0,30) – art. 37, XXI, da CRFB (0,30).	0 / 0,30 / 0,60
5 – Requerimento de provas.	0 / 0,25 / 0,50
6 – Requerimento de intervenção do Ministério Público.	0 / 0,25 / 0,50
7 – Valor da causa. O do contrato impugnado.	0 / 0,25 / 0,50
8 – Requerimento de condenação nas verbas sucumbenciais.	0 / 0,25

(**OAB/Exame Unificado – 2012.1 – 2ª fase**) O Estado KWY editou norma determinando a gratuidade dos estacionamentos privados vinculados a estabelecimentos comerciais, como supermercados, hipermercados, *shopping centers*, determinando multas pelo descumprimento, estabelecendo gradação nas punições administrativas e delegando ao PROCON local a responsabilidade pela fiscalização dos estabelecimentos relacionados no instrumento normativo. Tício, contratado como advogado Junior da Confederação Nacional do Comércio, é consultado sobre a possibilidade de ajuizamento de medida judicial, apresentando seu parecer positivo quanto à matéria, pois a referida lei afrontaria a CRFB. Em seguida, diante desse pronunciamento, a Diretoria autoriza a propositura da ação judicial constante do parecer.

Na qualidade de advogado elabore a peça cabível, observando:

a) competência do Juízo;

b) legitimidade ativa e passiva;

c) fundamentos de mérito constitucionais e legais vinculados;

d) requisitos formais da peça;

e) tutela de urgência.

(Valor: 5,00)

PADRÃO DE RESPOSTA – PEÇA PROFISSIONAL – FGV

A ação referida no parecer, consoante jurisprudência assente, é a Ação Direta de Inconstitucionalidade.

O autor será a Confederação Nacional do Comércio, legitimada pela norma do art. 103, IX, da CRFB, que deve comprovar a pertinência temática que está caracterizada nesse caso.

Serão interessados o Governador do Estado e a Assembleia Legislativa estadual.

A competência será do Supremo Tribunal Federal.

O fundamento constitucional assente nesse caso é a violação da competência legislativa para o Direito Civil privativa da União Federal, pelo Congresso Nacional (CRFB, art. 22, I), pois ocorre violação ao direito de propriedade (CRFB, art. 5º, XXII).

Há necessidade de medida liminar vez que estão preenchidos os pressupostos legais.

Os requisitos formais da peça são os previstos no art.319, do CPC, ressaltando o requerimento de intervenção do Ministério Público e da Advocacia Geral da União.

O fundamento legal para a cautela é o art. 10 da Lei n. 9868/99.

Distribuição dos Pontos

QUESITO AVALIADO	FAIXA DE VALORES
Item 1 – cabeçalho (competência)	0,00/1,00
Item 2 – legitimidade ativa	0,00 / 0,50
Item 3 – fundamentação – Pertinência temática (0,25) Invasão de competência (art. 22, I) (0,25) Direito de propriedade (art. 5º, XXII) (0,25) Obs.,: a mera indicação do artigo não pontua.	0,00/0,25/0,50/0,75
Item 4 – requerimento de notificação dos interessados. Governador do Estado (0,25) e Assembleia Legislativa (0,25)	0,00/0,25/0,50
Item 5 – requerimento de intervenção do Ministério Público.	0,00/0,50
Item 6 – valor da causa. Para fins procedimentais. R$ xxxxx,xx (qualquer valor).	0,00/0,25
Item 7 – requerimento de intervenção do Advogado Geral da União.	0,00/0,50
Item 8 – tutela de urgência. Fundamento legal: Lei n. 9868/99. *Fumus boni juris* (0,25) e *periculum in mora* (0,25).	0,00/0,25/0,50
Item 9 – postulação (incompleta: 0,25) (completa: 0,50)	0,00/0,25/0,50

(OAB/Exame Unificado – 2012.2 – 2ª fase) Com fundamento na recente Lei n. 1.234, do Estado Y, que exclui as entidades de direito privado da Administração Pública do dever de licitar, o banco X (empresa pública daquele Estado) realiza a contratação direta de uma empresa de informática -a Empresa W -para atualizar os sistemas do banco.

O caso vem a público após a revelação de que a empresa contratada pertence ao filho do presidente do banco e nunca prestou tal serviço antes. Além disso, o valor pago (milhões de reais) estava muito acima do preço de mercado do serviço em outras empresas.

José, cidadão local, ajuíza ação popular em face do Presidente do banco X e da empresa W perante o Juízo de 1ª instância da capital do Estado Y, em que pleiteia a declaração de invalidade do ato de contratação e o pagamento das perdas e danos, ao fundamento de violação ao art. 1º, parágrafo único da Lei n. 8.666/1993 (norma geral sobre licitação e contratos) e a diversos princípios constitucionais.

A sentença, entretanto, julgou improcedente o pedido formulado na petição inicial, afirmando ser válida a lei estadual que autoriza a contratação direta, sem licitação, pelas entidades de direito privado da Administração Pública, analisada em face da lei federal, não considerando violados os princípios constitucionais invocados. José interpõe recurso de apelação, ao qual se negou provimento, por unanimidade, pelo mesmo fundamento levantado na sentença.

Dez dias após a publicação da decisão que rejeitou os seus embargos declaratórios, José procura um advogado para assumir a causa e ajuizar a medida adequada.

Na qualidade de advogado, elabore a peça cabível, observando todos os requisitos formais e a fundamentação pertinente ao tema.

PADRÃO DE RESPOSTA – PEÇA PROFISSIONAL – FGV

A peça cabível é o Recurso Extraordinário, com fundamento no art. 102, III, alíneas "a" e "d" da Constituição. Não é cabível o Recurso Especial porque o objeto da decisão recorrida é a validade da lei local em face da lei federal e da Constituição Federal. Ademais, conforme o enunciado da Súmula 126 do STJ, não é cabível a interposição isolada de Recurso Especial quando a decisão recorrida possui fundamento infraconstitucional e constitucional, qualquer deles suficiente, por si só, para mantê-la.

É importante a observância do art. 541 do Código de Processo Civil, que determina que seja o Recurso Extraordinário endereçado ao Presidente ou ao Vice-Presidente do tribunal local ("Art. 541. O recurso extraordinário e o recurso especial, nos casos previstos na Constituição Federal, serão interpostos perante o presidente ou o vice-presidente do tribunal recorrido"). Isso porque o Recurso Extraordinário está sujeito a um exame de admissibilidade na origem, após o que os autos serão submetidos ao Supremo Tribunal Federal.

Devem ser indicados, na qualificação das partes, o recorrente (José, o autor popular) e os dois recorridos, que compõem o polo passivo da demanda (o Presidente do banco X e a empresa W).

Deve ser demonstrado o cabimento do recurso, conforme art.1029, inciso II do CPC. O examinando deve indicar o cabimento do recurso não apenas com fundamento na alínea "a" do inciso III do art. 102 da Constituição da República (cabimento do RE nos casos em que a decisão recorrida contrariar dispositivo da Constituição), mas também com fundamento no art. 102, III, "d" da Constituição (cabimento do RE quando a decisão recorrida julgar válida lei local contestada em face de lei federal). Desde a Emenda Constitucional n. 45/2004, o Supremo Tribunal Federal passou a ser competente para julgar recursos contra decisão judicial que entender válida lei local contestada em face de lei federal, tendo sido tal competência retirada do elenco de competências do Superior Tribunal de Justiça. A justificativa para tal alteração reside no fato de que o conflito entre leis local e federal é também um conflito federativo, a ser resolvido pelo órgão de cúpula do Judiciário.

Devem ser demonstrados, ainda, a existência de repercussão geral e o pré-questionamento. A exigência de demonstração da repercussão geral foi veiculada pela EC n. 45/2004, que incluiu o § 3º ao art. 102 da Constituição. A Lei n. 11.418/2006 disciplinou aquela exigência, incluindo o art. 1035, no CPC, o qual determina que o recorrente deverá demonstrar, em preliminar do recurso, a existência de repercussão geral (2º). No caso, José deverá demonstrar a existência de questões de interesse econômico e jurídico que ultrapassa os interesses subjetivos da causa, tendo em vista o prejuízo ao Erário e à moralidade

PRÁTICA CONSTITUCIONAL – 6ª EDIÇÃO

administrativa. Já o requisito do prequestionamento decorre de construção jurisprudencial dos Tribunais superiores, e, no caso, foi cumprido não apenas pela efetiva manifestação do Tribunal de origem, como, ainda, pela oposição de embargos de declaração.

O examinando deve indicar, como fundamento do seu recurso, que compete privativamente à União legislar sobre normas gerais de licitação e contratação (art. 22, XXVII da CRFB), e que tal competência foi exercida por meio da edição da Lei n. 8.666/93). A Lei n. 1.234, do Estado X, desbordou dos limites da competência do Estado, e, portanto, é inválida.

Nada obstante, o Tribunal de origem entendeu válida a lei local contestada em face da lei federal (que impõe a licitação às empresas públicas), e, assim, dá ensejo a um conflito quanto às competências de cada ente federativo (União e Estado X).

Ainda, a conduta impugnada viola os princípios da moralidade e da impessoalidade, pois foi contratada, sem licitação, uma empresa sem experiência na área, por um preço muito acima do valor de mercado, apenas pelo fato de a empresa pertencer ao filho do dirigente do banco estatal (empresa pública).

Por fim, deve ser formulado pedido para que seja dado provimento ao recurso, a fim de reformar a decisão recorrida, para declarar a invalidade do ato de contratação e o pagamento das perdas e danos ao Erário.

Distribuição dos Pontos

QUESITO AVALIADO	VALORES
Competência: petição de endereçamento ao Presidente ou Vice-Presidente do Tribunal de Justiça local (0,25) e razões recursais dirigidas ao Supremo Tribunal Federal (0,25)	0,00/0,25/0,50
Qualificação das partes (0,20 para cada item): (José / banco X / empresa W)	0,00/0,20/0,40/0,60
Demonstração do cabimento: Recurso Extraordinário interposto com fundamento nas alíneas "a" (0,20) e "d" (0,20) do art. 102 da CRFB.	0,00/0,20/0,40
Repercussão geral	0,00/0,50
Prequestionamento: demonstração de que a matéria foi efetivamente discutida nas instâncias ordinárias	0,00/0,50
Fundamento 1: Compete privativamente à União legislar sobre normas gerais de licitação e contratação (art. 22, XXVII da CRFB) e tal competência foi exercida por meio da edição da Lei n. 8.666/93).	0,00/0,50
Fundamento 2: A Lei n. 1.234, do Estado X, desbordou dos limites da competência do Estado, e, portanto, é inválida.	0,00/0,50
Fundamento 3: O Tribunal de origem entendeu válida a lei local contestada em face da lei federal, e, assim, dá ensejo a um conflito quanto às competências de cada ente federativo (União e Estado X).	0,00/0,50
Fundamento 4: A conduta impugnada viola os princípios da moralidade e da impessoalidade segundo Art. 37, *caput*, da CRFB.	0,00/0,50
Pedido 1: Provimento ao recurso, para reformar a decisão recorrida (0,15)	0,00/0,15
Pedido 2: Requerer a invalidade da Lei n. 1234, do Estado X (0,10).	0,00/0,10
Pedido 3: Requerer a invalidade do ato de contratação e condenação dos recorridos ao pagamento das perdas e danos (0,25)	0,00/0,25

(OAB/Exame Unificado – 2012.3 – 2ª fase) José, brasileiro, desempregado, domiciliado no Município "ABC", capital do Estado "X", chegou a um hospital municipal que não possui Centro de Tratamento Intensivo (CTI) – sentindo fortes dores de cabeça. José aguardou atendimento na fila da emergência pelo período de 12 (doze) horas, durante o qual foi tratado de forma áspera e vexatória pelos servidores do hospital, que, entre outros comportamentos aviltantes, debocharam do fato de José estar de pé há tanto tempo esperando atendimento. Após tamanha espera e sofrimento, o quadro de saúde de José agravou-se e ele entrou em estado de incapacidade absoluta, sem poder locomover-se e sem autodeterminação, momento no qual, enfim, um médico do hospital veio atendê-lo.

Adamastor, também desempregado, pai de José, revela que, segundo laudo do médico responsável, seu filho necessita urgentemente ser removido para um hospital que possua CTI, pois José corre risco de sofrer danos irreversíveis à sua saúde e, inclusive, o de morrer. Informa ainda que o médico mencionou a existência de hospitais municipais, estaduais e federais nas proximidades de onde José se encontra internado, todos possuidores de CTI.

Ocorre que José e Adamastor são economicamente hipossuficientes, de modo que não possuem condições financeiras de arcar com a remoção para outro hospital público, nem de custear a internação em hospital particular, sem prejuízo do sustento próprio ou da família.

Indignado com todo o ocorrido, e ansioso para preservar a saúde de seu filho, Adamastor o procura para, na qualidade de advogado, identificar e minutar a medida judicial adequada à tutela dos direitos de José em face de todos os entes que possuem hospitais próximos ao local onde José se encontra e que seja levado em consideração o tratamento hostil por ele recebido no hospital municipal. (Valor: 5,0)

PADRÃO DE RESPOSTA – PEÇA PROFISSIONAL – FGV

A peça a ser elaborada consiste em uma ação condenatória com pedidos de obrigação de fazer e de indenizar.

Não cabe mandado de segurança pelas seguintes razões:

1) É inviável a postulação de perdas e danos.

2) Inexistem autoridades coatoras no enunciado.

3) Haveria necessidade de produção de provas testemunhal e pericial para aferição dos danos e do risco de vida.

Tendo em vista o pedido no sentido de obter remoção e internação em hospitais municipais, estaduais ou federais próximos, devem integrar o polo passivo o Município ABC, o Estado "X" e a União. Logo, o juízo competente para processar e julgar a demanda será uma das varas federais da seção judiciária de "X".

É importante que o examinando destaque que o autor da ação é José, o qual é representado por seu pai, tendo em vista sua momentânea incapacidade absoluta.

O pedido de obrigação de fazer refere-se à remoção de José para hospital que possua CTI, a correspondente internação e o fornecimento de tratamento adequado, em hospital municipal, estadual ou federal, tendo em vista a solidariedade dos entes federativos na prestação de serviços de saúde, com base no Art. 196, da Constituição da República.

Diante da extrema urgência do caso, e da possibilidade de dano irreversível, o examinando deverá pleitear a antecipação de tutela, para que seja realizada a imediata internação do autor.

PRÁTICA CONSTITUCIONAL – 6ª EDIÇÃO

O pedido de indenização (exclusivamente em face do Município) refere-se aos danos morais sofridos por José em decorrência da conduta ilícita praticada pelos servidores municipais que trabalham no hospital municipal, com fulcro no § 6º, do Art. 37, da Constituição da República.

O enunciado deixa claro que o pai de José procura advogado com o intuito de obter não apenas a remoção de seu filho, mas a reparação por danos morais sofridos no hospital municipal.

COMPLEMENTO DO PADRÃO DE RESPOSTA DA PEÇA PROCESSUAL APRESENTADO PELA EXAMINADORA

Em se tratando de Mandado de Segurança, deve-se apontar como ato coator a omissão da autoridade do Município ABC em providenciar a remoção do paciente para outro Hospital com CTI. O enunciado afirma que o candidato é procurado para minutar medida judicial contra "todos os entes que possuem hospitais próximos ao local onde se encontra José". Há informação de que existem hospitais municipais, estaduais e federais nas proximidades com CTI. Dessa forma, as autoridades do Município ABC e demais autoridade dos Municípios, do Estado e da União que possuam hospitais com CTI próximos ao local onde José se encontra deverão integrar o polo passivo.

O juízo competente para processar e julgar a demanda será uma das varas federais da seção judiciária de "X", em virtude da necessidade de inclusão de autoridade da União no polo passivo.

É importante que o examinando destaque que o autor da ação é José, o qual é representado por seu pai, tendo em vista sua momentânea incapacidade absoluta.

O examinando deve caracterizar que a ausência de remoção e internação corporifica abuso de poder, caracterizador de ato coator, que gera o direito líquido e certo à impetração de Mandado de Segurança.

Na fundamentação deve ser desenvolvido o tema do direito constitucional à saúde e a competência dos entes federativos em garantir esse direito (Constituição Federal, Art. 196).

O pedido de concessão da segurança refere-se à remoção de José para hospital que possua CTI, e à correspondente internação e ao fornecimento de tratamento adequado, em hospital municipal, estadual ou federal, tendo em vista a solidariedade dos entes federativos na prestação de serviços de saúde, com base no art. 196 e seguintes da Constituição da República.

Diante da extrema urgência do caso, e da possibilidade de dano irreversível, o examinando deverá pleitear a liminar, para que seja realizada a imediata internação do autor, caracterizando o *fumus boni juris* e o *periculum in mora*.

Sendo petição de Mandado de Segurança, deve existir o requerimento de intervenção do Ministério Público a de intimação do representante judicial da pessoa jurídica às quais estão vinculadas as autoridades coatoras, nos termos do artigo 7º, II, Lei 12.016/09.

O valor da causa é fixado para efeitos procedimentais, estabelecido valor a critério do impetrante.

Distribuição dos Pontos

QUESITO AVALIADO	VALORES
Endereçamento da petição inicial: Vara federal da seção judiciária de "X"	0,00/ 0,10
Qualificação das partes: (0,20 para cada item) José / representado por Adamastor / Município ABC / Estado "X" / União.	0,00/ 0,20/ 0,40/ 0,60/ 0,80/ 1,00
Pedido de gratuidade de justiça: preenchimento dos requisitos contidos no Art. 4º, da Lei n. 1.060/50.	0,00 / 0,10

Fundamentação para a pretensão de obrigação de fazer: 1. Direito à internação e ao fornecimento de tratamento de saúde adequado, com base no Art. 196, da Constituição da República (1,0); 2. Pleito de reconhecimento de solidariedade entre o Município, o Estado e a União (0,50);	0,00/ 0,50/ 1,00/ 1,50
Fundamentação para a pretensão de obrigação de fazer: (2ª parte) 3. Direito à reparação por danos morais em face do Município: 3.1. Demonstração da conduta ilícita, nexo causal e resultado danoso (0,25); e 3.2. Fundamentação com base na teoria do risco administrativo, com responsabilidade objetiva, e no § 6º do Art. 37 da Constituição da República (0,25).	0,00/ 0,25/ 0,50
Pedido de antecipação de tutela (tutela de urgência ou evidência): Art.294 a 300, do CPC. A tutela de urgência será concedida quando houver elementos que evidenciem a probabilidade do direito e o perigo de dano ou o risco ao resultado útil do processo.	0,00/ 0,50
Pedidos (0,20 para cada item): 1. Requerimento para citação do Município e do Estado e da União; 2. Procedência do pedido para condenar a União, o Estado e o Município a promoverem a internação do autor em CTI; 3. Pleito de fixação de multa em caso de descumprimento da determinação de internação; 4. Procedência do pedido de condenação do Município ABC à reparação dos danos morais sofridos pelo autor; 5. Requerimento para produção de provas; 6. Condenação em honorários sucumbenciais.	0,00/ 0,20/ 0,40/ 0,60/ 0,80/ 1,00/ 1,20
Atribuição de valor à causa	0,00 / 0,10

(OAB/Exame Unificado – 2013.1– 2ª fase) O Tribunal de Justiça do Estado J julgou improcedente ação direta de inconstitucionalidade proposta pelo Prefeito do município W, tendo o acórdão declarado constitucional norma da lei orgânica municipal que dispôs que o Prefeito e o Vice-Prefeito não poderiam ausentar-se do país, por qualquer período sem autorização da Câmara Municipal. No prazo recursal foram ofertados embargos declaratórios, improvidos.

Contratado como advogado pelo Prefeito do Município, após a decisão proferida nos embargos declaratórios, apresente a peça cabível.

PADRÃO DE RESPOSTA – PEÇA PROFISSIONAL – FGV

O tema apresentado diz respeito à aplicação do princípio da simetria aos afastamentos determinados por legislação municipal, tendo em vista as regras constitucionais pertinentes ao Presidente da República.

Do acórdão prolatado pelo Tribunal de Justiça em julgamento de ação direta de inconstitucionalidade de lei municipal, cabe recurso extraordinário, por quebra do princípio da simetria constitucional ao Supremo Tribunal Federal.

Aplicável ao caso as regras do Art. 29, *caput* (Art. 29. O Município reger-se-á por lei orgânica, votada em dois turnos, com o interstício mínimo de dez dias, e aprovada por dois terços dos membros da Câmara Municipal, que a promulgará, atendidos os princípios estabelecidos nesta Constituição, na Constituição do respectivo Estado e os seguintes preceitos:..), do Art. 49, III (Art. 49. É competência exclusiva do Congresso Nacional. III – autorizar o Presidente e o Vice-Presidente da República a se ausentarem do País, quando a ausência exceder a quinze dias;...) e do Art. 83 (Art. 83. O Presidente e o Vice-Presidente da República não poderão, sem licença do Congresso Nacional, ausentar-se do País por período superior a quinze dias, sob pena de perda do cargo.), da CRFB.

PRÁTICA CONSTITUCIONAL – 6ª EDIÇÃO   136

O STF já estabeleceu nesses casos: "EMENTA: SERVIDOR PÚBLICO. Prefeito municipal. Ausência do país. Necessidade de licença prévia da Câmara Municipal, qualquer que seja o período de afastamento, sob pena de perda do cargo. Inadmissibilidade. Ofensa ao Art. 49, III, e ao Art. 83, cc. Art. 29, *caput*, da CF. Normas de observância obrigatória pelos estados e municípios. Princípio da simetria. Ação julgada procedente para pronúncia de inconstitucionalidade de norma da lei orgânica. É inconstitucional o parágrafo único do Art. 99 da Lei Orgânica do Município de Betim, que não autoriza o Prefeito a ausentar-se do país, por qualquer período, sem prévia licença da Câmara Municipal, sob pena de perda do cargo." (RE 317.574/MG)

O Recurso Extraordinário é previsto no Art. 102 da CFRB e nos artigos 1029/1044,do CPC. No caso, aplicável a regra do Art. 102, III, "a" e/ou "c").

A petição deve ser dirigida ao Presidente do Tribunal de Justiça (CPC, art.1029), a quem cabe o juízo de admissibilidade.

As razões devem ser dirigidas ao Supremo Tribunal Federal.

Há necessidade de prequestionamento da questão constitucional, o que foi preenchido vez que na origem a ação pugnava a inconstitucionalidade da norma.

Há repercussão geral, vez que o tema é passível de ser espraiado por todas as leis orgânicas.

Distribuição dos Pontos

QUESITO AVALIADO	VALORES
Item 1 – Petição de interposição do recurso endereçada ao TJ do Estado "J"	0,00 / 0,50
Item 2 – Razões endereçadas ao STF	0,00 / 0,50
Item 3 – Recorrente – Prefeito do Município "W" (0,25) / recorrida – Câmara Municipal (0,25)	0,00 / 0,25 / 0,50
Item 4 – Cabimento do RE (CRFB, Art. 102, III, "a" e / ou "c") (0,25)	0,00 / 0,25
Item 5 – Repercussão geral	0,00 / 0,50
Item 6 – Prequestionamento	0,00 / 0,50
Item 7 – Fundamentação- Menção ao princípio da simetria ou norma de observância obriga- tória (0,50) CRFB, Art. 29, *caput* (0,50). CRFB, Art. 49, III OU CRFB, Art. 83 (0,50).	0,00 / 0,50 / 1,00 / 1,50
Item 8 – Pedido de provimento do recurso (especificação)	0,00 / 0,75

(OAB/Exame Unificado – 2013.2– 2ª fase) Fábio é universitário, domiciliado no Estado K e pretende ingressar no ensino superior através de nota obtida pelo Exame Nacional, organizado pelo Ministério da Educação. Após a divulgação dos resultados, Fábio é surpreendido com seu baixo desempenho nas questões discursivas, a transparecer que não corrigiram adequadamente sua prova, ou deixaram de lançar ou somar as notas das questões, o que inviabiliza seu ingresso na entidade preferida. Não há previsão de vista de prova e nem de recurso administrativo no edital, sendo certo que existe agente público do Ministério da Educação responsável pelo exame em cada estado da federação, denominado de Coordenador Estadual do Exame Nacional, sediado na capital. Fábio requereu vista de prova e revisão da mesma ao Coordenador Estadual do Exame Nacional, tendo o seu pedido sido indeferido, por ausência de previsão editalícia. Inconformado, Fábio contrata advogado que impetra mandado de segurança, objetivando ter vista da prova, tendo a liminar sido indeferida, sem interposição de recurso. Após trinta dias de tramitação, surge sentença que julga improcedente o pedido, confirmando a legalidade da recusa de acesso à prova por falta de previsão no edital. A decisão restou clara, sem qualquer vício de omissão, contradição ou obscuridade. Foram opostos embargos de declaração, os quais foram rejeitados. Fábio, por meio do seu advogado, apresenta o recurso pertinente.

Redija a peça recursal cabível ao tema.

A simples menção ou transcrição do dispositivo legal não pontua. (Valor: 5,0)

PADRÃO DE RESPOSTA – PEÇA PROFISSIONAL – FGV

A ação proposta foi o Mandado de Segurança regulado pela Lei n. 12.016/09 e prevista no Art. 5º, LXIX, da CF (*Conceder-se-á mandado de segurança para proteger direito líquido e certo, não amparado por "habeas corpus" ou "habeas data", quando o responsável pela ilegalidade ou abuso de poder for autoridade pública ou agente de pessoa jurídica no exercício de atribuições do Poder Público*) .

O impetrante foi Fábio e o impetrado, o Coordenador Estadual do Exame Nacional, autoridade coatora.

Sendo o pedido julgado improcedente por sentença, o recurso cabível é o de apelação (*LMS, Art. 14. Da sentença, denegando ou concedendo o mandado, cabe apelação. § 1º Concedida a segurança, a sentença estará sujeita obrigatoriamente ao duplo grau de jurisdição. § 2º Estende-se à autoridade coatora o direito de recorrer.*).

O recorrente será Fábio e o recorrido, a autoridade coatora.

Os fundamentos do recurso de apelação serão os mesmo deduzidos na ação. :

a) principio da legalidade (CFRB, *Art. 5º, II – ninguém será obrigado a fazer ou deixar de fazer alguma coisa senão em virtude de lei.*);

b) principio da publicidade (CFRB, Art. 37, *caput*);

c) direito de petição (CFRB, Art. 5º, XXXIV).

A petição é dirigida ao Juízo da sentença. Assim, tendo em vista que a autoridade coatora é federal, a petição é dirigida ao Juízo Federal vinculado à Seção Judiciária do Estado K para encaminhamento a instância de revisão, no caso o Tribunal Regional Federal.

As razões recursais são dirigidas ao Tribunal Regional Federal.

O recurso deve conter a postulação de reforma da sentença com a procedência do pedido.

No caso de mandado de segurança, não existe condenação em honorários e nem em custas, consoante determinação legal e jurisprudência assente.

(OAB/Exame Unificado – 2013.3– 2ª fase) Após mais de 40 (quarenta) dias de intensa movimentação popular, em protestos que chegaram a reunir mais de um milhão de pessoas nas ruas de diversas cidades do Estado, e que culminaram em atos de violência, vandalismo e depredação de patrimônio público e particular, o Governador do Estado X edita o Decreto nº 1968.

PRÁTICA CONSTITUCIONAL – 6ª EDIÇÃO 138

A pretexto de disciplinar a participação da população em protestos de caráter público, e de garantir a finalidade pacífica dos movimentos, o Decreto dispõe que, além da prévia comunicação às autoridades, o aviso deve conter a identificação completa de todos os participantes do evento, sob pena de desfazimento da manifestação. Além disso, prevê a revista pessoal de todos, como forma de preservar a segurança dos participantes e do restante da população.

Na qualidade de advogado do Partido Político "Frente Brasileira Unida", de oposição ao Governador, você ajuizou uma Ação Direta de Inconstitucionalidade, perante o Tribunal de Justiça do Estado X, alegando a violação a normas da Constituição do Estado referentes a direitos e garantias individuais e coletivos (que reproduzem disposições constantes da Constituição da República).

O Plenário do Tribunal de Justiça local, entretanto, por maioria, julgou improcedente o pedido formulado, de declaração de inconstitucionalidade dos dispositivos do Decreto estadual, por entender compatíveis as previsões constantes daquele ato com a Constituição do Estado, na interpretação que restou prevalecente na corte. Alguns dos Desembargadores registraram em seus votos, ainda, a impossibilidade de propositura de ação direta tendo por objeto um decreto estadual.

Entendendo que a decisão da corte estadual, apesar de não conter obscuridade, omissão ou contradição, foi equivocada, e que não apenas as disposições do Decreto são inconstitucionais como também a própria interpretação dada pelo Tribunal de Justiça é incompatível com o ordenamento jurídico nacional, os dirigentes do Partido pedem que você proponha a medida judicial cabível a impugnar aquela decisão.

Elabore a peça judicial adequada. (Valor: 5,0)

PADRÃO DE RESPOSTA – PEÇA PROFISSIONAL – FGV

A peça a ser elaborada consiste em um Recurso Extraordinário contra decisão proferida em sede de Ação Direta de Inconstitucionalidade, nos termos do Art. 102, III, c da CRFB/88.

No caso, a ação direta de controle tendo como parâmetro a Constituição do Estado, tem previsão no Art. 125, § 2º da Constituição da República. É possível a interposição de Recurso Extraordinário contra decisão proferida pelo Tribunal de Justiça no julgamento da mesma, a fim de que seja apreciada, pelo Supremo Tribunal Federal, a norma da Constituição da República repetida na Constituição Estadual, mas interpretada, pelo Tribunal de Justiça local, em sentido incompatível com o da Constituição da República.

O Recurso deve ser endereçado ao Presidente do Tribunal de Justiça local, com as razões recursais dirigidas ao Supremo Tribunal Federal.

O Partido Político é o recorrente. Recorrido é o órgão do qual emanou a norma impugnada (isto é, o Governador do Estado).

Apesar de não constar do voto vencedor a impossibilidade de controle de constitucionalidade de decreto por meio de ação direta, o examinando deve demonstrar o cabimento da via eleita para a impugnação do Decreto estadual, pois, a despeito de se tratar de um Decreto, não é um ato de regulamentação da lei, mas ato normativo primário, que inova autonomamente na ordem jurídica. O examinando deve indicar, em sua peça, todos os elementos que permitam o seu conhecimento e também o seu provimento, afastando, desde o início, argumentos desfavoráveis à pretensão que defende.

O examinando deve demonstrar o cumprimento do requisito da Repercussão Geral, que encontra previsão no Art. 102, § 3º da Constituição, e que deve ser demonstrado pela existência de questões relevantes do ponto de vista econômico, político, social ou jurídico, que ultrapassem os interesses subjetivos da causa, ou seja, a questão suscitada não pode ser benéfica somente para o caso concreto proposto, mas para o interesse da coletividade, na forma do Art. 1035,§1º,do CPC. No caso apresentado, a repercussão geral pode ser demonstrada pela ofensa a direitos fundamentais titularizados por toda a coletividade, uma vez que a norma cria restrição excessiva ao exercício de direito constitucionalmente assegurado, e o faz sem previsão em lei.

No mérito, o examinando deve demonstrar que o decreto impugnado viola o princípio da legalidade, na formulação do Art. 5º, II da Constituição da República, uma vez que não se pode criar restrição a direito senão em virtude de lei.

O decreto viola o Art. 5º, XVI, da Constituição, que assegura o direito de reunião em locais abertos ao público, independentemente de autorização, desde que não frustrem outra reunião anteriormente convocada para o mesmo local, sendo apenas exigido prévio aviso à autoridade competente. Ou seja, qualquer outra exigência que venha a ser formulada como condição de exercício do direito é inconstitucional.

Ainda ocorre a violação ao Art. 5º, da CRFB, que trata do princípio da liberdade de expressão. Por fim, deve ser indicada a violação ao princípio da razoabilidade/proporcionalidade, pois, ainda que se entendesse possível a restrição ao direito de reunião, a restrição veiculada pelo decreto, no caso analisado, falha nos subprincípios da necessidade (que impõe a utilização, dentre as possíveis, da medida menos gravosa para atingir determinado objetivo) e da proporcionalidade em sentido estrito (que impõe a análise da relação custo/benefício da norma avaliada, de modo que o ônus imposto pela norma seja inferior ao benefício por ela engendrado, sob pena de inconstitucionalidade).

O examinando, ao final, deve formular pedido de reforma da decisão recorrida, para fim de ver declarada a inconstitucionalidade do Decreto editado pelo Governador do Estado, bem como requerer a notificação do Ministério Público.

Distribuição Dos Pontos

ITEM	PONTUAÇÃO
Endereçamento do Recurso: Presidente do Tribunal de Justiça local	0,00/0,20
Endereçamento das Razões Recursais: Presidente do Supremo Tribunal Federal	0,00/0,20
Recorrente e Recorrido Partido Político "Frente Brasileira Unida" / Governador do Estado	0,00/0,20/0,40
Cabimento do Recurso Extraordinário Recurso Extraordinário contra decisão em Representação de Inconstitucionalidade (0,40), no termos do disposto no Art. 102, III, c, da CRFB/88. (0,10) Obs.: A mera citação do dispositivo legal não pontua.	0,00/0,40/0,50

PRÁTICA CONSTITUCIONAL – 6ª EDIÇÃO

Possibilidade de controle concentrado tendo por objeto decreto estadual	
A despeito de se tratar de um Decreto, não é um ato de regulamentação da lei, mas sim de ato normativo primário, que extrai seu fundamento de validade da Constituição	0,00/0,50
Demonstração da Repercussão Geral	
Existência de questões relevantes do ponto de vista econômico, político, social ou jurídico, que ultrapassem os interesses subjetivos da causa (0,50), no termos do disposto no Art. 102, § 3°, da CRFB/88. (0,10) Obs.: A mera citação do dispositivo legal não pontua.	0,00/0,50/0,60
Fundamentação para a pretensão de anulação	
1. violação ao princípio da legalidade (0,50)	
2. violação ao Art. 5°, XVI, da CRFB (0,50)	0,00/0,50/1,00/1,50/2,00
3. violação ao Art. 5°, IV, da CRFB (0,50)	
4. violação ao princípio da razoabilidade / proporcionalidade (0,50)	
Pedidos	
Procedência da ação direta proposta no plano estadual / declaração da inconstitucionalidade da norma estadual	0,00/0,40
Requerimento de notificação do Ministério Público	0,00/0,10
Fechamento da Peça:	
Data, Local, Advogado, OAB ... n°...	0,00/0,10

OAB/ Exame Unificado 2015.1- 2ª fase) João, sócio-diretor da empresa MM Ltda., foi surpreendido com uma notificação do Município X para pagar multa de R$ 10.000,00 (dez mil reais) e encerrar as atividades empresariais na cidade em um período de até 90 (noventa) dias.Atônito, João, ao ler a notificação, descobre que foi aberto um processo administrativo para apurar denúncia de violação ao Decreto Municipal n° 5.678, de 2014, sem lastro em prévia lei municipal, que veda a instalação de lojas de produtos eletrônicos em bairros de perfil residencial, determina a aplicação de multa e estabelece um prazo de até 90 (noventa) dias para o encerramento das atividades empresariais no Município. Após a abertura do processo e instrução com registro fotográfico, foi proferida decisão, pelo Secretário de Posturas do Município, sem prévia oitiva da empresa, determinando a aplicação da multa, no valor indicado, bem como fixando o prazo de 90 (noventa) dias para o encerramento das atividades empresariais, sob pena de interdição e lacre do estabelecimento, na forma do Decreto Municipal. A notificação vem acompanhada de cópia integral daquele processo administrativo.

Você foi contratado como advogado para ajuizar a medida necessária à defesa dos interesses do cliente – afastar a exigência da multa e garantir a permanência das atividades empresariais.

Elabore a peça adequada, considerando-se aquela que tem, em tese, o rito mais célere e considerando que, desde o recebimento da notificação, já se passaram 60 (sessenta) dias, tendo transcorrido *in albis* o prazo para eventual recurso administrativo. (Valor: 5,00)

A peça deve abranger todos os fundamentos de Direito que possam ser utilizados para dar respaldo à pretensão.

GABARITO COMENTADO

A peça a ser elaborada consiste em uma petição inicial de mandado de segurança. O examinando deve endereçar a petição a algum Juízo de Fazenda Pública da Comarca X (admitindo-se, ainda, o endereçamento a "Juízo Cível" ou "Juízo", uma vez que os dados constantes do enunciado não permitem identificar a organização judiciária local).

O examinando deve indicar, na qualificação das partes, o impetrante (MM Ltda.) e a autoridade coatora (o Secretário de Posturas).

Devem ser indicados ainda os fundamentos para a concessão da medida liminar, quais sejam: o fundamento relevante e o risco de ineficácia da medida final, caso não seja deferida a liminar.

No mérito, devem ser apontados os fundamentos pelos quais se pretende impugnar a autuação sofrida. Em primeiro lugar, o examinando deve indicar a flagrante violação ao contraditório e à ampla defesa e devido processo legal, garantias inscritas no Art. 5º da Constituição, uma vez que tramitou um processo administrativo com aplicação de penalidade sem que fosse dada oportunidade à oitiva da empresa, a fim de apresentar defesa.

O Decreto viola ainda o princípio da razoabilidade/proporcionalidade, tendo em vista que a própria exigência e, sobretudo, as cominações previstas nele são manifestamente excessivas, configurando intervenções desmedidas sobre o patrimônio e sobre a atividade econômica exercida pelo particular.

Por fim, o Decreto viola o princípio da legalidade, uma vez que, consoante a fórmula consagrada no Art. 5º, II, da Constituição, "ninguém será obrigado a fazer ou deixar de fazer alguma coisa senão em virtude de lei". Dessa forma, eventual restrição à livre concorrência e à livre iniciativa somente podem ser veiculadas por lei em sentido formal, não pelo Decreto.

Devem ser formulados pedidos de notificação da autoridade coatora, para prestar informações de ciência do feito ao órgão de representação judicial da pessoa jurídica interessada, de concessão da medida liminar, de anulação da multa e de anulação do ato que determinou o encerramento das atividades empresariais.

Por fim, devem ser juntados os documentos comprobatórios do direito do autor, consubstanciados na cópia integral do processo administrativo.

Deve ser requerida a notificação do Ministério Público e atribuído valor à causa.

DISTRIBUIÇÃO DOS PONTOS

ITEM	PONTUAÇÃO
Endereçamento da petição inicial: Juízo de alguma das varas de Fazenda Pública da Comarca X OBS.: Admite-se também o endereçamento a "Juízo Cível" ou "Juízo"	0,00 – 0,10
Qualificação das partes MM Ltda. (0,10) / Secretário de Posturas (0,10)	0,00 – 0,10 – 0,20

PRÁTICA CONSTITUCIONAL – 6ª EDIÇÃO

Fundamentação para a pretensão 1. inconstitucionalidade do Decreto, por violação ao princípio da legalidade (0,65); Art. 5º, II ou Art. 37 da CRFB (0,10).	0,00- 0,65 – 0,75
2. violação ao contraditório e ampla defesa (0,40). Art. 5º, LV da CRFB (0,10).	0,00 – 0,40 – 0,50
3. violação ao devido processo legal (0,40). Art. 5º, LIV da CRFB (0,10).	0,00 – 0,40 – 0,50
4. inconstitucionalidade do Decreto, por ofensa à razoabilidade/ proporcionalidade (0,65)	0,00-0,65
Fundamentos para a concessão da liminar Fundamento relevante (0,30) e o risco de ineficácia da medida final (0,30), caso não seja deferida a liminar	0,00 – 0,30 – 0,60
Pedidos 1. notificação da autoridade coatora para prestar informações (0,30)	0,00 – 0,30
2. ciência ao órgão de representação judicial do Município (0,30)	0,00 – 0,30
3. concessão da medida liminar para suspender o ato do secretário de posturas (0,40)	0,00- 0,40
4. procedência do pedido para afastar a exigência da multa (0,20) e garantir a permanência das atividades empresariais. (0,20)	0,00 – 0,20– 0,40
Requerimento de oitiva do Ministério Público	0,00 – 0,10
Valor da Causa	0,00 – 0,10
Fechamento da peça: Local ou Município, Data, Advogado e OAB	0,00 – 0,10

(OAB/ Exame Unificado 2015.2- 2ª fase) A Assembleia Legislativa do Estado Y edita, em 1º de março de 2015, a Lei nº 8888, que estabelece que a concessionária exploradora do serviço de fornecimento de energia elétrica no território do Estado fica obrigada a remover, sem qualquer ônus para os interessados, os postes de sustentação à rede elétrica que estejam causando transtornos aos proprietários e aos promitentes compradores de terrenos.

Ressalta-se que não há qualquer Lei Complementar que autorize excepcionalmente ao Estado Y dispor sobre a questão, sendo certo que, ao contrário, no âmbito federal existe norma expedida pela agência reguladora que autoriza a remoção desses postes de energia, cujo serviço fica às expensas dos usuários interessados. Há notícia também de que o Governador do Estado Y vetou integralmente o projeto de Lei Estadual, mas restou superado pela vontade da Assembleia Legislativa do Estado, que, ao final, promulgou a referida Lei.

Diante da relevância e da urgência da questão, o partido político "Para Frente Brasil" – PFB, representado unicamente por um Deputado Federal, procura os seus serviços para objetar contra a Lei Estadual, por entender que a norma estadual viola diretamente a Constituição Federal.

Considerando os dados acima, formule a peça adequada, fazendo introito sobre a legitimidade ativa e observando que o partido entende ser urgente a questão. (Valor: 5,00)

Responda justificadamente, empregando os argumentos jurídicos apropriados e a fundamentação legal pertinente ao caso.

GABARITO COMENTADO

O enunciado indica que a peça adequada a ser redigida é a Ação Direta de Inconstitucionalidade – ADI a ser proposta perante o Supremo Tribunal Federal (Art. 102, I, "a", da Constituição Federal). A petição deve ser endereçada ao Ministro Presidente do Supremo Tribunal Federal.

O objeto da referida ADI será a Lei Estadual atacada e terá como parâmetro diversos dispositivos constitucionais. O Partido Político possui legitimidade para propor a ADI (Art. 103, VIII, da Constituição Federal) e deve figurar como autor da ação, pois é representado por Deputado Federal no Congresso Nacional. É considerado legitimado universal para propor ADI e não se sujeita ao exame da pertinência temática, pois seu papel institucional já o autoriza a promover tal ação em qualquer hipótese, conforme entendimento pacificado no STF: "Partido político. Ação direta. Legitimidade ativa. Inexigibilidade do vínculo de pertinência temática. Os partidos políticos, desde que possuam representação no Congresso Nacional, podem, em sede de controle abstrato, arguir, perante o STF, a inconstitucionalidade de atos normativos federais, estaduais ou distritais, independentemente de seu conteúdo material, eis que não incide sobre as agremiações partidárias a restrição jurisprudencial derivada do vínculo de pertinência temática" (ADI 1.407-MC, rel. min. Celso de Mello, julgamento em 7-3-1996, Plenário, DJ de 24-11- 2000.)

A Assembleia Legislativa do Estado deve ser indicada no polo passivo da ação e o Governador do Estado intimado a prestar informações sobre o processo legislativo.

Os fundamentos da Ação Direta de Inconstitucionalidade devem ser:

A) Desencontro entre o dispositivo da legislação estadual e o Art. 21, XII, "b", da Constituição Federal. A imposição, por meio de ato normativo estadual, da obrigação de remover, sem custo para o usuário, postes de sustentação da rede elétrica que estejam causando transtornos ou impedimentos a particulares configuraria intervenção indevida do poder estadual em serviço púbico de titularidade da União. Trata-se de campo de distribuição constitucional de competência. É a denominada competência administrativa da União.

B) Vulneração ao Art. 22, IV, da Constituição Federal, pela lei estadual, pois a Carta da República reserva à União a competência privativa para dispor legislativamente sobre energia o que demarca primazia federal sobre o tema a e não abre espaço para a atuação dos Estados e dos Municípios.

C) Afronta ao Art. 175, parágrafo único, inciso III, da Constituição Federal pela lei estadual. A lei estadual ao dispor que a remoção dos postes fica a cargo da concessionária do serviço público, se imiscui na tarefa da União para definir, por meio de lei, a política tarifária a ser observada na exploração deste serviço no que tange aos elementos definidores do equilíbrio econômico-financeiro de contratos de concessão, isto é, na ingerência na política tarifária do serviço público.

O examinando deve formular pedido de concessão de medida cautelar, com amparo no Art. 10, da Lei nº 9.868/99, a fim de suspender a vigência da lei estadual que entende ser inconstitucional. Os pressupostos da medida cautelar devem ser apontados, ou seja, o fumus boni iuris e o periculum in mora. O primeiro demonstrado a partir da violação das normas constitucionais e o segundo porque a lei estadual criou, para as concessionárias de serviço público, uma obrigação de alto custo a ser prestada em hipóteses extremamente vagas para o proveito de interesses individuais. Trata-se, de norma estadual que instituiu verdadeiro direito potestativo, a ser exercido ao alvedrio pessoal de titulares de direito real sobre terrenos, impondo-lhes encargos extraordinários, não previstos nos contratos de concessão celebrados com o poder concedente, e, com isso, alterou a matriz de custos da prestação do serviço e rompeu com os parâmetros estipulados pela agência federal do setor elétrico para a remoção de postes de energia.

No mérito, o examinando deve demonstrar que a Lei estadual fere dispositivos constitucionais, a repartição de competências, ao princípio da razoabilidade/proporcionalidade.

Por derradeiro, o examinando deve formular, expressamente, pedido de concessão de medida cautelar e, ao final, pedido de declaração de inconstitucionalidade.

Devem ser requeridas as oitivas do Advogado Geral da União, a fim de defender o ato normativo estadual e também do Ministério Público.

DISTRIBUIÇÃO DOS PONTOS

ITEM	PONTUAÇÃO
Endereçamento da Ação Direta de Inconstitucionalidade: Ministro Presidente do Supremo Tribunal Federal (0,10).	0,00/0,10
Qualificação das partes: Partido Político com representação no Congresso Nacional (0,10)/Assembleia Legislativa do Estado (0,10)/Governador do Estado (0,10).	0,00/0,10/0,20/0,30
Legitimidade: Demonstração de que se trata de Partido Político com representação no Congresso Nacional (0,20) a quem não é exigido pertinência temática por ser considerado legitimado universal (0,20).	0,00/0,20/0,40
Cabimento da ADI: O objeto da ação é lei estadual cujo parâmetro de controle é a Constituição Federal (0,40)	0,00/0,40
Fundamento da ADI: 1. Desencontro entre o dispositivo da legislação estadual e o Art. 21, XII, "b", da Constituição Federal. A imposição, por meio de ato normativo estadual, da obrigação de remover, sem custo para o usuário, postes de sustentação da rede elétrica que estejam causando transtornos ou impedimentos a particulares configuraria intervenção indevida do poder estadual em serviço púbico de titularidade da União (0,40). É a denominada competência administrativa da União (0,20).	0,00/0,20/0,40/0,60

145 PEÇAS PRÁTICO-PROFISSIONAIS

(OAB/Exame Unificado 2015.3- 2ª fase) O Partido Político "Z", que possui apenas três representantes na Câmara dos Deputados, por entender presente a violação de regras da CRFB, o procura para que, na qualidade de advogado especialista em Direito Constitucional, se posicione sobre a possibilidade de ser obtida alguma medida judicial em face da Lei Estadual "Y", de janeiro de 2015, que contém 3 (três) artigos.

De acordo com a exposição de motivos do projeto que culminou na Lei Estadual "Y", o seu objetivo é criar, no âmbito estadual, ambiente propício às discussões políticas de âmbito nacional, e, para alcançar esse objetivo, estabelece, em sua parte dispositiva, novas regras eleitorais, sendo estabelecidas, em seu artigo 1º, regras temporais sobre a criação de partidos políticos; em seu artigo 2º fica retirada a autorização para que partidos políticos com menos de cinco Deputados Federais possam ter acesso gratuito ao rádio e à televisão na circunscrição do Estado; e, por fim, em seu artigo 3º fica estabelecida a vigência imediata da referida legislação. **Elabore a peça adequada, considerando a narrativa acima.** (Valor: 5,00)

GABARITO COMENTADO – ADIN

O examinando deverá elaborar uma petição inicial de Ação Direta de Inconstitucionalidade (Lei nº 9868/1999). A petição deve ser direcionada ao Presidente do Supremo Tribunal Federal.

A ação deve ser ajuizada pelo Partido Político "Z", representado pelo presidente de sua Comissão Executiva Nacional.

A legitimidade ativa decorre do fato de o Partido Político "Z" possuir representação no Congresso Nacional.

O examinando deverá argumentar que a Lei Estadual "Y" afronta o disposto no Art. 22, I e IV, da Constituição da República Federativa do Brasil [Art. 22. Compete privativamente à União legislar sobre: I – direito civil, comercial, penal, processual, *eleitoral*, agrário, marítimo, aeronáutico, espacial e do trabalho (...) IV – águas, energia, informática, *telecomunicações e radiodifusão*; (grifos)].

Em relação à inconstitucionalidade material, o examinando deverá demonstrar a afronta ao princípio da proporcionalidade ou razoabilidade, como também ao Art. 1º, V (*pluralismo político*) e ao Art. 17, *caput* e § 3º, da Constituição da República Federativa do Brasil de 1988 [(Art. 17. É livre a criação, fusão, incorporação e extinção de partidos políticos, resguardados a soberania nacional, o regime democrático, *o pluripartidarismo*, (...) § 3º Os partidos políticos têm direito a recursos do fundo partidário e *acesso gratuito ao rádio e à televisão*, na forma da lei (grifos)].

Deve ser pedida a medida cautelar, de modo a suspender a eficácia da Lei até que seja definitivamente julgada a presente Ação Direta de Inconstitucionalidade. O examinando deve demonstrar que a tutela jurisdicional cautelar se faz necessária, pois estão suficientemente demonstrados os requisitos do *fumus boni iuris*, pela clareza dos vícios de inconstitucionalidade apontados, *e do periculum in mora*, isso em razão do constrangimento decorrente do impedimento ao exercício de atividade lícita e constitucional dos partidos políticos.

Deve ser formulado o pedido de declaração de inconstitucionalidade da Lei Estadual "Y".

Devem ser solicitadas informações ao Governador e à Assembleia Legislativa do Estado, órgãos responsáveis pela edição do ato normativo e ouvidos o Advogado Geral da União e o Procurador Geral da República.

A petição deve ser datada e assinada pel advogado.

PRÁTICA CONSTITUCIONAL – 6ª EDIÇÃO

DISTRIBUIÇÃO DOS PONTOS

ITEM	PONTUAÇÃO
Petição endereçada ao Presidente do Supremo Tribunal Federal (0,10)	0,00 / 0,10
Individualização do autor (0,10) e indicação da ação que é proposta (0,10)	0,00 / 0,10 / 0,20
I – Da Legitimidade Ativa do Autor	
O examinando deverá argumentar que a exigência para a legitimação ativa para a ação estão presentes, ou seja, representação no Congresso Nacional, (0,20) segundo o Art. 103, VIII, da Constituição da República Federativa do Brasil 1988 e do Art. 2º, VIII da Lei nº 9.868 de 1999 (0,10).	0,00 / 0,20 / 0,30
II – Da inconstitucionalidade da Lei Estadual "Y"	
IIA) O examinando deverá argumentar que a Lei Estadual "Y" padece de inconstitucionalidade formal (0,50) por afrontar o Art. 22, I e IV, da Constituição da República Federativa do Brasil (0,10) porque compete privativamente à União legislar, entre outros, sobre: direito *eleitoral* e sobre *telecomunicações e radiodifusão*; (0,60)	0,00 / 0,50 / 0,60 / 1,10 / 1,20
IIB) Em relação à inconstitucionalidade material, o examinando deverá	0,00 / 0,60 / 1,10 /
demonstrar a afronta ao princípio da proporcionalidade ou razoabilidade, (0,60)	1,20 / 1,60 / 1,70 / 1,80
como também ao *pluripartidarismo* (0,50) (Art. 1º, V, da CFRB) (0,10) e ao direito de *acesso gratuito ao rádio e à televisão*, (0,50) na forma do Art. 17, *caput*, e §	
3º (0,10).	
III- Da Medida Cautelar	
O examinando deverá demonstrar que é incontroverso que a tutela jurisdicional cautelar se faz necessária, pois estão suficientemente demonstrados os requisitos do *fumus boni iuris,* pela clareza dos vícios de inconstitucionalidade apontados (0,20), *e do periculum in mora,* isso em razão do constrangimento ao exercício de atividade lícita e constitucional pelos partidos políticos (0,20).	0,00 / 0,20 / 0,40 / 0,60
O examinando deverá requerer o deferimento da medida, suspendendo a eficácia da Lei até que seja definitivamente julgada a presente Ação Direta de Inconstitucionalidade (0,20).	
IV – Do Pedido	
O examinando deve requerer a declaração de inconstitucionalidade da Lei	0,00 / 0,10 / 0,20 / 0,30 /
Estadual "Y" (0,30), bem como que sejam solicitadas informações ao Governo	
(0,10) e à Assembleia Legislativa do Estado (0,10), e ouvidos o Advogado Geral da	0,40 / 0,50 / 0,60 / 0,70
União (0,10) e o Procurador-Geral da República (0,10),	
Data, assinatura e OAB – (0,10).	0,00 / 0,10

GABARITO COMENTADO – PARECER

O examinando deverá elaborar um parecer com o objetivo de responder à consulta formulada.

O parecer deve possuir uma ementa que contenha as palavras chaves relacionadas à temática abordada. O relatório do parecer deve descrever a consulta formulada e a indicação do respectivo consulente.

Na fundamentação do parecer, o examinando deve sustentar, em primeiro lugar, a inconstitucionalidade da Lei Estadual "Y". Deve argumentar que a Lei Estadual "Y" afronta o disposto no Art. 22, I e IV, da Constituição da República Federativa do Brasil [Art. 22. Compete privativamente à União legislar sobre: I – direito civil, comercial, penal, processual, *eleitoral*, agrário, marítimo, aeronáutico, espacial e do trabalho (...) IV – águas, energia, informática, *telecomunicações e radiodifusão*; (grifos)], logo, padece de inconstitucionalidade formal. Em relação à inconstitucionalidade material, o examinando deverá demonstrar a afronta ao princípio da proporcionalidade ou razoabilidade, como também ao Art. 1º, V (*pluralismo político*) e ao Art. 17, *caput* e § 3º, da Constituição da República Federativa do Brasil de 1988 [(Art. 17. É livre a criação, fusão, incorporação e extinção de partidos políticos, resguardados a soberania nacional, o regime democrático, *o pluripartidarismo*, (...) § 3º Os partidos políticos têm direito a recursos do fundo partidário e *acesso gratuito ao rádio e à televisão*, na forma da lei (grifos)].

Ainda na fundamentação, o examinando deve posicionar-se sobre o cabimento da ação direta de inconstitucionalidade para a realização do controle concentrado de constitucionalidade da Lei Estadual "Y", que deve ser ajuizada perante o Supremo Tribunal Federal. Deve ser igualmente ressaltada a legitimidade ativa do Partido Político "Z", representado pelo presidente de sua Comissão Executiva Nacional, por possuir representação no Congresso Nacional, tal qual dispõe o Art. 103, VIII, da Constituição da República Federativa do Brasil e o Art. 2º, VIII, da Lei nº 9.868 ,de 1999.

Por fim, a fundamentação deve expor o cabimento da medida cautelar, de modo a suspender a eficácia da Lei até que seja definitivamente julgada a ação direta de inconstitucionalidade. O examinando deve demonstrar que a tutela jurisdicional cautelar se faz necessária, pois estão suficientemente demonstrados os requisitos do *fumus boni iuris*, pela clareza dos vícios de inconstitucionalidade apontados, *e do periculum in mora*, isso em razão do constrangimento decorrente do impedimento ao exercício de atividade lícita e constitucional dos partidos políticos.

Na conclusão do parecer, o examinando deve sustentar a inconstitucionalidade da Lei Estadual "Y" e a possibilidade de ser ajuizada a ação direta de inconstitucionalidade perante o Supremo Tribunal Federal, inclusive com a formulação do requerimento de media cautelar.

O parecer deve ser datado e assinado pelo advogado, com indicação de sua inscrição na OAB.

DISTRIBUIÇÃO DOS PONTOS – PARECER

ITEM	PONTUAÇÃO
1. Ementa (Palavras chaves) (0,10).	0,00 / 0,10

PRÁTICA CONSTITUCIONAL – 6ª EDIÇÃO

2. Relatório: descrição da consulta (0,10) com indicação do consulente (0,10).		0,00 / 0,10/ 0,20
3. Resposta à consulta: (fundamentação)		
3.1 Da inconstitucionalidade da Lei Estadual "Y"		
a. O examinando deverá argumentar que a Lei Estadual "Y" padece de inconstitucionalidade formal (0,60) por afrontar o Art. 22, I e IV, da Constituição da República Federativa do Brasil (0,10) porque compete privativamente à União legislar, entre outros, sobre: direito *eleitoral* e sobre *telecomunicações e radiodifusão*; (0,60)		0,00 / 0,60 / 0,70 /1,20 / 1,30
b. Em relação à inconstitucionalidade material (0,30), o examinando deverá demonstrar a afronta ao princípio da proporcionalidade ou razoabilidade, (0,30) como também ao *pluripartidarismo* (0,60) (Art. 1º, V, da CFRB) (0,10)		0,00 / 0,30 / 0,40/0,60 / 0,70 / 0,90 /1,00 /1,20 /1,30
c. e ao direito de *acesso gratuito ao rádio e à televisão*, (0,60) na forma do Art. 17, *caput*, e § 3º, da CRFB (0,10).		0,00/ 0,60 / 0,70
3.2 Cabimento da ADI (0,50)		0,00/ 0,50
3.3 Competência do Supremo Tribunal Federal (0,10)		0,00 / 0,10
3.4 Da Legitimidade Ativa do Autor – O examinando deverá argumentar que a exigência para a legitimação ativa para a ação estão presentes, ou seja, representação no Congresso Nacional, (0,20) segundo o Art. 103, VIII, da Constituição da República Federativa do Brasil 1988 e do Art. 2º, VIII da Lei nº 9.868 de 1999 (0,10).		0,00 / 0,20 / 0,30
3.5. Do cabimento da Medida Cautelar – O examinando deverá demonstrar que a tutela jurisdicional cautelar se faz necessária, pois estão suficientemente demonstrados os requisitos do *fumus boni iuris*, pela clareza dos vícios de inconstitucionalidade apontados (0,10), *e do periculum in mora*, isso em razão do constrangimento ao exercício de atividade lícita e constitucional pelos partidos políticos (0,10).		0,00 / 0,10/ 0,20
4. Conclusão – inconstitucionalidade da Lei Estadual "Y" e possibilidade do ajuizamento da ADI perante o STF, inclusive com media cautelar (0,20)		0,00 / 0,20
5. Data, assinatura e OAB – (0,10).		0,00 / 0,10

(**OAB- Exame Unificado – 2016.1- 2ª fase**) Após receber "denúncia de irregularidades" em contratos administrativos celebrados pela Autarquia Federal A, que possui sede no Rio de Janeiro, o Ministério Público Federal determina a abertura de inquérito civil e penal para apurar os fatos. Neste âmbito, são colhidas provas robustas de superfaturamento e fraude nos quatro últimos contratos celebrados por esta Autarquia Federal, sendo certo que estes fatos e grande parte destas provas acabaram divulgados na imprensa.

Assim é que o cidadão Pedro da Silva, indignado, procura se inteirar mais sobre o acontecido, e acaba ficando ciente de que estes contratos foram realizados nos últimos 2 (dois) anos com a multinacional M e ainda estão em fase de execução.

Mas não só. Pedro obtém, também, documentos que comprovam, mais ainda, a fraude e a lesão, além de evidenciarem a participação do presidente da Autarquia A, de um Ministro de Estado e do presidente da comissão de licitação, bem como do diretor executivo da multinacional M.

Diante deste quadro, Pedro, eleitor regular e ativo do Município do Rio de Janeiro/RJ, indignado com o descaso pela moralidade administrativa na gestão do dinheiro público, pretende mover ação judicial em face dos envolvidos nos escândalos citados, objetivando desfazer os atos ilegais, com a restituição à Administração dos gastos indevidos, bem como a sustação imediata dos atos lesivos ao patrimônio público.

Na condição de advogado (a) contratado (a) por Pedro, considerando os dados acima, elabore a medida judicial cabível, utilizando-se do instrumento constitucional adequado. (Valor: 5,00).

Obs.: a peça deve abranger todos os fundamentos de Direito que possam ser utilizados para dar respaldo à pretensão. A simples menção ou transcrição do dispositivo legal não será pontuada.

GABARITO COMENTADO

Fundamentação constitucional: o enunciado acima indica o cabimento de uma *Ação Popular* ajuizada por Pedro, na medida em que visa à defesa dos interesses do cidadão na proteção do patrimônio público, conforme o disposto no Art. 5º, LXXIII, da CRFB/88 ("*qualquer cidadão é parte legítima para propor ação popular que vise à anulação de ato lesivo ao patrimônio público ou de entidade de que o Estado participe, à moralidade administrativa, ao meio ambiente e ao patrimônio histórico e cultural, ficando o autor, salvo comprovada má-fé, isento de custas judiciais e ônus de sucumbência*").

Fundamentação legal: Art. 3º e Art. 4º, III, c, ambos da Lei nº. 4.717/65, pois a narrativa descreve a contratação fraudulenta de serviço, com preço mais elevado que o ofertado no mercado, o que caracteriza evidente afronta à legalidade e provoca grande lesividade ao patrimônio público.

Competência: na medida em que está presente o interesse de autarquia federal, a ação deve ser ajuizada perante a Justiça

Federal (Art. 109, I, da CRFB/88) e o foro competente para a propositura, processamento e julgamento da ação é o da Seção Judiciária do Rio de Janeiro (RJ) conforme dispõe o Art. 5º da Lei nº 4.717/65, *verbis*: "*Conforme a origem do ato impugnado, é competente para conhecer da ação, processá-la e julgá-la o juiz que, de acordo com a organização judiciária de cada Estado, o for para as causas que interessem à União, ao Distrito Federal, ao Estado ou ao Município*".

Muito embora o Ministro de Estado seja um dos legitimados passivos da referida ação popular, a jurisprudência do STF é firme no sentido de considerar que o rol do Art. 102 e do Art. 105, ambos da CRFB/88, que estabelecem a competência do STF e do STJ, é taxativo e não exemplificativo. Portanto, como tais dispositivos não preveem o julgamento de ação popular ajuizada em face do Ministro de Estado, o STF entende que o processo e julgamento ficam a cargo do juiz de primeira instância.

As partes envolvidas: o autor será Pedro, com a devida comprovação de sua condição de cidadão, o que ocorre com a juntada da cópia de seu título de eleitor, nos termos do Art. 1º, § 3º, da Lei nº 4.717/65 ("*A prova da cidadania, para ingresso em juízo, será feita com o título eleitoral, ou com documento que ele corresponda*").

PRÁTICA CONSTITUCIONAL – 6ª EDIÇÃO

Os réus deverão ser a autarquia federal A e seu presidente, o ministro de estado, o presidente da comissão de licitação, a multinacional M, que contratou com o Poder Público, e seu diretor executivo, conforme o disposto no Art. 6º da Lei nº 4.717/65 ("*A ação será proposta contra as pessoas públicas ou privadas e as entidades referidas no Art. 1º, contra as autoridades, funcionários ou administradores que houverem autorizado, aprovado, ratificado ou praticado o ato impugnado, ou que, por omissas, tiverem dado oportunidade à lesão, e contra os beneficiários diretos do mesmo*").

Deve ser pleiteado o deferimento de provimento cautelar, de modo a suspender a execução dos contratos, já que o *fumus boni iuris* está demonstrado e o *periculum in mora* é mais que evidente, pois o dinheiro público será direcionado ao pagamento de valores superfaturados.

Os pedidos devem ser de anulação dos atos praticados, em razão de sua lesividade ao interesse público e de condenação dos envolvidos ao ressarcimento dos danos que eventualmente venham a ser consumados.

DISTRIBUIÇÃO DOS PONTOS

ITEM	PONTUAÇÃO
Endereçamento da Ação Popular: Justiça Federal ou Vara Federal ou Juiz Federal da Seção Judiciária do Rio de Janeiro/RJ (0,10).	0,00 / 0,10
Qualificação: Pedro (0,05), a Autarquia Federal A (0,05) e seu presidente (0,05), o presidente da comissão de licitação (0,05), a multinacional M (0,05) e seu diretor executivo (0,05) e o Ministro de Estado (0,05)	0,05/0,10 / 0,15/0,20 / 0,25/0,30/0,35
Fundamentação	
1. Legitimidade: Demonstração de que Pedro pode figurar como autor da ação popular, em razão de sua condição de cidadão com título de eleitor (0,20), conforme o Art. 1º, § 3º, da Lei nº 4.717/65 (0,10), e que as partes rés, na hipótese em tela, praticaram atos contrários a esses referenciais. (0,20), conforme o Art. 6º da Lei nº 4.717/65 (0,10)	0,00 / 0,20/ 0,30 /0,40/0,50/0,60
2. Cabimento da Ação Popular: O objeto da ação é a proteção do patrimônio público e da moralidade administrativa (0,35), conforme Art. 5º, LXXIII, da CRFB/88 e/ou Art. 1º da Lei nº. 4.717/65 (0,10)	0,00 / 0,35/ 0,45
3. Os contratos firmados, em razão do superfaturamento, afrontam a moralidade administrativa (0,30) e a legalidade (0,30), apresentando grande lesividade para o patrimônio público (0,30), conforme Art. 3º (0,10) e Art. 4º, III, c, ambos da Lei nº. 4.717/65 (0,10)	0,00 / 0,30 / 0,40/ 0,50/0,60/0,70/0,80/0,90 / 1,00/ 1,10
Da medida liminar	
Demonstração da presença dos requisitos autorizadores para a concessão da medida cautelar: Presença do *fumus boni iuris* (0,30) e o *periculum in mora* (0,30).	0,00 / 0,30 / 0,60

Pedidos	
1. concessão de medida liminar para a suspensão dos contratos administrativos superfaturados; (0,40)	0,00 / 0,40
declaração de nulidade dos contratos administrativos superfaturados como pedido principal; (0,40) condenação dos responsáveis ao ressarcimento dos danos causados; (0,40) Condenação nas verbas de sucumbência (0,40)	0,00 / 0,40 / 0,80/1,20
Valor da causa: De acordo com o Art. 291, do CPC. (0,10)	0,00 / 0,10
Fechamento da peça: Local / Município ..., Data..., Advogado... e OAB... (0,10)	0,00 / 0,10

(OAB/ Exame Unificado – 2016.2- 2ª fase) Determinado partido político, que possui dois deputados federais e dois senadores em seus quadros, preocupado com a efetiva regulamentação das normas constitucionais, com a morosidade do Congresso Nacional e com a adequada proteção à saúde do trabalhador, pretende ajuizar, em nome do partido, a medida judicial objetiva apropriada, visando à regulamentação do Art. 7º, inciso XXIII, da Constituição da República Federativa do Brasil de 1988.

O partido informa, por fim, que não se pode compactuar com desrespeito à Constituição da República por mais de 28 anos.

Considerando a narrativa acima descrita, elabore a peça processual judicial objetiva adequada.´(- Valor : 5,00)

Obs.: o examinando deve fundamentar suas respostas. A mera citação do dispositivo legal não confere pontuação.

GABARITO COMENTADO

Peça processual: *Ação Direta de Inconstitucionalidade por omissão*, a qual terá por objeto declarar a omissão na regulamentação do Art. 7º, inciso XXIII, da CRFB/88. O candidato deverá elaborar uma petição dessa natureza, visto o comando da questão solicitar a peça processual objetiva adequada.

Competência: Supremo Tribunal Federal, segundo o Art. 102, inciso I, a, da CRFB/88.

Legitimidade ativa: Partido Político. Os legitimados à propositura da ADO estão arrolados no Art. 103, incisos I a IX, da Constituição Federal, conforme dispõem o Art. 2º e o Art. 12-A, ambos da Lei nº 9.868/99, acrescidos pela Lei nº 12.063/2009.

Legitimidade passiva: Congresso Nacional. Fundamentação:

Antes de adentrar o mérito, devem ser abertos os seguintes tópicos: da Legitimidade Ativa – A legitimidade ativa do partido político para a propositura da presente encontra assento no Art. 103, inciso VIII, da CRFB/88; da Competência Originária – Na forma do Art. 102, inciso I, a, da CRFB/88, é de competência originária do STF o processamento e julgamento da Ação Direta de Inconstitucionalidade por Omissão; do Cabimento da Ação – Eficácia limitada do Art. 7º, inciso XXIII, da CRFB/1988 e a sua necessária regulamentação.

PRÁTICA CONSTITUCIONAL – 6ª EDIÇÃO

Pedido: diante do exposto e com fulcro na Lei nº 9.868/99,

1. seja julgado procedente o pedido, para que seja declarada a mora legislativa do Congresso Nacional na elaboração da Lei específica do Art. 7º, inciso XXIII, da CRFB/88;

2. seja dada ciência ao Poder competente para a adoção das providências necessárias;

3. seja promovida a oitiva do Exmo. Sr. Procurador Geral da República para que emita o seu parecer, nos termos do Art. 12-E, § 3º, da Lei nº 9.868/99.

Provas – Requer a produção de todas as provas admitidas em direito, na forma do Art. 14, parágrafo único, da Lei nº 9.868/99.

Local e data Advogado/OAB

DISTRIBUIÇÃO DOS PONTOS

ITEM	PONTUAÇÃO
Endereçamento: Supremo Tribunal Federal (0,10).	0,00 / 0,10
Legitimação ativa: Partido Político com representação no Congresso Nacional (0,10).	0,00 / 0,10
Legitimação Passiva: Congresso Nacional (0,10).	0,00 / 0,10
Fundamentação: da legitimidade ativa – A legitimidade ativa e universal do partido político para a propositura da presente ação (0,60) encontra assento no Art. 103, inciso VIII, da CRFB/88. (0,10)	0,00 / 0,60 / 0,70
da competência originária – o processamento e julgamento da Ação Direta de Inconstitucionalidade por Omissão é de competência originária do STF (0,60), na forma do Art. 102, inciso I, a, da CRFB/88 (0,10).	0,00 / 0,60 / 0,70
do cabimento da ação – eficácia limitada do Art. 7º, inciso XXIII, da CRFB/1988 e a sua necessária regulamentação. (0,80)	0,00 / 0,80
Pedidos:	
1. Intimação do Congresso Nacional para prestar informações (0,45) em 30 (trinta) dias (0,15)	0,00 /0,15/ 0,45/0,60
2. Oitiva do Exmo. Sr. Procurador Geral da República, para que emita o seu parecer (0,35), em até 15 (quinze) dias (0,15), nos termos do Art. 12- E, § 3º, da Lei nº 9.868/99 (0,10).	0,00 /0,15/ 0,25 / 0,35/ 0,45/0,50/0,60
3. A procedência do pedido para que seja declarada a mora legislativa do Congresso Nacional na elaboração da Lei (0,70) exigida pelo Art. 7º, inciso XXIII, da CRFB/88. (0,10);	0,00 / 0,70 / 0,80
Provas	
Requer a produção de todas as provas admitidas em direito (0,20), na forma do Art. 14, parágrafo único, da Lei nº 9.868/99. (0,10)	0,00/0,20 /0,30

Valor da causa (0,10)	0,00 / 0,10
Local e data, advogado/OAB (0,10)	0,00 / 0,10

(OAB/ Exame Unificado- 2016.3- 2ª fase) O Prefeito do Município Alfa, preocupado com a adequada conduta no seu mandato, procura o presidente nacional do seu partido político Beta, o qual possui representação no Congresso Nacional, e informa que a Lei Orgânica do Município Alfa, publicada em 30 de maio de 1985, estabelece, no seu Art. 11, diversas condutas como crime de responsabilidade do Prefeito, entre elas o não atendimento, ainda que justificado, a pedido de informações da Câmara Municipal, inclusive com previsão de afastamento imediato do Prefeito a partir da abertura do processo político.

Informou, também, que a mesma Lei Orgânica, em seu Art. 12, contém previsão que define a competência de processamento e julgamento do Prefeito pelo cometimento de crimes comuns perante Justiça Estadual de primeira instância.

Por fim, informou que, em razão de disputa política local, houve recente representação oferecida por Vereadores da oposição com o objetivo de instaurar processo de apuração de crime de responsabilidade com fundamento no referido Art. 11 da Lei Orgânica, a qual poderá ser analisada a qualquer momento.

O partido político, após o devido trâmite interno estabelecido no seu estatuto, conclui que a norma municipal está em dissonância com a CRFB/88 e decide adotar providência judicial em relação ao tema.

Considerando a situação narrada, na condição de advogado(a) do partido político Beta, utilizando-se do instrumento constitucional adequado, elabore a medida judicial de controle objetivo cabível. (Valor: 5,00)

Obs.: o examinando deve fundamentar suas respostas. A mera citação do dispositivo legal não confere pontuação.

GABARITO COMENTADO

A peça adequada nesta situação é a *petição inicial de Arguição de Descumprimento de Preceito Fundamental.*

A petição deve ser endereçada ao Supremo Tribunal Federal, órgão judicial competente para processar e julgar a referida ação, conforme o Art. 102, § 1º, da CRFB/88 c/c o Art. 1º da Lei nº 9.882/99.

O examinando deve indicar a legitimidade do partido político, que possui representação no Congresso Nacional, na forma do Art. 2º, inciso I, da Lei nº 9.882/99 c/c o Art. 103 da CRFB/88.

O examinando deve justificar o cabimento da ADPF como única ação de controle concentrado de constitucionalidade cabível contra norma municipal e anterior à CRFB/88, na forma do Art. 1º, parágrafo único, inciso I, e do Art. 4º, § 1º, ambos da Lei nº 9.882/99.

O examinando deve indicar o ato municipal impugnado (Art. 11 e Art. 12 da Lei Orgânica do Município Alfa).

PRÁTICA CONSTITUCIONAL – 6ª EDIÇÃO 154

O examinando deve indicar e demonstrar justificadamente os preceitos fundamentais da CRFB/88 violados, quais sejam:

I) o Art. 2º (violação ao princípio da separação de poderes);

II) o Art. 22, inciso I, (violação à competência legislativa exclusiva da União); e

III) o Art. 29, *caput* e inciso X (que dispõem sobre os municípios e sobre as respectivas leis orgânicas, as quais devem observar os preceitos da Constituição da República, especialmentegarantindo aos Prefeitos a prerrogativa de foro perante o Tribunal de Justiça em crimes comuns).

Deve, ainda, mencionar o examinando a existência da Súmula Vinculante 46 do STF: *"A definição dos crimes de responsabilidade e o estabelecimento das respectivas normas de processo e julgamento são de competência legislativa privativa da União".*

Deve ser elaborado pedido liminar com fundamento no Art. 5º, § 3º, da Lei 9.882/99, com o objetivo específico de sustar a eficácia do Art. 11 e, por consequência, suspender o trâmite da representação por crime de responsabilidade oferecida em desfavor do Prefeito.

Como pedido final, a peça deve requerer o julgamento pela procedência da arguição para declarar a incompatibilidade com a Constituição da República dos Artigos 11 e 12 da Lei Orgânica, de 30 de maio de 1985, do Município Alfa.

(OAB/ Exame Unificado- 2017.1- 2ª fase) A Associação Alfa, constituída há 3 (três) anos, cujo objetivo é a defesa do patrimônio social e, particularmente, do direito à saúde de todos, mostrou-se inconformada com a negativa do Posto de Saúde Gama, gerido pelo Município Beta, de oferecer atendimento laboratorial adequado aos idosos que procuram esse serviço. O argumento das autoridades era o de que não havia profissionais capacitados e medicamentos disponíveis em quantitativo suficiente. Em razão desse estado de coisas e do elevado número de idosos correndo risco de morte, a Associação resolveu peticionar ao Secretário municipal de Saúde, requerendo providências imediatas para a regularização do serviço público de Saúde.

O Secretário respondeu que a situação da Saúde é realmente precária e que a comunidade precisa ter paciência e esperar a disponibilização de repasse dos recursos públicos federais, já que a receita prevista no orçamento municipal não fora integralmente realizada. Reiterou, ao final e pelas razões já aventadas, a negativa de atendimento laboratorial aos idosos. Apesar disso, as obras públicas da área de lazer do bairro em que estava situado o Posto de Saúde Gama, nos quais eram utilizados exclusivamente recursos públicos municipais, continuaram a ser realizadas.

Considerando os dados acima, na condição de advogado(a) contratado(a) pela Associação Alfa, elabore a medida judicial cabível para o enfrentamento do problema, inclusive com providências imediatas, de modo que seja oferecido atendimento adequado a todos os idosos que venham a utilizar os serviços do Posto de Saúde. A demanda exigirá dilação probatória. (Valor: 5,00)

Obs.: a peça deve abranger todos os fundamentos de Direito que possam ser utilizados para dar respaldo à pretensão. A simples menção ou transcrição do dispositivo legal não confere pontuação.

GABARITO COMENTADO

A peça adequada nesta situação é a petição inicial de uma <u>Ação Civil Pública</u>.

A petição deve ser endereçada ao Juízo Cível da Comarca X ou ao Juízo de Fazenda Pública da Comarca X, já que os dados constantes do enunciado não permitem identificar a organização judiciária do local.

O (A) examinando(a) deve indicar, na qualificação das partes, a Associação Alfa como demandante, e o Município Beta, como demandado.

A legitimidade ativa da Associação Alfa decorre do fato de ter sido constituída há mais de 1 (um) ano e destinar-se à defesa do patrimônio social e do direito à saúde de todos, atendendo ao disposto no Art. 5º, inciso V, alíneas a e b, da Lei nº 7.347/85. A legitimidade passiva do Município Beta é justificada por ser o responsável pela gestão do Posto de Saúde Gama.

O cabimento da ação civil pública decorre do fato de o objetivo da demanda judicial ser a defesa de <u>todos </u>os idosos que procuram o atendimento do Posto de Saúde Gama, nos termos das finalidades estatutárias da Associação – defesa do patrimônio social e, particularmente, do direito à saúde de todos –, e não eventual defesa de direito ou interesse individual. Como se discute a qualidade do serviço público oferecido à população e esses idosos não podem ser individualizados, trata-se de típico interesse difuso, enquadrando-se no Art. 1º, incisos IV e VIII, da Lei nº 7.347/85.

O que se verifica, na hipótese, é a necessidade de defesa do direito à vida e à saúde dos idosos que procuram os serviços do Posto de Saúde Gama, bem como de sua dignidade, amparados pelo Art. 1º, inciso III, pelo Art. 5º, *caput*, pelo Art. 6º e pelo Art. 196, todos da CRFB/88. Na fundamentação, deve ser indicado que esses direitos estão sendo preteridos para a realização de obras públicas na área de lazer, o que é constitucionalmente inadequado em razão da maior importância dos referidos direitos. Afinal, sem vida e saúde, não há possibilidade de lazer. O Município tem o dever de assegurar o direito à saúde dos idosos e de cumprir a competência constitucional conferida para fins de prestação do serviço público de saúde (Art. 30, inciso VII, Art. 196 e Art. 230, todos da CRFB/88).

É importante que o(a) examinando(a) formule pedido de concessão de medida liminar, a fim de compelir o Município a regularizar o sistema de saúde e prestar o atendimento laboratorial adequado aos idosos na localidade abrangida pelo Posto de Saúde. O examinando deve indicar a proteção constitucional dos direitos à vida e à saúde, bem como da dignidade humana, e o risco de ineficácia da medida final, se a liminar não for deferida, tendo em vista a urgência da situação, uma vez que os idosos estão sujeitos a complicações de saúde e a risco de morte, caso não recebam o tratamento de saúde adequado. Deve ser demonstrada, portanto, a presença do *fumus boni iuris* e do *periculum in mora*.

Ao final, deve ser formulado pedido para que a medida pleiteada em caráter liminar seja tornada definitiva. Deve ser requerida a produção das provas necessárias à demonstração da narrativa inaugural.

Por fim, deve-se apontar o valor da causa.

PRÁTICA CONSTITUCIONAL – 6ª EDIÇÃO   156

DISTRIBUIÇÃO DOS PONTOS

ITEM	PONTUAÇÃO
Endereçamento da petição (Juízo Cível da Comarca X ou Juízo de Fazenda Pública da Comarca X (0,10).	0,00/0,10
Qualificação das partes: A demandante é a Associação Alfa (0,10), figurando como demandado o Município Beta (0,10)	0,00/0,10/0,20
Legitimidade	0,00/0,10/0,20/0,30/0,40
A legitimidade ativa da Associação Alfa decorre do fato de ter sido constituída há mais de 1 (um) ano (0,10) e destinar-se à defesa do patrimônio social e do direito à saúde de todos (0,10), atendendo ao disposto no Art. 5º, inciso V, alíneas ´a´ e ´b´, da Lei nº 7.347/85 (0,10). A legitimidade passiva do Município Beta é justificada por ser o responsável pela gestão do Posto de Saúde Gama (0,10).	
Cabimento da ação civil pública O cabimento exclusivo da ação civil pública decorre do fato de o objetivo da demanda judicial ser a defesa de <u>todos </u>os idosos que procuram o atendimento do Posto de Saúde Gama, nos termos das finalidades estatutárias da Associação defesa do patrimônio social e, particularmente, do direito à saúde de todos –, e	0,00/0,10/0,20/0,30/0,40

(OAB/ Exame Unificado 2017.2 – 2º fase) Edson, idoso aposentado por invalidez pelo regime geral de previdência social, recebe um salário mínimo por mês. Durante mais de três décadas, esteve exposto a agentes nocivos à saúde, foi acometido por doença que exige o uso contínuo de medicamento controlado, cuja ministração fora da forma exigida pode colocar em risco a sua vida.

Em razão de sua situação pessoal, todo dia 5 comparece ao posto de saúde existente na localidade em que reside, retirando a quantidade necessária do medicamento para os próximos trinta dias. No último dia 5, foi informado, pelo Diretor do referido posto, que a central de distribuição não entregara o medicamento, já que o Município, em razão da crise financeira, não pagava os fornecedores havia cerca de seis meses.

Inconformado com a informação recebida, Edson formulou, logo no dia seguinte, requerimento endereçado ao Secretário Municipal de Saúde, autoridade responsável pela administração das dotações orçamentárias destinadas à área de saúde e pela aquisição dos medicamentos encaminhados à central de distribuição, órgão por ele dirigido. Na ocasião, esclareceu que a ausência do medicamento poderia colocar em risco sua própria vida. Em resposta escrita, o Secretário reconheceu que Edson tinha necessidade do medicamento, o que fora documentado pelos médicos do posto de saúde, e informou que estavam sendo adotadas as providências necessárias à solução da questão, mas que tal somente ocorreria dali a 160 (cento e sessenta) dias, quando o governador do Estado prometera repassar receitas a serem aplicadas à saúde municipal. Nesse meio-tempo, sugeriu que Edson procurasse o serviço de emergência sempre que o seu estado de saúde apresentasse alguma piora.

Edson, de posse de toda a prova documental que por si só basta para demonstrar os fatos narrados, em especial a resposta do Secretário Municipal de Saúde, procura você, uma semana depois, para contratar seus serviços como advogado(a), solicitando o ajuizamento da medida judicial que ofereça resultados mais céleres, sem necessidade de longa instrução probatória, para que consiga obter o medicamento de que necessita.

Levando em consideração as informações expostas, ciente da desnecessidade da dilação probatória, elabore a medida judicial adequada, com todos os fundamentos jurídicos que conferem sustentação ao direito de Edson. (Valor: 5,00)

Obs.: a peça deve abranger todos os fundamentos de Direito que possam ser utilizados para dar respaldo à pretensão. A simples menção ou transcrição do dispositivo legal não confere pontuação.

GABARITO COMENTADO

A peça adequada nessa situação é a Petição Inicial de Mandado de Segurança. A petição deve ser endereçada ao Juízo Cível da Comarca X ou ao Juízo de Fazenda Pública da Comarca X, já que os dados constantes do enunciado não permitem identificar a organização judiciária do local.

O examinando deve indicar, na qualificação das partes, o impetrante Edson e, como autoridade coatora, o Secretário Municipal de Saúde. A legitimidade ativa de Edson decorre do fato de necessitar do medicamento para preservar sua saúde, sendo titular do direito que postula. A legitimidade passiva do Secretário, por sua vez, é justificada pelo fato de ser o responsável pela aquisição dos medicamentos e de dirigir a central de distribuição.

O examinando deve indicar, no mérito, que a saúde é direito de todos e dever do Poder Público, nos termos do Art. 196, caput, da CRFB/88 e também do art. 6o. Acresça-se que o serviço de saúde oferecido pelo Município deve assegurar o "atendimento integral", conforme prevê o Art. 198, inciso II, da CRFB/88, o que inclui o fornecimento de medicamentos. Há aplicação imediata das normas sobre direitos fundamentais consoante art. 5o. § 1o da CRFB. Em razão das características pessoais de Edson, como a ausência do medicamento pode colocar em risco a sua vida, é evidente a sua exigibilidade como forma de materializar a dignidade humana, contemplada no Art. 1o, inciso III, da CRFB/88. Portanto, deve ser assegurada a efetividade do direito social à saúde. Essa base normativa justifica a escolha do instrumento processual (MS) previsto no Art. 5o, inciso LXIX, da CRFB/88 e/ou no Art. 1o, caput, da Lei no 12.016/09. Há direito líquido e certo lastreado em prova pré-constituída, já que o próprio Secretário de Saúde reconheceu que Edson necessita do medicamento, bem como que o seu fornecimento está suspenso.

O examinando deve sustentar que, além do fundamento relevante do direito de Edson, há o risco de ineficácia da medida final se a liminar não for deferida, tendo em vista a urgência da situação, já que Edson corre risco de morte.

A peça deve conter os pedidos de

(i) concessão da medida liminar, para que a autoridade coatora reestabeleça o fornecimento do medicamento de que Edson necessita; e, ao final,

(ii) procedência do pedido, com confirmação da concessão da ordem, atribuindo-se caráter definitivo à tutela liminar.

O examinando deve ainda se qualificar como advogado e atribuir valor à causa.

PRÁTICA CONSTITUCIONAL – 6ª EDIÇÃO

DISTRIBUIÇÃO DOS PONTOS

A peça adequada nesta situação é a Petição Inicial de Mandado de Segurança.	
Endereçamento:	0,00/0,10
A petição deve ser endereçada ao Juízo Cível da Comarca X ou ao Juízo de Fazenda Pública da Comarca X (0,10).	0,00/0,10
Impetrante: Edson (0,10).	0,00/0,20
Autoridade coatora: Secretário Municipal de Saúde (0,10).	0,00/0,20
Legitimidade ativa de Edson: decorre do fato de necessitar do medicamento para preservar sua saúde, sendo titular do direito que postula (0,20).	0,00/0,20
Legitimidade passiva do Secretário: é justificada pelo fato de ser o responsável pela aquisição dos medicamentos e de dirigir a central de distribuição (0,20).	0,00/0,20
Fundamentos de mérito:	0,00/0,50/0,60
1 - A saúde é direito de todos e dever do Poder Público (0,50), nos termos do Art. 6o OU Art. 196, caput, ambos da CRFB/88 (0,10);	0,00/0,50/0,60
2 - O serviço de saúde oferecido pelo Município deve assegurar o "atendimento integral" (0,50), conforme prevê o Art. 198, inciso II, da CRFB/88 (0,10), o que inclui o fornecimento de medicamentos (0,10);	0,00/0,10/0,50/ 0,60/0,70
3 - A ausência do medicamento pode colocar em risco a vida de Edson, o que afronta a dignidade humana (0,50), contemplada no Art. 1o, inciso III, OU Art. 5o, caput, ambos da CRFB/88 (0,10);	0,00/0,50/0,60
4 - Deve ser assegurada a efetividade do direito social à saúde (0,30), conforme Art. 5o, § 1o, da CRFB (0,10);	0,00/0,50/0,60 0,00/0,30/0,40
5 - Os fundamentos constitucionais do direito à saúde justificam a escolha do MS (0,10), previsto no Art. 5o, inciso LXIX, da CRFB/88 OU no Art. 1o, caput, da Lei no 12.016/09 (0,10);	0,00/0,10/0,20
6 - Há prova pré-constituída, já que o próprio Secretário de Saúde reconheceu que Edson necessita do medicamento (0,20) e de que o seu fornecimento fora suspenso (0,20).	0,00/0,20/0,40
A relevância da fundamentação está expressa nos argumentos de mérito (0,40);	0,00/0,40
Há risco de ineficácia da medida final se a liminar não for deferida, tendo em vista a urgência da situação, pois Edson corre risco de morte (0,40);	0,00/0,40
Pedidos: Concessão da medida liminar, para que a autoridade coatora reestabeleça o fornecimento do medicamento que Edson necessita (0,20); Ao final, procedência do pedido, com confirmação da concessão da ordem, atribuindo-se caráter definitivo à tutela liminar (0,20).	
Valor da Causa (0,10)	0,00/0,10
Fechamento: local, data assinatura e OAB (0,10)	0,00/0,10

PEÇAS PROCESSUAIS
MODELOS COMPLEMENTARES

EXCEÇÃO DE IMPEDIMENTO

1. ESTRUTURA BÁSICA

REQUISITOS	Art. 146, do CPC. A exceção é processada em apenso.
ENDEREÇAMENTO	Juízo ou Tribunal que efetivou a citação.
IDENTIFICAÇÃO DO PROCESSO	Indicação das partes, do número do processo e do nome da ação.
TRATAMENTO DAS PARTES	Excipiente (quem propõe a exceção) e excepto (que no caso da exceção de impedimento é o próprio juiz)
FUNDAMENTOS FÁTICOS E JURÍDICOS	Narrar o ocorrido, mas sem debater o mérito da ação, apenas desenvolvendo os fundamentos jurídicos com base em uma das hipóteses do art. 144, do CPC.
PEDIDO	O excipiente deverá pedir o recebimento e processamento da exceção para que o juiz se declare impedido e remeta os autos ao seu substituto legal.
PROVAS	O excipiente deverá protestar pela produção de provas capazes de comprovar os fatos alegados.

2. MODELO – EXCEÇÃO DE IMPEDIMENTO

Excelentíssimo Senhor Doutor Juiz De Direito Da ... Vara ... Da Comarca De ... .

Pular 10 linhas

_____*(qualificação do réu – nome, estado civil, profissão, endereço, CNPJ, endereço)*, vem mui respeitosamente a presença de Vossa Excelência, por meio de seu advogado e bastante procurador que esta subscreve (doc. 01 – mandato), com fundamento no art. 146, do CPC, oferecer **EXCEÇÃO DE IMPEDIMENTO,** nos termos dos fundamentos de fato e de direito a seguir aduzidos:

PRÁTICA CONSTITUCIONAL – 6ª EDIÇÃO

I – DOS FATOS

Trazer um resumo dos fatos.

II – DO DIREITO

Expor as razões que fundamentam o pedido, com fundamento no art. 144 do CPC.

(Citar a lei, amarrada com os fatos, bem como legislação, doutrina e jurisprudência)

III – DO PEDIDO

Ante o exposto, é o presente para requerer que Vossa Excelência se digne em reconhecer o impedimento, determinando-se a remessa dos presentes autos ao substituto legal, ou, se assim não entender Vossa Excelência, que determine a sua remessa ao E. Tribunal de Justiça (ou Tribunal Regional Federal ou Superior Tribunal de Justiça), nos termos do art. 146, §1º, do CPC.

Protesta pela produção de prova documental e pericial, e de todos os meios probatórios em direito admitidos, ainda que não especificados no Código de Processo Civil, desde que moralmente legítimos (CPC, art.369).

Termos em que, pede deferimento.

Local ..., data...

Advogado ...

OAB ....

EXCEÇÃO DE INCOMPETÊNCIA

A exceção de incompetência deve ser alegada como preliminar de contestação, conforme disposto no art.64, CPC, que assim dispõe: "a incompetência, absoluta ou relativa, será alegada como questão preliminar de constestação."

Portanto, não temos mais uma peça própria (em separado) para esse instituto, estando revogados os arts.308 a 311, do Código de Processo civil de 1973.

EXCEÇÃO DE SUSPEIÇÃO

1. ESTRUTURA BÁSICA

REQUISITOS	Art. 146, do CPC. A exceção é processada em apenso.
ENDEREÇAMENTO	Juízo ou Tribunal que efetivou a citação.
IDENTIFICAÇÃO DO PROCESSO	Indicação das partes, do número do processo e do nome da ação.
TRATAMENTO DAS PARTES	Excipiente (quem propõe a exceção) e excepto (no caso da exceção de suspeição é o próprio juiz).

FUNDAMENTOS FÁTICOS E JURÍDICOS	Narrar o ocorrido, mas sem debater o mérito da ação, apenas desenvolvendo os fundamentos jurídicos com base em uma das hipóteses do art. 145,do CPC.
PEDIDO	O excipiente deverá pedir o recebimento e processamento da exceção para que o juiz acolha a exceção de incompetência, determinando, primeiramente, a suspensão do processo (art.313, III, do CPC), o apensamento aos autos principais e a intimação do excepto para se manifestar em 10 dias, e, ao final, a remessa dos autos à Vara, Câmara ou Tribunal competente.
PROVAS	O excipiente deverá protestar pela produção de provas capazes de comprovar os fatos alegados.

2. MODELO – EXCEÇÃO DE SUSPEIÇÃO

Excelentíssimo Senhor Doutor Juiz de Direito da ... Vara ... Da Comarca de ... .

Pular 10 linhas

_____(*qualificação do réu – nome, estado civil, profissão, endereço, CNPJ, endereço)*, vem mui respeitosamente a presença de Vossa Excelência, por meio de seu advogado e bastante procurador que esta subscreve (doc. 01 – mandato), com fundamento no art.146, do CPC, oferecer **EXCEÇÃO DE SUSPEIÇÃO,** nos termos dos fundamentos de fato e de direito a seguir aduzidos:

I – DOS FATOS

Trazer um resumo dos fatos.

II – DO DIREITO

Expor as razões que fundamentam o pedido, com fundamento no art. 145, do CPC.

(citar a lei, amarrada com os fatos, bem como legislação, doutrina e jurisprudência)

III – DO PEDIDO

Ante o exposto, é o presente para requerer que Vossa Excelência se digne em reconhecer a suspeição, determinando-se a remessa dos presentes autos ao substituto legal, ou, se assim não entender Vossa Excelência, que determine a sua remessa ao E. Tribunal de Justiça (ou Tribunal Regional Federal ou Superior Tribunal de Justiça), nos termos do art. 146, §1º do CPC.

Protesta pela produção de prova documental e pericial, e de todos os meios probatórios em direito admitidos, ainda que não especificados no Código de Processo Civil, desde que moralmente legítimos (CPC, art. 369).

Termos em que, pede deferimento.

Local ..., data...

Advogado ...

OAB ...

RECONVENÇÃO

1. ESTRUTURA BÁSICA

REQUISITOS	Os mesmos da petição inicial (art. 319, do CPC). Poderá ser oferecida em peça autônoma ou como preliminar em contestação e o prazo é o mesmo da contestação (15 dias – art. 335, do CPC).
ENDEREÇAMENTO	Juízo ou Tribunal que efetivou a citação.
IDENTIFICAÇÃO DO PROCESSO	Indicação das partes, do número do processo e do nome da ação.
TRATAMENTO DAS PARTES	Reconvinte (aquele que apresenta a reconvenção) e reconvindo (o autor da ação).
FUNDAMENTOS FÁTICOS E JURÍDICOS	Estes requisitos tratam do seguinte: "DOS FATOS" (fundamentos de fato) e "DO DIREITO" (fundamentos jurídicos). Quanto à parte "I – DOS FATOS", pode se fazer a seguinte subdivisão: "1) Dos fatos alegados pelo autor" (aqui faz-se um breve resumo da petição inicial); "2) Da verdade dos fatos" (aqui conta-se a versão do réu sobre os fatos). Essa divisão é pertinente, principalmente quando houver controvérsia sobre como os fatos ocorreram.
FUNDAMENTOS FÁTICOS E JURÍDICOS	Quanto à parte "II – DO DIREITO", pode-se fazer a seguinte divisão: 1) Do cabimento da reconvenção; 2) Do mérito. Deverá o reconvinte no item "Do cabimento da reconvenção" demonstrar a conexão e justificar o cabimento da reconvenção. Por último deve o réu tratar do item "Do mérito". Deverá o reconvinte citar legislação, doutrina e jurisprudência, nessa ordem.
PEDIDO	O reconvinte deverá requerer a intimação do autor reconvindo para contestar a reconvenção no prazo legal; a procedência da ação; bem como os ônus da sucumbência.
PROVAS	O réu reconvinte deverá requerer a produção das provas pertinentes para comprovar as suas alegações.
VALOR DA CAUSA	Seguirá a regra dos arts. 291 a 293, do CPC.

2. MODELO – RECONVENÇÃO

Observação em relação ao novo Código de Processo Civil: Conforme disposto no art.343, CPC, é possível (lícito) ao réu propor reconvenção na contestação. Desta forma, o autor deverá contestar o pedido, opondo-se a ele, somando à conduta de contra-ataque ao autor, por meio da reconvenção, sendo necessário que deixe muito especificado na contestação esse pedido de reconvenção. Abaixo temos um modelo de reconvenção como peça autônoma.

Excelentíssimo Senhor Doutor Juiz de Direito da ... Vara ... da Comarca de ... .

Pular 10 linhas

_____*(qualificação do réu – nome, estado civil, profissão, endereço, CNPJ, endereço)*, vem mui respeitosamente a presença de Vossa Excelência, por meio de seu advogado e bastante procurador que esta subscreve (doc. 01 – mandato), oferecer **RECONVENÇÃO** à ação que lhe promove a **FAZENDA DO ESTADO DE** _____, Pessoa Jurídica de Direito Público, com sede na _____, nos termos dos fundamentos de fato e de direito a seguir aduzidos:

I – DOS FATOS

1. Dos fatos alegados pelo autor reconvindo

(...)

2. Da verdade dos fatos

(...)

II – DO DIREITO

1. Do cabimento da reconvenção

(vide art. 343 do CPC)

2. Do mérito

(Citar a lei, amarrada com os fatos, bem como legislação, doutrina e jurisprudência)

III – DO PEDIDO

Ante o exposto, é o presente para requerer que Vossa Excelência se digne em:

a) determinar a intimação do autor reconvindo para contestar a presente reconvenção no prazo legal;

b) julgar a presente reconvenção procedente, condenando-se o autor reconvindo ao pagamento de ..., além do pagamento das custas e despesas processuais, bem como dos honorários advocatícios.

(A depender da condição econômica do réu reconvinte, deve-se pedir os benefícios da justiça gratuita)

Protesta pela produção de prova documental e pericial, e de todos os meios probatórios em direito admitidos, ainda que não especificados no Código de Processo Civil, desde que moralmente legítimos (CPC, art.369).

Dá-se à causa o valor de R$ ... (valor por extenso).

Termos em que, pede deferimento.

Local ..., data...

Advogado ...

OAB ....

IMPUGNAÇÃO AO CUMPRIMENTO DE SENTENÇA

1. ESTRUTURA BÁSICA

REQUISITOS	O Código de Processo Civil não trouxe requisitos, trata-se de mera petição. O prazo para apresentação da impugnação é de 15 dias (art.523,, do CPC).
ENDEREÇAMENTO	Juízo ou Tribunal da causa.
IDENTIFICAÇÃO DO PROCESSO	Indicação das partes, do número do processo e do nome da ação.
TRATAMENTO DAS PARTES	Autor e réu (credor e devedor).
FUNDAMENTOS FÁTICOS E JURÍDICOS	Estes requisitos tratam do seguinte: "DOS FATOS" (fundamentos de fato) e "DO DIREITO" (fundamentos jurídicos). Quanto à parte "I – DOS FATOS" far-se-á um resumo do ocorrido.
FUNDAMENTOS FÁTICOS E JURÍDICOS	Quanto à parte "II – DO DIREITO", o devedor deverá trazer os fundamentos jurídicos conforme dispõe o art. 525,do CPC. Deverá o réu citar legislação, doutrina e jurisprudência, nessa ordem.
PEDIDO	O réu deverá requerer o recebimento da impugnação nos próprios autos com a suspensão da ação, demonstrando os requisitos legais e o pedido principal de acordo com os fundamentos jurídicos.
VALOR DA CAUSA	Não há.

2. MODELO – IMPUGNAÇÃO AO CUMPRIMENTO DE SENTENÇA

Excelentíssimo Senhor Doutor Juiz de Direito da ... Vara ... da Comarca de ... .

Pular 10 linhas

_____(qualificação do réu – nome, estado civil, profissão, endereço, CNPJ, endereço)*, vem mui respeitosamente a presença de Vossa Excelência, por meio de seu advogado e bastante procurador que esta subscreve (doc. 01 – mandato), oferecer **IMPUGNAÇÃO AO CUMPRIMENTO DE SENTENÇA COM PEDIDO DE EFEITO,** nos termos dos fundamentos de fato e de direito a seguir aduzidos:

I – DOS FATOS

Trazer um resumo do processo.

II – DO DIREITO

Trazer os fundamentos jurídicos de acordo com o disposto no art. 525,do CPC.

(citar a lei, amarrada com os fatos, bem como legislação, doutrina e jurisprudência)

III – DO EFEITO SUSPENSIVO

Trazer os fundamentos para justificar o pedido, nos termos do art. 525, §6º,do CPC.

IV – DO PEDIDO

Ante o exposto, é o presente para requerer de Vossa Excelência a:

a) concessão de efeito suspensivo com o intuito de obstar o prosseguimento do cumprimento de sentença, nos termos do art. 525,§6º,do CPC;

b) intimação do credor, na pessoa de seu advogado, para que se manifeste acerca da presente impugnação;

c) o acolhimento da presente impugnação, condenando-se o credor ao pagamento das custas e despesas processuais, bem como dos honorários advocatícios.

Termos em que, pede deferimento.

Local ..., data...

Advogado ...

OAB ....

PETIÇÃO INICIAL DE EXECUÇÃO CONTRA A FAZENDA PÚBLICA

1. ESTRUTURA BÁSICA

REQUISITOS	Os mesmos da petição inicial (art. 319,do CPC), que compatíveis com a execução (art. 598 do CPC). O procedimento será aquele previsto nos arts. 910, e seguintes, do CPC.
ENDEREÇAMENTO	Juiz da causa.
TRATAMENTO DAS PARTES	Exequente e executado.
FUNDAMENTOS FÁTICOS E JURÍDICOS	Demonstrar o débito da Fazenda Pública, em geral com uma sentença condenatória transitada em julgado.
PEDIDO	Citação, por oficial de justiça, da Fazenda Pública para opor embargos no prazo legal. Caso a Fazenda não apresente embargos, pedir que o juiz requisite o pagamento por intermédio do Presidente do Tribunal competente (art. 100 da CF). Vide também a Lei de Juizados Especiais Federais (art. 17, § 1º, da Lei 10.259/2001) e Lei do Juizado Especial da Fazenda Pública (Lei 12.153/2009).
VALOR DA CAUSA	Valor do título.

2. MODELO – PETIÇÃO INICIAL DE EXECUÇÃO CONTRA A FAZENDA PÚBLICA

Excelentíssimo Senhor Doutor Juiz de Direito da ... Vara ... da Comarca de ... .

Pular 10 linhas

_____*(qualificação do réu – nome, estado civil, profissão, endereço, CNPJ, endereço)*, vem mui respeitosamente a presença de Vossa Excelência, por meio de seu advogado e bastante procurador que esta subscreve (doc. 01 – mandato), oferecer **EXECU-ÇÃO, com fundamento no art. 910, do CPC, em face da FAZENDA DO ESTADO DE** _____, Pessoa Jurídica de Direito Público, com sede na _____, nos termos dos fundamentos de fato e de direito a seguir aduzidos:

I – DOS FATOS

Demonstrar a existência de título contra a Fazenda Pública.

II – DO DIREITO

Demonstrar que a hipótese se enquadra no art. 910, do CPC.

(Citar a lei, amarrada com os fatos, bem como legislação, doutrina e jurisprudência)

III – DO PEDIDO

Ante o exposto, é o presente para requerer que Vossa Excelência se digne em:

a) determinar a citação, por oficial de justiça, da Fazenda Pública... para, querendo, opor embargos no prazo legal;

b) caso não sejam opostos embargos ou estes sejam julgados improcedentes, seja expedido ofício ao Presidente do Tribunal... para expedição do respectivo precatório, de acordo com o art. 100 da CF..., para pagamento do valor aqui pleiteado, além do pagamento das custas e despesas processuais, bem como dos honorários advocatícios.

(A depender da condição econômica do réu reconvinte, deve-se pedir os benefícios da justiça gratuita)

Dá-se à causa o valor de R$ ... (valor por extenso).

Termos em que, pede deferimento.

Local ..., data...

Advogado ...

OAB ....

Prática Administrativa

Wander Garcia, Teresa Melo, Bruna Vieira e Ariane Wady

EXERCÍCIOS
PRÁTICOS

1. PRINCÍPIOS E ATOS ADMINISTRATIVOS

(OAB/ Exame Unificado - 2017.2- 2ª Fase) No regular exercício do poder de polícia e após o devido processo administrativo, certo órgão competente da Administração Pública Federal aplicou à sociedade empresária Beleza Ltda. multa de R$ 10.000,00 (dez mil reais) pelo descumprimento de normas administrativas que lhe são aplicáveis.

Inconformada, a apenada apresentou o recurso administrativo cabível, no qual foi verificado que o valor da multa aplicada estava muito aquém dos limites estabelecidos pela lei. Após ciência e manifestação da pessoa jurídica em questão, a multa foi majorada para R$ 50.000,00 (cinquenta mil reais), sendo certo que tal valor foi mantido na terceira instância administrativa após novo recurso da sociedade.

Diante dessa situação hipotética, considerando que existe autoridade superior à que manteve a majoração da multa aplicada à sociedade empresária Beleza Ltda. e que não há legislação específica acerca de recursos no mencionado processo administrativo, responda aos itens a seguir.

A) Analise a viabilidade de a pessoa jurídica prejudicada recorrer administrativamente dessa última decisão. (Valor: 0,50)

B) É cabível a majoração da multa efetuada pela autoridade administrativa? (Valor: 0,75)

Obs.: o(a) examinando(a) deve fundamentar as respostas. A mera citação do dispositivo legal não confere pontuação.

GABARITO COMENTADO

A) Não é viável recorrer administrativamente, na hipótese. A norma geral do processo administrativo determina o cabimento de recurso por até três esferas administrativas, que já se consumaram na hipótese, tal como se depreende do Art. 57 da Lei no 9.784/99.

B) Sim. A Administração está autorizada a majorar a penalidade aplicada ao particular que se mostre contrária à lei, em decorrência do princípio da autotutela OU do poder--dever de zelar pela legalidade dos atos administrativos, na forma do Art. 64 da Lei no 9.784/99.

PRÁTICA ADMINISTRATIVA – 6ª EDIÇÃO

DISTRIBUIÇÃO DOS PONTOS

ITEM	PONTUAÇÃO
A. Não. A norma geral do processo administrativo determina o cabimento de recurso por até três esferas administrativas, que já se consumaram na hipótese (0,40), na forma do Art. 57 da Lei no 9.784/99 (0,10).	0,00/0,40/0,50
B. Sim. A Administração está autorizada a majorar a penalidade aplicada ao particular que se mostre contrária à lei (0,35), em decorrência do princípio da autotutela OU do poder- dever de zelar pela legalidade dos atos administrativos (0,30), na forma do Art. 64 da Lei no 9.784/99 OU Súmula no 473 do STF (0,10).	0,00/0,30/0,35/0,40/ 0,45/0,65/0,75

(OAB/Exame Unificado 2017.2- 2ª fase) O Congresso Nacional aprovou recentemente a Lei no 20.100/17, que reestruturou diversas carreiras do funcionalismo público federal e concedeu a elas reajuste remuneratório. Especificamente em relação aos analistas administrativos de determinada agência reguladora, foi instituída gratificação de desempenho.

Ao proceder aos cálculos, a Administração interpreta equivocadamente a lei e calcula a maior o acréscimo salarial, erro que só é percebido alguns anos depois de iniciado o pagamento.

Sobre a hipótese apresentada, responda aos itens a seguir.

A) Não havendo má-fé dos servidores, a Administração pode rever a qualquer tempo os cálculos e exigir a devolução da quantia paga indevidamente? (Valor: 0,75)

B) O ato da Administração que resultar na revisão do cálculo da gratificação precisa, obrigatoriamente, ser motivado? (Valor: 0,50)

Obs.: o(a) examinando(a) deve fundamentar as respostas. A mera citação do dispositivo legal não confere pontuação.

GABARITO COMENTADO

A) A Administração possui o prazo de cinco anos para anular os atos administrativos de que decorram efeitos favoráveis para os destinatários, conforme disposto no Art. 54 da Lei no 9.784/99. Quanto à restituição da quantia paga a maior, por não terem os servidores dado causa ao equívoco e estarem de boa-fé, bem como diante do caráter alimentar e do princípio da confiança legítima, não será cabível.

B) Sim, a Administração deve obrigatoriamente motivar o ato, conforme disposto no Art. 50, inciso I, da Lei no 9.784/99 OU no Art. 50, incisos VI ou VIII, da Lei no 9.784/99.

DISTRIBUIÇÃO DOS PONTOS

ITEM	PONTUAÇÃO
A1.Não, pois o direito da Administração de anular os atos administrativos de que decorram efeitos favoráveis para os destinatários decai em cinco anos (0,35), conforme disposto no Art. 54 da Lei no 9.784/99 (0,10).	0,00/0,35/0,45
A2.Quanto à restituição da quantia paga a maior, por não terem os servidores dado causa ao equívoco e estarem de boa-fé, não será cabível (0,30).	0,00/0,30

B. Sim, a Administração deve obrigatoriamente motivar o ato na forma do artigo 2º da Lei no 9784/99 OU no princípio da motivação (0,40), conforme disposto no Art. 50, inciso I, da Lei no 9.784/99 OU no Art. 50, incisos VI ou VIII, da Lei no 9.784/99 (0,10).	0,00/0,40/0,50

(OAB/ Exame Unificado – 2016.3 – 2º fase) José Maria, aprovado em concurso público para o cargo de Auditor Fiscal do Ministério da Fazenda, foi convocado a apresentar toda a sua documentação e os exames médicos necessários até o dia 13 de julho. Após a entrega dos documentos, José Maria foi colocado em treinamento, e, passadas duas semanas, iniciou o exercício de suas atividades funcionais, que consistiam no processamento de pedidos de parcelamento de débitos tributários. Ocorre que, meses depois, a Administração percebeu que José Maria não havia, formalmente, sido nomeado e nem assinado o termo de posse.

Responda, fundamentadamente, aos itens a seguir.

A. Os atos praticados por José Maria podem gerar efeitos em relação a terceiros? (Valor: 0,75)

B. A Administração pode exigir de José Maria a devolução dos valores por ele percebidos ao longo do tempo em que não esteve regularmente investido? (Valor: 0,50)

Obs.: o examinando deve fundamentar suas respostas. A mera citação do dispositivo legal não confere pontuação.

GABARITO COMENTADO

A) A resposta é positiva. A situação descrita configura exemplo de atuação de um agente de fato, isto é, aquele que desempenha atividade pública com base na presunção de legitimidade de sua situação funcional. Os atos praticados por agentes de fato podem ser convalidados, a fim de se evitarem prejuízos para a Administração ou a terceiros de boa-fé.

B) A resposta é negativa. Ainda que ilegítima a investidura, o agente de fato tem direito à percepção de sua remuneração porque agiu de boa-fé e as verbas recebidas tinham caráter alimentar, sob pena de enriquecimento sem causa da Administração Pública.

(OAB/ Exame Unificado- 2015.2 – 2ª fase) A lei federal nº 1.234 estabeleceu novas diretrizes para o ensino médio no país, determinando a inclusão de Direito Constitucional como disciplina obrigatória. Para regulamentar a aplicação da lei, o Presidente da República editou o Decreto nº 101 que, a fim de atender à nova exigência legal, impõe às escolas públicas e particulares, a instituição de aulas de Direito Constitucional, de Direito Administrativo e de Noções de Defesa do Consumidor, no mínimo, de uma hora semanal por disciplina, com professores diferentes para cada uma.

Com base na hipótese apresentada, responda, fundamentadamente, aos itens a seguir.

A) Considerando o poder regulamentar, conferido à Administração Pública, de editar atos normativos gerais para complementar os comandos legislativos e permitir sua aplicação, é válido o Decreto nº 101, expedido pelo Chefe do Poder Executivo? (Valor: 0,75)

PRÁTICA ADMINISTRATIVA – 6ª EDIÇÃO 172

B) O ato expedido pelo Chefe do Poder Executivo está sujeito a controle pelo Poder Legislativo? (Valor: 0,50)

Obs.: o examinando deve fundamentar suas respostas. A mera citação do dispositivo legal não confere pontuação.

GABARITO COMENTADO

A) A resposta é negativa. O poder regulamentar conferido à Administração tem caráter complementar à lei, a fim de permitir sua aplicação. O poder regulamentar destina-se, portanto, a explicitar o teor das leis, preparando sua execução, não podendo criar obrigação nova, não prevista na lei. O Art. 84, IV, da CRFB/88, dá a exata dimensão dessa prerrogativa: *"expedir decretos e regulamentos para sua fiel execução"*.

B) A resposta é positiva. O Congresso Nacional tem competência constitucional para sustar os atos normativos do Poder Executivo que exorbitem do poder regulamentar, conforme previsão do Art. 49, V, da CRFB/88.

DISTRIBUIÇÃO DOS PONTOS

ITEM	PONTUAÇÃO
A. Não, pois o poder regulamentar conferido à Administração tem caráter complementar à lei, a fim de permitir sua aplicação, não podendo criar obrigação nova, não prevista na lei (0,65), conforme Art. 84, IV, da CRFB. (0,10)	0,00 / 0,65 / 0,75
B. Sim, pois o Congresso Nacional tem competência constitucional para sustar os atos normativos do Poder Executivo que exorbitem do poder regulamentar (0,40), conforme previsão do Art. 49, V, da CRFB. (0,10)	0,00 / 0,40 / 0,50

(OAB/Exame Unificado-2015-2ªfase) O Ministério X efetua a doação de um imóvel em área urbana extremamente valorizada, para que determinada agência de turismo da Europa construa a sua sede no Brasil. Meses depois, o Ministro revoga o ato de doação, ao fundamento de que ela era nula por não se enquadrar nas hipóteses legais de doação de bens públicos. A empresa pede a reconsideração da decisão, argumentando que não existe qualquer ilegalidade no ato.

Considerando a situação hipotética descrita acima, responda, justificadamente, aos itens a seguir.

A) Há, de fato, alguma ilegalidade na doação constante do enunciado? (Valor: 0,60)

B) É juridicamente correta a revogação da doação fundamentada na ilegalidade vislumbrada pelo Ministro? (Valor: 0,65)

GABARITO COMENTADO

A questão versa o conteúdo de dois pontos do programa: os atos administrativos e o seu desfazimento (esperando-se do examinando que consiga distinguir a anulação e a revogação) e os bens públicos e a forma de sua transferência a terceiros.

A) A resposta é afirmativa. A alienação de bens imóveis pertencentes à União dependerá de autorização legislativa para órgãos da administração direta e entidades autárquicas e fundacionais, e, para todos, inclusive as entidades paraestatais, dependerá de avaliação prévia e de licitação na modalidade de concorrência, dispensada esta no caso de doação, permitida exclusivamente para outro órgão ou entidade da administração pública, de qualquer esfera de governo (Art. 17, I, da Lei de Licitações).

B) Não é correta a revogação da doação com fundamento na sua ilegalidade, uma vez que a revogação é fundamentada em motivos de conveniência e oportunidade. Diante de vícios de legalidade, a Administração pode anular os seus atos, conforme entendimento doutrinário tradicional, expressado jurisprudencialmente na Súmula nº 473 do STF.

DISTRIBUIÇÃO DOS PONTOS

ITEM	PONTUAÇÃO
A. Sim, a doação direta de bens públicos imóveis, na esfera da União, é permitida exclusivamente para outro órgão ou entidade da administração pública, de qualquer esfera de governo (0,50) (Art. 17, I, b, da Lei nº 8.666/93) (0,10). *Obs.: a mera citação do dispositivo legal não confere pontuação.*	0,00 / 0,50 / 0,60
B. Não, diante de vícios de legalidade à Administração resta anular os seus atos, com base no princípio da autotutela, já que a revogação ocorre nos casos de conveniência e oportunidade (0,55). Enunciado da Súmula nº 473 do STF OU Art. 53, da Lei n. 9784/99. (0,10) *Obs.: a mera citação do dispositivo legal não confere pontuação.*	0,00 / 0,55 / 0,65

(OAB/ Exame Unificado-2015.2- 2ªfase) A Lei nº XX, de março de 2004, instituiu, para os servidores da autarquia federal ABCD, o adicional de conhecimento e qualificação, um acréscimo remuneratório a ser pago ao servidor que, comprovadamente, realizar curso de aperfeiçoamento profissional. Com esse incentivo, diversos servidores passaram a se inscrever em cursos e seminários e a ter deferido o pagamento do referido adicional, mediante apresentação dos respectivos certificados.

Sobre a hipótese, responda aos itens a seguir.

A) A Administração efetuou, desde janeiro de 2006, enquadramento equivocado dos diplomas e certificados apresentados por seus servidores, pagando-lhes, por essa razão, um valor superior ao que lhes seria efetivamente devido. Poderá a Administração, em 2015, rever aqueles atos, reduzindo o valor do adicional pago aos servidores? (Valor: 0,60)

B) Francisco da Silva, servidor da autarquia, vem percebendo, há 6 (seis) anos o referido adicional, com base em um curso que, deliberadamente, não concluiu (fato que passou despercebido pela comissão de avaliação responsável, levada a erro por uma declaração falsa assinada pelo servidor). A Administração, percebendo o erro, poderá cobrar do servidor a devolução de todas as parcelas pagas de forma errada? (Valor: 0,65)

Responda justificadamente, empregando os argumentos jurídicos apropriados e a fundamentação legal pertinente ao caso.

GABARITO COMENTADO

A) A resposta é negativa. Nos termos expressos do Art. 54 da Lei nº 9.784/1999, "O direito da Administração de anular os atos administrativos de que decorram efeitos favoráveis para os destinatários decai em cinco anos, contados da data em que foram praticados".

PRÁTICA ADMINISTRATIVA – 6ª EDIÇÃO   174

E, em se tratando de efeitos patrimoniais contínuos, como no exemplo descrito, o prazo de decadência contar-se-á da percepção do primeiro pagamento.

B) A resposta é positiva, uma vez que se demonstre a má-fé do servidor. Nos termos do Art. 54 da Lei nº 9.784/1999, "O direito da Administração de anular os atos administrativos de que decorram efeitos favoráveis para os destinatários decai em cinco anos, contados da data em que foram praticados, salvo comprovada má-fé". Francisco da Silva, que não concluiu o curso e, mesmo assim, apresentou declaração a fim de receber o referido adicional, agiu de má-fé e não está protegido pela fluência do prazo decadencial.

DISTRIBUIÇÃO DOS PONTOS

ITEM	PONTUAÇÃO
A. Não, pois decai em 5 anos o direito da Administração de anular os atos administrativos de que decorram efeitos favoráveis para os destinatários (0,50), conforme o Art. 54 da Lei nº 9.784/1999 (0,10). *Obs.: a simples menção ou transcrição do artigo não será pontuada.*	0,00/0,50/0,60
B. Sim, pois Francisco da Silva, que não concluiu o curso e, mesmo assim, apresentou declaração a fim de receber o referido adicional, agiu de má-fé, e não está protegido pela fluência do prazo decadencial (0,55), previsto no Art. 54 da Lei nº 9.784/1999 (0,10). *Obs.: a simples menção ou transcrição do artigo não será pontuada.*	0,00/0,55/0,65

(OAB/Exame Unificado – 2013.3 – 2ª fase) José está inscrito em concurso público para o cargo de assistente administrativo da Administração Pública direta do Estado de Roraima. Após a realização das provas, ele foi aprovado para a fase final do certame, que previa, além da apresentação de documentos, exames médicos e psicológicos. A lista dos candidatos aprovados e o prazo para a apresentação dos documentos pessoais e para a realização dos exames médicos e psicológicos foram publicados no Diário Oficial do Poder Executivo do Estado de Roraima após 1 (um) ano da realização das provas; assim como foram veiculados através do site da Internet da Administração Pública direta do Estado, tal como previsto no respectivo edital do concurso.

Entretanto, José reside em município localizado no interior do Estado de Roraima, onde não circula o Diário Oficial e que, por questões geográficas, não é provido de Internet. Por tais razões, José perde os prazos para o cumprimento da apresentação de documentos e dos exames médicos e psicológicos e só toma conhecimento da situação quando resolve entrar em contato telefônico com a secretaria do concurso. Insatisfeito, José procura um advogado para ingressar com um Mandado de Segurança contra a ausência de intimação específica e pessoal quando de sua aprovação e dos prazos pertinentes à fase final do concurso.

Na qualidade de advogado de José, indique os argumentos jurídicos a serem utilizados nessa ação judicial. (Valor: 1,25)

RESOLUÇÃO DA QUESTÃO

A despeito da ausência de norma editalícia prevendo a intimação pessoal e específica do candidato José, a Administração Pública tem o dever de intimar o candidato, pessoalmente, quando há o decurso de tempo razoável entre a homologação do resultado e a data da nomeação, em atendimento aos princípios constitucionais da publicidade e da razoabilidade.

É desarrazoada a exigência de que o impetrante efetue a leitura diária do Diário Oficial do Estado, por prazo superior a 1 (um) ano, ainda mais quando reside em município em que não há circulação do DOE e que não dispõe de acesso à Internet.

Distribuição dos Pontos

ITEM	PONTUAÇÃO
A despeito da ausência de norma editalícia prevendo a intimação pessoal e específica do candidato José, a Administração Pública tem o dever de intimar o candidato, pessoalmente, ainda mais quando reside em município em que não há circulação do DOE e que não dispõe de acesso à Internet, sob pena de violação do princípio da publicidade (0,50), nos termos do Art. 37, *caput*, da CRFB/88 (0,10) Obs.: A simples menção aos artigos não pontua	0,00/0,50/0,60
A despeito da ausência de norma editalícia prevendo a intimação pessoal e específica do candidato José, a Administração Pública tem o dever de intimar o candidato, pessoalmente, quando há o decurso de tempo razoável entre a homologação do resultado e a data da nomeação, sob pena de violação do princípio da razoabilidade/proporcionalidade. (0,65)	0,00/0,65

(OAB/Exame Unificado – 2013.2 – 2ª fase) João, comerciante experimentado, fundado na livre iniciativa, resolve pedir à administração do município "Y" que lhe outorgue o competente ato para instalação de uma banca de jornal na calçada de uma rua.

Considerando a situação narrada, indaga-se:

A) Pode o Município "Y" se negar a outorgar o ato, alegando que considera desnecessária a referida instalação? Fundamente. (Valor: 0,40)

B) Pode o município "Y", após a outorga, rever o ato e o revogar? Neste caso é devida indenização a João? Fundamente. (Valor: 0,40)

C) Caso o ato de outorga previsse prazo para a duração da utilização do espaço público, seria devida indenização se o Poder Público resolvesse cancelar o ato de outorga antes do prazo? Fundamente. (Valor: 0,45)

RESOLUÇÃO DA QUESTÃO

A) O município "Y" tem o direito de negar, porque, tratando-se ato discricionário, sua aprovação é baseada na conveniência e oportunidade do Administrador.

B) Do mesmo modo, o município "Y" pode revogar tal ato autorizativo a qualquer tempo, tendo em vista a precariedade do ato, não sendo devida qualquer indenização em vista dessa característica.

C) Por outro lado, a fixação de prazo certo implica em desnaturação do caráter precário do vínculo, ensejando no particular a legítima expectativa de que sua exploração irá vigorar pelo prazo pré-determinado pela própria Administração. Sendo assim, a revo-

PRÁTICA ADMINISTRATIVA – 6ª EDIÇÃO   176

gação do ato antes do esgotamento do prazo caracteriza conduta descrita como *venire* contra *factum proprium*, ensejando a devida indenização pelos prejuízos efetivamente comprovados.

(OAB/Exame Unificado – 2012.2 – 2ª fase) O prefeito do município "X", ao tomar posse, descobriu que diversos servidores públicos vinham recebendo de boa-fé, há mais de dez anos, verbas remuneratórias ilegais e indevidas. Diante de tal situação, o prefeito, após oportunizar o contraditório e a ampla defesa aos servidores, pretende anular o ato concessivo do referido benefício. Antes, porém, resolve consultar seu assessor jurídico, formulando algumas indagações.

Responda aos itens a seguir, utilizando os argumentos jurídicos apropriados e a fundamentação legal pertinente ao caso.

A) É juridicamente correta a pretensão do prefeito, considerando, hipoteticamente, não existir no município legislação disciplinadora do processo administrativo? (Valor: 0,60)

B) Diante da ausência de legislação local, poder-se-ia aplicar à hipótese a Lei Federal n. 9.784/99, que regula o processo administrativo no âmbito federal? (Valor: 0,65)

RESOLUÇÃO DA QUESTÃO

A) O examinando deve mencionar o princípio da legalidade administrativa e o poder-dever de autotutela, segundo o qual o administrador público não pode e não deve compactuar com a manutenção de ilegalidades na Administração Pública e, por isso, tem o poder--dever de anular o ato (Súmulas 346 e 473 do STF). Todavia, considerando o tempo decorrido e a ausência de marco temporal previsto em lei local, o examinando deve sugerir a aplicação, *in casu*, do princípio da segurança das relações jurídicas, que, tendo em conta a boa-fé dos servidores e o recebimento do benefício financeiro há mais de dez anos, sugere manutenção das verbas em favor dos beneficiários, porquanto já incorporadas ao seu patrimônio.

B) O examinando deve demonstrar conhecimento a respeito do artigo 54 (prazo decadencial de cinco anos para exercício da autotutela) da Lei n. 9.784/99, que, em regra, é de aplicação restrita ao âmbito federal. Todavia, é possível extrair seus conceitos e princípios básicos para aplicação extensiva em entes federativos diversos que ainda não possuem legislação própria para o processo administrativo. No caso específico, é possível extrair da Lei Federal n. 9.784/99 a regra do artigo 54, que estabelece o prazo de cinco anos para a Administração Pública anular seus próprios atos, quando deles derivar direito a terceiros, desde que estes estejam de boa-fé.

O STJ tem entendimento de que, em nome do princípio da segurança jurídica, na ausência de lei local sobre processo administrativo, Estados e Municípios devem aplicar a Lei n. 9.784/99. Isto porque, sob pena de violação ao referido princípio, a ausência de regra expressa na legislação local para o exercício da autotutela não pode autorizar o entendimento da inexistência de prazo decadencial para anulação de ato administrativo que produza efeitos patrimoniais favoráveis a beneficiários de boa-fé.

Distribuição dos Pontos

(não será aceita mera menção ao artigo)

QUESITO AVALIADO	VALORES
Item A NÃO, porque embora o princípio da legalidade administrativa e o poder-dever de autotutela sugiram à revisão do ato (Súmula 473 do STF) (0,25), não se pode olvidar da incidência, no caso concreto, do princípio constitucional da segurança jurídica, tendo em vista que, a existência de boa-fé dos servidores no recebimento de verbas de natureza alimentar por longo espaço de tempo (mais de 10 anos), determina a manutenção dos atos concessivos. (0,35)	0,00/0,25/0,35/0,60
Item B SIM, em nome do princípio da segurança jurídica, a jurisprudência dos Tribunais Superiores se consolidou no sentido de que a ausência de regra expressa na legislação local para o exercício da autotutela não autoriza o entendimento da inexistência de prazo decadencial para anulação de ato administrativo que produza efeitos patrimoniais favoráveis a beneficiários de boa-fé, aplicando-se, assim, o prazo decadencial de 5 anos previsto no art. 54, Lei n. 9.784/99 (0,65).	0,00/0,65

(OAB/Exame Unificado – 2012.2 – 2ª fase) O prefeito do município "P", conhecido como João do "P", determinou que, em todas as placas de inauguração das novas vias municipais pavimentadas em seu mandato na localidade denominada "E", fosse colocada a seguinte homenagem: "À minha querida e amada comunidade "E", um presente especial e exclusivo do João do "P", o único que sempre agiu em favor de nosso povo!"

O Ministério Público estadual intimou o Prefeito a fim de esclarecer a questão.

Na qualidade de procurador do município, você é consultado pelo Prefeito, que insiste em manter a situação. Indique o princípio da Administração Pública que foi violado e por que motivo. (valor: 1,25)

RESOLUÇÃO DA QUESTÃO
Evidente, na hipótese, a violação ao princípio da impessoalidade. Por esse princípio traduz-se a ideia de que a Administração Pública tem que tratar a todos os administrados sem discriminações, benéficas ou negativas. Dessa forma, não se admite, por força de regra constitucional, nem favoritismos, nem perseguições, sejam políticas, ideológicas ou eleitorais. A resposta deve considerar que, no caso concreto, a violação ao princípio da impessoalidade decorre do fato de que a publicidade dos atos, programas, obras ou serviços devem ter caráter educativo, informativo ou de orientação social, dela não podendo constar nomes ou quaisquer elementos que caracterizem promoção pessoal de autoridade ou servidor público.

Distribuição dos Pontos

(não será aceita mera menção ao artigo)

QUESITO AVALIADO	VALORES
O princípio violado é o da impessoalidade (0,25), uma vez que, no caso concreto, a publicidade presente nas placas de inauguração da localidade NÃO teve caráter educativo, informativo ou de orientação social, mas sim ato característico de promoção pessoal do prefeito, vedado pelo art. 37 § 1º da CF (1,00).	0,00/0,25/1,00/1,25

PRÁTICA ADMINISTRATIVA – 6ª EDIÇÃO   178

(OAB/Exame Unificado – 2008.3 – 2ª fase) O servidor público Marcelo requereu férias para o mês de abril, sendo o pedido indeferido pelo chefe da repartição sob a alegação de que, naquele período, havia falta de pessoal na repartição. Marcelo, então, provou que, ao contrário, havia excesso de pessoal. Nessa situação hipotética, qual elemento do ato administrativo está inquinado de vício? Fundamente sua resposta conforme a teoria aplicável à espécie.

RESOLUÇÃO DA QUESTÃO

A doutrina tradicional do Direito Administrativo ensina que o ato administrativo tem os seguintes requisitos: competência, objeto, forma, motivo e finalidade. Esses requisitos, inclusive, estão citados e definidos, no que diz respeito aos respectivos vícios, na Lei 4.717/65.

O motivo, que consiste na matéria de fato e de direito que justifica a prática do ato, é considerado viciado quando o motivo de fato que justifica o ato é materialmente inexistente. Nesse caso, de acordo com a Teoria dos Motivos Determinantes, o ato praticado é nulo (art. 2º, p. único, "d", da Lei 4.717/65).

A teoria mencionada estabelece que a validade dos atos administrativos está condicionada à existência e à adequação do motivo invocado. No caso, como o motivo invocado pelo chefe da repartição onde trabalha Marcelo se revela inexistente, tal situação fez com que o ato administrativo de indeferimento das férias seja nulo.

Ante o exposto, o caso revela vício do elemento motivo, devendo ser aplicada a Teoria dos Motivos Determinantes.

(OAB/Exame Unificado – 2007.3 – 2ª fase) Segundo entendimento já sedimentado na jurisprudência, a Administração Pública pode, por iniciativa própria, anular os seus atos, a qualquer tempo, quando eivados de ilegalidade, e se deles decorrerem efeitos favoráveis aos seus destinatários. Está correta esta afirmação? Justifique sua resposta.

RESOLUÇÃO DA QUESTÃO

O princípio da autotutela, previsto no art. 53 da Lei 9.784/99 e na Súmula 473 do Supremo Tribunal Federal, de fato, estabelece que a Administração pode, por iniciativa própria, anular seus atos ilegais, inclusive quando deles decorrem efeitos favoráveis aos destinatários.

Essa possibilidade decorre do próprio princípio da legalidade, pelo qual a lei deve ser sempre respeitada e preservada.

Todavia, o princípio da autotutela deve se harmonizar com o princípio da segurança jurídica, também previsto na Lei 9.784/99 (art. 2º), o que faz com que certos atos, após decorrido certo tempo, não possam ser anulados.

O art. 54 da Lei 9.784/99 traz um prazo decadencial para a Administração anular atos que beneficiam seus destinatários, quando estes estiverem de boa-fé. Esse prazo é de 5 anos. Já se os destinatários dos atos estiverem de comprovada má-fé ou se os atos não beneficiam, mas prejudicam seus destinatários, não há, na lei, prazo para a anulação dos atos.

Dessa forma, a afirmativa está incorreta, pois não faz a ressalva de que, caso o destinatário do ato esteja de boa-fé (e esta é presumida), a Administração pode anular o ato no prazo máximo de 5 anos, contados da data em que foi praticado.

(OAB/Exame Unificado – 2006.3 – 2ª fase) O Presidente da Autarquia X solicitou do seu órgão de consultoria jurídica esclarecimento da possibilidade de se revogar um ato administrativo editado há 3 anos, com violação ao princípio da moralidade. Com base na situação-problema acima, explique a distinção entre revogação e anulação do ato administrativo, abordando a competência do Poder Judiciário para revogar ou anular os atos administrativos e seus limites, bem como os efeitos retroativos, ou não, do ato que revoga ou anula.

RESOLUÇÃO DA QUESTÃO

O Presidente da Autarquia X solicita parecer jurídico sobre a possibilidade de se revogar ato administrativo editado há 3 anos, com violação ao princípio da moralidade.

Para que se responda à consulta formulada faz-se necessário fazer distinção entre a revogação e a anulação, ambas formas de extinção do ato administrativo.

A revogação tem por *motivo* a superveniência de fato novo que torne inconveniente ou inoportuna a manutenção do ato, ao passo que a anulação tem por motivo a ilegalidade do ato.

A primeira tem por *fundamento* a própria regra de competência que autoriza a prática do ato, ao passo que a segunda tem por fundamento o princípio da legalidade.

Quanto à competência, o sujeito ativo da revogação é tão somente a Administração Pública que tenha praticado o ato, ao passo que a anulação pode ser feita pela Administração Pública que praticou o ato ou pelo Poder Judiciário.

Quanto aos *efeitos* da revogação, são *ex nunc*, ou seja, não retroagem, ao passo que os da anulação são *ex tunc*, ou seja, retroagem.

A revogação tem os seguintes limites: a) só incide sobre atos legais, uma vez que os atos ilegais devem ser anulados; b) só incide sobre atos discricionários; c) não atinge atos exauridos, atos que geram direitos adquiridos e atos enunciativos.

A anulação também tem limites. Esta não é possível após o prazo decadencial para a anulação dos atos administrativos que beneficiam particulares de boa-fé (art. 54 da Lei 9.784/99). Há casos em que a anulação pode ser substituída pela convalidação (art. 55 da Lei 9.784/99) ou pela conversão do ato (art. 170 do Código Civil).

O caso em tela revela verdadeira ilegalidade, e não mera inconveniência ou inoportunidade. Aliás, trata-se de grave ilegalidade, pois diz respeito a princípio, e mais, a princípio de índole constitucional, fazendo com que o ato cabível seja a anulação, e não revogação.

É importante ressaltar que o ato foi praticado há menos de 5 anos, de modo que não se faz necessário investigar acerca da boa-fé ou não do beneficiário do ato, para efeito de aplicação do art. 54 da Lei 9.784/99, não tendo operado o prazo decadencial previsto no dispositivo mencionado.

Ante o exposto, nossa manifestação é no sentido de que a autoridade deverá anular o ato praticado, anulação essa que terá efeitos retroativos.

PRÁTICA ADMINISTRATIVA – 6ª EDIÇÃO 180

2. ESTRUTURA DA ADMINISTRAÇÃO E ENTES DE COOPERAÇÃO

(OAB/Exame Unificado-2015.2- 2ªfase) O Estado X e os Municípios A, B, C e D constituíram consórcio público, com personalidade jurídica de direito público, para a prestação de serviços conjuntos de abastecimento de água e esgotamento sanitário. Com base na situação apresentada, responda aos itens a seguir.

A) É possível a fixação de prazo de duração para o consórcio ou, ao contrário, a constituição de um consórcio público para prestação de serviços conjuntos pressupõe prazo indeterminado? (Valor: 0,40)

B) É possível ao Município C retirar-se do consórcio público? Nesse caso, os bens que transferiu ao consórcio retornam ao seu patrimônio? (Valor: 0,85)

O examinando deve fundamentar suas respostas. A mera citação do dispositivo legal não será pontuada.

GABARITO COMENTADO

Em relação ao item A, a resposta é dada pelo Art. 4º, inciso I, da Lei nº 11.107/2005: são cláusulas essenciais do protocolo de intenções, dentre outras, as que estabeleçam o prazo de duração do consórcio. Dessa forma, a resposta à indagação formulada é no sentido de que é necessária a fixação de prazo.

Em relação ao item B, é possível a qualquer dos entes consorciados se retirar do consórcio, na forma do Art. 11 da Lei nº 11.107/2005. Nesse caso, os bens transferidos ao consórcio somente retornam ao patrimônio do Município caso haja expressa previsão no contrato de consórcio público ou no instrumento de transferência ou de alienação, conforme consta do Art. 11, § 1º, da Lei nº 11.107/2005. Do contrário, os bens permanecem com o consórcio.

DISTRIBUIÇÃO DOS PONTOS

ITEM	PONTUAÇÃO
A. Sim, é necessária a fixação de prazo de duração (0,30), tal como exigido pelo Art. 4º, inciso I, da Lei nº 11.107/2005 (0,10).	0,00/0,30/0,40
Obs.: a simples menção ou transcrição do artigo não será pontuada.	
B1. Sim, o Município pode se retirar do consórcio (0,30), na forma do Art. 11 da Lei nº 11.107/2005 (0,10).	0,00/0,30/0,40
Obs.: a simples menção ou transcrição do artigo não será pontuada.	
B2. Os bens transferidos ao consórcio somente retornam ao patrimônio do Município caso haja expressa previsão no contrato de consórcio público ou no instrumento de transferência ou de alienação (0,35), conforme consta do Art. 11, § 1º, da Lei nº 11.107/2005 (0,10).	0,00/0,35/0,45
Obs.: a simples menção ou transcrição do artigo não será pontuada.	

(OAB/Exame Unificado – 2012.1 – 2ª fase) O Governador do Estado X, após a aprovação da Assembleia Legislativa, nomeou o renomado cardiologista João das Neves, ex-presidente do Conselho Federal de Medicina e seu amigo de longa data, para uma das diretorias da Agência Reguladora de Transportes Públicos Concedidos de seu Estado. Ocorre que, alguns meses depois da nomeação, João das Neves e o Governador tiveram um grave desentendimento acerca da conveniência e oportunidade da edição de determinada norma expedida pela agência. Alegando a total perda de confiança no dirigente João das Neves e, após o aval da Assembleia Legislativa, o governador exonerou-o do referido cargo.

Considerando a narrativa fática acima, responda aos itens a seguir, empregando os argumentos jurídicos apropriados e apresentando a fundamentação legal pertinente ao caso.

a) À luz do Poder Discricionário e do regime jurídico aplicável às Agências Reguladoras, foi juridicamente correta a nomeação de João das Neves para ocupar o referido cargo? (Valor: 0,65)

b) Foi correta a decisão do governador em exonerar João das Neves, com aval da Assembleia Legislativa, em razão da quebra de confiança? (Valor: 0,60)

RESOLUÇÃO DA QUESTÃO

A) Como sabido, discricionariedade é a margem de liberdade que a lei confere ao administrador para integrar a vontade da lei nos casos concretos conforme parâmetros/critérios de conveniência e oportunidade.

Assim, desde que observados alguns parâmetros, a escolha do dirigente é ato discricionário do chefe do Poder Executivo. Isto porque, como sabido, discricionariedade não se confunde com arbitrariedade.

Desse modo, ainda que discricionária a escolha deve atentar para o caráter técnico do cargo a ser ocupado, vez que as Agências reguladoras se caracterizam por um alto grau de **especialização técnica** no setor regulado, que, obviamente, para o seu correto exercício, exige uma formação especial dos ocupantes de seus cargos.

Por essas razões, afigura-se bastante claro que, no caso proposto, a escolha do governador vai de encontro aos critérios previstos para a escolha dos dirigentes, visto que a nomeação de um cardiologista, ainda que renomado, para exercer o cargo de diretor de uma agência reguladora de transportes públicos concedidos, não obedece à exigência de que o nomeado tenha alto grau de **especialização técnica** no setor regulado, *inerente ao regime jurídico especial das agências*.

Inclusive, nesse sentido, dispõe o art. 5º da Lei n. 9986/2000:

O Presidente ou o Diretor Geral ou Diretor-Presidente (CD I) e os demais membros do Conselho Diretor ou da Diretoria (CD II) serão brasileiros, de **reputação ilibada, formação universitária** e **elevado conceito no campo de especialidade dos cargos para os quais serão nomeados**, devendo ser escolhidos pelo Presidente da República e por ele nomeados, após aprovação pelo Senado Federal, nos termos da alínea f do inciso III do art. 52 da Constituição Federal.

Sendo assim, não foi correta a nomeação de João das Neves.

B) Como sabido, é uma característica das agências reguladoras, a estabilidade reforçada dos dirigentes. Trata-se de estabilidade diferenciada, caracterizada pelo exercício de mandato a termo, na qual se afigura impossível a exoneração *ad nutum* que, em regra, costuma ser

PRÁTICA ADMINISTRATIVA – 6ª EDIÇÃO

inerente aos cargos em comissão. Desse modo, os diretores, na forma da legislação em vigor, só perderão os seus cargos por meio de renúncia, sentença transitada em julgado por meio de processo administrativo, observados a ampla defesa e o contraditório.

No mesmo sentido, dispõe expressamente o art. 9º, da Lei n. 9986/2000:

Art. 9º Os Conselheiros e os Diretores somente perderão o mandato em caso de renúncia, de condenação judicial transitada em julgado ou de processo administrativo disciplinar.

Por essas razões, João das Neves não poderia ter sido exonerado pelo governador.

Distribuição dos Pontos

(não será aceita mera menção ao artigo)

QUESITO AVALIADO	FAIXA DE VALORES
A. Não. Isto porque, ainda que discricionária a escolha do chefe do Poder Executivo (0,25), tal escolha deve atentar para o caráter técnico do cargo a ser ocupado, vez que as agências reguladoras se caracterizam pela especialização no setor regulado, conforme explicitado no art. 5º da Lei n. 9986/2000 (0,40). Obs.: **Não será aceita mera menção ao artigo**	0,00/0,25/0,40/0,65
B. Não. Como sabido, é uma características das agências reguladoras, a estabilidade reforçada dos dirigentes. Trata-se de estabilidade diferenciada, caracterizada pelo exercício de mandato a termo, na qual se afigura impossível a exoneração *ad nutum (0,40)*, conforme inclusive explicitado no art. 9º da Lei n. 9.986/2000 (0,20). Obs.: **Não será aceita mera menção ao artigo**	0,00/0,40/0,60

(OAB/Exame Unificado – 2012.1 – 2ª fase) Recentemente, 3 (três) entidades privadas sem fins lucrativos do Município ABCD, que atuam na defesa, preservação e conservação do meio-ambiente, foram qualificadas pelo Ministério da Justiça como Organização da Sociedade Civil de Interesse Público. Buscando obter ajuda financeira do Poder Público para financiar parte de seus projetos, as 3 (três) entidades apresentaram requerimento à autoridade competente, expressando seu desejo de firmar um termo de parceria.

Considerando a narrativa fática acima, responda aos itens a seguir, empregando os argumentos jurídicos apropriados e apresentando a fundamentação legal pertinente ao caso.

a) O poder público deverá realizar procedimento licitatório (Lei n. 8.666/93) para definir com qual entidade privada irá formalizar termo de parceria? (Valor: 0,90)

b) Após a celebração do termo de parceria, caso a entidade privada necessite contratar pessoal para a execução de seus projetos, faz-se necessária a realização de concurso público? (Valor: 0,35)

RESOLUÇÃO DA QUESTÃO

A) Organização da Sociedade Civil de Interesse Público (OSCIP) é a qualificação jurídica conferida pelo Poder Público, por ato administrativo, às pessoas privadas sem fins lucrativos e que desempenham determinadas atividades de caráter social, atividades estas que, por serem de relevante interesse social, são fomentadas pelo Estado. A partir de tal qualificação, tais entidades ficam aptas a formalizar "termos de parceria" com o Poder Público, que permitirá o repasse de recursos orçamentários para auxiliá-las na consecução de suas atividades sociais.

As OSCIPs integram o que a doutrina chama de "Terceiro Setor", isto é, uma nova forma de organização da Administração Pública por meio da formalização de parcerias com a iniciativa privada para o exercício de atividades de relevância social. Sendo assim, como as ideias de "mútua colaboração" e a ausência de "contraposição de interesses" são inerentes a tais ajustes, o "termo de parceria" tem sido considerado pela doutrina e pela jurisprudência como espécies de convênios e não como contratos, tendo em vista a comunhão de interesses do Poder Público e das entidades privadas na consecução de tais atividades.

Contudo, apesar de desnecessária a licitação formal nos termos da Lei n. 8.666/93, não se pode olvidar que deverá a administração observar os princípios do art. 37 da CRFB/88 na escolha da entidade além de, atualmente, vir prevalecendo o entendimento da doutrina, da jurisprudência e dos Tribunais de Contas no sentido de que, ainda que não se deva realizar licitação nos moldes da Lei n. 8.666/93, deverá ser realizado procedimento licitatório simplificado a fim de garantir a observância dos princípios da Administração Pública, como forma de restringir a subjetividade na escolha da OSCIP a formalizar o "termo de parceria".

B) Não. Por não integrarem a Administração Pública, as OSCIP's não se submetem as regras de concurso público, nos termos do art. 37, II, da CRFB.

É importante ressaltar que, por se tratar de prova discursiva, será exigido do examinando o desenvolvimento do tema apresentado. Desse modo, além de resposta conclusiva acerca do arguido, a mera menção a artigo não é pontuada, nem a mera resposta negativa desacompanhada do fundamento correto.

Distribuição dos Pontos

(não será aceita mera menção ao artigo)

QUESITO AVALIADO	FAIXA DE VALORES
A. Não é necessária a realização de procedimento formal licitatório, tendo em vista que o termo de parceria não possui a natureza jurídica de contrato, por não haver oposição entre as vontades das partes / inexistirem obrigações recíprocas, mas, sim, a conjunção de esforços para realização de objetivos comuns (art. 2º, § único, da Lei n. 8.666) (0,60). Contudo, deverá ser realizado procedimento seletivo simplificado a fim de garantir a observância dos princípios da Administração Pública, como forma de restringir a subjetividade na escolha da OSCIP a formalizar o "termo de parceria" (0.30).	0.00/0.30/0.60/0,90
B. Não. Por não integrarem a Administração Pública, as OSCIP's não se submetem às regras de concurso público, nos termos do art. 37, II, da CRFB (0,35).	0,00/0,35

PRÁTICA ADMINISTRATIVA – 6ª EDIÇÃO

(OAB/Exame Unificado – 2010.3 – 2ª fase) O prefeito de um determinado município está interessado em descentralizar o serviço de limpeza urbana e pretende, para tanto, criar uma empresa pública. Diante disso, formula consulta jurídica a respeito do regime a ser observado pela estatal em relação aos aspectos abaixo transcritos.

Com base no relatado acima, responda aos itens a seguir, empregando os argumentos jurídicos apropriados e a fundamentação legal pertinente ao caso.

a) Qual é o instrumento jurídico necessário para a instituição de uma empresa pública? (Valor: 0,25)

b) Qual é o regime de pessoal a ser observado e a respectiva forma de recrutamento e seleção? (Valor: 0,5)

c) A empresa pública em questão deve observar limite máximo de remuneração previsto no artigo 37, inciso XI, da Constituição da República? (Valor: 0,25)

RESOLUÇÃO DA QUESTÃO

O examinando deve, em primeiro lugar, mencionar a necessidade de lei específica para a instituição de empresa pública, conforme norma do artigo 37, inciso XIX, da CRFB. Quanto ao regime de pessoal, às empresas públicas submetem-se ao regime jurídico da iniciativa privada no que tange às obrigações trabalhistas, donde se depreende a submissão ao regime de emprego público (celetista), conforme artigo 173, § 1º, inciso II, da CRFB. No entanto, embora o regime de pessoal seja o celetista, o examinando deve registrar que o acesso ao emprego público depende de aprovação em concurso público, aplicando-se o princípio da meritocracia (artigo 37, inciso II, CRFB). Por fim, quanto ao limite máximo de remuneração, a empresa pública deverá observá-lo caso receba recurso do Município de pagamento de despesas de pessoal ou de custeio em geral, conforme norma do artigo 37, § 9º, da CRFB.

Distribuição de pontos

ITEM	DESCRIÇÃO	PONTUAÇÃO
A	Necessidade de lei específica (artigo 37, inciso XIX, CRFB)	0 / 0,25
B	Regime celetista (artigo 173, § 1º, inciso II, CRFB)	0 / 0,25
	Acesso por meio de concurso público – meritocracia (artigo 37, inciso II, CRFB)	0 / 0,25
C	Sim, caso receba recurso do Município para pagamento de despesas de pessoal ou de custeio em geral (artigo 37, § 9º, da CRFB).	0 / 0,25

3. AGENTES PÚBLICOS

(OAB/ Exame Unificado 2016.3 – 2ª fase) José Maria, aprovado em concurso público para o cargo de Auditor Fiscal do Ministério da Fazenda, foi convocado a apresentar toda a sua documentação e os exames médicos necessários até o dia 13 de julho. Após a entrega dos documentos, José Maria foi colocado em treinamento, e, passadas duas semanas, iniciou o exercício de suas atividades funcionais, que consistiam no processamento de pedidos de parcelamento de débitos tributários. Ocorre que, meses depois, a Administração percebeu que José Maria não havia, formalmente, sido nomeado e nem assinado o termo de posse.

Responda, fundamentadamente, aos itens a seguir.

A) Os atos praticados por José Maria podem gerar efeitos em relação a terceiros? **(Valor: 0,75)**

B) A Administração pode exigir de José Maria a devolução dos valores por ele percebidos ao longo do tempo em que não esteve regularmente investido? **(Valor: 0,50)**

Obs.: o examinando deve fundamentar suas respostas. A mera citação do dispositivo legal não confere pontuação.

GABARITO COMENTADO

A) A resposta é positiva. A situação descrita configura exemplo de atuação de um agente de fato, isto é, aquele que desempenha atividade pública com base na presunção de legitimidade de sua situação funcional. Os atos praticados por agentes de fato podem ser convalidados, a fim de se evitarem prejuízos para a Administração ou a terceiros de boa-fé.

B) A resposta é negativa. Ainda que ilegítima a investidura, o agente de fato tem direito à percepção de sua remuneração porque agiu de boa-fé e as verbas recebidas tinham caráter alimentar, sob pena de enriquecimento sem causa da Administração Pública.

(OAB/Exame Unificado 2016.1- 2ª fase) Tício é servidor público federal há 6 (seis) anos, e, durante todo esse tempo, sempre teve comportamento exemplar. Um dia, ao ser comunicado, pelo seu chefe imediato, que não poderia gozar férias no mês de dezembro, uma vez que dois colegas já estariam de férias no mesmo período, Tício exigiu que fosse aberta uma exceção, por ele ser o servidor mais antigo. Como a resposta foi negativa, Tício tornou-se agressivo, e, gritando palavrões, passou a ofender seu chefe até, finalmente, agredir com um soco um dos colegas servidores que presenciava a cena.Com base no caso narrado, responda, fundamentadamente, aos itens a seguir.

A. Considerando que Tício não apresentou anteriormente qualquer problema, é possível a aplicação da penalidade de demissão pelo caso relatado? **(Valor: 0,65)**

B. Considerando que o ato foi presenciado por diversas testemunhas e pelo próprio chefe imediato de Tício, é possível dispensar a instauração de processo administrativo disciplinar, instaurando-se apenas a sindicância? **(Valor: 0,60)**

Obs.: o examinando deve fundamentar suas respostas. A mera citação do dispositivo legal não confere pontuação.

GABARITO COMENTADO

A) A resposta é positiva. Nos termos do Art. 132, incisos VI e VII, da Lei nº 8.112/1990, será aplicada a penalidade de demissão ao servidor, nos casos de insubordinação grave e de ofensa física em serviço. Não há necessidade de aplicação de outras penalidades antes da aplicação da demissão. Os artigos 129 e 130 da Lei nº 8.112/1990, determinam, respectivamente, os casos de aplicação das penalidades de advertência e de suspensão, excluindo, expressamente, os casos que tipifiquem infração sujeita à penalidade de demissão.

B) A resposta é negativa. Nos termos do Art. 146 da Lei nº 8.112/1990, *"sempre que o ilícito praticado pelo servidor ensejar a imposição de penalidade de suspensão por mais de 30 (trinta) dias, de demissão, de cassação de aposentadoria ou disponibilidade, ou destituição de cargo em comissão, será obrigatória a instauração de processo disciplinar".*

PRÁTICA ADMINISTRATIVA – 6ª EDIÇÃO   186

DISTRIBUIÇÃO DOS PONTOS

ITEM	PONTUAÇÃO
A. Sim. É possível aplicar ao servidor a penalidade de demissão, nos casos de insubordinação grave e de ofensa física em serviço, (0,55) nos termos do Art. 132, incisos VI ou VII, da Lei nº 8.112/1990 **OU** art. 5, parágrafo único, incisos II ou III da Lei 8.027/90 (0,10) *OBS.: A simples menção ou transcrição do dispositivo legal não pontua.*	0,00 / 0,55 / 0,65
B. Não, porque nos casos de aplicação da penalidade de demissão, será obrigatória a instauração de processo disciplinar (0,50), nos termos do Art. 146 da Lei nº 8.112/1990 (0,10). *OBS.: A simples menção ou transcrição do dispositivo legal não pontua.*	0,00 / 0,50 / 0,60

(OAB/Exame Unificado 2015.3 – 2ª fase) A Assembleia Legislativa do Estado X aprovou projeto de lei que estabeleceu um aumento de 9,23% (nove vírgula vinte e três por cento) para os servidores de nível superior do Poder Judiciário. Após alguns dias de paralisação e ameaça de greve por parte dos servidores públicos estaduais, o Governador do Estado X editou o Decreto nº 1.234, por meio do qual concedeu, aos servidores de nível superior do Poder Executivo, o mesmo aumento e garantiu que, para os próximos anos, eles receberiam o mesmo percentual de reajuste anual concedido aos servidores do Poder Judiciário.

Com base na hipótese sugerida, responda, fundamentadamente, aos itens a seguir.

A) É possível a extensão, aos servidores do Poder Executivo, do mesmo aumento e dos mesmos percentuais de reajuste concedidos aos servidores do Poder Judiciário, por meio de Decreto Estadual? **(Valor: 0,75)**

B) É possível a extensão, mediante decisão judicial, do mesmo percentual de aumento aos servidores de nível médio do Poder Judiciário excluídos do alcance da lei recentemente aprovada? **(Valor: 0,50)**

Obs.: o examinando deve fundamentar suas respostas. A mera citação do dispositivo legal não confere pontuação.

GABARITO COMENTADO

Em relação ao item A, a resposta é negativa. Dois fundamentos inquinam a validade do Decreto do Chefe do Poder Executivo estadual. Em primeiro lugar, a Constituição da República, em seu Art. 37, inciso X, estabeleceu que a remuneração dos servidores públicos deve ser fixada ou alterada por lei específica. Fica vedada, portanto, a edição de Decreto para a concessão de aumentos ou reajustes aos servidores públicos. Além disso, a Constituição da República, no inciso XIII do mesmo dispositivo, veda a vinculação ou equiparação de quaisquer espécies remuneratórias para o efeito de remuneração de pessoal do serviço público. Não pode o Decreto, portanto, vincular a remuneração e os reajustes dos servidores do Poder Executivo estadual àqueles do Poder Judiciário.

Em relação ao item B, a resposta também é negativa. A Constituição da República exige a edição de lei, em sentido formal, para a concessão de aumento ou reajuste de servidores

(Art. 37, X), tornando impossível o aumento de vencimentos de servidores públicos pelo Poder Judiciário. Esse é o fundamento, aliás, da Súmula nº 339 do Supremo Tribunal Federal: *"Não cabe ao Poder Judiciário, que não tem função legislativa, aumentar vencimentos de servidores públicos sob o fundamento de isonomia"* e da recente Súmula vinculante nº 37, com idêntica redação.

DISTRIBUIÇÃO DOS PONTOS

ITEM	PONTUAÇÃO
A) Não. A remuneração dos servidores públicos é fixada ou alterada por lei específica (0,40), conforme o Art. 37, inciso X, da CRFB (0,10) É vedada a vinculação ou equiparação de quaisquer espécies remuneratórias para o efeito de remuneração de pessoal do serviço público (0,15) no inciso XIII, do mesmo artigo. (0,10) *Obs.: a mera citação do dispositivo legal não confere pontuação.*	0,00 / 0,15 / 0,25 / 0,40 / 0,50 / 0,55 / 0,65 / 0,75
B) Não cabe ao Poder Judiciário, que não tem função legislativa, aumentar vencimentos de servidores públicos sob o fundamento de isonomia, sob pena de violação à separação de poderes (0,40) (Súmula nº 339 ou Súmula Vinculante nº 37 do STF). (0,10). *Obs.: a mera citação do dispositivo legal não confere pontuação.*	0,00/0,40/0,50

(OAB- Exame Unificado 2015.1 – 2ª fase) Maria é filha da servidora pública federal Josefina, aposentada por invalidez em janeiro de 2013. Depois de uma briga com sua genitora, formula denúncia ao órgão federal competente, afirmando que sua mãe, na verdade, está apta para o exercício das funções inerentes ao seu cargo, o que se comprova mediante a verificação de que ela exerce semelhantes funções em um escritório privado desde fevereiro de 2013, quando se recuperou plenamente da doença.depois de aberto o processo administrativo para fins de verificação de eventual erro na perícia médica e apuração da possibilidade de reversão ao serviço público ativo, o feito é encaminhado novamente ao mesmo médico, que retifica o laudo anterior, opinando pela possibilidade de a servidora ser mantida no serviço ativo, e remete o feito à autoridade superior para decisão.antes da decisão final, Maria, já reconciliada com Josefina, formula pleito de desistência do processo administrativo, informando que, na verdade, contara inverdades sobre sua mãe e que esta é incapaz para o trabalho, tanto no serviço público quanto na iniciativa privada, juntando laudos médicos diversos, inclusive dos hospitais públicos em que sua mãe foi atendida. Diante de decisão fundamentada que determina o prosseguimento do processo, mesmo com a desistência da requerente, Maria interpõe recurso, argumentando que o processo não pode prosseguir diante da contrariedade da requerente e apontando a nulidade do processo pela participação do mesmo médico responsável pela primeira perícia.

Com base no caso apresentado, responda, justificadamente, aos itens a seguir.

A) Foi regular o prosseguimento do processo após a desistência formulada por Maria? **(Valor: 0,65)**

B) Uma vez que a decisão se baseou no laudo do citado profissional, é procedente o argumento da nulidade do processo pela participação do médico em questão? **(Valor: 0,60)**

O examinando deve fundamentar suas respostas. A mera citação do dispositivo legal não confere pontuação.

PRÁTICA ADMINISTRATIVA – 6ª EDIÇÃO

GABARITO COMENTADO

A. Sim, porque a Lei nº 9.784/1999 estabelece que a desistência ou renúncia do interessado, conforme o caso, não prejudica o prosseguimento do processo, se a Administração considerar que o interesse público assim o exige (Art. 51, § 2º).

B. Sim, porque a Lei nº 9.784/1999 estabelece que a desistência ou renúncia do interessado, conforme o caso, não prejudica o prosseguimento do processo, se a Administração considerar que o interesse público assim o exige (Art. 51, § 2º).

DISTRIBUIÇÃO DOS PONTOS

ITEM	PONTUAÇÃO
A. Sim, a desistência ou renúncia do interessado, conforme o caso, não prejudica o prosseguimento do processo, se a Administração considerar que o interesse público assim o exige (0,55) (Art. 51, § 2º, da Lei nº 9.784/99) (0,10). *Obs.: a mera citação do artigo não pontua.*	0,0 – 0,55 – 0,65
B. Sim, pois é impedido de atuar em processo administrativo o servidor ou autoridade que tenha participado ou venha a participar como perito (0,50) (Art. 18, II, da Lei nº 9.784/99) (0,10) *Obs.: a mera citação do artigo não pontua.*	0,0 – 0,50 – 0,60

(OAB/Exame Unificado- 2015.1.-2ªfase) João, servidor público federal, ocupante do cargo de agente administrativo, foi aprovado em concurso público para emprego de técnico de informática, em sociedade de economia mista do Estado X. Além disso, João recebeu um convite de emprego para prestar serviços de manutenção de computadores na empresa de Alfredo.

Com base no exposto, responda, fundamentadamente, aos itens a seguir.

A) É possível a cumulação do cargo técnico na Administração Federal com o emprego em sociedade de economia mista estadual? E com o emprego na iniciativa privada? **(Valor: 0,75)**

B) Caso João se aposente do cargo que ocupa na Administração Pública federal, poderá cumular a remuneração do emprego na empresa de Alfredo com os proventos de aposentadoria decorrentes do cargo de agente administrativo? **(Valor: 0,50)**

O examinando deve fundamentar suas respostas. A mera citação do dispositivo legal não confere pontuação.

GABARITO COMENTADO

A) O examinando deve identificar que não é possível a cumulação do cargo público com o emprego na sociedade de economia mista estadual, na forma do Art. 37, XVII, da Constituição da República, bem como do Art. 118, § 1º, da Lei nº 8.112/1990. De outro lado, não há qualquer vedação, constitucional ou legal, ao exercício de atividade remunerada (não comercial) junto à iniciativa privada (no caso, como prestador de serviços de manutenção de computadores), desde que não haja incompatibilidade de horários prejudicial ao serviço público.

B) O examinando deve identificar que é possível a cumulação, pois, conforme o Art. 37, §
10, da Constituição, só é vedada a percepção simultânea de proventos de aposentadoria
decorrentes do

Art. 40 ou dos artigos 42 e 142 com a remuneração de cargo, emprego ou função pública.

DISTRIBUIÇÃO DOS PONTOS

ITEM	PONTUAÇÃO
A1. Não é possível a cumulação de cargo e emprego público (0,30), conforme vedação do Art. 37, XVII da CRFB ou do Art. 118, § 1º, da Lei nº 8.112/1990. (0,10)	0,0/0,30/0,40
A2. É possível a cumulação do cargo com um emprego na iniciativa privada, pois não há impedimento constitucional ou legal (0,15), desde que haja compatibilidade de horários. (0,20)	0,0/0,15/0,20/0,35
B. Sim, pois só é vedada a percepção simultânea de proventos de aposentadoria decorrentes do Art. 40 da CRFB/88 com a remuneração de cargo, emprego ou função pública, (0,40), nos termos do Art. 37, § 10, da CRFB /88. (0,10)	0,00/ 0,4 0/0, 50

(OAB/Exame Unificado – 2013.2 – 2ª fase)O Governador do Estado "N", verificando que muitos dos Secretários de seu Estado pediram exoneração por conta da baixa remuneração, expede decreto, criando gratificação por tempo de serviço para os Secretários, de modo que, a cada ano no cargo, o Secretário receberia mais 2%.

Dois anos depois, o Ministério Público, por meio de ação própria, aponta a nulidade do Decreto e postula a redução da remuneração aos patamares anteriores.

Diante deste caso, responda aos itens a seguir.

A) É juridicamente válida a criação da gratificação? (Valor: 0,85)

B) À luz do princípio da irredutibilidade dos vencimentos, é juridicamente possível a redução do total pago aos Secretários de Estado, como requerido pelo Ministério Público? (Valor: 0,40)

GABARITO COMENTADO – EXAMINADORA

O candidato deverá, na essência, observar quanto às perguntas, o seguinte:

A) Não, uma vez que a Constituição Federal estabelece, no Art. 37, X, que a remuneração dos servidores públicos e o subsídio de que trata o § 4º do Art. 39 somente poderão ser fixados ou alterados por lei específica. Além disso, o § 4º do Art. 39 prevê que os Secretários Estaduais serão remunerados exclusivamente por subsídio fixado em parcela única, vedado o acréscimo de qualquer gratificação, adicional, abono, prêmio, verba de representação ou outra espécie remuneratória.

B) Sim, uma vez que a irredutibilidade não garante a percepção de remuneração concedida em desacordo com as normas constitucionais. Não há direito adquirido contra regra constitucional ou legal.

PRÁTICA ADMINISTRATIVA – 6ª EDIÇÃO

(OAB/Exame Unificado – 2012.3 – 2ª fase) João inscreveu-se em concurso público para o provimento de cargo cujo exercício pressupõe a titulação de nível superior completo. Após aprovação na prova de conhecimentos gerais (1ª fase), João foi impedido de realizar as provas de conhecimentos específicos e a prova oral por não ter apresentado o diploma de nível superior logo após a aprovação na 1ª fase do certame, tal como exigido no instrumento convocatório e, em razão disso, eliminado do concurso.

Sabendo-se que o edital do concurso foi publicado em 13 de janeiro de 2011 e que a eliminação de João foi divulgada em 17 de maio do mesmo ano, responda, empregando os argumentos jurídicos apropriados e a fundamentação legal pertinente ao caso, aos seguintes quesitos.

a) A impetração de Mandado de Segurança seria via processual adequada para impugnar a eliminação de João do certame? (Valor: 0,55)

b) Qual fundamento poderia ser invocado por João para obter judicialmente o direito de prosseguir no concurso e participar das fases subsequentes? (Valor: 0,70)

GABARITO COMENTADO – EXAMINADORA

A) O examinando deve responder afirmativamente, registrando que o prazo para impetração do mandado de segurança é de 120 dias na forma do Art. 23 da Lei n. 12.016/09.

B) O examinando deve demonstrar conhecimento da jurisprudência consolidada do STJ no sentido de apenas ser legítima a exigência de comprovação de diploma ou habilitação legal para exercício de cargo público no momento da posse (Enunciado n. 266 do STJ).

Distribuição dos Pontos

QUESITO AVALIADO	VALORES
A. O examinando deve demonstrar que o prazo para impetração do mandado de segurança é de 120 dias na forma do Art. 23 da lei n.12016/09. (0,55).	0,00/0,55
B. A jurisprudência é pacífica no sentido de que o diploma ou a habilitação legal para exercício de cargo público somente podem ser exigidos na época da posse (0,40). Referência ao Enunciado n. 266 do STJ (0,30).	0,00/0,30/0,40/0,70

(OAB/Exame Unificado – 2012.3 – 2ª fase) O Presidente da República, inconformado com o número de servidores públicos na área da saúde que responde a processo administrativo disciplinar, resolve colocar tais servidores em disponibilidade e, para tanto, edita decreto extinguindo os respectivos cargos.

Considerando a hipótese apresentada, empregando os argumentos jurídicos apropriados e a fundamentação legal pertinente ao caso, responda aos itens a seguir.

a) A extinção de cargos públicos, por meio de decreto, está juridicamente correta? Justifique. (Valor: 0,60)

b) É juridicamente correta a decisão do Presidente da República de colocar os servidores em disponibilidade? (Valor: 0,35)

c) Durante a disponibilidade, os servidores públicos percebem remuneração? (Valor: 0,30)

GABARITO COMENTADO – EXAMINADORA

A) A resposta é negativa. Trata-se de matéria a ser disciplinada por lei, na forma do Art. 48, inciso X, da CRFB. Espera-se que o examinando desenvolva o tema registrando que seria possível a extinção de cargos públicos por decreto apenas se estivessem vagos. (Art. 84, inciso VI, "b", CRFB).

B) A opção é inconstitucional, pois o Chefe do Executivo utiliza o instituto da disponibilidade com desvio de finalidade. O examinando deve deixar claro que a disponibilidade não tem por finalidade sancionar disciplinarmente servidores públicos.

C) A remuneração será proporcional ao tempo de serviço (Art. 41, § 3º, da CRFB).

Distribuição dos Pontos

QUESITO AVALIADO	VALORES
A1. Não. A extinção de cargos públicos depende de lei (0,20), na forma do Art. 48, inciso X, da CRFB (0,30)	0,00/0,20/0,30/0,50
A2. A extinção de cargos públicos por decreto somente seria possível caso os cargos estivessem vagos (Art. 84, inciso VI, "b", CRFB), o que não ocorre na hipótese apresentada (0,10).	0,00/0,10
B. Não, porque a extinção dos cargos se deu com desvio de finalidade, haja vista que a disponibilidade não é ato de natureza sancionatória. (0,35)	0,00/0,35
C. Sim, remuneração proporcional ao tempo de serviço. Art. 41, § 3º, da CRFB (0,30).	0,00/0,30

(OAB/Exame Unificado – 2010.2 – 2ª fase) A Administração de certo estado da federação abre concurso para preenchimento de 100 (cem) cargos de professores, conforme constante do Edital. Após as provas e as impugnações, vindo todos os incidentes a ser resolvidos, dá-se a classificação final, com sua homologação.

Trinta dias após a referida homologação, a Administração nomeia os 10 (dez) primeiros aprovados e contrata, temporariamente, 90 (noventa) candidatos aprovados.

Teriam os noventa candidatos aprovados, em observância à ordem classificatória, direito subjetivo à nomeação?

RESOLUÇÃO DA QUESTÃO

A Administração Pública somente pode abrir um concurso público quando preenchidos os seguintes requisitos: a) necessidade de preenchimento de vagas; b) disponibilidade financeira para remuneração dos cargos a serem providos.

Nesse sentido, quando a Administração abre um concurso público, presume-se que tais requisitos foram preenchidos, o que faz com que a Administração fique vinculada a tais pressupostos.

No caso em tela, isso significa que a Administração Pública é obrigada a contratar as cem pessoas aprovadas no concurso, que, portanto, têm direito subjetivo à nomeação.

A Administração Pública só não será obrigada a nomear os cem aprovados caso surjam fatos novos pertinentes que tornem inconveniente ao interesse público a efetivação da nomeação, fatos esses que devem ser expostos em ato administrativo devidamente motivado.

Esse é o entendimento atual do Supremo Tribunal Federal, que, em suma, entende que o aprovado em concurso público tem direito à nomeação no limite das vagas estabelecidas no edital, ressalvado o direito da Administração de não promover a nomeação caso, diante de fato novo que determine a inconveniência das nomeações, expeça ato administrativo devidamente motivado explicitando as razões de interesse público que justificam a não nomeação de candidato aprovado.

Comentários adicionais

Sobre a temática, confira o seguinte acórdão do STF:

EMENTA: DIREITOS CONSTITUCIONAL E ADMINISTRATIVO. NOMEAÇÃO DE APROVADOS EM CONCURSO PÚBLICO. EXISTÊNCIA DE VAGAS PARA CARGO PÚBLICO COM LISTA DE APROVADOS EM CONCURSO VIGENTE: DIREITO ADQUIRIDO E EXPECTATIVA DE DIREITO. DIREITO SUBJETIVO À NOMEAÇÃO. RECUSA DA ADMINISTRAÇÃO EM PROVER CARGOS VAGOS: NECESSIDADE DE MOTIVAÇÃO. ARTIGOS 37, INCISOS II E IV, DA CONSTITUIÇÃO DA REPÚBLICA. RECURSO EXTRAORDINÁRIO AO QUAL SE NEGA PROVIMENTO. 1. Os candidatos aprovados em concurso público têm direito subjetivo à nomeação para a posse que vier a ser dada nos cargos vagos existentes ou nos que vierem a vagar no prazo de validade do concurso. 2. A recusa da Administração Pública em prover cargos vagos quando existentes candidatos aprovados em concurso público deve ser motivada, e esta motivação é suscetível de apreciação pelo Poder Judiciário. 3. Recurso extraordinário ao qual se nega provimento. (RE 227480, Relator(a): Min. MENEZES DIREITO, Relator(a) p/ Acórdão: Min. CÁRMEN LÚCIA, Primeira Turma, julgado em 16/09/2008, DJe-157 DIVULG 20-08-2009 PUBLIC 21-08-2009 EMENT VOL-02370-06 PP-01116 RTJ VOL-00212- PP-00537)

Para que o examinando entenda melhor o tema, segue um texto que produzimos dando mais detalhes sobre a evolução histórica do direito à nomeação e sobre os contornos desse direito:

A jurisprudência e o direito à nomeação do aprovado em concurso público

No passado, o aprovado em concurso público tinha apenas o direito de não ser *preterido* na ordem de classificação (art. 37, IV, da CF). Dessa forma, a aprovação no concurso gerava ao candidato mera *expectativa de direito*, cabendo à administração a análise *discricionária* da conveniência ou não em nomear os candidatos aprovados.

Diante de alguns abusos, os tribunais começaram a reconhecer o direito à nomeação em situações em que a administração pública, no prazo de validade do concurso, *externava* de alguma maneira que tinha interesse em nomear novos servidores. Um exemplo eram as situações em que se abria *novo concurso* no prazo de validade do concurso anterior ou em que se nomeava outro servidor para exercer as *mesmas funções* do cargo para o qual o candidato fora aprovado.

Recentemente, o STF e o STJ passaram entender também que o candidato aprovado em concurso tem *direito* de ser nomeado *no limite das vagas previstas no respectivo edital*, vez que a Administração, ao estabelecer o número de vagas no edital, *vincula-se* a essa escolha e cria expectativa junto aos candidatos, impondo-se as nomeações respectivas, em respeito aos princípios da *boa-fé*, *razoabilidade*, *isonomia* e *segurança jurídica*.

É bom consignar que o STF até admite que a administração deixe de nomear os aprovados no limite das vagas do edital se houver ato *motivado* demonstrando a existência de fato novo que torne inviável a nomeação. Tal ato, todavia, poderá ser controlado pelo Judiciário (RExtr. 227.480, DJ 21/08/09). De qualquer forma, na prática, será muito difícil que a administração consiga justificar a existência de motivo que inviabiliza as nomeações, pois somente razões *pertinentes*, *novas*, *imprevisíveis* e *justificadas antes da impugnação de candidatos* à ausência de sua nomeação atendem ao princípio da *adequada motivação*.

Feita essa ressalva, vale anotar outras características desse direito.

A primeira delas diz respeito ao efeito das *desistências* de outros candidatos nomeados no concurso. Por exemplo, alguém aprovado na 919ª posição, num concurso com 770 vagas previstas no edital, 633 nomeados e 150 desistências têm direito de ser nomeado? Segundo o STJ, a resposta é positiva. Isso porque as desistências devem ser *somadas* ao total de vagas previsto no edital. No caso (aliás, esse é um caso real – STJ, RMS 21.323, DJ 21/06/2010), somando-se as 770 vagas do edital com as 150 desistências dos nomeados, a administração pública fica obrigada a nomear até o classificado na 920ª posição.

A segunda característica diz respeito ao efeito da *criação de novas vagas* durante do prazo de validade do concurso. Nesse ponto, o STJ *não* vem reconhecendo o direito à nomeação daqueles que, com as novas vagas, estariam classificados no limite da somatória destas com as vagas do edital (AgRg no RMS 26.947, DJ 02/02/2009).

A terceira observação diz respeito a *efeito econômico* da não nomeação de um aprovado no limite das vagas do edital. Nessa seara, o STJ também não vem reconhecendo o direito à indenização pelo período pretérito à efetiva nomeação, pois entende não ser correto receber-se retribuição sem o efetivo exercício do cargo (AgRg no REsp 615.459/SC, DJe 07/12/2009). Todavia, quando há preterição na ordem de classificação, ou seja, quando alguém deixa de ser nomeado em favor de outro que está em pior classificação, o STJ entende devida a indenização, com pagamento de vencimentos retroativos à data da impetração judicial (MS 10.764/DF, DJ 01/10/2009).

A quarta observação diz respeito ao *momento adequado* para o ingresso com ação judicial visando à nomeação no limite das vagas do edital. Nesse ponto, ainda não há posição específica de nossos tribunais superiores. Mas há algumas pistas. O STJ entende que há interesse processual em se promover a ação ainda durante o prazo de validade do concurso (RMS 21.323, DJ 21/06/2010), o que permitiria, em nossa opinião, o ingresso da ação logo após a homologação do concurso. E o mesmo STJ entende que também há interesse processual em promover a ação após o prazo de validade do concurso. Tratando-se de mandado de segurança, o STJ entende que o prazo decadencial de 120 se inicia da data que expirar a validade do concurso (AgRg no RMS 21.165/MG, DJ 08/09/2008).

GABARITO COMENTADO – EXAMINADORA

Espera-se que o examinando identifique o direito subjetivo à nomeação, que decorre da vinculação da Administração à necessidade de preenchimento das vagas que fundamentou a abertura do concurso, exceto se houver fato posterior que elimine essa necessidade.

Distribuição dos pontos:

DESCRIÇÃO	PONTUAÇÃO
- Os pressupostos da abertura do concurso (necessidade de preenchimento das vagas e disponibilidade financeira para remuneração desses cargos)	0 / 0,1 / 0,2 / 0,3
- Vinculação da Administração a tais pressupostos	0 / 0,2 / 0,4
- Necessidade de ato motivado para explicar os fatos que eliminaram o interesse público para a nomeação	0 / 0,3

(OAB/Exame Unificado – 2010.1 – 2ª fase) José, nomeado, pela primeira vez, para cargo de provimento efetivo no serviço público, foi exonerado de ofício, durante o período de estágio probatório, em razão da extinção de seu cargo. Inconformado, José requereu a revisão de sua exoneração alegando que a extinção do cargo, durante o estágio probatório, deveria garantir-lhe, pelo menos, a prerrogativa constitucional da disponibilidade.

Com base na situação hipotética acima apresentada, responda, de forma fundamentada, às seguintes indagações.

PRÁTICA ADMINISTRATIVA – 6ª EDIÇÃO

194

✓ José poderia ter sido exonerado de ofício, mesmo durante o período de estágio probatório, ou o estágio deveria protegê-lo contra a extinção do cargo?

✓ José teria direito à prerrogativa da disponibilidade? Em caso de resposta afirmativa, especifique os termos em que tal prerrogativa ocorreria.

RESOLUÇÃO DA QUESTÃO

Considerando que o padrão de resposta apresentado pela examinadora simulou uma resposta que o candidato poderia dar, usaremos o próprio padrão de resposta como resolução da questão. Confira:

"Tendo sido extinto o cargo durante o período do estágio probatório, o servidor poderá ser exonerado de ofício porque ainda não tem a estabilidade.

O fato de estar em estágio probatório não protege o servidor contra a extinção do cargo, conforme estabelecido na Súmula 22 do STF: "O estágio probatório não protege o funcionário contra a extinção do cargo."

Diga-se, ainda, que, como se trata de provimento originário (o servidor fora "nomeado, pela primeira vez, para cargo efetivo"), não há que se falar em recondução ao cargo anteriormente ocupado, nos termos do que dispõe o § 2.º do art. 20 da Lei n.º 8.112/1990, só lhe restando a exoneração.

O servidor não dispõe da prerrogativa constitucional da disponibilidade, que, nos termos do art. 41, § 3.º, da CF, só é cabível, em caso de extinção do cargo, para servidor estável."

Observação para a correção: atribuir pontuação integral às respostas em que esteja expresso o conteúdo do dispositivo legal, ainda que não seja citado, expressamente, o número do artigo.

4. IMPROBIDADE ADMINISTRATIVA

(OAB- Exame Unificado - 2017.2 - 2ª fase) Odorico foi prefeito do Município Beta entre 01/01/2009 e 31/12/2012, tendo sido apurada pelo Ministério Público a prática de atos de improbidade que causaram lesão ao erário pelo então chefe do Poder Executivo, no período entre janeiro e julho de 2010.

Em razão disso, em 10/11/2016, foi ajuizada a respectiva ação civil pública, com fulcro no Art. 10 da Lei no 8.429/92, sendo certo que Odorico veio a falecer em 10/01/2017.

Diante dessa situação hipotética, responda, fundamentadamente, aos questionamentos a seguir.

A) Operou-se a prescrição de pretensão punitiva para a ação de improbidade? (Valor: 0,65)

B) O Juízo deve extinguir o feito em decorrência do falecimento de Odorico? (Valor:0,60)

Obs.: o(a) examinando(a) deve fundamentar as respostas. A mera citação do dispositivo legal não confere pontuação.

GABARITO COMENTADO

A) A resposta é negativa. Na mencionada ação de improbidade, o marco inicial para a contagem do prazo de prescrição da pretensão punitiva é o término do mandato do prefeito, segundo o Art. 23, inciso I, da Lei no 8.429/92.

195 EXERCÍCIOS PRÁTICOS

B) A resposta é negativa. Os sucessores de Odorico respondem pela prática de atos que tenham causado prejuízos ao erário, até o limite do valor da herança, na forma do Art. 8o da Lei no 8.429/92.

Distribuição dos pontos:

DESCRIÇÃO	PONTUAÇÃO
A. Não. A prescrição da pretensão punitiva na mencionada ação de improbidade é regida pelo Art. 23, inciso I, da Lei no 8.429/92 (0,10), que determina que o marco inicial da contagem do prazo é o término do mandato do prefeito (0,55).	0,00/0,55/0,65
B. Não. Os sucessores de Odorico respondem pela prática de atos que tenham causado prejuízos ao erário, até o limite do valor da herança (0,50), na forma do Art. 8º da Lei no 8.429/92 (0,10).	0,00/0,50/0,60

(OAB/ Exame Unificado- 2017.2 – 2ª fase) Mário, servidor público não estável, foi designado, sem auferir remuneração específica, para integrar comissão de licitação destinada a escolher a melhor proposta dentre as que as empresas especializadas viessem a apresentar para a execução de serviço de engenharia, consistente em assentar uma ciclovia. Encerrada a licitação, um terceiro representou à autoridade administrativa competente, denunciando que a comissão praticara ato de improbidade administrativa porque seus membros teriam induzido a contratação por preço superior ao de mercado, o que causa lesão ao erário.

Como assessor(a) jurídico(a) da autoridade, responda aos itens a seguir.

A) Mário pode ser considerado sujeito ativo de ato de improbidade administrativa? **(Valor: 0,45)**

B) Pela prática de ato de improbidade administrativa que causa prejuízo ao erário, ao juiz da ação de improbidade é dado, segundo a lei de regência, cumular as sanções de multa e de perda da função pública, afastando as demais aplicáveis à espécie? **(Valor: 0,80)**

Obs.: o(a) examinando(a) deve fundamentar as respostas. A mera citação do dispositivo legal não confere pontuação.

GABARITO COMENTADO

A)A resposta é afirmativa. Mário é servidor público que pode ser considerado sujeito ativo por ato de improbidade, independentemente de ainda não gozar de estabilidade ou de não auferir remuneração específica para a realização da atribuição em comento, considerando que a lei de improbidade adotou conceito amplo de agente público, tal como se depreende do Art. 2º da Lei nº 8.429/92.

B)O magistrado não está obrigado a aplicar cumulativamente todas as sanções previstas no Art. 12, inciso II, da Lei nº 8.429/92, podendo, mediante adequada fundamentação, fixá-las e dosá-las segundo a natureza, a gravidade e as consequências da infração. Mas, uma vez comprovado o prejuízo ao erário, o ressarcimento, em correspondência aos danos efetivamente causados ao poder público, constitui consequência necessária do ato de improbidade, por aplicação do disposto no Art. 5º da Lei nº 8.429/92.

PRÁTICA ADMINISTRATIVA – 6ª EDIÇÃO

196

DISTRIBUIÇÃO DOS PONTOS

ITEM	PONTUAÇÃO
A. Sim. Mário é servidor público que pode ser considerado sujeito ativo por ato de improbidade, independente de ainda não gozar de estabilidade ou de não auferir remuneração específica para a realização da atribuição em comento, considerando que a lei de improbidade adotou conceito amplo de agente público (0,35), tal como se depreende do Art. 2º da Lei nº 8.429/92 (0,10).	0,00/0,35/0,45
B1. O magistrado não está obrigado a aplicar cumulativamente todas as sanções, podendo, mediante adequada fundamentação, fixá-las e dosá-las segundo a natureza, a gravidade e as consequências da infração (0,35), nos termos do Art. 12, inciso II, da Lei nº 8.429/92 (0,10)	0,00/0,35/0,45
B2. Mas, tratando-se de improbidade que causa prejuízo ao erário, não é possível ao Magistrado afastar o integral ressarcimento do dano (0,25), por aplicação do disposto no Art. 5º da Lei nº 8.429/92 (0,10).	0,00/0,25/0,35

(OAB/ Exame Unificado – 2016.1- 2ª fase) José da Silva, presidente de autarquia federal, admitiu servidores públicos sem o devido concurso público. O Ministério Público Federal ajuizou ação de improbidade em face de José da Silva, sob o fundamento de prática de ato de improbidade administrativa que atenta contra princípios da Administração Pública. Devidamente citado, José da Silva, por meio de seu advogado, apresentou contestação em que sustentou, em primeiro lugar, que houve mera irregularidade administrativa, sem configuração de ato de improbidade administrativa, ante a inexistência de dano ao erário ou de enriquecimento ilícito. Alegou, ainda, que os atos de improbidade estariam taxativamente discriminados na lei e não há nenhum dispositivo que expressamente afirme que a não realização de concurso público é ato de improbidade administrativa.

Levando em consideração a hipótese apresentada, responda, de forma justificada, aos itens a seguir.

A) É procedente a alegação de que houve mera irregularidade administrativa e não ato de improbidade administrativa? **(Valor: 0,65)**

B) É procedente a alegação de que a Lei de Improbidade Administrativa elenca taxativamente os atos de improbidade administrativa? **(Valor: 0,60)**

Obs.: o examinando deve fundamentar suas respostas. A mera citação do dispositivo legal não confere pontuação.

GABARITO COMENTADO

O objetivo da questão é avaliar o conhecimento do examinando quanto aos atos de improbidade administrativa.

A) A resposta deve ser negativa. O enquadramento dos atos de improbidade como violadores dos princípios da Administração Pública prescinde da ocorrência de lesão ao erário e/ ou enriquecimento ilícito do agente, nos termos das hipóteses previstas pelo Art. 11 da Lei nº 8.429/1992.

B) A resposta deve ser negativa. O examinando deve identificar que as condutas específicas elencadas nos incisos dos artigos 9º a 11 da Lei nº 8.429/1992, são situações meramente exemplificativas, podendo existir outras condutas que, inserindo-se no *caput* dos mencionados dispositivos, importem ato de improbidade administrativa por causarem lesão ao erário, enriquecimento ilícito ou violação a princípio da Administração Pública. Tanto é assim que os artigos 9º, 10 e 11 utilizam-se da palavra *"notadamente"*, a indicar que há outras hipóteses que configuram atos de improbidade além daquelas elencadas nos seus incisos.

DISTRIBUIÇÃO DOS PONTOS

ITEM	PONTUAÇÃO
A. Não. O enquadramento dos atos de improbidade como violadores dos princípios da Administração Pública prescinde da ocorrência de lesão ao erário e/ou enriquecimento ilícito do agente (0,55), nos termos das hipóteses previstas pelo Art. 11 da Lei nº 8.429/1992. (0,10) *OBS.: A simples menção ou transcrição do dispositivo legal não pontua.*	0,00 / 0,55 / 0,65
B. Não. As condutas específicas elencadas nos incisos dos artigos 9º a 11 da Lei nº 8.429/1992 são situações meramente exemplificativas, podendo existir outras condutas que, inserindo-se no *caput* dos mencionados dispositivos, importem ato de improbidade administrativa por causarem lesão ao erário, enriquecimento ilícito ou violação a princípio da Administração Pública (0,60).	0,00 / 0,60

(OAB/Exame Unificado-2015.3 – 2ª fase) José, cidadão brasileiro que exercia o cargo de deputado estadual, foi condenado, em caráter definitivo, por improbidade administrativa, em julho de 2013. Com a condenação, os direitos políticos de José foram suspensos por cinco anos, embora ele tenha sempre afirmado ser inocente. Em outubro de 2013, ele ajuíza ação popular pleiteando a anulação da venda de uma série de imóveis públicos promovida pelo Governador, seu principal desafeto político, a quem culpa pelas denúncias que levaram à sua condenação.

Segundo o relato da inicial, a venda ocorreu abaixo do preço de mercado. Diante de tal situação, responda fundamentadamente:

A) José é parte legítima para a propositura da ação? **(Valor: 0,75)**

B) Eventuais compradores dos imóveis, na condição de particulares, podem ser afetados pela decisão da ação popular e, por isto, também devem figurar no polo passivo? **(Valor: 0,50)**

Obs.: o examinando deve fundamentar suas respostas. A mera citação do dispositivo legal não confere pontuação.

GABARITO COMENTADO

A) Não. A Constituição prevê a suspensão dos direitos políticos no caso de condenação por improbidade administrativa (Art. 15, V, c/c o Art. 37, § 4º, ambos da CRFB), sendo certo que o gozo dos direitos políticos é requisito de legitimidade ativa.

PRÁTICA ADMINISTRATIVA – 6ª EDIÇÃO   198

> B) Sim, uma vez que os beneficiários do ato lesivo ao patrimônio público devem ser parte na ação popular (Art. 6º da Lei nº 4.717/1965).

DISTRIBUIÇÃO DOS PONTOS

ITEM	PONTUAÇÃO
A1.Não. O gozo dos direitos políticos é requisito de legitimidade ativa (0,20), nos termos do Art. 1º, § 3º, da Lei 4.717/65. (0,10). *Obs.: a mera citação do dispositivo legal não confere pontuação.*	0,00 / 0,20 / 0,30
A2.A condenação por improbidade administrativa acarreta a suspensão dos direitos políticos do parlamentar (0,35), nos termos do Art. 15, V, da Lei 4.717/65 ou do Art. 37, § 4º, ambos da CF/88. (0,10). *Obs.: a mera citação do dispositivo legal não confere pontuação.*	0,00 / 0,35 / 0,45
B. Sim. Uma vez que os beneficiários do ato lesivo ao patrimônio público devem ser parte na ação popular (0,40), nos termos do Art. 6º da Lei n. 4.717/1965. (0,10) *Obs.: a mera citação do dispositivo legal não confere pontuação.*	0,00/ 0,40 / 0,50

(OAB/Exame Unificado – 2012.3 – 2ª fase) Luiz foi secretário de assistência social do Estado "X" durante cinco anos e acaba de ser cientificado de que o Ministério Público Estadual ajuizou, contra ele, uma ação de improbidade administrativa por ter celebrado contrato, indevidamente rotulado de convênio, sem a observância do devido procedimento licitatório.

Luiz argumenta que não houve, de sua parte, má-fé ou intenção de fraudar o procedimento licitatório. Além disso, comprova que adotou todas as medidas de cautela que poderiam ser razoavelmente exigidas de um administrador público antes de celebrar o ajuste. Por fim, informa que o Tribunal de Contas do Estado (TCE) competente teria aprovado as contas que prestou na qualidade de ordenador de despesas, não identificando qualquer dano ao erário.

Considerando a hipótese apresentada, responda, empregando os argumentos jurídicos apropriados e a fundamentação legal pertinente ao caso, aos itens a seguir.

a) O argumento de Luiz, ao pretender afastar a improbidade administrativa sob o fundamento de que não teria agido com a intenção de fraudar o procedimento licitatório, deve prevalecer? (Valor: 0,65)

b) O argumento de Luiz, ao pretender descaracterizar o ato de improbidade administrativa invocando a aprovação de suas contas pelo TCE, deve prevalecer? (Valor: 0,60)

RESOLUÇÃO DA QUESTÃO

A)A resposta deve ser afirmativa. De acordo com a jurisprudência consolidada dos Tribunais Superiores, a improbidade é a ilegalidade tipificada e qualificada pelo elemento subjetivo da conduta. Assim, para caracterizá-la, é indispensável que a conduta do agente seja dolosa, para a tipificação das hipóteses previstas no Art. 9º e no Art. 11, ou ao menos culposa, para a tipificação das condutas previstas no Art. 10, todos da Lei n. 8.429/92 (RESPs: 734.984/SP; 842.428/ES; 658.415/MA, entre outros). No caso, afasta-se também a culpa de Luiz, pois ele demonstrou que tomou todas as cautelas exigíveis antes da celebração do ajuste.

B) O argumento de Luiz não deve prevalecer, tendo em vista a independência das instâncias. Nesse sentido, confirma-se a norma do Art. 21, inciso II, da Lei n. 8.429/92.

Distribuição dos Pontos

QUESITO AVALIADO	VALORES
A. Sim. Inexistindo enriquecimento sem causa e dano ao erário, a conduta do agente enquadra-se na hipótese do Art. 11 da Lei 8429/92. Tal dispositivo exige presença do elemento subjetivo dolo para a caracterização da improbidade. (0,65)	0,00/0,65
B. Não deve prevalecer o argumento, tendo em vista a independência das instâncias. (0,35) Referência à norma do Art. 21, inciso II, da Lei n. 8.429/92.(0,25)	0,00/0,25/0,35/0,60

5. BENS PÚBLICOS

(OAB/Exame Unificado- 2015.1- 2ªfase) Todas as Secretarias do Município XYZ têm sede no prédio do Centro de Administração Pública Municipal, na zona norte da cidade. Entretanto, tal edifício, além de muito antigo e em precário estado de conservação, já não comporta toda a estrutura da Administração Direta do Município. Por essa razão, diversas Secretarias já alocaram parte operacional de suas estruturas em outros endereços.

Com base no exposto, responda, empregando os argumentos jurídicos apropriados e a fundamentação legal pertinente, aos itens a seguir.

A) Pode o Prefeito do Município XYZ, após licitação e sem nenhuma outra providência, alienar o prédio do Centro de Administração Pública Municipal? **(Valor: 0,65)**

B) Supondo que o prédio do Centro de Administração Pública Municipal seja guarnecido com obras de arte não relacionadas à atividade administrativa, podem esses bens públicos ser objeto de penhora? **(Valor: 0,60)**

O examinando deve fundamentar suas respostas. A mera citação do dispositivo legal não confere pontuação.

GABARITO COMENTADO

A. A resposta é negativa. O prédio do Centro de Administração Pública é um bem público de uso especial, e tais bens, no direito brasileiro, caracterizam-se pela inalienabilidade, conforme previsão constante do Art. 100 do Código Civil. Assim, para a alienação dos bens públicos de uso especial, faz-se necessário, primeiramente, a sua desafetação, uma vez que os bens dominicais podem ser alienados, conforme previsão constante do Art. 101 do Código Civil.

B. A resposta também é negativa. Os bens titularizados pelo Município são classificados como bens públicos, independentemente de sua utilização. E os bens públicos (de uso comum, de uso especial ou dominicais) são impenhoráveis, mesmo que não afetados a uma utilidade de interesse público.

DISTRIBUIÇÃO DOS PONTOS

ITEM	PONTUAÇÃO
A. Não. O prédio do Centro de Administração Pública é um bem público de uso especial, e tais bens, no direito brasileiro, caracterizam-se pela inalienabilidade. Os bens públicos de uso especial podem ser desafetados, caracterizando-se, então, como bens dominicais, e, nesse caso, podem ser alienados (0,55), conforme arts. 100, 101 do Código Civil <u>OU</u> art. 17, I da Lei 8.666/93. (0,10)	0,0 – 0,55 –0,65
B. Não. Os bens titularizados pelo Município são classificados como bens públicos, independentemente de sua utilização. Os bens públicos (de uso comum, de uso especial ou dominicais) são impenhoráveis, mesmo que não afetados a uma utilidade de interesse público. (0,50), conforme art. 100 da CRFB <u>OU</u> art. 100 do Código Civil (0,10)	0,0 – 0,50 – 0,60

(OAB/Exame Unificado – 2012.1 – 2ª fase) O Estado X ajuizou ação de reintegração de posse em face de Caio, servidor público que, na qualidade de vigia de uma escola pública estadual, reside em uma pequena casa nos fundos do referido imóvel público e, embora devidamente notificado para desocupar o bem, recusou-se a fazê-lo.

Em sua defesa, Caio alega (i) que reside no imóvel com a anuência verbal do Poder Público e(ii) que a sua boa-fé, associada ao decurso de mais de quinze anos de ocupação do bem sem qualquer oposição, lhe asseguram a usucapião do imóvel.

Considerando a situação hipotética apresentada, analise os dois fundamentos deduzidos por Caio em sua defesa, empregando os argumentos jurídicos apropriados e a fundamentação legal pertinente ao caso. (Valor: 1,25)

RESOLUÇÃO DA QUESTÃO

A anuência verbal do Poder Público em relação à ocupação do imóvel não repercute sobre a esfera jurídica do Poder Público, uma vez que os contratos verbais com a Administração Pública são nulos e sem nenhum efeito, nos termos do artigo 60, parágrafo único, da Lei n. 8.666/93.

Em relação ao segundo argumento, um dos atributos dos bens públicos, qual seja, a sua imprescritibilidade, de modo que os bens públicos não se sujeitam à prescrição aquisitiva de direitos. Assim, a pretensão de usucapião de um bem público deve ser rejeitada, conforme previsto nos artigos 183, § 3º (propriedade urbana) e 191, parágrafo único (propriedade rural), ambos da CRFB.

É importante ressaltar que, por se tratar de prova discursiva, será exigido do examinando o desenvolvimento do tema apresentado. Desse modo, além de resposta conclusiva acerca do arguido, a mera menção a artigo não é pontuada, nem a mera resposta negativa desacompanhada do fundamento correto.

Distribuição dos Pontos

(não será aceita mera menção ao artigo)

QUESITO AVALIADO	FAIXA DE VALORES
Fundamento 1	**Pontuação**
Improcedência do primeiro argumento, uma vez que é nulo e sem nenhum efeito o contrato verbal com a Administração Pública (0,35), nos termos do artigo 60, parágrafo único, da Lei n. 8.666/93 (0,30). **Obs.: Não será aceita mera menção ao artigo**	0,00/0,35 / 0,65
Fundamento 2	
Improcedência do segundo argumento, uma vez que uma das características dos bens públicos é a imprescritibilidade (0,3), o que impede sua aquisição por usucapião, nos termos dos artigos 183, § 3º (propriedade urbana) e/ou 191, parágrafo único (propriedade rural), da CRFB (0,3). **Obs.: Não será aceita mera menção ao artigo**	0,00 / 0,30/0,60

(OAB/Exame Unificado – 2011.3 – 2ª fase) Ao assumir a presidência de uma importante autarquia estadual, Tício determinou a realização de uma auditoria em todo o patrimônio da entidade. Ao final dos trabalhos da comissão de auditoria, chamou a atenção de Tício a enorme quantidade de bens móveis catalogados, no relatório final de auditoria, como inservíveis para a administração.

Considerando a situação hipotética narrada, responda aos seguintes questionamentos, empregando os argumentos apropriados e a fundamentação legal pertinente ao caso.

a) Qual a natureza jurídica dos bens pertencentes à autarquia? (Valor: 0,6)

b) Como deverá proceder Tício caso resolva alienar os bens móveis catalogados como inservíveis para a administração? (Valor: 0,65)

RESOLUÇÃO DA QUESTÃO

Sendo a autarquia uma pessoa jurídica de direito público, seus bens são considerados bens públicos e submetem-se ao regime jurídico juspublicista. Tal conclusão extrai-se da norma do artigo 98 do Código Civil, que classifica os bens públicos de acordo com a sua titularidade. A alienação de bens móveis pertencentes à autarquia deve observar a disciplina prevista no artigo 17, inciso II, da Lei n. 8.666/93, que exige: interesse público devidamente justificado, avaliação prévia e licitação. É importante que o examinando registre que a licitação, *in casu*, deve seguir a modalidade leilão, nos termos do artigo 22, § 5º, da Lei n. 8.666/93.

Distribuição dos Pontos

ITEM A	PONTUAÇÃO
Por se tratar de pessoa jurídica de direito público, os bens pertencentes às autarquias são considerados bens públicos (0,4), nos termos do art. 98 do Código Civil (0,2).Obs.: A mera menção ao artigo não é pontuada.	0 / 0,4 / 0,6

PRÁTICA ADMINISTRATIVA – 6ª EDIÇÃO

ITEM B	
A alienação de bens móveis pertencentes à autarquia deve observar a disciplina prevista no artigo 17, II, da Lei 8.666/93, que exige interesse público devidamente justificado, avaliação prévia e licitação.Obs.: *A mera menção ao artigo não é pontuada.*	0 / 0,35
A modalidade de licitação a ser observada será o leilão, conforme artigo 22, § 5º, da Lei 8.666/93. Obs.: *A mera menção ao artigo não é pontuada.*	0 / 0,3

(OAB/Exame Unificado – 2010.2 – 2ª fase) Abílio, vendedor ambulante e camelô, comercializava os seus produtos em uma calçada no centro da cidade do Rio de Janeiro, mediante autorização expedida pela Prefeitura do Município do Rio de Janeiro. Em razão de obras no local, todos os ambulantes foram retirados e impedidos de comercializar seus produtos na calçada onde Abílio e seus companheiros vendiam seus produtos.

Abílio, não conformado com a decisão da Administração Pública municipal, resolve ingressar com uma ação na Justiça, por meio da qual pretende uma indenização por danos morais e materiais, em virtude do período em que ficou sem seu trabalho, além do restabelecimento da autorização para que volte a vender seus produtos no mesmo local.

Na qualidade de advogado de Abílio, identifique a natureza jurídica da autorização municipal e exponha, de forma fundamentada, se Abílio possui ou não direito às indenizações pelos danos morais e materiais, além do restabelecimento da autorização.

RESOLUÇÃO DA QUESTÃO

Segundo o Código Civil, os bens públicos podem ser de uso comum do povo, de uso especial e dominicais. Os primeiros se destinam ao uso indistinto de todos, os segundos a servir de estabelecimento público ou a serviço público e os terceiros são bens que constituem mero patrimônio estatal, não havendo afetação, ou seja, não há destinação alguma.

A calçada, assim como as ruas, praças, rios e praias, são bens de uso comum do povo e, como tal, a princípio, não ensejam uso exclusivo por parte de qualquer pessoa, ainda que em parte do bem. No entanto, a Administração Pública pode facultar ao interessado o uso exclusivo de um bem público, por meio dos institutos da autorização, da permissão e da concessão.

A autorização de uso de bem público consiste no ato unilateral, discricionário e precário, pelo qual a Administração, no interesse do particular, faculta a este o uso de um bem público. Tal ato, para ser outorgado, não depende de licitação.

Uma das principais características da autorização é o fato de que esta é precária, podendo ser revogada a qualquer tempo pela Administração, independente de indenização em favor do particular.

Ademais, a outorga ou não da autorização é discricionária, de maneira que o particular não tem direito subjetivo a receber uma autorização da Administração.

Nesse sentido, Abílio não possui direito à indenização pelos danos morais ou materiais decorrentes do impedimento de continuar gozando da autorização que havia recebido, nem direito do restabelecimento desta.

GABARITO COMENTADO – EXAMINADORA

Espera-se que o examinando conheça os bens públicos e a possibilidade de uso mediante autorização, a natureza precária do ato e a consequente ausência de direitos dele decorrentes.

O Código Civil estabelece, no seu art. 65, que são públicos os bens do domínio nacional pertencentes à União, aos Estados ou aos Municípios, restando, para o domínio privado, todos os demais.

Pelo disposto no art. 65 do mesmo Código, os bens públicos estão classificados em: a) os de uso comum do povo, tais como mares, rios, estradas, ruas e praças; b) os de uso especial, tais como os edifícios ocupados por serviços públicos específicos, como escolas, quartéis, hospitais; e c) os dominicais, também chamados de bens do patrimônio disponível, que são aqueles que o Poder Público utiliza como deles utilizariam os particulares e que podem, por exemplo, ser alugados ou cedidos, neste caso, obedecendo-se às regras de licitação e contratação administrativa.

Através do processo de desafetação, os bens públicos podem ser alterados na sua respectiva classificação.

Pelo sistema constitucional em vigor, os bens públicos podem ser da União (art. 20), dos Estados (art. 26) e dos Municípios (os restantes, inclusive as ruas e praças).

Cabe ao Município, no seu poder de organização da comunidade local instituído pelo art. 30 da Constituição, legislar sobre os assuntos de interesse local e promover, no que couber, adequado ordenamento territorial, mediante planejamento e controle do uso, do parcelamento e da ocupação do solo urbano, o que abrange, através do respectivo ordenamento jurídico (leis, decretos e regulamentos), dispor, no Código de Postura e no Código Tributário (e respectivas leis extravagantes) sobre os ambulantes ou camelôs.

Plácido e Silva, no seu clássico Vocabulário Jurídico, diz:

"AMBULANTE. Termo usado na linguagem comercial e de Direito Fiscal, para designar o comerciante que, não possuindo estabelecimento fixo, vende as suas mercadorias, transportadas por si mesmo ou por veículos, de porta em porta, ou seja, de um a outro lugar. Vendedor ambulante. Mascate, bufarinheiro. Não tendo um ponto certo ou comercial para sede de seus negócios, o ambulante terá o seu domicílio comercial, ou sede de seu negócio, no lugar em que for encontrado. Segundo as regras das leis fiscais, o ambulante está sujeito a registro, devendo estar munido de sua patente, para que possa efetuar suas vendas. O ambulante, ou vendedor ambulante, pode negociar ou vender por conta própria ou por conta de outrem. Seu comércio, que se diz comércio ambulante, é compreendido como comércio a varejo."

Ambulante, assim, é o comerciante que não possui estabelecimento fixo, transportando suas mercadorias consigo. É o sucessor do antigo mascate, que tanto serviços prestou à formação da nacionalidade, pois levava suas mercadorias nas casas das cidades, aldeias e fazendas.

Alguns ordenamentos jurídicos municipais admitem a ocupação de trechos específicos das vias públicas por camelôs, que, assim, deixam de ser "ambulantes", no sentido de que devem deambular, sem ter ponto fixo. Assim, para estes Municípios, compreende-se como ambulante aquele que não tem ponto fixo e, como camelô, o que ocupa espaço predeterminado.

Também as leis municipais exigem, por necessidade de organizar a atividade comercial por razões sanitárias e de defesa do consumidor, que ambulantes e camelôs dependam de autorização para o exercício de suas atividades.

PRÁTICA ADMINISTRATIVA – 6ª EDIÇÃO

204

Tais autorizações possuem o caráter de PRECARIEDADE e, desta forma, podem ser, a qualquer tempo, cassadas pela autoridade pública, sem que possam os respectivos titulares arguir eventual direito adquirido, nos termos dos atos normativos regedores da espécie, que geralmente estipulam: A autorização do ambulante ou camelô é pessoal e intransferível e concedida a título precário. Sobre a autorização leciona Hely Lopes Meirelles:

"Autorização de uso é o ato unilateral, discricionário e precário pelo qual a Administração consente na prática de determinada atividade individual incidente sobre um bem público. Não tem forma nem requisitos especiais para a sua efetivação, pois visa apenas a atividades transitórias e irrelevantes para o Poder Público, bastando que se consubstancie em ato escrito, revogável sumariamente a qualquer tempo e sem ônus para a Administração. Essas autorizações são comuns para ocupação de terrenos baldios para a retirada de água em fontes não abertas ao uso comum do povo e para outras utilizações de interesse de certos particulares, desde que não prejudiquem a comunidade nem embaracem o serviço público. Tais autorizações não geram privilégios contra a Administração ainda que remuneradas e fruídas por muito tempo, e, por isso mesmo, dispensam lei autorizativa e licitação para o seu deferimento (ob. cit., p. 429)."

A precariedade rege a autorização que o Município concede ao ambulante e ao camelô.

A Administração Municipal desnecessita de lei formal para conceder a autorização, porque dela não decorrem direitos, salvo o de exercitar, enquanto válida, a atividade autorizada. Aliás, por razões de Política da Administração, sequer interessa ao Poder Municipal a existência de tal norma que, se existente, poderá restringir a discricionariedade administrativa.

A autorização somente está submetida aos próprios termos da norma que a prevê ou do despacho que a concedeu. Se houver norma, a ela ficará vinculado o despacho.

Pode a autorização ser suspensa ou revogada a qualquer tempo, sem que se exija, para sua eficácia, qualquer procedimento administrativo, da mesma forma que pode ser concedida a autorização sem que necessite passar sob o procedimento licitatório. Sobre o disposto no art. 21, XII, da Constituição Federal, que se refere a "autorização, concessão ou permissão", ensina Jessé Torres em matéria por tudo aplicável ao presente tema: As autorizações aventadas no art. 21, XII, da Constituição Federal estariam sujeitas à licitação? Parece que não, dada sua índole (unilateralidade e discricionariedade do Poder Público na outorga, e interesse privado na exploração do objeto da autorização (Comentários à lei das licitações e das contratações da Administração Pública, Rio, Ed. Renovar, 1994, p. 20).

Pode a lei municipal estabelecer a cobrança de tributo (por exemplo, de imposto sobre serviços), sobre a atividade do ambulante, atividade que pode ser exercida por empresas legalmente constituídas.

Também poderão ser cobradas taxas (inclusive de expediente) para a expedição da autorização, que, nem por isto, perderá o seu caráter precário.

Distribuição dos pontos:

DESCRIÇÃO	PONTUAÇÃO
- Definição e classificação do bem público objeto da autorização	0 / 0,1 / 0,3
- Possibilidade de uso mediante autorização	0 / 0,2

- Características do ato de autorização (especialmente a sua natureza precária)	0 / 0,1 / 0,2 / 0,3
- Ausência de direitos decorrentes do ato	0 / 0,2

6. RESPONSABILIDADE DO ESTADO

(OAB/ Exame Unificado- 2016.2 – 2ª fase) Na estrutura administrativa do Estado do Maranhão, a autarquia Ômega é responsável pelo desempenho das funções estatais na proteção e defesa dos consumidores. Em operação de fiscalização realizada pela autarquia, constatou-se que uma fornecedora de bebidas realizou *"maquiagem"* em seus produtos, ou seja, alterou o tamanho e a forma das garrafas das bebidas que comercializava, para que os consumidores não percebessem que passaria a haver 5% menos bebida em cada garrafa. Após processo administrativo em que foi conferida ampla defesa à empresa, a autarquia lhe aplicou multa, por violação ao dever de informar os consumidores acerca da alteração de quantidade dos produtos.

Na semana seguinte, a infração praticada pela empresa foi noticiada pelos meios de comunicação tradicionais, o que acarretou considerável diminuição nas suas vendas, levando-a a ajuizar ação indenizatória em face da autarquia. A empresa alega que a repercussão social dos fatos acabou gerando danos excessivos à sua imagem.

Diante das circunstâncias narradas, responda aos itens a seguir.

A) A autarquia Ômega, no exercício de suas atividades de proteção e defesa dos consumidores, possui o poder de aplicar multa à empresa de bebidas? **(Valor: 0,60)**

B) A autarquia deve reparar os danos sofridos pela redução de vendas dos produtos da empresa fiscalizada? **(Valor: 0,65)**

Obs.: o examinando deve fundamentar suas respostas. A mera citação do dispositivo legal não confere pontuação.

GABARITO COMENTADO

A) A resposta deve ser positiva. A autarquia possui natureza jurídica de direito público, de modo que, no exercício de seu poder de polícia, pode exercer fiscalização e, caso encontre irregularidades, pode aplicar sanções (Art. 78 do CTN e artigos 55 e 56, inciso I, do CDC).

B) A resposta deve ser negativa. A responsabilidade civil pressupõe uma conduta do agente, um resultado danoso, e um nexo de causalidade entre a conduta e o resultado. Ainda que, em casos excepcionais, seja possível a responsabilização do Estado por condutas lícitas, a autarquia agiu, no caso narrado, em estrito cumprimento de seu dever legal, rompendo o nexo de causalidade que é pressuposto da responsabilidade civil. Além disso, a notícia acerca da infração ganhou notoriedade em virtude de haver sido publicada pelos meios de comunicação tradicionais, sem nenhum fato que pudesse indicar uma atuação específica, deliberada e desproporcional da autarquia em prejudicar a imagem da empresa. Por fim, deve-se ressaltar que seria um contrassenso não divulgar a notícia acerca da infração, a qual consistia exatamente no não cumprimento do dever de informar a alteração irregular dos produtos aos consumidores.

PRÁTICA ADMINISTRATIVA – 6ª EDIÇÃO

DISTRIBUIÇÃO DOS PONTOS

ITEM	PONTUAÇÃO
A) Sim. A autarquia, pessoa jurídica de direito público (0,20), pode exercer fiscalização e aplicar sanções no desempenho de seu poder de polícia (0,30), com base no Art. 78 do CTN OU nos artigos 55 e 56, I, do Código de Defesa do Consumidor (0,10).	0,00/0,20/0,30/0,40/0,50/0,60
B) Não. Embora o Estado possa vir a ser responsabilizado pela pratica de atos lícitos (0,20), não há que se falar em reparação de danos no presente caso uma vez que a autarquia agiu em estrito cumprimento de seu dever legal (0,45).	0,00/0,20/0,45/0,65

(OAB/Exame Unificado 2016.1 – 2ª fase) O Estado X está realizando obras de duplicação de uma estrada. Para tanto, foi necessária a interdição de uma das faixas da pista, deixando apenas uma faixa livre para o trânsito de veículos. Apesar das placas sinalizando a interdição e dos letreiros luminosos instalados, Fulano de Tal, dirigindo em velocidade superior à permitida, distraiu-se em uma curva e colidiu com algumas máquinas instaladas na faixa interditada, causando danos ao seu veículo. A partir do caso proposto, responda, fundamentadamente, aos itens a seguir.

A) Em nosso ordenamento, é admissível a responsabilidade civil do Estado por ato lícito? **(Valor: 0,60)**

B) Considerando o caso acima descrito, está configurada a responsabilidade objetiva do Estado X? **(Valor: 0,65)**

Obs.: o examinando deve fundamentar suas respostas. A mera citação do dispositivo legal não confere pontuação.

GABARITO COMENTADO

A) A resposta é positiva. A responsabilidade do Estado pela prática de ato lícito assenta no princípio da isonomia, ou seja, na igualdade entre os cidadãos na repartição de encargos impostos em razão do interesse público. Assim, quando for necessário o sacrifício de um direito em prol do interesse da coletividade, tal sacrifício não pode ser suportado por um único sujeito, devendo ser repartido entre toda a coletividade.

B) A resposta é negativa. A configuração da responsabilidade objetiva requer a presença de um ato (lícito ou ilícito), do dano e do nexo de causalidade entre o ato e o dano. A culpa exclusiva da vítima é causa de exclusão da responsabilidade objetiva, uma vez que rompe o nexo de causalidade: o dano é ocasionado por conduta da própria vítima. No caso proposto, Fulano de Tal conduzia seu veículo em velocidade superior à permitida, distraiu- se em uma curva e deixou de observar as placas e o letreiro luminoso que indicavam a interdição da pista.

DISTRIBUIÇÃO DOS PONTOS

ITEM	PONTUAÇÃO
A. Sim. A responsabilidade do Estado pela prática de ato lícito assenta no princípio da isonomia, ou seja, na igualdade entre os cidadãos na repartição de encargos impostos em razão do interesse público e da solidariedade social (0,50), nos termos do Art. 37, § 6º, da CRFB/88. (0,10) *OBS.: A simples menção ou transcrição do dispositivo legal não pontua.*	0,00 / 0,50/ 0,60

B. Não, pois conduzir seu veículo em velocidade superior à permitida, sem observar a sinalização existente, configura culpa exclusiva da vítima (0,35), que é causa de exclusão da responsabilidade objetiva, uma vez que rompe o nexo de causalidade (0,30).	0,00 / 0,30 / 0,35/ 0,65

(OAB/Exame Unificado – 2011.3 – 2ª fase) Tício, motorista de uma empresa concessionária de serviço público de transporte de passageiros, comete uma infração de trânsito e causa danos a passageiros que estavam no coletivo e também a um pedestre que atravessava a rua. Considerando a situação hipotética narrada, responda aos itens a seguir, empregando os argumentos jurídicos apropriados e a fundamentação legal pertinente ao caso.

a) Qual(is) a(s) teoria(s) que rege(m) a responsabilidade civil da empresa frente aos passageiros usuários do serviço e frente ao pedestre, à luz da atual jurisprudência do Supremo Tribunal Federal? (Valor: 0,6)

b) Poderiam as vítimas responsabilizar direta e exclusivamente o Estado (Poder Concedente) pelos danos sofridos? (Valor: 0,65)

RESOLUÇÃO DA QUESTÃO

O examinando deve afirmar que a responsabilidade civil das empresas concessionárias de serviços públicos é regulada pela norma do artigo 37, § 6º, da CRFB, que adota a teoria do risco administrativo. Não pode o examinando fundamentar o dever de indenizar da concessionária exclusivamente no Código de Defesa do Consumidor.

Posteriormente, deve o examinando mencionar que a orientação recente do STF, ao interpretar o artigo 37, § 6º, CRFB não faz distinção entre usuários e não usuários do serviço público para fins de aplicação da teoria da responsabilidade civil objetiva (teoria do risco administrativo) nessa hipótese (RE 591.874).

Quanto ao item b, não pode o Estado (Poder Concedente) ser direta e primariamente responsabilizado por ato de concessionários de serviços públicos, tendo em vista: (i) a interpretação da norma do artigo 37, § 6º, da CRFB, que nitidamente separa e individualiza a responsabilidade civil das pessoas jurídicas de direito público e das pessoas jurídicas de direito privado prestadoras de serviços públicos; e (ii) a norma do artigo 25 da Lei 8.987/95, que expressamente atribui a responsabilidade à concessionária.

Distribuição dos Pontos

ITEM A	PONTUAÇÃO
Incidência da norma do artigo 37, § 6º, da CRFB – teoria do risco administrativo / responsabilidade civil objetiva.	0 / 0,3
Ausência de distinção entre usuários e não usuários do serviço para fins de aplicação do artigo 37, § 6º, da CRFB.	0 / 0,3
ITEM B	
Não pode o Estado (Poder Concedente) ser direta e primariamente responsabilizado por ato de concessionários de serviços públicos – interpretação do artigo 37, § 6º, CRFB –, (0,45) nos termos do art. 25 da Lei 8.987/95, que expressamente atribui a responsabilidade à concessionária (0,2).Obs.: *A mera menção ao artigo não é pontuada.*	0 / 0,45 / 0,65

PRÁTICA ADMINISTRATIVA – 6ª EDIÇÃO   208

(OAB/Exame Unificado – 2011.2 – 2ª fase) Liviana, moradora do Município de Trás dos Montes, andava com sua bicicleta em uma via que não possui acostamento, próxima ao centro da cidade, quando, de forma repentina, foi atingida por um ônibus de uma empresa concessionária de serviços públicos de transportes municipais. Após o acidente, Liviana teve as duas pernas quebradas e ficou em casa, sem trabalhar, em gozo de auxílio-doença, por cerca de dois meses. Então, resolveu procurar um advogado para ajuizar ação de responsabilidade civil em face da empresa concessionária de serviços públicos.

Qual é o fundamento jurídico e o embasamento legal da responsabilidade civil da empresa concessionária, considerando o fato de que Liviana se enquadrava na qualidade de terceiro em relação ao contrato de transporte municipal, no momento do acidente? (Valor: 1,25)

GABARITO COMENTADO – EXAMINADORA

A questão trata acerca da responsabilidade civil objetiva de terceiro não usuário dos serviços públicos de transportes municipais.

Na hipótese, tem-se que a responsabilidade civil será objetiva, comprovado o nexo de causalidade entre o ato administrativo e o dano causado ao terceiro não usuário do serviço público, sendo tal condição suficiente para estabelecer a responsabilidade objetiva da pessoa jurídica de direito privado, nos termos do art. 37, § 6º, da CRFB. De acordo com a jurisprudência atual e consolidada do STF, não se pode interpretar restritivamente o alcance do art. 37, § 6º, da CRFB, sobretudo porque a Constituição, interpretada à luz do princípio da isonomia, não permite que se faça qualquer distinção entre os chamados "terceiros", ou seja, entre usuários e não usuários do serviço público, haja vista que todos eles, de igual modo, podem sofrer dano em razão da ação administrativa do Estado, seja ela realizada diretamente, seja por meio de pessoa jurídica de direito privado. Observa-se, ainda, que o entendimento de que apenas os terceiros usuários do serviço gozariam de proteção constitucional decorrente da responsabilidade objetiva do Estado, por terem o direito subjetivo de receber um serviço adequado, contrapor-se--ia à própria natureza do serviço público, que, por definição, tem caráter geral, estendendo-se, indistintamente, a todos os cidadãos, beneficiários diretos ou indiretos da ação estatal.

Distribuição dos pontos

DESCRIÇÃO	PONTUAÇÃO
– Identificação da responsabilidade da empresa concessionária como objetiva (0,35) na forma do artigo 37, § 6º, da CRFB/88 (0,3)	0 / 0,3 / 0,35 / 0,65
– Identificação de que a vítima não era usuária direta dos serviços de transportes públicos (0,3). Indicação da evolução jurisprudencial (0,3)	0 / 0,3 / 0,6

(OAB/Exame Unificado – 2011.1 – 2ª fase) José, enquanto caminhava pela rua, sofre graves sequelas físicas ao ser atingido por um choque elétrico oriundo de uma rede de transmissão de uma empresa privada que presta serviço de distribuição de energia elétrica. Na ação judicial movida por José, não ficou constatada nenhuma falha no sistema que teria causado o choque, tampouco se verificou a culpa por parte do funcionário responsável pela manutenção dessa rede elétrica local. No entanto, restou comprovado que o choque, realmente, foi produzido pela rede elétrica da empresa de distribuição de energia, conforme relatado no processo.

Diante do caso em questão, discorra sobre a possível responsabilização da empresa privada que presta serviço de distribuição de energia elétrica, bem como um possível direito de regresso contra o funcionário responsável pela manutenção da rede elétrica. (Valor: 1,25)

GABARITO COMENTADO – EXAMINADORA

O examinando deve identificar o enquadramento da empresa de distribuição de energia elétrica como uma empresa privada prestadora de serviço público, sujeita, portanto, a responsabilização objetiva (independente de dolo ou culpa) pelos danos advindos de suas atividades, conforme artigo 37, § 6º, da Constituição da República. Em razão de tal fato, deve a empresa responder pelos danos causados pelo choque oriundo de sua rede de distribuição, uma vez que restou constatado o nexo causal.

Em relação ao possível direito de regresso, deve o examinando negar essa possibilidade, já que tal recurso somente se torna viável em casos de dolo ou culpa do agente causador do dano.

Distribuição de pontos

DESCRIÇÃO	PONTUAÇÃO
– Incide responsabilidade civil objetiva da pessoa jurídica de direito privado prestadora de serviço público (0,4) nos termos do art. 37, 6º, da CRFB (0,3).	0 / 0,3 / 0,4 / 0,7
– Não há possibilidade de regresso em relação ao agente por não comprovação de dolo ou culpa (0,55).	0 / 0,55

(OAB/Exame Unificado – 2010.2 – 2ª fase) Um determinado fiscal de vigilância sanitária do Estado, ao executar uma operação de fiscalização em alguns restaurantes situados no centro da cidade do Rio de Janeiro, acabou por destruir todo o estoque de gêneros alimentícios perecíveis que se encontravam na câmara frigorífica de um dos estabelecimentos fiscalizados. A destruição do estoque, alegou o fiscal posteriormente, deveu-se à impossibilidade de separar os produtos que já estavam com o prazo de validade vencido, daqueles que, ainda, se encontravam dentro da validade.

O dono do estabelecimento fiscalizado, um restaurante, procura um advogado com o objetivo de se consultar acerca de possíveis medidas judiciais em face do Estado, em virtude dos prejuízos de ordem material sofrido.

Na qualidade de advogado do dono do estabelecimento comercial, indique qual seria a medida judicial adequada e se ele possui o direito a receber uma indenização em face do Estado, em razão da destruição dos produtos que se encontravam dentro do prazo de validade.

RESOLUÇÃO DA QUESTÃO

O instituto jurídico que envolve inicialmente a questão é o poder de polícia. Esse poder consiste em o Estado condicionar e restringir a liberdade e a propriedade das pessoas, ajustando-as aos interesses da coletividade.

No exercício do poder de polícia a Administração pode se valer dos seguintes atributos do ato administrativo: presunção de legitimidade, imperatividade, exigibilidade e autoexecutoriedade.

PRÁTICA ADMINISTRATIVA – 6ª EDIÇÃO

Vale salientar que, boa parte das vezes, o exercício do poder de polícia se exerce mediante competência discricionária, como se dá no caso em análise, em que a lei, normalmente, não estabelece os detalhes de como a atuação administrativa de avaliação de gêneros alimentícios perecíveis deve se dar no caso concreto.

No entanto, a discricionariedade não é sinônimo de arbitrariedade, ou seja, o poder de polícia discricionário não pode ser exercido sem obediência aos princípios administrativos, principalmente os princípios da proporcionalidade e da razoabilidade, violados no caso, vez que não é necessário danificar produtos em validade para verificar os produtos fora do prazo de validade.

Assim, o exercício abusivo do poder de polícia enseja responsabilidade estatal, que, por envolver conduta comissiva do Estado, exercida por agente público atuando nesta qualidade, é do tipo objetiva (art. 37, § 6º, da CF), ou seja, independe da demonstração de conduta culposa ou dolosa.

O advogado do estabelecimento comercial deve ingressar com ação indenizatória, a fim de condenar o Estado no pagamento dos prejuízos materiais sofridos, consistentes no valor de todos os produtos destruídos e que se encontravam dentro do prazo de validade.

GABARITO COMENTADO – EXAMINADORA

A questão trabalha com o conceito de poder de polícia atribuído à Administração Pública. O candidato deve explicitar, inicialmente, o conceito de poder de polícia a fim de enquadrar juridicamente a hipótese de fato trazida na questão.

Deve o candidato expor que se trata de um poder discricionário, porém não arbitrário. E deve indicar todas as características do poder de polícia, tais como: autoexecutoriedade, legitimidade e presunção de legalidade.

Logo, como não se trata de um poder arbitrário, deve o candidato expor que a conduta do fiscal em destruir os produtos que, ainda, estavam dentro do prazo de validade, extrapolou os limites da razoabilidade e da proporcionalidade que devem informar a Administração Pública e seus agentes ao praticar atos que constituam poder de polícia.

E, desta forma, deve indicar que o dono do estabelecimento comercial deverá ajuizar uma ação judicial com o objetivo de postular o pagamento pelos prejuízos materiais, consistente no valor de todos os produtos destruídos e que se encontravam dentro do prazo de validade.

Distribuição dos pontos:

DESCRIÇÃO	PONTUAÇÃO
– Poder atribuído à Administração Pública – características do poder de polícia	0 / 0,2 / 0,4
– Avaliação da conduta do fiscal	0 / 0,3
– Procedimento a ser seguido pelo dono do estabelecimento	0 / 0,3

(OAB/Exame Unificado – 2010.2 – 2ª fase) É realizado, junto a determinado Ofício de Notas, procuração falsa para a venda de certo imóvel. Participa do ato fraudulento o "escrevente" do referido Ofício de Notas, que era e é amigo de um dos fraudadores. Realizada a venda com a utilização da procuração falsa, e após dois anos, desta, o verdadeiro titular do imóvel regressa ao país, e descobre a venda fraudulenta.

Assim, tenso com a situação, toma várias medidas, sendo uma delas o ajuizamento de ação indenizatória.

Diante do enunciado, responda: contra quem será proposta essa ação e qual a natureza da responsabilidade?

RESOLUÇÃO DA QUESTÃO

O Ofício de Notas não é uma pessoa jurídica, mas sim uma estrutura organizada para a prestação de serviços notariais. Tal estrutura é organizada técnica e administrativamente pelo notário, que é uma pessoa física a quem é delegado o exercício da atividade notarial, mediante concurso público.

O notário exerce, então, função pública, sendo tratado pela doutrina como um particular em colaboração com o Poder Público. Trata-se, na verdade, de um agente público delegado, ou seja, de um agente público que recebe a delegação de um serviço público, que será prestado em nome próprio e por conta e risco do notário.

Assim sendo, a pessoa física titular da serventia extrajudicial é quem responde, com seu patrimônio pessoal, por eventuais danos causados a terceiros por atos praticados por si ou por seus prepostos. Nesse sentido, é o disposto no art. 22 da Lei 8.935/94. O notário, responsabilizado, poderá exercer o direito de regresso no caso de culpa ou dolo de seus prepostos.

Porém, não se pode olvidar de que a atividade prestada pelo notário é uma atividade administrativa e, portanto, de interesse estatal. Nesse sentido, o Estado também responde pelos atos praticados pelos notários e seus prepostos.

Como tais serviços são organizados pelos Estados-membros, estes serão os responsáveis civilmente pelos prejuízos causados a terceiros, nos termos do art. 37, § 6º, da CF.

Segundo o STF, a responsabilidade civil do notário e a responsabilidade do Estado são objetivas, no caso.

Ante o exposto, a ação poderá ser proposta contra o notário, contra o Estado ou contra ambos, sendo que é objetiva tanto a responsabilidade da pessoa física do notário, como a responsabilidade da pessoa jurídica do Estado-membro respectivo.

Comentários adicionais

Confira os seguintes acórdãos do STF e do STJ sobre o tema:

RESPONSABILIDADE OBJETIVA – ESTADO – RECONHECIMENTO DE FIRMA – CARTÓRIO OFICIALIZADO. Responde o Estado pelos danos causados em razão de reconhecimento de firma considerada assinatura falsa. Em se tratando de atividade cartorária exercida à luz do artigo 236 da Constituição Federal, a responsabilidade objetiva é do notário, no que assume posição semelhante à das pessoas jurídicas de direito privado prestadoras de serviços públicos – § 6º do artigo 37 também da Carta da República. (RE 201595, Relator(a): Min. MARCO AURÉLIO, Segunda Turma, julgado em 28/11/2000, DJ 20-04-2001 PP-00138 EMENT VOL-02027-09 PP-01896)

PRÁTICA ADMINISTRATIVA – 6ª EDIÇÃO

PROCESSO CIVIL. CARTÓRIO DE NOTAS. PESSOA FORMAL. AÇÃO INDENIZATÓRIA. RECONHECI-MENTO DE FIRMA FALSIFICADA. ILEGITIMIDADE PASSIVA. O tabelionato não detém personalidade jurídica ou judiciária, sendo a responsabilidade pessoal do titular da serventia. No caso de dano decorrente de má prestação de serviços notariais, somente o tabelião à época dos fatos e o Estado possuem legitimidade passiva. Recurso conhecido e provido. (REsp 545.613/MG, Rel. Ministro CESAR ASFOR ROCHA, QUARTA TURMA, julgado em 08/05/2007, DJ 29/06/2007, p. 630)

Vale ressaltar que há decisão do STJ com entendimento um pouco diferente. No caso, entende este Tribunal que se deve ingressar com ação em face do notário e, caso este não possa suportar a indenização, aí sim caberá acionar o Estado subsidiariamente. Confira:

PROCESSUAL CIVIL E ADMINISTRATIVO. OFENSA AO ART. 535 DO CPC (art.1022, NCPC) NÃO CONFIGURADA. CARTÓRIO NÃO OFICIALIZADO. ATIVIDADE DELEGADA. ART. 22 DA LEI 8.935/1994. RESPONSABILIDADE OBJETIVA DO TABELIÃO E SUBSIDIÁRIA DO ESTADO. DESNECESSIDADE DE DENUNCIAÇÃO À LIDE. DANO MORAL. 1. Hipótese em que a instância ordinária condenou o ora recorrente ao pagamento de indenização em razão de transferência de imóvel mediante procuração falsa lavrada no cartório de sua titularidade. Foram fixados os valores dos danos morais e materiais, respectivamente, em R$ 10.000,00 e R$ 12.000,00 – estes últimos correspondentes aos gastos com advogado para reverter judicialmente a situação. 2. O exercício de atividade notarial delegada (art. 236, § 1º, da Constituição) deve se dar por conta e risco do delegatário, nos moldes do regime das concessões e permissões de serviço público. 3. Conforme decidido pela Segunda Turma no julgamento do Recurso Especial 1.087.862/AM, em caso de danos resultantes de atividade estatal delegada pelo Poder Público, há responsabilidade objetiva do notário, nos termos do art. 22 da Lei 8.935/1994, e apenas subsidiária do ente estatal. Precedentes do STJ. 4. O Código de Defesa do Consumidor aplica--se à atividade notarial. 5. Em se tratando de atividade notarial e de registro exercida por delegação, tal como *in casu*, a responsabilidade objetiva por danos é do notário, diferentemente do que ocorre quando se tratar de cartório ainda oficializado. Precedente do STF. 6. Não está configurada violação do art. 70 do CPC (art.125, NCPC) na linha do raciocínio que solidificou a jurisprudência na Primeira Seção do STJ, no sentido de que é desnecessária a denunciação à lide em relação à responsabilidade objetiva do Estado, sem prejuízo do direito de regresso em ação própria. (REsp 1163652/PE, Rel. Ministro HERMAN BENJAMIN, SEGUNDA TURMA, julgado em 01/06/2010, DJe 01/07/2010)

GABARITO COMENTADO – EXAMINADORA

O examinando deverá identificar a responsabilidade do titular da serventia extrajudicial, sua caracterização como agente público e sentido amplo e a responsabilidade objetiva do Estado pelos seus atos.

Distribuição dos pontos:

DESCRIÇÃO	PONTUAÇÃO
– Natureza da delegação e ausência de responsabilidade do Ofício de Notas	0 / 0,3
– Identificação da responsabilidade do notário em face dos atos próprios da serventia (art. 22 da Lei 8935/94)	0 / 0,3
– Caracterização dessa responsabilidade como objetiva (CF, art. 37 § 6º)	0 / 0,2 / 0,4

(OAB/Exame Unificado – 2010.1 – 2ª fase) Em 30/8/2009, Jairo trafegava de bicicleta por uma rua de Goiânia – GO, no sentido da via, na pista da direita, quando foi atropelado por um ônibus de uma concessionária do serviço público de transporte urbano de passageiros, em razão de uma manobra brusca feita pelo motorista do coletivo. Jairo morreu na hora. A mãe do ciclista procurou escritório de advocacia, pretendendo responsabilizar o Estado pelo acidente que resultou na morte de seu filho.

Em face dessa situação hipotética, discorra sobre a pretensão da mãe de Jairo, estabelecendo, com a devida fundamentação, as diferenças e(ou) semelhanças entre a responsabilidade civil do Estado nos casos de dano causado a usuários e a não usuários do serviço público.

RESOLUÇÃO DA QUESTÃO

A responsabilidade das concessionárias de serviço público é objetiva, segundo o art. 37, § 6º, da CF. Assim, as concessionárias de serviço público nas áreas de transporte coletivo, como é o caso, e também nas áreas de abastecimento de água e esgotamento sanitário, energia elétrica, telefonia, dentre outras, respondem pelos danos que seus agentes causarem a terceiros, independentemente de culpa.

No entanto, o STF vinha entendendo que a responsabilidade dos concessionários prevista no art. 37, § 6º, da CF só era objetiva em relação aos usuários do serviço, e não em relação a terceiros não usuários do serviço. Nesse sentido, o terceiro deveria buscar a responsabilização da concessionária com fundamento em outras regras jurídicas.

No caso em tela, isso significaria que o ciclista atropelado pelo ônibus não poderia se valer do disposto no art. 37, § 6º, da CF.

Todavia, o STF, no ano de 2009, modificou seu entendimento a respeito do assunto. O Pretório Excelso passou a entender que a expressão "terceiros", contida no dispositivo constitucional citado, inclui os terceiros não usuários do serviço público. Primeiro porque não há restrição redacional nesse sentido, não se podendo fazer interpretação restritiva do dispositivo constitucional. Segundo porque a Constituição, interpretada à luz do princípio da isonomia, não permite que se faça qualquer distinção entre os chamados "terceiros", usuários e não usuários do serviço público, vez que todos podem sofrer dano em razão da ação administrativa estatal. Terceiro porque os serviços públicos devem ser prestados de forma adequada e em caráter geral, estendendo-se, indistintamente, a todos os cidadãos, beneficiários diretos ou indiretos da ação estatal.

Dessa forma, e considerando que ficaram demonstrados conduta comissiva de agente da concessionária, dano e nexo de causalidade, a mãe de Jairo, com fundamento na responsabilidade objetiva prevista no art. 37, § 6º, da CF poderá ingressar com ação indenizatória por danos materiais e morais decorrentes do falecimento de seu filho, em face da empresa concessionária de serviço público.

Comentários adicionais

Confira o entendimento anterior do STF:

"CONSTITUCIONAL. ADMINISTRATIVO. CIVIL. RESPONSABILIDADE CIVIL DO ESTADO: RESPONSABILIDADE OBJETIVA. PESSOAS JURÍDICAS DE DIREITO PRIVADO PRESTADORAS DE SERVIÇO PÚBLICO. CONCESSIONÁRIO OU PERMISSIONÁRIO DO SERVIÇO DE TRANSPORTE COLETIVO. C.F., art. 37, § 6º. I. – A responsabilidade civil das pessoas jurídicas de direito privado prestadoras de serviço público é objetiva relativamente aos usuários do serviço, não se estendendo a pessoas

PRÁTICA ADMINISTRATIVA – 6ª EDIÇÃO   214

outras que não ostentem a condição de usuário. Exegese do art. 37, § 6º, da C.F. II. – R.E. conhecido e provido." (STF, 2ª T., RE 262651/SP, Relator Min. CARLOS VELLOSO, DJ 06-05-2005)

Confira, agora, o novo entendimento do STF:

EMENTA: CONSTITUCIONAL. RESPONSABILIDADE DO ESTADO. ART. 37, § 6º, DA CONSTITUIÇÃO. PESSOAS JURÍDICAS DE DIREITO PRIVADO PRESTADORAS DE SERVIÇO PÚBLICO. CONCESSIO-NÁRIO OU PERMISSIONÁRIO DO SERVIÇO DE TRANSPORTE COLETIVO. RESPONSABILIDADE OBJETIVA EM RELAÇÃO A TERCEIROS NÃO USUÁRIOS DO SERVIÇO. RECURSO DESPROVIDO. I – A responsabilidade civil das pessoas jurídicas de direito privado prestadoras de serviço público é objetiva relativamente a terceiros usuários e não usuários do serviço, segundo decorre do art. 37, § 6º, da Constituição Federal. II – A inequívoca presença do nexo de causalidade entre o ato administrativo e o dano causado ao terceiro não usuário do serviço público, é condição suficiente para estabelecer a responsabilidade objetiva da pessoa jurídica de direito privado. III – Recurso extraordinário desprovido. (STF, RE 591874, Relator(a): Min. RICARDO LEWANDOWSKI, Tribunal Pleno, julgado em 26/08/2009, DJe-237 DIVULG 17-12-2009 PUBLIC 18-12-2009 EMENT VOL-02387-10 PP-01820)

GABARITO COMENTADO – EXAMINADORA

A responsabilidade civil do Estado por danos causados a usuários do serviço público é objetiva, nos termos do art. 37, § 6.º, da CF. Quanto à responsabilidade com relação ao terceiro não usuário do serviço, como é o caso do ciclista, não se pode interpretar restritivamente o alcance do art. 37, § 6.º, sobretudo porque a Constituição, interpretada à luz do princípio da isonomia, não permite que se faça qualquer distinção entre os chamados "terceiros", ou seja, entre usuários e não usuários do serviço público, haja vista que todos eles, de igual modo, podem sofrer dano em razão da ação administrativa do Estado, seja ela realizada diretamente, seja por meio de pessoa jurídica de direito privado. Os serviços públicos devem ser prestados de forma adequada e em caráter geral, estendendo-se, indistintamente, a todos os cidadãos, beneficiários diretos ou indiretos da ação estatal. Nesse sentido: "EMENTA: CONSTITUCIONAL. RESPONSABI-LIDADE DO ESTADO. ART. 37, § 6.º, DA CONSTITUIÇÃO. PESSOAS JURÍDICAS DE DIREITO PRIVADO PRESTADORAS DE SERVIÇO PÚBLICO. CONCESSIONÁRIO OU PERMISSIONÁRIO DO SERVIÇO DE TRANSPORTE COLETIVO. RESPONSABILIDADE OBJETIVA EM RELAÇÃO A TERCEIROS NÃO USUÁRIOS DO SERVIÇO. RECURSO DESPROVIDO. I – A responsabilidade civil das pessoas jurídicas de direito privado prestado-ras de serviço público é objetiva relativamente a terceiros usuários e não usuários do serviço, segundo decorre do art. 37, § 6.º, da Constituição Federal. II – A inequívoca presença do nexo de causalidade entre o ato administrativo e o dano causado ao terceiro não usuário do serviço público é condição suficiente para estabelecer a responsabilidade objetiva da pessoa jurídica de direito privado. III – Recurso extraordinário desprovido. (RE 591874, Relator(a): Min. Ricardo Lewandowski, Tribunal Pleno, julgado em 26/08/2009, DJe-237 DIVULG 17-12-2009 PUBLIC 18-12-2009 EMENT VOL-02387-10 PP-01820) – Processo com repercussão geral reconhecida.

Observação para a correção: atribuir pontuação integral às respostas em que esteja expresso o conteúdo do dispositivo legal, ainda que não seja citado, expressamente, o número do artigo; na correção do item 2.2: se, na resposta, o examinando mencionar que a responsabilidade é objetiva com relação ao não usuário e não fundamentar, atribuir zero. Se disser que a responsabilidade é objetiva e apontar um dos três argumentos, atribuir 1, se apontar, pelo menos, dois dos argumentos, atribuir a totalidade dos pontos.

7. INTERVENÇÃO NA PROPRIEDADE

(OAB/ Exame Unificado – 2017.1) Após a edição do pertinente decreto declaratório da utilidade pública pela União, sociedade de economia mista federal, enquanto prestadora de serviço público, foi incumbida de promover a desapropriação de imóvel de Antônio. Para tanto, pretende promover tratativas com vistas a lograr a chamada desapropriação amigável ou tomar as medidas judiciais cabíveis para levar a efeito a intervenção do Estado na propriedade em foco.

Diante dessa situação hipotética, responda aos itens a seguir.

A) A sociedade de economia mista em questão pode ajuizar a ação de desapropriação? **(Valor: 0,65)**

B) Considerando que o mencionado decreto expropriatório foi publicado em 05/05/2016, analise se existe prazo para o eventual ajuizamento da ação de desapropriação. **(Valor: 0,60)**

Obs.: o(a) examinando(a) deve fundamentar as respostas. A mera citação do dispositivo legal não confere pontuação.

GABARITO COMENTADO

A) A resposta é afirmativa. É possível que a entidade administrativa promova a desapropriação e, consequentemente, ajuíze a respectiva ação, na forma do Art. 3º do Decreto-lei nº 3.365/41, desde que haja autorização expressa em lei ou no contrato.

B) A resposta é afirmativa. Os legitimados para promover a desapropriação por utilidade pública possuem o prazo de 5 (cinco) anos, a contar da expedição do decreto, para o ajuizamento da respectiva ação, sob pena de caducidade, consoante o Art. 10 do Decreto-lei nº 3.365/41.

DISTRIBUIÇÃO DOS PONTOS

ITEM	PONTUAÇÃO
A. Sim. É possível que sociedade de economia mista ajuíze a ação de desapropriação, desde que haja autorização expressa em lei ou no contrato (0,55), na forma do Art. 3º do Decreto--lei nº 3.365/41 (0,10),	0,00/0,55/0,65
B. Sim. Os legitimados para promover a desapropriação por utilidade pública possuem o prazo de 5 (cinco) anos, a contar da expedição do decreto, para o ajuizamento da respectiva ação, sob pena de caducidade (0,50), consoante o Art. 10 do Decreto-lei nº 3.365/41 (0,10).	0,00/0,50/0,60

(OAB/Exame Unificado – 2013.3 – 2ª fase) O Prefeito do Município XYZ desapropriou um sítio particular para instalação de um novo centro de atendimento médico de emergência. Entretanto, antes do início das obras, o Estado ABC anunciou que o Município XYZ receberá um novo Hospital Estadual de Atendimento Médico Emergencial.

Responda, fundamentadamente, aos itens a seguir.

A) O Município pode desistir da construção do centro de atendimento médico e destinar a área desapropriada à construção de uma escola? (Valor: 0,65)

PRÁTICA ADMINISTRATIVA – 6ª EDIÇÃO   216

B) Com o anúncio feito pelo Estado, o antigo proprietário do sítio desapropriado pode requerer o retorno da área à sua propriedade, mediante devolução do valor da indenização? (Valor: 0,60)

A simples menção ou transcrição do dispositivo legal não pontua.

GABARITO COMENTADO

A) A resposta é positiva. Após a efetivação de uma desapropriação, o ente expropriante deve empregar o bem à finalidade pública que desencadeou o processo de desapropriação. Em não o fazendo, estar-se-á diante da tredestinação, que nada mais é do que a destinação do bem em desconformidade com o plano inicialmente previsto. A tredestinação, entretanto, distingue-se em lícita (na qual o bem é empregado em finalidade diversa da inicialmente pretendida, mas ainda afetada ao interesse público) e ilícita (na qual não se emprega o bem em uma utilização de interesse público). A tredestinação lícita, isto é, a alteração na destinação do bem, por conveniência da administração pública, resguardando, de modo integral, o interesse público, não é vedada pelo ordenamento.

B) A resposta é negativa. A tredestinação lícita, por manter o bem afetado a uma finalidade de interesse público não configura direito de retrocessão, isto é, o direito do particular expropriado de reaver o bem, em virtude da sua não utilização. E a própria legislação de regência, o Decreto-lei n. 3.365/1941, dispõe, em seu Art. 35, que os bens expropriados, uma vez incorporados à Fazenda Pública, não podem ser objeto de reivindicação.

Distribuição dos Pontos

ITEM	PONTUAÇÃO
A. Sim. Trata-se da tredestinação lícita, (0,25) na qual o bem é empregado em finalidade diversa da inicialmente pretendida, mas ainda afetada ao interesse público. (0,40)	0,00/0,25/0,40/0,65
B. Não. Os bens expropriados incorporados à Fazenda Pública e afetados a uma finalidade pública não podem ser objeto de reivindicação (0,50), na forma do Art. 35, do Decreto Lei n. 3.365/1941. (0,10). *Obs.: a simples citação do dispositivo legal não pontua.*	0,00/0,50/0,60

(OAB/Exame Unificado – 2013.1 – 2ª fase) O município "X", tendo desapropriado um imóvel para a instalação da sede da prefeitura e, necessitando realizar obras de reparo no prédio, instala em terreno contíguo, de propriedade de Mário, o canteiro de obra necessário a realização dos reparos.

Considerando apenas os fatos descritos acima, responda aos itens a seguir.

A) Qual é a figura de intervenção utilizada pelo Município e quais são suas características? (Valor: 0,65)

B) Nesse caso, é devida alguma indenização? Indique o fundamento legal. (Valor: 0,60)

A simples menção ou transcrição do dispositivo legal não pontua.

EXERCÍCIOS PRÁTICOS

GABARITO COMENTADO – EXAMINADORA:

A) Trata-se de ocupação temporária, que se caracteriza pelo uso transitório por parte do Poder Público de imóvel privado, como meio de apoio à execução de obras públicas.

B) Nessa modalidade de ocupação temporária, por expressa disposição de lei (Art. 36 do Decreto-Lei n. 3.365/41), é devida indenização.

Distribuição dos Pontos

QUESITO AVALIADO	VALORES
A. Trata-se de ocupação temporária (0,30). Caracteriza-se pelo uso transitório por parte do Poder Público de imóvel privado, como meio de apoio à execução de obra pública (0,35).	0.00 / 0,30 / 0,35 / 0,65
B. Nessa modalidade de ocupação temporária, por expressa disposição de lei (Art. 36 do Decreto Lei n. 3365 / 41), é devida indenização.	0,00 / 0,60

(OAB/Exame Unificado – 2012.3 – 2ª fase) O proprietário de um terreno passou dois anos sem ir até sua propriedade. Após esse período, ao visitar o local, constata que, em seu terreno, foi construída uma escola municipal que, àquela altura, já se encontra em pleno funcionamento.

Com base no relatado acima, com o emprego dos argumentos jurídicos apropriados e a fundamentação legal pertinente ao caso, responda aos itens a seguir.

a) Indique e conceitue o fato administrativo tratado no caso apresentado. (Valor: 0,60)

b) Diante do ocorrido, que medida o proprietário do terreno pode tomar? (Valor: 0,65)

RESOLUÇÃO DA QUESTÃO

A) O examinando deve identificar a desapropriação indireta como o fato administrativo ocorrido no caso em questão, descrevendo-o como ato da administração pública apropriar-se de um bem privado sem o devido processo legal.

B) Deve também reconhecer a impossibilidade de o proprietário reaver o bem, uma vez que o mesmo já se encontra afetado para a prestação de um serviço público, restando ao proprietário tão somente o ajuizamento de ação pleiteando indenização pelas perdas sofridas, conforme art. 35, do Decreto-lei n. 3.365/41.

Distribuição dos Pontos

QUESITO AVALIADO	VALORES
A. Trata-se de desapropriação indireta (0,25). Apossamento administrativo de bem particular sem o devido processo legal. (0,35).	0,00/0,25/0,35/0,60
B. Propositura de ação indenizatória, tendo em vista a impossibilidade de reivindicação do bem (0,45), conforme Art. 35, do Decreto Lei n. 3.365/41 (0,20).	0,00/0,45/0,65

PRÁTICA ADMINISTRATIVA – 6ª EDIÇÃO   218

(OAB/Exame Unificado – 2011.2 – 2ª fase) O Município de Cachoeira Azul pretende implementar, com base em seu plano diretor, um importante projeto de criação de espaços públicos de lazer e áreas verdes ao longo dos próximos quatro anos e, para tanto, necessitará de áreas urbanas que atualmente constituem propriedade privada. O prefeito, então, encaminhou projeto de lei à Câmara de Vereadores estabelecendo direito de preferência em favor do Município caso os imóveis localizados na área venham a ser objeto de alienação onerosa entre particulares durante aquele prazo.

Considerando a situação hipotética narrada, responda aos seguintes quesitos, empregando os argumentos jurídicos apropriados e a fundamentação legal pertinente ao caso.

A) É juridicamente possível o estabelecimento do direito de preferência por lei municipal e pelo prazo mencionado? (Valor: 0,60)

B) Supondo afirmativa a resposta ao quesito anterior, ultrapassado o prazo de quatro anos estabelecido na lei, poderia o prefeito encaminhar novo projeto de lei para renová-lo por igual período? (Valor: 0,65)

GABARITO COMENTADO – EXAMINADORA

Em relação ao item 1, espera-se que o examinando responda afirmativamente, demonstrando conhecimento a respeito do denominado direito de preempção, instituto previsto no artigo 25 da Lei 10.257/2001.

Em relação ao item 2, a resposta deve levar em consideração o prazo estabelecido no Estatuto da Cidade para a renovação do prazo de vigência do direito de preempção, que apenas pode ocorrer a partir de um ano após o decurso do prazo inicial de vigência, conforme norma do artigo 25, § 1º, parte final.

Distribuição de pontos

ITEM	DESCRIÇÃO	PONTUAÇÃO
A	– Sim, trata-se do direito de preferência (preempção), a ser estabelecido por lei municipal e por prazo não superior a cinco anos (0,3). Artigo 25 da Lei 10.257/2001 – Estatuto da Cidade (0,3).	0 / 0,3 / 0,6
B	– Necessidade de se aguardar um ano para a renovação do direito de preempção após o decurso do prazo inicial de vigência. (0,35) Artigo 25, § 1º, da Lei 10.257/2001 – Estatuto da Cidade. (0,3)	0 / 0,3 / 0,35 / 0,65

(OAB/Exame Unificado – 2012.2 – 2ª fase) Uma determinada microempresa de gêneros alimentícios explora seu estabelecimento comercial, por meio de contrato de locação não residencial, fixado pelo prazo de 10 (dez) anos, com término em abril de 2011. Entretanto, em maio do ano de 2009, a referida empresa recebe uma notificação do Poder Público municipal com a ordem de que deveria desocupar o imóvel no prazo de 3 (três) meses a partir do recebimento da citada notificação, sob pena de imissão na posse a ser realizada pelo Poder Público do município. Após o término do prazo concedido, agentes públicos municipais compareceram ao imóvel e avisaram que a imissão na posse pelo Poder Público iria ocorrer em uma semana. Desesperado com a situação, o presidente da sociedade empresária resolve entrar em contato imediato com o proprietário do imóvel, um fazendeiro da região, que lhe informa que já recebeu o valor da indenização por parte do Município, por meio de acordo administrativo celebrado um mês após o decreto expropriatório editado pelo Senhor Prefeito. Indignado, o presidente da sociedade resolve ajuizar uma ação judicial em face do Município, com o objetivo de manter a vigência do contrato até o prazo de seu término, estipulado no respectivo contrato de locação comercial, ou seja, abril de 2011; e, de forma subsidiária, uma indenização pelos danos que lhe foram causados.

A partir da narrativa fática descrita acima, responda aos itens a seguir, utilizando os argumentos jurídicos apropriados e a fundamentação legal pertinente ao caso.

A) É juridicamente correta a pretensão do locatário (microempresa) de impor ao Poder Público a manutenção da vigência do contrato de locação até o seu termo final? (Valor: 0,60)

B) Levando-se em consideração o acordo administrativo realizado com o proprietário do imóvel, é juridicamente correta a pretensão do locatário (microempresa) em requerer ao Poder Público municipal indenização pelos danos causados? (Valor: 0,65)

RESOLUÇÃO DA QUESTÃO

In casu, é incontroversa a desapropriação do imóvel, cingindo-se a questão à possibilidade do pagamento de indenização ao locatário e à possibilidade de manutenção do contrato até o seu prazo final.

Para que fosse atribuída a pontuação referente à letra "A", era necessário que o examinando detivesse o conhecimento de que a desapropriação consiste em modo originário de aquisição de propriedade. Assim, não se afigura possível a manutenção da vigência do contrato de locação até o seu termo final, haja vista que o Poder Público adquire o bem livre de qualquer ônus real ou pessoal que incidia sobre a propriedade anteriormente.

A responsabilização civil do ente público no caso concreto decorre do dano causado pelo fato administrativo, independentemente de culpa e pela prática de uma conduta/ato lícito.

B) Assim como os proprietários, os locatários também possuem, na forma estabelecida pela Constituição Federal, o direito à justa indenização por todos os prejuízos que as desapropriações lhes causarem, visto que a sociedade locatária experimenta prejuízos distintos dos suportados pelo locador (proprietário). O proprietário é indenizado pela perda da propriedade (art. 5, XXIV, CF/88) enquanto que a sociedade locatária pela interrupção do negócio e, além da perda do estabelecimento empresarial (fundo de comércio).

Assim, o STJ, com base em precedentes, firmou jurisprudência no sentido de que o inquilino comercial tem amplo direito de ser ressarcido, independentemente das relações jurídicas entre ele e o proprietário, inclusive por perdas e danos causados pelo Poder Público.

Nesse sentido, a jurisprudência do E. Superior Tribunal de Justiça:

PROCESSUAL CIVIL E ADMINISTRATIVO. RECURSO ESPECIAL. AUSÊNCIA DE PREQUESTIONAMENTO. SÚMULA 211/STJ. **DESAPROPRIAÇÃO. IMÓVEL COMER-CIAL. FUNDO DE COMÉRCIO. INDENIZABILIDADE. MATÉRIA PACIFICADA.**

(...)

2. O entendimento firmado pelo Tribunal estadual encontra amparo na jurisprudência consolidada no âmbito da Primeira Seção desta Corte Superior no sentido de que é devida indenização ao expropriado correspondente aos danos ocasionados aos elementos que compõem o fundo de comércio pela desapropriação do imóvel.

PRÁTICA ADMINISTRATIVA – 6ª EDIÇÃO

Precedentes: REsp 1076124 / RJ, rel. Ministra Eliana Calmon, DJe 03/09/2009; AgRg no REsp 647660 / P, rel. Ministra Denise Arruda, DJ 05/10/2006; REsp 696929 / SP, rel. Ministro Castro Meira, DJ 03/10/2005.

3. Cumpre destacar que, na hipótese em análise, o detentor do fundo do comércio é o próprio proprietário do imóvel expropriado. Assim, a identidade de titularidade torna possível a indenização simultânea a desapropriação. Ademais, o processo ainda se encontra na fase inicial, o que permite seja apurado o valor de bens intangíveis, representados pelo fundo de comércio, na própria perícia a ser realizada para fixação do valor do imóvel, dispensando posterior liquidação de sentença.

4. Agravo regimental não provido (AgRg no REsp 1199990, Ministro MAURO CAMPBELL MARQUES, DJe 25/04/2012)

Distribuição dos Pontos

QUESITO AVALIADO	VALORES
NÃO, porque a desapropriação extingue o contrato de locação, liberando o bem de qualquer ônus real ou pessoal que incidia sobre a propriedade anteriormente, haja vista que a desapropriação consiste em modo originário de aquisição de propriedade (0,60).	0,00/0,60
SIM. Assim como os proprietários, os locatários também podem sofrer danos com a desapropriação pelo poder público, visto que a sociedade locatária experimenta prejuízos distintos dos suportados pelo proprietário (0,40). O proprietário é indenizado pela perda da propriedade (art. 5, XXIV, CF/1988) enquanto que a sociedade locatária pela interrupção do negócio e pela perda do estabelecimento empresarial (fundo de comércio) (0,25).	0,00/0,25/0,40/0,65

(OAB/Exame Unificado – 2011.1 – 2ª fase) No curso de uma inundação e do aumento elevado das águas dos rios em determinada cidade no interior do Brasil, em razão do expressivo aumento do índice pluviométrico em apenas dois dias de chuvas torrenciais, o Poder Público municipal ocupou durante o período de 10 (dez) dias a propriedade de uma fazenda particular com o objetivo de instalar, de forma provisória, a sede da Prefeitura, do Fórum e da Delegacia de Polícia, que foram completamente inundadas pelas chuvas.

Diante da hipótese acima narrada, identifique e explicite o instituto de direito administrativo de que se utilizou o Poder Público municipal, indicando a respectiva base legal. (Valor: 1,25)

GABARITO COMENTADO – EXAMINADORA

O examinando deve indicar que se trata do instituto da ocupação temporária de bens privados ou da requisição, tal como prevê o artigo 5º, XXV, da CRFB.

A ocupação temporária de bens privados consiste no apossamento, mediante ato administrativo unilateral, de bem privado para uso temporário, em caso de iminente perigo público, com o dever de restituição no mais breve espaço de tempo e eventual pagamento de indenização pelos danos produzidos.

Deve o examinando explicitar que se trata de instrumento de exceção e que exige a configuração de uma situação emergencial. E, mais, que a ocupação independe da concordância do particular e que se configura instituto temporário, a ser exercido por meio de ato administrativo.

Distribuição de pontos

DESCRIÇÃO	PONTUAÇÃO
– Identificação do instituto de direito público – ocupação temporária OU requisição	0 / 0,6
– Explicitação do instituto (0,35) e do fundamento constitucional – art. 5º, XXV, da CRFB OU art. 1.228, § 3º, do CC (0,3)	0 / 0,3 / 0,35 / 0,65

(OAB/Exame Unificado – 2010.3 – 2ª fase) O Poder Executivo municipal da cidade X resolve, após longos debates públicos com representantes de associações de moradores, editar um decreto de desapropriação de uma determinada área urbana, a fim de atender às exigências antigas da comunidade local dos Pontinhos, que ansiava pela construção de um hospital público na região. Entretanto, outra comunidade de moradores do mesmo município X, localizada a 10 km da primeira comunidade acima citada e denominada Matinhos, resolve ajuizar mandado de segurança coletivo contra o ato (decreto expropriatório) praticado pelo Prefeito. A comunidade de Matinhos é devidamente representada pela respectiva associação de moradores, constituída há pelo menos cinco anos e em funcionamento. A ação judicial coletiva objetiva, em sede liminar e de forma definitiva, sob pena de multa, a decretação de nulidade do decreto de desapropriação e a determinação de que o hospital seja imediatamente construído na localidade de Matinhos. Argumenta a associação, ora autora da ação coletiva, que em sua campanha política o Prefeito prometeu a construção de um hospital na localidade de Matinhos e que, por razões de conveniência e oportunidade, o Poder Executivo municipal não deveria construir o hospital na localidade de Pontinhos, pois lá já existe um hospital público federal em funcionamento, enquanto na localidade de Matinhos não há qualquer hospital.

Diante da situação acima narrada e ao considerar que o decreto de desapropriação foi editado de forma válida e legal, sem qualquer vício de legalidade, explicite a possibilidade ou não de:

a) anulação do ato administrativo de desapropriação pelo Poder Judiciário; (Valor: 0,6)

b) determinação judicial de que o Prefeito deva construir o hospital na região de Matinhos. (Valor: 0,4)

GABARITO COMENTADO – EXAMINADORA

O princípio da autotutela administrativa que se encontra consagrado por força de reiterada jurisprudência, pela Súmula nº 473 do Supremo Tribunal Federal, impõe à Administração Pública o poder/dever de anular os atos ilegais ou revogá-los, por motivo de oportunidade e conveniência, em ambos os casos, respeitados os direitos adquiridos.

Esse enunciado, entretanto, não afasta a apreciação do Poder Judiciário, ou seja, o controle judicial dos atos praticados pela Administração Pública que, hoje, ante ao avanço das decisões judiciais e da doutrina do direito público permite que seja realizado à luz não só da adequação do ato aos ditames legais e jurídicos (princípios) – controle de legalidade ou de juridicidade –, como também permite ao Juiz apreciar o denominado "mérito" administrativo, ou seja, permite a análise e o controle dos atos discricionários.

Os atos discricionários, segundo a melhor e atual doutrina do direito administrativo, devem pautar a sua edição em determinados critérios eleitos que serão analisados pelo Poder Judiciário, quais sejam: 1) se o ato praticado atendeu ao princípio da razoabilidade (se foi

PRÁTICA ADMINISTRATIVA – 6ª EDIÇÃO

necessário e se os meios foram proporcionais aos fins pretendidos e executados); 2) se o ato atendeu aos motivos que determinaram a sua edição ou se apenas atendeu a interesses privados e secundários (teoria dos motivos determinantes); 3) e se o ato atendeu às finalidades da lei, em última análise, se o ato atendeu aos interesses públicos reais, sem qualquer desvio de poder.

Por fim, importa ressaltar que o Poder Judiciário não pode substituir o administrador. Dessa forma, quando da anulação do ato discricionário, não cabe ao Juiz determinar a prática do ato, mas sim devolver ao administrador público essa decisão que deverá ser fundamentada e exposta, segundo novos critérios de oportunidade e conveniência, respeitados os motivos determinantes, a razoabilidade e a finalidade (interesse público).

Distribuição de pontos

DESCRIÇÃO	PONTUAÇÃO
1) Identificação do ato administrativo (decreto de desapropriação) como ato discricionário.	0 / 0,3
2) Possibilidade do controle judicial dos atos por meio de uma ponderação de razoabilidade – dimensão da legalidade – de atingimento dos motivos determinantes, bem como a sua finalidade pública real.	0 / 0,3
3) Impossibilidade de o Poder Judiciário determinar a prática do ato (construção do hospital).	0 / 0,4

(OAB/Exame Unificado – 2010.3 – 2ª fase) Suponha que chegue ao conhecimento de um Ministro de Estado que Mévio, proprietário de uma fazenda na região central do país, vem utilizando sua propriedade para o cultivo ilegal de plantas psicotrópicas. Diante dessa notícia, a União Federal decide desapropriar as terras de Mévio.

Com base no relatado acima, responda aos itens a seguir, empregando os argumentos jurídicos apropriados e a fundamentação legal pertinente ao caso.

A) É juridicamente possível que a União Federal promova a desapropriação sem pagar a Mévio qualquer indenização? (Valor: 0,3)

B) Qual seria a destinação do bem desapropriado? (Valor: 0,4)

C) Poderia o Estado da Federação em que estivessem situadas as glebas desapropriá-las para fins de reforma agrária? (Valor: 0,3)

GABARITO COMENTADO – EXAMINADORA

A questão deve ser analisada à luz das normas dos artigos 243 e 184 da CRFB. Em relação ao item a, é possível a desapropriação sem pagamento de indenização, eis que essa é a hipótese de expropriação constitucional estabelecida no artigo 243 da CRFB, em que não haverá o pagamento de indenização. Entretanto, o próprio dispositivo constitucional estabelece que as glebas desapropriadas devem ser destinadas ao assentamento de colonos, para o cultivo de produtos alimentícios e medicamentosos.

Por sua vez, quanto ao item b, a competência para a desapropriação para fins de reforma agrária, com pagamento de indenização em títulos da dívida agrária, é da União Federal (artigo 184 CRFB) e, portanto, não poderia ser exercida pelo Estado-membro. Não há impedimento, porém, para o Estado declarar de interesse social e desapropriar o bem, desde que mediante prévia e justa indenização em dinheiro (observância da regra geral prevista no artigo 5º, inciso XXIV, CRFB).

EXERCÍCIOS PRÁTICOS

Distribuição de pontos

ITEM	DESCRIÇÃO	PONTUAÇÃO
A	Desapropriação-sanção prevista no artigo 243 CRFB – sem indenização	0 / 0,3
B	Necessidade de observância da destinação constitucional (assentamento de colonos, para o cultivo de produtos alimentícios e medicamentosos)	0 / 0,4
C	Não poderia desapropriar mediante indenização em títulos da dívida agrária – competência da União Federal (artigo 184, CRFB)	0 / 0,15
	Poderia desapropriar para fins de interesse social, observando a regra geral da prévia e justa indenização em dinheiro (artigo 5º, inciso XXIV, CRFB).	0 / 0,15

(OAB/Exame Unificado – 2010.1 – 2ª fase) Jorge, que é proprietário de um único imóvel – uma pequena propriedade rural –, pretende anular decreto presidencial que declarou ser a referida propriedade de interesse social para fins de reforma agrária.

Nessa situação hipotética, que medida pode ser ajuizada por Jorge para pleitear a anulação do citado decreto? Justifique sua resposta e indique o órgão do Poder Judiciário competente para o julgamento da medida, bem como exponha o argumento principal para a pretensão de Jorge.

RESOLUÇÃO DA QUESTÃO

O decreto presidencial que declarou ser de interesse social, para fins de reforma agrária, uma pequena propriedade rural, cujo proprietário tem apenas um único imóvel, fere o disposto no art. 185 da Constituição Federal, de modo que é possível pleitear sua anulação.

O decreto em questão, por não introduzir no mundo jurídico um regulamento (um ato normativo), mas sim um ato de efeito concreto, pode ser impugnado por meio de ação individual, não sendo necessário que seja atacado por meio de ação de inconstitucionalidade.

Não bastasse isso, os elementos necessários à comprovação da inconstitucionalidade do decreto são de ordem estritamente documental, de modo que há prova pré-constituída a autorizar o ingresso com mandado de segurança.

Essa ação deve ser aforada junto ao Supremo Tribunal Federal, pois a autoridade coatora, no caso, é o Presidente da República (art. 102, I, "d", da CF). E o pedido a ser formulado no *mandamus* é o de anulação do decreto em questão.

GABARITO COMENTADO – EXAMINADORA

Trata-se de ato administrativo de efeitos concretos, e não um ato regulamentar. Por esse motivo, poderá o proprietário do imóvel impetrar mandado de segurança junto ao STF, contra o presidente da República, visando à anulação do decreto (CF, art. 102, I, *d*).

O argumento fundamental é o de que a propriedade rural não poderia ser objeto de desapropriação para fins de reforma agrária já que é considerada pequena propriedade rural e seu proprietário não possui outro imóvel rural, de acordo com o art. 185 da CF.

Observação para a correção: atribuir pontuação integral às respostas em que esteja expresso o conteúdo do dispositivo legal, ainda que não seja citado, expressamente, o número do artigo.

PRÁTICA ADMINISTRATIVA – 6ª EDIÇÃO

8. LICITAÇÃO E CONTRATO

(OAB/Exame Unificado 2017.2- 2ª fase) Determinado município precisou adquirir produtos de informática no valor de R$ 60.000,00 (sessenta mil reais), razão pela qual fez publicar edital de licitação, na modalidade pregão, destinado exclusivamente à participação de microempresas e empresas de pequeno porte.

Observou-se, no entanto, que, na região em que está sediado tal ente federativo, existiam apenas duas sociedades capazes de preencher os requisitos constantes do instrumento convocatório e que apresentaram preços competitivos, a saber, Gama ME e Delta ME.

Por ter apresentado a melhor proposta, a sociedade Gama ME foi declarada vencedora do certame e apresentou todos os documentos necessários para a habilitação.

Considerando a situação narrada, responda aos itens a seguir.

A) O tratamento diferenciado conferido pelo Município às microempresas e empresas de pequeno porte é constitucional? (Valor: 0,55)

B) O pregão deveria ser homologado? (Valor: 0,70)

Obs.: o(a) examinando(a) deve fundamentar as respostas. A mera citação do dispositivo legal não confere pontuação.

GABARITO COMENTADO
A) Sim. O tratamento favorecido dado às microempresas e empresas de pequeno porte tem respaldo constitucional, na forma do Art. 170, inciso IX, da CRFB/88 OU no Art. 179 da CRFB/88.
B) Não. A licitação destinada exclusivamente às microempresas e às empresas de pequeno porte não pode ser aplicada quando não houver um mínimo de 3 (três) fornecedores competitivos sediados no local ou regionalmente, e que sejam capazes de cumprir as exigências estabelecidas no instrumento convocatório, consoante o disposto no Art. 49, inciso II, da Lei Complementar no 123/06.

DISTRIBUIÇÃO DOS PONTOS

ITEM	PONTUAÇÃO
A. Sim. O tratamento favorecido às microempresas e empresas de pequeno porte tem respaldo constitucional OU no princípio da isonomia (0,45), na forma prevista no Art. 170, inciso IX, da CRFB/88 OU no Art. 179 da CRFB/88 (0,10).	0,00/0,45/0,55
B. Não. A licitação destinada exclusivamente a microempresas e empresas de pequeno porte não pode ser aplicada quando não houver um mínimo de 3 (três) fornecedores competitivos sediados no local ou regionalmente (0,60) , consoante o Art. 49, inciso II, da Lei Complementar no 123/06 (0,10).	0,00/0,60/0,70

(OAB/ Exame Unificado – 2017.1- 2ª fase) O Município Sigma contratou o arquiteto João da Silva, por inexigibilidade de licitação, para elaborar projeto básico de serviço de restauração em prédios tombados naquela localidade, cuja execução seria objeto de futura licitação. O mencionado projeto básico foi realizado por João da Silva e, ao final do certame para a seleção da proposta mais vantajosa para sua execução, sagrou-se vencedora a sociedade Bela Construção Ltda., da qual João da Silva é sócio.

A partir da hipótese apresentada, responda aos itens a seguir.

A) João poderia ter sido contratado sem a realização de procedimento licitatório para a elaboração de projeto básico? **(Valor: 0,60)**

B) A sociedade Bela Construção Ltda. poderia ter participado da licitação destinada à execução do projeto? **(Valor: 0,65)**

Obs.: o(a) examinando(a) deve fundamentar as respostas. A mera citação do dispositivo legal não confere pontuação.

GABARITO COMENTADO

A) A resposta é afirmativa. É possível a contratação direta de arquiteto com base em inexigibilidade de licitação, desde que o serviço técnico (elaboração do projeto básico) seja de natureza singular e o profissional seja de notória especialização, conforme o Art. 25, inciso II, c/c o Art. 13, inciso I, ambos da Lei nº 8.666/93.

B) A resposta é negativa. A ligação entre o autor do projeto básico e a sociedade licitante é suficiente para direcionar a licitação ou conceder vantagens indevidas. O fundamento normativo é a violação aos princípios da isonomia e da impessoalidade, essenciais aos procedimentos licitatórios, nos termos do Art. 3º da Lei nº 8.666/93 **OU** a vedação explícita contida no Art. 9º, inciso I, da Lei nº 8.666/93.

DISTRIBUIÇÃO DOS PONTOS

ITEM	PONTUAÇÃO
A. Sim. É possível a contratação direta de arquiteto com base em inexigibilidade de licitação, desde que o serviço técnico (elaboração do projeto básico) seja de natureza singular e o profissional seja de notória especialização (0,40), conforme o Art. 25, inciso II, da Lei nº 8.666/93 (0,10) c/c o Art. 13, inciso I, da mesma Lei (0,10).	0,00/0,40/0,50/0,60
B. Não. A ligação entre o autor do projeto básico e a sociedade licitante é suficiente para direcionar a licitação ou conceder vantagens indevidas, ferindo os princípios da isonomia e da impessoalidade, essenciais aos procedimentos licitatórios (0,55), nos termos do Art. 3º da Lei nº 8.666/93 (0,10) **OU** Não. Conforme vedação legal explícita, o autor do projeto básico não poderá participar da licitação (0,55), nos termos do Art. 9º, inciso I, da Lei nº 8.666/93 (0,10).	0,00/0,55/0,65

PRÁTICA ADMINISTRATIVA – 6ª EDIÇÃO

(OAB/ Exame Unificado – 2016.3- 2º fase) O Município de Bugalhadas foi escolhido para sediar a Feira Mundial do Agronegócio, a ser realizada em 2016. São esperados mais de 10.000 (dez mil) turistas e visitantes nos 5 (cinco) dias de evento. O Município, entretanto, não está preparado, e, por isso, anunciou um grande pacote de obras de urbanização, com recursos repassados pela União e pelo Estado. Estão previstas obras de ampliação de ruas, asfaltamento, ampliação da rede coletora de esgotos, construção de praças e ciclovias, além da reforma do centro de convenções, que somadas, alcançam o montante de R$ 90.000.000,00 (noventa milhões de reais).

Sobre a hipótese apresentada, responda aos itens a seguir.

A) É possível ao Município licitar a realização de todas as obras em conjunto? **(Valor: 0,65)**

B) Considerando a necessidade de conclusão das obras até a realização do evento, pode o Município estabelecer, como tipo de licitação, o menor prazo de execução da obra (considerando o orçamento estimado como limite de valor das propostas)? **(Valor: 0,60)**

Obs.: o examinando deve fundamentar suas respostas. A mera citação do dispositivo legal não confere pontuação.

GABARITO COMENTADO

A) Não. O examinando deve indicar que, conforme previsão expressa do Art. 23, §1º, da Lei nº 8.666/1993, *"As obras, serviços e compras efetuadas pela Administração serão divididas em tantas parcelas quantas se comprovarem técnica e economicamente viáveis, procedendo-se à licitação com vistas ao melhor aproveitamento dos recursos disponíveis no mercado e à ampliação da competitividade sem perda da economia de escala".* Assim, obras que não apresentem qualquer relação de interdependência devem ser licitadas separadamente, com vistas à ampliação da competitividade.

B) A resposta também é negativa. O Art. 45, § 1º, da Lei nº 8.666/1993 dispõe que constituem tipos de licitação a de menor preço, a de melhor técnica e a de técnica e preço. O § 5º do mesmo dispositivo veda a utilização de outros tipos de licitação, como no exemplo, o de menor prazo de execução das obras.

(OAB/Exame Unificado – 2016.2- 2ª fase) A Secretaria de Saúde do Município de Muriaé-MG realizou procedimento licitatório na modalidade de concorrência, do tipo menor preço, para aquisição de insumos. Ao final do julgamento das propostas, observou- se que a microempresa Alfa havia apresentado preço 8% (oito por cento) superior em relação à proposta mais bem classificada, apresentada pela empresa Gama.

Diante desse cenário, a Pasta da Saúde concedeu à microempresa Alfa a oportunidade de oferecer proposta de preço inferior àquela trazida pela empresa Gama. Valendo-se disso, assim o fez a microempresa Alfa, sendo em favor desta adjudicado o objeto do certame.

Inconformada, a empresa Gama interpôs recurso, alegando, em síntese, a violação do princípio da isonomia, previsto no Art. 37, XXI, da Constituição da República e no Art. 3º, da Lei nº 8.666/1993.

Na qualidade de Assessor Jurídico da Secretaria de Saúde do Município de Muriaé-MG, utilizando-se de fundamentação e argumentos jurídicos, responda aos itens a seguir.

A) É juridicamente correto oferecer tal benefício para a microempresa Alfa? **(Valor: 0,50)**

B) Houve violação ao princípio da isonomia? **(Valor: 0,75)**

Obs.: o examinando deve fundamentar suas respostas. A mera citação do dispositivo legal não confere pontuação.

GABARITO COMENTADO

A) A resposta deve ser positiva. O Art. 44, § 1º, da Lei Complementar nº 123/2006 presume como empate as hipóteses em que as propostas apresentadas pelas microempresas e empresas de pequeno porte forem iguais ou 10% (dez por cento) superiores a melhor proposta. É o denominado *"empate ficto ou presumido"*.

B) A resposta deve ser negativa. O examinando deve abordar o princípio da isonomia, previsto de forma genérica no Art. 5º da Constituição da República, sob seu aspecto material, no qual se pressupõe tratamento desigual entre aqueles que não se enquadram na mesma situação fático-jurídica. No caso em questão, a própria Constituição estabelece a necessidade de tratamento diferenciado às microempresas e às empresas de pequeno porte (Art. 146, III, "d", Art. 170, IX, e Art. 179, todos da CRFB/88).

DISTRIBUIÇÃO DOS PONTOS

ITEM	PONTUAÇÃO
A) Sim. É o denominado *"empate ficto ou presumido"* (0,15), por meio do qual se presume empatadas as propostas apresentadas pelas microempresas e empresas de pequeno porte que forem iguais ou até 10% (dez por cento) superiores a melhor proposta (0,25), nos termos do Art. 44, §1º, da Lei Complementar nº 123/2006 (0,10).	0,00 / 0,15/ 0,25 / 0,35 /0,40 / 0,50
B 1) Não. O princípio da isonomia, sob seu aspecto material, pressupõe tratamento desigual entre aqueles que não se enquadram na mesma situação fático-jurídica. (0,35)	0,00 / 0,35
B 2) No caso em questão, a própria Constituição estabelece a necessidade de tratamento diferenciado às microempresas e às empresas de pequeno porte (0,30), nos termos do Art. 3º, § 14 OU 5º-A, da Lei n. 8.666/93 OU Art. 146, III, "d", OU Art. 170, IX, OU Art. 179, todos da CF/88. (0,10).	0,00 / 0,30 /0,40

(OAB/Exame Unificado- 2015.3 -2ªfase) O Estado W resolve criar um hospital de referência no tratamento de doenças de pele. Sem dispor dos recursos necessários para a construção e a manutenção do "Hospital da Pele", pretende adotar o modelo de parceria público-privada.

O edital de licitação prevê que haverá a seleção dos particulares mediante licitação na modalidade de pregão presencial, em que será vencedor aquele que oferecer o menor valor da contraprestação a ser paga pela Administração estadual.

Está previsto também, no instrumento convocatório, que a Administração deverá, obrigatoriamente, deter 51% das ações ordinárias da sociedade de propósito específico a ser criada para implantar e gerir o objeto da parceria. Esta cláusula do edital foi impugnada pela sociedade empresária XYZ, que pretende participar do certame.Diante disso, responda, justificadamente, aos itens a seguir.

A) A modalidade e o tipo de licitação escolhidos pelo Estado W são juridicamente adequados? **(Valor: 0,75)**

B) A impugnação ao edital feita pela sociedade empresária XYZ procede? **(Valor: 0,50)**

Obs.: o examinando deve fundamentar suas respostas. A mera citação do dispositivo legal não confere pontuação.

PRÁTICA ADMINISTRATIVA – 6ª EDIÇÃO 228

GABARITO COMENTADO

A) A modalidade de licitação não é adequada, uma vez que a Lei nº 11.079/2004 prevê, obrigatoriamente, que a licitação ocorra na modalidade de concorrência (Art. 10). Já o tipo (critério de julgamento) está correto, uma vez que a Lei faculta a adoção desse critério de julgamento (Art. 12, II, a, da Lei nº 11.079/2004).

B) Sim, considerando que a Lei nº 11.079/2004 veda expressamente à Administração Pública ser titular da maioria do capital votante das sociedades de propósito específico criadas para implantar e gerir o objeto da parceria (Art. 9º, § 4º).

DISTRIBUIÇÃO DOS PONTOS

ITEM	PONTUAÇÃO
A1. Não. A modalidade de licitação adequada é a concorrência (0,25), nos termos do Art. 10 da Lei nº 11.079/2004 (0,10). *Obs.: a mera citação do dispositivo legal não confere pontuação.*	0,00 / 0,25 / 0,35
B. Sim, pois a Administração não pode ser titular da maioria do capital votante das sociedades de propósito específico criadas para implantar e gerir o objeto da parceria (0,40), nos termos do Art. 9º, § 4º, da Lei nº 11.079/2004. (0,10) *Obs.: a mera citação do dispositivo legal não confere pontuação.*	0,00 / 0,40 / 0,50

(OAB/Exame Unificado-2015.2-2ªfase) O Município M, em sérias dificuldades financeiras, pretende alienar alguns dos bens integrantes do seu patrimônio. Em recente avaliação, foi identificado que o Centro Administrativo do Município, que concentra todas as secretarias da Administração Municipal em uma área valorizada da cidade, seria o imóvel com maior potencial financeiro para venda.

Com base no caso apresentado, responda aos itens a seguir.

A) É necessária licitação para a alienação do Centro Administrativo, caso se pretenda fazê-lo para o Estado X, que tem interesse no imóvel? (Valor: 0,65)

B) Caso o Município pretenda alugar um novo edifício, em uma área menos valorizada, é necessária prévia licitação? (Valor: 0,60)

Responda justificadamente, empregando os argumentos jurídicos apropriados e a fundamentação legal pertinente ao caso.

GABARITO COMENTADO

A) O examinando deve indicar que, conforme previsão constante do Art. 17, I, "e", da Lei nº 8.666/1993, é dispensada a licitação para a venda de um bem imóvel a outro órgão ou entidade da administração pública, de qualquer esfera de governo. Portanto, não é necessária a licitação.

B) O examinando deve indicar que é necessária a licitação ou que é possível a locação com dispensa de licitação de imóvel destinado ao atendimento das finalidades precípuas da administração, cujas necessidades de instalação e localização condicionem a sua escolha, desde que o preço seja compatível com o valor de mercado, segundo avaliação prévia, conforme previsão expressa do Art. 24, X, da Lei nº 8.666/1993.

DISTRIBUIÇÃO DOS PONTOS

ITEM	PONTUAÇÃO
A. Não, pois é dispensada a licitação para a venda de um bem imóvel a outro órgão ou entidade da administração pública, de qualquer esfera de governo (0,55), conforme previsão constante do Art. 17, I, "e", da Lei nº 8.666/1993 (0,10). *Obs.: a simples menção ou transcrição do artigo não será pontuada.*	0,00/0,55/0,65
B. Sim, pois a Lei n. 8.666/1993 é aplicável aos casos de locação de bem imóvel (0,50), conforme o Art. 37, XXI, da Constituição Federal e/ou Art. 1º da Lei n. 8.666/1993 (0,10). OU É possível a locação com dispensa de licitação, de imóvel destinado ao atendimento das finalidades precípuas da administração, cujas necessidades de instalação e localização condicionem a sua escolha, desde que o preço seja compatível com o valor de mercado, segundo avaliação prévia (0,50), conforme previsão expressa do Art. 24, X, da Lei nº 8.666/1993 (0,10). *Obs.: a simples menção ou transcrição do artigo não será pontuada.*	0,00/0,50/0,60

(OAB/Exame Unificado- 2015.2- 2ªfase) O Estado ABCD contratou a sociedade empresária X para os serviços de limpeza e manutenção predial do Centro Administrativo Integrado, sede do Governo e de todas as Secretarias do Estado. Pelo contrato, a empresa fornece não apenas a mão de obra, mas também todo o material necessário, como, por exemplo, os produtos químicos de limpeza.O Estado deixou, nos últimos 4 (quatro) meses, de efetuar o pagamento, o que, inclusive, levou a empresa a inadimplir parte de suas obrigações comerciais.

Com base no caso apresentado, responda aos itens a seguir.

A) A empresa é obrigada a manter a prestação dos serviços enquanto a Administração restar inadimplente? (Valor: 0,65)

B) Caso, em razão da situação acima descrita, a empresa tenha deixado de efetuar o pagamento aos seus fornecedores pelos produtos químicos adquiridos para a limpeza do Centro Administrativo, poderão esses fornecedores responsabilizar o Estado ABCD, subsidiariamente, pelas dívidas da empresa contratada? (Valor: 0,60)

O examinando deve fundamentar suas respostas. A mera citação do dispositivo legal não será pontuada.

GABARITO COMENTADO

A) A resposta é negativa. Nos termos do Art. 78, XV, da Lei nº 8.666/1993, "o atraso superior a 90 (noventa) dias dos pagamentos devidos pela Administração decorrentes de obras, serviços ou fornecimento, ou parcelas destes, já recebidos ou executados, salvo em caso de calamidade pública, grave perturbação da ordem interna ou guerra, assegurado ao contratado o direito de optar pela suspensão do cumprimento de suas obrigações até que seja normalizada a situação". Desse modo, pode a empresa suspender o cumprimento de suas obrigações até que a Administração regularize os pagamentos.

B) A resposta é negativa. Nos termos do Art. 71, § 1º, da Lei nº 8.666/1993, "A inadimplência do contratado, com referência aos encargos trabalhistas, fiscais e comerciais

PRÁTICA ADMINISTRATIVA – 6ª EDIÇÃO

não transfere à Administração Pública a responsabilidade por seu pagamento". Portanto, os fornecedores da sociedade empresária X não poderão responsabilizar o Estado pelo descumprimento das obrigações comerciais.

DISTRIBUIÇÃO DOS PONTOS

ITEM	PONTUAÇÃO
A) Não, pois o atraso superior a 90 (noventa) dias por parte da Administração confere ao particular o direito de suspender o cumprimento de suas obrigações (0,55), na forma do Art. 78, XV, da Lei nº 8.666/1993 (0,10) *Obs.: a simples menção ou transcrição do artigo não será pontuada.*	0,00 / 0,55 / 0,65
B) Não, pois a Administração não responde solidária e nem subsidiariamente pelas obrigações comerciais da empresa contratada (0,50), na forma do Art. 71, § 1º, da Lei nº 8.666/1993 (0,10) *Obs.: a simples menção ou transcrição do artigo não será pontuada.*	0,00 / 0,50 / 0,60

(OAB- EXAME UNIFICADO 2015.1- 2ª Fase) A empresa ABC Engenharia de Pontes foi contratada pelo Município X, após licitação, para a construção de uma ponte de transposição de um rio, ligando dois diferentes bairros da cidade. O contrato tinha a duração de doze meses. A empresa, entretanto, atrasou o cronograma de execução da obra em virtude de uma longa greve dos caminhoneiros, que impediu o abastecimento dos insumos necessários à construção.

A partir do caso apresentado, responda aos itens a seguir.

A) É possível a prorrogação do prazo de entrega da obra, nesse caso? Justifique. **(Valor: 0,65)**

B) Considerando que tenha havido, por conta de um fato superveniente e extraordinário, um aumento excepcional no preço dos insumos mais relevantes, será possível a revisão contratual? Justifique. **(Valor: 0,60)**

O examinando deve fundamentar suas respostas. A mera citação do dispositivo legal não confere pontuação.

GABARITO COMENTADO

A) A resposta é positiva. O Art. 57, § 1º, II, da Lei nº 8.666/1993 autoriza a prorrogação dos prazos de início das etapas de execução, de conclusão e de entrega, mantidas as demais cláusulas do contrato e assegurada a manutenção de seu equilíbrio econômico-financeiro, diante da ocorrência de fato excepcional ou imprevisível, estranho à vontade das partes, que altere fundamentalmente as condições de execução do contrato. É o caso descrito no enunciado (greve que impede o fornecimento dos insumos necessários à realização da obra).

B) A resposta também é positiva. A questão diz respeito ao tema do equilíbrio econômico-financeiro do contrato administrativo. O tema traduz a relação entre os encargos do contratado e o preço pago pela Administração Pública como contraprestação à execução do contrato.

A manutenção do equilíbrio econômico-financeiro do contrato é a garantia de que a relação entre encargos e remuneração deve ser necessariamente mantida ao longo de toda a relação contratual. Assim, diante de fatos que ensejem desequilíbrio no ajuste, devem as partes buscar o seu restabelecimento nos moldes originalmente pactuados. Na questão proposta, um fato extraordinário e superveniente desequilibra excessivamente a relação de equivalência entre os encargos do contratado e a remuneração, impondo o restabelecimento da equação econômica inicial, conforme o Art. 65, II, "d", da Lei nº 8.666/93.

DISTRIBUIÇÃO DOS PONTOS

ITEM	PONTUAÇÃO
A. Sim. A greve que impede o fornecimento dos insumos necessários à realização da obra configura fato excepcional ou imprevisível, estranho à vontade das partes, altera fundamentalmente as condições de execução do contrato, autorizando a prorrogação dos prazos de entrega da obra (0,55) nos termos do Art. 57, § 1º, II, da Lei n. 8.666/1993. (0,10)	0,00 – 0,55 – 0,65
B. Sim. O aumento excepcional no preço dos insumos, pela ocorrência de fato superveniente e extraordinário, acarreta o desequilíbrio econômico financeiro do contrato, garantia do contratado de que a relação entre encargos e remuneração será mantida ao longo de toda a relação contratual autorizando, assim, a revisão do contrato, (0,50) conforme o Art. 37, XXI, da CRFB ou o Art. 65, II, "d", da Lei nº 8.666/93. (0,10)	0,00 – 0,50 – 0,60

(OAB/Exame Unificado – 2013.2 – 2ª fase) O prefeito do município "A", buscando aumentar o turismo na festa de Ano Novo de sua cidade, decidiu contratar músicos renomados e uma agência de publicidade para realizar a propaganda do evento, procedendo de referidas contratações diretamente, sem proceder à realização de licitação.

Com base no caso acima, responda fundamentadamente, aos itens a seguir.

A) Pode o prefeito realizar as referidas contratações sem licitação? Sob qual fundamento legal? (Valor: 0,65)

B) Pode o administrador realizar contratação direta em casos que não estejam taxativamente arrolados na lei de licitações? (Valor: 0,60)

GABARITO COMENTADO – EXAMINADORA

A. O examinando deverá responder que o prefeito poderia realizar a contratação direta de músicos, uma vez que se trata de uma das hipóteses de inexigibilidade de licitação, à luz do Art. 25, inciso III, da Lei n. 8.666/93. Todavia, em relação à contratação de agência de publicidade, deveria o examinando indicar não ser possível a contratação, diante da vedação legal constante do Art. 25, inciso II, da referida Lei n. 8.666/93.

B. O examinando deverá analisar cada meio de contratação. No caso da licitação dispensada e da licitação dispensável, as hipóteses legais são taxativas, ou seja, não pode o administrador extrapolar o legalmente previsto.

Por sua vez no caso de licitação inexigível, é possível ao administrador aventar outras hipóteses, uma vez que o rol é meramente exemplificativo.

PRÁTICA ADMINISTRATIVA – 6ª EDIÇÃO   232

(OAB/Exame Unificado – 2012.1 – 2ª fase) A Secretaria estadual de Esportes do Estado ABC realiza certame licitatório para a seleção de prestadora de serviço de limpeza predial na sua sede. A vencedora do processo licitatório foi a empresa XYZ. Decorridos 10 (dez) meses, diante do que a Secretaria reputou como infrações por parte da empresa, foi instaurada comissão de instrução e julgamento composta por três servidores de carreira e, após processo administrativo, em que foram garantidos o contraditório e a ampla defesa, a empresa XYZ foi punida pela Comissão com a declaração de inidoneidade para contratar com a Administração Pública.

A empresa, então, ajuizou ação ordinária por meio da qual pretende anular o ato administrativo que aplicou aquela sanção, arguindo a ausência de tipificação da conduta como ato infracional, a não observância da aplicação de uma penalidade mais leve antes de uma mais grave e a não observância de todas as formalidades legais para a incidência da punição.

Considerando o fato apresentado acima, responda, de forma justificada, aos itens a seguir.

A) É possível a anulação do ato administrativo que aplicou a penalidade, tendo em vista a não observância da aplicação de uma penalidade mais leve antes de uma mais grave? (Valor: 0,60)

B) É possível ao Judiciário anular o ato administrativo por algum dos fundamentos apontados pela empresa? Em caso afirmativo, indique-o. (Valor: 0,65)

RESOLUÇÃO DA QUESTÃO

A) Não, tendo em vista que, como não há uma gradação/ordem legal de penalidades, elas podem ser aplicadas discricionariamente pela Administração Pública, sem a necessidade de aplicação de uma penalidade mais leve antes da mais grave, porém a sanção administrativa deve ser sempre correlacionada/adequada à gravidade da infração cometida no caso concreto.

B) Sim, em razão da não observância no caso concreto de todas as formalidades legais para a incidência da punição, uma vez que a penalidade aplicada (declaração de inidoneidade) é de competência exclusiva do secretário estadual de esportes (art. 87, § 3º, da Lei n. 8.666/93).

É importante ressaltar que, por se tratar de prova discursiva, será exigido do examinando o desenvolvimento do tema apresentado. Desse modo, além de resposta conclusiva acerca do arguido, a mera menção a artigo não é pontuada, nem a mera resposta negativa desacompanhada do fundamento correto.

Distribuição dos Pontos

(não será aceita mera menção ao artigo)

QUESITO AVALIADO	FAIXA DE VALORES
A. Não, tendo em vista que, como a lei não estabelece uma gradação/ordem legal na aplicação das penalidades, estas podem ser aplicadas discricionariamente pela Administração Pública, sem a necessidade de aplicação de uma penalidade mais leve antes da mais grave (0,30). Contudo, a aplicação da sanção administrativa deve ser sempre correlacionada/adequada à gravidade da infração cometida no caso concreto (0,30).	0,00/0.30/0,60

B. Sim, em razão da não observância de todas as formalidades legais para a incidência da punição (0,30), uma vez que a penalidade aplicada (declaração de inidoneidade) é de competência exclusiva do Ministro de Estado, do Secretário estadual ou municipal (art. 87, § 3º, da Lei n. 8.666/93) (0,35).	0,00/0,30/0,35/0.65

(OAB/Exame Unificado – 2011.3 – 2ª fase) O Estado XPTO realizou procedimento licitatório, na modalidade concorrência, visando à aquisição de 500 (quinhentas) motocicletas para equipar a estrutura da Polícia Militar. Logo após a abertura das propostas de preço, o Secretário de Segurança Pública do referido Estado, responsável pela licitação, resolve revogá-la, por ter tomado conhecimento de que uma grande empresa do ramo não teria tido tempo de reunir a documentação hábil para participar da concorrência e que, em futura licitação, assumiria o compromisso de participar e propor preços inferiores aos já apresentados no certame em andamento. Considerando a narrativa fática acima, responda aos itens a seguir, empregando os argumentos jurídicos apropriados e a fundamentação legal pertinente ao caso.

A) À luz dos princípios que regem a atividade administrativa, é juridicamente correta a decisão do Secretário de Segurança de revogar a licitação? (Valor: 0,3)

B) Quais são os requisitos para revogação de uma licitação? (Valor: 0,6)

C) Em se materializando a revogação, caberia indenização aos licitantes que participaram do procedimento revogado? (Valor: 0,35)

RESOLUÇÃO DA QUESTÃO

Em relação ao *item a*, o examinando deve expor que a decisão de revogação é juridicamente incorreta por violação aos princípios da impessoalidade e moralidade administrativa, previsto no *caput* do artigo 37 da CRFB. Quanto ao *item b*, o examinando deve indicar, de início, que a revogação do procedimento licitatório encontra-se disciplinada no artigo 49 da Lei n. 8.666/1993 e que se trata de revogação condicionada. Os requisitos são: razões de interesse público decorrentes de fato superveniente devidamente comprovado, pertinente e suficiente para justificar a conduta. Por fim, quanto ao item c, o examinando deve expor que, por se tratar de revogação ilícita de procedimento licitatório, os licitantes devem ser indenizados pelos prejuízos efetivamente comprovados, na forma do artigo 37, § 6º, da CRFB.

Distribuição dos Pontos

ITEM A	PONTUAÇÃO
Incorreta a decisão de revogação por violação aos princípios da impessoalidade e/ou moralidade administrativa (0,2), nos termos do art. 37, *caput*, da CRFB e/ou art. 3º da Lei 8.666/93 (0,1). Obs.: A mera menção ao artigo não é pontuada.	0 / 0,2 / 0,3
ITEM B	
Razões de interesse público decorrente de fato superveniente devidamente comprovado, pertinente e suficiente para justificar a conduta (0,4), nos termos do art. 49 da Lei 8.666/93 (0,2). Obs.: A mera menção ao artigo não é pontuada.	0 / 0,4 / 0,6

PRÁTICA ADMINISTRATIVA – 6ª EDIÇÃO 234

ITEM C	
Por se tratar de revogação ilícita de procedimento licitatório, desde que comprovados os prejuízos, os licitantes devem ser indenizados (0,25), na forma do artigo 37, § 6º, da CRFB (0,1). Obs.: A mera menção ao artigo não é pontuada.	0 / 0,25 / 0,35

(OAB/Exame Unificado – 2010.3 – 2ª fase) O presidente de uma sociedade de economia mista estadual prestadora de serviço público, preocupado com o significativo aumento de demandas judiciais trabalhistas ajuizadas em face da entidade (duas mil), todas envolvendo idêntica tese jurídica e com argumentação de defesa já elaborada, decide contratar, por inexigibilidade de licitação, renomado escritório de advocacia para realizar o patrocínio judicial das causas.

Nesse cenário, responda aos itens a seguir, empregando os argumentos jurídicos apropriados e a fundamentação legal pertinente ao caso.

A) Na qualidade de assessor jurídico da presidência da estatal, analise a viabilidade jurídica da contratação direta. (Valor: 0,5)

B) Nas hipóteses de contratação direta, em sendo comprovado superfaturamento durante a execução contratual, é juridicamente possível responsabilizar solidariamente o agente público e o prestador do serviço pelo dano causado ao erário? (Valor: 0,5)

GABARITO COMENTADO – EXAMINADORA

A inexigibilidade de licitação, em tal hipótese, encontraria fundamento na norma do artigo 25, inciso II, que prevê a inviabilidade de competição para a contratação de serviços técnicos enumerados no artigo 13, dentre os quais o patrocínio de causas judiciais (artigo 13, inciso V) da Lei n. 8.666/93. Entretanto, para configurar tal hipótese de inexigibilidade de licitação, exige-se a natureza singular dos serviços, o que não ocorre na situação proposta, em que se pretende a contratação direta de escritório de advocacia para o patrocínio de causas de massa (contencioso trabalhista de massa).

Quanto ao item b, a responsabilidade solidária do agente público e do prestador do serviço nos casos de superfaturamento em contratos decorrentes de inexigibilidade ou dispensa de licitação encontra previsão expressa na norma do artigo 25, § 2º, da Lei n. 8.666/93.

Distribuição de pontos

ITEM	DESSCRIÇÃO	PONTUAÇÃO
A	- Menção à norma do artigo 25, inciso II, da Lei n. 8.666/93 (contratação de serviços técnicos)	0 / 0,1
	- Identificação do patrocínio de causas judiciais como um dos serviços técnicos, em tese, passíveis de contratação por inexigibilidade (artigo 13, inciso V, Lei n. 8.666/93).	0 / 0,2
	- Inviabilidade da contratação direta por ausência de singularidade do serviço (contencioso de massa)	0 / 0,2
B	- Sim; responsabilidade solidária fundamentada na norma do artigo 25, § 2º, da Lei 8.666/93.	0 / 0,5

(OAB/Exame Unificado – 2010.2 – 2ª fase) A empresa W.Z.Z. Construções Ltda. vem a se sagrar vencedora de licitação, na modalidade tomada de preço. Passado um mês, a referida empresa vem a celebrar o contrato de obra, a que visava à licitação. Iniciada a execução, que se faria em quatro etapas, e quando já se estava na terceira etapa da obra, a Administração constata erro na escolha da modalidade licitatória, pois, diante do valor, esta deveria seguir o tipo concorrência.

Assim, com base no art. 49, da Lei nº 8.666/93, e no art. 53, da Lei nº 9.784/98, declara a nulidade da licitação e do contrato, notificando a empresa contratada para restituir os valores recebidos, ciente de que a decisão invalidatória produz efeitos *ex tunc*. Agiu corretamente a Administração? Teria a empresa algum direito?

RESOLUÇÃO DA QUESTÃO

A Administração Pública tem a autotutela de seus atos. Nesse sentido, quando estiver diante de um ato ilegal, é seu dever proceder à anulação desses atos, independentemente de apreciação judicial.

O princípio da autotutela, previsto, de modo geral, no art. 53 da Lei 9.784/99 e na Súmula 473 do STF, tem por escopo preservar os princípios da indisponibilidade do interesse público e da legalidade, e atua com supedâneo no princípio da supremacia do interesse público sobre o interesse privado.

No plano específico das licitações e contratos administrativos, a autotutela está prevista no art. 49 da Lei 8.666/93, impondo, em caso de ilegalidade, a anulação de ofício do certame, mediante parecer escrito e devidamente fundamentado.

No entanto, o próprio artigo 49 da Lei 8.669/93, ao dispor, em seu § 1º, que anulação por motivo de ilegalidade não gera o dever de indenizar, ressalva o disposto no art. 59, parágrafo único, da mesma lei. Esse dispositivo estabelece que "a nulidade não exonera a Administração do dever de indenizar o contratado pelo que este houver executado até a data em que ela for declarada e por outros prejuízos comprovados, contanto que não lhe seja imputado (...)".

Em outras palavras, apesar da anulação, em regra, ter efeito retroativo (*ex tunc*), para efeito de indenização ao contratado pelas obrigações por este praticadas, a anulação terá efeito *ex nunc*.

A doutrina aponta que tal regra decorre dos princípios da boa-fé, da segurança jurídica e do não enriquecimento sem causa.

Assim, desde que não se demonstre a má-fé do contratado, já que a boa-fé é presumida, a Administração deverá indenizar o contratado pelo que este houver executado do contrato, bem como pelos demais prejuízos comprovados.

GABARITO COMENTADO – EXAMINADORA

O examinando deve identificar o poder de anular os contratos administrativos e o dever da Administração de pagar pelo que a empresa executou até a anulação, bem como o dever de indenizar também outros eventuais prejuízos regularmente comprovados (art. 59, parágrafo único, da Lei 8.666/93).

A questão envolve a aplicação do parágrafo único do artigo 59, da Lei 8.666/93, pois é inegável a boa-fé da empresa e ter ela prestado sua obrigação. Não caberia a restituição dos valores pagos, que seriam integrados, como indenização, ao patrimônio da contratada, que, inclusive, poderia postular perdas e danos.

PRÁTICA ADMINISTRATIVA – 6ª EDIÇÃO

Distribuição dos pontos:

DESCRIÇÃO	PONTUAÇÃO
- Poder (dever de anular os contratos administrativos – Lei 8.666/93, art. 59, *caput*)	0 / 0,3 / 0,5
- Dever de indenizar pelo o que houver sido executado do contrato bem como pelos demais prejuízos comprovados (Lei 8.666/93, art. 59, parágrafo único)	0 / 0,3 / 0,5

(OAB/Exame Unificado – 2010.1 – 2ª fase) A empresa Alfa, após o devido procedimento licitatório, celebrou contrato com o poder público municipal para a prestação de serviço público de transporte de estudantes. Devido a posterior aumento da carga tributária, provocado pela elevação, em 10%, dos percentuais a serem recolhidos a título de contribuição previdenciária, a empresa, para tentar suprir a despesa decorrente do aludido recolhimento, postulou à prefeitura a revisão dos valores do contrato. A autoridade administrativa encaminhou o pedido a sua assessoria jurídica para parecer acerca da viabilidade da pretensão.

Em face da situação hipotética apresentada, responda, de forma fundamentada, se a pretensão da empresa encontra amparo no ordenamento jurídico nacional.

RESOLUÇÃO DA QUESTÃO

Considerando que o padrão de resposta apresentado pela examinadora simulou uma resposta que o candidato poderia dar, usaremos o próprio padrão de resposta como resolução da questão. Confira:

"Tratando-se de contrato administrativo, o contratado tem o direito de ver mantido o denominado equilíbrio econômico-financeiro do ajuste, assim considerada a relação que se estabelece, no momento da celebração, entre o encargo assumido pelo contratado e a prestação pecuniária assumida pela administração.

Desse modo, quando da apresentação de sua proposta no procedimento licitatório, a empresa pautou-se pelo contexto fático então presente. A alteração do cenário, decorrente de medida geral (aumento da contribuição) não relacionada diretamente ao contrato, mas que nele repercute, provoca o desequilíbrio econômico-financeiro em prejuízo do contratado, o que merece a proteção da lei. É o que a doutrina denomina de fato do príncipe.

Nesse sentido, o art. 65, II, *d*, da Lei n.º 8.666/1993 admite que os contratos sejam alterados, com as devidas justificativas, no caso de acordo das partes, para o restabelecimento da relação pactuada inicialmente entre os encargos do contratado e a retribuição da administração para a justa remuneração do serviço, "objetivando a manutenção do equilíbrio econômico-financeiro inicial do contrato, na hipótese de superveniência de fatos imprevisíveis ou previsíveis, porém, de consequências incalculáveis, retardadores ou impeditivos da execução do ajustado, ou ainda, em caso de força maior, caso fortuito ou fato do príncipe, que configura álea econômica extraordinária e extracontratual.

Ademais, o § 5.º do art. 65 da Lei nº 8.666/1993 é expresso ao consignar que quaisquer tributos ou encargos legais criados, alterados ou extintos, bem como a superveniência de disposições legais, quando ocorridas após a data da apresentação da proposta, de comprovada repercussão nos preços contratados, implicarão a revisão destes para mais ou para menos, conforme o caso.

O município pode, portanto, com fundamento no referido preceito legal, reajustar o contrato para recompor o equilíbrio econômico-financeiro, de modo a garantir a execução do contrato originário"

Observação para a correção: atribuir pontuação integral às respostas em que esteja expresso o conteúdo do dispositivo legal, ainda que não seja citado, expressamente, o número do artigo.

(OAB/Exame Unificado – 2010.1 – 2ª fase) Em uma licitação pública, na modalidade pregão, para a aquisição de bens de acordo com o edital de determinado órgão público federal, a empresa de pequeno porte Cristal apresentou proposta que superou em 5% o valor da proposta vencedora, apresentada por Ônix Ltda., que não é uma empresa de pequeno porte. No primeiro minuto após o encerramento dos lances, observando que sua proposta estaria em segundo lugar, o representante legal da empresa Cristal requereu a convocação de sua empresa, oferecendo nova proposta, de valor inferior à apresentada por Ônix Ltda., para, assim, tornar-se vencedora do certame, procedimento que não foi acatado pelo pregoeiro.

A empresa Ônix Ltda. foi considerada vencedora do certame pela administração pública, tendo sido a empresa Cristal classificada em segundo lugar, apesar de seu representante legal ter manifestado, em tempo hábil, sua intenção de recurso.

Em face dessa situação hipotética e na qualidade de advogado(a) constituído(a) pelo representante legal da empresa Cristal, responda, com fundamento na legislação pertinente, se há embasamento legal que ampare recurso administrativo a ser interposto por essa empresa para invocar o procedimento demonstrado por seu representante legal.

RESOLUÇÃO DA QUESTÃO

Considerando que o padrão de resposta apresentado pela examinadora simulou uma resposta que o candidato poderia dar, usaremos o próprio padrão de resposta como resolução da questão. Confira:

"Há embasamento legal que ampara o recurso administrativo da empresa de pequeno porte, haja vista que a administração pública não observou o que dispõe a Lei Complementar n.º 123/2006, que, instituindo o Estatuto Nacional da Microempresa e da Empresa de Pequeno Porte, prescreve regras que preveem tratamento privilegiado nas licitações para as EPPs, de acordo com o *caput* do art. 44 da citada lei, segundo o qual 'nas licitações será assegurada, como critério de desempate, preferência de contratação para as microempresas e empresas de pequeno porte'. O parágrafo 2.º do referido art. 44 indica a regra aplicável especificamente ao pregão: 'na modalidade pregão, o intervalo percentual estabelecido no parágrafo 1.º será de até 5% (cinco por cento) superior ao melhor preço". A regra especificada no parágrafo 1.º do citado artigo dita o seguinte: "entende-se por empate aquelas situações em que as propostas apresentadas pelas microempresas e as empresas de pequeno porte sejam iguais ou até 10% (dez por cento) superiores à proposta mais bem classificada'. Assim, no caso em tela, haveria empate, comumente chamado pela doutrina de 'empate ficto ou ficção de empate', uma vez que se afiguram não apenas propostas com valores idênticos, mas também o empate em situações em que a diferença

PRÁTICA ADMINISTRATIVA – 6ª EDIÇÃO

entre as propostas se enquadre em determinado limite percentual, sendo este, no pregão, de 5%, e, nas demais modalidades licitatórias, de 10%.

Definido e caracterizado pela administração pública o empate, deveria ela aplicar a regra estabelecida no art. 45, inciso I, da LC n.º 123/2006:

Para efeito do disposto no art. 44 desta Lei Complementar, ocorrendo empate, proceder-se-á da seguinte forma:

I – a microempresa ou empresa de pequeno porte mais bem classificada poderá apresentar propostas de preço inferior àquela considerada vencedora do certame, situação em que será adjudicado em seu favor o objeto licitado;

(...)"

Deve-se mencionar, finalmente, o parágrafo 3.º do art. 45 da citada lei complementar:

No caso de pregão, a microempresa ou empresa de pequeno porte mais bem classificada será convocada para apresentar nova proposta no prazo máximo de 5 (cinco) minutos após o encerramento dos lances, sob pena de preclusão"

Observação para a correção: atribuir pontuação integral às respostas em que esteja expresso o conteúdo do dispositivo legal, ainda que não seja citado, expressamente, o número do artigo.

9. SERVIÇOS PÚBLICOS

(OAB/ Exame Unificado – 2016.3- 2ª fase) A sociedade empresária "Mais Veloz", concessionária do serviço público de transporte ferroviário de passageiros no Estado X, está encontrando uma série de dificuldades na operação de um dos ramais do sistema ferroviário. Os consultores da sociedade empresária recomendaram aos seus administradores a manutenção da concessão, que é lucrativa, e a subconcessão do ramal que está gerando problemas. Os consultores, inclusive, indicaram o interesse de duas empresas em assumir a operação do ramal – e ambas atendem a todos os requisitos de qualificação que haviam sido inicialmente exigidos no edital de concessão do serviço.

Com base no caso apresentado, responda fundamentadamente.

A) Caso seja silente o contrato de concessão celebrado, pode haver a subconcessão do ramal que está gerando problemas operacionais? **(Valor: 0,65)**

B) Caso autorizada a subconcessão, a sociedade empresária "Mais Veloz" pode escolher livremente uma das duas empresas para celebrar o contrato de subconcessão? **(Valor: 0,60)**

Obs.: o examinando deve fundamentar suas respostas. A mera citação do dispositivo legal não confere pontuação.

GABARITO COMENTADO

A) A resposta é negativa. A subconcessão é admitida em nosso ordenamento, mas, nos termos do Art. 26 da Lei nº 8.987/1995 deve haver expressa previsão no contrato de concessão.

B) A resposta é negativa. A outorga de subconcessão, nos termos do Art. 26, § 1º, da Lei nº 8.987/1995, será sempre precedida de concorrência, não podendo, portanto, haver uma escolha por parte da sociedade empresária "Mais Veloz".

(OAB/ Exame Unificado – 2016.2 – 2ª fase) A sociedade empresária Sigma sagrou-se vencedora da licitação para a concessão de serviço público, precedida da execução de obra pública, a saber, a construção de linha férrea unindo quatro municípios da Região Metropolitana do Estado do Pará e posterior exploração comercial da linha. No segundo ano da entrada em operação do serviço ferroviário, a empresa não pôde efetuar o reajuste da tarifa, com base no índice previsto no contrato, sob o argumento de que se tratava de um ano eleitoral.

Com base no caso apresentado, responda, fundamentadamente, aos itens a seguir.

A) A sociedade empresária Sigma pode, mediante notificação prévia, declarar a rescisão unilateral do contrato?

Alternativamente, pode a empresa determinar a interrupção na prestação do serviço até a aprovação do reajuste pelo Estado? **(Valor: 0,75)**

B) Poderia ter sido previsto no referido contrato de concessão que eventuais conflitos decorrentes de sua execução seriam resolvidos por meio de arbitragem? **(Valor: 0,50)**

Obs.: o examinando deve fundamentar suas respostas. A mera citação do dispositivo legal não confere pontuação.

GABARITO COMENTADO

A) A resposta é dada pelo Artigo 39, da Lei nº 8.987/1995: *o contrato de concessão poderá ser rescindido por iniciativa da concessionária. No caso de descumprimento das normas contratuais pelo poder concedente, mediante ação judicial especialmente intentada para esse fim.* A sociedade empresária não pode, portanto, declarar a rescisão unilateral do contrato, devendo ajuizar demanda para esse fim. De igual modo, não pode determinar a interrupção na prestação do serviço, mesmo diante do descumprimento de cláusula contratual pelo poder concedente, na forma do Art. 39, parágrafo único, que determina a impossibilidade de interrupção ou paralisação do serviço até decisão judicial transitada em julgado.

B) A resposta é positiva. O Art. 23-A, da Lei nº 8.987/1995, dispõe que "*o contrato de concessão poderá prever o emprego de mecanismos privados, para resolução de disputas decorrentes ou relacionadas ao contrato, inclusive a arbitragem, a ser realizada no Brasil e em língua portuguesa*". Nesse sentido, a Lei nº 13.129/2015 passou a disciplinar a utilização da arbitragem para dirimir conflitos relativos a direitos patrimoniais disponíveis envolvendo a Administração Pública.

DISTRIBUIÇÃO DOS PONTOS

ITEM
A 1. A sociedade empresária não pode declarar a rescisão unilateral do contrato, devendo ajuizar demanda para esse fim, (0,30) na forma do Art. 39, da Lei nº 8.987/1995 (0,10).
Obs.: a mera citação do dispositivo legal não pontua.
A 2. Não pode determinar a interrupção na prestação do serviço até decisão judicial transitada em julgado (0,25), na forma do Art. 39, parágrafo único (0,10).
Obs.: a mera citação do dispositivo legal não pontua.

PRÁTICA ADMINISTRATIVA – 6ª EDIÇÃO 240

B. Sim, o contrato de concessão poderá prever o emprego de mecanismos privados para a resolução de disputas decorrentes ou relacionadas ao contrato, inclusive a arbitragem (0,40), nos termos do Art. 23-A, da Lei nº 8.987/1995 *OU* conforme expressa previsão da Lei nº 13.129/2015 (0,10)

Obs.: *A simples menção do dispositivo legal não pontua.*

(OAB/Exame Unificado- 2016.1 – 2ª fase) A União celebrou contrato de concessão de serviços públicos de transporte interestadual de passageiros, por ônibus do tipo leito, entre os Estados X e Y, na Região Nordeste do país, com a empresa Linha Verde. Ocorre que já existe concessão de serviço de transporte interestadual entre os Estados X e Y, por ônibus do tipo executivo (com ar condicionado e assentos individuais estofados, mas não do tipo leito), executada pela empresa Viagem Rápida.

Em virtude do novo contrato celebrado pela União, a empresa Viagem Rápida, concessionária do serviço por ônibus, do tipo executivo, entre os Estados X e Y, ingressou com demanda em Juízo, alegando que a celebração do novo contrato (com o estabelecimento de concorrência anteriormente inexistente) rompe seu equilíbrio econômico-financeiro, razão pela qual se impõe a exclusividade na exploração comercial daquela linha.

Com base no caso apresentado, responda, fundamentadamente, aos itens a seguir.

A) Procede a alegação da empresa Viagem Rápida de que se impõe a exclusividade na exploração comercial daquela linha? **(Valor: 0,60)**

B) Pode a União determinar alteração na linha que liga os Estados X e Y, impondo ao concessionário (empresa Viagem Rápida) um novo trajeto, mais longo e mais dispendioso? **(Valor: 0,65)**

Obs.: o examinando deve fundamentar suas respostas. A mera citação do dispositivo legal não confere pontuação.

GABARITO COMENTADO

A) A resposta é negativa. De acordo com o Art. 16 da Lei nº 8.987/1995, *"a outorga de concessão ou permissão não terá caráter de exclusividade, salvo no caso de inviabilidade técnica ou econômica justificada no ato a que se refere o Art. 5º desta Lei"*. Portanto, a empresa Viagem Rápida não pode exigir a exclusividade na exploração comercial da linha de ônibus, seja em relação ao mesmo tipo de ônibus, seja em relação a outro.

B) A resposta é positiva. Trata-se da chamada alteração unilateral do contrato, prerrogativa da Administração, em favor do interesse da coletividade. Entretanto, qualquer alteração que imponha gravame ou ônus ao concessionário deve ser acompanhada de medidas capazes de recompor o inicial equilíbrio econômico e financeiro do contrato, garantia assegurada pelo Art. 37, XXI, da CRFB/88 e pelo Art. 9º, § 4º, da Lei nº 8.987/1995. É lícita portanto, a modificação pelo poder concedente do funcionamento do serviço, desde que assegurado o equilíbrio contratual, e observando-se o limite estabelecido no Art. 65, § 1º, da Lei nº 8.666/1993.

DISTRIBUIÇÃO DOS PONTOS

ITEM	PONTUAÇÃO
A. Não, pois inexiste, em princípio, exclusividade na exploração de serviços públicos (0,50), conforme disposto no Art. 16 da Lei nº 8.987/1995 (0,10). *OBS.: A simples menção ou transcrição do dispositivo legal não pontua.*	0,00 / 0,50 / 0,60
B1. Sim. Trata-se da chamada alteração unilateral do contrato, cláusula exorbitante que é prerrogativa da Administração, em favor do interesse da coletividade (0,20). Entretanto, deve ser respeitado o limite para alteração unilateral do contrato, previsto no Art. 65, § 1º, da Lei nº 8.666/1993 (0,10). *OBS.: A simples menção ou transcrição do dispositivo legal não pontua.*	0,00 / 0,20 / 0,30
B2. Além disso, qualquer alteração que imponha gravame ou ônus ao concessionário deve ser acompanhada de medidas capazes de recompor o inicial equilíbrio econômico financeiro do contrato (0,25), garantia assegurada pelo Art. 37, XXI, da CRFB/88 **OU** pelo Art. 9º, § 4º, da Lei nº 8.987/1995 (0,10). *OBS.: A simples menção ou transcrição do dispositivo legal não pontua.*	0,00 / 0,25 / 0,35

(OAB/Exame Unificado – 2013.3 – 2ª fase) Determinado estado da Federação celebra contrato de concessão de serviço metroviário pelo prazo de 20 anos com a empresa Vá de Trem S.A. Nos termos do referido contrato, a empresa tem a obrigação de adquirir 2 (dois) novos vagões, além de modernizar os já existentes, e que tais bens serão, imediatamente, transferidos para o Poder Público ao fim do termo contratual.

Sobre o caso acima narrado, responda, fundamentadamente, aos itens a seguir.

A) Qual o princípio setorial que fundamenta a reversão de tais bens? Justifique. (Valor: 0,65)

B) O concessionário pode exigir do Poder Concedente indenização pela transferência de tais bens ao Poder Público ao final do contrato? Justifique. (Valor: 0,60)

A simples menção ou transcrição do dispositivo legal não pontua.

GABARITO COMENTADO

A reversão é a transferência ao poder concedente dos bens do concessionário, afetados ao serviço público e necessários à sua continuidade, quando do término do contrato de concessão e que se encontra prevista nos artigos 35 e 36, da Lei n. 8.987/95.

A) O examinando deve destacar que o fundamento da reversão é o princípio da continuidade dos serviços públicos, já que os bens, necessários à prestação do serviço, deverão ser utilizados pelo Poder Concedente, após o fim do término do prazo de concessão, sob pena de interrupção da prestação do serviço.

B) É necessário ressaltar que, caso a fixação da tarifa não tenha sido suficiente para ressarcir o concessionário pelos recursos que empregou na aquisição e modernização de tais bens, é devida indenização, nos termos do Art. 36, da Lei n. 8987/95.

PRÁTICA ADMINISTRATIVA – 6ª EDIÇÃO 242

Distribuição dos pontos

ITEM	PONTUAÇÃO
A. Princípio da continuidade dos serviços públicos (0,20), previsto no parágrafo 1º, do Art. 6º da Lei n. 8.987/95 (0,10), já que os bens, necessários à prestação do serviço, deverão ser utilizados pelo Poder Concedente, após o fim do término do prazo de concessão, sob pena de interrupção da prestação do serviço (0,35). **Obs.**: a simples citação do dispositivo legal não pontua.	0,00/0,20/0,30/0,55/0,65
B. Sim, a reversão no advento do termo contratual far-se-á com a indenização das parcelas dos bens reversíveis ainda não amortizados (0,50), nos termos do Art. 36, da Lei n. 8.987/95 (0,10). *Obs.: a simples citação do dispositivo legal não pontua.*	0,00/0,50/0,60

(OAB/Exame Unificado – 2013.1– 2ª fase) Maria, jovem integrante da alta sociedade paulistana, apesar de não trabalhar, reside há dois anos em um dos bairros nobres da capital paulista, visto que recebe do Estado de São Paulo pensionamento mensal decorrente da morte de seu pai, ex-servidor público. Ocorre que, após voltar de viagem ao exterior, foi surpreendida com a suspensão do pagamento da referida pensão, em razão de determinação judicial. Diante disso, deixou de pagar a conta de luz de sua casa por dois meses consecutivos o que acarretou, após a prévia notificação pela concessionária prestadora do serviço público, o corte do fornecimento de luz em sua residência.

Considerando a narrativa fática acima, responda aos itens a seguir, empregando os argumentos jurídicos apropriados e a fundamentação legal pertinente ao caso.

A) À luz dos princípios da continuidade e do equilíbrio econômico-financeiro do contrato de concessão de serviço público, é lícito o corte de luz realizado pela concessionária? (Valor: 0,75)

B) O Código de Defesa do Consumidor pode ser aplicado irrestritamente à relação entre usuários e prestadores de serviços públicos? (Valor: 0,50)

A simples menção ou transcrição do dispositivo legal não pontua.

GABARITO COMENTADO – EXAMINADORA

A) O princípio da continuidade do serviço público (Art. 6º, § 1º, da Lei n. 8.987/95) consiste na exigência de que o serviço seja prestado de forma permanente, sem qualquer interrupção, visando assegurar estabilidade para os usuários por meio de sua manutenção de forma ininterrupta.

O Art. 22 do CDC também exige que o serviço seja prestado de forma contínua.

Contudo, não se pode esquecer que a remuneração do serviço público, prestado pela concessionária, advém como regra geral, da tarifa paga pelo usuário, tarifa esta que é parte essencial da manutenção do equilíbrio econômico-financeiro, garantido constitucionalmente pelo Art. 37, XXI, da CRFB/88.

Nesse sentido, o Art. 6º, § 3º, II, da Lei n. 8.987/95 expressamente previu que a interrupção do serviço, após prévio aviso, quando houver inadimplemento do usuário, não caracteriza descontinuidade do serviço. Isto porque, a continuidade da prestação do serviço facultativo pressupõe o cumprimento de deveres por parte do usuário, notadamente o pagamento da tarifa. Ora, a falta de remuneração adequada, ante a aceitação do inadimplemento pelo usuário, poderia levar ao próprio colapso do serviço, o que afetaria a própria sociedade como um todo. Do mesmo modo, o equilíbrio econômico-financeiro do contrato restaria abalado caso a concessionária fosse obrigada a prestar o serviço ao consumidor inadimplente.

B) Neste caso, estamos diante de um conflito aparente entre o CDC e a Lei n. 8.987/95. Contudo, tal conflito já se encontra pacificado na doutrina e jurisprudência, pela aplicação do critério da especialidade, haja vista que a Lei 8987/95 busca disciplinar relação especial de consumo (usuário de serviço público). Sendo assim, o CDC não se aplica irrestritamente aos serviços públicos, mas apenas de forma subsidiária.

Distribuição dos Pontos

QUESITO AVALIADO	VALORES
A. Sim, o corte é possível visto que, nos termos do art. 6º, § 3º, II, da Lei n. 8.987 / 95 não se caracteriza como descontinuidade do serviço a sua interrupção, após prévio aviso, quando houver inadimplemento do usuário (0,50). Isto porque não se pode olvidar que a remuneração do service público, prestado pela concessionária, advém como regra geral, da tarifa paga pelo usuário, tarifa esta que é parte essencial da manutenção do equilíbrio econômico-financeiro, garantido constitucionalmente pelo Art. 37, XXI, da CF / 88 (0,25).	0,00 / 0,25 / 0,50 / 0,75
B. Não. A Lei n. 8.987 / 95 (Art. 6º) deve ser considerada norma especial em relação ao CDC, visto que disciplina relação especial de consumo (usuário de serviço público), razão pela qual o CDC (Art. 22) deverá ser aplicado apenas subsidiariamente.	0,00 / 0,50

(OAB/Exame Unificado – 2011.3 – 2ª fase) O Estado X lançou edital de concorrência para concessão, pelo prazo de 10 (dez) anos, do serviço de manutenção de importante rodovia estadual. O edital estabelece que o critério de julgamento das propostas será o menor valor da tarifa e prevê, como forma de favorecer a modicidade tarifária, a possibilidade de o concessionário explorar os painéis publicitários localizados ao longo da rodovia. Além disso, o edital também estabelece que os envelopes contendo os documentos de habilitação dos licitantes apenas serão abertos após a fase de julgamento das propostas e com a observância da ordem de classificação, de forma que, habilitado o licitante mais bem classificado, será ele declarado vencedor. Considerando as previsões editalícias acima referidas, responda aos questionamentos a seguir formulados, empregando os argumentos jurídicos apropriados e a fundamentação legal pertinente ao caso.

a) É juridicamente possível que o edital de concorrência estabeleça, em favor do concessionário, a exploração dos painéis publicitários localizados ao longo da rodovia? (Valor: 0,65).

b) É juridicamente possível que a fase de habilitação somente ocorra em momento posterior à fase de classificação das propostas? (Valor: 0,6).

PRÁTICA ADMINISTRATIVA – 6ª EDIÇÃO   244

RESOLUÇÃO DA QUESTÃO

Em relação ao item 1, a resposta deve ser afirmativa. Trata-se da previsão de fontes provenientes de receitas alternativas, complementares, acessórias ou de projetos associados, que podem ser estabelecidas no edital em favor da concessionária precisamente com o objetivo de favorecer a modicidade tarifária. Essa possibilidade encontra-se prevista no artigo 11 da Lei n. 8.987/95. A resposta ao item 2 deve ser igualmente afirmativa. A possibilidade da inversão da ordem das fases de habilitação e julgamento nas concorrências para concessão de serviços públicos encontra-se prevista no artigo 18-A da Lei n. 8.987/95.

Distribuição dos Pontos

ITEM A	PONTUAÇÃO
Sim, trata-se da possibilidade de previsão de fontes provenientes de receitas alternativas, complementares, acessórias ou de projetos associados (0,45), nos termos do art. 11 OU 18, VI, da Lei 8.987/95 (0,2).Obs.: *A mera resposta "sim" ou a mera indicação do artigo não são pontuadas.*	0 / 0,45 / 0,65
ITEM B	
Sim, a inversão das fases é possível nas concorrências para concessão de serviços públicos (0,4), nos termos do art. 18-A da Lei 8.987/95 (0,2).Obs.: *A mera resposta "sim" ou a mera indicação do artigo não são pontuadas.*	0 / 0,4 / 0,6

(OAB/Exame Unificado – 2011.1 – 2ª fase) Transvia, empresa de grande porte concessionária da exploração de uma das mais importantes rodovias federais, foi surpreendida com a edição de decreto do Presidente da República excluindo as motocicletas da relação de veículos sujeitos ao pagamento de pedágio nas rodovias federais, medida que reduz substancialmente as vantagens legitimamente esperadas pela concessionária.

Considerando a situação hipotética narrada, responda aos itens a seguir, empregando os argumentos jurídicos apropriados e a fundamentação legal pertinente ao caso.

A) É juridicamente possível que o Poder Concedente estabeleça unilateralmente benefícios tarifários não contemplados originariamente no contrato de concessão? (Valor: 0,7).

B) A empresa concessionária tem direito a alguma forma de compensação em decorrência do impacto que o decreto produz na remuneração contratual? (Valor: 0,55)

GABARITO COMENTADO – EXAMINADORA

Em relação ao item 1, a possibilidade de o Poder Concedente estabelecer benefícios tarifários não contemplados no contrato de concessão decorre da própria titularidade do serviço público. Com o contrato de concessão, é tão somente a execução do serviço público que se transfere para o concessionário, cabendo ao Poder Concedente regulamentar o serviço concedido (artigo 2º, inciso II, e artigo 29, inciso I, ambos da Lei 8.987/95). Para fundamentar tal resposta, o examinando poderia mencionar o artigo 175 da CRFB, os artigos 2º, inciso II, e 29, inciso I, da Lei n. 8.987/95 e o artigo 58, inciso I, da Lei 8.666/93. Além disso, também foram consideradas as referências feitas pelos examinandos aos fenômenos do fato do príncipe ou do fato da administração pública. Por fim, foram igualmente consideradas apropriadas as respostas que invocaram a norma do artigo 35 da Lei 9.074/95.

Sempre que o estabelecimento de benefícios tarifários não contemplados originariamente no contrato de concessão causarem impacto na equação econômico-financeira do contrato, haverá a necessidade de serem revistas as cláusulas econômicas, de modo a que o equilíbrio seja recomposto. Nesse sentido, ao estabelecer benefícios tarifários que afetem o equilíbrio econômico-financeiro do contrato, o Poder Concedente deverá, concomitantemente, recompor a equação financeira.

Como resultado, em atenção ao item 2, a resposta é positiva, fazendo jus a concessionária a uma compensação para que o equilíbrio econômico-financeiro do contrato de concessão seja mantido, nos termos do artigo 9º, § 4º, da Lei n. 8.987/95 ou do artigo 35 da Lei n. 9.074/95.

Distribuição de pontos

ITEM	DESCRIÇÃO	PONTUAÇÃO
A	– Possibilidade de estabelecimento de benefícios tarifários, pois compete ao Poder Concedente regulamentar a prestação do serviço público (0,4) / Referência ao artigo 175 da CRFB OU artigo 2º, II, da Lei n. 8.987/95 OU artigo 29, I, da Lei n. 8.987/95 OU fato do príncipe OU artigo 58, I, da Lei 8.666/93 OU artigo 35 da Lei 9.074/95. (0,3).	0 / 0,3 / 0,4 / 0,7
B	– A concessionária fará jus à compensação para recompor o equilíbrio econômico-financeiro do contrato (0,35) / Referência à norma do artigo 9º, § 4º, da Lei 8.987/95 OU artigo 35 da Lei 9.074/95 (0,2).	0 / 0,2 / 0,35 / 0,55

10. PARCERIA PÚBLICO-PRIVADA

(OAB/Exame Unificado – 2013.2 – 2ª fase) Para a concessão da prestação de um determinado serviço público através de parceria público-privada na modalidade patrocinada, o Estado X, após realizar tomada de preços, celebrou contrato com um particular no valor de R$25.000.000,00 (vinte e cinco milhões de reais), com prazo de vigência de 40 (quarenta) anos, a fim de permitir que o particular amortizasse os investimentos realizados.

Diante das circunstâncias apresentadas, é válida a contratação realizada? (Valor: 1,25)

Responda justificadamente, empregando os argumentos jurídicos apropriados e a fundamentação legal pertinente ao caso.

GABARITO COMENTADO – EXAMINADORA

A resposta deve ser negativa.

Em primeiro lugar, nos termos do Art. 10 da Lei n. 11.079/2004, a contratação de parceria público-privada deve ser precedida de licitação na modalidade de concorrência, cuja realização é sujeita a diversos condicionamentos previstos no citado dispositivo. A tomada de preços, portanto, não é a modalidade de licitação adequada à contratação de parceria público-privada.

Em segundo lugar, conforme o inciso I do Art. 5º da Lei n. 11.079/2004, o prazo de vigência do contrato de parceria público-privada não pode ser inferior a 5 (cinco), nem superior a 35 (trinta e cinco) anos, incluindo eventual prorrogação.

PRÁTICA ADMINISTRATIVA – 6ª EDIÇÃO   246

(OAB/Exame Unificado – 2013.1 – 2ª fase) Determinado Estado da Federação celebra contrato de parceria público-privada (PPP) patrocinada para a reforma e administração de área portuária. Estipulou-se no contrato que o parceiro privado será responsável pela construção de galpões de armazenamento de bens, com conclusão prevista para cinco anos após a celebração do contrato, e posterior prestação do serviço público. Também se estabeleceu que a sua remuneração dar-se-á de forma imediata pelo Poder Público e após o término das obras pelos usuários do serviço público, previsão admitida pela lei estadual sobre as PPPs.

Sobre a hipótese, responda aos itens a seguir.

A) Tendo em vista que a Lei n. 11.079/2004 é aplicável a todos os entes da Federação (Art. 1º, parágrafo único), é válida a lei estadual que trate de parcerias público-privadas? (Valor: 0,65)

B) É possível a remuneração do parceiro privado nos moldes acima descritos? (Valor: 0,60)

A simples menção ou transcrição do dispositivo legal não pontua.

GABARITO COMENTADO – EXAMINADORA

Em relação ao *item A*, o candidato deve destacar que, conforme determina o Art. 22, XXVII, da Constituição Federal, compete privativamente à União legislar sobre normas gerais de licitação e contratação, em todas as modalidades, para as administrações públicas diretas, autárquicas e fundacionais da União, Estados, Distrito Federal e Municípios. Sendo assim, a lei estadual pode disciplinar sobre PPPs de forma supletiva, no que não colidir com as normas gerais editadas pela União.

Já em relação ao item B, era necessário ressaltar que, na forma do art. 7º, da Lei n. 11.079/2004, a remuneração pela Administração Pública, nos contratos de parceria público--privada, deve ser precedida da disponibilização do serviço objeto, disposição esta que tem caráter de norma geral. Portanto, a previsão de contraprestação imediata, sem a disponibilização do serviço, não será possível, pois fere a norma citada.

Distribuição dos Pontos

QUESITO AVALIADO	VALORES
Item A Sim, pois é competência privativa da União editar normas gerais sobre licitação e contratos (Art. 22, XXVII, da Constituição OU Art. 1º da Lei 11.079/2004) (0,40), de modo que os Estados podem legislar de forma suplementar (0,25)	0,00 / 0,25 / 0,40 / 0,65
Item B Não é possível. A forma de remuneração do particular está incorreta, já que a contraprestação dar-se-á após a disponibilização do serviço, na forma do Art. 7º, Lei n. 11.079 / 2004 (0,40), norma geral que deve ser respeitada pelos Estados (0,20)	0,00 / 0,40 / 0,60

(OAB/Exame Unificado – 2011.2 – 2ª fase) O governador de determinado Estado da Federação, comprometido com a recuperação do sistema penitenciário estadual, decide lançar edital de licitação para a contratação de uma parceria público-privada tendo por objeto a construção e a gestão de complexo penal, abrangendo a execução de serviços assistenciais (recreação, educação e assistência social e religiosa), de hospedaria e de fornecimento de bens aos presos (alimentação e produtos de higiene). O edital de licitação estima o valor do contrato em R$ 28.000.000,00 (vinte e oito milhões de reais) e estabelece o prazo de quinze anos para a concessão.

Com base nesse cenário, responda aos itens a seguir, empregando os argumentos jurídicos apropriados e a fundamentação legal pertinente ao caso.

A) Analise a juridicidade do projeto à luz do valor estimado do contrato e do prazo de concessão. (Valor: 0,60)

B) É juridicamente possível que o contrato de parceria público-privada contemple, além dos serviços descritos no enunciado, a delegação das funções de direção e coerção na esfera prisional? (Valor: 0,65)

GABARITO COMENTADO – EXAMINADORA

À luz do valor estimado do contrato e do prazo de concessão, o projeto é juridicamente correto, atendendo aos requisitos estabelecidos no artigo 2º, § 4º, incisos I e II, ou art. 5º, I, da Lei 11.079/2004.

Quanto ao item b, não seria possível a delegação das funções de direção e coerção na esfera prisional ao parceiro privado, uma vez que essas são atividades típicas de Estado e, nesse sentido, indelegáveis. A esse respeito, a própria legislação de regência das PPPs prevê expressamente a indelegabilidade do exercício do poder de polícia e de outras atividades exclusivas de Estado (conforme artigo 4º, inciso III, da Lei 11.079/04).

Distribuição dos pontos

ITEM	DESCRIÇÃO	PONTUAÇÃO
A	– Projeto juridicamente correto quanto ao valor – artigo 2º, § 4º, inciso I, da Lei 11.079/2004 (0,3). Projeto juridicamente correto quanto ao prazo – artigo 2º, § 4º, inciso II, OU art. 5º, I, da Lei 11.079/2004 (0,3)	0 / 0,3 / 0,6
B	– As funções de direção e coerção na esfera prisional são atividades exclusivas de Estado, porque inerentes ao poder de polícia. (0,35) Indelegabilidade de tais atividades, conforme artigo 4º, inciso III, da Lei 11.079/04 (0,3).	0 / 0,3 / 0,35 / 0,65

11. PODER DE POLÍCIA

(OAB/ Exame Unificado – 2017.1- 2ª fase) Maria construiu, de forma clandestina, um imóvel residencial em local de risco e, em razão disso, a vida de sua família e outros imóveis situados na região estão ameaçados. A autoridade municipal competente, por meio do devido processo administrativo, tomou as providências cabíveis para determinar e promover a demolição de tal construção, nos exatos termos da legislação local.

Diante dessa situação hipotética, responda aos itens a seguir.

A) Pode o Município determinar unilateralmente a obrigação demolitória? **(Valor: 0,60)**

B) Caso Maria não cumpra a obrigação imposta, o Município está obrigado a postular a demolição em Juízo? (Valor: 0,65)

Obs.: o(a) examinando(a) deve fundamentar as respostas. A mera citação do dispositivo legal não confere pontuação.

PRÁTICA ADMINISTRATIVA – 6ª EDIÇÃO 248

GABARITO COMENTADO

A) Sim. O ato administrativo em questão decorre do exercício do poder de polícia que goza do atributo da imperatividade ou coercibilidade, por meio do qual a Administração pode impor unilateralmente obrigações válidas.

B) A resposta é negativa. O ato administrativo em questão goza do atributo da autoexecutoriedade, que autoriza a Administração a executar diretamente seus atos e a fazer cumprir suas determinações, sem recorrer ao Judiciário.

DISTRIBUIÇÃO DOS PONTOS

ITEM	PONTUAÇÃO
A. Sim. O ato administrativo decorre do exercício do poder de polícia que goza do atributo da imperatividade ou coercibilidade, por meio do qual a Administração pode impor unilateralmente obrigações válidas (0,60).	0,00/0,60
B. A resposta é negativa. O ato administrativo em questão goza do atributo da autoexecutoriedade, que autoriza a Administração a executar diretamente seus atos e a fazer cumprir suas determinações sem recorrer ao Judiciário (0,65).	0,00/0,65

(OAB/Exame Unificado – 2012.2 – 2ª fase) A União pretende delegar à iniciativa privada, mediante licitação, poderes de polícia administrativa na fiscalização de portos e aeroportos nacionais, compreendendo a edição de normas básicas, a fiscalização de passageiros e de mercadorias e a aplicação de sanções.

Para tanto, formatou um modelo a partir do qual o vencedor do certame será definido pelo menor valor cobrado da Administração Pública para a prestação do serviço de fiscalização. A respeito da situação apresentada, responda, fundamentadamente, aos itens a seguir.

A) É possível a delegação, nesse caso? (Valor: 0,75)

B) É possível a delegação a uma autarquia criada para essa finalidade? (Valor: 0,50)

RESOLUÇÃO DA QUESTÃO

A) O examinando deve indicar que não é possível a delegação, no caso proposto, pois é entendimento corrente que o poder de polícia só pode ser delegado a pessoas jurídicas de direito público, e não a pessoas jurídicas de direito privado. Nesse sentido já decidiu o STF (ADIn 1.717-6).

Admite-se a delegação de atos meramente preparatórios ao exercício do poder de polícia, mas não as funções de legislação e aplicação de sanção.

B) O examinando deve identificar que, por se tratar de pessoa jurídica de direito público, dotada do *ius imperii* estatal, é possível a outorga do poder de polícia a autarquia.

Distribuição dos Pontos

(não será aceita mera menção ao artigo)

QUESITO AVALIADO	VALORES
A) Não. Por se tratar de atividade típica de Estado, o poder de polícia não pode ser delegado a pessoas jurídicas de direito privado. (0,75)	0,00/0,75
B) Por se tratar de pessoa jurídica de direito público, dotada do *ius imperii* estatal, é possível a outorga do poder de polícia a uma autarquia criada para esta finalidade. (0,50)	0,00/0,50

(OAB/Exame Unificado – 2011.1 – 2ª fase) O Sr. Joaquim Nabuco, dono de um prédio antigo, decide consultá-lo como advogado. Joaquim relata que o seu prédio está sob ameaça de ruir e que o poder público já iniciou os trabalhos para realizar sua demolição. Joaquim está inconformado com a ação do poder público, justamente por saber que não existe ordem judicial determinando tal demolição.

Diante do caso em tela, discorra fundamentadamente sobre a correção ou ilegalidade da medida. (Valor: 1,25)

GABARITO COMENTADO – EXAMINADORA

O examinando deve sustentar a correção da medida tomada pelo poder público com base no poder de polícia da administração pública, uma vez que, por meio desse poder, a administração está concretizando um de seus deveres: garantir a segurança da coletividade.

Também deve ser abordada a viabilidade da execução da medida diretamente pela administração pública, sem necessidade de ordem judicial, em função do atributo da autoexecutoriedade do poder de polícia, que é aplicável em casos urgentes, conforme relatado no caso em análise.

Distribuição de pontos

DESCRIÇÃO	PONTUAÇÃO
– Abordar duas entre as seguintes (indicar 1 = 0,6; indicar 2 = 1,25):	
– Garantia da segurança coletiva por meio do poder de polícia.	0 / 0,6 / 1,25
– Autoexecutoriedade como atributo do poder de polícia aplicável a casos urgentes.	
– Respeito ao contraditório e ao devido processo legal no âmbito administrativo.	

12. CONTROLE DA ADMINISTRAÇÃO

(OAB/Exame Unificado – 2013.3 – 2ª fase) Determinada Sociedade de Economia Mista federal, exploradora de atividade econômica, é objeto de controle pelo Tribunal de Contas da União, o qual verifica, em tomada de contas especial, que há editais de licitação da estatal que contêm critérios de julgamento inadequados.

Sobre o caso, empregando os argumentos jurídicos apropriados e a fundamentação legal pertinente, responda aos itens a seguir.

PRÁTICA ADMINISTRATIVA – 6ª EDIÇÃO   250

A) Uma sociedade de economia mista que explora atividade econômica pode ser submetida ao controle do Tribunal de Contas? (Valor: 0,60)

B) O Tribunal de Contas pode determinar a aplicação de critérios que entenda mais adequados, para o julgamento de licitações? (Valor: 0,65)

A simples menção ou transcrição do dispositivo legal não pontua.

GABARITO COMENTADO – EXAMINADORA

A questão busca verificar o conhecimento do examinando sobre a disciplina jurídica das sociedades de economia mista, bem como sobre as competências constitucionais do Tribunal de Contas.

A) É possível o controle das sociedades de economia mista pelo Tribunal de Contas, nos termos do Art. 71, II, da Constituição, já que se trata de uma sociedade instituída pelo Poder Público. O Supremo Tribunal Federal firmou entendimento no sentido de que as sociedades de economia mista sujeitam-se à fiscalização pelos Tribunais de Contas (STF, MS 25092/DF, RE 356209 AgR /GO, MS 26117/DF, dentre outros).

B) A resposta deve ser pela impossibilidade de o Tribunal de Contas, em controle prévio de editais de licitação, determinar a modificação de critérios, o qual estaria substituindo a vontade do administrador em seu campo discricionário, em violação ao princípio da separação dos Poderes (Art. 2º, da CR). Tal situação é excepcionada, nos termos da jurisprudência do STF (RE 547063), quando há fundado receio de irregularidade na licitação, como ocorre, por exemplo, quando há critério de julgamento manifestamente irrazoável, com suspeita de direcionamento do resultado do certame.

Distribuição dos pontos

ITEM	PONTUAÇÃO
A. Sim, tendo em vista que as sociedades de economia mista são constituídas, ao menos no momento de sua criação, com recursos do erário, é possível o controle pelo Tribunal de Contas (0,50), nos termos do Art. 70, parágrafo único, ou Art. 71, II, da Constituição. (0,10) Obs.: A simples menção aos artigos não pontua	0,00/0,50/0,60
B. Não cabe ao Tribunal de Contas, em controle prévio de editais de licitação, determinar a modificação de critérios, substituindo a vontade do administrador em seu campo discricionário, em violação ao princípio da separação dos Poderes (0,35), nos termos do Art. 2º, da CRFB/88 (0,10). Tal controle é permitido excepcionalmente, quando há fundada suspeita de irregularidade, com a adoção de critério de julgamento manifestamente irrazoável. (0,20)	0,00/0,20/0,35/0,45/0,55/0,65

(OAB/Exame Unificado – 2013.1 – 2ª fase) Durante o ano de 2010, o Município "T" concedeu subvenção social à Associação "S" para a instalação de projetos de assistência social para crianças com até seis anos de idade, totalizando o valor de R$ 300.000,00 (trezentos mil reais).

Ao final do exercício, foi encaminhada ao competente Tribunal de Contas do Estado (TCE) a prestação de contas dos recursos subvencionados. Em sua análise, o TCE detectou algumas irregularidades e, após o devido processo legal, oportunizando o contraditório e a ampla defesa aos interessados, imputou débito de R$ 150.000,00 (cento e cinquenta mil reais) ao Prefeito responsável pela concessão da subvenção e, solidariamente, à entidade subvencionada.

Considerando a situação hipotética apresentada, responda aos questionamentos a seguir, empregando os argumentos jurídicos apropriados e a fundamentação legal pertinente ao caso.

A) É juridicamente possível ao TCE, na análise da referida prestação de contas, imputar o débito à entidade privada? (Valor: 0,65)

B) Qual a natureza jurídica da decisão do TCE que resultou em imputação de débito por dano causado ao erário? (Valor: 0,60)

A simples menção ou transcrição do dispositivo legal não pontua.

GABARITO COMENTADO – EXAMINADORA

Em relação ao *item A*, a resposta é afirmativa, devendo o examinando registrar a possibilidade de os Tribunais de Contas imputarem débito a pessoas jurídicas de direito privado que utilizem, gerenciem ou administrem bens, valores ou dinheiros públicos, na forma do Art. 70, parágrafo único, da CRFB.

Em relação ao *item B*, o objetivo é avaliar o conhecimento quanto à natureza jurídica da decisão dos Tribunais de Contas e respectiva eficácia (Art. 71, § 3º, da CRFB).

Distribuição dos Pontos

QUESITO AVALIADO	VALORES
Item A	
Sim, o TCE pode imputar débito a pessoas jurídicas de direito privado que utilizem, gerenciem ou administrem bens, valores ou dinheiros públicos (0,50), nos termos do Art. 70, parágrafo único, da CRFB (0,15)	0,00 / 0,50 / 0,65
Item B	
Natureza administrativa com eficácia de título executivo (0,45), nos termos do Art. 71, § 3º, da CRFB.(0,15)	0,00 / 0,45 / 0,60

(OAB/Exame Unificado – 2011.2 – 2ª fase) Um órgão da Administração Pública Federal lançou edital de concorrência para execução de obra pública. Logo após sua publicação, uma empresa interessada em participar do certame formulou representação ao Tribunal de Contas da União (TCU) noticiando a existência de cláusulas editalícias restritivas da competitividade. O TCU, então, solicitou para exame cópia do edital de licitação já publicado e, ao apreciá-lo, determinou a retificação do instrumento convocatório.

Cumprida a determinação e regularizado o edital, realizou-se a licitação, e o contrato foi celebrado com o licitante vencedor.

Entretanto, durante a execução da obra, o TCU recebeu denúncia de superfaturamento e deliberou pela sustação do contrato, comunicando o fato ao Congresso Nacional.

Considerando a situação hipotética narrada, responda aos itens a seguir, empregando os argumentos jurídicos apropriados e a fundamentação legal pertinente ao caso.

PRÁTICA ADMINISTRATIVA – 6ª EDIÇÃO   252

a) Foi juridicamente correta a atuação do TCU ao solicitar para exame o edital de licitação publicado? (Valor: 0,60)

b) O TCU tem competência para sustar a execução do contrato superfaturado? (Valor: 0,65)

GABARITO COMENTADO – EXAMINADORA

Em relação *item a*, foi juridicamente acertada a atuação do TCU ao solicitar o edital já publicado para exame, conforme previsto no artigo 113, § 2º, da Lei 8.666/93. A solicitação foi motivada e casuística, conforme exige o Supremo Tribunal Federal.

Por sua vez, em relação ao *item b*, o TCU não tem competência para sustar contratos administrativos. De acordo com a norma do artigo 71, § 1º, da CRFB, a sustação da execução do contrato deve ser solicitada ao Congresso Nacional, que deverá deliberar em noventa dias. Somente após o prazo, sem manifestação do Congresso Nacional, é que o TCU poderá ao decidir a respeito.

Distribuição dos pontos

ITEM	DESCRIÇÃO	PONTUAÇÃO
A	- O TCU atuou corretamente (0,3), com base no artigo 113, § 2º, da Lei 8.666/93 (0,3).	0 / 0,3 / 0,6
B	- O TCU não tem competência para sustar o contrato pela necessidade de oficiar ao Congresso Nacional, conforme art. 71,§ 1º, da CRFB.	0 / 0,3
	Se o Congresso Nacional não deliberar a respeito no prazo de noventa dias, o TCU decide, conforme art. 71, § 2º, da CRFB.	0 / 0,35

(OAB/Exame Unificado – 2010.3 – 2ª fase) Ana Amélia, professora dos quadros da Secretaria de Educação de determinado Estado, ao completar sessenta e dois anos de idade e vinte e cinco anos de tempo de contribuição, formulou requerimento de aposentadoria especial. O pleito foi deferido, tendo sido o ato de aposentadoria publicado no Diário Oficial em abril de 2008. Em agosto de 2010, Ana Amélia recebeu notificação do órgão de recursos humanos da Secretaria de Estado de Educação, dando-lhe ciência de questionamento formulado pelo Tribunal de Contas do Estado em relação à sua aposentadoria especial. Ficou constatado que a ex-servidora exerceu, por quinze anos, o cargo em comissão de Assessora Executiva da Secretaria de Estado de Administração, tendo sido tal período computado para fins de aposentadoria especial.

Considerando a situação hipotética apresentada, responda aos itens a seguir, empregando os argumentos jurídicos apropriados e a fundamentação legal pertinente ao caso.

A) Indique o fundamento para a atuação do Tribunal de Contas do Estado, informando se o ato de aposentadoria já se encontra aperfeiçoado. (Valor: 0,5)

B) Analise se o questionamento formulado pelo órgão de controle se encontra correto. (Valor: 0,5)

GABARITO COMENTADO – EXAMINADORA

Nos termos do artigo 71, inciso III, da CRFB, compete ao TCU – e, por simetria, aos Tribunais de Contas dos Estados – apreciar, para fins de registro, a legalidade dos atos de concessão de aposentadoria. De acordo com os precedentes do STF, os atos de aposentadoria são considerados atos complexos, que somente se aperfeiçoam com o registro na Corte de Contas respectiva.

O questionamento formulado pelo órgão de controle encontra-se correto, pois o exercício de função administrativa, estranha ao magistério — como é o caso de cargo em comissão de assessora executiva na Secretaria de Administração –, não pode ser considerado para fins de aposentadoria especial de professores. A norma do artigo 40, § 5º, CRFB, ao disciplinar a matéria, exige efetivo exercício das funções de magistério e o tema veio a ser objeto de súmula do STF (En 726).

Obs.: É importante registrar que o art. 1º da Lei federal 11.301/2006, que acrescentou o § 2º ao art. 67 da Lei 9.394/1996 e que veio a ser declarado constitucional pelo STF, não repercute sobre a questão, pois a situação-problema envolve cômputo, para fins de aposentadoria especial de professor, de função eminentemente administrativa, e não relacionada ao magistério.

Distribuição de pontos

ITEM	DESCRIÇÃO	PONTUAÇÃO
A	- Os atos de aposentadoria submetem-se ao registro perante os Tribunais de Contas, que apreciam sua legalidade, nos termos do artigo 71, inciso III, da CRFB.	0 / 0,25
	- O ato de aposentadoria é complexo e somente se aperfeiçoa com o registro no Tribunal de Contas respectivo.	0 / 0,25
B	- O exercício de função administrativa, estranha ao magistério, não pode ser considerado para fins de aposentadoria especial de professores (artigo 40, § 5º, CRFB, que exige efetivo exercício das funções de magistério).	0 / 0,3
	- Referência ao Enunciado 726 do STF.	0 / 0,2

PEÇAS PRÁTICO-PROFISSIONAIS

(OAB/Exame Unificado – 2010.1 – 2ª fase) O Ministério Y publicou edital para provimento de 20 vagas para determinado cargo previsto em lei própria, tendo o concurso prazo de validade de noventa dias.

Passados sessenta dias da publicação do edital e publicada a lista dos aprovados, o ministro responsável assinou portaria de homologação do resultado do concurso, convocando os 20 primeiros colocados para, no prazo de dez dias, apresentarem documentos para fins de nomeação. Mauro, candidato regularmente inscrito no certame e aprovado em 15.º lugar, apresentou a documentação requerida. Findo o prazo e passados quinze dias, foi publicada nova portaria, por meio da qual foram nomeados apenas os 10 primeiros colocados, sendo a posse marcada para quatorze dias após a publicação da nomeação.

Inconformado com o ocorrido, Mauro procurou auxílio de profissional da advocacia para a defesa de seus direitos.

Considerando a situação hipotética acima apresentada, na qualidade de advogado(a) constituído(a) por Mauro, redija a peça processual mais adequada ao caso, abordando, além das questões de direito processual e material indispensáveis à defesa dos interesses de seu cliente, os seguintes aspectos:

– foro competente;

– legitimidade passiva;

– mérito da demanda.

(Prova aplicada em 25/07/2010)

RESOLUÇÃO DA PEÇA PRÁTICO-PROFISSIONAL

1) **Peça:** Mandado de Segurança; a peça encontra fundamento no art. 5º, LXIX, da CF, e nos arts. 1º e 5º, III, da Lei 12.016/09; há ato de autoridade, ilegalidade e existência de prova pré-constituída.

2) **Endereçamento:** Excelentíssimo Senhor Presidente do Colendo Superior Tribunal de Justiça. (Art. 105, I, "b", da CF).

3) Partes:

a) **impetrante:** Mauro;

b) **impetrado:** Ministro da...

4) Tese 1: direito à nomeação por restar vinculada a competência para nomear os vinte primeiros aprovados depois que estes receberam convocação solicitando a entrega de documentos.

5) Tese 2: direito à nomeação dos aprovados no limite das vagas previstas no edital, em obediência aos princípios da proteção da confiança, da boa-fé e da segurança jurídica.

6) Pedidos: concessão de segurança para determinar à autoridade coatora a nomeação do impetrante para o cargo em cujo concurso público foi aprovado; deve-se fazer pedido de liminar, trazendo como relevante fundamento (*fumus boni iuris*) as duas teses e como *periculum in mora* o fato de que a nomeação dos dez primeiros candidatos aprovados é iminente.

7) Observações:

a) **prazo para o mandado de segurança:** está dentro do prazo de 120 dias, pois a portaria que não nomeou Mauro (ato coator) foi publicada há menos de 14 dias, segundo o que se presume da leitura do enunciado da questão;

b) **outras peças:** a peça indicada é o mandado de segurança; é claro que cabe, também, ação, pelo rito ordinário, com os mesmos pedidos; o problema é que este rito não tem todas as vantagens do mandado de segurança (exemplo: o pedido liminar, numa ação pelo rito ordinário, tem que preencher os requisitos da tutela antecipada; a apelação do Poder Público, no mesmo rito, tem duplo efeito etc.), e os elementos trazidos no problema não requerem dilação probatória, de modo que o mandado de segurança é, de fato, a melhor medida.

MODELO: MANDADO DE SEGURANÇA

[O que estiver entre colchetes é apenas nota do autor – não deve constar da peça.]

início da peça

EXCELENTÍSSIMO SENHOR PRESIDENTE DO COLENDO SUPERIOR TRIBUNAL DE JUSTIÇA

[Deixe espaço de aproximadamente 10 cm para eventual despacho ou decisão do juiz.]

Mauro ..., estado civil ..., profissão ..., com residência e domicílio ..., portador do RG ... e do CPF ..., por seu advogado que firma a presente (procuração anexada – doc.1), com escritório para recebimento de intimações na ... (art.106, I, do CPC), vem, à presença de Vossa Excelência, respeitosamente, impetrar contra o Senhor Ministro da ... o presente

MANDADO DE SEGURANÇA COM PEDIDO DE LIMINAR

nos termos do artigo 5º, inciso LXIX, da Constituição Federal e da Lei nº 12.016/2009, pelas razões a seguir aduzidas:

I – DOS FATOS

O Ministério Y publicou edital para provimento de vinte vagas para o cargo de ..., tendo o concurso prazo de validade de noventa dias (doc. 2).

Passados sessenta dias da publicação do edital e publicada a lista dos aprovados, a autoridade coatora assinou portaria de homologação do resultado do concurso, convocando os vinte primeiros colocados para, no prazo de dez dias, apresentarem documentos para fins de nomeação (doc. 3).

O impetrante, candidato regularmente inscrito no certame e aprovado em 15.º lugar, apresentou a documentação requerida (doc. 4).

Findo o prazo e passados quinze dias, foi publicada nova portaria, por meio da qual foram nomeados apenas os dez primeiros colocados, sendo a posse marcada para quatorze dias após a publicação da nomeação (doc. 5).

Inconformado com o ocorrido, o impetrante ingressa com o presente mandado de segurança com pedido de liminar para que seja determinada sua imediata nomeação.

II – DO DIREITO

1. Do cabimento do mandado de segurança

1.1. Existência de ato de autoridade

A conduta ora impugnada – nomeação de apenas dez aprovados, desconsiderando o impetrante, 15º colocado e convocado para a apresentação de documentos com vistas à sua nomeação num concurso cujo edital previa vinte vagas – é ato de autoridade pública, no caso, ato emanado pelo Ministro da ..., indicado como autoridade coatora.

Dessa forma, o mandado de segurança é cabível quanto a esse aspecto (art. 5º, LXIX, da CF e art. 1º da Lei 12.016/09).

1.2. Existência de prova pré-constituída

Os fatos que dão suporte ao direito alegado pelo impetrante estão comprovados de plano, por meio da prova documental ora juntada, consistente nos seguintes documentos: a) cópia integral do edital, no qual consta a existência de vinte vagas a serem providas; b) cópia do ato de homologação do concurso e da convocação dos vinte primeiros colocados para apresentação de documentos com vistas à nomeação, incluindo o impetrante; c) cópia do ato de nomeação, que contemplou apenas os dez primeiros colocados.

Assim, também está cumprido o requisito de prova pré-constituída, essencial para o cabimento do mandado de segurança.

1.3. Respeito ao prazo decadencial de 120 dias

O prazo decadencial para ingressar com o presente *mandamus* também é requisito que está cumprido. Isso porque a conduta impugnada – nomeação de apenas dez aprovados, desconsiderando o impetrante – deu-se há menos de 120 dias, prazo decadencial previsto na lei para a impetração do mandado de segurança.

Assim sendo, o requisito temporal também está ordem.

PRÁTICA ADMINISTRATIVA – 6ª EDIÇÃO

1.4. Inexistência de outros impedimentos legais ou jurisprudenciais para a propositura do mandado de segurança

Por fim, não se configura no presente caso quaisquer outros impedimentos legais (arts. 1º e 5º da Lei 12.016/09) e jurisprudenciais ao manejo do presente remedido constitucional.

Destarte, também não há requisito negativo a impedir a proposição da presente garantia constitucional.

2. Da legitimidade ativa e passiva

A legitimidade ativa está em ordem, pois o impetrante defende, em nome próprio, direito próprio decorrente da violação de princípios da Administração Pública.

A autoridade coatora também está corretamente indicada, uma vez que foi o Ministro da ... que praticou o ato ora impugnado, de modo que está atendida a regra no sentido de que é "autoridade coatora aquela que tenha praticado o ato impugnado ou da qual emane a ordem para a sua prática" (art. 6º, § 3º, da Lei 12.016/09).

Aliás, nos termos do art. 105, I, "b", da CF, a competência para conhecer de mandado de segurança contra ato de Ministro de Estado é desse C. Superior Tribunal de Justiça.

3. Do direito líquido e certo violado

3.1. Do direito à nomeação do impetrante em face da competência vinculada da autoridade coatora

Conforme narrativa feita na exposição dos fatos, o impetrante, aprovado na 15º colocação de um concurso criado para preencher vinte cargos, foi formalmente convocado pela Administração Pública para apresentar documentação com vistas à sua nomeação para o cargo respectivo.

Feita a convocação, a competência administrativa, que poderia ser considerada discricionária, passou a ser competência vinculada, eis que a Administração, ao convocar o impetrante, acabou por demonstrar a existência de necessidade premente de contratação de pessoal, bem como dos demais requisitos para tanto, tais como existência de cargos vagos e disponibilidade financeira.

Nesse sentido, era de rigor que a autoridade coatora nomeasse os vinte candidatos convocados para a apresentação de documentos, o que, naturalmente, incluía o impetrante, 15º colocado no certame, fundamento que, por si só, impõe que seja o presente *mandamus* concedido para o fim de determinar a nomeação do impetrante.

3.2. Do direito à nomeação do impetrante em face da sua aprovação no limite das vagas previstas no edital

Não bastasse o fundamento apresentado no item anterior, o fato é que a jurisprudência de nossos tribunais superiores é pacífica, hoje, no sentido de que o candidato aprovado no limite das vagas previstas no edital tem direito à nomeação.

Esse entendimento tem como fundamento os princípios da proteção da confiança, da boa-fé e da segurança jurídica (art. 5º, XXXVI, da CF e art. 2º, *caput*, da Lei 9.784/99).

A Administração Pública só não será obrigada a nomear os aprovados no limite das vagas previstas no edital caso surjam fatos novos pertinentes que tornem inconveniente ao interesse público a efetivação da nomeação, fatos esses que devem ser expostos em ato administrativo devidamente motivado, o que não ocorreu no presente caso.

Assim, considerando que o edital do concurso previu o preenchimento de vinte vagas e o impetrante foi aprovado na 15ª colocação, de rigor a concessão da segurança para que seja determinada sua nomeação.

III – DA LIMINAR

Excelência, há relevante fundamento no caso em tela. O impetrante demonstrou pela narrativa de fatos acompanhada dos respectivos documentos, e com a subsunção desses fatos a normas de índole constitucional, que houve grave violação de seus direitos, grave violação essa que justifica sua nomeação imediata restando configurado o requisito do *fumus boni juris*.

O impetrante também demonstrou que a posse dos candidatos aprovados está para acontecer nos próximos dias, o que revela a existência de *periculum in mora* no caso.

Sendo assim, o impetrante requer que seja deferida a medida liminar antes mesmo da notificação da autoridade coatora, nos termos do art. 7º, III, da Lei 12.016/2009, para que seja determinado à autoridade coatora sua imediata nomeação para o cargo em cujo concurso foi aprovado.

IV – DO PEDIDO

Por todo o exposto, o impetrante requer que seja:

a) deferida a medida liminar para que seja determinado à autoridade coatora que proceda à nomeação imediata do impetrante no cargo em cujo concurso foi aprovado;

b) determinada a notificação da autoridade coatora, enviando-lhe todas as cópias dos documentos que instruem a inicial para que preste todas as informações necessárias, no prazo de 10 dias (art. 7º, I, da Lei 12.016/2009);

c) dada ciência ao órgão de representação judicial da União Federal, enviando-lhe cópia da inicial, para que, querendo, ingresse no feito (art. 7º, II, da Lei 12.016/2009);

d) ouvido o representante do Ministério Público para que opine no prazo de 10 dias (art. 12 da Lei 12.016/2009);

e) ao final, confirmada a liminar deferida, concedida definitivamente a segurança pleiteada para que seja determinado à autoridade coatora a consolidação da nomeação definitiva do impetrante no cargo em cujo concurso foi aprovado.

[Obs.: toda a prova deve ser juntada à inicial, pois o direito é líquido e certo e não se admite dilação probatória. Não há condenação em honorários advocatícios em mandado de segurança: Súmulas 512/STF 105/STJ]

Dá-se à causa o valor de R$ 1.000,00.

Termos em que pede deferimento.

Local, data ...

[Não assine, rubrique ou, de outra forma, identifique sua prova!]

ADVOGADO ...

OAB ...

fim da peça

PADRÃO DE RESPOSTA – PEÇA PROFISSIONAL – EXAMINADORA

O ato a ser impugnado é de ministro de Estado, sendo o foro competente o Superior Tribunal de Justiça. Há prova pré-constituída e direito líquido e certo, visto que o candidato foi chamado para apresentação de documentos para a nomeação, devendo ser impetrado, portanto, mandado de segurança como medida mais adequada.

Ainda que de forma rudimentar (a título de exemplo: "qualificação, residente e domiciliado etc."), deve-se mencionar a legitimidade ativa e qualificar o impetrante corretamente, nos termos do artigo 319,II, do CPC. Por outro lado, deve-se, especificamente, identificar o Ministro como autoridade coatora, e não o Ministério X. Necessidade de pedir ciência da União (Lei n.º 12.016/2009, art. 6.º).

O mérito traz importante questão administrativa: a aprovação dentro do número de vagas. Em um primeiro momento, o candidato não possui direito líquido e certo à nomeação. Todavia, a publicação de ato chamando todos os aprovados para apresentação de documentos impõe à administração a nomeação desses convocados. Portanto, a partir de então, o candidato teria direito líquido e certo à sua nomeação, visto que foi aprovado dentro do número de vagas e convocado para a apresentação de documentos. Nesse mesmo sentido:

"RECURSO EM MANDADO DE SEGURANÇA. CONCURSO PÚBLICO. CONVOCAÇÃO DOS CANDIDATOS PARA APRESENTAR DOCUMENTOS PARA NOMEAÇÃO. COMPROVADA A EXISTÊNCIA DE VAGAS. ATO ADMINISTRATIVO VINCULADO. INVESTIDURA NO CARGO. DIREITO LÍQUIDO E CERTO CARACTERIZADO.

1. A publicação de edital convocando os recorrentes para: '(...) tratarem de assunto relacionado ao processo de nomeação nos respectivos cargos efetivos', determinando, inclusive, a apresentação de diversos documentos a esse propósito, faz crer que há cargos vagos, o que, aliás, restou comprovado nos autos, e que a Administração necessita supri-los. Em outras palavras, a Administração obriga-se a investir os recorrentes no serviço público a partir da publicação desse instrumento convocatório, pois vinculada ao motivo do ato.

2. Seguindo a mesma linha de raciocínio, decidiu a eg. Quinta Turma deste Superior Tribunal de Justiça que: 'A vinculação da Administração Pública aos atos que emite, combinada com a existência de vagas impõe a nomeação, posse e exercício dos recorrentes nos cargos de Inspetor de Polícia Civil de 1.ª Classe do Estado do Ceará' (RMS 30.110/CE, Relator Ministro Napoleão Nunes Maia Filho, DJe 5.4.10).

3. Direito líquido e certo dos impetrantes à investidura nos cargos de Inspetor de Polícia Civil de 1.ª Classe do Estado do Ceará.

4. Recurso ordinário a que se dá provimento."

(RMS 30.881/CE, Rel. Ministro Og Fernandes, Sexta Turma, julgado em 20/04/2010, DJe 10/05/2010)

"RECURSO EM MANDADO DE SEGURANÇA. CONCURSO PÚBLICO. CANDIDATOS CLASSIFICADOS ALÉM DO NÚMERO DE VAGAS INICIALMENTE OFERTADAS NO CERTAME. POSTERIOR SURGIMENTO DE NOVAS VAGAS NO PRAZO DE VALIDADE DO CONCURSO. VEICULAÇÃO DE EDITAL CONVOCATÓRIO NOMINAL PARA APRESENTAÇÃO DE DOCUMENTOS DE NOMEAÇÃO. ATO ADMINISTRATIVO VINCULADO. DIREITO LÍQUIDO E CERTO. INDEMONSTRAÇÃO DE INSUPERÁVEL RAZÃO FINANCEIRA. RECURSO PROVIDO.

1. Para a impetração do Mandado de Segurança se exige tão só e apenas a demonstração, já com a petição inicial, da ameaça ou vulneração a direito individual ou coletivo líquido e certo, por ato de autoridade, bem como a comprovação prévia e documental dos fatos suscitados, de modo que se mostre despicienda qualquer dilação probatória, aliás incomportável no procedimento peculiar deste remédio constitucional.

2. A Constituição Federal prevê duas ordens de direito ao candidato devidamente aprovado em concurso público: (a) o direito de precedência, dentro do prazo de validade do certame, em relação aos candidatos aprovados em concurso superveniente e (b) o direito de convocação por ordem descendente de classificação de todos os aprovados (art. 37, IV, da CF).

3. A Secretaria do Planejamento e Gestão do Estado do Ceará, por meio do Edital 23/2008, convocou nominalmente os recorrentes a comparecerem ao Departamento de Recursos Humanos da Superintendência da Polícia Civil para entrega de documentos com o objetivo de dar início ao processo de nomeação para os respectivos cargos efetivos, revelando, dessa forma, a necessidade do provimento das vagas existentes.

4. A partir da veiculação, por meio de Edital de convocação, do interesse público da Administração em dar início ao processo de investidura dos candidatos aprovados, a nomeação e a posse, que ficariam, em princípio, à discrição administrativa, tornam-se vinculados, gerando, em contrapartida, direito subjetivo em prol dos convocados; somente diante de relevante ou insuperável razão financeira, econômica ou orçamentária, devidamente comprovada, esse direito subjetivo poderá ser postergado.

5. Neste caso, a aprovação/classificação dos recorrentes no Concurso Público para o provimento de cargos de Inspetor de Polícia Civil de 1.ª Classe do Estado do Ceará se deu além do número de vagas ofertadas no Edital de abertura, porém, documento oficial do Departamento de Recursos Humanos da Secretaria da Segurança Pública e Defesa Social, posteriormente expedido, indica a existência de 237 vagas de Inspetor de Polícia Civil do Estado do Ceará, conforme indica a Lei Estadual 14.112/08, dessa mesma Unidade Federativa.

6. A vinculação da Administração Pública aos atos que emite, combinada com a existência de vagas impõe a nomeação, posse e exercício dos recorrentes nos cargos de Inspetor de Polícia Civil de 1ª Classe do Estado do Ceará.

7. Recurso provido para assegurar aos recorrentes a investidura nos cargos de Inspetor de Polícia Civil de 1ª Classe do Estado do Ceará, em que pese o parecer ministerial pelo desprovimento do recurso."

(RMS 30.110/CE, Rel. Ministro Napoleão Nunes Maia Filho, Quinta Turma, julgado em 18/02/2010, DJe 05/04/2010)

Presentes o *fumus boni juris*, já que todos os candidatos aprovados e classificados dentro do número de vagas inicialmente previsto no edital (20) foram chamados para apresentarem documentos para fins de nomeação, e o *periculum in mora*, uma vez que a posse dos primeiros aprovados é iminente.

Observação para a correção: atribuir pontuação integral às respostas em que esteja expresso o conteúdo do dispositivo legal, ainda que não seja citado, expressamente, o número do artigo.

PRÁTICA ADMINISTRATIVA – 6ª EDIÇÃO

(OAB/Exame Unificado – 2010.2 – 2ª fase) JOANA, moradora de um Município da Baixada Fluminense, Rio de Janeiro, ao sair de casa para o trabalho às 7 horas da manhã do dia 10/10/2009, caminhando pela rua em direção ao ponto de ônibus, distraiu-se e acabou por cair em um bueiro que estava aberto, sem qualquer sinalização específica de aviso de cuidado pelo Poder Público. Em razão da queda, sua perna direita ficou presa dentro do bueiro e moradores do local correram para socorrer JOANA. Logo em seguida, bombeiros militares chegaram com uma ambulância e acabaram por prestar os primeiros socorros à vítima e por levá-la ao hospital municipal mais próximo. JOANA fraturou seu joelho direito e sofreu outras lesões externas leves.

Em razão da fratura, JOANA permaneceu em casa pelo período de 2 (dois) meses, com sua perna direita imobilizada e sem trabalhar, em gozo de auxílio-doença. Entretanto, além de seu emprego formal, ela prepara bolos e doces para vender em casa, a fim de complementar sua renda mensal, uma vez que é mãe solteira de um filho de 10 (dez) anos e mora sozinha com ele. Com a venda dos bolos e doces, JOANA aufere uma renda complementar de aproximadamente R$ 100,00 (cem reais) por semana.

Em razão de sua situação, a vítima também não pôde preparar suas encomendas de bolos e doces durante o referido período de 2 (dois) meses em que esteve com sua perna imobilizada.

Diante dos fatos acima descritos, e na qualidade de advogado procurado por JOANA, elabore a peça processual cabível para defesa do direito de sua cliente.

RESOLUÇÃO DA PEÇA PRÁTICO-PROFISSIONAL

1. **Peça Processual:** Ação Indenizatória pelo Rito Ordinário
2. **Endereçamento:** Excelentíssimo Senhor Doutor Juiz de Direito da ... Vara ... da Comarca de ...., da Justiça Estadual do Rio de Janeiro.
3. **Fundamentação e teses:**
   a) responsabilidade do município pela manutenção dos bueiros;
   b) demonstração da omissão do município decorrente da falta de tampa e de sinalização no bueiro (nexo causal);
   c) responsabilidade objetiva configurada; alternativamente, responsabilidade subjetiva também configurada, pela existência de falta do serviço;
   d) caracterização dos danos materiais (tratamento e lucros cessantes) e morais sofridos por Joana;
4. **Pedido:**
   a) indenização por danos emergentes (tratamento);
   b) indenização por lucros cessantes (ausência de renda complementar por 2 meses);
   c) indenização por danos morais;
   d) demais requerimentos de praxe.

MODELO: PETIÇÃO INICIAL DE AÇÃO INDENIZATÓRIA POR RESPONSABILIDADE EXTRACONTRATUAL DO ESTADO

início da peça

EXCELENTÍSSIMO SENHOR DOUTOR JUIZ DE DIREITO DA ... VARA ... DA COMARCA DE ...., DA JUSTIÇA ESTADUAL DO RIO DE JANEIRO.

Pular 10 linhas

JOANA ..., estado civil ..., profissão ..., com residência e domicílio ..., portadora do RG nº ... e inscrita no CPF sob nº ..., vem, respeitosamente, à presença de Vossa Excelência, por meio de seu advogado e bastante procurador que esta subscreve (doc. 01 – mandato), com fundamento nos arts. 37, § 6.º, da Constituição Federal, e 43 e 948 do Código Civil, propor a presente

AÇÃO INDENIZATÓRIA

em face do MUNICÍPIO DE ...., pessoa jurídica de direito público interno, com sede na ...,em virtude dos fundamentos de fato e de direito a seguir expostos:

I – DOS FATOS

No dia 10/10/2009, por volta das 7 horas da manhã, a autora, ao sair de casa para o trabalho, caminhando pela rua em direção ao ponto de ônibus, acabou por cair em um bueiro que estava aberto na rua.

Vale ressaltar que o bueiro em questão estava sem qualquer sinalização específica de aviso de cuidado por parte ré, responsável pela conservação das vias públicas.

Em razão da queda, a perna direita da autora ficou presa dentro do bueiro, que teve que contar com a ajuda de moradores do local no seu socorro.

Logo em seguida, bombeiros militares chegaram com uma ambulância e acabaram por prestar os primeiros socorros à autora e por levá-la ao hospital municipal mais próximo.

No hospital, constatou-se que a autora fraturara seu joelho direito e sofrera outras lesões externas leves (doc. 2).

Em razão da fratura, a autora teve diversos gastos de tratamento (doc. 3) e permaneceu em casa pelo período de 2 (dois) meses, com sua perna direita imobilizada e sem trabalhar, em gozo de auxílio-doença (doc. 4).

Entretanto, além de seu emprego formal, a autora prepara bolos e doces para vender em casa, a fim de complementar sua renda mensal (doc. 5), uma vez que é mãe solteira de um filho de 10 (dez) anos e mora sozinha com ele (doc. 6).

Com a venda dos bolos e doces, a autora aufere uma renda complementar de aproximadamente R$ 100,00 (cem reais) por semana, tendo também ficando por dois meses sem poder preparar suas encomendas, já que estava com sua perna imobilizada (doc. 5).

Diante dessa situação e da responsabilidade da ré pelo ocorrido, conforme se demonstrará, não restou outra alternativa à autora que não ingressar com a presente ação indenizatória decorrente de responsabilidade extracontratual da Municipalidade-ré.

II – DO DIREITO

1. Da responsabilidade objetiva do Estado

A Constituição Federal, em seu art. 37, § 6.º, consagra a responsabilidade objetiva do Estado por danos causados a terceiros. Confira:

"§ 6.º As pessoas jurídicas de direito público e as de direito privado prestadoras de serviço público responderão pelos danos que seus agentes, nessa qualidade, causarem a terceiros, assegurado o direito de regresso contra o responsável, nos casos de dolo ou culpa."

No mesmo sentido é o disposto no art. 43 do Código Civil, a seguir transcrito

"Art. 43. As pessoas jurídicas de direito público interno são civilmente responsáveis por atos dos seus agentes que nessa qualidade causem danos a terceiros, ressalvado direito regressivo contra os causadores do dano, se houver, por parte destes, culpa ou dolo."

Os fatos narrados nesta petição inicial enquadram-se perfeitamente na hipótese de incidência prevista nos dispositivos acima citados.

Há conduta estatal, dano e nexo de causalidade entre a primeira e o segundo.

A conduta da pessoa jurídica de direito público está caracterizada pela omissão do Município-réu em cuidar, conservar e fazer a manutenção dos bueiros.

Há de se lembrar que as ruas e calçadas de uma cidade são bens de uso comum do povo pertencentes aos Municípios, de modo que compete a estes proceder à manutenção dos bueiros presentes em tais vias.

O dano também está caracterizado. A documentação juntada com a presente exordial demonstra que a autora efetivamente caiu no bueiro. Demonstra também que as lesões decorrentes geraram despesas com tratamento e impediram que esta continuasse auferindo renda complementar com a elaboração de bolos e doces, tudo sem contar os danos morais decorrentes dos enormes transtornos que passou por ter ficado com a perna imobilizada.

O nexo de causalidade também se encontra presente, eis que o dano somente ocorreu pela existência de bueiro sem tampa e sem sinalização por parte da ré.

Por outro lado, não ocorre no caso presente qualquer das causas excludentes da responsabilidade estatal, tudo a fazer incidir os dispositivos citados, fazendo-se de rigor o reconhecimento da responsabilidade estatal pela reparação dos danos causados à autora.

2. Alternativamente: da configuração da responsabilidade subjetiva do Estado

De qualquer forma, e considerando o princípio da eventualidade, vale lembrar que mesmo que se reconheça que o caso envolve responsabilidade subjetiva, dada a conduta omissiva estatal, o fato é que também está demonstrado o pressuposto para a configuração dessa responsabilidade.

Com efeito, resta patente, no caso, a falta do serviço, consistente na ausência do serviço estatal de conservação e manutenção dos bueiros.

Serviços dessa natureza não podem deixar de ser prestados, já que um número extraordinário de veículos e pessoas passam pelas vias públicas o tempo todo.

A ausência desse tipo de serviço caracteriza um serviço estatal defeituoso, ensejando, destarte, responsabilidade estatal, conforme vem reconhecendo a jurisprudência dos nossos tribunais superiores.

Demonstrada a responsabilidade do Estado, seja na modalidade objetiva, seja na modalidade subjetiva, de rigor, agora, tratar das verbas indenizatórias devidas à autora.

3. Das verbas indenizatórias devidas

3.1. Dos danos materiais

A autora sofreu dois tipos de danos materiais, quais sejam, danos emergentes e lucros cessantes.

Os danos emergentes consistem nas despesas de tratamento que teve que suportar, no valor de ..., conforme demonstrativos ora juntados.

Os lucros cessantes consistem em dois meses sem auferir a renda complementar de R$ 100 mensais com a elaboração de bolos e doces por encomendas, conforme demonstrativos ora juntados.

Assim, chega-se a um total de R$ ..., devidos a títulos de danos materiais, e que deverá ser corrigido da data do evento danoso.

3.2. Dos danos morais

A Constituição Federal, em seu art. 5.º, V e X, e o Código Civil, em seus arts. 186 (ato ilícito) e 944 ("a indenização mede-se pela extensão do dano") impõem que os danos morais também devem ser indenizados.

Nesse sentido, considerando que a autora ficou dois meses sem poder trabalhar e exercer suas atividades rotineiras como profissional, mãe e ser humano, tendo em vista a imobilização de sua perna, e considerando ainda que o dano moral é consequência natural e imediata desse fato, independendo de comprovação segundo a jurisprudência, a autora faz jus a uma verba de R$ ... a título de danos morais.

Vale ressaltar que, em matéria de dano moral, a correção monetária é devida desde a data da fixação de seu valor, ou seja, desde a data da decisão judicial que fixar a indenização por dano moral. Já os juros moratórios são calculados tendo-se em conta a data do evento danoso (Súmula 54 do STJ: "os juros moratórios fluem a partir do evento danoso, em caso de responsabilidade extracontratual").

III – DO PEDIDO

Ante o exposto, é o presente para requerer a Vossa Excelência o quanto segue:

a) a citação da ré, no endereço declinado no pórtico desta inicial, para, querendo, contestar a presente ação no prazo legal, sob as penas da lei processual civil.

b) A procedência da ação para condenar a ré no pagamento das seguintes quantias: i) R$ ..., relativa às despesas com tratamento, corrigida desde a data do desembolso por parte da autora; ii) R$ 400,00, relativa aos lucros cessantes; iii) R$ ..., a título de indenização por danos morais; iv) correção monetária e juros legais, na forma do art. 1º-F da Lei 9.494/97, sobre cada condenação, sendo que os encargos incidirão a partir do evento

PRÁTICA ADMINISTRATIVA – 6ª EDIÇÃO

danoso, salvo a correção monetária quanto aos danos morais, que correrá a partir de sua fixação; v) honorários advocatícios de 20%, incidentes sobre o somatório de todas as condenações, bem como custas e despesas processuais suportados pela autora.

Protesta pela produção de prova documental e testemunhal, e de todos os meios probatórios em direito admitidos, ainda que não especificados no Código de Processo Civil, desde que moralmente legítimos (CPC, art. 369).

Dá-se à causa o valor de R$ ... .

Termos em que pede deferimento.

Local ..., data...

Advogado ...

OAB ....

fim da peça

GABARITO COMENTADO – EXAMINADORA

O examinando deve elaborar uma petição inicial de Ação Ordinária de Indenização contra o município.

A ação deve ser proposta contra o município e deve conter:

– A responsabilidade do município pela manutenção dos bueiros;

– A demonstração da omissão do município decorrente da falta de tampa e de sinalização no bueiro (nexo causal);

– A caracterização dos danos materiais (tratamento e lucros cessantes) e morais sofridos por JOANA.

O pedido deve ser INDENIZAÇÃO (em valores atualizados) pelos danos sofridos por JOANA (além da condenação nas verbas decorrentes da sucumbência).

Estrutura inicial da petição Parcial Total:

– Endereçamento da petição – 0 / 0,25

– Qualificação das partes – 0 / 0,25

– Exposição dos fatos – 0 / 0,1 / 0,2 / 0,3

Fundamentação Parcial Total:

– Fundamento da responsabilidade (art. 37 § 6º CF c/c art. 43 CC.) – 0 / 0,5 / 1,0

– Caracterização da omissão do município e nexo causal entre a omissão e o dano – 0 / 0,5 / 1,0

– Caracterização dos danos (materiais e morais) – 0 / 0,5 / 1,0

Pedidos e atribuição do valor da causa Parcial Total:

– Procedência da ação c/ a condenação da indenização pretendida – 0 / 0,2 / 0,4

– Condenação nas verbas de sucumbência – 0 / 0,2

– Citação do réu – 0 / 0,2

– Protesto por provas – 0 / 0,2

– Atribuição do valor da causa (art. 292,CPC) – 0 / 0,1 / 0,2

(OAB/Exame Unificado – 2010.3 – 2ª fase) Em janeiro de 2006, o Ministério Público abre inquérito civil para checar atos de improbidade administrativa realizados pelo prefeito de Mar Azul, município situado no interior do Estado X. Esses atos de improbidade consistiriam na auferição de vantagens patrimoniais indevidas em razão do exercício do cargo e envolveriam atuações do próprio prefeito e do chefe do gabinete civil. No curso das investigações procedidas, ficou confirmado que o chefe do gabinete civil recebeu vantagem econômica, em dinheiro, de vários empreiteiros que contratavam com o poder público. Ficou apurado, também, que algumas pessoas chegaram a informar ao prefeito essa conduta de seu chefe do gabinete civil. Entretanto, o prefeito não tomou providências, sempre dizendo às pessoas que realizavam as denúncias que confiava na atuação de seu secretário. Ainda na parte da apuração, para efeitos da justa causa voltada ao ajuizamento da ação civil pública de improbidade, ficou comprovado o aumento patrimonial do chefe do gabinete civil, desproporcional aos seus ganhos, mas não o do prefeito. Com isso, já agora em janeiro de 2011, o Ministério Público ajuíza ação de improbidade em face do prefeito e de seu chefe de gabinete, fazendo menção a todos os atos de improbidade – o último teria se dado em dezembro de 2004, ano em que expirava o mandato do Prefeito –, representativos da afronta ao art. 9°, inciso I, da Lei 8.429/92. Em sua peça, bem instruída com o inquérito civil, o Ministério Público menciona conduta comissiva do chefe de gabinete do prefeito e omissiva deste último, caracterizadora de desídia, a se enquadrar na ideia de negligência com o interesse público. Recebendo a peça inicial, o juiz da vara fazendária de Mar Azul determina a citação dos réus no dia 02/02/2011. Os mandados são efetivados no dia 04/02/2011 e juntos no dia 08/02/2011.

Transtornado com a ação proposta e ciente do pedido de suspensão dos direitos políticos por 10 anos e pagamento de multa civil de até 100 vezes de seus subsídios, o prefeito – cujo nome é Caio da Silva Nunes – procura você para apresentar a sua defesa.

Tendo sido aceito o mandado, componha a peça adequada, trazendo todos os fundamentos possíveis para a defesa e datando com o último dia do prazo.

PADRÃO DE RESPOSTA – PEÇA PROFISSIONAL – FGV

O examinando deverá elaborar uma peça contestatória (artigo 17, § 9°, da Lei 8.429/92), abordando os seguintes temas:

(i) Preliminarmente, deve ser deduzida a nulidade da citação por não ter sido observada a prévia notificação a que aduz o art. 17, § 7°, da Lei 8.429/92.

(ii) Ainda preliminarmente – ou como prejudicial de mérito –, espera-se que o examinando sustente a prescrição da pretensão formulada pelo Ministério Público (prescrição quinquenal), nos termos do art. 23, inciso I, da Lei 8.429/92, destacando-se que não foi formulada pretensão de ressarcimento por dano ao erário, em relação a qual se poderia sustentar a imprescritibilidade, na forma do artigo 37, § 5°, da CRFB.

(iii) No mérito, deve o examinando argumentar no sentido da impossibilidade de ser o réu responsabilizado, haja vista que a sua conduta não foi maliciosa ou de má-fé, inexistindo, portanto, conduta dolosa, elemento subjetivo imprescindível para a incidência do art. 9° da Lei de Improbidade.

(iv) Em reverência ao princípio da eventualidade, o examinando deverá mencionar a desproporcionalidade da multa postulada, a qual se submete aos limites impostos no artigo 12, inciso I, da Lei de Improbidade.

PRÁTICA ADMINISTRATIVA – 6ª EDIÇÃO

(v)Em conclusão, o examinando deve postular o acolhimento das preliminares suscitadas ou, caso assim não se entenda, no mérito, a improcedência dos pedidos formulados pelo Ministério Público. Em atenção ao princípio da eventualidade, caso se entenda pela procedência do pedido, o examinando deve requerer a observância do disposto no artigo 12, inciso I, da Lei n. 8.429/92.

São esses os temas jurídicos que deverão ser levantados na peça, exigindo-se que o examinando desenvolva a tese fática da ausência do dolo, demonstrando que o Prefeito, em sua omissão, nunca aderiu à ideia de que seu Chefe de Gabinete fosse venal, bem como não ter tido aumento patrimonial que pudesse caracterizar um conluio com este último.

Segue abaixo modelo sintético da peça:

MODELO: CONTESTAÇÃO

início da peça

Excelentíssimo Senhor Juiz de Direito da Vara da Fazenda Pública da Comarca de Mar Azul – Estado X

[Deixe espaço de aproximadamente 10 cm para eventual despacho ou decisão do juiz.]

Caio da Silva Nunes, brasileiro, casado, portador da CI nº e do CPF nº, residente na rua nº do município, vem perante Vossa Excelência apresentar CONTESTAÇÃO à ação de improbidade administrativa que lhe é movida pelo Ministério Público, de acordo com os fatos e fundamentos que passa a expor:

I – DOS FATOS – SÍNTESE DA DEMANDA

O examinando deverá expor os detalhes trazidos pelo enunciado da questão, principalmente aqueles que evidenciam a prescrição. Deve salientar, outrossim, que o réu não aderiu à ideia de que seu Chefe de Gabinete estaria se valendo do cargo para obter recurso indevido, bem como a ausência de crescimento patrimonial, desproporcional aos seus ganhos, a denotar que não teria atuado de má-fé, descaracterizando, pois, a atuação dolosa.

II – DO DIREITO

O examinando deverá fazer alusão aos argumentos descritos nos itens (i) a (iv) supra – ausência de notificação, prescrição da ação e a ausência de dolo, a retirar a ideia de ato de improbidade, e, na eventualidade, a impossibilidade de ser condenado na multa, diante de sua total desproporcionalidade.

III – DOS PEDIDOS – CONCLUSÃO

Em desfecho da peça contestatória, espera-se que o examinando formule os seguintes pedidos:

(i) reconhecimento da nulidade do feito, face à ausência de notificação;

(ii) acolhimento da preliminar (ou prejudicial – ambas são aceitas) de prescrição da pretensão, com a extinção do processo com resolução do mérito, na forma do artigo 269 do Estatuto Processual Civil;

(iii) caso sejam superadas as preliminares – o que se admite apenas em atenção ao princípio da eventualidade –, deve o examinando postular a improcedência do pedido;

(iv) em assim não se entendendo, deve, ainda em reverência à eventualidade, deve o examinando postular a não imposição da multa administrativa.

(v) por fim, deve o examinando requerer a produção de provas;

N. Termos

P. Deferimento

Data (a indicação da data deve observar a existência de litisconsórcio passivo com procuradores diferentes, a importar no prazo de 30 dias para a contestação, na forma do artigo 229, do CPC, aplicável ao rito da ação de improbidade por força do artigo 17 da Lei n. 8.429/92).

Advogado

OAB nº

fim da peça

Distribuição de pontos

DESCRIÇÃO	PONTUAÇÃO
1) Endereçamento da petição inicial	0 / 0,45
2) Qualificação das partes	0 / 0,25
3) Preliminares (0,25 cada um): – Nulidade das citações – Citar norma (Art. 17, § 7º, Lei 8.429/92) – Anular recebimento da ação – Determinar a notificação nos termos do art. 17, § 7º, Lei 8.429/92)	0 / 0,25 / 0,5 / 0,75 / 1,0
4) Prescrição (0,25) com fundamentação (Art. 23, I, da Lei 8.429/92) (0,25)	0 / 0,25 / 0,5
5) Dolo – ausência de benefício (0,6) – ausência de vinculação entre as condutas do Prefeito e do Secretário (0,5) – redução da multa (0,5)	0 / 0,5 / 0,6 / 1,0 / 1,1 / 1,6
6) Pedidos (0,2 cada um) – protestar pela nulidade da citação – reconhecimento da prescrição – improcedência do pedido de ausência de dolo – na eventualidade, reduzir multa – protestar por provas	0 / 0,2 / 0,4 / 0,6 / 0,8 / 1,0
7) Data da contestação	0 / 0,2

PRÁTICA ADMINISTRATIVA – 6ª EDIÇÃO — 270

Também foi aceita, como peça processual adequada para a situação exposta no enunciado, a interposição de agravo de instrumento contra a decisão que recebeu a petição inicial (recurso contra o juízo de admissibilidade positivo da petição inicial, na forma do artigo 17, § 10, da Lei 8.429/92).

Aqueles examinandos que optaram pela interposição de Agravo de Instrumento devem desenvolver os seguintes temas:

(i) Inicialmente, deve o examinando observar os requisitos de índole processual para a interposição do agravo de instrumento, cabendo registrar o endereçamento do agravo de instrumento ao Presidente do Tribunal de Justiça (artigo1016do CPC), a qualificação das partes, com a indicação do nome e endereço completo dos advogados constantes do processo (1016, III, do CPC), bem como a indicação de que a petição de agravo de instrumento encontra-se instruída com as peças obrigatórias, na forma no artigo 1017, I,do CPC.

(ii)Ao desenvolver as razões do pedido de reforma da decisão agravada, deve o examinando sustentar, em primeiro lugar, a nulidade da citação, por inobservância do rito estabelecido na norma do artigo 17, § 7º, da Lei 8.429/92 (não foi oportunizada ao agravante a apresentação de defesa prévia). Além disso, também para fundamentar a necessidade de anulação da decisão agravada, deve o examinando desenvolver a ausência de justa causa para a ação de improbidade.

(iii)O examinando deve, outrossim, formular pedido de concessão de efeito suspensivo ao recurso de agravo de instrumento, na forma do artigo1019,CPC, a fim de suspender os efeitos da decisão que recebeu a petição inicial e determinou a citação do agravante.

(iv)Em conclusão, no capítulo da petição de agravo destinado à formulação dos pedidos, deve o examinando requerer a concessão de efeito suspensivo ao recurso, na forma do1019, CPC e, após ultimadas as providências previstas naquela norma, o conhecimento do recurso e seu provimento, para o fim de reformar a decisão agravada e, com isso, anular a decisão que determinou a citação do agravante para responder aos termos da ação de improbidade.

Segue abaixo modelo sintético da peça:

MODELO: AGRAVO DE INSTRUMENTO

início da peça

Excelentíssimo Senhor Desembargador Presidente do Egrégio Tribunal de Justiça

[Deixe espaço de aproximadamente 10 cm para eventual despacho ou decisão do juiz.]

Caio da Silva Nunes, brasileiro, casado, portador da CI nº e do CPF nº, residente na rua nº do município, inconformado, "data venia", com a decisão proferida pelo MM. Juízo Fazendário da Comarca de Mar Azul, que recebeu a petição inicial da ação de improbidade que lhe move o Ministério Público e determinou sua citação, vem, tempestivamente, com fundamento na norma do artigo 17, § 10, da Lei n. 8.429/92, interpor o presente

AGRAVO DE INSTRUMENTO, COM PEDIDO DE CONCESSÃO DE EFEITO SUSPENSIVO

pelos fundamentos de fato e de direito que passa a expor, requerendo, ao final, o conhecimento e o provimento do recurso, a fim de que seja reconhecida a nulidade da r. decisão agravada.

Em cumprimento ao que dispõe a norma do artigo1016, IV CPC, o agravante informa o nome e o endereço completo dos advogados constantes do processo e registra que a presente petição encontra-se instruída com as peças obrigatórias referidas no artigo 1017, I, do CPC (atenção para o aumento no número de peças obrigatórias)

Pede deferimento.

Data (a indicação da data deve observar a existência de litisconsórcio passivo com procuradores diferentes, a importar no prazo de 20 dias para o oferecimento do agravo de instrumento, na forma do artigo 229, do CPC, aplicável ao rito da ação de improbidade por força do artigo 17 da Lei n. 8.429/92).

****
*****

EGRÉGIO TRIBUNAL:

RAZÕES DE RECURSO

I – DA DECISÃO AGRAVADA

O examinando deverá expor os detalhes trazidos pelo enunciado da questão, principalmente aqueles que evidenciam a nulidade da citação e a inconformidade da decisão que recebeu a petição inicial com o rito estabelecido pela Lei de Improbidade no que tange à defesa prévia.

II – RAZÕES DO PEDIDO RECURSAL: NULIDADE DA CITAÇÃO E AUSÊNCIA DE JUSTA CAUSA

O examinando deverá fazer alusão aos argumentos descritos no item (ii) supra, – ausência de notificação e de justa causa para o recebimento da petição inicial, impondo-se o reconhecimento da nulidade da citação.

III – PEDIDO DE CONCESSÃO DE EFEITO SUSPENSIVO

O examinando deve demonstrar a presença dos requisitos previstos no artigo 1019, do CPC (relevância da fundamentação e a lesão grave e de difícil reparação que pode resultar da inobservância do devido processo legal), que justificam a concessão de efeito suspensivo ao recurso.

IV – CONCLUSÃO

Em desfecho da petição de agravo de instrumento, espera-se que o examinando formule os seguintes pedidos:

(i) a concessão de efeito suspensivo ao recurso, na forma do artigo 1019, I, do CPC;

(ii) o conhecimento do recurso, eis que presentes os pressupostos de admissibilidade;

(iii) o provimento do recurso, com o reconhecimento da nulidade da decisão agravada, que recebeu a petição inicial e determinou a citação do agravante, tendo em vista a inobservância da norma do artigo 17, § 7º, da Lei n. 8.429/92.

N. Termos

PRÁTICA ADMINISTRATIVA – 6ª EDIÇÃO

272

P. Deferimento

Data (a indicação da data deve observar a existência de litisconsórcio passivo com procuradores diferentes, a importar no prazo de 20 dias para a interposição do agravo, na forma do artigo 229, do CPC, aplicável ao rito da ação de improbidade por força do artigo 17 da Lei n. 8.429/92).

Advogado

OAB nº

fim da peça

Distribuição de pontos

DESCRIÇÃO	PONTUAÇÃO
1) Endereçamento do agravo	0 / 0, 5
2) Qualificação das partes	0 / 0,25
3) Peças obrigatórias	0 / 0,5
4) Endereço dos advogados	0 / 0,25
5) Nulidade das citações – fundamentação	0 / 1,0 / 1,5
6) Justa causa ausente	0 / 0,75

7) Pedidos:
  – efeito suspensivo
 	
  – nulidade
	0 / 0,5
	
	0 / 0,5

8) Data do agravo	0,25

(OAB/Exame Unificado – 2011.1 – 2ª fase) João Augusto estava participando de uma partida de futebol quando fraturou uma costela, vindo a necessitar de intervenção cirúrgica, realizada em hospital público federal localizado no Estado X. Dois anos e meio após a realização da cirurgia, João Augusto ainda sofria com muitas dores no local, o que o impossibilitava de exercer sua profissão como taxista. Descobre, então, que a equipe médica havia esquecido um pequeno bisturi dentro do seu corpo. Realizada nova cirurgia no mesmo hospital público, o problema foi resolvido. No dia seguinte, ao sair do hospital, João Augusto procura você, na qualidade de advogado(a), para identificar e minutar a medida judicial que pode ser adotada para tutelar seus direitos. Redija a peça judicial cabível, que deve conter argumentação jurídica apropriada e desenvolvimento dos fundamentos legais da matéria versada no problema, abordando, necessariamente: (i) competência do órgão julgador; (ii) a natureza da pretensão deduzida por João Augusto; e (iii) os fundamentos jurídicos aplicáveis ao caso. (Valor: 5,0)

PADRÃO DE RESPOSTA – PEÇA PROFISSIONAL – FGV

A medida judicial a ser proposta é uma Ação de Responsabilidade Civil / Ação Indenizatória pelo rito ordinário em face da União Federal, tendo em vista o dano sofrido por João Augusto em decorrência de atuação negligente e imperita da equipe médica do hospital público na primeira intervenção cirúrgica a que se submeteu.

PEÇAS PRÁTICO-PROFISSIONAIS

O examinando deve, em primeiro lugar, identificar que o juízo competente para processar e julgar a demanda indenizatória será a primeira instância da justiça comum federal, tendo em vista ser a pretensão deduzida em face da União Federal (artigo 109, inciso I, da CRFB).

Além disso, espera-se que o examinando, após qualificar as partes e narrar os fatos, fundamente o direito de seu cliente à luz da norma do artigo 37, § 6º, da CRFB, que estabelece a responsabilidade objetiva do Estado por danos que seus agentes, nessa qualidade, causarem a terceiros. É importante destacar a desnecessidade de se comprovar a atuação culposa ou dolosa da equipe médica, uma vez que a responsabilidade sub examine é objetiva, prescindindo do elemento subjetivo.

Distribuição de pontos

DESCRIÇÃO	PONTUAÇÃO
1) Endereçamento da petição inicial: – Juízo da Vara Federal da Seção Judiciária do Estado X	0 / 0,5

2) Qualificação das partes (0,25 para cada item):
  – João Augusto
 	
  – União Federal
 	
  – pessoa jurídica de direito público interno.
	0 / 0,25 / 0,5 / 0,75

3) Identificação da ação: – ação indenizatória pelo rito ordinário.	0 / 0,25
4) Narrativa dos fatos / exposição de forma coerente e lógica	0 / 0,25

5) Fundamentação para a pretensão indenizatória (0,5 para cada item):
  – Responsabilidade civil do Estado fundada na teoria do risco administrativo (artigo 37, § 6º, da CRFB).
 	
  – Responsabilidade objetiva do Estado, que prescinde de qualquer investigação quanto ao elemento subjetivo.
 	
  – Danos materiais sofridos: impossibilidade de exercer a atividade laborativa.
 	
  – Danos morais.
	0 / 0,5 / 1,0 / 1,5 / 2,0

6) Pedidos / Conclusão (0,2 para cada item):
  – citação da União Federal;
 	
  – procedência do pedido para condenar a União Federal ao pagamento de indenização por danos materiais
 	
  – pedido de indenização por danos morais;
 	
  – produção genérica de provas;
 	
  – condenação em honorários sucumbenciais.
	0 / 0,2 / 0,4 / 0,6 / 0,8 / 1,0

7) Atribuição de valor à causa	0 / 0,25

PRÁTICA ADMINISTRATIVA – 6ª EDIÇÃO 274

(OAB/Exame Unificado – 2011.2 – 2ª fase) A empresa Aquatrans é concessionária de transporte público aquaviário no Estado X há sete anos e foi surpreendida com a edição do Decreto 1.234, da Chefia do Poder Executivo Estadual, que, na qualidade de Poder Concedente, declarou a caducidade da concessão e fixou o prazo de trinta dias para assumir o serviço, ocupando as instalações e os bens reversíveis.

A concessionária, inconformada com a medida, especialmente porque jamais fora cientificada de qualquer inadequação na prestação do serviço, procura-o, na qualidade de advogado(a), e o contrata para ajuizar a medida judicial pertinente para discutir a juridicidade do decreto, bem como para assegurar à concessionária o direito de continuar prestando o serviço até que, se for o caso, a extinção do contrato se opere de maneira regular.

Elabore a peça processual adequada, levando em consideração que a matéria não demanda qualquer dilação probatória e que se deve optar pela medida judicial cujo rito, em tese, seja o mais célere.

(Valor: 5,0)

PADRÃO DE RESPOSTA – PEÇA PROFISSIONAL – FGV

A medida judicial adequada, diante dos parâmetros indicados no enunciado, é o Mandado de Segurança contra ato do Senhor Governador do Estado X, consubstanciado no Decreto 1.234, por meio do qual declarou a caducidade do contrato de concessão de serviço público de transporte aquaviário celebrado com a empresa Aquatrans.

No que diz respeito à fundamentação jurídica, o examinando deve, em primeiro lugar, abordar brevemente em que consiste a caducidade de uma concessão e, logo após, identificar que existe uma série de requisitos prévios à opção pela caducidade que, absolutamente, não foram observados no caso proposto. Isso porque, nos termos do artigo 38, §§ 2º e 3ª, da Lei 8.987/95, a declaração de caducidade deve precedida da verificação de inadimplência da concessionária em processo administrativo que lhe assegure ampla defesa, sendo certo que o processo administrativo não pode ser instaurado antes de cientificada a concessionária dos descumprimentos contratuais, com a fixação de prazo para que promova as correções necessárias. A inobservância do "devido processo legal" impõe, portanto, a anulação do decreto.

Com a demonstração da plausibilidade do direito alegado, a impetrante deve pleitear, liminarmente, provimento jurisdicional que determine ao impetrado que se abstenha de tomar qualquer medida para assumir o serviço com base no ato impugnado.

Distribuição dos pontos

DESCRIÇÃO	PONTUAÇÃO
1) Endereçamento da petição inicial: Tribunal de Justiça do Estado X	0 / 0,25

2) Qualificação das partes (0,25 para cada item):
  – Aquatrans
  – contra ato
  – do Governador do Estado X
  – Estado X
	0 / 0,25 / 0,5 / 0,75 / 1,0

3) Identificação da ação: Mandado de Segurança	0 / 0,5
4) Narrativa dos fatos / exposição de forma coerente e lógica	0 / 0,25
5) Fundamentação (0,5 para cada item) – NÃO BASTA A MERA INDICAÇÃO DO ARTIGO: – Nulidade do Decreto 1.234 – inobservância do devido processo legal (0,25) (artigo 5º, LIV, da CRFB) (0,25) – Ausência de cientificação das irregularidades e fixação de prazo para correção (0,25) (artigo 38, § 3º, da Lei 8.987/95) (0,25) – Não foi instaurado processo de verificação de inadimplência (0,25) (artigo 38, § 2º, da Lei 8.987/95) (0,25) – Fundamento do pedido de liminar – abstenção de medidas para assunção do serviço OU suspensão dos efeitos do decreto.	0 / 0,25 / 0,5 0 / 0,25 / 0,5 0 / 0,25 / 0,5
6) Pedidos / Conclusão (0,2 para cada item): – Deferimento da liminar; – Notificação da autoridade impetrada para prestar informações; – Ciência do feito ao órgão de representação judicial do Estado X; – Confirmação da liminar e anulação / declaração de nulidade do decreto impugnado. – Atribuição de valor à causa	0 / 0,2 / 0,4 / 0,6 / 0,8 0 / 0,2

(**OAB/Exame Unificado – 2011.3 – 2ª fase**) Francisco de Tal é proprietário de uma área de 2.000m2 situada bem ao lado da sede da Prefeitura do Município de Bugalhadas. Ao se aposentar, no ano de 2003, cansado da agitada vida da cidade de São Paulo, onde reside, Francisco resolveu viajar pelo mundo por ininterruptos três anos. Ao retornar, Francisco descobre que o Município de Bugalhadas iniciou em 2004, sem sua autorização, obra em seu terreno para a construção de um prédio que servirá de apoio às atividades da Prefeitura. A obra já se encontra em fase bem adiantada, com inauguração prevista para o início do próximo mês. Francisco procura-o, na qualidade de advogado(a), para identificar e minutar a medida judicial que pode ser adotada para tutelar seus direitos. A medida judicial deve conter argumentação jurídica apropriada e desenvolvimento dos fundamentos legais do instituto jurídico contido no problema, abordando necessariamente: (i) competência do órgão julgador; (ii) a natureza da pretensão a ser deduzida por Francisco; (iii) a observância do prazo prescricional; e (iv) incidência de juros. (**Valor: 5,0**)

PADRÃO DE RESPOSTA – PEÇA PROFISSIONAL – FGV

A peça a ser elaborada consiste em uma ação de desapropriação indireta ou em uma ação ordinária de indenização por apossamento administrativo em face do Município de Bugalhadas, em decorrência da afetação fática do bem à utilização pública, sem a observância do devido processo legal. O enunciado deixa claro que o terreno já se encontra incorporado ao patrimônio público, de forma a afastar o manejo de ações possessórias ou de ação reivindicatória, na forma do artigo 35 do Decreto-Lei 3.365/41. Daí porque a pretensão a ser deduzida em juízo é indenizatória. Em relação ao juízo competente para processar e julgar a

PRÁTICA ADMINISTRATIVA – 6ª EDIÇÃO   276

demanda, em que pese tratar-se de pretensão de direito pessoal (indenizatória), o entendimento consolidado da jurisprudência é no sentido de que se trata de ação real para fins de fixação de competência, donde resulta a necessidade de observância da regra de competência do foro da situação do bem imóvel (logo: juízo fazendário ou cível da Comarca de Bugalhadas). É importante que o examinando deixe claro que não se aplica à ação de desapropriação indireta o prazo prescricional de cinco anos previsto no artigo 10, parágrafo único, do Decreto-Lei n. 3.365/41, afastando a ocorrência de prescrição no caso concreto. Por fim, quanto à incidência de juros moratórios e compensatórios, o examinando deve requerer a aplicação do artigo 15-A, § 3º, do Decreto-Lei n. 3.365/41.

Distribuição dos Pontos

QUESITO AVALIADO	VALORES
Endereçamento da petição inicial: Juízo Cível ou Fazendário da Comarca de Bugalhadas	0 / 0,25
Qualificação das partes: (0,25 para cada item) Francisco de Tal / Município de Bugalhadas / pessoa jurídica de direito público interno.	0 / 0,25 / 0,5 / 0,75
Fundamento da não ocorrência de prescrição: Súmula 119 do STJ interpretada à luz do art. 1.238 do Código Civil.	0 / 0,25
Fundamentação para a pretensão indenizatória (0,5 para cada item): 1. Apossamento sem a observância do devido processo legal previsto no Decreto--Lei 3.365/41. 2. Caracterização da desapropriação indireta, com base em seus conceitos fundamentais. 3. Violação ao princípio da prévia e justa indenização em dinheiro, nos termos do art. 5º, inciso XXIV, CRFB. 4. Direito à indenização pela perda da propriedade, em razão do disposto no artigo 35 do Decreto-Lei 3.365/41. 5. Incidência de juros compensatórios e moratórios, nos termos do artigo 15-A, § 3º, do Decreto-Lei 3.365/41.	0 / 0,5 / 1,0 / 1,5 / 2,0 / 2,5

(OAB/Exame Unificado – 2012.1 – 2ª fase) O Município Y, representado pelo Prefeito João da Silva, celebrou contrato administrativo com a empresa W – *cujo sócio majoritário vem a ser Antonio Precioso, filho da companheira do Prefeito* –, tendo por objeto o fornecimento de material escolar para toda a rede pública municipal de ensino, pelo prazo de sessenta meses. O contrato foi celebrado sem a realização de prévio procedimento licitatório e apresentou valor de cinco milhões de reais anuais.

José Rico, cidadão consciente e eleitor no Município Y, inconformado com a contratação que favorece o filho da companheira do Prefeito, o procura para, na qualidade de advogado(a), identificar e minutar a medida judicial que, em nome dele, pode ser proposta para questionar o contrato administrativo.

A medida judicial deve conter a argumentação jurídica apropriada e o desenvolvimento dos fundamentos legais da matéria versada no problema, abordando, necessariamente:

(i) competência do órgão julgador;

(ii)a natureza da pretensão deduzida por José Rico; e

(iii)os fundamentos jurídicos aplicáveis ao caso.
(Valor: 5,00)

PADRÃO DE RESPOSTA – PEÇA PROFISSIONAL – FGV

A medida judicial a ser proposta em nome de José Rico é a Ação Popular, com fundamento no artigo 5º, inciso LXXIII, da CRFB e regulamentação infraconstitucional na Lei n. 4.717/65. A pretensão do autor popular será a obtenção de provimento jurisdicional que anule o contrato administrativo em questão, devendo ser deduzidos, pelo menos, quatro fundamentos jurídicos para tanto:

(i) Ausência de processo licitatório para aquisição do material escolar, caracterizando ofensa ao art. 37, XXI da CRFB/88 e ao art. 2 da Lei n. 8666/93;

(ii)violação ao princípio da impessoalidade, visto que a Administração não pode atuar com vistas beneficiar pessoas determinadas, uma vez que é sempre o interesse público que tem que nortear o seu comportamento;

(iii)violação ao princípio da moralidade ou probidade administrativa visto que a contratação direta, fora das hipóteses de dispensa, de empresa do enteado do prefeito implica violação aos padrões éticos que devem pautar a atuação do administrador;

(iv)violação à norma do artigo 57 da Lei n. 8.666/93, que estabelece que a vigência dos contratos administrativos é adstrita à vigência dos respectivos créditos orçamentários.

Além da pretensão anulatória, também deverá o autor popular deduzir pretensão condenatória, visando ao ressarcimento dos danos causados ao erário em razão da contratação direta (artigo 11 da Lei n. 4.717/65).

O autor popular deverá, em sua petição inicial, demonstrar a lesividade da contratação à moralidade administrativa e ao patrimônio público.

É importante ressaltar que, por se tratar de prova discursiva, se exigirá do examinando o desenvolvimento do tema apresentado. Desse modo, além de resposta conclusiva acerca do arguido, a mera menção a artigo não é pontuada, nem a mera resposta negativa desacompanhada do fundamento correto.

Distribuição dos Pontos

(não será aceita mera menção ao artigo)

QUESITO AVALIADO	FAIXA DE VALORES
Item 1 – Endereçamento da petição inicial: Juízo Cível ou Fazendário da Comarca de Y.	0,00 / 0,25
Item 2 – Qualificação das partes (0,25 para cada item): [José Rico – eleitor] – [em face do Município] [da empresa W] [do Prefeito João da Silva]	0,00 / 0,25 / 0,50 / 0,75 / 1,00

PRÁTICA ADMINISTRATIVA – 6ª EDIÇÃO 278

Item 3 – Cabimento da Ação Popular: Nos termos do art. 5º, LXXIII, da CF/88 e/ou art. 1 da Lei 4717/65, qualquer cidadão é parte legítima para propor ação popular que vise a anular ato lesivo ao patrimônio público e à moralidade administrativa.	0,00 / 0,50
Item 4 -Fundamentação (0,50 para cada item): 1. Identificação fundamentada da ausência de processo licitatório para aquisição do material escolar, caracterizando ofensa ao art. 37, XXI da CRFB/88 e/ou ao art. 2 da Lei n. 8666/93; 2. Identificação fundamentada da violação ao princípio da impessoalidade, visto que a Administração não pode atuar com vistas a beneficiar pessoas determinadas, uma vez que é sempre o interesse público que tem que nortear o seu comportamento; 3. Identificação fundamentada da violação ao princípio da moralidade ou probidade administrativa visto que a contratação direta de empresa do enteado do prefeito implica violação aos padrões éticos que devem pautar a atuação do administrador; 4. Identificação fundamentada da violação à norma do artigo 57 da Lei n. 8.666/93 (prazo do contrato).	0,00 / 0,50 / 1,00 / 1,50 / 2,00
Item 5 – Pedidos / Conclusão: 0,20 para cada item 1. Citação de todos os réus para apresentação de defesa; 2. Procedência do pedido para anular o contrato administrativo; 3. Procedência do pedido para condenar os réus a ressarcir os danos causados ao erário; 4. Produção genérica de provas; 5. Condenação em honorários sucumbenciais.	0,00 / 0,20 / 0,40 / 0,60 / 0,80 / 1,00
Item 6 – Atribuição de valor à causa	0,00 / 0,25

(**OAB/Exame Unificado – 2012.2 – 2ª fase**) Norberto, brasileiro, desempregado e passando por sérias dificuldades econômicas, domiciliado no Estado "X", resolve participar de concurso público para o cargo de médico de hospital estadual. Aprovado na fase inicial do concurso, Norberto foi submetido a exames médicos, através dos quais se constatou a existência de tatuagem em suas costas. Norberto, então, foi eliminado do concurso, com a justificativa de que o cargo de médico não era compatível com indivíduos portadores de tatuagem.

Inconformado, Norberto ajuizou ação ordinária em face do Estado, de competência de vara comum, com pedido liminar, na qual requereu (i) a anulação do ato administrativo que o eliminou do concurso; e (ii) que lhe fosse deferida a possibilidade de realizar as demais etapas do certame, com vaga reservada.

O juízo de 1ª instância indeferiu o pedido liminar, em decisão publicada ontem, pelos seguintes motivos:

1) Os pedidos de anulação do ato de eliminação e de reserva de vaga não seriam possíveis, pois significariam atraso na conclusão do concurso;

2) A Administração Pública possui poder discricionário para decidir quais são as restrições aplicáveis àqueles que pretendem se tornar médicos no âmbito do Estado, de forma que o autor deverá provar que a decisão foi equivocada.

Diante do exposto, e supondo que você seja o advogado de Norberto, elabore a medida judicial cabível contra a decisão publicada ontem, para a defesa dos interesses de seu cliente, abordando as teses, os fundamentos legais e os princípios que poderiam ser usados em favor do autor.

PADRÃO DE RESPOSTA – PEÇA PROFISSIONAL – FGV

A peça a ser elaborada consiste em um recurso de Agravo de Instrumento (arts. 1015 e seguintes, CPC).

O endereçamento da peça deverá ser feito ao Presidente do Tribunal de Justiça do Estado B"X", a um dos Vice-Presidentes ou a uma das Câmaras que compõem o citado Tribunal.

No polo passivo, deverá figurar o Estado "X", eis que foi este ente federativo que organizou o concurso no qual o autor foi reprovado.

Em primeiro lugar, é necessário que o examinando identifique, no caso concreto, a violação do principio da legalidade tendo em vista que as restrições de acesso aos cargos e empregos públicos devem estar previstas em lei. Em segundo lugar, o examinando deve alegar a violação ao princípio do livre acesso aos cargos públicos que determina que só podem ser exigidos requisitos diferenciados de acesso quando a natureza ou complexidade do cargo a ser ocupado o exigirem (Art. 37, I e II, da CF/88).

Também se atribuirá pontuação para o examinando que identifique o fundamento 2 da decisão agravada como equivocado tendo em vista a aplicação, in casu, dos princípios da proporcionalidade/razoabilidade, que delimitam o exercício do poder discricionário, tendo em vista que a referida restrição (tatuagem) não tem qualquer relação com o desempenho do cargo de médico, eis que não é medida adequada, necessária nem proporcional em sentido estrito, para que a Administração atinja os fins que pretende com a restrição ilegítima.

Por último, há que se refutar os argumentos de que "Os pedidos de anulação do ato de eliminação e de reserva de vaga não seriam possíveis, pois significariam atraso na conclusão do concurso", haja vista que não foi formulado qualquer pedido de suspensão ou interrupção do mesmo, mas tão somente que fosse garantido ao agravante o direito de prestar as fases seguintes do concurso.

Também é necessário que o examinando elabore pedido de efeito suspensivo ao recurso (art.1019, CPC) a fim de assegurar maior celeridade na obtenção da tutela jurisdicional buscada pelo autor, além de demonstrar, de forma correta, a presença dos requisitos para sua concessão, em sede recursal.

Distribuição dos Pontos

(não será aceita mera menção ao artigo)

QUESITO AVALIADO	VALORES
Endereçamento da petição inicial (0,25): Tribunal de Justiça do Estado "X";	0,00 / 0,25
Qualificação das partes: (0,25 para cada item) Norberto/ Estado "X"	0,00/0,25/0,50
Indicação de cumprimento dos artigos 1015 e 1016,do CPC (0,25 para cada item) Menção à juntada de todas as cópias obrigatórias ao conhecimento do agravo de instrumento.(0,25) Indicação dos advogados das partes (0,25)	0,00/0,25/0,50

PRÁTICA ADMINISTRATIVA – 6ª EDIÇÃO

Fundamentação 1. Violação ao princípio do livre acesso aos cargos públicos que determina que só podem ser exigidos requisitos diferenciados de acesso quando a natureza ou complexidade do cargo a ser ocupado o exigirem.	0,00/0,50
Fundamentação 2. Violação do principio da legalidade tendo em vista que as restrições de acesso aos cargos e empregos públicos devem estar previstas em lei.	0,00/0,50
Fundamentação 3. Violação aos princípios da proporcionalidade/razoabilidade, que delimitam o exercício do poder discricionário, tendo em vista que a referida restrição/exigência não tem qualquer relação com o desempenho do cargo pretendido.	0,00/0,50
Fundamentação 4. Não há que se falar em prejuízo com o atraso na conclusão do concurso, pois não foi formulado qualquer pedido de suspensão ou interrupção do mesmo, mas tão somente que fosse garantido ao agravante o direito de prestar as fases seguintes do concurso.	0,00/0,50
Pedido de concessão de Tutela Provisória recursal prevista no art.932, II, e efeito suspensivo, nos termos do art. 1019 do CPC (0,25). Demonstração concreta da presença dos requisitos para a concessão de tutela antecipada (tutela provisória) em sede recursal. Para os requisitos disposto no art.995, parágrafo único, CPC, teremos a pontuação de 0,25 para o *"risco de dano grave, de difícil ou impossível reparação* e 0,25 para *ficar demonstrada a probabilidade de provimento do recurso. (art.995, parágrafo único, CPC).*	0,00 / 0,25 / 0,50 / 0,75
Pedido (0,50): Seja dado provimento ao agravo, reformando-se a decisão agravada, para que o autor possa participar das demais fases do certame, com vaga garantida em caso de aprovação.	0,00/0,50

(OAB/Exame Unificado – 2012.3 – 2ª fase) João, analista de sistemas dos quadros do Ministério da Educação, foi demitido de seu cargo público, por meio de Portaria do Ministro da Educação publicada em 19 de maio de 2010, após responder a processo administrativo em que restou apurada infração funcional relativa ao recebimento indevido de vantagem econômica. Exatamente pelo mesmo fato, João também foi processado criminalmente, vindo a ser absolvido por negativa de autoria, em decisão que transitou em julgado em 18 de janeiro de 2011.

Na data de hoje, João o procura e após narrar os fatos acima, informa que se encontra, desde a sua demissão, em profunda depressão, sem qualquer atividade laborativa, sobrevivendo por conta de ajuda financeira que tem recebido de parentes e amigos.

Na qualidade de advogado(a), identifique e minute a medida judicial que pode ser adotada para tutelar os direitos de João. (Valor: 5,0)

PADRÃO DE RESPOSTA – PEÇA PROFISSIONAL – FGV

Inicialmente, o examinando deve identificar que a medida judicial cabível é uma ação pelo rito ordinário, com pedido de antecipação de tutela, em face da União Federal. Afasta--se, desde logo, a impetração de mandado de segurança, uma vez que ultrapassado o prazo decadencial de cento e vinte dias.

A Ação Ordinária a ser ajuizada por João deverá pleitear a nulidade da portaria demissional, por ter sido adotada por autoridade incompetente, na forma do Art. 141, inciso I, da Lei n. 8.112/90 – usurpação de competência do Presidente da República. Além disso, também deverá ser pleiteada a invalidação da pena de demissão em razão da absolvição penal por negativa de autoria, decisão esta que vincula a esfera administrativa, na forma do Art. 126, da Lei n. 8.112/90. Como resultado, deverá ser João reintegrado no cargo de Analista de Sistemas, com ressarcimento de todas as vantagens (Art. 28, da Lei n. 8.112/90).

Na petição inicial, também deverá ser reservado capítulo para desenvolvimento da tutela de urgência a ser pleiteada, com vistas à imediata reintegração de João no cargo de Analista de Sistema.

Por fim, deve ser formulada também pretensão indenizatória pelos danos morais suportados por João ao longo do período em que ficou ilegalmente afastado de seu cargo.

Distribuição dos Pontos

(Não será aceita a mera menção ao artigo)

QUESITO AVALIADO	VALORES
Endereçamento da petição inicial: Juízo da Vara Federal da Seção Judiciária	0,00 / 0,30
Qualificação das partes (0,25 para cada item): João / em face da União Federal	0,00 / 0,25 / 0,50
Fundamentação 1 1. Nulidade da portaria demissional – incompetência do Ministro da Educação (Art. 141, I, da Lei n. 8.112/90);	0,00 / 0,60
Fundamentação 2 2. Repercussão, na esfera administrativa, da decisão absolutória por negativa de autoria (Art. 126, da Lei n. 8.112/90);	0,00 / 0,60
Fundamentação 3 3. Em decorrência da invalidação da pena de demissão, o autor faz jus ao ressarcimento de todas as vantagens inerentes ao exercício do cargo (Art. 28, da Lei n. 8.112/90 ou Art. 41, § 2 da CRFB);	0,00 / 0,60
Fundamentação da tutela de urgência 4.a) Verossimilhança da alegação (justificada)(0,30) 4.b) Fundado receio de dano irreparável (justificado)(0,30)	0,00 / 0,30/0,60
Pedido 1. Citação da União Federal;	0,00 / 0,20
Pedido 2. Deferimento da antecipação de tutela para reintegrar o autor no cargo público;	0,00 / 0,30
Pedido 3. Procedência do pedido para invalidar a demissão/reintegração ao cargo;	0,00 / 0,30
Pedido 4. Condenação da ré a ressarcir o autor de todas as vantagens inerentes ao exercício do cargo;	0,00 / 0,30
Pedido 5. Produção genérica de provas;	0,00 / 0,20
Pedido 6. Condenação em honorários sucumbenciais.	0,00 / 0,20
Atribuição de valor à causa	0,00 / 0,30

PRÁTICA ADMINISTRATIVA – 6ª EDIÇÃO 282

(OAB/Exame Unificado – 2013.1 – 2ª fase) Francisco, servidor público que exerce o cargo de motorista do Ministério Público Federal da 3ª Região, localizada em São Paulo, há tempo vinha alertando o setor competente de que alguns carros oficiais estavam apresentando constantes problemas na pane elétrica e no sistema de frenagens, razão pela qual deveriam ser retirados temporariamente da frota oficial até que tais problemas fossem solucionados.

Contudo, nesse ínterim, durante uma diligência oficial, em razão de tais problemas, Francisco perdeu o controle do veículo que dirigia e acabou destruindo completamente a moto de Mateus, estudante do 3º período de Direito, que estava estacionada da calçada.

Mateus, por essa razão, assim que obteve sua inscrição como advogado nos quadros da Ordem dos Advogados, ingressou, em causa própria, perante o Juízo da Vara Federal da Seção Judiciária de São Paulo, com ação de responsabilidade civil, com fulcro no Art. 37, § 6º, da CF/88 em face de Francisco e da União Federal, com o intuito de ser ressarcido pelos danos causados à sua moto.

Na referida ação, Mateus alega que (i) não há que se falar em prescrição da pretensão ressarcitória, tendo em vista não terem decorridos mais de cinco anos do evento danoso, nos termos do Dec. 20.910/32; (ii) que, nos termos do Art. 37, § 6º, da CF/88, as pessoas jurídicas de direito público responderão pelos danos que seus agentes, nessa qualidade, causarem a terceiros, com fulcro na teoria do risco administrativo.; (ii) que estão presentes todos os elementos necessários para configuração da responsabilidade civil.

Considerando as informações acima mencionadas e que, de fato, decorreram apenas quatro anos do evento danoso, apresente a peça pertinente para a defesa dos interesses de Francisco, sem criar dados ou fatos não informados.

GABARITO COMENTADO – EXAMINADORA:

Elaboração de uma contestação, espécie de Resposta do Réu, nos termos do art. 335,e seguintes, do CPC, com endereçamento e qualificação das partes, nos mesmos termos da ação proposta por Mateus.

PRELIMINAR DE ILEGITIMIDADE PASSIVA (art. 337, CPC): O art. 37, § 6º, CF/88 só permite o direcionamento da ação em face das pessoas jurídicas nele mencionadas haja vista que o referido dispositivo encerra dupla garantia: uma, em favor do particular, possibilitando--lhe ação indenizatória contra a pessoa jurídica de direito público, ou de direito privado que preste serviço público. Outra garantia, no entanto, em prol do servidor estatal, que somente responde administrativa e civilmente perante a pessoa jurídica a que se vincula.

PRESCRIÇÃO DA PRETENSÃO RESSARCITÓRIA – Na defesa dos interesses do seu cliente, o examinando deve arguir a inaplicabilidade do Dec. 20.910/32 à Francisco e, portanto, a prescrição trienal da pretensão ressarcitória, tendo em vista decorridos mais de 3 anos do evento danoso, nos termos do Art. 206, § 3º, V, do CC.

RESPONSABILIDADE SUBJETIVA DE FRANCISCO: A responsabilidade do Estado (no caso, a União) é objetiva, que se caracteriza pela necessidade de serem comprovados, apenas, a ação do agente, o dano e o nexo causal entre ambos. No entanto, Francisco não responde de forma objetiva pelos danos causados, tendo em vista que a teoria do risco administrativo somente é aplicada às pessoas jurídicas de direito público e as de direito privado prestadoras de serviços públicos. Desse modo, a responsabilidade de Francisco é subjetiva, que é aquela segundo a qual deve ser comprovada, além da ação, dano e nexo causal, a culpa em sentido amplo, devendo ser comprovado que este agiu com negligência, imprudência, imperícia (culpa em sentido estrito) ou com intenção de causar o dano (dolo).

INEXISTÊNCIA DO ELEMENTO SUBJETIVO NO CASO CONCRETO: O acidente foi causado em razão dos problemas mecânicos que, inclusive, já tinha sido informado previamente por Francisco ao setor competente, razão pela qual não há que se falar em culpa ou dolo do mesmo.

PEDIDOS:

1. Extinção do processo sem resolução de mérito, em relação a Francisco, tendo em vista a sua ilegitimidade passiva (Art.485, VI, CPC);

2. Improcedência dos pedidos autorais, em razão do acolhimento da preliminar de mérito da prescrição da pretensão ressarcitória em face de Francisco (Art.487, II, CPC);

3. Improcedência dos pedidos autorais, em razão da manifesta ausência do elemento subjetivo, necessário para configuração do dever de indenizar de Francisco.

4. Produção genérica de provas.

5. Condenação em honorários sucumbenciais.

(Não será aceita a mera menção ao artigo)

Distribuição dos Pontos

QUESITO AVALIADO	VALORES
Endereçamento da peça: Juízo da Vara Federal da Seção Judiciária de São Paulo	0,00 / 0,15
Qualificação das partes Francisco, nos autos da ação em epígrafe movida por Mateus.	0,00 / 0,15
Fundamentos: Arguição de ilegitimidade passiva de Francisco tendo em vista que o Art. 37, § 6º, CF / 88 só permite o direcionamento da ação em face das pessoas jurídicas nele mencionadas (0,60). O dispositivo encerra dupla garantia: uma, em favor do particular, possibilitando-lhe ação indenizatória contra a pessoa jurídica de direito público, ou de direito privado que preste serviço público. Outra garantia, no entanto, em prol do servidor estatal, que somente responde administrativa e civilmente perante a pessoa jurídica a que se vincula (0,40).	0,00 / 0,40 / 0,60 / 1,00
Prescrição: Inaplicabilidade a Francisco do prazo quinquenal previsto no Dec. 20.910 / 32 (0,40) Arguição de prescrição da pretensão ressarcitória, tendo em vista decorridos mais de 3 anos do evento danoso, nos termos do Art. 206, § 3º, V do CC (0,60). Obs: Caso o examinando argua apenas a prescrição trienal receberá a pontuação integral.	0,00 / 0,40 / 1,00
A responsabilidade do Estado (no caso, a União) é objetiva, que se caracteriza pela necessidade de serem comprovados, apenas, a ação do agente, o dano e o nexo causal entre ambos. No entanto, Francisco não responde de forma objetiva pelos danos causados, tendo em vista que a teoria do risco administrativo somente é aplicada às pessoas jurídicas de direito público e as de direito privado prestadoras de serviços públicos (0,40). Desse modo, a responsabilidade de Francisco é subjetiva, que é aquela segundo a qual deve ser comprovada, além da ação, dano e nexo causal, a culpa em sentido amplo, devendo ser comprovado que este agiu com negligência, imprudência, imperícia (culpa em sentido estrito) ou com intenção de causar o dano (dolo). (0,60) Obs: Caso o examinando afirme, de forma fundamentada, que a responsabilidade de Francisco é subjetiva, explicitando os seus requisitos, receberá a pontuação integral.	0,00 / 0,40 / 1,00
Inexistência do elemento subjetivo no caso concreto, tendo em visa que no caso concreto, Francisco causou o acidente em razão dos problemas mecânicos que, inclusive, já tinha sido alertado ao setor competente.	0,00 / 0,50

PRÁTICA ADMINISTRATIVA – 6ª EDIÇÃO

QUESITO AVALIADO	VALORES
Pedido 1. Requer seja extinto o processo sem resolução de mérito, em relação a Francisco, tendo em vista a sua manifesta ilegitimidade passiva (Art.485,IV, CPC);	0,00 / 0,30
Pedido 2. Requer sejam julgados improcedentes os pedidos autorais, em razão do acolhimento da preliminar de mérito da prescrição da pretensão ressarcitória em face de Francisco (Art.487,II, CPC);	0,00 / 0,30
Pedido 3. Sejam julgados improcedentes os pedidos autorais, em razão da manifesta ausência do elemento culpa, necessário para configuração do dever de indenizar de Francisco	0,00 / 0,30
Pedido 4. Produção genérica de provas	0,00 / 0,15
Pedido 5. Condenação em honorários sucumbenciais	0,00 / 0,15

(OAB/Exame Unificado – 2013.2 – 2ª fase) Caio, Tício e Mévio são servidores públicos federais exemplares, concursados do Ministério dos Transportes há quase dez anos. Certo dia, eles pediram a três colegas de repartição que cobrissem suas ausências, uma vez que sairiam mais cedo do expediente para assistir a uma apresentação de balé.

No dia seguinte, eles foram severamente repreendidos pelo superior imediato, o chefe da seção em que trabalhavam. Nada obstante, nenhuma consequência adveio a Caio e Tício, ao passo que Mévio, que não mantinha boa relação com seu chefe, foi demitido do serviço público, por meio de ato administrativo que apresentou, como fundamentos, reiterada ausência injustificada do servidor, incapacidade para o regular exercício de suas funções e o episódio da ida ao balé.

Seis meses após a decisão punitiva, Mévio o procura para, como advogado, ingressar com medida judicial capaz de demonstrar que, em verdade, nunca faltou ao serviço e que o ato de demissão foi injusto. Seu cliente lhe informou, ainda, que testemunhas podem comprovar que o seu chefe o perseguia há tempos, que a obtenção da folha de frequência demonstrará que nunca faltou ao serviço e que sua avaliação funcional sempre foi excelente.

Como advogado, considerando o uso de todas as provas mencionadas pelo cliente, elabore a peça processual adequada para amparar a pretensão de seu cliente.

A simples menção ou transcrição do dispositivo legal não pontua. (Valor: 5,0)

PADRÃO DE RESPOSTA – PEÇA PROFISSIONAL – FGV

A peça a ser elaborada consiste em uma petição inicial de ação de rito ordinário. Não se admite a impetração de Mandado de Segurança, uma vez que Mévio pretende produzir provas, inclusive a testemunhal, para demonstrar o seu direito, sendo a dilação probatória vedada no Mandado de Segurança.

O endereçamento da peça deverá ser feito a um Juiz Federal da seção judiciária de algum Estado.

O polo ativo da demanda é ocupado por Mévio, e o polo passivo, pela União.

No mérito, deve ser demonstrada a possibilidade de análise do ato administrativo pelo Judiciário, para controle de legalidade, e que o motivo alegado no ato de demissão é falso, em violação à teoria dos motivos determinantes.

Ainda no mérito, o examinando deve indicar a violação do art. 41, § 1º, da Constituição Federal, uma vez que Mévio foi demitido do Serviço Público sem a abertura de regular processo administrativo. O examinando, por fim, deve indicar que não foi assegurado a Mévio o contraditório e a ampla defesa, violando o devido processo legal. Além disso, o ato representa violação aos princípios da isonomia, uma vez que Mévio foi o único dos três servidores penalizados pela ida ao balé, e da impessoalidade, pois Mévio foi alvo de perseguição por seu chefe. Nesta parte da causa de pedir, deverá ser mencionada a lesão patrimonial, pelo não recebimento dos vencimentos no período em que se coloca arbitrariamente fora dos quadros da Administração por demissão ilegal.

O examinando deve formular pedidos de anulação do ato que aplicou a penalidade, de reintegração aos quadros da Administração, de reparação material com o pagamento retroativo de seus vencimentos, como se não tivesse sido demitido. A postulação à reparação moral não é obrigatória. Deverá haver, por fim, postulação de citação e de produção de provas testemunhal e documental, bem como indicação do valor da causa.

(OAB/Exame Unificado – 2013.3 – 2ª fase) O Governador do Estado Y, premido da necessidade de reduzir a folha de pagamentos do funcionalismo público estadual, determinou que o teto remuneratório dos Defensores Públicos admitidos após a Emenda Constitucional n. 41/2003 fosse limitado ao valor correspondente ao subsídio mensal do Governador, ao entendimento de que aquele órgão integra a estrutura do Poder Executivo estadual. Com a implementação da medida, os Defensores Públicos do Estado, irresignados com a redução do seu teto remuneratório, levam a questão à Associação Nacional dos Defensores Públicos Estaduais, legalmente constituída e em funcionamento há pouco mais de dois anos, e esta contrata os seus serviços advocatícios para impetrar mandado de segurança coletivo em face do ato do Governador.

A decisão proferida pelo Tribunal de Justiça local, observando a competência originária constante do seu código de organização e divisão judiciária, diante da autoridade coatora – governador do Estado – deu por extinto o processo, sem resolução do mérito, sob os argumentos de que a associação não preenche o requisito de três anos de constituição, não demonstrou a autorização dos associados em assembleia geral para a propositura da demanda e não poderia representar os associados em demanda que veicule interesse apenas de uma parte da categoria, uma vez que os Defensores atingidos pela medida, isto é, aqueles admitidos após a Emenda Constitucional n. 41/2003, os mais novos na carreira, ainda não foram promovidos e sequer recebem sua remuneração em valores próximos ao subsídio mensal do Governador.

Ciente de que este acórdão contendo a unanimidade de votos dos desembargadores que participaram do julgamento, já foi objeto de Embargos de Declaração, que foram conhecidos mas não providos, e que a publicação dessa última decisão se deu na data de hoje, **redija a peça processual adequada com seus fundamentos.**

PADRÃO DE RESPOSTA – PEÇA PROFISSIONAL – FGV

Recurso Ordinário

A peça a ser elaborada é o recurso ordinário em mandado de segurança, nos termos do art. 105, II, "b", da CRFB/88.

O recurso deve ser endereçado Desembargador Presidente do Tribunal de Justiça do Estado Y.

Na qualificação das partes, deve ser indicado como recorrente a Associação Nacional dos Defensores Públicos Estaduais e, como recorrido, o Estado Y, pessoa jurídica de direito público interno.

No intuito de demonstrar conhecimento acerca do Tribunal competente para apreciar e julgar o recurso, o examinando deve requerer após abertura de vistas ao recorrido para contrarrazões, que os autos sejam encaminhados ao colendo Superior Tribunal de Justiça.

O examinando deve demonstrar a presença de três requisitos que o Tribunal, equivocadamente, entendeu que não estariam preenchidos (razão pela qual, aliás, julgou extinto o processo sem resolução do mérito), isto é:

1) Demonstrar que o requisito constitucional para a impetração de mandado de segurança coletivo é a constituição e funcionamento há mais de um ano (e não três, como consta no acórdão recorrido);

2) indicar que não se exige, para impetração de mandado de segurança coletivo, a autorização de todos os associados da entidade, conforme entendimento cristalizado na Súmula nº 629 do Supremo Tribunal Federal;

3) afirmar que a entidade de classe tem legitimação para o mandado de segurança ainda quando a pretensão veiculada interesse apenas a uma parte da respectiva categoria, nos termos da Súmula 630 do Supremo Tribunal Federal.

Em seguida, na eventualidade do Superior Tribunal de Justiça conhecer do mérito do recurso, nada obstante a existência de entendimento acerca da inaplicabilidade do art. 515, § 3º, do Código de Processo Civil (teoria da causa madura) aos recursos ordinários em mandado de segurança, na melhor defesa dos interesses do seu cliente, o examinando deve indicar a violação ao art. 37, XI da Constituição, que estabelece como teto remuneratório dos Defensores Públicos, o subsídio dos Desembargadores do Tribunal de Justiça e, ainda, a violação ao princípio da isonomia, uma vez que, sem qualquer critério legítimo, foi operada uma discriminação no tratamento jurídico conferido aos Defensores, aplicando-se, aos mais novos na carreira, um tratamento diferente, no aspecto remuneratório, daquele conferido aos demais Membros, demonstrando, assim, conhecimento acerca da matéria.

Nos pedidos, o examinando deve requerer a reforma do acórdão, para julgar procedente o pedido de aplicação do teto remuneratório correspondente ao subsídio mensal dos Desembargadores e, caso assim não se entenda, pela anulação do acórdão hostilizado, com o retorno dos autos à origem para processamento do writ.

Por fim, afigura-se importante ressaltar que não será admitida a interposição de Recurso Extraordinário. O Recurso Extraordinário é instrumento processual adequado à impugnação de decisões proferidas em única ou última instância, quando tal decisão viole a Constituição da República, declare a inconstitucionalidade de tratado ou lei federal, e, ainda, julgue válida lei local contestada em face da Constituição ou de lei federal. Dessa forma, diante da previsão constante do art. 105, II, alínea "b" da Constituição – que, expressamente, prevê o cabimento do Recurso Ordinário contra decisão denegatória de mandado de segurança de competência originária do Tribunal de Justiça local – não se pode admitir o manejo do Recurso Extraordinário. A utilização do Recurso Extraordinário quando houver outro recurso manejável constitui hipótese de erro grosseiro, conforme jurisprudência do Supremo Tribunal Federal1.

[1] "1. Incabível a conversão de recurso extraordinário em ordinário, na hipótese de decisão denegatória de mandado de segurança, prolatada pelo Superior Tribunal de Justiça, mediante disposição expressa prevista no art. 102, II, a da Constituição Federal, ocorrendo o cometimento de erro grosseiro na utilização dos instrumentos processuais disponíveis para o acesso à devida prestação jurisdicional. 2. Agravo regimental improvido (Agravo Regimental no Agravo de Instrumento 410.552, Rel. Min. Ellen Gracie, DJU 18/02/2005)".

Distribuição dos pontos

ITEM	PONTUAÇÃO
Endereçamento do recurso ordinário: Desembargador Presidente/Vice-Presidente do Tribunal de Justiça do Estado y).	0,00 / 0,20
Recorrente e recorrido: Associação Nacional dos Defensores Públicos Estaduais (0,10) / Estado Y (0,20)	0,00 /0,10/ 0,20/0,30
Requerimento de remessa dos autos ao colendo Superior Tribunal de Justiça, após abertura de vistas ao recorrido para manifestação.	0,00/0,20
Fundamentação para a pretensão: • Preenchimento do requisito de constituição da Associação há mais de um ano (0,50), nos termos do art. 5º, LXX, "b", CRFB/88 (0,20); Obs.: A simples menção aos artigos não pontua	0,00/0,50/0,70
• A entidade de classe tem legitimação para o mandado de segurança ainda quando a pretensão veicula interesse apenas a uma parte da respectiva categoria (0,50), nos termos do Art. 21 da Lei 12.016/2009 ou do verbete nº 630 da Súmula de jurisprudência predominante do Supremo Tribunal Federal (0,20); Obs.: A simples menção aos artigos não pontua	0,00/0,50/0,70
• A impetração de mandado de segurança coletivo por entidade de classe em favor dos associados independe da autorização destes (0,50), nos termos do Art. 21 da Lei 12.016/2009 ou do verbete nº 629 da Súmula de jurisprudência predominante do Supremo Tribunal Federal (0,20); Obs.: A simples menção aos artigos não pontua	0,00/0,50/0,70
Na eventualidade do Tribunal conhecer do mérito do recurso, deve ser alegado: • violação à regra do art. 37, XI da CRFB/88 (0,20) que estabelece como teto remuneratório dos Defensores Públicos, o subsídio dos Desembargadores do Tribunal de Justiça. (0,40) Obs.: A simples menção aos artigos não pontua	0,00/ 0,40/0,60
• violação ao princípio da isonomia, uma vez que, sem qualquer critério legítimo, foi operada uma discriminação no tratamento jurídico conferido aos Defensores.(0,40) nos termos do Art. 5º, *caput*, ou Art. 37, *caput*, da CRFB/88 (0,20) Obs.: A simples menção aos artigos não pontua	0,00/ 0,40/0,60
Pedidos: • Conhecer e prover o recurso para reformar o acórdão, julgando procedente o pedido de aplicação do teto remuneratório correspondente ao subsídio mensal dos Desembargadores (0,40)	0,00 / 0,40
• Caso assim não se entenda, pela anulação do acórdão hostilizado, com o retorno dos autos à origem para processamento do writ .(0,40)	0,00 / 0,40
Fechamento da Peça: (0,10) Data, Local, Advogado, OAB ... nº...	0,00/0,10

PRÁTICA ADMINISTRATIVA – 6ª EDIÇÃO   288

(**OAB unificado-2015.1 -2ªfase**) Fulano de Tal, Presidente da República, concedeu a qualificação de Organização Social ao "Centro Universitário NF", pessoa jurídica de direito privado que explora comercialmente atividades de ensino e pesquisa em graduação e pós-graduação em diversas áreas. Diante da referida qualificação, celebrou contrato de gestão para descentralização das atividades de ensino, autorizando, gratuitamente, o uso de um prédio para receber as novas instalações da universidade e destinando-lhe recursos orçamentários.Além disso, celebrou contrato com a instituição, com dispensa de licitação, para a prestação de serviços de pesquisa de opinião.Diversos veículos de comunicação demonstraram que Sicrano e Beltrano, filhos do Presidente, são sócios do Centro Universitário.

Indignado, Mévio, cidadão residente no Município X, procura você para, na qualidade de advogado, ajuizar medida adequada a impedir a consumação da transferência de recursos e o uso não remunerado do imóvel público pela instituição da qual os filhos do Presidente são sócios. (Valor: 5,00)

A peça deve abranger todos os fundamentos de Direito que possam ser utilizados para dar respaldo à pretensão.

PADRAO DE RESPOSTA -FGV

A medida adequada, a ser ajuizada pelo examinando, é a Ação Popular, remédio vocacionado, nos termos do Art. 5º, LXXIII, da Constituição, à anulação de ato lesivo ao patrimônio público ou de entidade de que o Estado participe, à moralidade administrativa, ao meio ambiente e ao patrimônio histórico e cultural.

Não é cabível a utilização de Mandado de Segurança, que não pode ser considerado substitutivo da Ação Popular (Súmula 101, do STF), nem a Ação Ordinária.

A competência para julgamento da Ação Popular é do Juízo da Vara Federal do Município de X – devendo-se afastar a competência do Supremo Tribunal Federal, definida em elenco fechado no Art. 102 da Constituição Federal.

O autor popular é Mévio, cidadão, e o réu da ação é Fulano de Tal, Presidente da República, União Federal, e o "Centro Universitário Nova Fronteira", beneficiário direto do ato (art. 6º, da Lei 4717/65).

Deve ser formulado pedido de antecipação dos efeitos da tutela, demonstrando-se os requisitos autorizadores de sua concessão, quais sejam: a verossimilhança das alegações e o fundado receio de dano irreparável ou de difícil reparação.

No mérito, o examinando deve indicar a violação aos princípios da moralidade e da impessoalidade, uma vez que o ato praticado pelo Presidente da República beneficia seus filhos, empresários do ramo da educação, além de configurar benefício injusto. Além disso, o examinando deve indicar que a instituição beneficiada não preenche o requisito básico à qualificação como Organização Social, que é a ausência de finalidade lucrativa (Art. 1º da Lei nº 9.637), bem como a violação ao Art. 24, XXIV, da Lei nº 8.666/1993, uma vez que a dispensa de licitação somente alcança as atividades contempladas no contrato de gestão, o que não é o caso da pesquisa de opinião.

Devem ser formulados pedidos de citação do réu, de concessão da medida liminar para suspender os atos de repasse de recursos e de utilização de bens públicos, e de anulação dos atos lesivos ao patrimônio e à moralidade administrativa.

Deve-se, ainda, requerer a produção de provas e a condenação do réu em honorários advocatícios. Por fim, deve ser feita a prova da cidadania, com a juntada do título de eleitor.

DISTRIBUIÇÃO DOS PONTOS

ITEM	PONTUAÇÃO
Endereçamento: Juízo da Vara Federal da Seção Judiciária de X	0,00 / 0,10
Qualificação das partes: Mévio (cidadão)(0,10); Fulano de Tal (Presidente da República) (0,10); União Federal (0,10), e o "Centro Universitário NF", (beneficiário direto do ato, nos termos do art. 6°, da Lei 4747/65)(0,10)	0,00 / 0,10 / 0,20/0,30/0,40
Fundamentos para a concessão da medida liminar Verossimilhança das alegações (menção a qualquer um dos itens da fundamentação)(0,25) Fundado receio de dano irreparável ou de difícil reparação (consumação da transferência de recursos e o uso não remunerado do imóvel público) (0,35)	0,00 / 0,25 / 0,35 / 0,60
Fatos / Fundamentação para a pretensão: 1. demonstração específica da violação ao princípio da moralidade (0,50), nos termos no art. 37, *caput*, da CF/88 (0,10);	0,00/0,50/0,60
2. demonstração específica da violação ao princípio da impessoalidade (0,50), nos termos no art. 37, *caput*, da CF/88 (0,10)	0,00/0,50/0,60
3. impossibilidade de concessão da qualificação de organização social a uma entidade com fim lucrativo (0,60), nos termos do art. 1°, da Lei n° 9.637/98 (0,10).	0,00/0,60/0,70
4. impossibilidade de contratação direta para a prestação de serviços de pesquisa de opinião, haja vista que se trata de atividade não contemplada no contrato de gestão (0,60), nos termos do art. 24, XXIV da Lei n° 8.666/1993 (0,10).	0,00 / 0,60 / 0,70
Pedidos: 1. citação dos réus;	0,00 / 0,10
2. concessão da medida liminar para suspender os atos de repasse de recursos e de utilização de bens públicos;	0,00 / 0,20
3. pedido de anulação dos atos lesivos ao patrimônio e à moralidade administrativa;	0,00 / 0,20
4. condenação dos réus em honorários advocatícios;	0,00 / 0,20
5. requerimento para a produção de provas.	0,00 / 0,20
Comprovação da cidadania, com requerimento de juntada do título de eleitor.	0,00 / 0,20
Valor da Causa	0,0 / 0,10
Fechamento: Local..., Data..., Advogado..., OAB n°... (0,10)	0,0 / 0,10

PRÁTICA ADMINISTRATIVA – 6ª EDIÇÃO

(OAB/Unificado - 2015.2 - 2ªfase) Edir, pessoa idosa que vive com a ajuda de parentes e amigos, é portadora de grave doença degenerativa, cujo tratamento consta de protocolo clínico e da diretriz terapêutica estabelecida pelo Sistema Único de Saúde (SUS). Seu tratamento é acompanhado por profissionais do SUS em hospital público federal especializado nessa doença, contando com o fornecimento regular dos medicamentos 1, 2 e 3.Enquanto realizava consulta de acompanhamento, Edir foi informada pelo médico Domênico, profissional do SUS, de que existia um novo medicamento disponível no mercado (o "medicamento A"), que seria muito mais eficaz, conforme relatório de estudos clínicos oficiais, no tratamento de sua doença do que aqueles já prescritos. Contudo, a paciente foi informada de que o "medicamento A" não seria fornecido gratuitamente pelo SUS, haja vista que o referido medicamento não consta ainda do protocolo clínico e da diretriz terapêutica interna do SUS para o tratamento da doença, além de não ter sido incorporado às listas de medicamentos.Inconformada com a negativa de fornecimento do "medicamento A", Edir procura você para que, na qualidade de advogado(a), ajuíze a medida cabível para garantir a continuidade e qualidade de seu tratamento.

Elabore a peça adequada, considerando que:

A) Edir corre sério risco de vida com o agravamento da doença em razão do não fornecimento do "medicamento A";

B) a condição clínica de Edir foi atestada em laudo médico assinado pelo profissional do SUS Domênico, que também recomendou o uso do "medicamento A";

C) eventualmente poderá ser necessária a elaboração de prova pericial para dirimir as controvérsias de natureza técnica da causa. (Valor: 5,00)

Responda justificadamente, empregando os argumentos jurídicos apropriados e a fundamentação legal pertinente ao caso.

GABARITO COMENTADO

A medida adequada, a ser ajuizada pelo examinando, é uma Petição Inicial de Ação de Conhecimento com pedido de Antecipação dos Efeitos da Tutela jurisdicional. Não é cabível a impetração de mandado de segurança, em virtude da necessidade de instrução probatória.

A petição poderá ser endereçada tanto à Justiça Federal da Seção Judiciária local quanto à Justiça Estadual, tendo em vista o entendimento prevalente na jurisprudência no sentido de que os entes públicos são solidariamente responsáveis pela prestação dos serviços de saúde. Ver, por exemplo, o Agravo Regimental no Recurso Extraordinário nº 744.191 / RN, Relator Min. Luiz Fux, julgamento em 18/03/2014 pela 1a Turma do STF.

Edir deve ser indicada como autora. Quanto ao(s) réu(s), é admissível que a resposta indique dois ou três entes federativos como litisconsortes ou apenas um deles, isoladamente, conforme exposto acima. No entanto, é necessário que sejam obedecidas as regras de competência da Constituição: caso o examinando indique a União Federal como ré na demanda, deverá direcionar a petição ao Juízo Federal da Seção Judiciária respectiva (Art. 109, inciso I, da Constituição da República). Caso apenas indique o Estado X e/ou o Município Y, a demanda deverá ser direcionada ao Juízo de Direito da Comarca respectiva.

Deve ser formulado pedido de antecipação dos efeitos da tutela, indicando-se os dois fundamentos constantes do Art. 300, do: o perigo de dano ou resultado útil ao processo(progressão da doença e agravamento do estado de saúde de Edir) e a probabilidade do direito (primeiro, a existência de informação prestada pelas autoridades administrativas, no sentido de que "o medicamento A" é mais eficaz, conforme relatórios oficiais; segundo, a condição clínica de Edir foi atestada em laudo médico assinado pelo profissional do SUS Domênico, que também recomendou o uso do "medicamento A").

No mérito devem ser indicados como fundamentos à pretensão autoral:

A) a violação aos artigos 5º e/ou 6º e/ou 196 da Constituição da República, tendo em vista que o direito à vida e à saúde de Edir gera, aos entes públicos, o dever de fornecer os medicamentos necessários para preservar sua vida;

B) os direitos assegurados pela Constituição não podem ser limitados por listas, protocolos clínicos ou por razões orçamentárias;

C) o próprio profissional do SUS emitiu laudo médico atestando a condição clínica da paciente Edir e prescreveu o uso do "medicamento A".

Devem ser formulados pedidos de citação do(s) réu(s), de concessão da tutela antecipada para determinar o fornecimento dos medicamentos a Edir, e de sua confirmação, ao final, na tutela principal, garantindo a Edir o direito ao recebimento contínuo e ininterrupto do "medicamento A" pleiteado.

Por fim, deve-se requerer a produção de provas e a condenação do réu em honorários advocatícios e custas processuais.

DISTRIBUIÇÃO DOS PONTOS

ITEM	PONTUAÇÃO
Endereçamento da ação: Juízo Federal ou Juiz Estadual de seção judiciária ou comarca do Estado X (0,20).	0,00/0,20
Qualificação das partes: Edir (0,10) / União Federal e/ou Estado X e/ou Município Y (0,20)	0,00/0,10/0,20/0,30
Fundamentos para a concessão da tutela antecipada: . probabilidade do direito(0,40) . perigo de dano ou risco ao resultado útil do processo(0,40)	0,00/0,40/0,80
Fundamentação para a pretensão: 1. O disposto nos artigos 5º e/ou 6º e/ou 196 da Constituição da República (0,10), que asseguram a todo cidadão o direito à vida e à saúde gerando para os entes públicos o dever de fornecer os medicamentos necessários para preservar sua vida (0,70);	0,00/0,70/0,80
2. A saúde, como um direito social fundamental do cidadão, não comporta limitações, não sendo possível o ente público eximir-se de sua responsabilidade, alegando a inexistência do medicamento em listas ou protocolos clínicos (0,80) ;	0,00/0,80
3. o próprio profissional do SUS emitiu laudo médico atestando a condição clínica da paciente Edir e prescreveu o uso do "medicamento A" (0,80);	0,00/0,80
Pedidos: 1. citação do réu (0,20);	0,00/0,20

PRÁTICA ADMINISTRATIVA - 6ª EDIÇÃO

2. concessão da tutela antecipada (tutela e urgência) para determinar o imediato fornecimento do 'medicamento A (0,20);	0,00/0,20
3. procedência do pedido, garantindo a Edir o direito ao recebimento do "medicamento A" (0,20);	0,00/0,20
4. condenação do réu em custas processuais (0,10)	0,00/0,10
5. condenação do réu em honorários advocatícios (0,10);	0,00/0,10
6. requerimento para a produção de provas (0,10), especialmente a prova pericial (0,20).	0,00/0,10/0,30
Valor da Causa (0,10)	0,00/0,10
Fechamento (0,10)	0,00/0,10

(OAB/Exame Unificado- 2015.3- 2ªfase) Após regular certame licitatório, vencido pelo consórcio "Mundo Melhor", o Estado X celebrou contrato de obra pública, tendo por objeto a construção de uma rodovia estadual com 75 km de extensão.Dois anos depois, com mais de 70% da obra já executada, o relatório da comissão de fiscalização do contrato apontou suposto atraso no cronograma da obra. Diante disso, o Governador do Estado X enviou correspondência aos representantes do consórcio, concedendo prazo de cinco dias úteis para apresentar defesa quanto aos fatos imputados, sob pena de aplicação de penalidade, conforme previsão constante da Lei nº 8.666/1993.

Antes da fluência do prazo, entretanto, o Governador enviou nova correspondência aos representantes do consórcio, informando que há lei estadual que autoriza a aplicação das penalidades de advertência e de multa previamente à notificação do contratado, e que, por essa razão, naquele momento, o Governador aplicava as duas penalidades. Além disso, o Governador determinou a suspensão de todos os pagamentos devidos ao consórcio (pelos serviços já realizados e pelos a realizar) até a regularização do cronograma.

Nos 60 (sessenta) dias seguintes, o consórcio tentou resolver a questão na via administrativa, mas não teve sucesso. Diante disso, os representantes procuram você para, na condição de advogado, ajuizar a medida cabível à proteção dos direitos do consórcio, informando:

A) que nunca houve atraso, o que se demonstra pelo cronograma e pelo diário de obras, que registram a normal evolução do contrato;

B) que o consórcio depende da regularização dos pagamentos, até o término das obras, pelos serviços que vierem a ser executados; e

C) que não podem abrir mão do recebimento das parcelas pretéritas devidas pelo trabalho executado nos últimos 60 (sessenta) dias e nem dos pagamentos pelos serviços a realizar, pois essenciais à manutenção das empresas consorciadas.

Na qualidade de advogado(a), ajuíze a medida cabível à proteção integral dos interesses do consórcio. **(Valor: 5,00)**

Obs.: o examinando deve fundamentar suas respostas. A mera citação do dispositivo legal não confere pontuação.

GABARITO COMENTADO

A medida judicial a ser ajuizada é uma *Ação Ordinária com pedido de Antecipação dos Efeitos da Tutela*. Considera-se a impetração de Mandado de Segurança como resposta inadequada, tendo em vista a necessidade de dilação probatória e que foi expressamente ressaltado que o consórcio não poderia prescindir do recebimento das parcelas pretéritas, vedado pela Súmula 269 do STF. Igualmente, o ajuizamento de uma medida cautelar não se mostra adequado aos interesses da empresa.

A ação deve ser direcionada para o Juízo de Fazenda Pública ou Vara Cível, ou única de alguma das comarcas do Estado X, com a seguinte qualificação das partes: Consórcio "Mundo Melhor" e Estado X. Não será admitida como correta a menção a órgão sem personalidade jurídica, haja vista não terem capacidade processual para figurar no polo passivo da demanda.

No que concerne à fundamentação para a pretensão do consórcio, devem ser expressamente alegadas as seguintes questões de fato e de direito:

a regra prevista na lei estadual de regência é inválida, por violar norma geral prevista na Lei nº 8.666/1993 (Art. 87, *caput* da Lei nº 8.666/1993);

violação ao contraditório e à ampla defesa, essenciais à aplicação de penalidade (Art. 5º, LIV, da CRFB ou Art. 87, § 2º. da Lei nº 8.666/1993);

nunca houve atraso na obra, razão pela qual o fundamento que levou à aplicação da penalidade é falso;

o consórcio faz jus ao pagamento das parcelas em atraso, devidas pelo serviço já executado, sob pena de enriquecimento sem causa da Administração.

Deve ser requerida a antecipação dos efeitos da tutela, tendo em vista estarem presentes seus fundamentos:

verossimilhança da alegação: a regra prevista na lei estadual de regência é inválida, por violar norma geral prevista na Lei nº 8.666/1993 (Art. 87 da Lei nº 8.666/1993), além da clara violação ao contraditório e à ampla defesa, essenciais à aplicação de penalidade (Art. 5º, LIV, da CRFB ou Art. 87, § 2º, da Lei nº 8.666/1993); e

a existência de fundado receio de dano irreparável consubstanciado no fato de que o consórcio não vem recebendo pelos serviços já executados, o que pode levar ao esgotamento da capacidade financeira das empresas consorciadas.

Devem ser expressamente requeridas a

A) citação do réu;

B) concessão da tutela antecipada para garantir a regularidade dos pagamentos ao consórcio;

C) procedência dos pedidos formulados na inicial para anular as sanções administrativas aplicadas e determinar o pagamento dos atrasados;

D) produção de provas;

E) condenação em honorários de sucumbência;

F) a condenação nas custas processuais;

Finalmente, o fechamento da peça e atribuição de valor à causa.

PRÁTICA ADMINISTRATIVA – 6ª EDIÇÃO   294

DISTRIBUIÇÃO DOS PONTOS – AÇÃO ORDINÁRIA

ITEM	PONTUAÇÃO
Endereçamento da petição inicial (0,10): Juízo de Fazenda Pública de alguma das comarcas do Estado X	0,00 / 0,10
Qualificação das partes: Consórcio "Mundo Melhor" (0,10) / Estado X (0,10)	0,00 / 0,10 / 0,20
Fundamentação para a pretensão do consórcio: 1. Violação ao contraditório e à ampla defesa, essenciais à aplicação de penalidade (0,50) (Art. 5º, LIV ou LV, da CRFB ou Art. 87, § 2º, da Lei nº 8.666/1993 (0,10))	0,00 / 0,50 / 0,60
2. A regra prevista na lei estadual de regência é inválida, por violar norma geral prevista na Lei n. 8.666/1993 (0,50) (Art. 87, *caput,* da Lei nº 8.666/1993) (0,10);.	0,00 / 0,50 / 0,60
3. Nunca houve atraso na obra: inexistência dos motivos do ato (0,50);	0,00 / 0,50
4. O consórcio faz jus ao pagamento das parcelas em atraso, devidas pelo serviço já executado, sob pena de enriquecimento sem causa da Administração (0,50).	0,00 / 0,50
Fundamentos para a concessão da tutela antecipada A) Verossimilhança da alegação violação ao contraditório e à ampla defesa ou violação à regra geral prevista na lei n. 8.666/93, ou inexistência dos motivos do ato. (0,40): B) Fundado receio de dano irreparável: o consórcio não vem recebendo pelos serviços já executados (0,40).	0,00 / 0,40 /0,80
Pedidos: 1. Citação do réu (0,20)	0,20
2. Concessão da tutela antecipada para suspender as penalidades aplicadas e garantir a regularidade dos pagamentos ao consórcio (0,30)	0,30
A) Procedência dos pedidos formulados na inicial para: a. Anulação das sanções administrativas aplicadas (0,30) b. Pagamento dos atrasados (0,30)	0,0/0,30/0,60
4. Produção de Provas (0,20)	0,20
5. Condenação em honorários de sucumbência (0,10)	0,10
6. Condenação nas custas processuais (0,10)	0,10
Valor da Causa	0,10
Fechamento da peça	0,10

(OAB/Exame Unificado- 2016.1- 2ª fase) O Ministério da Cultura publicou, na imprensa oficial, edital de licitação que veio assinado pelo próprio Ministro da Cultura, na modalidade de tomada de preços, para a elaboração do projeto básico, do projeto executivo e da execução de obras de reforma de uma biblioteca localizada em Brasília.O custo da obra está estimado em R$ 2.950.000,00 (dois milhões novecentos e cinquenta mil reais). O prazo de execução é de 16 (dezesseis) meses, e, de acordo com o cronograma divulgado, a abertura dos envelopes se dará em 45 (quarenta e cinco) dias e a assinatura do contrato está prevista para 90 (noventa) dias.

Do edital constam duas cláusulas que, em tese, afastariam do certame a empresa ABCD Engenharia. A primeira diz respeito a um dos requisitos de habilitação, pois se exige dos licitantes, para demonstração de qualificação técnica, experiência anterior em contratos de obra pública com a União (requisito não atendido pela empresa, que já realizou obras públicas do mesmo porte que a apontada no edital para diversos entes da Federação, mas não para a União). A segunda diz respeito à exigência de os licitantes estarem sediados em Brasília, sede do Ministério da Cultura, local onde se dará a execução das obras (requisito não atendido pela empresa, sediada no Município de Bugalhadas).

Na mesma semana em que foi publicado o edital, a empresa o procura para que, na qualidade de advogado, ajuíze a medida cabível para evitar o prosseguimento da licitação, reconhecendo os vícios do edital e os retirando, tudo a permitir que possa concorrer sem ser considerada não habilitada, e sem que haja vício que comprometa o contrato. Pede, ainda, que se opte pela via, em tese, mais célere.Elabore a peça adequada, considerando não ser necessária a dilação probatória, haja vista ser preciso apenas a juntada dos documentos próprios (edital, cópia dos contratos com outros entes federativos etc.) para se comprovar os vícios alegados. Observe o examinando que o interessado quer o procedimento que, em tese, seja o mais célere. **(Valor: 5,00)**

Obs.: o examinando deve apresentar os argumentos jurídicos apropriados e a fundamentação legal pertinente ao caso.

GABARITO COMENTADO

A peça a ser apresentada é um *Mandado de Segurança*, impugnando o edital de licitação publicado pelo Ministério da Cultura.

O Mandado de Segurança há de ser dirigido ao Superior Tribunal de Justiça, competente para o julgamento de Mandado de Segurança contra ato de Ministro de Estado, na forma do artigo 105, I, b, da CRFB/88.

O examinando deve indicar, como impetrante, a empresa ABCD Engenharia, bem como indicar a autoridade coatora (o Ministro da Cultura) e a pessoa jurídica a que se vincula (a União).

Deve ser formulado pedido de concessão de medida liminar, demonstrando-se o fundamento relevante (violação às disposições constantes da Lei federal nº 8.666/1993) e o fundado receio de ineficácia da medida, caso concedida a segurança apenas ao final do processo (uma vez que o contrato poderá já ter sido assinado e iniciada a sua execução).o mérito, deve ser apontada:

1) a impossibilidade de licitar a obra sem a prévia existência de projeto básico, na forma do Art. 7º, § 2º, I da Lei nº 8.666/1993;

2) a impossibilidade de elaboração de projeto básico e de execução da obra pela mesma pessoa, na forma do Art. 9º, I, da Lei nº 8.666/1993;

PRÁTICA ADMINISTRATIVA – 6ª EDIÇÃO

3) a violação ao limite de valor para a tomada de preços, conforme previsão do Art. 23, I, b, da Lei nº 8.666/1993;

4) a exigência de experiência de contratação anterior com a União é inválida, conforme previsão do Art. 30, II, da Lei nº 8.666/1993;

5) a vedação da cláusula que estabelece preferência ou distinção em razão da sede da empresa, na forma do Art. 3º, §1º, I, da Lei nº 8.666/1993 e violação ao Art. 20, parágrafo único, da Lei nº 8.666/1993, que veda que seja utilizada a sede como impedimento à participação em licitação.

Ao final, devem ser formulados pedidos de notificação da autoridade coatora e ciência ao órgão de representação judicial da pessoa jurídica de direito público a que se vincula aquela autoridade, bem como pedido de concessão da liminar para suspender a licitação até decisão final, de mérito, e de procedência do pedido, ao final, para determinar a anulação daquele procedimento, viciado pelo edital contrário à legislação.

DISTRIBUIÇÃO DOS PONTOS

ITEM	PONTUAÇÃO
Endereçamento do Mandado de Segurança: Superior Tribunal de Justiça (0,10)	0,00 / 0,10
Qualificação das partes:	0,00 / 0,10
1. Impetrante ABCD Engenharia (0,10)	0,00 / 0,10 / 0,20
2. Autoridade coatora Ministro da Cultura (0,10) / pessoa jurídica União (0,10)	
Fundamentação:	0,00 / 0,40 / 0,50
1. A impossibilidade de licitar a obra sem a prévia existência de projeto básico (0,40), na forma do Art. 7º, § 2º, I, da Lei nº 8.666/1993 (0,10).	0,00 / 0,40 / 0,50
2. A impossibilidade de elaboração de projeto básico e de execução da obra pela mesma pessoa (0,40), na forma do Art. 9º, I, da Lei nº 8.666/1993 (0,10).	0,00 / 0,40 / 0,50
3. A violação do limite de valor para a tomada de preços (0,40), conforme previsão do Art. 23, I, b, da Lei nº 8.666/1993 (0,10).	0,00 / 0,50 / 0,60
4. A exigência de experiência de contratação anterior com a União é inválida (0,50), conforme previsão do Art. 30, II **OU** §5º ambos Lei nº 8.666/1993 (0,10).	0,00 / 0,50 / 0,60
5. A vedação à cláusula que estabelece preferência ou distinção em razão da sede da empresa (0,50), na forma do Art. 3º, §1º, I **OU** Art. 20, parágrafo único (0,10), ambos da Lei nº 8.666/1993	
Da medida liminar	0,00 / 0,35
1. Demonstração do fundamento relevante, qual seja, a violação às disposições constantes da Lei federal nº 8.666/1993 (0,35).	0,00 / 0,35
2. Fundado receio de ineficácia da medida, caso concedida a segurança apenas ao final do processo, uma vez que o contrato poderá já ter sido assinado e iniciada a sua execução, nos termos do Art. 7º, III, da Lei nº 12.016/09. (0,35).	

Pedidos:	0,00 / 0,10
1. Notificação da autoridade coatora (Ministro da Cultura) (0,10);	0,00 / 0,10
2. Ciência ao órgão de representação judicial da União (0,10);	0,00 / 0,30
3. Concessão da liminar para suspender a licitação até decisão final (0,30);	0,00 / 0,20
4. Requerimento de juntada da prova pré-constituída (edital) (0,20)	0,00 / 0,30
5. Procedência do pedido para anular a licitação, pelos vícios constantes do edital (0,30).	
Finalização:	0,00 / 0,10
Valor da causa (0,10)	
Fechamento da peça:	0,00 / 0,10
Local..., Data..., Advogado...e OAB... (0,10)	

(OAB- Exame Unificado- 2016.2 – 2ª fase) Marcos Silva, aluno de uma Universidade Federal, autarquia federal, inconformado com a nota que lhe fora atribuída em uma disciplina do curso de graduação, abordou a professora Maria Souza, servidora pública federal, com um canivete em punho e, em meio a ameaças, exigiu que ela modificasse sua nota. Nesse instante, a professora, com o propósito de repelir a iminente agressão, conseguiu desarmar e derrubar o aluno, que, na queda, quebrou um braço.

Diante do ocorrido, foi instaurado Processo Administrativo Disciplinar (PAD), para apurar eventual responsabilidade da professora. Ao mesmo tempo, a professora foi denunciada pelo crime de lesão corporal.

Na esfera criminal, a professora foi absolvida, vez que restou provado ter agido em legítima defesa, em decisão que transitou em julgado. O processo administrativo, entretanto, prosseguiu, sem a citação da servidora, pois a Comissão nomeada entendeu que a professora já tomara ciência da instauração do procedimento por meio da imprensa e de outros servidores. Ao final, a Comissão apresentou relatório pugnando pela condenação da servidora à pena de demissão.

O PAD foi encaminhado à autoridade competente para a decisão final, que, sob o fundamento de vinculação ao parecer emitido pela Comissão, aplicou a pena de demissão à servidora, afirmando, ainda, que a esfera administrativa é autônoma em relação à criminal. Em 10/04/2015, a servidora foi cientificada de sua demissão, por meio de publicação em Diário Oficial, ocasião em que foi afastada de suas funções, e, em 10/09/2015, procurou seu escritório para tomar as medidas judiciais cabíveis, informando, ainda, que, desde o afastamento, está com sérias dificuldades financeiras, que a impedem, inclusive, de suportar os custos do ajuizamento de uma demanda.

Como advogado(a), elabore a peça processual adequada para amparar a pretensão de sua cliente, analisando todos os aspectos jurídicos apresentados. (Valor: 5,00)

Obs.: o examinando deve fundamentar suas respostas. A mera citação do dispositivo legal não confere pontuação.

PRÁTICA ADMINISTRATIVA – 6ª EDIÇÃO

GABARITO COMENTADO

A peça a ser elaborada consiste em uma *Petição Inicial de Ação de Rito Ordinário*. Não se admite a impetração do Mandado de Segurança, vez que decorridos mais de 120 dias da ciência, pelo interessado, do ato impugnado. (Art. 23 da Lei nº 12.016/09).

A competência para apreciar aludida demanda é da Justiça Federal, nos termos do Art. 109, I, da CRFB. Assim, a petição inicial deverá ser endereçada ao Juiz Federal da Seção Judiciária competente.

O polo ativo da demanda é ocupado por Maria e o passivo, pela Universidade Federal, autarquia federal.

Deve ser indicado que, em razão das dificuldades financeiras enfrentadas pela autora desde sua demissão, não pode suportar as custas judiciais, razão pela qual lhe deve ser deferida a gratuidade de justiça, na forma da Lei nº 1.050/1960.

No mérito, deve ser demonstrado:

F) violação ao contraditório e à ampla defesa da servidora, e a consequente nulidade do processo administrativo disciplinar – Art. 143, parte final, da Lei nº 8.112/90 e Art. 5º, LV, da CRFB;

G) que, na hipótese de absolvição penal com fundamento em excludente de ilicitude, como a legítima defesa, não há espaço para aplicação do resíduo administrativo (falta residual), vez que constitui uma das hipóteses de mitigação ao princípio da independência entre as instâncias, ou seja, a decisão proferida na esfera penal necessariamente vinculará o conteúdo da decisão administrativa – Art. 125 c/c o Art. 126, ambos da Lei nº 8.112/90 c/c o Art. 65 do CPP.

Deverá, ainda, ser mencionada a lesão patrimonial sofrida pelo não recebimento dos vencimentos no período em que esteve arbitrariamente afastada do quadro funcional.

O examinando deve pleitear, em sede de tutela antecipada, a reintegração da servidora aos quadros funcionais, demonstrando o preenchimento dos seus requisitos. – Art. 300, do CPC, quais sejam: (1) a probabilidade do direito(*fumus boni iuris*) consubstanciada na nulidade do PAD por violação ao contraditório (ausência de citação) e na sentença penal absolutória transitada em julgado, que reconheceu que a servidora agiu em legítima defesa; e (2) o perigo de dano ou risco ao resultado útil do processo (*periculum in mora*), demonstrado pelas dificuldades financeiras enfrentadas pela autora.

No pedido, deve requerer a confirmação da tutela antecipada deferida e a procedência dos pedidos: de anulação do ato demissional, de reintegração da servidora aos quadros funcionais da autarquia federal, bem como a condenação do réu ao pagamento retroativo de todas as verbas a que faria jus a servidora, se em exercício estivesse.

O examinando deve requerer, ainda, a concessão da gratuidade de justiça e, por fim, a citação do réu, o protesto pela produção de provas, a condenação em custas e honorários sucumbenciais, além de indicar o valor da causa.

DISTRIBUIÇÃO DOS PONTOS

ITEM	PONTUAÇÃO
Endereçamento da petição inicial (0,10): Juiz federal da Seção Judiciária Competente.	0,00 / 0,10
Qualificação das partes: Maria Souza (0,10) e Universidade Federal (0,10).	0,00 / 0,10 / 0,20
Indicação de que a autora faz jus à concessão da gratuidade de justiça (0,20), na forma da Lei n° 1.060/1950 (0,10)	0,00 / 0,20 / 0,30
Fundamentação:	
(1) violação ao contraditório OU a ampla defesa da servidora OU ao devido processo legal (0,60), na forma do Art. 143 da Lei n° 8.112/1990 OU Art. 161, § 1°, da Lei n° 8.112/1990 OU do Art. 5°, LIV OU LV, da CRFB. (0,10) _Obs.: a mera menção ao artigo não pontua._	0,00 / 0,60 / 0,70
(2) absolvição penal com fundamento em excludente de ilicitude, como a legítima defesa, não há espaço para aplicação do resíduo administrativo (0,60), conforme Art. 125 OU o Art. 126, ambos, da Lei n° 8.112/90 OU o Art. 65 do CPP. (0,10) _Obs.: a mera menção ao artigo não pontua._	0,00 / 0,60 / 0,70
(3) Direito ao pagamento dos atrasados, em razão da lesão patrimonial sofrida pelo não recebimento dos vencimentos (0,60), na forma do Art. 28 da Lei n° 8.112/1990. (0,10)	0,00 / 0,60 / 0,70
Fundamentos para a concessão da tutela antecipada	
(A) Prova inequívoca do direito _(fumus boni iuris)_ consubstanciada na incontestável nulidade do PAD por violação ao contraditório (ausência de citação), e na sentença penal absolutória transitada em julgado que reconheceu ter agido a servidora/ autora em legítima defesa. (0,45)	0,00 / 0,45
(B) Fundado receio de dano irreparável (_periculum in mora_), lastreado na ausência de fonte de renda pelo afastamento da servidora. (0,45)	0,00 / 0,45
Pedidos	
(1) Concessão da tutela antecipada para garantir a reintegração da servidora, até decisão final. (0,30)	0,00 / 0,30
(2) Anulação do ato demissional OU Reintegração em definitivo. (0,30)	0,00 / 0,30
(3) Condenação do réu ao pagamento retroativo de todas as verbas. (0,30)	0,00 / 0,30
Citação do réu. (0,10)	0,00 / 0,10
Protesto pela produção de provas. (0,10)	0,00 / 0,10

PRÁTICA ADMINISTRATIVA – 6ª EDIÇÃO   300

(OAB/ Exame Unificado – 2016.3- 2ª fase) João, ao retornar de um doutorado no exterior, é surpreendido com a presença de equipamentos e maquinário do Estado X em imóvel urbano de sua propriedade, e que, segundo informação do engenheiro responsável pela obra, o referido imóvel estaria sem uso há três anos e meio, e, por essa razão, teria sido escolhido para a construção de uma estação de metrô no local.

Inconformado com a situação, João ingressa com "*ação de desapropriação indireta*" perante o Juízo Fazendário do Estado X, tendo obtido sentença de total improcedência em primeiro grau de jurisdição, sob os seguintes fundamentos:

A) impossibilidade de reivindicação do bem, assim como da pretensão à reparação financeira, em decorrência da supremacia do interesse público sobre o privado;

B) o transcurso de mais de três anos entre a ocupação do imóvel e a propositura da ação, ensejando a prescrição de eventual pleito indenizatório; e

C) a subutilização do imóvel por parte de João, justificando a referida medida de política urbana estadual estabelecida.

Como advogado(a) de João, considerando que a sentença não padece de qualquer omissão, contradição ou obscuridade, elabore a peça adequada à defesa dos interesses de seu cliente, apresentando os fundamentos jurídicos aplicáveis ao caso. (Valor: 5,00)

Obs.: o examinando deve fundamentar suas respostas. A mera citação do dispositivo legal não confere pontuação.

GABARITO COMENTADO

O examinando deve elaborar o recurso de apelação em face da sentença de improcedência da pretensão, dirigido ao Juízo Fazendário do Estado X, com as razões recursais dirigidas ao Tribunal de Justiça do Estado X, que as apreciará. O apelante é João e, o apelado, o Estado X.

No mérito, o examinando deverá afastar o argumento utilizado pelo Juízo *a quo*, no sentido da impossibilidade de indenização em decorrência da desapropriação indireta, nos termos do Art. 35 do Decreto 3.365/41, pois a perda da propriedade por meio da desapropriação pressupõe a prévia e justa indenização em dinheiro, nos termos do Art. 5º, inciso XXIV, da CRFB/88, o que não foi observado no caso concreto.

A supremacia do interesse público sobre o privado não autoriza que João perca sua propriedade como uma modalidade de sanção, de modo que ele deve ser reparado financeiramente.Ademais, o examinando deverá apontar que o Art. 10, parágrafo único, do Decreto nº 3.365/41, fixa em 5 (cinco) anos o prazo prescricional para a propositura da ação para a reparação dos danos decorrentes da desapropriação indireta, afastando a incidência do Art. 206, § 3º, inciso V, do Código Civil, por sua especificidade. Desse modo, não há de se falar em prescrição sobre o direito de João.

O examinando deverá, ainda no mérito, argumentar que o Estado não detém competência constitucional para desapropriar como medida de política urbana, a qual é do Município (Art. 182 da CRFB/88).Por fim, o examinando deverá formular pedido de reforma da sentença para que seja reconhecido o direito de indenização pelos prejuízos causados.

(OAB/ Exame Unificado- 2017.1- 2ª fase) Diante de fortes chuvas que assolaram o Município Alfa, fez-se editar na localidade legislação que criou o benefício denominado "aluguel social" para pessoas que tiveram suas moradias destruídas por tais eventos climáticos, mediante o preenchimento dos requisitos objetivos estabelecidos na mencionada norma, dentre os quais, a situação de hipossuficiência e a comprovação de comprometimento das residências familiares pelos mencionados fatos da natureza.

Maria preenche todos os requisitos determinados na lei e, ao contrário de outras pessoas que se encontravam na mesma situação, teve indeferido o seu pedido pela autoridade competente na via administrativa. Em razão disso, impetrou Mandado de Segurança perante o Juízo de 1° grau competente, sob o fundamento de violação ao seu direito líquido e certo de obter o benefício em questão e diante da existência de prova pré-constituída acerca de suas alegações.

A sentença denegou a segurança sob o fundamento de que a concessão de "aluguel social" está no âmbito da discricionariedade da Administração e que o mérito não pode ser invadido pelo Poder Judiciário, sob pena de violação do princípio da separação dos Poderes.

Considerando que já foram apresentados embargos de declaração, sem qualquer efeito modificativo, por não ter sido reconhecida nenhuma obscuridade, contradição, omissão ou erro material na sentença, e que existe prazo para a respectiva impugnação, redija a peça cabível para a defesa dos interesses de Maria. **(Valor: 5,00)**

Obs.: a peça deve abranger todos os fundamentos de Direito que possam ser utilizados para dar respaldo à pretensão. A simples menção ou transcrição do dispositivo legal não confere pontuação.

GABARITO COMENTADO

A medida cabível é a <u>Apelação em Mandado de Segurança</u>, na forma do Art. 14 da Lei n° 12.016/2009.

A apelação deve ser apresentada ao Juízo que prolatou a sentença (pode ser Vara de Fazenda Pública, Vara Cível ou Vara Única da Comarca do Município Alfa), com as razões recursais dirigidas ao Tribunal que as apreciará.

Na qualificação das partes, deve constar Maria como recorrente e o Município Alfa como recorrido. Na fundamentação, a peça recursal deve:

A) impugnar o fundamento constante da sentença, no sentido de que a concessão do "aluguel social" se submete à discricionariedade da Administração, pois, se a lei elenca os requisitos que impõem a concessão do benefício, sem qualquer margem de escolha para o Administrador, trata-se de ato vinculado, que confere direito subjetivo a quem atenda aos requisitos constantes da norma;

B) destacar a inexistência de violação ao princípio da separação de Poderes, em decorrência do controle de legalidade ou juridicidade a ser realizado sobre tal ato, notadamente porque o Art. 5°, inciso XXXV, da CRFB/88 consagra o princípio da inafastabilidade de jurisdição;

C) apontar a existência de violação de direito líquido e certo da apelante à concessão do benefício, diante do preenchimento de todos os requisitos estabelecidos na lei de regência;

D) indicar, ainda, a violação ao princípio da isonomia, diante do deferimento do benefício a outras pessoas que estão na mesma situação de Maria, bem como a proteção constitucional ao direito de moradia, constante do Art. 6° da CRFB/88.

PRÁTICA ADMINISTRATIVA – 6ª EDIÇÃO

E) Ao final, a peça deve formular pedido de reforma da sentença, para que seja concedida a segurança, com o fim de determinar à Administração que defira o "aluguel social" para Maria, diante do preenchimento por esta dos requisitos estabelecidos em lei.

F) Arremata a peça a indicação de local, data, espaço para assinatura do(a) advogado(a) e o número de sua inscrição na OAB.

DISTRIBUIÇÃO DOS PONTOS

ITEM	PONTUAÇÃO
Endereçamento da apelação:	0,00/0,10
Exmo Sr. Dr. Juiz de Direito da Vara de Fazenda Pública **OU** Vara Cível **OU** Vara Única da Comarca do Município Alfa (0,10)	
Endereçamento das razões da apelação: Tribunal de Justiça do Estado (0,10)	0,00/0,10
Qualificação das partes:	0,00/0,10/0,20
Apelante: Maria (0,10).	
Apelado: Município Alfa (0, 10).	
Fundamentação da pretensão recursal:	0,00/0,90
i) impugnar o fundamento constante da sentença no sentido de que a concessão do "aluguel social" se submete à discricionariedade da Administração, pois trata- se de ato vinculado (0,90).	
ii) inexistência de violação ao princípio da separação de poderes, em decorrência do controle de legalidade ou juridicidade a ser exercido sobre tal ato (0,90), diante do princípio da inafastabilidade de jurisdição OU conforme o Art. 5º, inciso XXXV, da CRFB/88 (0,10).	0,00/0,90/1,00
iii) violação de direito líquido e certo da apelante à concessão do benefício, diante do preenchimento de todos os requisitos estabelecidos na lei (0,60).	0,00/0,60
iv) violação ao princípio da isonomia OU da impessoalidade, diante do deferimento do benefício a outras pessoas que estão na mesma situação de Maria (0,60), conforme o art. 5º, *caput*, OU o art. 37, *caput*, da CRFB/88 (0,10)	0,00/0,60/0,70
v) proteção constitucional ao direito de moradia (0,50), constante do Art. 6º da CRFB/88 (0,10).	0,00/0,50/0,60
Pedidos:	0,00/0,35
i) Reforma da sentença OU provimento da apelação, a fim de que seja concedida a segurança (0,35),	
ii) Determinar à Administração que defira o aluguel social para a impetrante (0,35).	0,00/0,35
Fechamento do recurso:	0,00/0,10
Local, data, assinatura e número de inscrição na OAB (0,10)	

(OAB/Exame Unificado - 2017.2 - 2ª fase) Maria ajuizou ação indenizatória em face do Estado Alfa, em decorrência de seu filho Marcos ter sido morto durante uma aula em uma escola estadual (da qual era aluno do sétimo ano) alvejado pelos tiros disparados por Antônio, um ex-aluno que, armado com duas pistolas, ingressou na escola atirando aleatoriamente. Antônio deu causa ao óbito de Marcos, de sua professora e de outros cinco colegas de classe, além de grave ferimento em mais seis alunos. Depois disso, suicidou-se.

O Estado promoveu sua defesa no prazo e admitiu a existência dos fatos, amplamente divulgados na mídia e incontroversos nos autos. Na contestação, requereu a denunciação da lide a Agenor, servidor público estadual estável, inspetor da escola, que, na qualidade de responsável por controlar a entrada e a saída de pessoas no estabelecimento de ensino, teria viabilizado o acesso do ex-aluno.

Nenhuma das partes requereu a produção de prova que importasse em dilação probatória, e o Juízo de 1o grau admitiu a denunciação da lide.

Inconformada com a intervenção de terceiro determinada pelo Juízo, Maria procura você para, na qualidade de advogado(a), impugnar tal determinação jurisdicional.

Redija a peça apropriada, expondo todos os argumentos fáticos e jurídicos pertinentes. (Valor: 5,00)

Obs.: a peça deve abranger todos os fundamentos de Direito que possam ser utilizados para dar respaldo à pretensão. A simples menção ou transcrição do dispositivo legal não confere pontuação.

GABARITO COMENTADO

A peça pertinente é o Agravo de Instrumento, na forma do Art. 1.015, inciso IX, do CPC/15, com formulação de pedido de eficácia suspensiva da decisão agravada. O recurso deve ser endereçado ao Exmo. Sr. Dr. Desembargador Relator do Tribunal de Justiça do Estado Alfa. A agravante é Maria e o agravado é o Estado Alfa.

A fundamentação do recurso deve destacar:

A) inicialmente, a viabilidade do recurso, diante da previsão expressa no Art. 1.015, inciso IX, do CPC/15, bem como a necessidade de concessão de efeito suspensivo, na forma do Art. 1019, inciso I, do CPC/15, diante do relevante fundamento fático e jurídico e pela possibilidade de causar gravame de difícil reparação ao andamento do processo.

B) O descabimento da intervenção de terceiro no caso, pois viola os princípios da efetividade e da celeridade processuais, postos no Art. 5o, inciso LXXVIII, da CRFB/88, na medida em que:

C.1. O Art. 37, § 6o, da CRFB/88 atribui responsabilidade civil objetiva ao Estado, no caso caracterizada pelo dever de guarda que o Poder Público tem sobre os alunos nos respectivos estabelecimentos de ensino e responsabilidade subjetiva aos servidores que, nessa qualidade, tenham dado causa ao dano mediante culpa ou dolo;

C.2. Introduzirá na demanda fundamento novo, qual seja a apuração do elemento subjetivo da conduta do servidor (Agenor), desnecessária à solução da lide principal, entre Maria e o Estado, certo que o processo está pronto para julgamento, considerando que os fatos são incontroversos e não há pedido de produção de prova que importe em dilação probatória por qualquer das partes;

PRÁTICA ADMINISTRATIVA – 6ª EDIÇÃO 304

C.3. Impõe-se ação de regresso (ação autônoma) do Estado Alfa em face do servidor causador do dano para a discussão de fundamento que não consta da pretensão veiculada na lide principal;

C.4. Inexiste prejuízo para eventual ajuizamento futuro de ação de regresso pelo Estado, dirigida a Agenor, considerando que a denunciação da lide não é obrigatória no caso ou, de acordo com a teoria da dupla garantia, até mesmo vedada.

Quanto aos pedidos, deve ser formulado pedido de efeito suspensivo, na forma do Art. 1.019, inciso I, do CPC/15, diante do relevante fundamento fático e jurídico e pela possibilidade de causar gravame de difícil reparação ao andamento do processo.

Ao final, deve ser formulado pedido de reforma da decisão que admitiu a denunciação da lide, a fim de que o denunciado seja excluído da demanda, bem como a condenação em custas e honorários advocatícios.

A peça deve ser finalizada com a indicação do local, data, assinatura do advogado e número de inscrição na OAB.

ITEM	PONTUAÇÃO
Endereçamento do Agravo: Exmo. Sr. Desembargador Relator do Tribunal de Justiça do Estado Alfa. (0,10)	0,00/0,10
Qualificação das partes: Agravante: Maria (0,10). Agravados: Estado Alfa (0, 10).	0,00/0,10/0,20
Fundamentação da pretensão recursal: A. Inicialmente, a viabilidade/cabimento do recurso uma vez que se trata de decisão interlocutória que decide intervenção de terceiro (0,30), diante da previsão expressa no Art. 1.015, inciso IX, do CPC/15 (0,10).	0,00/0,30/0,40
B. A fundamentação da concessão de efeito suspensivo, na forma do Art. 1019, inciso I, do CPC/15 (0,10), diante do relevante fundamento fático e jurídico (0,20) e pela possibilidade de causar gravame de difícil reparação ao andamento do processo (0,20).	0,00/0,20/0,30/ 0,40/0,50
C. O descabimento da intervenção de terceiro no caso, pois viola os princípios da efetividade (0,20) e celeridade processuais (0,20), a que alude o Art. 5o, inciso LXXVIII, da CRFB/88 (0,10).	0,00/0,20/0,30/ 0,40/ 0,50
C1. O Art. 37, § 6o, da CRFB/88 (0,10) atribui responsabilidade civil objetiva ao Estado, caracterizada, no caso, pelo dever de guarda que o Poder Público tem sobre os alunos nos estabelecimentos de ensino (0,40), e responsabilidade subjetiva aos servidores que, nessa qualidade, tenham dado causa ao dano mediante culpa ou dolo (0,40);	0,00 /0,40/0,50 0,80/0,90
C2. Considerando que os fatos são incontroversos e não há pedido das partes que importe em dilação probatória (0,20), a introdução do elemento subjetivo da conduta do servidor acarretará necessidade de instrução probatória que prejudicará o regular andamento do processo (0,30);	0,00/0,20/0,30/ 0,50

C3. Impõe-se ação de regresso do Estado Alfa em face do servidor causador do dano (0,50)	0,00/0,50
C4. Inexiste prejuízo para o ajuizamento futuro de eventual ação de regresso do Estado em face de Agenor (0,30), considerando que, no caso, a denunciação da lide não é obrigatória (0,20).	0,00/0,20/0,30/ 0,50
Pedidos: - <u>deve</u> ser formulado pedido de concessão de efeito suspensivo (0,20).	0,00/0,20
- <u>pedido</u> de reforma da decisão que admitiu a denunciação da lide (0,40)	0,00/0,40
- <u>condenação</u> em custas (0,10) e honorários de advogado (0,10).	0,00/0,10/0,20
Fechamento: Local, data, assinatura e número de inscrição na OAB (0,10).	

MODELOS DE PEÇAS
E ESTRUTURA BÁSICA

1. PETIÇÃO INICIAL

1.1. ESTRUTURA BÁSICA

REQUISITOS	Art. 319, do CPC
COMPETÊNCIA	– Verificar se a competência para conhecer da ação é originária de primeiro grau ou se deve ser aforada em Tribunal. – Quanto à primeira instância, verificar o art. 109 da Constituição, a fim de apurar se a competência é da Justiça Federal. Não sendo, será da Justiça Estadual, desde que não se trate de caso afeto à Justiça especializada (trabalhista – art. 114 da CF, e eleitoral – art. 121 da CF). – No caso de competência da Justiça Federal, verificar se a ação pode ser aforada no Juizado Especial Cível Federal (Lei 10.259/2001). – Verificar lei de organização judiciária local. – A respeito da competência originária dos Tribunais, devem ser observados os dispositivos da Constituição Estadual local e também os da Constituição Federal – arts. 102 (STF), 105 (STJ), 108 (TRFs), 113 e 114 (TRTs), 118 a 121 (TREs).
QUALIFICAÇÃO	Inserir nomes, prenomes, estado civil, profissão, domicílio e residência do autor e do réu.
TRATAMENTO DAS PARTES	a) ações em geral: "autor" e "réu"; não há problema em se repetir várias vezes as palavras "autor" e "réu"; b) ações cautelares: "requerente" e "requerido"; não use essas expressões nas ações em geral, mas apenas nas ações cautelares; c) mandado de segurança: "impetrante" e "impetrado"; este também é chamado de autoridade coatora; d) execução: "exequente" e "executado"; e) ação trabalhista: "reclamante" e "reclamado".
FUNDAMENTOS FÁTICOS E JURÍDICOS	Estes requisitos tratam do seguinte: "DOS FATOS" (fundamentos de fato) e "DO DIREITO" (fundamentos jurídicos). A indicação dos **fundamentos fáticos** consiste na narrativa de fatos que constituam lesão ou ameaça de lesão a direito. Deve-se tomar cuidado para não falar do direito, mas apenas dos fatos que violam o direito.

FUNDAMENTOS FÁTICOS E JURÍDICOS	A indicação dos **fundamentos jurídicos** consiste na exposição dos dispositivos legais em que os fatos narrados se enquadram e que servirão de fundamento para fazer os pedidos, ao final. Assim, deve-se fazer a conexão dos fatos narrados com o direito aplicável. A melhor técnica é primeiro citar os dispositivos legais, e os princípios aplicáveis, para depois trazer a doutrina e a jurisprudência, nessa ordem. A parte dos fundamentos jurídicos ("DO DIREITO") assemelha-se a uma dissertação. Começa com uma tese, passa para o desenvolvimento e termina com uma conclusão, independentemente do pedido que se fará no outro capítulo da petição.
PEDIDO	O pedido deve ser certo e determinado. Mesmo nas ações que pedem dano moral, o autor deve indicar o valor que pretende (em reais, e não em salários mínimos). O pedido deve conter todas as pretensões do autor, pois, de acordo com a lei, "os pedidos são interpretados restritivamente" (art. 322, do CPC).
VALOR DA CAUSA	A lei determina que a toda causa será atribuído um valor certo, ainda que não tenha conteúdo econômico imediato (art.291, do CPC). O valor deve corresponder ao proveito econômico que o autor terá com a procedência da demanda. Há regras específicas sobre sua atribuição nos arts. 292 e 293,do CPC. Quando se tiver de atribuir um valor da causa apenas para fins de alçada, sem que se tenha como mensurar o proveito econômico que o autor teria com a ação, pode-se indicar o valor do salário mínimo vigente no momento como valor da causa.
PROVAS	O autor deve protestar pela produção de todos os tipos de prova admitidas no Direito, especificando desde já as provas que tem interesse em produzir, tais como testemunhal, documental, pericial etc.
PROVAS	É neste momento em que o autor, em qualquer procedimento, pode pedir a inversão do ônus da prova, cabível quando se está diante de uma relação de consumo. Vide art. 6.º, VIII, do CDC (inversão do ônus da prova) e art. 22 também do CDC (aplicação do CDC a órgãos públicos, quanto aos serviços públicos). De acordo com os elementos trazidos no problema ou no caso a resolver, o autor deve indicar com as expressões "DOC.1", "DOC.2" os documentos que detém para provar os fatos constitutivos do seu direito.
CITAÇÃO	O autor deve requerer a citação do réu por oficial de justiça, com os benefícios do art.212, § 2.º, do CPC.

1.2. MODELO – PETIÇÃO INICIAL

EXCELENTÍSSIMO SENHOR DOUTOR JUIZ DE DIREITO DA ... VARA ... DA COMARCA DE ... – ...

Pular 10 linhas

_____ *(qualificação do autor – nome, estado civil, profissão, endereço, CNPJ, endereço)*, vem mui respeitosamente à presença de Vossa Excelência, por meio de seu advogado e bastante procurador que esta subscreve (doc. 01 – mandato), com fundamento no art. ____ da Lei/Constituição, propor a presente

AÇÃO _____ *(indenizatória, anulatória, declaratória de nulidade, de revisão contratual etc.)*

em face da **FAZENDA DO ESTADO DE** _____, Pessoa Jurídica de Direito Público, com sede na _____, em virtude dos fatos elencados a seguir:

I – DOS FATOS

a) Tentar repetir, ao máximo, os fatos descritos na questão;

b) Relatar os acontecimentos em ordem cronológica, especificando cada ponto;

c) Tentar deixar o mais claro possível;

d) Mostrar de forma evidente o ato/fato causador do dano.

II – DO DIREITO *(Citar a lei, amarrada com os fatos, bem como legislação, doutrina e jurisprudência.)*

1. Da violação ao princípio da legalidade

(...)

2. Da violação ao princípio da moralidade

(...)

3. Da violação ao art. ____ da Lei _____

(...)

III – DO PEDIDO

Ante o exposto, é o presente para requerer a Vossa Excelência o quanto segue:

1. A citação da ré, no endereço declinado no pórtico desta inicial, para, querendo, contestar a presente ação no prazo legal, sob as penas da lei processual civil.

2. A procedência da ação para condenar ou anular ou revisar o contrato etc. ...

3. O protesto pela produção de prova documental e pericial, e de todos os meios probatórios em direito admitidos, ainda que não especificados na Lei processual civil, desde que moralmente legítimos (art.369, CPC).

(Se for o caso, deve-se pedir antecipação de tutela já no primeiro item do pedido.)

(Se for aplicável o CDC – art. 22 e art. 6.º, VIII, deve-se pedir a inversão do ônus da prova.)

(A depender da condição econômica dos autores, deve-se pedir os benefícios da justiça gratuita.)

Dá-se à causa o valor de R$ _____ (valor por extenso).

Termos em que pede deferimento.

Local ..., data...

Advogado ...

OAB ....

PRÁTICA ADMINISTRATIVA – 6ª EDIÇÃO 310

2. CONTESTAÇÃO

2.1. ESTRUTURA BÁSICA

REQUISITOS	Arts. 335, e seguintes, do CPC.
ENDEREÇAMENTO	Juízo ou Tribunal que efetivou a citação.
IDENTIFICAÇÃO DO PROCESSO	Indicação das partes, do número do processo e do nome da ação.
TRATAMENTO DAS PARTES	a) ações em geral: "autor" e "réu"; não há problema em se repetir várias vezes as palavras "autor" e "réu"; b) ações cautelares: "requerente" e "requerido"; não use essas expressões nas ações em geral, mas apenas nas ações cautelares; c) mandado de segurança: "impetrante" e "impetrado"; este também é chamado de autoridade coatora; d) execução: "exequente" e "executado"; e) ação trabalhista: "reclamante" e "reclamado".
FUNDAMENTOS FÁTICOS E JURÍDICOS	Estes requisitos tratam do seguinte: "DOS FATOS" (fundamentos de fato) e "DO DIREITO" (fundamentos jurídicos). Quanto à parte "I – DOS FATOS", pode se fazer a seguinte subdivisão: "1) Dos fatos alegados pelo autor" (aqui se faz um breve resumo da petição inicial); "2) Da verdade dos fatos" (aqui se conta a versão do réu sobre os fatos). Essa divisão é pertinente, principalmente quando houver controvérsia sobre como os fatos ocorreram.
FUNDAMENTOS FÁTICOS E JURÍDICOS	Quanto à parte "II – DO DIREITO", pode-se fazer a seguinte divisão: 1) Das preliminares; 2) Do mérito. Segundo o art. 337,do CPC é dever do réu discutir as preliminares processuais antes do mérito. As preliminares processuais são as seguintes: Incumbe ao réu, antes de discutir o mérito, alegar: I – inexistência ou nulidade da citação; II – incompetência absoluta e relativa; III – incorreção do valor da causa; IV – inépcia da petição inicial; V – perempção; VI – litispendência; VII – coisa julgada; VIII – conexão; IX – incapacidade da parte, defeito de representação ou falta de autorização; X – convenção de arbitragem; XI – ausência de legitimidade ou de interesse processual; XII – falta de caução ou de outra prestação que a lei exige como preliminar; XIII – indevida concessão do benefício de gratuidade de justiça. Há outras preliminares processuais no art.485, do CPC. Em seguida, discutem-se as preliminares de mérito. Nesse ponto deve-se discutir a prescrição e a decadência (elas estão dentro do item "Das preliminares"). Não está incorreto trazer o tema prescrição e decadência para dentro do capítulo "Do mérito". Por último deve o réu tratar do item "Do mérito". O réu deve manifestar-se precisamente sobre os fatos narrados na petição inicial. Cada fato apontado na petição inicial merece comentário, seja para negar o fato, seja para dizer que aquele fato não conduz ao direito que o autor alega ter. Além de se rebater os fatos e o direito alegados pelo autor, deve o réu citar legislação, doutrina e jurisprudência, nessa ordem.

PEDIDO	No caso de o réu alegar preliminares e mérito, deve, primeiro, pedir o reconhecimento da preliminar, com a extinção do processo correspondente e, subsidiariamente, pedir a improcedência da demanda, com extinção do processo com julgamento de mérito.
PROVAS	Nos termos do art. 336, do CPC compete ao réu especificar as provas que pretende produzir. Na verdade, o réu deve desde já apresentar as provas documentais que já existam. Depois da contestação, só poderá apresentar documentos novos (art. 434, do CPC). Já quanto às provas testemunhais e periciais, serão realizadas em momento oportuno.

2.2. MODELO – CONTESTAÇÃO

EXCELENTÍSSIMO SENHOR DOUTOR JUIZ DE DIREITO DA ... VARA ... DA COMARCA DE ...-... .

Pular 10 linhas

_____*(qualificação do réu – nome, estado civil, profissão, endereço, CNPJ, endereço)*, vem mui respeitosamente à presença de Vossa Excelência, por meio de seu advogado e bastante procurador que esta subscreve (doc. 01 – mandato), oferecer

CONTESTAÇÃO

à ação que lhe promove a **FAZENDA DO ESTADO DE** _____, pessoa jurídica de direito público interno, com sede na _____, nos termos dos fundamentos de fato e de direito a seguir aduzidos.

I – DOS FATOS

1. Dos fatos alegados pelo autor

(...)

2. Da verdade dos fatos

(...)

II – DO DIREITO

1. Das preliminares processuais

(*Vide* arts. 337 e 485, do CPC.)

2. Das preliminares de mérito

(Se houver prescrição ou decadência.)

3. Do mérito

(Citar a lei, amarrada com os fatos, bem como legislação, doutrina e jurisprudência.)

III – DO PEDIDO

Ante o exposto, é o presente para requerer que Vossa Excelência se digne em:

a) extinguir o processo, sem apreciação de mérito, nos termos do art.485, CPC;

PRÁTICA ADMINISTRATIVA – 6ª EDIÇÃO

b) subsidiariamente, julgar improcedente a presente demanda, por não existir o direito alegado pelo autor;

c) em qualquer caso, condenar o autor ao pagamento das custas e despesas processuais, bem como dos honorários advocatícios.

(A depender da condição econômica do réu, deve-se pedir os benefícios da justiça gratuita.)

O réu protesta pela produção de prova documental e pericial, e de todos os meios probatórios em direito admitidos, ainda que não especificados no Código de Processo Civil, desde que moralmente legítimos (art.369, CPC).

Dá-se à causa o valor de R$ _____ (valor por extenso).

Termos em que pede deferimento.

Local ..., data...

Advogado ...

OAB ....

3. RECURSOS

3.1. AGRAVO DE INSTRUMENTO

3.1.1. ESTRUTURA BÁSICA

FUNDAMENTO LEGAL	Art. 1015,e seguintes do CPC.
CABIMENTO	O recurso de agravo é aquele cabível contra decisões interlocutórias (art. 1015. do CPC).das CDcabDasdasd decias
	Decisão interlocutódasria é aquela que, sem pôr fim ao processo, resolve alguma questão incidente ou provoca algum gravame à parte ou ao interessado (art. 203, dasdasdas§ 2.º, do CPC).
	Só caberá **agravo de instrumento nas hipósteses taxativas dispostas no art.1015, CPC:** Cabe agravo de instrumento contra as decisões interlocutórias que versarem sobre:I – tutelas provisórias;II – mérito do processo;III – rejeição da alegação de convenção de arbitragem;IV – incidente de desconsideração da personalidade jurídica;V – rejeição do pedido de gratuidade da justiça ou acolhimento do pedido de Das sua revogação;VI – exibição ou posse de documento ou coisa;VII – exclusão de litisconsnasorte;VIII – rejeição do pedido de limitação do litisconsórcio;IX – admissão ou inadmissão de intervenção de terceiros;X – concessão, modificação ou revogação do efeito suspensivo aos embargos à execução;XI – redistribuição do ônus da prova nos termos do art. 373, § 1º;XII – (VETADO);XIII – outros casos expressamente referidos em leidas.
	Parágrafo único. Também caberá agravo de instrumento contra decisões interlocutórias proferidas na fase de liquidação de sentença ou de
	Contra Decisões Interlocutórias, nas seguintes hipóteses taxativas:
	1- tutelas provisórias
	2 - mérito do processo

	3 - rejeição da alegação de convenção de arbitragem
	
	4 - incidente de desconsideração da personalidade ju
	
	    1-tutelas provisórias
	
	    2-mérito do processo
	
	    3-rejeição da alegação da convenção de arbitragem
	
	    4-incidente de desconsideração da personalidade jurídica
	
	5 - rejeição do pedido de gratuidade da justiça ou acolhimento do pedido de sua revogação
	
	6 - exibição ou posse de documento ou coisa
	
	7 - exclusão de litisconsorte
	
	8 - rejeição do pedido de limitação do litisconsórcio
	
	9 - admissão ou inadmissão de intervenção de terceiros
	
	10 - concessão, modificação ou revogação do efeito suspensivo aos embargos à execução
	
	11 - redistribuição do ônus da prova nos termos do art.373, §1°
	
	12 - outros casos expressamente referidos em lei.
	
	13 - Também, contra decisões interlocutórias proferidas na fase de liquidação de sentença ou de cumprimento de sentença, no processo de execução e no processo de inventário.
	
	Poderá haver antecipação de tutela recursal, nas hipóteses previstas no art.932, II, CPC

PRAZO	15 dias (art.1003, §5°, CPC)
TRATAMENTO DAS PARTES	Agravante e agravado.
AGRAVO RETIDO	Não existe mais previsão de Agravo Retido no Novo Código de Processo Civil
PETIÇÃO DE INTER-POSIÇÃO DO AGRAVO DE INSTRU-MENTO	Será endereçada ao Presidente do Tribunal ao qual competir o conhecimento e o julgamento do recurso, identificará as partes, indicará que se trata de recurso de agravo de instrumento, fará requerimento de atribuição de efeito suspensivo ou tutela antecipada ao recurso e requererá a juntada das guias de custas de preparo, porte de remessa e retorno dos autos, se for o caso (art.1016, CPC)
MINUTA DE AGRAVO DE INSTRUMENTO	A minuta de agravo de instrumento fará um breve resumo, tratará da possibilidade de interposição do agravo de instrumento no caso), trará as razões para atribuição de efeito suspensivo ou de julgamento de tutela provisória ao recurso, trará as razões de mérito do recurso e conterá pedido para que o recurso seja recebido e processado, concedendo-se de imediato o efeito suspensivo ou ativo, e dando provimento ao recurso para o fim pretendido pelo agravante.
OUTROS REQUISI-TOS DO AGRAVO DE INSTRUMENTO	O agravente deverá, também, relacionar os documentos que instruem o recurso, bem como descrever o nome e o endereço das partes. Essas informações ficarão depois da assinatura do advogado e poderão constar tanto na Petição de interposição do agravo, como na minuta de Agravo de Instrumento.

PRÁTICA ADMINISTRATIVA – 6ª EDIÇÃO

3.1.2. MODELO – RECURSO – AGRAVO DE INSTRUMENTO

EXCELENTÍSSIMO SENHOR DOUTOR PRESIDENTE DO EGRÉGIO TRIBUNAL DE JUSTIÇA DO ESTADO DE ....

Pular 10 linhas

_____*(qualificação – nome, estado civil, profissão, endereço, CNPJ, endereço)*, por meio de seu advogado que este ato subscreve, com escritório na rua _____, CEP _____, na cidade de _____, estado de _____, vem, respeitosamente, à presença de Vossa Excelência, com fulcro nos arts. 1015, e seguintes do Código de Processo Civil, interpor o presente

AGRAVO DE INSTRUMENTO

contra a r. decisão de fls. ..., proferida pelo MM. Juízo da ... Vara ... da Comarca de ..., nos autos da Ação ..., autos nº ..., que lhe promove ... *(qualificação)*, nos termos das razões de fato e de direito apresentadas na minuta em anexo.

Requer, outrossim, a CONCESSÃO DE EFEITO SUSPENSIVO ao presente recurso, nos termos do art. 1019,do Código de Processo Civil, e das razões em anexo.

Requer, ainda, a juntada das guias de custas de preparo e porte de retorno dos autos, devidamente recolhidas.

Por fim, informa que, no prazo de 3 (três) dias, cumprirá o disposto no art. 1018, do Código de Processo Civil.

Termos em que pede deferimento.

Local / data.

Nome / OAB

PEÇAS QUE INSTRUEM O PRESENTE RECURSO

Peças obrigatórias (art.1017, do CPC):

procuração do agravante;

procuração do agravado;

cópia da petição inicial;

cópia da decisão agravada de fls.;

cópia da certidão da respectiva intimação ou outro documento oficial que comprove a tempestividade

cópia da contestação

petição que ensejou a decisão agravada

Peças facultativas (art.1017, II, do CPC):

Outras peças que o agravante reputar úteis

Nome, número de OAB e endereço dos procuradores das partes:

1) Do agravante: _____

2) Do agravado: _____

(A minuta deve ser apresentada na página seguinte.)

MINUTA DE AGRAVO DE INSTRUMENTO

Agravante: ...

Agravado: ...

Autor nº:...

Vara de origem: ....

EGRÉGIO TRIBUNAL,
COLENDA CÂMARA,
NOBRES JULGADORES.

I – BREVE RESUMO

(Breve relato do ocorrido na demanda até o momento da decisão recorrida.)

II – DO CABIMENTO DE AGRAVO DE INSTRUMENTO

(Demonstração da existência de uma das hipóteses da parte final do art.1015, do CPC.)

III – DAS RAZÕES DE FATO E DE DIREITO

(Fundamentos de fato e de direito que dão suporte ao provimento do recurso.)

IV – DA NECESSIDADE DE CONCESSÃO DE EFEITO SUSPENSIVO AO PRESENTE RECURSO

(Enquadramento do caso a uma das hipóteses do art. 1019, do CPC; se o objetivo for de conseguir uma decisão nova de urgência em sede de Tutela Antecipada Recursal

V – DO PEDIDO

Ante o exposto, requer que Vossa Excelência se digne de conceder o efeito suspensivo pleiteado, processando-se a irresignação na forma prevista no Código de Processo Civil, para, ao final, dar provimento ao recurso, reformando-se a decisão recorrida para o fim de *(exemplo: indeferir a tutela antecipada ou deferir a tutela antecipada)*.

Termos em que pede deferimento.

Local ..., data...

Advogado ...

OAB ....

PRÁTICA ADMINISTRATIVA – 6ª EDIÇÃO

3.2. APELAÇÃO

3.2.1. ESTRUTURA BÁSICA

FUNDAMENTO LEGAL	Art. 1009, e seguintes do CPC.
CABIMENTO	O recurso é cabível contra sentença (art.1009, do CPC). Para uma decisão ser considerada sentença da qual cabe apelação, ela há de extinguir a relação jurídica processual por inteiro, nos termos dos art. 485,do CPC (art.203, § 1.º).
PRAZO	15 dias.
TRATAMENTO DAS PARTES	Apelante e apelado.
PETIÇÃO DE INTERPOSIÇÃO	Deve ter os seguintes elementos: – endereçamento ao juízo recorrido; – nomes e qualificação das partes; se já houver qualificação nos autos, pode-se usar a expressão "já qualificado nos autos", para os recorrentes e recorridos; indicação de que se trata de recurso de apelação; – requerimento para que o recurso seja recebido em ambos os efeitos, com a devida motivação, se for o caso (arts. 1012, do CPC); – requerimento de juntada das guias de custas de preparo, porte de remessa e retorno dos autos, se for o caso.
RAZÕES DE RECURSO	Devem ter os seguintes requisitos (art. 1010, CPC): PPPe – breve resumo da demanda; fundamentos de fato e de direito do recurso; Pedido de provimento do recurso para reformar ou anular a sentença para algum fim (exemplo: provimento do recurso para reformar a decisão recorrida, julgando improcedente a demanda).

3.2.2. MODELO – RECURSO DE APELAÇÃO

EXCELENTÍSSIMO SENHOR DOUTOR JUIZ DE DIREITO DA ... VARA ... DA COMARCA DE ....

Pular 10 linhas

Autos n.º ....

..., qualificado nos autos, por meio de seu advogado que subscreve a presente, vem, respeitosamente, à presença de Vossa Excelência, com fulcro no art. 1009, e seguintes do Código de Processo Civil, interpor a presente

APELAÇÃO

contra a r. sentença de fls. ..., proferida por esse D. Juízo, na ação promovida por ..., já qualificado, nos termos das razões de fato e de direito apresentadas na minuta em anexo.

Requer, outrossim, que seja o presente recurso recebido nos efeitos devolutivo e suspensivo, intimando-se a parte contrária para, querendo, apresentar suas contrarrazões, no prazo legal.

Requer, em seguida, a remessa dos autos para o E. Tribunal de Justiça para processamento, conhecimento e julgamento.

Por fim, requer a juntada das custas de preparo e porte de remessa e retorno.

Termos em que pede deferimento.

Local ..., data...

Advogado ...

OAB ....

(As razões são na página seguinte)

RAZÕES DE RECURSO DE APELAÇÃO

Apelante: ... .

Apelado: ... .

EGRÉGIO TRIBUNAL,
COLENDA CÂMARA,
NOBRES JULGADORES.

I – BREVE RESUMO

(Breve relato do ocorrido na demanda até o momento da decisão recorrida.)

II – DAS RAZÕES DE FATO E DE DIREITO

(Fundamentos de fato e de direito que dão suporte ao provimento do recurso.)

IV – DO PEDIDO

Ante o exposto, requer que Vossa Excelência se digne de processar o presente na forma prevista no Código de Processo Civil para, ao final, dar provimento ao recurso a fim de reformar a sentença proferida pelo D. Juízo *a quo*, julgando procedente o pedido inicial, com a inversão do ônus sucumbencial.

Termos em que pede deferimento.

Local ..., data...

Advogado ...

OAB ....

3.3. RECURSOS EXTRAORDINÁRIO E ESPECIAL

3.3.1. ESTRUTURA BÁSICA

FUNDAMENTO LEGAL	Recurso extraordinário: art. 102, III, da CF; Recurso especial: art. 105, III, da CF.
CABIMENTO	O **recurso extraordinário**, a ser julgado pelo STF, cabe nas causas decididas em única ou última instância, quando a decisão recorrida (art. 102, III, da CF): a) contrariar dispositivo da Constituição; b) declarar a inconstitucionalidade de tratado ou lei federal; c) julgar válida lei ou ato de governo local contestado em face da Constituição; d) julgar válida lei local contestada em face de lei federal. O **recurso especial**, a ser julgado pelo STJ, cabe nas causas decididas em única ou última instância pelos TRFs ou TJs quando a decisão recorrida (art. 105, III, da CF): a) contrariar tratado ou lei federal, ou negar-lhes vigência; b) julgar ato de governo local contestado em face de lei federal; c) der a lei federal interpretação divergente da que lhe haja atribuído outro tribunal.
PRAZO	15 dias.
TRATAMENTO DAS PARTES	Recorrente e recorrido.
PETIÇÃO DE INTERPOSIÇÃO	Deve ter os seguintes elementos: – endereçamento ao presidente do tribunal recorrido; – nomes e qualificação das partes; se já houver qualificação nos autos, pode-se usar a expressão "já qualificado nos autos" para os recorrentes e recorridos; – indicação de que se trata de recurso extraordinário ou de recurso especial; – indicação de que preenche os pressupostos de admissibilidade, conforme as razões em anexo; – requerimento para que seja o recorrido intimado para apresentar contrarrazões, no prazo legal; – requerimento para que o recurso seja devidamente processado, em virtude de preencher os pressupostos de admissibilidade, remetendo-se os autos ao E. Supremo Tribunal Federal ou ao E. Superior Tribunal de Justiça para julgamento; – requerimento de juntada das guias de custas de preparo, porte de remess e retorno dos autos.
RAZÕES DE RECURSO	Devem ter os seguintes requisitos: – breve resumo da demanda; – demonstração do cabimento do recurso; aqui, deve-se enquadrar o recurso numa das hipóteses dos arts. 102, III, se for recurso extraordinário, e 105, III, se for recurso especial; – em se tratando de **recurso extraordinário**, demonstração da existência de repercussão geral, nos termos do art. 1035, do CPC; considera-se de repercussão geral as "questões relevantes do ponto de vista econômico, político, social ou jurídico, que ultrapassem os limites subjetivos da causa" (§ 1.º); haverá repercussão geral "sempre que o recurso impugnar decisão contrária a súmula ou jurisprudência dominante do Tribunal" (§ 3.º); – demonstração da existência de prequestionamento, ou seja, que a matéria levada à apreciação já foi debatida na esfera jurisdicional inferior; indicação do fato de que não se quer julgamento sobre questão de fato, mas sobre questão de direito; – razões fáticas e jurídicas do pedido de reforma da decisão recorrida; neste ponto, está-se diante do "Mérito"; – pedido de nova decisão (exemplo: provimento do recurso para decisã recorrida, julgando improcedente a demanda).

3.3.2. MODELO – RECURSO EXTRAORDINÁRIO

EXCELENTÍSSIMO SENHOR DOUTOR DESEMBARGADOR PRESIDENTE DO E. TRIBUNAL DE JUSTIÇA DO ESTADO DE ... .

Pular 10 linhas

Recurso n.º ... .

..., qualificado nos autos, por meio de seu advogado que subscreve a presente, vem, respeitosamente, à presença de Vossa Excelência, com fulcro no art. 102, III, alínea "___", da Constituição Federal, interpor o presente

RECURSO EXTRAORDINÁRIO

contra o v. acórdão de fls...., proferido por esse D. Tribunal de Justiça, no recurso em epígrafe, em que figura como *recorrido (ou recorrente)* ..., já qualificado, nos termos das razões de fato e de direito apresentadas na minuta em anexo.

Requer, outrossim, que seja o presente recurso devidamente recebido e processado, intimando-se a parte contrária para que ofereça, dentro do prazo legal, as contrarrazões.

Em seguida, requer que seja o recurso admitido, por preencher os requisitos legais e constitucionais, conforme demonstração nas razões em anexo, remetendo-se os autos ao Colendo Supremo Tribunal Federal.

Por fim, requer a juntada das custas de preparo, e porte de remessa e retorno.

Termos em que pede deferimento.

Local ..., data...

Advogado ...

OAB ....

(As razões são na página seguinte)

RAZÕES DE RECURSO EXTRAORDINÁRIO

Recorrente: ....

Recorrido: ....

SUPREMO TRIBUNAL FEDERAL
COLENDA TURMA

I – BREVE RESUMO

(Breve relato do ocorrido na demanda até o momento da decisão recorrida.)

II – DO CABIMENTO DO RECURSO

PRÁTICA ADMINISTRATIVA – 6ª EDIÇÃO

(Aqui, deve-se enquadrar o recurso numa das hipóteses do art. 102, III, da CF.)

III – DA EXISTÊNCIA DE REPERCUSSÃO GERAL

(Aqui, há de se demonstrar a existência de repercussão geral, nos termos do art.1035, CPC; considera-se de repercussão geral as "questões relevantes do ponto de vista econômico, político, social ou jurídico, que ultrapassem os limites subjetivos da causa (§ 1.º); haverá repercussão geral "sempre que o recurso impugnar decisão contrária a súmula ou jurisprudência dominante do Tribunal")

IV – DA EXISTÊNCIA DE PREQUESTIONAMENTO

(Aqui, há de se demonstrar que a matéria levada à apreciação já foi debatida na esfera jurisdicional inferior.)

V – DAS RAZÕES DE FATO E DE DIREITO

(fundamentos de fato e de direito que dão suporte ao provimento do recurso, deixando claro que não se quer modificar a moldura fática delineada pela instância anterior, mas apenas discutir questão de Direito)

VII – DO PEDIDO

Ante o exposto, requer que Vossa Excelência se digne de processar o presente na forma prevista no Código de Processo Civil para, ao final, dar provimento ao recurso, reformando--se (ou anulando-se) a r. decisão recorrida para o fim de julgar improcedente (ou procedente) a demanda.

Termos em que pede deferimento.

Local ..., data...

Advogado ...

OAB ....

3.3.3. MODELO – RECURSO ESPECIAL

EXCELENTÍSSIMO SENHOR DOUTOR DESEMBARGADOR PRESIDENTE DO E. TRIBUNAL DE JUSTIÇA DO ESTADO DE ... .

Pular 10 linhas

Recurso n.º ....

Nome ..., qualificado nos autos, por meio de seu advogado que subscreve a presente, vem, respeitosamente, à presença de Vossa Excelência, com fulcro no art. 105, III, alínea "___", da Constituição Federal, interpor o presente

RECURSO ESPECIAL

contra o v. acórdão de fls. ..., proferido por esse D. Tribunal de Justiça, no recurso em epígrafe, em que figura como recorrido (ou recorrente) ..., já qualificado, nos termos das razões de fato e de direito apresentadas na minuta em anexo.

Requer, outrossim, que seja o presente recurso devidamente recebido e processado, intimando-se a parte contrária para que ofereça, dentro do prazo legal, as contrarrazões.

Em seguida, requer que seja o recurso admitido, por preencher os requisitos legais e constitucionais, conforme demonstração nas razões em anexo, remetendo-se os autos ao Colendo Superior Tribunal de Justiça.

Por fim, requer a juntada das custas de preparo, e porte de remessa e retorno.

Termos em que pede deferimento.

Local ..., data...

Advogado ...

OAB ....

(As razões são na página seguinte)

RAZÕES DE RECURSO ESPECIAL

Recorrente: ....

Recorrido: ....

SUPERIOR TRIBUNAL DE JUSTIÇA
COLENDA TURMA

I – BREVE RESUMO

(Breve relato do ocorrido na demanda até o momento da decisão recorrida.)

II – DO CABIMENTO DO RECURSO

(Aqui, deve-se enquadrar o recurso numa das hipóteses do art. 105, III, da CF.)

III – DA EXISTÊNCIA DE PREQUESTIONAMENTO

(Aqui, há de se demonstrar que a matéria levada à apreciação já foi debatida na esfera jurisdicional inferior.)

IV – DAS RAZÕES DE FATO E DE DIREITO

(Fundamentos de fato e de direito que dão suporte ao provimento do recurso, deixando claro que não se quer modificar a moldura fática delineada pela instância anterior, mas apenas discutir questão de Direito.)

PRÁTICA ADMINISTRATIVA – 6ª EDIÇÃO

V – DO PEDIDO

Ante o exposto, requer que Vossa Excelência se digne de processar o presente na forma prevista no Código de Processo Civil, para, ao final, dar provimento ao recurso, reformando-se (ou anulando-se) a r. decisão recorrida, para o fim de julgar improcedente (ou procedente) a demanda.

Termos em que pede deferimento.

Local ..., data...

Advogado ...

OAB ....

3.4. RECURSO ORDINÁRIO CONSTITUCIONAL

3.4.1. ESTRUTURA BÁSICA

FUNDAMENTO LEGAL	arts. 102, II, e 105, II, da CF.
CABIMENTO	O recurso ordinário constitucional, **a ser julgado pelo STF** cabe nas causas que julgarem crime político e no *habeas corpus*, mandado de segurança, *habeas data* e mandado de injunção decididos em única instância pelos Tribunais Superiores, se denegatória a decisão (art. 102, II, da CF);
	Já o recurso ordinário constitucional, **a ser julgado pelo STJ**, cabe para este julgar (art. 105, II, da CF):
	a) os *habeas corpus* decididos em única ou última instância pelos TRFs ou pelos TJs quando a decisão for denegatória;
	b) os mandados de segurança decididos em única instância pelos TRFs ou pelos TJs quando denegatória a decisão;
	c) as causas em que forem partes Estado estrangeiro ou organismo internacional, de um lado, e, do outro, Município ou pessoa residente ou domiciliada no País.
PRAZO	15 dias.
TRATAMENTO DAS PARTES	Recorrente e recorrido.
PETIÇÃO DE INTERPOSIÇÃO	Devem ter os seguintes elementos: – endereçamento ao presidente do tribunal recorrido; – nomes e qualificação das partes; se já houver qualificação nos autos, pode-se usar a expressão "já qualificado nos autos" para os recorrentes e recorridos; – indicação de que se trata de "recurso ordinário em (....)"; pode ser "em mandado de segurança", "em *habeas corpus*", "em *habeas data*" etc. – indicação de que preenche os pressupostos de admissibilidade, conforme as razões em anexo; – requerimento para que seja o recorrido intimado para apresentar contrarrazões, no prazo legal; – requerimento para que o recurso seja devidamente processado, em virtude de preencher os pressupostos de admissibilidade, remetendo-se os autos ao E. Supremo Tribunal Federal ou ao E. Superior Tribunal de Justiça para julgamento; – requerimento de juntada das guias de custas de preparo, porte de remessa e retorno dos autos.

MODELOS DE PEÇAS

RAZÕES DE RECURSO	Devem ter os seguintes requisitos: – breve resumo da demanda; – demonstração do cabimento do recurso; aqui, deve-se enquadrar o recurso numa das hipóteses dos arts. 102, II, se for de competência do STF, e 105, III, se for de competência do STJ; – razões fáticas e jurídicas do pedido de reforma da decisão recorrida; neste ponto, está-se diante do "Mérito"; – pedido de nova decisão (exemplo: provimento do recurso para reformar a decisão recorrida, concedendo a segurança).

3.4.2. MODELO – RECURSO ORDINÁRIO CONSTITUCIONAL

EXCELENTÍSSIMO SENHOR DOUTOR PRESIDENTE DO E. ... *(verificar o tribunal que julgou a ação em única instância)*.

Pular 10 linhas

Ação n.º _____.

Nome ..., qualificado nos autos, por meio de seu advogado que subscreve a presente, vem, respeitosamente, à presença de Vossa Excelência, com fulcro no artigo *(102, II, "a" ou 105, II, alínea "b")* da Constituição Federal, interpor o presente

RECURSO ORDINÁRIO CONSTITUCIONAL

contra o v. acórdão de fls. ..., proferido por esse D. Tribunal, na ação em epígrafe, em que figura *no polo passivo* ..., já qualificado, nos termos das razões de fato e de direito apresentadas na minuta em anexo.

Requer, outrossim, que seja o presente recurso devidamente recebido e processado, intimando-se a parte contrária para que ofereça, dentro do prazo legal, as contrarrazões, remetendo-se, ao final, os autos ao Colendo *(STF ou STJ)*.

Por fim, requer a juntada das despesas.

Termos em que pede deferimento.

Local ..., data...

Advogado ...

OAB ....

(As razões são na página seguinte)

PRÁTICA ADMINISTRATIVA – 6ª EDIÇÃO

RAZÕES DE RECURSO ORDINÁRIO CONSTITUCIONAL

Recorrente: ... .

Recorrido: ... .

SUPREMO TRIBUNAL FEDERAL
(OU SUPERIOR TRIBUNAL DE JUSTIÇA)
COLENDA TURMA

I – BREVE RESUMO

(Breve relato do ocorrido na demanda até o momento da decisão recorrida.)

II – DO CABIMENTO DO RECURSO

(Aqui, deve-se enquadrar o recurso numa das hipóteses dos arts. 102, II, ou 105, II, da CF.)

III – DAS RAZÕES DE FATO E DE DIREITO

(Fundamentos de fato e de direito que dão suporte ao provimento do recurso, deixando claro que não se quer modificar a moldura fática delineada pela instância anterior, mas apenas discutir questão de Direito.)

IV – DO PEDIDO

Ante o exposto, requer que Vossa Excelência se digne de processar o presente na forma prevista no Código de Processo Civil para, ao final, dar provimento ao recurso, reformando-se (ou anulando-se) a r. decisão recorrida para conceder a segurança para o fim de ... .

Termos em que pede deferimento.

Local ..., data...

Advogado ...

OAB ....

4. AÇÃO RESCISÓRIA

4.1. ESTRUTURA BÁSICA

COMPETÊNCIA	a) do Tribunal competente para o julgamento da apelação contra a sentença; b) do STF e do STJ, em caráter originário, quanto às ações rescisórias de suas decisões (arts. 102, I, *j*, e 105, I, *e*, ambos da CF).
PARTES	a) tratamento: autor e réu; b) legitimidade: art. 967,do CPC.

HIPÓTESES DE CABIMENTO	São necessários os seguintes requisitos: a) sentença (ou acórdão) de mérito; b) trânsito em julgado; c) presença de uma das hipóteses do art. 966, do CPC.
PRAZO	O direito de propor ação rescisória se extingue em 2 anos, contados do trânsito em julgado da decisão (art. 975, CPC); O STF entendeu inconstitucional prazo diferenciado para a Fazenda Pública.
FUNDAMENTO LEGAL	Art. 966, do CPC.
PEDIDO	a) liminar cautelar ou tutela antecipada, quando couber (art. 969, do CPC); b) citação; c) procedência para: rescindir a sentença ou o acórdão (pedido rescindendo ou de rescisão); novo julgamento da demanda (pedido rescisório); d) juntada da guia de 5% sobre o valor da causa (art. 968, II,do CPC).
PROVAS	Protestar pela produção de provas que puderem demonstrar a veracidade dos fatos alegados.
VALOR DA CAUSA	Valor da sentença rescindenda.

4.2. MODELO – PETIÇÃO INICIAL DE AÇÃO RESCISÓRIA

EXCELENTÍSSIMO SENHOR DOUTOR DESEMBARGADOR PRESIDENTE DO E. TRIBUNAL DE JUSTIÇA DO ESTADO DE ... .

(verificar se não se trata da competência de algum TRF ou do STF ou do STJ)

Pular 10 linhas

Nome...... *(qualificação do autor – nome, estado civil, profissão, endereço, CNPJ, endereço)*, vem mui respeitosamente à presença de Vossa Excelência, por meio de seu advogado e bastante procurador que esta subscreve (doc. 01 – mandato), com fundamento no art. 485 e seguintes do Código de Processo Civil, propor a presente

AÇÃO RESCISÓRIA

da r. sentença de mérito transitada em julgado, prolatada no bojo da *ação indenizatória* ...., promovida pelo autor em face da FAZENDA DO ESTADO DE _____, Pessoa Jurídica de Direito Público, com sede na _____, em virtude dos fatos elencados a seguir:

I – DOS FATOS

a) Tentar repetir, ao máximo, os fatos descritos na questão.

PRÁTICA ADMINISTRATIVA – 6ª EDIÇÃO

b) Relatar os acontecimentos em ordem cronológica, especificando cada ponto.

c) Tentar deixar o mais claro possível.

d) Mostrar de forma evidente o ato/fato que dá ensejo a uma das hipóteses do art. 966, do CPC, sem fazer a qualificação jurídica, por enquanto.

II – DA TEMPESTIVIDADE

Explicar que ação está sendo promovida no prazo previsto no art. 975, do CPC.

III – DO DIREITO

(Citar a lei, amarrada com os fatos, bem como legislação, doutrina e jurisprudência.)

1. Do pedido rescindendo

(Explicar por que a sentença ou o acórdão deve ser objeto de rescisão, enquadrando o fato narrado a uma das hipóteses do art. 966, do CPC.)

2. Do pedido de novo julgamento

(Explicar o que se quer e as razões do pedido de novo julgamento.)

IV – DO PEDIDO

Ante o exposto, é o presente para requerer a Vossa Excelência o quanto segue:

1. A citação da ré, no endereço declinado no pórtico desta inicial, para, querendo, contestar a presente ação no prazo legal sob as penas da lei processual civil;

2. A procedência da ação para rescindir a r. sentença de mérito proferida pelo _____, promovendo-se novo julgamento para o fim de condenar ou anular ou revisar o contrato etc....

3. O protesto pela produção de provas admitidas em direito.

4. A juntada da guia de depósito na importância de 5% do valor da causa, nos termos do art.968, II, do CPC.

(Se for o caso, deve-se pedir antecipação de tutela já no primeiro item do pedido.)

(Se for aplicável o CDC – art. 22 e art. 6.º, VIII, deve-se pedir a inversão do ônus da prova.)

(A depender da condição econômica dos autores, deve-se pedir os benefícios da justiça gratuita.)

Dá-se à causa o valor de R$ ... (valor por extenso).

Termos em que pede deferimento.

Local ..., data...

Advogado ...

OAB ....

5. AÇÕES ESPECÍFICAS

5.1. DESAPROPRIAÇÃO

5.1.1. ESTRUTURA BÁSICA – PETIÇÃO INICIAL DE AÇÃO DE DESAPROPRIAÇÃO

COMPETÊNCIA	O foro competente para o julgamento de ação de desapropriação é o da situação da área desapropriada. No caso da Justiça Federal, a regra permanece, ou seja, é competente o juízo federal onde se situa o imóvel objeto da demanda.
TRATAMENTO DAS PARTES	Autor e réu.
FUNDAMENTOS FÁTICOS E JURÍDICOS	A petição inicial conterá: a) preenchimento dos requisitos previstos no art. 319, do CPC; b) oferta do preço; c) exemplar do contrato, ou do jornal oficial, em que foi publicado o decreto (serve cópia autenticada); d) planta ou descrição do bem e suas confrontações. Deve-se indicar o caso de utilidade pública, necessidade pública ou interesse social que fundamenta a desapropriação – *vide* art. 5.º do Dec.-lei 3.365/41, art. 2.º da Lei 4.132/62, art. 2.º da Lei 8.629/93, art. 8.º da Lei 10.257/2001, e os dispositivos constitucionais pertinentes; arts. 5.º, XXIV, 182 e 183.
PEDIDO	Procedência da presente ação para o fim de decretar-se por sentença a desapropriação da área descrita na planta juntada aos autos, com sua consequente incorporação ao patrimônio do ente, condenando-se o réu ao pagamento das custas e despesas processuais, inclusive honorários advocatícios.
VALOR DA CAUSA	Deve ser o valor da oferta feita pelo Poder Público.
PROVAS	Deve-se protestar pela produção de prova documental e pericial, e de todos os meios probatórios em direito admitidos, ainda que não especificados no CPC, desde que moralmente legítimos (CPC, art.369).
CITAÇÃO	O autor deve requerer a citação do réu.

5.2. MODELO – PETIÇÃO INICIAL DE AÇÃO DE DESAPROPRIAÇÃO

EXCELENTÍSSIMO SENHOR DOUTOR JUIZ DE DIREITO DA ... VARA DA FAZENDA PÚBLICA DA COMARCA DE ... – ... .

Pular 10 linhas

MUNICIPALIDADE DE ..., pessoa jurídica de direito público interno, com sede na ..., vem mui respeitosamente à presença de Vossa Excelência, por meio de seu procurador que esta subscreve (doc. 01), com fundamento no art. 5.º, XXIV, da Constituição Federal, e no art. 5.º do Decreto-lei 3.365/41 *(indicar o caso de utilidade pública, necessidade pública ou interesse social que fundamenta a desapropriação – vide art. 5.º do Dec-lei 3.365/41, art. 2.º da Lei 4.132/62, art. 2.º da Lei 8.629/93, art. 8.º da Lei 10.257/2001, e os respectivos dispositivos constitucionais)* propor a competente

AÇÃO DE DESAPROPRIAÇÃO

em face de _____, qualificação (nome, *estado civil, profissão, endereço e documentos)*, proprietário do imóvel sito na rua _____, em virtude dos fatos elencados a seguir:

I – DOS FATOS

1) *Tentar repetir, ao máximo, os fatos descritos na questão.*

2) *Relatar os acontecimentos em ordem cronológica, especificando cada ponto.*

Conforme o Decreto Municipal n.º _____, foi declarado de utilidade pública, para fins de desapropriação (doc. 2 – Diário Oficial), o imóvel urbano sito na _____, objeto do registro na matrícula n.º _____, do ___ Registro de Imóveis desta Capital (doc. 3 – Certidão do Registro de Imóveis).

O imóvel é de propriedade dos expropriados, conforme referida documentação (doc. 3).

A área expropriada é necessária para a realização de abertura de via pública, conforme o novo Plano Viário Municipal.

Segue, em anexo, planta com descrição do bem e de suas confrontações (doc. 4).

Conforme laudo de avaliação, o preço ofertado para o imóvel em tela é de R$ _____ (doc. 5).

Tentou-se composição amigável com os réus, o que resultou infrutífero (doc. 6).

Por outro lado, a Municipalidade necessita urgente de se imitir na posse do imóvel para efetuar o melhoramento público referido.

II – DO DIREITO

1. Da desapropriação

Nos termos do art. 5.º do Decreto-lei 3.365/41, considera-se caso de utilidade pública:

> *"i) a abertura, conservação e melhoramento de vias ou logradouros públicos; a execução de planos de urbanização, o parcelamento do solo, com ou sem edificação, para sua melhor utilização econômica, higiênica ou estética; a construção ou ampliação de distritos industriais." (g.n.)*

O Decreto Expropriatário apresentou os três requisitos da declaração de utilidade pública: a) o fundamento legal que embasa a desapropriação (art. 5.º, *i*, do Decreto-lei 3.365/41), b) a destinação específica a ser dada ao bem (abertura da rua X, nos termos do novo Plano Viário da Cidade); e c) a identificação do bem expropriado (conforme certidão e planta apresentadas).

A petição inicial está em termos. Cumpre os requisitos do art. 319, do CPC. Traz o Diário Oficial com a publicação do decreto expropriatário, a planta com a descrição do bem (e de suas confrontações) e a oferta de preço para aquisição do imóvel (docs. 3 a 5).

Também ficou demonstrado o interesse de agir, com a recusa do expropriado à proposta formulada pela autora (doc. 6).

MODELOS DE PEÇAS

2. Da imissão provisória na posse

Nos termos do art. 15, *caput*, do Decreto-lei 3.365/41 há dois requisitos para que seja deferido o pedido de imissão provisória na posse, em favor do expropriante. São eles: a) alegação de urgência; b) depósito da quantia arbitrada.

Quanto ao primeiro requisito, o decreto expropriatório declarou urgência para fins de imissão provisória na posse *(caso não haja declaração no decreto, pode-se alegar urgência na própria petição inicial)*.

Quanto ao segundo requisito, a Municipalidade apresenta oferta consistente no valor venal do imóvel, oferta que requer que seja acolhida por esse D. Juízo, eis que em acordo com o art. 15, § 1.º, do Decreto-lei 3.365/41 *(caso não haja especificação da oferta apresentada, deve-se dizer que "a Municipalidade apresenta oferta que requer seja acolhida por esse D. Juízo, eis que em acordo com o art. 15, § 1.º, do Decreto-lei 3.365/41")*.

Assim sendo, o pedido preenche os requisitos previstos em lei.

III – DO PEDIDO

Ante o exposto, é o presente para requerer a Vossa Excelência o quanto segue:

1) A citação da ré, no endereço declinado no pórtico desta inicial, para, querendo, contestar a presente ação no prazo legal, sob pena de confissão e revelia.

2) O deferimento do pedido de imissão provisória na posse, expedindo-se o respectivo mandado.

3) O protesto pela indicação oportuna de seu assistente técnico e os quesitos pertinentes.

4) A procedência da presente ação, para o fim de decretar-se por sentença a desapropriação da área descrita na planta juntada aos autos, com sua consequente incorporação ao patrimônio da Municipalidade de _____, condenando-se a requerida ao pagamento das custas e despesas processuais, inclusive honorários advocatícios.

5) O protesto pela produção de prova documental e pericial, e de todos os meios probatórios em direito admitidos, ainda que não especificados no CPC, desde que moralmente legítimos (CPC, art.369).

Dá-se à causa o valor de R$ ...*(valor da oferta escrito por extenso).*

Termos em que pede deferimento.

Local ..., data...

Advogado ...

OAB ....

5.3. ESTRUTURA BÁSICA – CONTESTAÇÃO EM AÇÃO DE DESAPRO-PRIAÇÃO

ENDEREÇAMENTO	Juízo que efetivou a citação.
TRATAMENTO DAS PARTES	Autor e réu.

PRÁTICA ADMINISTRATIVA – 6ª EDIÇÃO 330

FUNDAMENTOS FÁTICOS E JURÍDICOS	O réu na ação expropriatória só poderá apresentar os seguintes fundamentos (art. 20 do Dec.-lei 3.365/41): a) vício do processo judicial; b) indenização injusta, ou seja, insuficiente; c) direito de extensão da área a ser desapropriada, quando a área que restará da expropriação se tornar inútil ou de difícil utilização. Outras questões devem ser discutidas em ação própria, salvo situações de patente desvio de finalidade.
PEDIDO	Dependerá do fundamento da defesa. Se só houver impugnação do preço, deve-se pedir a fixação de indenização no valor que for apurado em perícia, com todos os consectários legais.
PROVAS	Deve-se protestar pela produção de prova documental e pericial, e de todos os meios probatórios em direito admitidos, ainda que não especificados no CPC, desde que moralmente legítimos (CPC, art.369).

5.4. MODELO – CONTESTAÇÃO EM AÇÃO DE DESAPROPRIAÇÃO

EXCELENTÍSSIMO SENHOR DOUTOR JUIZ DE DIREITO DA ... VARA DA FAZENDA PÚBLICA DA COMARCA DE ... – ....

Pular 10 linhas

Processo n.º ....

Ação de Desapropriação.

Nome *... (qualificação do autor – nome, estado civil, profissão, endereço, CNPJ, endereço)*, por seu advogado adiante assinado, (doc.1 – mandato), *com escritório profissional na Rua _____, nesta cidade,* onde recebe intimações e notificações, vem, respeitosamente, à presença de V. Exa., oferecer, no tempo e modo devido, sua

CONTESTAÇÃO

à AÇÃO DE DESAPROPRIAÇÃO em epígrafe, que lhe promove a MUNICIPALIDADE DE ..., pessoa jurídica de direito público interno, já qualificada na inicial, pelos motivos de fato e de direito a seguir aduzidos.

I – DOS FATOS

A autora alega que expediu decreto expropriatório, com o cumprimento dos requisitos legais, declarando de utilidade pública o imóvel sito na _____, de propriedade do ora contestante, para fins de realização de abertura de via pública, conforme o novo Plano Viário Municipal.

A autora também aduz que ofertou, extrajudicialmente, valor suficiente para indenizar o réu pela perda da propriedade, valor esse que novamente oferece em juízo.

Todavia, há dois fatos extremamente relevantes que não foram narrados na petição inicial.

O primeiro diz respeito ao valor do metro quadrado calculado pela autora para o local. Essa quantia, como se demonstrará nesta demanda, está muito aquém do valor do metro quadrado para a região, mormente se considerarmos as condições especiais do imóvel do réu. Para se ter ideia da diferença, *vide* as cotações feitas por imobiliárias locais (doc. 2 – avaliações). *(verificar na questão que tipo de elemento se tem para contrariar o valor oferecido pelo autor)*

(Aqui, há de se verificar, também, se não há outros danos emergentes e lucros cessantes a serem inseridos na indenização; exemplo: mudança, fundo de comércio do proprietário etc.)

O segundo ponto diz respeito a fato de a declaração de utilidade pública ter abarcado apenas parte do imóvel do réu, ou seja, está-se diante de desapropriação parcial. E a parte que remanescerá ao ora contestante ficará esvaziada economicamente, pois não terá utilidade, dado seu reduzido tamanho e sua localização *(inserir essa defesa para o caso de realmente existir desapropriação parcial, com direito de extensão; o esvaziamento econômico pode decorrer do tamanho, da localização encravada, da topografia, da geometria etc.)*

(Aqui é o momento de trazer à tona eventual "vício do processo judicial", "vício no decreto expropriatório", neste caso desde que estejam patentemente comprovados.)

II – DO DIREITO

1. Da justa indenização

A Constituição Federal, em seu art. 5.º, XXIV, dispõe o seguinte:

> *"XXIV – a lei estabelecerá o procedimento para desapropriação por necessidade ou utilidade pública, ou por interesse social, mediante justa e prévia indenização em dinheiro, ressalvados os casos previstos nesta Constituição." (g.n.)*

O art. 27 do Decreto-lei 3.365/41, por sua vez, assevera o seguinte:

> *"Art. 27. O juiz indicará na sentença os fatos que motivaram o seu convencimento e deverá atender, especialmente, à estimação dos bens para efeitos fiscais; ao preço de aquisição e interesse que deles aufere o proprietário; à sua situação, estado de conservação e segurança; ao valor venal dos da mesma espécie, nos últimos 5 (cinco) anos, à valorização ou depreciação de área remanescente, pertencente ao réu." (g.n.)*

Ora, da leitura do texto constitucional percebe-se que a indenização não pode levar em conta somente o valor venal do imóvel. O texto constitucional exige indenização justa, ou seja, indenização que reflita o real valor de mercado do imóvel, e que contemple, também, os demais consectários previstos em lei.

No caso em tela, a oferta apresentada não está de acordo com o valor de mercado do imóvel, seja porque o valor venal não corresponde ao valor de mercado da região, seja porque não se levou em conta as características particulares do imóvel em tela, consistente na sua localização privilegiada na região e no seu estado de conservação, circunstâncias que, segundo o art. 27 do Decreto-lei citado, devem ser levadas em conta pelo juiz na fixação do *quantum* indenizatório.

PRÁTICA ADMINISTRATIVA – 6ª EDIÇÃO

Assim, não pode prevalecer o valor ofertado pela autora, que contraria tanto o texto constitucional, como o texto da Lei de Desapropriações, conforme avaliações ora apresentadas e conforme também será demonstrado por ocasião da prova pericial.

2. Do direito de extensão

Não bastasse o valor incorreto no metro quadrado do imóvel do ora contestante, a desapropriação em curso também afeta outro direito do réu, qual seja, o direito de extensão.

Isso porque, como se viu, a desapropriação é parcial e a área remanescente ficará esvaziada economicamente, em virtude de seu reduzido tamanho e do fato de ter ficado encravada, inviabilizando, assim, qualquer tipo de aproveitamento.

Para esse tipo de situação a doutrina e a jurisprudência vêm reconhecendo o direito de extensão, pelo qual a desapropriação deve abarcar todo o imóvel, com a indenização correspondente.

O fundamento jurídico desse direito também é a norma constitucional que determina a fixação da justa indenização (art. 5.º, XXIV). Isso porque, caso o expediente da desapropriação parcial com esvaziamento econômico da área remanescente não fosse impedido, a justa indenização, por vias transversas, estaria sendo prejudicada.

III – DO PEDIDO

Ante o exposto, é o presente para requerer a Vossa Excelência o quanto segue:

1. A realização de prova pericial para determinar o valor da justa indenização *prova que deverá levar em conta a totalidade do imóvel, e não só a parte prevista no decreto expropriatório (esta segunda parte só existirá se houver o direito de extensão).*

2. O protesto pela indicação oportuna de seu assistente técnico e dos quesitos pertinentes.

3. A fixação de indenização que leve em conta os critérios legais e as avaliações ora apresentadas, que apontam para o valor de R$ _____ para a totalidade do imóvel, e, subsidiariamente, para o valor de R$ _____ para a parte do imóvel prevista no decreto expropriatório, julgando a demanda parcialmente procedente, com a fixação de:

– juros compensatórios pela imissão provisória no imóvel, juros esses devidos desde a imissão provisória na posse e que, na forma da Súmula 618 do STF, devem ser de 12% ao ano, em virtude da suspensão, pelo STF (ADI 2.332-2), da parte do art. 15-A do Decreto-lei 3.365/41, que fixava tais juros em até 6% ao ano; conforme a mesma decisão do STF, a base de cálculo dos juros compensatórios deve ser a diferença eventualmente apurada entre 80% do preço ofertado em juízo e o valor do bem fixado na sentença *(fazer esse pedido para o caso de ter sido realizada imissão provisória na posse)*;

– juros moratórios, na forma do art. 100, § 12, da Constituição Federal;

– correção monetária, contada desde a realização do laudo pericial que fixar o valor do bem expropriado;

– custas e despesas processuais, bem como honorários advocatícios, estes no valor máximo de 5% da diferença entre o valor oferecido pelo Poder Público e o valor fixado pelo Poder Judiciário, sem qualquer limitação do valor apurado;

– os juros compensatórios serão calculados sobre o valor total da indenização, corrigido monetariamente (Súmula 113 do STJ);

– os honorários advocatícios incidirão, também, sobre as parcelas relativas aos juros compensatórios e moratórios, devidamente corrigidos (Súmula 131 do STJ).

4. O protesto pela produção de prova documental e pericial, e de todos os meios probatórios em direito admitidos, ainda que não especificados no CPC, desde que moralmente legítimos (CPC, art.369).

Termos em que pede deferimento.

Local ..., data...

Advogado ...

OAB ....

5.5. ESTRUTURA BÁSICA – PETIÇÃO INICIAL DE AÇÃO DE INDENIZAÇÃO POR DESAPROPRIAÇÃO INDIRETA

COMPETÊNCIA	O foro competente para o julgamento de ação de desapropriação é o do local do imóvel.
TRATAMENTO DAS PARTES	Autor e réu.
FUNDAMENTOS FÁTICOS E JURÍDICOS	Deve-se narrar que o autor é o legítimo proprietário e que o Poder Público se apropriou de seu imóvel, ao nele ingressar e implantar atividade de interesse público, o que gerou o direito à indenização pleiteada.
	O fundamento desse direito é o próprio art. 35 do Dec.-lei 3.365/41, que assegura que "os bens expropriados, uma vez incorporados à Fazenda Pública, não podem ser objeto de reivindicação, ainda que fundada em nulidade do processo de desapropriação. Qualquer ação, julgada procedente, resolver-se-á em perdas e danos". Trata-se do princípio do fato consumado.
	Também fundamentam o instituto o art. 5.º, XXIV, da CF, e o art. 15, § 3.º, do Dec.-lei 3.365/41.
PEDIDO	Procedência da presente ação, para o fim de condenar o Poder Público a pagar a indenização apurada em perícia.
VALOR DA CAUSA	Deve ser o valor das avaliações extrajudiciais feitas pelo autor da ação.
PROVAS	Deve-se protestar pela produção de prova documental e pericial, e de todos os meios probatórios em direito admitidos, ainda que não especificados no CPC, desde que moralmente legítimos (CPC, art.369).
CITAÇÃO	O autor deve requerer a citação do réu.

PRÁTICA ADMINISTRATIVA – 6ª EDIÇÃO 334

5.6. MODELO – PETIÇÃO INICIAL DE AÇÃO DE INDENIZAÇÃO POR DESAPROPRIAÇÃO INDIRETA

EXCELENTÍSSIMO SENHOR DOUTOR JUIZ DE DIREITO DA ... VARA DA COMARCA DE ... – ....

Pular 10 linhas

NOME ... *(qualificação do autor – nome, estado civil, profissão, endereço, CNPJ, endereço)*, vem mui respeitosamente à presença de Vossa Excelência, por meio de seu advogado e bastante procurador que esta subscreve (doc. 01 – mandato), com fundamento no art. 5.º, XXIV, da Constituição Federal, e nos arts. 15-A, § 3.º, e 35 do Decreto-lei 3.365/41, propor a competente

AÇÃO DE INDENIZAÇÃO POR DESAPROPRIAÇÃO INDIRETA

em face da **MUNICIPALIDADE DE** _____, Pessoa Jurídica de Direito Público, com sede na _____em virtude dos fatos elencados a seguir:

I – DOS FATOS

a) Tentar repetir, ao máximo, os fatos descritos na questão.

b) Relatar os acontecimentos com uma ordem cronológica, especificando cada ponto.

c) Tentar deixar o mais claro possível.

d) Mostrar de forma evidente o ato/fato causador do dano.

No dia _____, o autor, ao comparecer no imóvel sito na rua _____, número _____, de sua propriedade (doc. 2 – documento comprobatório da propriedade), constatou que a Municipalidade tinha invadido o bem, nele fazendo obras de pavimentação para alargar a citada rua.

A constatação de que o Poder Público havia se apropriado do bem, ainda que de modo irregular e abusivo, fez com que o autor buscasse a Municipalidade para receber indenização cabal pelos prejuízos sofridos.

Todavia, o autor não logrou êxito nesse intento, o que o leva a propor a presente ação indenizatória.

II – DO DIREITO

1. Do fundamento jurídico da presente ação indenizatória

É pacífico na doutrina e na jurisprudência que, quando o Poder Público se apropria de bem particular, sem observância dos requisitos do processo de indenização, o lesado tem direito de buscar a devida indenização junto ao Poder Judiciário.

O fundamento maior desse direito é o art. 5.º, XXIV, que dispõe que a desapropriação requer pagamento de prévia e **justa** indenização em dinheiro.

O art. 35 do Decreto-lei 3.365/41, por sua vez, assevera que "os bens expropriados, uma vez incorporados à Fazenda Pública, não podem ser objeto de reivindicação, ainda que fundada em nulidade do processo de desapropriação". O mesmo dispositivo dispõe que eventuais problemas devem ser resolvidos por meio de indenização por perdas e danos. Esse dispositivo deixa claro que a única alternativa para um caso como o presente é intentar ação indenizatória, já que, uma vez incorporado o bem ao patrimônio público, não é possível desfazer essa situação.

Por fim, o § 3.º do art. 27 do Decreto-lei 3.365/41, parágrafo acrescentado pela Medida Provisória 2.183-56/01, dispõe que a disciplina dos juros compensatórios, em matéria de desapropriação, vale também para "as ações ordinárias de indenização por apossamento administrativo ou desapropriação indireta". Essa disposição assume expressamente o dever de indenizar quando ocorre a desapropriação indireta.

Por fim, a responsabilidade objetiva do Estado prevista no art. 37, § 6.º, da CF, também reclama indenização por prejuízos causados por conduta estatal, independentemente de culpa ou dolo.

Assim, os fundamentos jurídicos expressos acima demonstram, cabalmente, que é devida indenização no caso presente, em que o Poder Público se apropriou de imóvel do autor, sem cumprir as formalidades previstas em lei.

2. Das verbas indenizatórias devidas

A indenização devida deve contemplar diversas parcelas e não só o valor de mercado do bem expropriado. Assim, há de se fixar as seguintes verbas indenizatórias:

a) **valor de mercado do bem (art. 5.º, XXIV, da CF, e 27 do Decreto-lei 3.365/41)**: para tanto, requer que seja fixado valor conforme as avaliações ora apresentadas (doc. 3 – avaliações do imóvel) e conforme também será demonstrado por ocasião da prova pericial;

b) **danos emergentes e lucros cessantes**: observar o mesmo item, na desapropriação indireta; *(Aqui, há de se verificar, também, se não há outros danos emergentes e lucros cessantes a serem inseridos na indenização; exemplo: mudança, fundo de comércio do proprietário etc.)*

c) **juros compensatórios**: aqui, os juros compensatórios são devidos desde a ocupação do imóvel pelo Poder Público; os juros incidirão sobre o total de indenização, uma vez que, diferente da desapropriação direta, não há diferença entre o valor fixado na sentença e o valor ofertado, pois aqui não se fala em valor ofertado; os juros, aqui, terão o mesmo percentual dos juros compensatórios na desapropriação indireta, uma vez que foi suspensa pelo STF a disposição que estabelecia juros de até 6% ao ano; (*vide* art. 15-A do Decreto-lei 3.365/41) assim, remanesce a regra estabelecida na Súmula 618 do STF, pela qual a taxa de juros compensatórios é de 12% ao ano;

d) **juros moratórios:** na forma do art. 100, § 12, da Constituição Federal;

e) **correção monetária:** contada desde a realização do laudo pericial que fixar o valor do bem expropriado;

f) **custas e despesas processuais**: deverá ser de responsabilidade do Poder Público, inclusive quanto ao adiantamento das quantias para fazer frente aos honorários periciais (STJ, REsp 788.817, j. 19/06/2007);

PRÁTICA ADMINISTRATIVA – 6ª EDIÇÃO

g) **honorários advocatícios**: o Decreto-lei 3.365/41 dispõe que, à moda do que ocorre na desapropriação direta, os honorários serão fixados entre 0,5 e 5% da diferença entre o valor oferecido pelo Poder Público e o valor fixado pelo Poder Judiciário (art. 27, §§ 1.º e 3.º, do Dec.-lei, com a redação dada pela MP 2.183-56/2001); todavia, como não há diferença entre valor fixado pelo juiz e valor ofertado pelo Poder Público, já que este se apoderou do bem sem seguir os trâmites legais, deve incidir os honorários sobre o valor total da condenação, prevalecendo os parâmetros previstos no art.85, §2.º, do CPC (entre 10% e 20% do valor da condenação), conforme lição de José Fernandes Carvalho Filho (*Manual de direito administrativo*, 18.ª edição, Rio de Janeiro: Lumen Juris, 2007, p. 767.).

III – DO PEDIDO

Ante o exposto, é o presente para requerer a Vossa Excelência o quanto segue:

1. A citação da ré, no endereço declinado no pórtico desta inicial, para, querendo, contestar a presente ação no prazo legal, sob as penas da lei processual civil.

2. A realização de prova pericial para determinar o valor da justa indenização *prova que deverá levar em conta a totalidade do imóvel, e não só a parte apropriada pela ré (esta segunda parte só existirá se houver o direito de extensão).*

3. O protesto pela indicação oportuna de seu assistente técnico e dos quesitos pertinentes.

4. A procedência da ação com a fixação de indenização que leve em conta os critérios legais e as avaliações ora apresentadas, que apontam para o valor de R$ _____ para a totalidade do imóvel, e, subsidiariamente, para o valor de R$ _____ para a parte do imóvel prevista no decreto expropriatório com a fixação de:

– juros compensatórios pela imissão provisória no imóvel, juros esses devidos desde a apropriação do imóvel pela ré, ocorrida em _____; os juros devem ser de 12% ao ano e incidir sobre a totalidade do valor indenizatório;

– juros moratórios, na forma do art. 100, § 12, da Constituição Federal;

– correção monetária, contada desde a realização do laudo pericial que fixar o valor do bem expropriado;

– custas e despesas processuais, bem como honorários advocatícios, estes no valor de 20% sobre o total da condenação;

– os juros compensatórios serão calculados sobre o valor total da indenização, corrigido monetariamente (Súmula 114 do STJ);

– os honorários advocatícios incidirão, também, sobre as parcelas relativas aos juros compensatórios e moratórios, devidamente corrigidos (Súmula 131 do STJ).

5. O protesto pela produção de prova documental e pericial, e de todos os meios probatórios em direito admitidos, ainda que não especificados no CPC, desde que moralmente legítimos (CPC, art.369).

Dá-se à causa o valor de R$ _____ (valor por extenso). *(Valor das avaliações feitas.)*

Termos em que, pede deferimento.

Local ..., data...

Advogado ...

OAB ....

MODELOS DE PEÇAS

6. AÇÃO DE COBRANÇA

6.1. ESTRUTURA BÁSICA[1]

COMPETÊNCIA	A competência para conhecer da ação de cobrança é do lugar onde a obrigação deva ser satisfeita (art.53, IV, *d, do CPC*), que, no caso, é local onde o pagamento do credor é realizado, observadas as normas sobre competência para conhecer de ação em que figure como parte pessoa de direito público. Quando o réu for a União, entidade autárquica ou empresa pública federal, compete à Justiça Federal processar e julgar a causa (art. 109, I, da CF). Quanto à Justiça Federal, há mais duas regras que incidem quanto à competência (art. 109 da CF): "§ 1.º As causas em que a União for autora serão aforadas na seção judiciária onde tiver domicílio a outra parte. § 2.º As causas intentadas contra a União poderão ser aforadas na seção judiciária em que for domiciliado o autor, naquela onde houver ocorrido o ato ou fato que deu origem à demanda ou onde esteja situada a coisa, ou, ainda, no Distrito Federal". Repare que, de acordo com o § 2.º da CF, o autor pode aforar a demanda, também, em seu domicílio.
TRATAMENTO DAS PARTES	Autor e réu.
FUNDAMENTOS FÁTICOS E JURÍDICOS	A fundamentação legal envolverá o contrato e os dispositivos legais pertinentes (estes estarão presentes na Lei 8.666/93, no Código Civil, no Código do Consumidor e em leis especiais que tratarem de contratos). No que concerne ao Código Civil, os contratos estão regulamentados nos arts. 421 a 853, o inadimplemento nos arts. 389 a 401 e as consequências do inadimplemento nos arts. 402 a 420. No que concerne à Lei 8.666/93, as cláusulas essenciais dos contratos estão previstas no art. 55 da lei e a inexecução dos contratos e as consequências do inadimplemento estão reguladas nos arts. 77 a 80. E quanto ao CDC, os arts. 12 a 54 tratam da responsabilidade contratual. A revisão contratual está prevista, no CC, nos arts. 478 a 480 e no art. 317; na Lei 8.666/93, no art. 65, II; e no CDC, no art. 6.º, V.
PEDIDO	A procedência da ação para condenar a ré no pagamento da quantia de _____, relativa ao contrato administrativo n.º _____, devendo incidir sobre as parcelas, a partir do 1.º dia útil do mês seguinte à realização dos respectivos serviços e até o devido pagamento, o índice de remuneração básica e de juros da poupança (art. 1º-F da Lei 9.494/97), condenando-se a ré no pagamento das custas e despesas processuais e de honorários advocatícios no montante de 20% do valor total da condenação. A partir do exame de 2010.1, verificar o disposto no art. 100, § 12, da Constituição (EC 62/09).[1]
VALOR DA CAUSA	Deve ser o valor da cobrança feita.

---

1 No início de 2013, o STF proferiu importantes decisões no âmbito das ADIs 4.357 e 4.424. Numa delas, decidiu que fere o princípio da igualdade a correção monetária do precatório pelo índice da poupança, pois esse índice na recompõe as perdas inflacionárias. Essa decisão se referiu especificamente ao regime do precatório (art. 100, § 12, da CF), não tendo sido julgada a constitucionalidade do art. 1º-F da Lei 9.494/97. Há de se aguardar, agora, decisões acerca de como ficará a correção monetária dos precatórios.

PRÁTICA ADMINISTRATIVA – 6ª EDIÇÃO

PROVAS	Deve-se protestar pela produção de prova documental e pericial, e de todos os meios probatórios em direito admitidos, ainda que não especificados no CPC, desde que moralmente legítimos (CPC, art.369).
CITAÇÃO	O autor deve requerer a citação do réu.

6.2. MODELO – PETIÇÃO INICIAL DE AÇÃO DE COBRANÇA

EXCELENTÍSSIMO SENHOR DOUTOR JUIZ DE DIREITO DA ... VARA DA COMARCA DE ... – ....

Pular 10 linhas

_____*(qualificação do autor – nome, estado civil, profissão, endereço, CNPJ, endereço)*, vem, respeitosamente, à presença de Vossa Excelência, por meio de seu advogado e bastante procurador que esta subscreve (doc. 01 – mandato), com fundamento nos arts. 389, 404 e 406 do Código Civil, propor a competente

AÇÃO DE COBRANÇA

em face da **MUNICIPALIDADE DE** _____, Pessoa Jurídica de Direito Público, com sede à _____ em virtude dos fatos elencados a seguir:

I – DOS FATOS

a) Tentar repetir, ao máximo, os fatos descritos na questão.

b) Relatar os acontecimentos em ordem cronológica, especificando cada ponto.

c) Tentar deixar o mais claro possível.

d) Mostrar de forma evidente o ato/fato causador do dano

A autora, após se sagrar vencedora da Concorrência Pública n.° _____, celebrou o Contrato Administrativo n.° _____ com a ré, com vistas à execução de obra pública (doc. 2).

Ficou acertado que o contratante receberia sua remuneração segundo as medições a serem feitas nas datas previstas no contrato. Todavia, as últimas quatro medições feitas não foram objeto de pagamento pela Municipalidade (doc. 3).

O autor tomou todas as providências possíveis para receber, extrajudicialmente, as faturas que lhes são devidas (doc. 4). Em que pese as tentativas, não logrou êxito nesse intento, o que o leva a propor a presente ação indenizatória.

II – DO DIREITO

Ao celebrar o contrato administrativo em tela a Municipalidade se comprometeu a fazer pagamentos periódicos ao autor, sempre no primeiro dia útil do mês seguinte à realização de cada etapa da obra *(verificar se a questão trata das datas de vencimento; se não tratar, utilizar o critério acima)*. Todavia, nos quatro últimos meses do contrato, o autor não recebeu as quantias objeto de medição. Essa circunstância faz incidir as disposições do art. 389 do Código Civil. Confira:

"Art. 389. Não cumprida a obrigação, responde o devedor por perdas e danos, mais juros e atualização monetária segundo índices oficiais, regularmente estabelecidos, e honorários advocatícios."

Por se tratar de obrigação de pagamento em dinheiro, outro dispositivo que serve como fundamento da presente demanda é o art. 404 do mesmo Código:

"Art. 404. As perdas e danos, nas obrigações de pagamento em dinheiro, serão pagas com atualização monetária segundo índices oficiais regularmente estabelecidos, abrangendo juros, custas e honorários de advogado, sem prejuízo da pena convencional".

Perceba que os dois dispositivos determinam, além da prestação principal devida, que o inadimplente arque com as seguintes verbas: a) correção monetária; b) juros moratórios; c) multa, se for convencionada; e d) custas judiciais e honorários advocatícios.

Os valores da prestação principal já se encontram delimitados, inclusive pela própria ré, conforme doc. 3.

A correção monetária deverá incidir desde o momento em que cada prestação era exigível, no caso, a partir do 1.º dia útil do mês seguinte à realização das parcelas da obra. Mesmo não havendo previsão contratual da correção monetária, existe previsão legal nesse sentido (arts. 389 e 404 acima citados) e a jurisprudência do STJ é pacífica quanto à sua incidência. Confira:

"A mora no pagamento do preço avençado em contrato administrativo, constitui ilícito contratual. Inteligência da Súmula 43 do STJ. A correção monetária, ainda que a lei ou o contrato não a tenham previsto, resulta da integração ao ordenamento do princípio que veda o enriquecimento sem causa e impõe o equilíbrio econômico-financeiro do contrato. O termo inicial para a incidência da correção monetária nos contratos administrativos de obra pública, na hipótese de atraso no pagamento, não constando do contrato regra que estipule a data para o efetivo pagamento do preço avençado, deverá corresponder ao 1.º (primeiro) dia útil do mês subsequente à realização da obra, apurada pela Administração Pública mediante critério denominado medição. Precedentes do STJ (REsp 71127/SP, REsp 61817/SP). O retardamento em pagar medições de obras já efetuadas configura violação do contrato e a inadimplência de obrigação juridicamente pactuada, com consequências que se impõem ao contratante público" (REsp 679.525/SC, Rel. Min. Luiz Fux, Primeira Turma, julgado em 12.05.2005, DJ 20.06.2005, p. 157).

Os juros legais também deverão incidir desde o momento em que cada prestação era exigível, no caso, a partir do 1.º dia útil do mês seguinte à realização das parcelas da obra. Mesmo não havendo previsão contratual dos juros moratórios, existe previsão legal nesse sentido (os mesmos arts. 389 e 404 acima citados) e a jurisprudência do STJ é pacífica quanto à sua incidência. Confira:

"A jurisprudência da c. Primeira Seção desta eg. Corte de Justiça é firme no sentido de que o termo inicial para a contagem dos juros moratórios, em se tratando de relação contratual, é o do vencimento de cada obrigação. Precedentes: REsp 465.836/RJ, Rel. Min. Denise Arruda, DJ de 19/10/2006; EDcl no REsp 535.858/ RJ, Rel. Min. Eliana Calmon, DJ de 15/03/2004; REsp 402.423/RO, Rel. Min. Castro Meira, DJ de 20/02/2006; REsp 419.266/SP, Rel. Min. Humberto Gomes de Barros, DJ de 08/09/2003. Em relação ao percentual de incidência, também se firmou no sentido de que os respectivos juros relativos à mora ocorrida em período anterior ao novo Código Civil são devidos nos termos do mesmo Codex

PRÁTICA ADMINISTRATIVA – 6ª EDIÇÃO

de 1916, e os relativos ao período posterior regem-se por normas supervenientes. Precedentes: REsp 803.567/PE, Rel. Min. Teori Albino Zavascki, DJ de 30.11.06; AgRg no REsp 848.431/SP, Rel. Min. José Delgado, DJ de 20.11.06. III – Agravo improvido" (AgRg no REsp 917.419/MG, Rel. Min. Francisco Falcão, Primeira Turma, julgado em 15.05.2007, DJ 11.06.2007, p. 295).

Quanto ao montante de correção monetária e de juros deve-se aplicar o disposto no art. 1º-F da Lei 9.494/97, que estabelece o índice de remuneração básica e de juros da poupança, como aplicável para fins de correção monetária, remuneração de capital e compensação pela mora.

III – DO PEDIDO

Ante o exposto, é o presente para requerer a Vossa Excelência o quanto segue:

1. A citação da ré, no endereço declinado no pórtico desta inicial, para, querendo, contestar a presente ação no prazo legal, sob as penas da lei processual civil.

2. A procedência da ação para condenar a ré no pagamento das quatro últimas parcelas de medição do contrato administrativo n.º _____, devendo incidir sobre as parcelas, a partir do 1.º dia útil do mês seguinte à realização dos respectivos serviços o índice de que trata o art. 1º-F da Lei 9.494/97, aplicando-se o disposto no art. 100, § 12, da Constituição Federal, tudo sem prejuízo da condenação da ré no pagamento das custas e despesas processuais e de honorários advocatícios no montante de 20% do valor total da condenação.

3. O protesto pela produção de prova documental e pericial, e de todos os meios probatórios em direito admitidos, ainda que não especificados no Código de Processo Civil, desde que moralmente legítimos (CPC, art.369).

Dá-se à causa o valor de R$ _____ (valor por extenso). *(Valor das faturas feitas.)*
Termos em que pede deferimento.

Local ..., data...

Advogado ...

OAB ....

7. AÇÃO DE RESPONSABILIDADE EXTRACONTRATUAL

7.1. ESTRUTURA BÁSICA

COMPETÊNCIA	A competência é do lugar do ato ou fato que causar o dano à vítima (art. 53, IV, *ä"*, do CPC). Quando o réu for a União, entidade autárquica ou empresa pública federal, compete à Justiça Federal processar e julgar a causa (art. 109, I, da CF). Quanto à Justiça Federal, há mais duas regras que incidem quanto à competência (art. 109 da CF):
	"§ 1.º As causas em que a União for autora serão aforadas na seção judiciária onde tiver domicílio a outra parte.
	§ 2.º As causas intentadas contra a União poderão ser aforadas na seção judiciária em que for domiciliado o autor, naquela onde houver ocorrido o ato ou fato que deu origem à demanda ou onde esteja situada a coisa, ou, ainda, no Distrito Federal".
	Repare que o autor, no que concerne à responsabilidade civil, tem duas opções: a) seu domicílio; b) lugar onde houver ocorrido o ato ou fato que deu origem à demanda.

MODELOS DE PEÇAS

TRATAMENTO DAS PARTES	Autor e réu.
PEDIDO	A procedência da ação para condenar o réu ao pagamento da quantia de _____, referentes aos danos materiais, e de _____, referente aos danos morais.
	Quanto ao dano material, há de se diferenciar os danos emergentes dos lucros cessantes. Os primeiros dizem respeito a danos que decorrem diretamente da ação lesiva (por exemplo, conserto do carro, despesas com medicamentos etc.), ou seja, dizem respeito ao que já se perdeu. Já os segundos dizem respeito ao que razoavelmente deixou-se de lucrar. São exemplos de lucros cessantes os dias em que a pessoa deixou de trabalhar, as quantias que o falecido deixou de levar para casa para cuidar de sua família (pedido de pensão).
	Já quanto aos danos morais, é importante fazer pedido de valor certo (por exemplo: pedido de R$ 150.000,00; o STJ não admite a fixação de danos morais em salários mínimos – REsp 419.059/SP, rel. Min. Eliana Calmon, DJ de 29/11/2004).
VALOR DA CAUSA	Deve ser o valor total do pedido indenizatório.
PROVAS	Deve-se protestar pela produção de prova documental e pericial, e de todos os meios probatórios em direito admitidos, ainda que não especificados no CPC, desde que moralmente legítimos (CPC, art.369).
CITAÇÃO	O autor deve requerer a citação do réu.

7.2. MODELO – PETIÇÃO INICIAL DE AÇÃO INDENIZATÓRIA – RESPONSABILIDADE CIVIL EXTRACONTRATUAL

EXCELENTÍSSIMO SENHOR DOUTOR JUIZ DE DIREITO DA ... VARA DA FAZENDA PÚBLICA DA COMARCA DE ... – ....

Pular 10 linhas

AUTORA 1 (esposa do falecido), qualificação, domicílio, AUTOR 2 (primeiro filho do falecido), qualificação, domicílio, AUTOR 2 (segundo filho do falecido), qualificação, domicílio,(SEGUNDO EXEMPLO ADOTADO PARA O MODELO) os dois últimos autores representados pela primeira autora, vem mui respeitosamente à presença de Vossa Excelência, por meio de seu advogado e bastante procurador que esta subscreve (doc. 01 – mandato), com fundamento nos art. 37, § 6.º, da Constituição Federal, e no art. 948 do Código Civil, propor a presente

AÇÃO INDENIZATÓRIA

em face da FAZENDA ESTADUAL DE _____, Pessoa Jurídica de Direito Público, com sede na _____ em virtude dos fatos elencados a seguir:

I – DOS FATOS

a) Tentar repetir, ao máximo, os fatos descritos na questão.

b) Relatar os acontecimentos em ordem cronológica, especificando cada ponto.

PRÁTICA ADMINISTRATIVA – 6ª EDIÇÃO

c) Tentar deixar o mais claro possível.

d) Mostrar de forma evidente o ato/fato causador do dano.

(Segundo exemplo adotado para o modelo)

No dia _____, _____, marido da primeira autora e pai dos demais autores (doc. 2 – certidões de casamento e de nascimento), quando trafegava pela rua _____, nesta Comarca, foi atingido por projétil disparado por arma de fogo de policial militar do Estado ré, que disparava diversos tiros na perseguição de bandidos que haviam roubado banco nas proximidades (doc.3 – cópia do inquérito policial).

O tiro atingiu a cabeça de _____, que faleceu a caminho do hospital (DOC. 4 – certidão de óbito).

_____ ganhava aproximadamente R$ 1.200,00 mensais, conforme demonstra documentação juntada ao presente (doc. 5 – recibos de pagamento).

Os autores dependiam totalmente do trabalho do falecido para sobreviver. Sua esposa era dona de casa e seus filhos têm sete e cinco anos.

Além da perda da receita, a esposa do falecido teve de arcar com as despesas do funeral do *de cujus*, no montante de R$ 1.500,00 (doc. 6 – notas fiscais).

Os autores buscaram indenização junto à Fazenda Pública. Em que pesem as tentativas, não lograram êxito nesse intento, o que os levaram a propor a presente ação indenizatória.

II – DO DIREITO

1. Da responsabilidade objetiva do Estado

A Constituição Federal, em seu art. 37, § 6.º, consagra a responsabilidade objetiva do estado por danos causados a terceiros. Confira:

> *"§ 6.º As pessoas jurídicas de direito público e as de direito privado prestadoras de serviço público responderão pelos danos que seus agentes, nessa qualidade, causarem a terceiros, assegurado o direito de regresso contra o responsável, nos casos de dolo ou culpa."*

Os fatos narrados na petição inicial enquadram-se perfeitamente na hipótese de incidência prevista no dispositivo constitucional citado, pelos seguintes motivos: a) o policial militar atuava nessa qualidade, além de usar arma da corporação; b) o policial militar é agente de pessoa jurídica de direito público (responsabilidade do Estado); c) a conduta estatal – disparo de arma de fogo – é comissiva e, portanto, enseja a responsabilidade objetiva do Estado; d) o marido e pai dos autores faleceu em virtude do tiro feito pelo policial militar; e) os autores tiveram danos materiais e morais.

Por outro lado, não ocorre no caso presente qualquer das causas excludentes da responsabilidade estatal.

A jurisprudência vem reconhecendo a responsabilidade objetiva do Estado em casos como o presente, infelizmente muito comuns nos dias de hoje. Confira:

> *"Processual civil e administrativo. Falecimento de menor atingido por disparo de arma de policial militar. Responsabilidade civil do Estado" (STJ, REsp 727.439/BA, rel. Min. Eliana Calmon, DJ de 14/11/2005).*

Demonstrada a responsabilidade objetiva do Estado no caso presente, de rigor, agora, tratar das verbas indenizatórias devidas aos autores.

2. Das verbas indenizatórias devidas

O art. 948 do Código Civil tem o seguinte teor:

> *"Art. 948. No caso de homicídio, a indenização consiste, sem excluir outras reparações:*
>
> *I – no pagamento das despesas com o tratamento da vítima, seu funeral e o luto da família;*
>
> *II – na prestação de alimentos às pessoas a quem o morto os devia, levando-se em conta a duração possível da vida da vítima."*

Por outro lado, a Constituição Federal, em seu art. 5.º, V e X, e o Código Civil, em seus arts. 186 (ato ilícito) e 944 ("a indenização mede-se pela extensão do dano") impõem que os danos morais também devem ser indenizados.

Considerando que houve despesas comprovadas de funeral, que os autores dependiam economicamente do falecido e que o dano moral é consequência natural e imediata do falecimento do marido e dos filhos dos autores, independendo de comprovação, segundo a jurisprudência, os autores fazem jus às seguintes verbas indenizatórias:

a) danos materiais, consistentes no ressarcimento das despesas de funeral e na fixação de pensão aos autores;

b) danos morais, devidos a cada um dos autores.

2.1. Da pensão

Nos termos da jurisprudência do STJ, a pensão devida aos filhos deve se estender até a idade de 24 anos, quando presumidamente estes encerrarão sua formação escolar, podendo ingressar no mercado de trabalho em melhores condições para prover sua subsistência. Confira:

> *"A pensão pela morte do pai será devida até o limite de vinte e quatro anos de idade, quando, presumivelmente, os beneficiários da pensão terão concluído sua formação, inclusive curso universitário, não mais subsistindo vínculo de dependência"* (STJ, Resp. 142.526/RS, rel. Min. Cesar Asfor Rocha, DJ 17/09/01).

Já a pensão devida à esposa, deve ser paga até que esta perfaça 70 anos, tendo em vista o aumento da expectativa de vida do brasileiro que hoje é, em média, de 71,9 anos. Confira:

> *"Possibilidade de determinar como termo final do pagamento da pensão, a data em que a vítima completaria 70 (setenta) anos de idade, em função do caso concreto. Precedentes: REsp 164.824/RS e REsp 705.859/SP"* (REsp 895.225/ RN, Rel. Min. Francisco Falcão, Primeira Turma, julgado em 13.03.2007, DJ 09.04.2007, p. 242).

Já quanto ao *quantum* devido, as decisões do STJ vêm fixando a pensão em 2/3 da remuneração que recebia o *de cujus*. Confira:

> *"Responsabilidade civil do Estado. Acidente de trânsito com vítima fatal. Adequada a fixação do valor da pensão em 2/3 (dois terços) dos rendimentos da vítima, deduzindo que o restante seria gasto com seu sustento próprio"* (STJ, REsp 603.984/ MT, rel. Min. Francisco Falcão, DJ de 16/11/2004).

PRÁTICA ADMINISTRATIVA – 6ª EDIÇÃO

O mesmo Tribunal também vem entendendo ser cabível o direito de acrescer aos demais autores, na medida em que os filhos do falecido forem completando a idade que não mais permite o recebimento da pensão (STJ, REsp 625.161/RJ, rel. Min. Aldir Passarinho Junior, DJ 17/12/2007).

Por fim, é importante ressaltar que tanto a correção monetária como os juros moratórios das parcelas devidas a título de indenização por danos materiais devem incidir desde a data do evento danoso (STJ, REsp 705.859/SP, rel. Min. Jorge Scartezzini, DJ de 21/03/2005).

Como o art. 406 do Código Civil determina a aplicação da taxa Selic e esta abarca juros e correção monetária, estes incidirão com a simples aplicação da taxa referencial (STJ, REsp 897.043/RN, rel. Min. Eliana Calmon, 2ª T., j. 03-05-2007, DJU 11-05-2007, p. 392).

2.2. Dos danos morais

O STJ vem entendendo que não se pode fixar o valor do dano moral tomando como critério o salário mínimo. Deve-se fixar esta verba em valor certo, valor esse que, em caso de homicídio, vem sendo fixado na quantia de R$ 190 mil. Confira o seguinte caso:

> *"CIVIL E PROCESSUAL. AÇÃO DE INDENIZAÇÃO. ACIDENTE DE TRÂNSITO COM VÍTIMA FATAL, ESPOSO E PAI DOS AUTORES. DANO MORAL. FIXA-ÇÃO. MAJORAÇÃO. Dano moral aumentado, para amoldar-se aos parâmetros usualmente adotados pela Turma. R$ 190 mil para esposa e filhas"* (STJ, REsp 625.161/RJ, rel. Min. Aldir Passarinho Júnior, DJ 17/12/07).

Em matéria de dano moral, a correção monetária é devida desde a data da fixação de seu valor, ou seja, desde a data da decisão judicial que fixar a indenização por dano moral. Já os juros moratórios são calculados tendo-se em conta a data do evento danoso (Súmula 54 do STJ: "os juros moratórios fluem a partir do evento danoso, em caso de responsabilidade extracontratual").

2.3. Dos honorários advocatícios

Segundo o STJ, os honorários devem incidir da seguinte forma: *"para efeito de cálculo da verba honorária, a condenação é constituída pelo somatório de todas as prestações vencidas, além das demais verbas já definidas (dano moral, pensão, juros etc.), e doze das vincendas, inaplicável o disposto no § 5.º do art. 20 do CPC (atual art.85, §9º, CPC)"* (STJ, REsp 625.161/RJ, rel. Min. Aldir Passarinho Júnior, DJ 17/12/2007).

III – DO PEDIDO

Ante o exposto, é o presente para requerer a Vossa Excelência o quanto segue:

1. A citação da ré, no endereço declinado no pórtico desta inicial, para, querendo, contestar a presente ação no prazo legal, sob as penas da lei processual civil.

2. A procedência da ação para condenar a ré no pagamento: a) da quantia de R$ _____, relativa às despesas com funeral; b) de pensão mensal de R$ 800,00, devida aos autores desde o evento danoso, sendo que os filhos receberão até completarem 25 anos e a esposa, até completar 70 anos, com direito de extensão para a segunda, na medida em que os filhos não forem mais recebendo a pensão; c) de indenização por dano moral no valor de R$ 190 mil, para os três autores; d) de correção monetária e juros legais, que, quanto aos danos materiais (itens "a" e "b"), incidirão a partir do

evento danoso, e quanto aos danos morais, incidirão a partir da data de sua fixação (a correção monetária) e a partir do evento danoso (quanto aos juros legais); e) honorários advocatícios de 20%, incidentes sobre o somatório de todas as prestações vencidas, além das demais verbas já definidas (dano moral, pensão, juros etc.) e doze das vincendas.

3. O protesto pela produção de prova documental e pericial, e de todos os meios probatórios em direito admitidos, ainda que não especificados no Código de Processo Civil, desde que moralmente legítimos (art.369, CPC).

(Se o quantum dos danos não estiverem determinados, deve-se requer sua apuração em liquidação de sentença.)

(A depender da condição econômica dos autores, deve-se pedir os benefícios da justiça gratuita.)

Dá-se à causa o valor de R$ _____ (valor por extenso).

Termos em que pede deferimento.

Local ..., data...

Advogado ...

OAB ....

8. MANDADO DE SEGURANÇA

8.1. MANDADO DE SEGURANÇA – INDIVIDUAL

8.1.1. ESTRUTURA BÁSICA

COMPETÊNCIA	De acordo com a sede da autoridade coatora e a sua categoria funcional.
PARTES	Impetrante: pessoa física ou jurídica. Impetrado: autoridade pública.
HIPÓTESES DE CABIMENTO	Para proteção de direito individual, líquido e certo, não amparado por *habeas data* ou *habeas corpus*, lesado ou ameaçado de lesão, por ato de autoridade pública ou agente de pessoa jurídica no exercício de atribuições do Poder Público.
PRAZO	120 dias a contar do conhecimento oficial do ato.
FUNDAMENTO LEGAL	– Constituição Federal: art. 5.º, LXIX. – Lei 12.016/09.
FUNDAMENTAÇÃO JURÍDICA	Ilegalidade do ato da autoridade coatora violando direito líquido e certo do impetrante.

PEDIDO	a) concessão da liminar, se for o caso; b) notificação da autoridade coatora para prestar informações; c) o pedido de notificação de litisconsortes passivos, conforme o caso; d) intimação da pessoa jurídica à qual está vinculada a autoridade coatora, para contestar; e) oitiva do representante do Ministério Público; f) concessão da segurança.
PROVAS	É vedada em sede de mandado de segurança a produção de prova. Dessa forma, só cabe a ação se houver prova pré-constituída.
HONORÁRIOS	Súmula 512 do STF: "Não cabe condenação em honorários de advogado na ação de mandado de segurança".
CUSTAS	De acordo com a lei local.
VALOR DA CAUSA	Para fins de alçada.

8.1.2. MODELO – PETIÇÃO INICIAL DE MANDADO SEGURANÇA INDIVIDUAL

EXCELENTÍSSIMO SENHOR DOUTOR JUIZ FEDERAL DA ___ VARA CÍVEL DE VITÓRIA – SEÇÃO JUDICIÁRIA DO ESPÍRITO SANTO – ES.

[Deixe espaço de aproximadamente 10 cm para eventual despacho ou decisão do juiz.]

Ricardo .., estado civil, profissão, residente e domiciliado em ..., portador do RG ... e do CPF ...., por seu advogado que firma a presente (procuração anexada – doc.1), com escritório para recebimento de intimações na ... (art,36, I, CPC) vem à presença de Vossa Excelência, respeitosamente, impetrar em face do Senhor Diretor de Gestão de Pessoal, do Departamento de Polícia Federal, o presente

MANDADO DE SEGURANÇA COM PEDIDO DE LIMINAR

nos termos do artigo 5º, inciso LXIX, da Constituição Federal e da Lei nº 12.016/2009, pelas razões a seguir aduzidas:

I – DOS FATOS

O impetrante fez inscrição no concurso público para provimento de cargos de delegado de polícia federal, atendendo a edital publicado em 30/04/04 (doc. 2).

Ocorre que, consultando o edital quanto à regulação da prova de títulos, o impetrante verificou que eram atribuídos dois pontos para cada ano de trabalho em atividade policial exercida no Departamento de Polícia Federal e apenas um ponto para cada ano de trabalho em atividade policial exercida em outros órgãos públicos (doc. 3).

O impetrante, policial militar do Espírito Santo com vários anos de experiência (doc. 4), considerando inconstitucional esse tratamento desigual, resolveu insurgir-se contra a previsão do edital, ingressando com pedido administrativo de modificação da regra editalícia mencionada.

O pedido administrativo foi indeferido em 30/06/04, por decisão do diretor de gestão de pessoal do Departamento de Polícia Federal, agente público competente para elaborar e modificar editais de concurso público (doc. 5).

Dessa forma, não resta outra alternativa ao impetrante que não a de ingressar com o presente mandado de segurança.

II – DO DIREITO

1. Do cabimento do mandado de segurança

1.1. Existência de ato de autoridade

O edital ora impugnado é ato de autoridade pública, no caso ato emanado pelo diretor de gestão de pessoal do Departamento de Polícia Federal.

Dessa forma, o mandado de segurança é cabível quanto a esse aspecto (art. 5º, LXIX, da CF e art. 1º da Lei 12.016/09).

1.2. Existência de prova pré-constituída

Os fatos que dão suporte ao direito alegado pelo impetrante estão comprovados de plano, por meio da prova documental ora juntada, consistentes nos seguintes documentos: a) comprovante de inscrição no concurso público; b) edital do concurso público impugnado; c) requerimento administrativo de modificação do edital, acompanhado da respectiva decisão.

Assim, também está comprido o requisito de prova pré-constituída, essencial para o cabimento do mandado de segurança.

1.3. Respeito ao prazo decadencial de 120 dias

O prazo decadencial para ingressar com o presente *mandamus* também é requisito que está cumprido. Isso porque, segundo o Superior Tribunal de Justiça, esse prazo é contado da publicação do edital do concurso público. E o edital impugnado foi publicado no dia 30/04/04, ou seja, data que, contada até a data dessa impetração, não supera os 120 dias previstos na lei.

Assim sendo, o requisito temporal também está ordem.

1.4. Inexistência de outros impedimentos legais ou jurisprudenciais para a propositura do mandado de segurança

Por fim, não se configura no presente quaisquer outros impedimentos legais (arts. 1º e 5º da Lei 12.016/09) e jurisprudenciais ao manejo do presente remedido constitucional.

2. Da legitimidade ativa e passiva

A legitimidade ativa está em ordem, pois o impetrante defende, em nome próprio, direito próprio decorrente da violação ao princípio da isonomia no edital de concurso no qual está inscrito.

A autoridade coatora também está corretamente indicada, uma vez que o diretor de gestão de pessoal do Departamento de Polícia Federal, agente público competente para elaborar e modificar editais de concurso público, enquadra-se no requisito legal, no sentido de que é

PRÁTICA ADMINISTRATIVA – 6ª EDIÇÃO

"autoridade coatora aquela que tenha praticado o ato impugnado ou da qual emane a ordem para a sua prática" (art. 6º, § 3º, da Lei 12.016/09).

3. Do direito líquido e certo violado

O impetrante tem direito de ver respeitado os princípios da isonomia (art. 5º da CF) e da razoabilidade (art. 2º, *caput*, da Lei 9.784/99), violados no presente caso.

Com efeito, o edital não poderia dar tratamento diferenciado, para efeito de atribuição de títulos, ao exercício de cargo de policial estadual ou federal.

Isso porque as experiências em atividades policiais, sejam elas estaduais ou federais, têm a mesma relevância, uma vez que tanto a polícia federal como a polícia estadual estão voltadas à defesa da segurança pública, ao combate ao crime, à preservação da ordem pública e da incolumidade das pessoas e do patrimônio, conforme o disposto no art. 144 da Constituição Federal aplicável às duas carreiras referidas.

A discriminação é também atentatória do princípio da razoabilidade, uma vez que não faz sentido considerar a atividade de policial federal 100% mais importante, para fins de títulos, que a atividade de policial militar, também pelas razões já explicitadas. O fato de a primeira atividade ter pontuação dobrada em relação à segunda revela a desproporção na forma de atuar da autoridade coatora, desproporção essa que deverá ser desfeita, de modo a proteger direito líquido e certo do impetrante. No caso, a única forma de prestigiar os princípios citados é atribuir ao impetrante a mesma pontuação atribuída pelo edital aos candidatos que tiverem trabalho na polícia federal, ou seja, é atribuir ao impetrante dois pontos por ano de trabalho na polícia militar do Espírito Santo.

E tal medida reclama a modificação no edital, em face da indivisibilidade da cláusula impugnada.

III – DA LIMINAR

Excelência, a prova do concurso impugnado deverá ocorrer entre 30 e 60 dias contados da data presente e o resultado final do certame deve sair entre 5 e 6 meses, também contados da data presente.

Tal situação revela que a melhor medida a ser tomada é determinar que a autoridade competente modifique a cláusula editalícia impugnada desde já, a fim de que conste no novo edital a atribuição da mesma pontuação, quanto aos títulos, pelo exercício de atividades policiais federais ou estaduais.

Tal medida, que implicará a reabertura de prazo para a inscrição no exame, impedirá que, no futuro, qualquer interessado que tenha desistido do certame por não concordar com os critérios dos títulos, possa pedir a anulação do concurso.

Caso não seja deferida a liminar pleiteada, haverá grande prejuízo não só ao impetrante, como a todos os candidatos, tendo em vista que a concessão dessa medida ao final poderá implicar a anulação de todo o certame, por influir em regra do edital que pode ter afastado interessados de participar da disputa pública.

Ademais, a discriminação efetuada importa nítido desrespeito a direito líquido e certo do impetrante, nos termos do art. 5º da Constituição Federal, não podendo ser recusada a determinação para modificação imediata do edital, sob pena de dano irreversível.

O *periculum in mora* inverso não existe, pois o fato de se modificar o edital, possibilitando a participação de novos candidatos no exame, com a ciência de todos de que a questão está *sub judice*, não impede que, no futuro, se for o caso, atribua-se mais ou menos pontos a policiais estaduais que participarem do exame.

Sendo assim, o impetrante requer que seja deferida a medida liminar antes mesmo da notificação da autoridade coatora, nos termos do art. 7º, III, da Lei 12.016/2009, para que seja determinado à autoridade coatora que modifique imediatamente o edital do concurso em tela para o fim de atribuir aos policiais estaduais a mesma pontuação atribuída aos policiais federais no que se refere aos títulos pelo exercício de tempo de serviços nessas atividades, tendo em vista a relevância do fundamento (aparência do bom direito – *fumus boni iuri*) e o perigo na demora da decisão (*periculum in mora*).

IV – DO PEDIDO

Por todo o exposto, o impetrante requer que seja:

a) deferida a medida liminar para que seja determinado à autoridade coatora que modifique imediatamente o edital do concurso em tela, atribuindo-se aos policiais estaduais a mesma pontuação atribuída aos policiais federais no que se refere aos títulos pelo exercício de tempo de serviços nessas atividades (art. 7º, III, da Lei 12.016/2009);

b) determinada a notificação da autoridade coatora, enviando-lhe todas as cópias dos documentos que instruem a inicial, para que preste todas as informações necessárias no prazo de 10 dias (art. 7º, I, da Lei 12.016/2009);

c) dada ciência ao órgão de representação judicial da União Federal, enviando-lhe cópia da inicial para que, querendo, ingresse no feito (art. 7º, II, da Lei 12.016/2009);

d) ouvido o representante do Ministério Público para que opine no prazo de 10 dias (art. 12 da Lei 12.016/2009);

e) ao final, confirmada a liminar deferida, concedendo-se definitivamente a segurança pleiteada para que seja reconhecido ao impetrante, quanto aos títulos para o concurso, o direito de receber a mesma pontuação atribuída aos policiais federais pelo exercício da atividade policial.

[Obs.: toda a prova deve ser juntada à inicial, pois o direito é líquido e certo e não se admite dilação probatória. Não há condenação em honorários advocatícios em mandado de segurança: Súmulas 512/STF 105/STJ]

Dá-se à causa o valor de R$ 1.000,00.

Termos em que pede deferimento.

Local ..., data...

Advogado ...

OAB ....

PRÁTICA ADMINISTRATIVA – 6ª EDIÇÃO 350

8.2. MANDADO DE SEGURANÇA – COLETIVO

8.2.1. ESTRUTURA BÁSICA

COMPETÊNCIA	De acordo com a sede da autoridade coatora e sua categoria funcional.
PARTES	Impetrante: partido político com representação no Congresso Nacional, organismo sindical, entidade de classe e associação legalmente constituída e em funcionamento há pelo menos um ano, em defesa dos interesses de seus membros ou associados. Impetrado: autoridade pública. Se os associados estiverem sob a área de atuação de autoridades diferentes, a impetrada será a que estiver sobre todos, ainda que não tenha praticado o ato.
HIPÓTESES DE CABIMENTO	O mandado de segurança coletivo pode ser impetrado por partido político com representação no Congresso Nacional, na defesa de seus interesses legítimos relativos a seus integrantes ou à finalidade partidária, ou por organização sindical, entidade de classe ou associação legalmente constituída e em funcionamento há, pelo menos, 1 (um) ano, em defesa de direitos líquidos e certos da totalidade, ou de parte, dos seus membros ou associados, na forma dos seus estatutos e desde que pertinentes às suas finalidades, dispensada, para tanto, autorização especial. Os direitos protegidos pelo mandado de segurança coletivo podem ser: I – coletivos, assim entendidos, para efeito desta Lei, os transindividuais, de natureza indivisível, de que seja titular grupo ou categoria de pessoas ligadas entre si ou com a parte contrária por uma relação jurídica básica; II – individuais homogêneos, assim entendidos, para efeito desta Lei, os decorrentes de origem comum e da atividade ou situação específica da totalidade ou de parte dos associados ou membros do impetrante.
PRAZO	120 dias a contar do conhecimento oficial do ato.
FUNDAMENTO LEGAL	– Constituição Federal: art. 5.º, LXIX. – Lei 12.016/09
FUNDAMENTAÇÃO JURÍDICA	Ilegalidade do ato da autoridade coatora violando direito líquido e certo do impetrante.
PEDIDO	a) concessão da liminar, se for o caso (verificar o 22, § 2º, da Lei 12.016/09); b) notificação da autoridade coatora para prestar informações; c) intimação da pessoa jurídica à qual está vinculada a autoridade coatora, para contestar (art. 7º, II, da Lei 12.016/09); d) oitiva do representante do Ministério Público; e) concessão da segurança.
PROVAS	É vedado em sede de mandado de segurança a produção de prova. Dessa forma, só cabe a ação se houver prova pré-constituída.
HONORÁRIOS	Súmula 512 do STF: "Não cabe condenação em honorários de advogado na ação de mandado de segurança".
CUSTAS	De acordo com a lei local.
VALOR DA CAUSA	Para fins de alçada.

8.2.2. MODELO – PETIÇÃO INICIAL DE MANDADO DE SEGURANÇA COLETIVO

EXCELENTÍSSIMO SENHOR DOUTOR JUIZ DE DIREITO DA ... VARA -- ... DA COMARCA DE ... – ....

_____ *(Qualificação do impetrante – nome, endereço, CNPJ)*, vem respeitosamente à presença de Vossa Excelência, por meio de seu advogado e bastante procurador infra-assinado (doc. 01), com fundamento no art. 5.º, LXIX, da Constituição Federal e nos arts. 21 e 22 da Lei 12.016/09 impetrar o presente

MANDADO DE SEGURANÇA COLETIVO

contra ato praticado pelo Sr. .... (indicar o cargo da autoridade coatora), qualificação ...., segundo as razões de fato e de direito a seguir expostas.

I – DOS FATOS

II – DO DIREITO

1. Do cabimento do mandado de segurança coletivo

1.1. Existência de ato de autoridade

O edital ora impugnado é ato de autoridade pública, no caso ato emanado pelo diretor de gestão de pessoal do Departamento de Polícia Federal.

Dessa forma, o mandado de segurança é cabível quanto a esse aspecto (art. 5º, LXIX, da CF e art. 1º da Lei 12.016/09).

1.2. Existência de prova pré-constituída.

Os fatos que dão suporte ao direito alegado pelo impetrante estão comprovados de plano, por meio da prova documental ora juntada, consistentes em ...

Assim, também está cumprido o requisito de prova pré-constituída, essencial para o cabimento do presente mandado de segurança.

1.3. Respeito ao prazo decadencial de 120 dias

O prazo decadencial para ingressar com o presente *mandamus* também é requisito que está cumprido. Isso porque não houve superação do prazo de 120 dias previstos na lei entre a data da publicação do ato impugnado e a presente data.

Assim sendo, o requisito temporal também está ordem.

1.4. Inexistência de outros impedimentos legais ou jurisprudenciais para a propositura do mandado de segurança

Por fim, não se configura no presente quaisquer outros impedimentos legais (arts. 1º e 5º da Lei 12.016/09) e jurisprudenciais ao manejo do presente remedido constitucional.

PRÁTICA ADMINISTRATIVA – 6ª EDIÇÃO

2. Da legitimidade ativa e passiva

(...)

3. Do direito líquido e certo da impetrante

(Explicar os fundamentos jurídicos da ação.)

III – DA LIMINAR

(Tratar do *periculum in mora* e *fumus boni iuris.*)

IV – DO PEDIDO

Ante todos os fatos e o direito acima expostos, requer a Vossa Excelência:

a) após a oitiva, no prazo de 72 horas, da pessoa jurídica a qual se encontra vinculada à autoridade impetrada (art. 22, § 2º, da Lei 12.016/08), a concessão da liminar para determinar a suspensão do ato lesivo ...

b) determinada a notificação da autoridade coatora, enviando-lhe todas as cópias dos documentos que instruem a inicial para que preste todas as informações necessárias no prazo de 10 dias (art. 7º, I, da Lei 12.016/2009);

c) dada ciência ao órgão de representação judicial da União Federal, enviando-lhe cópia da inicial para que, querendo, ingresse no feito (art. 7º, II, da Lei 12.016/2009);

d) ouvido o representante do Ministério Público para que opine no prazo de 10 dias (art. 12 da Lei 12.016/2009);

e) ao final, confirmada a liminar deferida, concedendo-se definitivamente a segurança pleiteada para que seja reconhecido ao impetrante o direito de...

[Obs.: toda a prova deve ser juntada à inicial, pois o direito é líquido e certo e não se admite dilação probatória. Não há condenação em honorários advocatícios em mandado de segurança: Súmulas 512/STF 105/STJ.]

Dá-se à causa o valor de R$ 1.000,00.

Termos em que pede deferimento.

Local ..., data...

Advogado ...

OAB ...

9. AÇÃO POPULAR

9.1. ESTRUTURA BÁSICA

COMPETÊNCIA	Mesmo quando houver réu que tem, na esfera criminal, foro por prerrogativa de função, o Juízo de 1.º grau é competente para conhecer da ação popular (art. 5.º da Lei 4.717/65).

PARTES	Autor: cidadão (art. 1.º da Lei 4.717/65).
	Réu (art. 6.º da Lei 4.717/65): I) as pessoas cujo patrimônio se pretende proteger; II) aqueles que causaram a lesão; III) beneficiários diretos.
HIPÓTESES DE CABIMENTO	– lesão ao patrimônio público, à moralidade administrativa, ao meio ambiente ou ao patrimônio histórico e cultural – Arts. 2.º, 3.º e 4.º da Lei 4.717/65.
PRAZO	Prescreve em 5 anos.
FUNDAMENTO LEGAL	– Art 5.º, LXXIII, da CF/88. – Lei 4.717/65.
FUNDAMENTAÇÃO JURÍDICA	– o ato viciado deve estar elencado nos arts. 2.º, 3.º ou 4.º da Lei 4.717/65. – demonstrar a ilegalidade e a lesividade.
PEDIDO	a) citação dos réus para apresentar defesa sob pena de revelia; b) intimação do Ministério Público; c) concessão de liminar; d) procedência do pedido, decretando-se a nulidade dos atos impugnados; e) sucumbência.
PROVAS	Todo tipo de prova admitida em direito.
CUSTAS	O autor é isento de custas judiciais e do ônus da sucumbência, salvo comprovada má-fé.
VALOR DA CAUSA	Fins de alçada.

9.2. MODELO – PETIÇÃO INICIAL DE AÇÃO POPULAR

EXCELENTÍSSIMO SENHOR DOUTOR JUIZ DE DIREITO DA ... VARA DA FAZENDA PÚBLICA DA COMARCA DE ... – ... .

[Deixe espaço de aproximadamente 10 cm para eventual despacho ou decisão do juiz.]

João Paulo, brasileiro, maior de idade, professor de universidade pública, estado civil, profissão, residente e domiciliado em ..., portador do RG ... e do CPF ..., portador do Título Eleitoral nº ..., cidadão em pleno gozo de seus direitos (doc. 01) vem, mui respeitosa e tempestivamente à presença de Vossa Excelência, por meio de seu advogado e bastante procurador infra-assinado (doc. 02) com endereço na ..., com fundamento no artigo 5º, LXXIII da Constituição Federal e Lei 4.717 de 29 de junho de 1965 aforar a presente

AÇÃO POPULAR

em face do Estado ..., pessoa jurídica de direito público, com sede ..., na pessoa de seu representante legal .... e de ...., Secretário Estadual dos Transportes, qualificação..., e Empresa de Transportes Coletivos ..., qualificação ..., nos termos do art. 6º, da Lei 4.717/65, com sede de suas atividades na ..., pelas razões de fato e de direito a seguir aduzidas:

PRÁTICA ADMINISTRATIVA – 6ª EDIÇÃO

1. DOS FATOS

Conforme noticiado no Jornal ..., periódico de grande circulação no ..., o Estado ..., ora réu, por meio do Secretario Estadual de Transportes, ora também réu, resolveu, no dia 04/03/2007, renovar por mais 20 anos contrato de permissão de serviço público de transporte coletivo intermunicipal em face de todos os municípios do estado, em favor da Empresa de Transportes Coletivos ..., também ré na presente ação.

Ocorre que tanto o primeiro contrato, celebrado em 05/03/87, como o segundo contrato foram celebrados sem a prévia realização de licitação pública. Ademais, a renovação contratual se deu mediante a inclusão de algumas cláusulas contratuais, por vontade do contrato.

Diante dessa situação, e do fato de que o sistema de transporte no estado não é satisfatório, que as tarifas são muito elevadas e que os ônibus são velhos e sempre atrasam o transporte, o autor requereu pessoalmente, do órgão responsável, o acesso aos documentos necessários para a propositura da presente ação.

Todavia, esse pedido foi negado.

Os fatos noticiados acima justificam a propositura da presente ação popular, sendo certo que o autor se valerá da prerrogativa contida no art. 1º, § 7º, da Lei 4.717/65, propondo a ação desacompanhada dos documentos contidos nos processos administrativos que tratam das contratações referidas, uma vez que, como noticiado, tais documentos tiveram seu acesso negado pelo órgão responsável.

2. DO DIREITO

2.1. Da legitimidade ativa

A Constituição Federal estabelece que "*qualquer cidadão é parte legítima para propor ação popular que vise a anular ato lesivo ao patrimônio público ou de entidade de que o Estado participe ...*" (art. 5º, LXXIII).

Assim, o autor, que é cidadão brasileiro, e encontra-se quite com a Justiça Eleitoral (doc. X), está legitimado para a propositura da presente ação, que tem por fim desfazer a lesão ao patrimônio público e à moralidade administrativa.

2.2. Da lesão ao patrimônio público e ao princípio da moralidade

De acordo com o art. 175 da Constituição Federal, a concessão e a permissão de serviço público dependem de licitação para serem outorgadas.

Repetindo a regra constitucional, a Lei 8.987/95 também exige licitação tanto para a concessão como para a permissão de serviço público (arts. 2º, II e IV, e 14).

Aliás, a Lei 8.987/95 admite que sejam mantidas concessões outorgadas sem licitação anteriormente à Constituição de 1988, impedindo, todavia, a renovação do contrato, que, uma vez findo, deve dar lugar à prestação do serviço pela própria Administração ou por terceiro, mediante novo contrato (art. 42, § 1º), o qual, nos termos da Lei 8.987/95, depende de licitação, como se viu.

Nesse ponto, cumpre destacar que o fato de a empresa ré ter feito investimentos e ter experiência no serviço prestado não é argumento que encontre guarida na Lei 8.987/95 para propiciar a renovação do contrato sem licitação.

Há de se lembrar que a doutrina e a jurisprudência são uníssonas no sentido de que delegações de grande vulto, como é a de transporte coletivo, reclamam outorga de concessão, e não de mera permissão de serviço público, de natureza precária, de modo que não calha qualquer argumento no sentido de que a precariedade da permissão justifica a ausência de licitação.

O fato é que os descumprimentos escancarados da lei e da Constituição no caso presente revelam violação à moralidade administrativa e ao patrimônio público, valores protegidos pela ação popular. O primeiro valor é violado, pois não é crível que um secretário estadual de transportes e uma empresa do porte da ré não conheçam as comezinhas normas do direito das concessões e permissões de serviço público quanto à obrigatoriedade de licitação. E o segundo valor é violado na medida em que a ausência de licitação propicia que não se busque a melhor proposta para a Administração, o que, de acordo com o tipo de concessão a ser realizada, pode gerar menos ou mais recursos em favor do Poder Público.

2.3. Da nulidade do ato de renovação da permissão

O artigo 2º da lei 4.717/65 estabelece que são nulos os atos lesivos ao patrimônio público do Estado, por vício de competência, forma, ilegalidade de objeto, inexistência de motivos e desvio de finalidade.

No caso em tela, requisitos procedimentais foram descumpridos, configurando ilegalidade não passível de ser sanada, uma vez que a obrigatoriedade de licitação, no caso, é prevista tanto na Constituição como na Lei de Concessão de Serviços Público, conforme dispositivos já mencionados no presente.

Destarte, de rigor a declaração de nulidade do contrato celebrado, com a consequente determinação para que o Estado-réu promova a realização de licitação pública para a concessão do serviço público em questão.

2.4. Da requisição de documentos

Conforme já relatado, o autor requereu pessoalmente a extração de cópia dos processos administrativos nos quais se deram a primeira contratação e sua renovação.

Todavia, o pedido foi negado, o que propiciou a propositura da presente demanda com os benefícios do art. 1º, § 7º, da Lei 4.717/65.

Dessa forma, de rigor que esse D. Juízo se digne de, ao se despachar a petição inicial, requisitar ao Estado-réu cópias dos processos administrativos de que tratam as duas permissões de serviço público outorgadas à empresa-ré, providência a ser cumprida no prazo de 15 dias, tendo em vista a facilidade na obtenção desses documentos (art. 7º, I, "b", da Lei 4.717/65).

Tão logo os documentos esteja juntados aos autos, o autor fará pedido de liminar, nos termos do art. 5º, § 4º, a fim de suspender a renovação da permissão e de determinar a realização imediata de processo licitatório para que outros interessados possam participar do certame com vistas à concessão do serviço público respectivo em condições de igualdade.

3. DO PEDIDO

Por todo o exposto, o autor requer que seja:

a) determinada a citação dos réus para responder aos termos da presente ação, sob pena de serem tidos por verdadeiros os fatos aqui narrados;

PRÁTICA ADMINISTRATIVA – 6ª EDIÇÃO

b) determinada a intimação do represente do Ministério Público para acompanhar a presente ação;

c) requisitado do Estado-réu, na pessoa do Secretário Estadual dos Transportes, também réu na presente demanda, cópia integral dos processos administrativos que tratam da outorga de permissão de serviço público e de sua renovação;

d) julgada procedente a presente ação para o fim de declarar a nulidade do ato de renovação da permissão de serviço público de transporte coletivo intermunicipal em face de todos os municípios do estado, bem como para condenar o Estado-réu a promover a devida licitação para que outras empresas ou empresários possam participar do certame com vistas à concessão do serviço público respectivo em condições de igualdade.

Requer, outrossim, a condenação dos réus nas custas e honorários advocatícios, em montante a ser arbitrado por Vossa Excelência, na forma do artigo 85, do CPC.

Protesta pela produção de todos os meios de prova em direito admitidos, sem exclusão de nenhuma delas, especialmente oitiva dos depoimentos pessoais dos representantes das entidades rés, bem como depoimentos de testemunhas, cujo rol será oferecido oportunamente.

Requer, também, a isenção de custas para o recebimento e processamento da presente ação, nos moldes do inciso LXXIII, do artigo 5º da Constituição Federal.

Dá à causa, apenas para efeito de alçada, o valor de R$ 10.000,00.

Termos em que pede deferimento.

Local ..., data...

Advogado ...

OAB ....

10. *HABEAS DATA*

10.1. ESTRUTURA BÁSICA

COMPETÊNCIA	a) STF: contra atos do Presidente da República, das Mesas da Câmara dos Deputados e do Senado Federal, do Tribunal de Contas da União, do Procurador-Geral da República e do próprio Supremo Tribunal Federal (art.102, I, *d*, da CF/88); b) STJ: contra atos de Ministro de Estado, dos Comandantes da Marinha, Exército e Aeronáutica ou do próprio Tribunal (art.105, I, *b*, da CF/88); c) TRF: contra atos do próprio Tribunal ou de juiz federal (art.108, I, *c*, da CF/88); d) juízes federais: contra ato de autoridade federal, excetuados os casos de competência dos tribunais federais (art.109, VIII, da CF/88); e) juízes do trabalho: contra ato questionado que envolva matéria sujeita à sua jurisdição (art. 114, IV, da CF/88); f) tribunais estaduais: segundo o disposto na Constituição do Estado; g) juiz estadual, nos demais casos.

RECURSO	a) STF: quando a decisão denegatória for proferida em única instância pelos Tribunais Superiores (art. 102, II, *a*, da CF/88); b) STJ: quando a decisão for proferida por um tribunal estadual ou por um TRF em apelação (art. 105, III, da CF/88); c) STJ: quando a decisão for proferida em única instância pelos Tribunais Regionais Federais; d) TRF: quando a decisão for proferida por juiz federal; e) Tribunais Estaduais e o do Distrito Federal: conforme dispuserem a respectiva Constituição e a lei que organizar a Justiça do Distrito Federal; f) TSE: quando o *habeas data* for negado pelo Tribunal Regional Eleitoral (art. 121, § 4.º, V, da CF/88).
PARTES	Impetrante: titular do direito, pessoa física ou jurídica. Impetrado: quem detém a informação que se pretende obter, retificar ou anotar.
HIPÓTESES DE CABIMENTO	a) acesso aos registros; b) retificação dos registros; c) anotação/complementação dos registros.
PRAZO	Não há prazo.
FUNDAMENTO LEGAL	Art. 5.º, LXXII, da CF/88. Lei 9.507/97.
FUNDAMENTAÇÃO JURÍDICA	Recusa da apresentação/retificação/complementação de informações por parte da autoridade.
PEDIDO	a) notificação do coator para, querendo, apresentar as informações no prazo de 10 dias; b) determinar a remessa dos autos para o representante do MP para emitir parecer; c) procedência do pedido, marcando dia e hora para que as informações sejam prestadas ao impetrante.
PROVAS	Não admite dilação probatória.
VALOR DA CAUSA	Fins de alçada.

10.2. MODELO – PETIÇÃO INICIAL DE *HABEAS DATA*

EXCELENTÍSSIMO SENHOR PRESIDENTE DO COLENDO SUPERIOR TRIBU-NAL DE JUSTIÇA

[Deixe espaço de aproximadamente 10 cm para eventual despacho ou decisão do juiz.]

José, cidadão estrangeiro, estado civil, profissão, residente e domiciliado em ..., portador do RG ... e do CPF ..., por seu advogado que firma a presente (procuração anexada – doc.1), com escritório para recebimento de intimações na ... (art.106, I, CPC) vem, respeitosament, à presença de Vossa Excelência, impetrar, em face do Ministro do Ministério X o presente

PRÁTICA ADMINISTRATIVA – 6ª EDIÇÃO

HABEAS DATA

nos termos do artigo 5º, inciso LXXII, da Constituição Federal e da Lei nº 9.507/97, pelas razões a seguir aduzidas.

I – DOS FATOS

O impetrante é cidadão estrangeiro. Porém, durante trinta anos, residiu no Brasil. Em seguida passou os últimos trinta anos de sua vida no exterior, sem visitar o Brasil.

Agora, decidiu retornar a este país e fixar residência no Brasil.

Certo dia, numa conversa com um de seus mais diletos amigos, este lhe informou que ouvira um rumor de que constaria dos assentamentos do Ministério X que José havia se envolvido em atividade terrorista realizada no território brasileiro, trinta e cinco anos atrás.

José decidiu averiguar a informação e apresentou uma petição ao Ministério X, requerendo cópia de todos os documentos de posse do referido ministério em que constasse seu nome.

Dentro do prazo legal, José obteve várias cópias de documentos. A cópia do processo entregue a José apresentava-o inicialmente como suspeito de participar de reuniões do grupo subversivo em questão. Porém, ao conferir a cópia que lhe foi entregue, José percebeu que, além de faltarem folhas no processo, este continha folhas não numeradas.

Suspeitando de que as folhas faltantes no processo pudessem esconder outro documento em que constasse seu nome, José formulou novo pedido ao Ministério X. Desta vez, novamente dentro do prazo legal, José recebeu comunicado de uma decisão que indeferia seu pedido, assinada pelo próprio ministro da Pasta X, em que este afirmava categoricamente que o peticionário já recebera cópias de todos os documentos pertinentes.

Irresignado, José resolveu impetrar o presente *habeas data* a fim de tomar conhecimento dos documentos que lhe foram sonegados.

II – DO DIREITO

1. Da legitimidade ativa e passiva e da competência do órgão julgador

O ato atacado – recusa de informações a respeito do impetrante, decidida pelo Ministro do Ministério X –, faz com que a competência para processar e julgar o presente seja originária do Superior Tribunal de Justiça, conforme determina expressamente o art. 105, I, "c", da CF.

O impetrante é legitimado ativo para a presente ação, já que pede, em nome próprio, a efetivação de direito constitucional, consistente em receber informações a seu respeito.

Quanto à legitimidade passiva para o habeas data, a Lei 9.507/97, diferentemente do que ocorre com a Lei 12.016/09 (Lei de Mandado de Segurança), não usa a expressão autoridade coatora, e sim a expressão coator, e não determina a cientificação da pessoa jurídica correspondente, mas sim a notificação do coator.

Nesse sentido, a doutrina entende que é possível que se indique como coator, não só a autoridade que praticou o ato, como também o próprio órgão ou entidade que o praticou.

No caso presente, preferiu-se indicar a própria autoridade que praticou o ato, mas poderia ter sido indicado como coator o "Ministério X" ou mesmo a "União Federal".

2. Do cabimento do habeas data e do cumprimento dos requisitos para a sua concessão

O art. 5º, LXXII, da Constituição Federal estabelece que é cabível o habeas data quando se tem os seguintes objetivos: a) para assegurar o conhecimento de informações relativas à pessoa do impetrante, constantes de registro ou bancos de dados de entidades governamentais ou de caráter público; b) para a retificação de dados, quando não se prefira fazê-lo por processo sigiloso, judicial ou administrativo.

A garantia do habeas data está regulamentada na Lei 9.507/97, lei essa que estabelece uma série de requisitos para o cabimento e a concessão da medida, sem prejuízo de outros requisitos de ordem doutrinária e jurisprudencial.

Em resumo, são requisitos para o cabimento do habeas data e a concessão da ordem respectiva, os seguintes: a) necessidade de acesso, retificação ou anotação de informações ou dados constantes de registro ou bancos de dados públicos; b) informações ou dados relativos à pessoa do impetrante; c) prova da recusa da autoridade em dar o acesso ou proceder à retificação ou anotação; d) violação a direito do impetrante, comprovada de plano.

O requisito "a" está cumprido, pois as informações desejadas estão constantes de registro ou banco de dados de entidade governamental, no caso o Ministério X da União.

O requisito "b" está cumprido, pois as informações solicitadas dizem respeito à própria pessoa do impetrante.

O requisito "c" também está cumprido, pois o impetrante fez pedido formal de acesso aos documentos cujas folhas foram retiradas do processo e tal pedido foi expressamente negado pela autoridade coatora.

E o requisito "d" também está cumprido, pois as provas documentais juntadas comprovam de plano os requisitos anteriores. Ademais, não é mero capricho do impetrante o desejo de conhecer as informações a seu respeito, tratando-se de legítimo interesse, já que tais informações lhe causam, no mínimo, graves prejuízos de ordem moral.

Não bastasse, não há necessidade de se manter em sigilo eventuais informações dessa natureza, por não existir procedimento investigativo sigiloso em curso.

No caso em tela, foi negado ao impetrante acesso a documentos que dizem respeito à sua pessoa. Tais documentos, como seu viu, constam de registros de entidade governamental, no caso, de ministério da União,

Assim, estão cumpridos todos os requisitos para a concessão da ordem de habeas data.

III – DO PEDIDO

Ante o exposto requer que Vossa Excelência se digne de:

a) determinar a notificação do coator para, querendo, apresentar as informações no prazo de 10 (dez) dias.

b) após, determinar a remessa dos autos para o representante do Ministério Público para emitir parecer, nos termos do art. 12 da Lei 9.507/97.

c) em seguida, julgando procedente o pedido, marcar dia e hora para que as informações sejam prestadas ao impetrante, advertindo o coator das responsabilidades decorrentes de eventual descumprimento de tal determinação judicial.

PRÁTICA ADMINISTRATIVA – 6ª EDIÇÃO

d) condenar a União Federal ao pagamento de honorários advocatícios, segundo o prudente arbítrio desse C. Tribunal, vez que, diferentemente do que ocorre com a Lei 12.016/09 (Lei de Mandado de Segurança), não há proibição à fixação de honorários na Lei 9.507/97.

Dá à causa o valor de R$ 1.000,00.

Local ..., data...

Advogado ...

OAB ....

11. AÇÃO CIVIL PÚBLICA

11.1. ESTRUTURA BÁSICA

COMPETÊNCIA	No foro do local onde ocorrer o dano (arts. 2.º e 4.º da Lei 7.347/85).
PARTES	Legitimado ativo: Ministério Público, entes da Administração Direta e Indireta, associações com pertinência temática e constituídas há pelo menos um ano (associações em sentido amplo, englobando partidos políticos e sindicatos), órgãos públicos, defensoria pública e OAB. Legitimado passivo: qualquer pessoa, física ou jurídica.
HIPÓTESES DE CABIMENTO	Ações de responsabilidade por danos morais e patrimoniais causados a interesses difusos, coletivos ou individuais homogêneos (vide definições no art. 81, p. único, do CDC).
PRAZO	É imprescritível em dois casos: a) reparação de danos ao meio ambiente (STJ); b) reparação do patrimônio público lesado por ato ilícito (STF). Nos demais casos, verificar o prazo previsto em lei.
FUNDAMENTO LEGAL	Lei 7.347/85.

11.2. MODELO – PETIÇÃO INICIAL DE AÇÃO CIVIL PÚBLICA

EXCELENTÍSSIMO SENHOR DOUTOR JUIZ DE DIREITO DA ... VARA DA FAZENDA PÚBLICA DA COMARCA DE ... – ... .

[Deixe espaço de aproximadamente 10 cm para eventual despacho ou decisão do juiz.]

ASSOCIAÇÃO DE DEFESA DO CIDADÃO, pessoa jurídica de direito privado, inscrita no CNPJ sob n. ...., com sede na rua ..., nº ...., município de ..., conforme cópia de seu estatuto (doc. 1), por meio de seu advogado e bastante procurador infra-assinado (doc. 2), com endereço ..., com fundamento no artigo 1º da Lei 7.347/85, vem respeitosamente à presença de Vossa Excelência propor a presente

AÇÃO CIVIL PÚBLICA COM PEDIDO DE LIMINAR

em face do Estado ..., pessoa jurídica de direito público interno, com sede ..., na pessoa de seu representante legal .... e da Empresa X, pessoa jurídica de direito privado, com sede de suas atividades na ..., pelas razões de fato e de direito a seguir aduzidas.

1. DOS FATOS

2. DO DIREITO

2.1. Do cabimento da ação civil pública

(Interesses difusos, coletivos ou individuais homogêneos; vide definições no art. 81, p. único, da Lei 8.078/90.)

2.2. Da legitimidade ativa

(No caso de associação, demonstrar o cumprimento do disposto no art. 5º, V, "a" e "b", da Lei 7.347/85); verificar se não é o caso de fazer o requerimento previsto no § 4º do art. 5º da referida lei – dispensa do requisito temporal).

2.3. Da lesão ao interesse

(Explicitar o direito que foi violado; aqui, deve-se reforçar a ideia de que se trata de interesse difuso, coletivo ou individual homogêneo, mas com um *plus*, qual seja, o de explicar qual lei foi violada; exemplos: dano ao meio ambiente, dando ensejo à reparação ambiental; dano a consumidores que adquiriram dado produto, ensejando obrigação de indenizar).

3. DA ANTECIPAÇÃO DE TUTELA [ou DA LIMINAR]

(fazer referência aos arts. 12 e 21 da LACP, 84 do CDC e 461 do CPC)

4. DO PEDIDO

Por todo o exposto, o autor requer que seja:

a) concedida tutela antecipada, com amparo nas normas constantes do arts. 294 e 297, do CPC, 84 do CDC e 12 da Lei 7.347/85 para determinar a suspensão .... (ou a obrigação de ...)

b) determinada a citação dos réus para responder aos termos da presente ação, sob pena de serem tidos por verdadeiros os fatos aqui narrados;

c) determinada a intimação do represente do Ministério Público para acompanhar a presente ação;

d) julgada procedente a presente ação para o fim de declarar a nulidade do ....(e/ou para o fim de que se condene os réus a ....).

Requer, outrossim, a condenação dos réus nas custas e honorários advocatícios, em montante a ser arbitrado por Vossa Excelência, na forma do artigo 85, do CPC.

Protesta pela produção de todos os meios de prova em direito admitidos, sem exclusão de nenhuma delas, especialmente oitiva dos depoimentos pessoais dos representantes das entidades rés, bem como depoimentos de testemunhas, cujo rol será oferecido oportunamente.

PRÁTICA ADMINISTRATIVA – 6ª EDIÇÃO 362

Requer, também, a isenção de custas e demais despesas, nos termos do art. 18 da Lei 7.347/85.

Dá à causa o valor de R$ 10.000,00.

Termos em que pede deferimento.

Local ..., data...

Advogado ...

OAB ....

12. AÇÃO DE IMPROBIDADE

12.1. ESTRUTURA BÁSICA – PETIÇÃO INICIAL EM AÇÃO DE IMPROBIDADE

COMPETÊNCIA	Justiça Comum Estadual ou Justiça Federal caso se inclua nas hipóteses do art. 109 da CF/88.
RECURSO	Comuns para toda ação.
PARTES	Autor: pessoa jurídica lesada ou Ministério Público. Réu: agentes públicos, servidores ou não e até mesmo particulares beneficiados.
HIPÓTESES DE CABIMENTO	Ato de imoralidade qualificada pela lei que importa em enriquecimento ilícito do agente, prejuízo ao erário e/ou violação dos princípios da Administração Pública.
PRAZO	Ato de improbidade prescreve em: a) 5 anos após o término do exercício do mandato, de cargo em comissão ou de função de confiança. b) em se tratando de exercente de cargo efetivo ou emprego, dentro do prazo prescricional previsto em lei específica para faltas puníveis com demissão a bem do serviço público.
FUNDAMENTO LEGAL	– Constituição Federal, em seu art. 37, § 4.º. – Lei 8.429/92.
FUNDAMENTAÇÃO JURÍDICA	– uma das condutas (enriquecimento ilícito do agente, prejuízo ao Erário e/ou violação dos princípios da Administração Pública). – culpa ou dolo.
PEDIDO	a) notificação do réu para que ofereça manifestação por escrito no prazo de 15 (quinze) dias; b) que seja recebida a inicial e determinada a citação do réu para que, querendo, responda a ação; c) que seja intimado o ilustre representante do Ministério Público para que intervenha no feito, conforme determinação legal; d) que seja o pedido julgado procedente para condenar o réu pela prática de atos de improbidade administrativa previstos no art. _(9.º ou 10 ou 11)_ da citada lei, aplicando--lhe as seguintes sanções: _(depende do artigo onde o ato foi enquadrado)_; e) que seja condenado o réu ao pagamento das custas, demais despesas processuais e honorários advocatícios.

PROVAS	Protestar por provas que poderão demonstrar a veracidade do alegado.
VALOR DA CAUSA	Fins de alçada.

12.2. MODELO – PETIÇÃO INICIAL DE AÇÃO DE IMPROBIDADE

EXCELENTÍSSIMO SENHOR DOUTOR JUIZ DE DIREITO DA ... VARA CÍVEL DA COMARCA DE ... – ... .

(No caso de Juiz Federal):

EXCELENTÍSSIMO SENHOR DOUTOR JUIZ FEDERAL DA ... VARA DA SEÇÃO JUDICIÁRIA DE ... – ... .

Pular 10 linhas

_____*(qualificação do autor – nome, endereço, CNPJ)*, neste ato representado por _____ *(pessoa que representa a pessoa jurídica. Exemplo: Prefeito)* *(qualificação – nome, endereço, CPF)*, vem, mui respeitosamente à presença de Vossa Excelência, por meio de seu advogado e bastante procurador infra-assinado (doc. 01) com endereço na Rua _____, com fundamento na Lei 8.429/92, impetrar a presente

AÇÃO DE IMPROBIDADE ADMINISTRATIVA

(Deixar sempre destacado.)

em face de *(nome da parte e demais dados possíveis)*, *(endereço)* pelas razões de fato e de direito a seguir aduzidas:

I – DOS FATOS

a) Tentar repetir ao máximo os fatos descritos na questão.

b) Relatar os acontecimentos em ordem cronológica, especificando cada ponto.

c) Procurar deixar o mais claro possível.

d) Mostrar de forma evidente a ocorrência de uma das condutas dos arts. 9.º, ou 10 ou 11 da Lei 8.429/92.

II – DO DIREITO

O art. 37 da Constituição brasileira, em seu *caput* e § 4º determina que:

> *"Art. 37. **A administração pública** direta e indireta de qualquer dos Poderes da União, dos Estados, do Distrito Federal e dos Municípios **obedecerá aos princípios de legalidade, impessoalidade, moralidade, publicidade e eficiência e**, também, ao seguinte:*
>
> *(...)*

PRÁTICA ADMINISTRATIVA – 6ª EDIÇÃO

"§ 4.º Os atos de improbidade administrativa importarão a suspensão dos direitos políticos, a perda da função pública, a indisponibilidade dos bens e o ressarcimento ao erário, na forma e gradação previstas em lei, sem prejuízo da ação penal cabível." (grifei.)

Seria ocioso insistir em que a conduta do réu ao _____ *(dizer o que o réu fez e enquadrar a conduta de acordo com o caso: enriquecimento ilícito, prejuízo ao Erário ou violação de princípios).*

ENRIQUECIMENTO ILÍCITO

A atitude do réu importou em enriquecimento ilícito por parte deste com evidente ilegalidade em sua conduta.

Ao _____ não se importou com o exercício de sua função pública, preferindo auferir vantagem pessoal em evidente prejuízo à coletividade.

PREJUÍZO AO ERÁRIO

Ao _____ o réu trouxe evidente prejuízo à *res publica*, dilapidando bens que não lhe pertencem, em uma atitude reprovável e que deve ser devidamente apurada e punida.

VIOLAÇÃO DE PRINCÍPIOS

A atitude do réu contraria todos os princípios da Administração Pública, previstos expressamente no art. 37, *caput*, da Constituição brasileira, bem como a regra de conduta prevista no art. 4.º da Lei 8.492/92:

"Art. 4.º Os agentes públicos de qualquer nível ou hierarquia são obrigados a velar pela observância dos princípios de legalidade, impessoalidade, moralidade e publicidade no trato dos assuntos que lhes são afetos." (Grifo nosso.)

É claro que foi violado o princípio da _____.

Tais atos além de visivelmente ilícitos, pois ofendem a lei, constituem também atos imorais, pois _____.

"Art. 11. Constitui ato de improbidade administrativa que atenta contra os princípios da administração pública qualquer ação ou omissão que viole os deveres de honestidade, imparcialidade, legalidade e lealdade às instituições, e notadamente:" (Grifo nosso.)

Assim, uma vez mais, infringem a lei, violando o regulamento constante do art. 11 da Lei 8.429/92 e, mais ainda, violando os misteres constitucionais de moralidade e obediência à lei no trato da coisa pública.

III – DO PEDIDO

Ante todos os fatos e o direito acima expostos, requer de Vossa Excelência que:

a) seja determinada a notificação do réu para que ofereça manifestação por escrito no prazo de 15 (quinze) dias;

b) seja recebida a inicial e determinada a citação do réu para que responda a ação;

c) seja intimado o ilustre representante do Ministério Público para que intervenha no feito, conforme determinação legal;

d) seja o pedido julgado procedente, condenando o réu na forma do art. 12, inciso *I ou II ou III*, da Lei 8.429, pela prática de atos de improbidade administrativa previstos no art. *9.º ou 10 ou 11* da citada lei, aplicando-lhe as seguintes sanções (*depende do ato*);

e) seja condenado o réu, ao pagamento das custas, demais despesas processuais e honorários advocatícios, na forma da Lei.

Protesta e requer provar o alegado por todos os meios de provas em direito permitidos, se necessário for, inclusive juntada posterior de documentos.

Dá-se à causa, apenas para efeito de alçada, o valor de R$ _____ (_____).

Termos em que pede deferimento.

Local ..., data...

Advogado ...

OAB ....

12.3. MODELO – DEFESA PRÉVIA EM AÇÃO DE IMPROBIDADE

EXCELENTÍSSIMO SENHOR DOUTOR JUIZ DE DIREITO DA ... VARA DA FAZENDA PÚBLICA DE ... – ... .

Pular 10 linhas

Autos n.º _____.

Ação de Improbidade Administrativa

_____, *(nome,* estado civil, profissão, residente e domiciliado em ..., portador do RG ... e do CPF ....*)*, por meio de seu advogado (doc. 1), vem, respeitosamente, oferecer

DEFESA PRÉVIA

na ação em epígrafe, promovida pelo **MINISTÉRIO PÚBLICO DO ESTADO DE** _____ em face de _____ e da **EMPRESA** _____, já qualificada nos autos, pelos motivos de fato e de direito que a seguir passa a aduzir.

I – DOS FATOS

O Ministério Público ingressou com a ação em epígrafe e requereu a aplicação das seguintes **sanções**:

a) declaração de nulidade de todos os contratos emergenciais firmados a partir do ano de 2005 pela Secretária Municipal de Transportes;

b) condenação de _____ e da **EMPRESA** _____ a, solidariamente, devolverem os valores indevidamente acrescidos ao patrimônio da empresa, correspondente ao lucro obtido pelos serviços prestados a partir do segundo contrato firmado sem licitação, conforme liquidação por artigos ou por arbitramento;

PRÁTICA ADMINISTRATIVA – 6ª EDIÇÃO

c) condenação de _____ à perda da função pública ou da respectiva aposentadoria;

d) suspensão dos direitos políticos de _____, de 5 (cinco) a 8 (oito) anos;

e) condenação de _____ e da **EMPRESA** _____ ao pagamento de multa civil de até 2 (duas) vezes o valor do dano;

f) proibição de _____ e da **EMPRESA** _____ contratarem com o Poder Público ou receberem benefícios ou incentivos fiscais ou creditícios, direta ou indiretamente, pelo prazo de 5 (cinco) anos.

Para justificar os pedidos, o Ministério Público apresentou os seguintes **fundamentos fáticos**: foram realizados três contratos emergenciais entre os réus para a execução de serviço de transporte público coletivo, sob a alegação de que a licitação promovida para a respectiva concessão estava suspensa judicialmente, o que reclamava a medida.

Em seguida, apresentou os seguintes **fundamentos jurídicos**:

a) **violação ao princípio da legalidade**, uma vez que houve **demora injustificada** para a realização de concorrência pública referente à contratação de empresa de transportes para atuar na área em questão; *termina suas considerações dizendo que houve "emergência fabricada";*

b) **violação ao disposto no art. 24, inciso IV, da Lei 8.666/93**, *que permite a contratação direta em caso de emergência, mas limita o prazo contratual em 180 dias, vedando a prorrogação dos respectivos contratos* **(EXEMPLO ADOTADO PARA O MODELO)**;

c) **violação ao princípio da moralidade administrativa**, uma vez que o réu _____ visou prorrogar indefinidamente os contratos em proveito da EMPRESA _____;

d) **violação ao princípio da isonomia**, uma vez que a contratação da empresa prejudicou o interesse de outras empresas interessadas em contratar com a Administração;

e) *subsunção dos fatos a dois tipos previstos na Lei de Improbidade (arts. 10 e 11 da Lei 8.429/92), quais sejam "frustrar a licitude de processo licitatório ou dispensá-lo indevidamente" e "praticar ato visando fim proibido em lei ou regulamento ou diverso daquele previsto na regra de competência".*

O réu _____ foi notificado para apresentação de Defesa Prévia, defesa que passa a fazer a partir de agora.

II – DA DEFESA PRÉVIA

1. Da verdade dos fatos e da aplicação correta da lei

Esta defesa provará que os contratos emergenciais firmados obedeceram à lei e eram necessários para a manutenção adequada da continuidade do serviço público.

Nesse sentido, provará que o autor da ação não a instruiu "com documentos ou justificação que contenham indícios suficientes da existência do ato de improbidade", como determina o art. 17, § 6.º, da Lei 8.429/92.

E requererá, ao final, a rejeição da ação, em face tanto da improcedência da ação, como da inexistência de ato de improbidade.

O caminho que perseguiremos a partir de agora mostrará os fatos e as respectivas motivações, que levaram a celebração de cada um dos contratos impugnados.

Nesse ponto, é importante anotar que o Ministério Público mostrou-se ciente de que havia liminar produzindo efeitos (Mandado de Segurança n.º _____) que impedia a conclusão do certame licitatório para a concessão do serviço.

É fácil perceber, portanto, que as contratações emergenciais feitas eram a única opção para manter a continuidade do serviço.

Quanto ao último contrato, firmado quando já não havia liminar suspendendo o certame original, também foi imperativo, pois, como se sabe, uma licitação não se conclui da noite para o dia. Foram necessárias modificações no Edital, realização de Audiência Pública, revisão de todos os anexos técnicos do instrumento convocatório, além do respeito aos prazos e trâmites da modalidade de licitação concorrência, tudo a justificar mais uma contratação emergencial, contratação essa que não foi feita novamente, com o término do procedimento licitatório em que, por sinal, teve êxito a própria **EMPRESA** _____.

(Obs.: caso a ação tenha sido proposta contra agente político, deve-se pedir, preliminarmente, sua extinção sem apreciação de mérito, diante do fato de a ação não caber contra essas pessoas, nos termos da decisão dada pelo STF no "Caso Sardenberg" – Reclamação 2.138.)

2. Da inexistência de ilegalidade

2.1. Da legalidade da contratação de emergência

É de conhecimento de todos que o inciso IV do art. 24 da Lei 8.666/93 dispõe ser dispensável a licitação para a celebração de contratos em situação de emergência. De qualquer forma, vale a pena transcrever o dispositivo, para analisarmos com detalhe suas particularidades:

> *"Art. 24.*
> *(...)*
> *IV – nos casos de emergência ou de calamidade pública, quando caracterizada urgência de atendimento de situação que possa ocasionar prejuízo ou comprometer a segurança de pessoas, obras, serviços, equipamentos e outros bens, públicos ou particulares, e somente para os bens necessários ao atendimento da situação emergencial ou calamitosa e para as parcelas de obras e serviços que possam ser concluídas no prazo máximo de 180 (cento e oitenta) dias consecutivos e ininterruptos, contados da ocorrência da emergência ou calamidade, vedada a prorrogação dos respectivos contratos."*

Perceba que a situação de emergência é verificada quando é caracterizada urgência de atendimento de a) situação que possa ocasionar prejuízo; b) situação que possa comprometer a segurança de pessoas; c) situação que possa comprometer a segurança de obras; d) situação que possa comprometer a segurança de equipamentos; e) situação de possa comprometer a segurança de outros bens, público ou particulares.

No caso em tela, constatada a impossibilidade de se fazer a licitação para contratação de empresa concessionária – restava patente a situação de emergência.

Imagine o **prejuízo** ao **serviço público** de transporte coletivo na cidade sem a operação do sistema. Não é necessário nem discorrer sobre o caos que isso geraria.

PRÁTICA ADMINISTRATIVA – 6ª EDIÇÃO

Imagine o comprometimento da segurança das diversas **pessoas** que se valhem do transporte coletivo por ônibus como única alternativa para se deslocarem na cidade.

O serviço público não pode parar. Em se tratando de serviço público essencial, como é o de transporte coletivo, essa afirmação é ainda mais peremptória.

Com todo o respeito ao autor da petição inicial, as situações colocadas diante do réu, Secretário Municipal dos Transportes, não lhe davam alternativa que não fazer os contratos emergenciais.

Basta ler com cuidado e bom senso as situações jurídicas e técnicas que envolveram as contratações para verificar que não havia outra solução. Em alguns casos, porque importaria em desobedecer ordem judicial. No último caso, porque importaria em fazer licitação para um objeto ainda não definido, estando pendente uma licitação em curso.

A situação em que se encontrava o réu não era de mera faculdade de contratar sem licitação, mas de verdadeira obrigatoriedade de fazê-lo.

Dessa forma, pode-se afirmar com tranquilidade que todas as contratações estavam rigorosamente em acordo com a lei.

2.2. A lei impede a prorrogação, e não a renovação

Por fim, vale uma palavra sobre um assunto que hoje é entendimento tranquilo do Direito Administrativo: a posição de que o que a lei veda é a prorrogação, e não a renovação do contrato de emergência.

Assim, a situação de emergência deve ser vista ao final de cada período contratual de 180 dias, fazendo-se juízo específico sobre sua continuidade ou não, de modo a determinar se se deve ou não fazer um novo contrato.

Essas providências foram rigorosamente tomadas pelo Secretário Municipal dos Transportes, réu _____, como se verifica da documentação acostada e já comentada.

3. Da inexistência de ato de improbidade

3.1. Considerações gerais

Como é de conhecimento de todos, para configurar-se um ato de improbidade não basta que o ato seja ilegal. É necessário que, além da contrariedade ao Direito, o ato tenha outras características que o faça um ato ímprobo.

Para isso, o ato deve se revestir do que a doutrina chama de imoralidade qualificada, sendo necessário que preencha precisamente outros requisitos previstos nos tipos de improbidade administrativa.

A afirmação de que "não basta o ato ser ilegal" para ser ímprobo é de fundamental importância. Aliás, se assim não fosse, um juiz que prolatasse uma sentença e depois esta fosse reformada pelo Tribunal por entender que a sentença não estava de acordo com a lei, esse juiz teria cometido um ato de improbidade.

É por isso que, além de o ato ser ilegal (contrário ao Direito), o ato, para ser ato de improbidade, deve também preencher outros requisitos.

Faz-se essa observação para lembrar que os atos praticados pelo réu sequer cumpriram o primeiro requisito para estarmos diante de um ato de improbidade.

Os atos praticados pelo réu, como se viu, sequer são ilegais. Os contratos de emergência firmados, todos, o foram seguindo não só o que a lei faculta, como também o que a lei e o interesse público determinam.

A petição inicial não abalou, e nem conseguiria fazê-lo, a presunção de legitimidade dos atos administrativos questionados que, ainda por cima, envolviam competência discricionária, que requerem prova da falta de razoabilidade das condutas tomadas.

Assim sendo, o item em questão começa, de cara, lembrando que não se cometeu ato de improbidade pelo simples motivo de que os atos praticados sequer eram ilegais, contrários ao direito.

Mas por necessidade de acautelar o princípio da eventualidade, enfrentaremos agora o segundo requisito para a configuração do ato de improbidade, que é o enquadramento do fato praticado em uma das três modalidades previstas na Lei 8.429/92.

O Ministério Público aponta violação às modalidades previstas nos arts. 10 e 11 da Lei.

3.2. O tipo do art. 10 exige perda patrimonial

O art. 10 da Lei 8.429/92 tem o seguinte teor, na parte indicada pelo Ministério Público:

> *"Seção II (...)*
>
> *Dos Atos de Improbidade Administrativa que Causam Prejuízo ao Erário*
>
> *Art. 10. Constitui ato de improbidade administrativa que causa lesão ao erário qualquer ação ou omissão, dolosa ou culposa, que enseje perda patrimonial, desvio, apropriação, malbaratamento ou dilapidação dos bens ou haveres das entidades referidas no art. 1º desta lei, e notadamente:*
>
> *(...)*
>
> *VIII – frustrar a licitude de processo licitatório ou dispensá-lo indevidamente".*

Analisando o tipo, percebemos que, para sua configuração, além do enquadramento do fato às disposições do inciso VIII, é necessário que se esteja diante de "prejuízo ao erário". O próprio título da Seção já traz essa disposição.

Aliás, a jurisprudência do STJ é pacífica nesse sentido:

> *"**Nos atos de improbidade do art. 10, como está no próprio** caput**, deve estar presente na configuração do tipo a prova inequívoca do prejuízo ao erário"* (REsp 842.428/ES, Rel. Min. Eliana Calmon, Segunda Turma, julgado em 24.04.2007, DJ 21.05.2007, p. 560 – Grifo nosso).

O Ministério Público foi textual ao dizer que não houve prejuízo material direto.

Ora, se não houve, a petição inicial deve ser rejeitada. Isso porque, como já escrito, nos termos do art. 17, § 6.º, da Lei 8.429/92, o autor da ação de improbidade deve instruí-la "com documentos ou justificação que contenham indícios suficientes da existência do ato de improbidade", sob pena de rejeição da demanda.

Assim, seja porque não se configurou o inciso VIII do dispositivo (já se viu que não se cometeu ilegalidade), seja porque não se configurou o *caput* do mesmo artigo, não estamos diante de ato de improbidade, o que reclama rejeição imediata da presente demanda.

3.3. O tipo do art. 11 exige dolo

O art. 11 da Lei 8.429/92 tem o seguinte teor, na parte indicada pelo Ministério Público:

"Art. 11. Constitui ato de improbidade administrativa que atenta contra os princípios da administração pública qualquer ação ou omissão que viole os deveres de honestidade, imparcialidade, legalidade, e lealdade às instituições, e notadamente: I – praticar ato visando fim proibido em lei ou regulamento ou diverso daquele previsto, na regra de competência".

Perceba que não restou configurado ato que visa fim proibido em lei ou regulamento, muito menos violação à regra de competência, uma vez que o réu, à época dos fatos, era Secretário Municipal dos Transportes e tinha competência para realizar contratações diretas.

Não bastasse o fato exposto, a modalidade do art. 11 exige conduta dolosa. Veja o texto, quando dispõe praticar ato "visando" fim proibido em lei ou regulamento.

A doutrina e o próprio STJ são pacíficos, hoje, no sentido de que é necessário dolo para a configuração da modalidade prevista no art. 11 da Lei 8.429/92. Confira:

"Tanto a doutrina quanto a jurisprudência do STJ associam a improbidade administrativa à noção de desonestidade, de má-fé do agente público. Somente em hipóteses excepcionais, por força de inequívoca disposição legal, é que se admite a configuração de improbidade por ato culposo (Lei 8.429/92, art. 10). O enquadramento nas previsões dos arts. 9º e 11 da Lei de Improbidade, portanto, não pode prescindir do reconhecimento de conduta dolosa" (REsp 604.151/RS, Rel. Min. José Delgado, Rel. p/ Acórdão Ministro Teori Albino Zavascki, Primeira Turma, julgado em 25.04.2006, DJ 08.06.2006, p. 121).

"O tipo previsto no art. 11 da Lei 8.429/92 é informado pela conduta e pelo elemento subjetivo consubstanciado no dolo do agente. É insuficiente a mera demonstração do vínculo causal objetivo entre a conduta do agente e o resultado lesivo, quando a lei não contempla hipótese da responsabilidade objetiva" (REsp 626.034/RS, Rel. Min. João Otávio de Noronha, Segunda Turma, julgado em 28.03.2006, DJ 05.06.2006, p. 246).

O Ministério Público não aponta conduta dolosa do réu. Não diz que este, deliberadamente, quis violar os princípios da Administração Pública. Aliás, o Ministério Público sequer aponta conduta culposa. O máximo que fez foi soltar aos ventos que a licitação demorou muito tempo...

A simples falta de descrição da conduta dolosa é suficiente, por si só, para afastar a configuração do ato de improbidade.

Mas, além disso, o réu demonstrou nessa defesa prévia, que não só não agiu com dolo, nem com culpa, como sua conduta foi no sentido do que faculta e também no que determina a lei em matéria de contratação por emergência.

III – DO PEDIDO

Ante o exposto, requer que Vossa Excelência se digne de rejeitar a petição inicial do Ministério Público, julgando, desde já, improcedente a presente demanda, como medida de JUSTIÇA.

Termos em que pede deferimento.

Local ..., data...

Advogado ...

OAB ....

12.4. ESTRUTURA BÁSICA – CONTESTAÇÃO EM AÇÃO DE IMPROBIDADE

ENDEREÇAMENTO	Juízo que efetivou a citação.
TRATAMENTO DAS PARTES	Autor e réu.
FUNDAMENTOS FÁTICOS E JURÍDICOS	Se se tratar de ação contra agente político, deve-se argumentar que não cabe a aplicação das sanções típicas de improbidade a esse tipo de agente, conforme nova posição do STF. Deve-se dizer que não se configurou quaisquer das modalidades de ato de improbidade prevista na lei. Deve-se argumentar que as sanções previstas na lei não podem ser aplicadas cumulativamente, indistintamente.
PEDIDO	Deve-se requerer ao Juízo que julgue improcedente a presente demanda. Subsidiariamente, para o caso de reconhecimento da prática de ato de improbidade administrativa, deve-se requerer que seja aplicada apenas a sanção de multa civil, no mínimo legal. No caso de o réu ser agente político, deve-se pedir a extinção da demanda sem apreciação de mérito.
PROVAS	Deve-se protestar pela produção de prova documental e pericial, e de todos os meios probatórios em direito admitidos, ainda que não especificados no CPC, desde que moralmente legítimos (art.369, CPC).

Observação: no caso da **Defesa Prévia** em ação de improbidade, deve-se tratar apenas do fato de que não se configura qualquer das modalidades de improbidade administrativa, e não se faz pedido de produção de provas.

12.5. MODELO – CONTESTAÇÃO EM AÇÃO DE IMPROBIDADE

EXCELENTÍSSIMO SENHOR DOUTOR JUIZ DE DIREITO DA ... VARA DA FAZENDA PÚBLICA DE ... – ... .

Pular 10 linhas

Autos n.º _____.

Ação de Improbidade Administrativa

_____, estado civil, profissão, residente e domiciliado em ..., portador do RG ... e do CPF ...., por meio de seu advogado (doc. 1), vem, respeitosamente, oferecer

CONTESTAÇÃO

na ação em epígrafe, promovida pelo **MINISTÉRIO PÚBLICO DO ESTADO DE** _____ em face de _____ e da **EMPRESA** _____, já qualificada nos autos, pelos motivos de fato e de direito que a seguir passa a aduzir.

PRÁTICA ADMINISTRATIVA – 6ª EDIÇÃO

I – DOS FATOS

1. Dos fatos alegados pelo autor

(...)

2. Da verdade dos fatos

(...)

II – DO DIREITO

(Obs.: caso a ação tenha sido proposta contra agente político, deve-se pedir, preliminarmente, sua extinção sem apreciação de mérito, diante do fato de a ação não caber contra essas pessoas, nos termos da decisão dada pelo STF no "Caso Sardenberg" – Reclamação 2.138.)

1. Da inexistência ilegalidade

1.1. Da legalidade da contratação de emergência

(...)

1.2. A lei impede a prorrogação, e não a renovação

(...)

2. Da inexistência de ato de improbidade

2.1. Considerações gerais

(...)

2.2. O tipo do art. 10 exige perda patrimonial

(...)

2.3. O tipo do art. 11 exige dolo

(...)

3. Da impossibilidade de cumulação das sanções

O Ministério Público pede a aplicação cumulativa das sanções previstas na Lei de Improbidade.

Todavia, é pacífico no Superior Tribunal de Justiça que as sanções não podem ser aplicadas indistintamente de modo cumulativo. Há de se observar o princípio da proporcionalidade. Confira:

> *"Consoante a jurisprudência desta Corte, as penas do art. 12 da Lei 8.429/92 não são aplicadas necessariamente de forma cumulativa, do que decorre a necessidade de se fundamentar o porquê da escolha das penas aplicadas, bem como da sua cumulação. Para as sanções pecuniárias se faz necessária*

a motivação da sua aplicação além do mínimo legal" (REsp 713.146/PR, Rel. Min. Eliana Calmon, Segunda Turma, julgado em 13.03.2007, DJ 22.03.2007, p. 324).

Assim, e considerando o princípio da eventualidade, caso seja reconhecida a prática de ato de improbidade, requer que seja afastada a aplicação das sanções previstas na lei, aplicando-se apenas a sanção de multa civil no mínimo legal, mormente porque não há prova de que o réu agiu com dolo no caso presente, o que impede a aplicação das sanções tanto de modo cumulativo, como além do nível mínimo.

III – DO PEDIDO

Ante o exposto, requer que Vossa Excelência se digne de julgar **improcedente** a presente demanda. Subsidiariamente, para o caso de reconhecimento da prática de ato de improbidade administrativa, requer que seja aplicada apenas a sanção de multa civil, no mínimo legal.

Protesta pela produção de todo tipo de **prova** admitida em Direito, principalmente documental, testemunhal e pericial.

Termos em que pede deferimento.

Local ..., data...

Advogado ...

OAB ....

13. PROCESSOS ADMINISTRATIVOS

13.1. MODELO – RECURSO EM PROCESSO LICITATÓRIO

ILUSTRÍSSIMO SENHOR PRESIDENTE DA COMISSÃO DE LICITAÇÃO DA ... (inserir a modalidade de licitação; exemplo: Concorrência) nº ...

EMPRESA ..., qualificação ..., representada por seu advogado que subscreve a presente (doc. 1 – procuração), vem, com fundamento no art. 109 da Lei 8.666/93, interpor o presente

RECURSO ADMINISTRATIVO

requerendo que, após o processamento previsto na lei, sejam as razões em anexo encaminhadas para a autoridade competente ... .

Termos em que pede deferimento.

Local ..., data...

Advogado ...

OAB ....

quebra de página

RAZÕES DE RECURSO ADMINISTRATIVO

ILUSTRÍSSIMO SENHOR .... (autoridade competente; por exemplo, Secretário Municipal de Saúde)

I – DOS FATOS

Relatar tudo o que aconteceu, até a decisão impugnada.

II – DO DIREITO

Apresentar os fundamentos jurídicos que deverão levar à anulação ou à reforma da decisão impugnada.

III – DO PEDIDO

Ante o exposto, requerer que seja o recurso conhecido, atribuindo-lhe efeito suspensivo (verificar as hipóteses do art. 109, § 2°, da Lei 8.666/93), e provido para o fim de .... (exemplo: reformar a decisão impugnada, habilitando-se o recorrente).

Termos em que pede deferimento.

Local ..., data...

Advogado ...

OAB ...,

13.2. MODELO – IMPUGNAÇÃO EM PROCESSO LICITATÓRIO

ILUSTRÍSSIMO SENHOR PRESIDENTE DA COMISSÃO DE LICITAÇÃO DA ... (inserir a modalidade de licitação; exemplo: Concorrência) n° ...

EMPRESA ..., qualificação ..., representada por seu advogado que subscreve a presente (doc. 1 – procuração), vem, com fundamento no § 2°, do art. 41, da Lei n° 8666/93, apresentar

IMPUGNAÇÃO

aos termos do edital referido em epígrafe, pelos motivos de fato e direito a seguir:

I – DOS FATOS

A impugnante, tendo interesse em participar da licitação mencionada, adquiriu o respectivo Edital (doc. 1).

Ocorre que, ao analisar as condições para participação no certame, deparou-se com a exigência formulada no item ..., que tem o seguinte teor ....

Essa exigência, como se verá, é absolutamente ilegal, o que ensejou a presente impugnação.

II – DO DIREITO

De acordo com art. 3º, § 1º, I, da Lei nº 8.666/93, é vedado aos agentes públicos: "admitir, prever, incluir ou tolerar, nos atos de convocação, cláusulas ou condições que comprometam, restrinjam ou frustrem o seu caráter competitivo e estabeleçam preferências ou distinções em razão da naturalidade, da sede ou domicílio dos licitantes ou de qualquer outra circunstância impertinente ou irrelevante para o específico objeto do contrato" (g.n.).

(....)

III – DO PEDIDO

Diante do exposto, requer-se que seja a presente IMPUGNAÇÃO aceita, para os seguintes fins:

a) declarar nulo o item ... do Edital;

b) determinar nova publicação do Edital, reabrindo o prazo inicialmente previsto, conforme § 4º, do art. 21, da Lei nº 8666/93.

Termos em que pede deferimento.

Local ..., data...

Advogado ...

OAB ....

14. PARECER

14.1. ESTRUTURA BÁSICA

PARTES DO PARECER	a) número do parecer; b) interessado; c) assunto; d) ementa; e) relatório; f) fundamentação; g) conclusão.

14.2. MODELO – PARECER

Parecer nº ... (a numeração é típica de pareceres nas Procuradorias)

Interessado: .

Assunto: Solicitação de parecer sobre a possibilidade de sociedade de economia mista que desenvolve atividade econômica sem monopólio adquirir, sem prévia licitação, produto ligado à sua atividade fim.

Ementa: Administrativo. Licitação. Contratação direta. Sociedade de economia mista. Produto ligado diretamente à atividade fim da empresa. Não incidência de hipótese de dispensa ou inexigibilidade. *Particularidades da atividade de exploração da atividade econômica. Art. 173, § 1º, da CF. Contratação de produto ligado à atividade fim da empresa. Ausência de

PRÁTICA ADMINISTRATIVA – 6ª EDIÇÃO

pressuposto jurídico para a licitação. Possibilidade da contratação direta. (* dessa marcação para frente é possível escrever por extenso)

1. Relatório

Trata-se de consulta formulada pelo ___, que solicita parecer sobre a possibilidade de sociedade de economia mista que desenvolve atividade econômica sem monopólio adquirir, sem prévia licitação, produto ligado à sua atividade fim, mesmo não incidindo hipótese de dispensa ou de inexigibilidade de licitação. (...)

É o relatório.

2. Fundamentação

(...)

3. Conclusão

Ante o exposto, nosso parecer é no sentido da possibilidade de sociedade de economia mista que desenvolve atividade econômica sem monopólio adquirir, sem prévia licitação, produto ligado diretamente à sua atividade fim, mesmo não incidindo hipótese de dispensa ou inexigibilidade de licitação, e desde que a realização do certame possa impedir que a empresa atue no mercado em condições paritárias com as demais empresas.

À consideração superior. (aqui pode ser "É nosso parecer, salvo melhor juízo" ou "É nosso parecer, s. m. j..")

Local e data.

Nome, cargo e OAB do procurador (verificar quando for advogado privado).

15. DEFESA DA ADMINISTRAÇÃO

15.1. MODELO – INFORMAÇÕES EM MANDADO DE SEGURANÇA

EXCELENTÍSSIMO SENHOR DOUTOR JUIZ ...

Autos nº ...

Mandado de Segurança

O **XX (AUTORIDADE COATORA)**, prestando as **INFORMAÇÕES** requisitadas por meio de ofício, e a **UNIÃO FEDERAL,** por seu procurador, <u>requerendo o seu ingresso na condição de assistente litisconsorcial</u> e apresentando **CONTESTAÇÃO**, nos autos do **mandado de segurança** impetrado por **XXXXXXXX**, vêm expor e requerer o quanto segue:

(Obs.: verificar se o enunciado da questão quer que se apresente somente informações ou se também quer que a pessoa jurídica assine junto, apresentando sua contestação)

I – DOS FATOS

(...)

II – DAS PRELIMINARES

1. Da ilegitimidade de parte

(Indicação da autoridade coatora errada, por exemplo, porque não tem poder de decisão.)

2. Do não cabimento pela impossibilidade de dilação probatória

(Explicar que o tipo de questão trazida pelo autor depende de dilação probatória, o que não é cabível em MS; aqui não é para dizer que a prova não conduz ao direito alegado, pois isso é questão de mérito.)

3. Da existência de impedimento legal ao manejo de mandado de segurança

(Olhar lei e súmulas do STF; por exemplo: não cabe MS como substitutivo de ação de cobrança; não cabe MS contra ato disciplinar etc.)

III – DO MÉRITO

Rebater cada fundamento jurídico utilizado pelo impetrante e trazer novos fundamentos, se for possível.

Cada fundamento deve ser tratado num item (1, 2, 3 etc.).

IV – DA CONCLUSÃO

Diante do exposto, requer que se digne Vossa Excelência **julgar extinto o feito**, sem julgamento do mérito, nos termos do artigo 267, inciso ____ do Código de Processo Civil, tendo ...., ou, caso não seja este o entendimento, (b) **denegar a ordem**, uma vez demonstrada a fragilidade das alegações da inicial e, ainda a ausência de direito líquido e certo para fundamentar a concessão da segurança impetrada, impondo ao impetrante os ônus sucumbenciais cabíveis.

Termos em que pede deferimento.

Local ..., data...

_____

Autoridade Coatora

_____

Advogado ...

OAB ....

PRÁTICA ADMINISTRATIVA – 6ª EDIÇÃO

15.2. MODELO – PEDIDO DE SUSPENSÃO DE LIMINAR OU DE SEGURANÇA

EXCELENTÍSSIMO SENHOR DESEMBARGADOR PRESIDENTE DO EGRÉGIO TRIBUNAL REGIONAL FEDERAL DA ... REGIÃO.

A **UNIÃO FEDERAL**, por seu procurador, vem à presença de Vossa Excelência, com fundamento no art. 15 da Lei 12.016/09, promover o presente **PEDIDO DE SUSPENSÃO DE EXECUÇÃO DA LIMINAR** proferida nos autos do mandado de segurança impetrado por XXXXXXXX, contra ato do **XXXXXXXXX** (AUTORIDADE COATORA) – autos nº _____, em trâmite perante a ____ Vara da _____ – pelos motivos de fato e direito que passa a expor.

I – DOS FATOS

Relatar o ocorrido até o momento.

II – DO DIREITO

1. Da lesão à ordem pública

(E/ou à saúde pública, à segurança pública, à economia pública.)

Explicar a repercussão da decisão no serviço público.

2. Do desacerto da decisão atacada

Embora em sede de pedido de suspensão não se possa avaliar o mérito da decisão concessiva da ordem, aferindo seu desacerto ou legalidade, a teor do que dispõe o artigo 15º da Lei 12.016/09, mister salientar que a decisão....

(Tratar da ilegalidade dela e reforçar a lesão à ordem pública...)

III – DO PEDIDO DE SUSPENSÃO

Nos elementos aqui trazidos demonstram estar presentes os requisitos para a concessão da suspensão dos efeitos da liminar.

Diante de todo o exposto resta demonstrado o risco à ordem pública que será proporcionado com a execução da decisão ora impugnada, razão pela qual requer a União Federal _____ requer que V. Exa. determine a suspensão da execução da liminar, (por exemplo: "permitindo-se o prosseguimento do processo de licitação nº _____ .....").

Termos em que pede deferimento.

Local ..., data...

Advogado ...

OAB ....

PEÇAS PROCESSUAIS – MODELOS COMPLEMENTARES

(vide tais modelos na página 159)

ANOTAÇÕES GERAIS

ANOTAÇÕES GERAIS